读史札记

下

吕思勉 著

译林出版社

（三六六）儒术之兴上

自梁任公以周、秦之际，为中国学术最盛之时；谓汉武罢黜百家，表章六经，实为衰机所由肇；又谓历代帝王尊崇儒术，乃以儒家有尊君之义，用以便其专制之私。而世之论者，多袭其说，实则不衷情实之谈也。儒术之兴，乃事势所必至，汉武特适逢其会耳。

当秦、汉之世，欲求致治，势不能不图更化。秦人权使其士，虏使其民，内峻威刑，外勤战斗。《纪》载始皇之语曰："吾前收天下书不中用者尽去之，悉召文学方术士，甚众，欲以兴太平，方士欲练以求奇药。""欲以兴太平"上，盖有夺文。此五字指文学言。致太平责文学，练奇药资方士，皆始皇所谓在不中用之外者也。文学者，通知古今而不囿于当世法律辟禁之士。叔孙通以文学征，待诏博士；数岁，陈胜起，二世召博士诸儒生问，而通之对谀，赐帛二十疋，衣一袭，拜为博士。则当时博士，盖即文学之士为之。秦博士多儒生，见下条。则所谓文学者，其学术亦可知矣。然则始皇非不欲用儒也，未及用而诽谤之事遽起，案问御史既希旨，诸生又传相告引，遂至所坑者几五百人耳。然原其初意，固与汉武无以异也。使天假之年，获见海内平治，如汉文、景之时者，亦未必不终用儒生，成武帝之业也。

孔子论政，先富后教。孟子曰："无恒产而有恒心者，惟士为能。若民，则无恒产，因无恒心；苟无恒心，放辟邪侈，无不为矣。是故明君制民之产，必使仰足以事父母；俯足以畜妻子；乐岁终身饱，凶年免于死亡，然后驱而之善，故民之从之也轻。"《管子》曰："仓廪实而知礼节，衣食足而知荣辱。"《王制》曰："食节事时，民咸安其居。乐事劝功，尊君亲上，然后兴学。"凡古之言教化，无不如此者。叔孙通之使征鲁儒生也，有两生不肯行，曰："礼乐，积德百年而后可兴也。今天下初定，死者未葬，伤者未起，公所为不合古。"犹守旧说也。《汉书·礼乐志》曰："世祖受命中兴，拨乱反正，改定京师于土中。即位三十年，四夷宾服，百姓家给，政教清明，乃营立明堂辟雍。"又曰："今海内更始，民人归本，户口岁息，平其刑辟，牧以贤良，至于家给，既庶且富；则须庠序礼乐之教化矣……今大汉继周，久旷大仪，未有立礼成乐，此贾谊、仲舒、王吉、刘向之徒，所为发愤而增叹也。"仍是此等议论。汉代改正朔易服色之论，必起于文帝之时，以此。秦皇初并天下，日不暇给，其广征文学，而未能遽就其事，其无足怪。然以视汉之高帝，则规模弘远矣。

汉兴文治，盖有三时：郦生谒高祖，高祖问使者曰："何如人也？"使者曰："状貌类大儒，衣儒衣，冠侧注。"高祖即不肯见。郦生更其辞，然后得入。陆贾前说称《诗》《书》，高祖曰："乃公居马上得之，安事《诗》《书》。"客冠儒冠来者，高祖辄解其冠，溲溺其中。叔孙通乃从所好，服短衣楚制。通从儒生弟子百余人，然无所进，专言诸故"群盗"壮士进之。及高祖苦群臣拔剑击柱，通乃说之以起朝仪；高祖犹曰："得毋难乎？"又曰："可试为之。令易知，度吾所能行者为之。"通为之月余，请上试观。上即观，曰："吾能为此。"乃令群臣习肄，其所谓礼者可知矣。陆生之折高祖曰："马上得之，宁可以马上治之乎？且汤、武逆取而以顺守之，文武并用，长久之术也。"盖以利害动之，高祖乃曰："试为我著秦所以失天下，吾所以得之者何？及古成败之国。"陆生乃粗述存亡之征，凡着著十二篇。自来能应事机者，不必其明于理。高祖之粗野，岂足以语兴亡之故？其所著者亦可知矣。今《新语》系伪书，然真者即存，亦必甚浅俗。《绛侯世家》云："勃不好文学，每召诸生说士，东乡坐而责之，趣为我语。"《陆贾传》：贾谓陈平曰："臣尝欲谓太尉绛侯，绛侯与我戏，易吾言。"张良游侠，萧、曹刀笔吏，韩信徒能校兵书，张苍称于书无所不读，亦府史之材耳，安足以知文学？盖汉初之将相大臣又如此。而其时亦正死者未葬，伤者未起，其无意于言教化也固宜。孝惠、高后之时，民务稼穑，衣食滋殖。及文帝之立，而情势稍变矣。《史记·礼书》曰："孝文即位，有司议欲定仪礼；孝文好道家之学，以为繁礼饰貌，无益于治，躬化谓何耳，故罢去之。"与《贾生传》所云"贾生以为汉兴至孝文二十余年，天下和洽，当改正朔，易服色，法制度，定官名，兴礼乐，乃悉草具其事。孝文帝初即位，谦让未遑"者合。然《传》又曰："天子议以为贾生任公卿之位，绛、灌、东阳侯、冯敬之属尽害之，乃短贾生，于是天子后亦疏之，不用其议。"观公孙臣之进用，则贾生危见任为公卿不诬。盖道家之义，特不容妄事纷更，原不谓当束手一事不为也。《汉书·礼乐志》亦云："天子说焉，而大臣绛、灌之属害之，故其议遂寝。"《晁错传》曰："太子善错计策，袁盎诸大功臣多不好错。"又云："景帝即位，以错为内史。法令多所更定，丞相申屠嘉心弗便。""迁为御史大夫，请诸侯之罪过，削其地，收其枝郡。奏上，上令公卿列侯宗室集议，莫敢难。独窦婴争之，由此与错有隙。"

错之死，论者皆谓袁盎为之。其实盎疏逖，非窦婴不得见；而错之诛，距盎之说已十余日矣，度其间必更有进议于景帝者，特史弗传耳。然则杀错者非盎，实汉朝之大臣也。故错之被陷，谊之见排，一也。特所遭之时不同，故一止于迁谪；一遂至于杀身耳。然则高、惠之世，本无意于更化者也；文、景则有意焉，而为武力功臣所沮者也；丁斯时也，必此等沮挠之人尽去，而又得一好大喜功之主，举前世谦让未遑者，悉不让而为之，而后更化之事可成，武帝则其人也。武帝之世，则其时也。其能就前人所未就之业，宜哉。然其事，则固始皇以来之所共愿也，未之逮耳。

（三六七）儒术之兴中

博士，《汉书·百官公卿表》曰“秦官”，而沈约《宋书志》谓六国时往往有博士。案《史记·循吏传》：“公仪休者，鲁博士也。以高第为鲁相。”《龟策列传》：宋元王时，神龟为豫且所得，见梦，召博士卫平而问焉。《汉书·贾山传》：“祖父祛，故魏王时博士弟子也。”则约之言是也。草昧之世，无所兴作，服官但循成法，固无取通知古今；稍进文明，即不容尔。博闻强识之士，遂为世之所贵。子产以博物君子，见称于晋；而楚灵王亦夸倚相能读《三坟》《五典》《八索》《九丘》；则是物也。春秋时，犹仅就博闻者而问焉，征故实于史氏；至战国，遂广罗道术之士，以备咨询，亦理势然矣。班《表》之说，盖谓汉之博士，沿袭嬴秦，原不谓博士之官，为秦人所创置也。孔鲋为陈涉博士，汉高亦以叔孙通为博士。当戎马倥偬之际，不废是官，则亦颇重之矣。

博士虽无重权，然议礼制度考文，由之而定；其于显庸创制之朝，所系实重。观其治何家之学，而其时之所尚可知矣。叔孙通、伏生皆儒者，众所共知。博士之议帝号也，曰：“古有天皇，有地皇，有泰皇；泰皇最贵。”天皇、地皇、泰皇者，《尚书大传》曰：遂人以火纪，火，太阳也，阳尊，故托遂皇于天；宓戏以人事纪，故托戏皇于人；神农悉地力，种谷疏，故托农皇于地。泰即大，大与人古字相通。泰皇，盖人皇传写之讹。参看拙撰《三皇五帝考》。淳于越之谏始皇也，曰：“臣闻殷、周之王千余岁，封子弟功臣，自为枝辅；今陛下有海内，而子弟为匹夫，卒有田常六卿之臣，无辅拂，何以相救哉？事不师古，而能长久者，非所闻也。”陈胜之起也，二世召博士诸儒生问，博士诸生三十余人前曰："人臣无将，将即反，罪死无赦。"观其所言，而其所学可知矣。《汉书·京房传》，房弟子姚平曰："昔秦时，赵高用事，有正先者，非刺高而死，高威自成。"孟康曰："姓正，名先，秦博士也。"高之学近法家，当时儒法二家，相讥颇甚，得毋先亦儒家者流与？《梅福传》："夫叔孙先非不忠也。"师古曰："先犹先生也。"则正先未必名先。始皇之坑儒生也，扶苏谏曰诸生皆诵法孔子。"则嬴秦之廷，齐、鲁之士为不少矣。

《始皇本纪》：三十六年，使博士为仙真人诗；三十七年，梦与海神战，问占梦博士。或有以此二事，疑当时博士，杂有方士巫祝之流者。然《纪》又言二世三年，梦白虎啮其左骖马，杀之，召问占梦；则三十七年之"占梦博士"四字不连读，乃始皇并问此两官，而非博士以占梦为职也。至使为仙真人诗，则以其闲于文学耳。汉世郊庙之歌，有定自匡衡者矣；亦杂有神仙家言，岂得谓稚圭为方士之流与？

侯生、卢生谓始皇专任狱吏，博士虽七十人，特备员弗用。然帝号之定，实采博士之议；淳于越之言虽不见用，且引起焚书之祸，当时亦曾下其议；而所焚之书，以非博士官所职为限，则其责博士以通古今如故也。始皇之封禅也，《史记·封禅书》记其事曰："征从齐、鲁之儒生，博士七十人，至乎泰山下。诸儒生或议曰：古者封禅，为蒲车，恶伤山之土石草木。扫地而祭，席用菹秸，言其易遵也。始皇闻此议各乖异，难施用，由此绌儒生；而遂除车道，上自泰山阳至巅，立石颂秦始皇帝德，明其得封也。从阴道下，禅于梁父，其礼颇采大祝之祀雍上帝所用，而封藏皆秘之，世不得而记也。始皇之上泰山，中阪，遇暴风雨，休于大树下；诸儒生既绌，不得与用于封事之礼，闻始皇遇风雨，则讥之。"颇采者，不尽采之辞；绌即不与于封事之谓；虽不从其人，实未尝尽废其议，故《本纪》纪此事，仍云"与鲁儒生议封禅望祭山川之事"。且齐、鲁之儒生虽绌，博士七十人，未必不从上山也。汉武之封禅也，《封禅书》记其事曰："天子既闻公孙卿及方士之言，欲放黄帝，以上接神仙人蓬莱士，高世比德于九皇，而颇采儒术以文之。群儒既已不能辨明封禅事，又牵拘于《诗》《书》古文而不能骋；上为封禅祠器，示群儒，群儒或曰不与古同，徐偃又曰太常诸生行礼不如鲁善，周霸属图封禅事，于是上绌偃、霸，而尽罢诸儒不用。"封禅自后世观之，诚为秕政，然秦、汉之世，则视之甚重；秦皇、汉武，其不专任儒亦等耳。

《汉书·艺文志》:《高祖》十三篇，高祖与大臣述古语及诏策也;《孝文传》十一篇，文帝所称及诏策。今观《史》《汉》，两帝诏策，多粹然儒者之言。文帝除肉刑一诏，原本《书传》，尤能行经义以除秕政;诏策如此，他所称述可知，知儒术之兴，实不自武帝始矣。

（三六八）儒术之兴下

然则汉人议论，无事不引秦为鉴戒；而夷考其实，其所行者，实乃异世而同揆，是何也？曰：此事势之不得不然，而生其时者，亦遂莫知其然而然也。董仲舒之言曰:“周之末世，大为亡道；秦继其后，又益甚之，习俗薄恶，民人抵冒；今汉继秦之后，虽欲治之，无可奈何。法出而义生，令下而诈起。辟之琴瑟，不调甚者，必解而更张之，乃可鼓也;为政而不行甚者，必变而更化之，乃可理也。”此岂仲舒一人之言哉？趣过目前，而不暇为久远之图者，庸或虑不及此。苟为子孙帝王万世之计，更化之图，有必不容缓者矣。

汉儒之言更化，其道有二：曰立大学以教于国；曰设庠序以化于邑。古大学与明堂合一，制礼作乐之事皆出焉，汉人固颇行之矣。然与人民实无涉也，故讫无成效可见。至于庠序之化，则终汉世未之能行，故虽以东京大学之盛，而班固之徒，犹蹙然于教化之未兴也。《汉书·礼乐志》曰:“世祖受命中兴，拨乱反正，改定京师于土中。即位三十年，四夷宾服，百姓家给，政教清明，乃营立明堂辟雍。显宗即位，躬行其礼，宗祀光武皇帝于明堂，养三老五更于辟雍。威仪既盛美矣，然德化未流洽者，礼乐未具，群下无所诵说，而庠序尚未设之故也。”

然则庠序而果遍设,汉儒所谓教化之具者而果毕张,风俗遂可以美善矣乎?曰:难言之矣。《汉书·地理志》曰:“文翁为蜀守,教民读书法令,未能笃信道德,反以好文刺讥，贵慕权势；及司马相如游宦京师诸侯，以文辞显于世，乡党慕循其迹。后有王褒、严遵、扬雄之徒,文章冠天下。由文翁唱其教,相如为之师。”庠序学校之教，其效可睹矣。大史公曰:“夏之政忠，忠之敝，小人以野；故殷人承之以敬，敬之敝，小人以鬼；故周人承之以文，文之敝，小人以僿。故救僿莫若以忠，三王之道若回圜，终而复始。”周秦之际，可谓文敝矣，秦政不改，反酷刑法，岂不缪乎？以酷刑法为反于忠者，董仲舒曰:“秦师申商之法，行韩非之说，诛名而不察实。为善者不必克；而犯恶者未必刑，是以百官皆饰空言虚辞而不顾实，是其义也，好文刺讥，习为雕虫，饰其鞶帨，其不顾实，无乃愈甚。”然则汉儒之所为，自谓能救僿以忠，实乃以水济水也。

汉儒所谓教化者，不足以治天下，读张敞奏黄霸之语，最可见之。霸之治郡，先为人民筹生计，继乃教以孝弟贞廉之行；徒观其迹，真所谓先富后教者。而敞之奏曰：“浇淳散朴，有名无实，甚者为妖。”又曰：“假令京师先行让畔异路，道不拾遗，其实亡益廉贪贞淫之行，而以伪先天下，固未可也。即诸侯先行之，伪声轶于京师，非细事也。”其深恶痛绝之，至于如此。观于王莽之以伪率天下，而卒至于大乱，然后叹敞之见之卓矣。莽之所为，即所谓以伪先天下，甚者为妖者耳。

然则如敞之所言，谓汉家承敝通变，造起律令，即以劝善禁奸者，其说果是矣乎？曰：又非也。王吉之言曰：“今俗吏所以牧民者，非有礼义科指，可世世通行者也。以意穿凿，各取一切，是以诈伪萌生，刑罚无极，质朴日消，恩爱寖薄。”观汉世法令之支离灭裂，盖不能不以其言为然。而敞谓足劝善禁奸，诬矣。贾谊之言曰：“今汉承秦之敝俗，废礼谊，捐廉耻。今其甚者杀父兄，盗者取庙器，而大臣特以簿书不报期会为故；至于风俗流溢，恬而不怪，以为是适然耳。”夫移风易俗，使天下回心而乡道，类非俗吏之所能为也。观于汉世大臣之无远虑，为吏者多沿亡秦之失，徒藉刑杀以立威，盖又不能不以其言为然。而敞以为但令贵臣，明饬长吏守丞，归告二千石，奉法令从事，遂足为治。得毋当时之二千石，皆非俗吏乎？何言之易也！五谷不熟，不如荑稗，张敞之稗，或愈于黄霸之秕，以为嘉谷则误矣。

任法既不足止奸；崇儒又适以长伪；则将何适而可？曰：言治必以教化为本，教化必以礼乐为先，此不易之理也。独惜儒家之言教化者，皆未知礼乐之情耳。《记》曰：“大乐与天地同和，大礼与天地同节。和者，乐之情也；节者，礼之情也。”然非谓吾陈礼乐于此，而民遂能和，而民遂知节也。欲民之能和，必先去其争攘之心，消其愁怨之念；欲民之知节，必先禁其放荡之行，祛其鄙吝之情。民蹙然无以遂其生，又强陵弱众暴寡而莫之能正，不强圉即无以自卫；而欲陈乐以和之，难矣。富家一食之费，罄贫民终岁之粮，弗能均也。睦渊任恤之风邈，而民不得不厚自封殖，虽有数世温饱之计，犹怀不可终日之尤，弗能化也。而欲立礼以节之，难矣。此制礼作乐，所以必在功成治定之后也。功未成，治未定，曷尝不以前代之礼乐化其民。然所以成其功定其治者，必当别有作为，不能舞干羽以格有苗,写《孝经》以安反侧,审矣。满堂而饮酒,一人乡隅而悲泣,则四坐为之不乐;人心之欣戚,岂不以其境哉?班固之言曰:“今海内更始,民人归本,户口岁息,平其刑辟,牧以贤良,至于家给,既庶且富,则须庠序礼乐之教化矣。”然而史迁言武帝之初,众庶街巷有马,阡陌之间成群,守闾阎者食粱肉,为吏者长子孙。而董仲舒言贫民常衣牛马之衣,食犬彘之食。虽迁,亦谓役财骄溢,或至并兼。夫苟家给人足,又何并兼之有?则知太仓之粟,陈陈相因,都鄙廪庾尽满,非人人得而食之矣。以此而言庠序礼乐,不亦难乎?故曰:“礼云礼云,玉帛云乎哉?乐云乐云,钟鼓云乎哉?”而林放问礼之本,子曰:大哉问!

不特此也。礼也者,因时世人情,为之节文者也;然则非节文人者也,君子行礼,不求变俗,以此,夫异世之礼之不可以强齐,犹异地之礼之不可以强一也。刘向之言曰:“为其俎豆筦弦之间小不备,因是绝而不为,是去小不备而就大不备,或莫甚焉。”固也,抑且愈备而愈不能行;何也?愈备,则其去人生日用愈远,非复因时世人情,为之节文之义矣。夫礼之初,始诸饮食,其燔黍而捭豚,污尊而抔饮,蒉桴而土鼓,犹若可以致其敬于鬼神;然而后圣有作,修火之利,以炮以燔,以亨以炙,以为醴酪,初不沿燔黍捭豚污尊抔饮之旧,何则?世殊则事异,人之情不存焉。叔孙生之制朝仪也,高祖曰:“令易知,度吾所能行者为之。”然则为民制礼乐者,不当度民之所易知、所能行者乎?故曰:礼也者,义之实也。协诸义而协,则礼虽先王未之有,可以义起也。汉儒日言礼乐教化,而其所从事者,非陈诸庙堂之上,人民不见不闻,则拘牵于俎豆筦弦之间,徒陈古而不与今合;以此化民,得乎?故曰:知礼乐之情者能作;识礼乐之文者能述;作者之谓圣,述者之谓明。又曰:利之所尊,尊其义也。失其义,陈其教,祝史之事也;拘牵于俎豆筦弦之间,而犹弗能备,则求为祝史而未能逮也;将以化民,不亦难乎?

《史记·礼书》曰:“今上即位,招致儒术之士,令共定仪,十余年不就。或言古者太平,万民和喜,瑞应辨至。乃采风俗,定制作。”定制作必采风俗,此即因时世人情为之节文之义;礼乐之必须制作以此。为此言者,不知何人,其所陈则古义也。《礼书》又曰:“上闻之,制诏御史曰:盖受命而王,各有所由兴;谓因民而作,追俗为制也。议者咸称太古,百姓何望?汉亦一家之事,典法不传,谓子孙何?化隆者闳博,治浅者褊狭,可不勉与?乃以太初之元,改正朔,易服色，封泰山，定宗庙百官之仪，以为典常，垂之于后云。”制诏所陈，亦古义也，独惜改正朔易服色等事，皆与民无涉耳。

论后世之礼乐不切于民生者，以《唐志》之言为最著明：《志》曰：“由三代而上，治出于一，而礼乐达于天下；由三代而下，治出于二，而礼乐为虚名。古者宫室车舆以为居，衣裳冕弁以为服，尊爵俎豆以为器，金石丝竹以为乐，以适郊庙，以临朝廷，以事神而治民。其岁时聚会，以为朝觐聘问；欢欣交接，以为射乡食飨；合众兴事，以为师田学校；下至里闾田亩，吉凶哀乐，凡民之事，莫不一出于礼。由之以教其民，为孝慈友弟忠信仁义者，常不出于居处动作、衣服饮食之间。盖其朝夕从事者，无非乎此也，此所谓治出于一。而礼乐达天下，使天下安习而行之，不知所以迁善远罪而成俗也。及三代已亡，遭秦变古，后之有天下者，自天子百官名号位序，国家制度，宫车服器，一切用秦。其间虽有欲治之主，思所改作，不能超然远复三代之上，而牵其时俗，稍即以损益，大抵安于苟简而已。其朝夕从事，则以簿书狱讼兵食为急，曰：此为政也，所以治民。至于三代礼乐，具其名物，而藏于有司，时出而用之郊庙朝廷，曰：此为礼也，所以教民。此所谓治出于二，而礼乐为虚名。故自汉以来，史官所记，事物名数，降登揖让拜俛伏兴之节，皆有司之事耳。所谓礼之末节也。然用之郊庙朝廷，自搢绅大夫从事其间者，皆莫能晓习，而天下之人，至于老死，未尝见也。况欲识礼乐之盛，晓然谕其意，而被其教化以成俗乎？”惟其不出于居处动作、衣服饮食之间，是以民至于老死而莫之见。欧氏不责后世之言礼乐者，不能即其时之居处动作、衣服饮食而为之制，顾责其不能超然远复三代之上。然则举民之居处动作、衣服饮食，悉变而还之古乎？是犹有蓬之心也夫！然民之居处动作、衣服饮食，终不可无以治之，是则欧氏所谓簿书狱讼者也；其事固不容不急。张敞谓造起律令，即以劝善禁奸，亦谓此也。然古之所谓礼者，固将举一世之民，而纳之轨物；律令则徒能恐惧之，使之有所不敢为而已。能治其身，不能治其心也。是以法出而奸生，令下而诈起也，谓其意亦在劝善禁奸，焉是矣，谓即足以劝善禁奸，焉诬矣。

清邵位西作《礼经通论》，谓古无以吉、凶、军、宾、嘉为五礼者；言吉与凶，谓居丧及免丧耳，无概以祭礼为吉礼者。乃作《周官》者特创此目，以括王朝之礼，而非所语于天下之达礼也。天下之达礼，时曰丧、祭、射、乡、冠、昏、朝、聘，邵氏谓《礼运》之丧、祭、射、御、冠、昏、朝、聘，御为乡之误。《礼经》十七篇其物，五礼则布列百司，具藏官府，若后世所谓礼书者，非可举以教人。邵氏云："保氏以教国子，乡官以教万民者，虽曰五礼，以视宗伯所掌，必有详略繁简之分；亦犹德行道艺，《地官》《春官》所载，不尽符同也。"终前汉之世，无传《周官》者。其书之体，本诸司职掌，不可以名礼也。此亦由后世所谓礼书者，不切民生日用而悟入。然则朝廷之礼，不尽切于民生日用，旧矣。

夫言古礼而徒欲陈其数，汉世固未尝无之。《史记·孔子世家》，言鲁诸儒讲礼，乡饮大射于孔子冢。《儒林传》云：高祖诛项籍，举兵围鲁。鲁中诸儒，尚讲诵，习礼乐，弦歌之音不绝。史公亦乡射邹、峄，《自序》。则邹、鲁之地，自周以来，礼乐未尝绝也。其升于朝者，徐生善为容，传子至孙延、襄。及徐氏弟子公户满意、桓生、单次，皆为汉礼官大夫。《儒林传》。《汉书·艺文志》云：制氏以雅乐声律，世在乐官，颇能纪其铿锵鼓舞。又云：文帝时，得魏文侯乐人窦公。谓窦公逮事文侯，必无此理。盖得魏国乐人之传者耳。然《何武传》言其徙京兆尹，坐举方正。所举者召见，盘辟雅拜，有司以为诡众虚伪，左迁。夫独非礼容乎哉？而《后汉书·刘昆传》，言其"少习容礼。平帝时，受《施氏易》于沛人戴宾，能弹雅琴，知清角之操。王莽世教授，弟子恒五百余人。每春秋飨射，常备列典仪。以素木瓠叶为俎豆，桑弧蒿矢，以射菟首。每有行礼，县宰辄率吏属而观之。王莽以昆多聚徒众，私行大礼，有僭上心，乃系昆及家属于外黄狱。"则并有以此获罪者矣。

《汉书·艺文志》有《雅歌诗》四篇，又有《雅琴赵氏》七篇，名定，勃海人，宣帝时丞相魏相所奏。《雅琴师氏》八篇，名中，东海人，传言师旷后。《雅琴龙氏》九十九篇，名德，梁人。师古曰："刘向《别录》云亦魏相所奏也。与赵定俱召见待诏，后拜为侍郎。"《后汉书·刘昆传注》引《别录》曰："雅琴之意，事皆出龙德《诸琴杂事》中。"昆弟子五百余人，不知所教授者，《施氏易》乎？雅琴乎？容礼乎？先汉儒者，教授数百千人者，数见不鲜。而王莽独恶昆，则昆所教授，殆必兼及雅琴、容礼，亦如徐氏之有弟子也。然则自古相传之礼乐，知之者实不独一二人矣。《汉志》所载之书，今存者不及十一，而世必以为古籍亡于秦火；三代之礼乐，汉世未尝无存者，而世必谓周、秦之际，崩坏已尽，皆一概之谈耳。《大戴记·投壶》：凡雅二十六篇。其八篇可歌，八篇废不可歌。七篇《商》《齐》，可歌也。三篇间歌。又较《汉志·雅歌》四篇为多。案八篇可歌者，盖谓《鹿鸣》《貍首》《鹊巢》《采蘩》《采苹》《伐檀》《白驹》《驺虞》

也。有甲乙相与语，甲曰：今之人，徒袭外国之法律政事，而欲以为治，不亦难乎？乙曰：今之人，若谓袭外国之法律政事而可以为治，则可语矣。彼其意，以为袭外国之法律政事，即为治耳，不计其功效如何？但以有其事为已足，汉后之言礼乐者，多有此病。

秦、汉之世，为儒法递嬗之会。《汉书·礼志》所载贾谊、董仲舒、王吉、刘向之言，儒家之义也。《循吏传》所载张敞之奏，法家之义也。《元帝纪》言："(帝)壮大，柔仁好儒。见宣帝所用多文法吏，以刑名绳下，尝侍燕，从容言陛下持刑大深，宜用儒生。宣帝作色曰：汉家自有制度，本以霸王道杂之，奈何纯任德教，用周政乎？且俗儒不达时宜，好是古非今，使人眩于名实，不知所守，何足委任。乃叹曰：乱我家者，太子也。"所谓王道指儒，霸道指法。汉之治，自宣帝以后，实儒法杂。元帝以后，乃纯于儒，然治反不逮者，饰虚文而不察其实也。王莽之虚伪，使后世之人失笑，稍深思之，或又以为不近情理，疑其未必如是。不知当时自有此等风气，盖特其尤甚者耳。以饰虚文而不察实，故无以禁奸，而莽得以篡，莽得以篡，仍崇饰虚文，以为足以为治，故卒以召亡。

汉崇儒之主，莫过于武帝；其为治，实亦儒法杂。一读《盐铁论》，则知桑弘羊之所持，纯为法家之说矣。以武帝之儒法并用，而知吾始皇用儒之说之不虚也。

黄霸何如人也？曰：诈伪人也。霸入钱谷为官，其饶于财可知。凡饶于财者，往往喜名誉。其治郡也，米盐靡密，精力能推行之。凡能自精力者，又往往好名誉也。闻巫家女相当富贵，即娶为妻，其热中可见。霸少学律令，喜为吏，其为治，专恃司察之术，是儒其名而法其实也。其害安可胜穷！或问其害安在？曰：宣帝之称扬霸也，曰狱或八年亡重罪囚，霸之治能至此乎？颍川俗夸奢，尚气力，臧匿难制御，此可旦夕致乎？然则霸故纵舍之以为名耳。或曰：以霸之善司察，固可以小安。然而如霸之所为，不能毋多张条教于法令之外。条教繁，名实紊，赏罚无所施矣。此张敞之所深恶也。使无敞之奏，郡国皆承霸意为之，有其烦碎，而无其司察之才；吏缘为奸，而民无所措手足，莽末之大乱，必见于宣、元之世。王莽之所为，意亦无恶于天下，所以致乱者，正坐名实紊而督责不施耳。然则宣帝所谓以霸王道杂之者，果为治之要义乎？曰：真儒未有不察名实者。子曰："必也正名乎？名不正，则言不顺；言不顺，则事不成；事不成，则礼乐不兴；礼乐不兴，则刑罚不中；刑罚不中，则民无所措手足。"何其类申、商之言也？真法家亦必不弃教化。韩非之言曰："糟糠不饱者，不务粱肉；短褐不完者，不待文绣。"原不谓功成治定，犹当坏利去乐也。虽墨子之非乐，亦斯义也。故曰：九流之学，辟之水火，相灭亦相生也。自元帝至于新室之所为，乃释儒法之长而用其短，亡国败家相随属，不足怪矣。夫人孰不欲释其短而用其长，乃至释其长而用其短，何也？曰：不诚无物，以伪率天下者，终必至于祸天下而还以自祸。

（三六九）汉儒术盛衰上

《汉书》称武帝初立，罢黜百家，表章六经；案此指建元元年，丞相绾奏罢贤良治申、商、韩非、苏、张之言者言之。自此以后，利禄之途，遂为儒家所专矣；此诚学术兴替之一大关键也。然武帝是时年十七耳，虽非昏愚之主，亦未闻其天亶夙成。成童未几，焉知儒术为何事？不特此也，是年卫绾免，魏其侯为相，武安侯为太尉，推毂赵绾、王臧，迎鲁申公，欲立明堂。二年，乃以赵绾请毋奏事太皇太后败。夫二年请毋奏事太皇太后，则元年尝奏事太皇太后可知。然则卫绾之奏，虽谓太后可之可，即魏其、武安等之所为，太后亦未尝尼之也。又不特此也，建元五年，立五经博士，诸子传记博士盖自此罢。此实与罢贤良治申、商、韩非、苏、张之言者同其功，其时太后亦未崩也。太后固好黄老言者，而其于儒术，优容之如此，何邪？

《史记·礼书》曰："至秦有天下，悉内六国礼仪，采择其善。至于高祖，叔孙通颇有所增益减损，大抵皆袭秦故，自天子称号，下至佐僚及宫室官名，少所变改。孝文即位，有司议欲定仪礼，孝文好道家之学，以为繁礼饰貌，无益于治，躬化谓何耳，故罢去之。孝景时，御史大夫晁错，明于世务刑名，数干谏孝景曰：诸侯藩辅，臣子一例，古今之制也。今大国专治异政，不禀京师，恐不可传后。孝景用其计，而六国叛逆，以错首名，天子诛错以解难。是后官者，养交安禄而已，莫敢复议。今上即位，招致儒术之士，令共定仪，十余年不就。或言古者太平，万民和喜，瑞应辨至，乃采风俗，定制作。上闻之，制诏御史曰：盖受命而王，各有所由兴。殊路而同归，谓因民而作，追俗为制也。议者咸称太古，百姓何望？汉亦一家之事，典法不传，谓子孙何？化隆者闳博，治浅者褊狭，可不勉与？乃以太初之元，改正朔，易服色，封泰山，定宗庙百官之仪，以为典常，垂之于后云。”此汉自武帝以前制作之大略也。案文帝尝一用公孙臣，并惑于新垣平，拜臣为博士，与诸生草改历服色事；又使博士诸生刺六经中作王制，谋议巡狩封禅事，其所为与武帝何异？或曰：汉人迷信深，此黄龙见成纪为之，然《贾生列传》言：“生以为汉兴至孝文二十余年，天下和洽，当改正朔，易服色，法制度，定官名，兴礼乐，乃悉草具其事仪法，色上黄，数用五，为官名，悉更秦之法。”帝虽谦让未皇，然以为生任公卿之位，绛、灌之属短之，乃不用。然则谓帝之用公孙臣、新垣平为惑于黄龙之瑞，其本意以为繁礼饰貌，无益于治者，臆度之辞，非其实也。贾生《陈政事疏》，极言俗流失，政败坏，而大臣特以簿书期会为大故之失，与董生改弦更张之论，如出一辙；而贾山亦劝帝立明堂，造大学。然则制度当正，教化当兴，乃当时论治者之公言，非一二人之私意也。夫欲改制度，兴教化，固非儒家莫能为，此所以卫绾、窦婴、田蚡之所为，后先一揆；窦太后虽好黄、老，而亦不之尼与？侯生、卢生之谤秦始皇而亡去也，始皇怒曰：“吾前收天下书不中用者尽去之，悉召文学方术士甚众，欲以兴太平，方士欲练以求奇药。”兴太平指文学言。《叔孙通列传》云：“秦时以文学征，待诏博士。”而伏生亦秦博士，则始皇所用，儒生正多。兴太平亦必指改制度兴教化言。始皇虽急法，特以天下初定，反侧未绝，行此以事填压。使其在位岁久，海内无虞，亦未必不能更易治法。然则改制度，兴教化，又一统以后论治者之公言，并不待文、景之世也。然则儒术之兴，乃时势为之，亦犹申、商、韩非、苏秦、张仪之言，见用于战国之世耳。或谓儒家明君臣之义，为雄猜之主所利，故尊崇之以柔天下。夫儒家主尊君抑臣，不主尊君抑民也。苟欲一人为刚，万夫为柔也，用儒家孰若用法家？且亦思汉世劝汉帝谁差天下，求索贤人，禅以帝位，而退自封百里者，谁家之学与？

汉武帝可谓隆儒之主与？曰不可。其初即位时事，乃卫绾、窦婴、田蚡等所为，非其所自为也；其后为五经博士，置弟子，议出公孙弘；此固由武帝能用弘，从其言；然终武帝之世，儒生见任用者，亦惟弘一人而已。张汤、赵禹，法家也，主父偃、朱买臣，纵横之士也，正卫绾之所欲罢也；改正朔，易服色，迟至太初元年，武帝在位既三十七年矣，苟有崇儒之心，何待是？盖其封泰山，意在求神仙；其改正朔，亦惑于公孙卿迎日推策之说耳。《礼书》之訾叔孙通也，曰官名少所变改；贾生欲法制度，亦先定官名，议虽未行，然史称诸律令所更定，及列侯悉就国，皆自贾生发之。其称晁错改制，乃在削适诸侯，而赵绾、王臧，亦欲令列侯就国，除关，举适诸实宗室无节行者；然则汉儒言礼，皆重实政，非徒以饰耳目而已。乃武帝所谓定百官之仪者，则更印章以五字耳，见《封禅书》。今《礼书》序存而书亡，武帝所定之仪，已不可得见，度必琐细无关宏旨，故书亡而其事亦亡，苟其不然，必有能言其略者矣。叔孙通之立朝仪也，征鲁诸生三十余人，有两生不肯行，曰“礼乐，积德百年而后可兴也，今死者未葬，伤者未起”；与《礼书》所载或人之言，如出一辙。礼者，因人情而为之节文，故必采风俗，然后可定制作；至武帝所訾，所谓咸称太古者，则欲大变末俗，以合于其所想望，虽若相反，其不肯苟焉实同；而武帝则徒欲速成而已，虽褊狭有所不恤，此可谓之知礼与？盖其意本徒欲以饰耳目，而非有意于行实政也。《礼乐志》言世祖立明堂辟雍，显宗即位，躬行其礼，威仪既盛美矣，然德化未流洽者，庠序未设之故。立明堂辟雍而不设庠序，即由其所兴起，徒以饰耳目故，其事亦武帝为之，可谓之隆儒之主与？《董仲舒传》云：“自武帝初立，魏其、武安侯为相而隆儒矣，及仲舒对策，推明孔氏，抑黜百家，立学校之官，州郡举茂材孝廉，皆自仲舒发之。”而据《本纪》，则初令郡国举孝廉在元光元年十一月，是岁五月，亲策贤良，董仲舒、公孙弘等出焉。举孝廉先于仲舒对策五月，则不得云自仲舒发之。《通鉴》乃系仲舒对策于建元元年。《考异》云：“不知在何时，惟建元元年见于《纪》，故著之。”沈钦韩云：“仲舒本传，孝景时为博士，武帝即位，举贤良文学，则其对策在建元元年无疑。又建元六年，辽东高庙灾，高园便殿火，《五行志》仲舒对曰云云，本传在废为中大夫时，居家推说其意，对策不得反在元光元年也。”《公孙弘传》：“武帝初即位，弘年六十，以贤良征。”《严助传》：武帝善助对，擢助为中大夫。则三人皆同岁。弘后为博士免归，元光五年复征贤良，俱非元光元年事。《董仲舒传》云：“武帝即位，举贤良文学之士，前后百数，而仲舒以贤良对策焉。”云前后则非一次，安知其在建元元年？高庙灾，高园便殿火，《志》云“对”，而《传》云仲舒居家推说其意，草稿未上，主父偃窃而奏之，则二者非一事。“推说其意”，不论何时皆可，不必正在灾时。《传》云“先是”，明仲舒乃推说行事，其事非在建元六年也。《公孙弘传》：“武帝初即位，招贤良文学士，是时弘年六十，以贤良征为博士，使匈奴，还报，不合意，上怒，以为不能，弘乃移病免归。元光五年，复征贤良文学，菑川国复推上弘，弘谢曰：前已尝西，用不能罢，愿更选。国人固推弘。”《史记·封禅书》言建元窦太后崩，其明年，征文学之士公孙弘等，《汉书》无此四字，盖钞胥所删。则《传》元光五年之五字，实为元字之误。《本纪》及《弘》《仲舒传》所载诏策，辞虽异而意则同，其为一诏无疑也。《严助传》云："郡举贤良，对策百余人，武帝善助对，由是独擢助为中大夫。"明诸人之对，皆不如助。然仲舒之对，天子异之，至于三策；弘，太常奏其第居下，天子擢为第一，皆不至不如助，明其非同时举也。然则《传》云举孝廉等事皆自仲舒发之，其辞亦不甚审矣。此亦见汉世之隆儒，出于运会之自然，而非必尽由于谁某也。

（三七〇）汉儒术盛衰下

儒术之兴，既因实政，故其学于实用颇切。董仲舒在家，朝廷有大议，使使者及廷尉张汤就其家问之，而仲舒弟子吕步舒，实以《春秋》义治淮南狱，此儒术用诸刑法者也。许商以治《尚书》善为算举治河，此儒术用诸工程者也。王式为昌邑王师，昌邑废，群臣皆下狱，使者责问：师何以无谏书？式对曰：以三百五篇谏，是以无谏书。《汉书·儒林传》。而龚遂谏王，亦曰：大王诵《诗》三百五篇，人事浃，王道备，王所行，中《诗》一篇何等也？《昌邑王贺传》。则《诗》又所以格君心之非，且该一切政事矣。盖汉世法律未备，决事多据习俗，本义理，此经义所以可折狱。《禹贡》固徒陈行事，经说则未尝不举山川之势，详疏道之宜及度地居民之法，故明于是者可以治河。韩婴、刘向有作，凡事无不引《诗》三百篇，牢笼天地，囊括古今，无所不备。见《读诗拙言》，《东塾读书记》称之。陈兰甫谓《孟子》及《礼记·坊记》《中庸》《表记》《缁衣》《大学》引《诗》，皆外传体。盖《诗》本谣辞，缘情托兴，无所的指；然正以无所的指故，随处可引申触长，于事顾无所不苞焉；此《齐》《韩诗》所以必取《春秋》，采杂说，而亦其所以能浃人事而备王道也，修己治人，资焉无遗憾矣。职是之故，当时之治经者，率重实事而不断断于简策，故其学有用而不烦。《汉书·艺文志》谓古之学者耕且养，三年而通一艺，三十而五经立。穷年不能究其学，累世不能尽其礼，实未足为儒术病也。冯奉世年三十余乃学《春秋》；儿宽带经而钼；朱买臣担束薪，行且诵；并耕且养之证。东方朔上书云："三冬文史足用。"如淳曰：贫子冬日乃得学书。此正古者"十月事讫、教于校室"之遗规也。见《公羊》宣公十五年《解诂》。夫如是，则其学不得不止于"承其大体，玩经文"而已，安得有“碎义逃难，便辞巧说，破坏形体”之诮哉？碎义逃难、便辞巧说之始，盖欲以矜流俗，立声誉，取利禄，其害实先中于心术，而学术乃受其病也。

今古文之学，相疾如仇雠，人皆病刘歆为始作俑者矣，然非歆之罪也；异端之起，今文师实自召之。夏侯胜非夏侯建为章句小儒，破坏大道；建亦非胜为学疏略，难以应敌。以应敌为务，即所谓逃难也，务于逃难，自不得不有取于碎义矣。建师事胜及欧阳高，左右采获，又从五经诸儒问与《尚书》相出入者，牵引以次章句，具文饰说，即所谓便辞巧说也。此实破坏家法之原。公孙禄劾国师公颠倒五经，毁师法，令学士疑惑，见《王莽传》。特加厉焉而已。《汉志》述当时之弊，“说五字之文，至二三万言”，注引桓谭《新论》，谓秦近君说《尧典》，篇目两字之说至十余万言，但说“曰若稽古”三万言。《儒林传》：秦恭延君，学出小夏侯，增师法至百万言。延君、近君盖一人。《赞》云：“自武帝立五经博士，开弟子员，讫于元始，百有余年，传业者寖盛，枝叶蕃滋，一经说至百余万言，大师众至千余人。”刘歆《移太常博士》，言“往者缀学之士，分文析字，烦言碎辞，学者罢老且不能究其一艺”，则如是者必不止小夏侯一家。务博闻而不思阙疑，广征异书，亦固其所。故谓古学家之弊，今学家实启之也。刘歆之訾今学，曰：“信口说而背传记，是末师而非往古。”此二语，实为古学致弊之由。盖口说自古相传，虽出末师，渊源有自，积古相传之精义存焉。而传记徒有其书，凭后人之臆见以说之，自不如积古相传之说之精也。然古学之重传记，亦可谓今学家激成之，何者？务博闻而不广考异书，凭臆为说，其可疾，自又甚于多读书而不知其义者也。故曰：古学之弊，今学家实启之也。

道一而已，循诵先儒之说可见，博考异说亦可见也。刘歆之学，略见于《五行》《艺文志》。其是非姑勿论，要不能谓为不博通，而何以后来马、郑诸儒，支离灭裂，其说且有恒人能见其非者？盖为学必先有所见，有所见，则以他人之说证吾说可也，以他人之说订吾说亦可；若本无所见，徒思左右采获，以哗世取宠而已，则于他人之说，且不能解，徒以己意曲说之，支离灭裂，复安可免？此与不考异说而妄以己意曲解者亦等耳。夫熟精义理，而证以身所涉历，与博考书传，藉万事以证明一理，实为为学之两途，今古学实由之，本可相辅而行；乃其后各得其弊如此，则学者多意不在学，而徒志于利禄故也。故曰“人能弘道，非道弘人”。

《后汉书·徐防传》，防上疏曰：“臣闻《诗》《书》《礼》《乐》，定自孔子；

发明章句，始于子夏。其后诸家分析，各有异说。汉承乱秦，经典废绝，本文略存，或无章句。收拾阙遗，建立明经，博征儒术，开置太学。孔圣既远，微旨将绝，故立博士十有四家，设甲乙之科，以勉劝学者，所以示人好恶，改敝就善者也。伏见太学试博士弟子，皆以意说，不修家法，私相容隐，开生奸路。每有策试，辄兴诤讼，论议纷错，互相是非。孔子称述而不作，又曰吾犹及史之阙文，疾史有所不知而不肯阙也。今不依章句，妄生穿凿，以遵师为非义，意说为得理，轻侮道术，寖以成俗，诚非诏书实选本意。改薄从忠，三世常道，专精务本，儒学所先。臣以为博士及甲乙策试，宜从其家章句，开五十难以试之，解释多者为上第，引文明者为高说;若不依先师，义有相伐，皆正以为非。”东京十四博士，大体皆今学也，此亦破碎之弊今学实自启之之证。

或曰:今学之弊，则既闻命矣，其书之传于后者，皆终始条贯，末系本明，绝无支离破碎之弊，其故何也？曰：此由今学家之说，皆已不传，所传者皆其删繁提要之说故也。章帝建初四年诏，引中元元年诏书，以五经章句烦多，议欲减省；至永平元年，长水校尉儵奏言，先帝大业，当以时施行。于是有白虎观之会，帝亲称制临决，如孝宣石渠故事。其书之传于今者，则《白虎通义》是也。《杨终传》:“终言宣帝博征群儒，论定五经于石渠阁。方今天下少事，学者得成其业，而章句之徒，破坏大体；宜如石渠故事，永为后世则。于是诏诸儒于白虎观论考同异焉。”当时之宗旨可知，安得有支离破碎之说存于其间乎？石渠之议,《梁丘易》《大小夏侯尚书》《谷梁春秋》以立；章帝亦令群儒选高才生受《左氏》《谷梁春秋》《古文尚书》《毛诗》。本欲删繁就简，乃更益滋异说，何也？则以异说既兴，不可卒泯，又不可一切正之，不得不广存之也。故曰:古学之分争，今学实自启之也。

章句始自子夏，后人或疑其说。然无足疑也。此章句即口说，不必有书。故防又谓“本文略存，或无章句”也。申公传《诗》，疑者则阙勿传，即防说之证。丁宽作《易说》三万言，训故，举大义而已，后人谓之小章句。大小盖以多少言之，知后来《易》说，亦渐繁滋矣。《三国志・刘表传注》引《英雄记》，言表开立学官，博求儒士，使綦毋闿、宋忠等撰《五经章句》，谓之《后定》。《荀彧传注》引《彧别传》，亦言彧说太祖“集天下大才通儒，考论六经，刊定传记，存古今之学，除其烦重”，足见订定章句，在当时实不容缓。《后汉书・桓荣传》:荣受朱普学章句四十万言，浮辞繁长，多过其实;及荣入授显宗，减为二十三万言；荣子郁复删省，定成十二万言，由是有《桓君大小太常章句》。张霸以樊儵删《严氏春秋》，犹多繁辞，乃减定为二十万言，更名《张氏学》。以删省而更名，则知前此以增益而更名者尤多也。《郑玄传论》曰："经有数家，家有数说，章句多者，或乃百余万言，学徒劳而少功，后生疑而莫正。郑玄括囊大典，网罗众家，删裁繁诬，刊改漏失，自是学者，略知所归。"玄之学所以风行一时，亦以其能删繁就简而已。

王充作《超奇篇》，力言通人贵于儒生。其所谓通人，非徒兼通五经，博综众说而已；必也如《汉志》杂家之学，所谓兼儒墨，合名法者乎？然即一家之学，亦贵博通。《后汉书·宋弘传》："帝尝问弘通博之士，弘荐沛国桓谭，才学洽闻，几及杨雄、刘向父子。"夫杨雄、刘向父子，固皆不姝姝暖暖于一先生之言者也。然学有通博，有杂博。多闻而有以贯之，通博也；支离矛盾，杂博也。《郑玄传》云：袁绍遣使要玄。"绍客多豪俊，并有才说，见玄儒者，未以通人许之，竞设异端，百家互起。玄依方辩对，咸出问表。皆得所未闻，莫不嗟服。"以玄为儒生而轻之，即王充儒生不如通人之说也。如玄者，可以附于通人之列乎？观其书之支离矛盾，而其所谓博者可知矣，盖杂博也。

汉时所谓不守章句者，如谷永、《永传》云：永于经书，泛为疏达，与杜钦、杜邺略等，不能洽浃如刘向父子及杨雄也。杨雄、《雄传》云：不为章句，训诂通而已，博览无所不见。班固、《固传》云：所学无常师，不为章句，举大义而已。王充《充传》云：好博览而不守章句。等，皆较通博之士也。亦有近于事功者，如马援是也。《援傅》云：意不能守章句。于此，见章句之学，既不免于固陋，又无益于神智，宜乎儒术极盛之时，即其衰替之会也。

（三七一）立宪古证

今世所谓君主立宪者，政有阙失，则由相臣任其责，君不任责，此其缘起亦甚古。汉世灾异策免三公则是也。何以知此为立宪政治之原也？曰尸其事者任其责，此天下之通义也。所谓谋人之军旅，败则死之；谋人之邦邑，危则亡之也。未有能违之者也。君者，尸一国之事者也；国政败坏，君安得不任其责？废之，杀之，宜也。"旧夫余俗，水旱不调，五谷不熟，辄归咎于王，或言当易，或言当杀"，《三国志·夫余传》。此政治最初之义也。然君或不任职，而别有任职者代之，则政事阙失，自当由实尸其事者任其责。周公请代成王之辞曰：王少未有识，奸神命者，乃旦也，此义也。契丹八部，尝推一大人，建旗鼓而听命焉。至其岁久，或其国有灾疾而畜牧衰，则八部聚议，以旗鼓立其次而代之。旧以为此建旗鼓者即八部之共主，其实不然，予别有考。国有疾疫而畜牧衰，建旗鼓者任其咎，而共主不与焉，则以其实不任事也。日本争夺，讫在幕府，其天皇不与焉，亦以此。又主其事者，威权既大，地位日尊，动摇之不易，则擿罚其辅弼者事亦可有。贾生曰："古者大臣，坐罢软不胜任者，不谓罢软，曰下官不职。"此在后来，但为君待其臣之礼。其初，或亦以其人不易动摇而责其左右，犹商君以太子不可刑而刑其傅黥其师也。古小国见诛于大国，则杀其大臣以说，义亦同此。

（三七二）西汉官天下之义

天下非人君所私有，义莫明于西汉，至东汉则稍以湮晦矣。眭弘因大石自立，僵柳复起，谓当有从匹夫为天子者。使友人内官长赐上书，言："汉帝宜谁差天下，求索贤人，襢以帝位，而退自封百里。"此为专制之世，绝无仅有之事。《汉书》称弘说曰："先师董仲舒有言，虽有继体守文之君，不害圣人之受命。"又称弘"从嬴公受《春秋》"。《汉书》本传。嬴公者，仲舒弟子也。见《儒林传》。汉人好言易姓革命者，非欲徒取诸彼以与此，其意乃欲于政事大有所改革，通观汉人言论自明。息夫躬虽未言革易，然其欲大施改革固亦与眭弘等同，而史亦言其治《春秋》；则昌言革易，为《春秋》家之大义矣。然盖宽饶"引《韩氏易传》，言五帝官天下，三王家天下，家以传子，官以传贤，若四时之运，功成者去，不得其人，则不居其位"。《汉书》本传。而《五行志》引《京房易传》，亦曰："复崩，来无咎。自上下者为崩，厥应泰山之石颠而下，圣人受命人君虏。"又曰："石立如人，庶士为天下雄。立于山同姓，平地异姓，立于水圣人，于泽小人。"与眭弘之言，若合符节，则《易》《春秋》义同也。此二经，盖圣人言性与天道之书，虽子贡亦不得而闻欤？然犹不止此。

《说苑·至公篇》曰："秦始皇帝既吞天下，乃召群臣而议曰：古者五帝禅贤，三王世继，孰是？将为之。博士七十人未对，鲍白令之对曰：天下官，则让贤是也；天下家，则世继是也；故五帝以天下为官，三王以天下为家。秦始皇帝仰天而叹曰：吾德出于五帝，吾将官天下，谁可使代我后者？鲍白令之对曰：陛下行桀纣之道，欲为五帝之禅？非陛下所能行也。秦始皇帝大怒曰：令之前。若何以言我行桀纣之道也？趣说之。不解则死。令之对曰：臣请说之。陛下筑台干云，宫殿五里，建千石之钟，万石之虡，妇女连百，倡优累千；兴作骊山宫室，至雍，相继不绝。所以自奉者，殚天下，竭民力，偏驳自私，不能以及人；陛下所谓自营仅存之主也，何暇比德五帝，欲官天下哉？始皇暗然，无以应之，面有惭色。久之曰：令之之言，乃令众丑我。遂罢谋，无禅意也。"谓秦皇欲官天下，自系寄托之辞；然官天下之义，为汉世儒者所常道，则可见矣。曰"行桀纣之道"，奈何"欲为五帝之禅"。曰"自营仅存之主"，言以若所为，危亡将至，继嗣之谋，非所及也。然则"谁差天下，求索贤人，禮以帝位，而退自封百里"，则可免于死亡之祸。以是匡君，是为爱君也。

或曰：安知眭弘非求媚霍光，教之以篡乎？闻此言而知自危，杀眭弘以免祸，此非不学无术者所及也。昭帝之崩也，"群臣议所立，咸持广陵王。郎有上书言：周太王废太伯，立王季；文王舍伯邑考，立武王；惟在所宜，虽废长立少可也，广陵王不可以承宗庙。言合光意，擢为九江太守。"《汉书·霍光传》。光则何所忌惮？纵不敢篡弑，必不因此而杀弘矣。孝宣即位，眭弘子为郎，当亦光所为，盖又借以自圆其立孝宣之说者也。足征光于弘言无所忌，然则光之杀之者何也？曰：光本不知大体，既下之廷尉，则从其所议耳。宣帝下盖宽饶书，中二千石执金吾议：以为宽饶指意欲求禅，大逆不道。郑昌伤其为文吏所抵挫，上书讼之。弘之死，则犹之宽饶耳。

《汉书·儒林传》："（韩）婴推诗人之意，而作《内、外传》数万言，其语颇与齐、鲁间殊，然归一也。""韩生亦以《易》授人，推《易》意而为之传。燕、赵间好诗，故其《易》微，惟韩氏自传之。""孝宣时，涿郡韩生其后也。以《易》征，待诏殿中。曰：所受《易》，即先太傅所传也。""司隶校尉盖宽饶，本受《易》于孟喜，见涿韩生说《易》而好之，即更从受焉。"案《太平御览》卷百五十九引《韩诗外传》："有五帝官天下，三王家天下之语。"知《儒林传》之说不诬。又《儒林传》：辕固与黄生争论："黄生曰：汤、武非受命，乃杀也。固曰：不然。夫桀、纣荒乱，天下之心，皆归汤、武。汤、武因天下之心，而诛桀、纣，桀、纣之民弗为使而归汤、武。汤、武不得已而立，非受命为何？"此正合于官天下之义。知谓《韩诗》与齐、鲁间殊，而其归一，亦不诬也。李寻治《尚书》，独好《洪范》灾异，又学天文月令阴阳，而亦好贺良之说。《汉书》本传。知昌言革易，为汉五经家之通义矣。

谷永对灾异曰："臣闻天生蒸民，不能相治，为立王者以统理之。方制海内，非为天子，列土封疆，非为诸侯，皆以为民也。垂三统，列三正，去无道，开有德，不私一姓，明天下乃天下之天下，非一人之天下也。" 劝成帝急复益纳宜子妇人，毋避尝字，曰推法言之，陛下得继嗣于微贱之间，乃反为福。后宫女史使令有直意者，广求于微贱之间，以遇天所开右。《汉书》本传。虽未昌言革易，然亦已寓革易之意矣。

学术恒随风气为转移，众所不知之义，一二人安得独知之？即或知之，亦只可深自缄秘耳，安得昌言于众？今观汉世，儒家之昌言革易，无所忌惮如此，知此义犹未湮晦也。诸侯将相之欲尊汉王为皇帝也，汉王曰："吾闻帝贤者有也。空言虚语，非所守也。吾不敢当帝位。"《史记》本纪。汉高不学之人，非知儒家之义者也。孝文元年，有司请立太子。上曰："朕既不德，上帝神明未歆享，天下人民，未有嗛志。今纵不能博求天下贤圣有德之人而禅天下焉，而曰豫建太子，是重吾不德也，谓天下何？其安之。有司曰：豫建太子，所以重宗庙社稷，不忘天下也。上曰：楚王，季父也，春秋高，阅天下之义理多矣，明于国家之大体。吴王于朕，兄也，惠仁以好德。淮南王，弟也，秉德以陪朕。岂为不豫哉？诸侯王宗室昆弟，有功臣，多贤及有德义者，若举有德以陪朕之不能终，是社稷之灵，天下之福也。今不选举焉，而曰必子，人其以朕为忘贤有德者而专于子，非所以忧天下也。朕甚不取也。"《史记》本纪。虽为虚辞，然天下非人君私有之义，固明白言之矣。

李云以帝欲不谛之语见杀，魏明帝问王肃，犹曰是何得不死？《三国·魏志·王肃传》。知自东汉以来，忌讳稍深矣。东汉时昌言大改革者亦少。惟郎颉条便宜，"欲大蠲法令、官名、称号、舆服、器械，事有所更，变大为小，去奢就俭"。犹有西京贾、董、翼奉之遗风。官天下之义之湮晦，盖自新、汉间始。古言立君，本有二义：一曰立君所以为民，一则曰圣人无父，感天而生，以自神其种姓。王莽专言符瑞，造图谶，神授之义日昌，而民视、民听之义稍晦矣。或曰：郅恽上书王莽，劝其归政刘氏，退就臣位。莽以其据经谶，难即害之。收系须冬，会赦得出。若是乎图谶之不专便于篡窃也？不知此乃恽或恽之子孙造以媚汉，或自夸其祖父之言。杨厚祖父春卿为公孙述将，汉兵平蜀，自杀。而厚传亦曰:春卿临命,戒子统曰:"吾绨袠中有先祖所传秘记,为汉家用。尔其修之。"有是理邪?

不龟手之药一也,或以封,或不免于洴澼洸,则其所以用之者异也。虽有继体守文之君,不害圣人之受命。眭弘以之劝汉帝禅位贤者,而许芝劝魏代汉,亦曰:"《春秋大传》曰:周公何以不之鲁?盖以为虽有继体守文之君,不害圣人受命而王。周公反政,《尸子》以为孔子非之,以为周公不圣,不为兆民也。"辅国将军等百二十人之奏,亦曰孔子曰:"周公其为不圣乎?以天下让。是天地日月轻去万物也。"《三国·魏志·文帝纪注》引《献帝传》。犹是语也。略加添改造作,而其意遂大异。

君主世袭之制,开基之主,起自草野,角群雄而臣之,险阻艰难备尝之矣,民之情伪尽知之矣,其措置自可较省。一二传后,生于深宫之中,长于阿保之手,民生利病非所知也,故书雅记非所习也,而又奉以骄奢淫逸之资,肆其言莫予违之欲,虽有中驷,亦为下材,非其人特愚,势使然也。贾生曰:"事有召祸,法有起奸。"此之谓也。此理也,仲长统昌言之,《理乱篇》言之晰矣。

(三七三)贾谊过秦论

贾生过秦之论,流俗每分为三篇,以"秦孝公据殽函之固"至"仁义不施而攻守之势异也"为上篇,"秦并海内兼诸侯"至"是二世之过也"为中篇,"秦并兼诸侯山东三十余郡"至"故旷日持久而社稷安矣"为下篇,非也。此文当以俗所谓下篇者为上篇,其所谓上中者则并不可分为二篇。俗所谓上篇者,即申说其所谓下篇中"秦地被山带河"云云之意,其中篇之首至"名号显美功业长久",所以过始皇,"今秦二世立"以下过二世,亦申其所谓下篇者"三主失道"之意耳。子婴之失则第一篇已具之,故不再申说。盖秦三主之过,实以始皇、二世为大,故下不再申说,然其论则因之亡而起其意,已具于第一篇中也。篇中之论有重要未能尽意处,别为篇补之,可以此文为法。

(三七四)新语采诗谶

今之《新语》,决为伪书,然亦间有所本,盖杂采古书为之也。《后汉书·张衡传》云:“凡谶皆以为黄帝伐蚩尤，而《诗谶》独以为蚩尤败，然后尧受命。”今《新语·思务》篇有“尧承蚩尤之失”语。盖采《诗谶》或其他原本《诗谶》之书也。

（三七五）论经学今古文之别

有问经学今古文之别者。案《史记·儒林传》云:“言《诗》，于鲁则申培公，于齐则辕固生，于燕则韩太傅；言《尚书》，自济南伏生；言《礼》，自鲁高堂生;言《易》，自菑川田生;言《春秋》，于齐、鲁自胡毋生，于赵自董仲舒。”此皆汉初所出，最纯正之今文学也。其后分立十四博士——《诗》鲁、齐、韩，《书》欧阳、大小夏侯，《礼》大小戴，《易》施、孟、梁邱、京，《春秋》严、颜。——案刘歆《让太常博士书》:“往者博士:《书》有欧阳，《易》则施、孟；然孝宣皇帝犹复广之，立《谷梁春秋》《梁邱易》《大小夏侯尚书》。”《汉书·儒林传赞》:“初《书》惟有欧阳，《礼》后，《易》杨，《春秋》公羊而已。至孝宣世，复立《大小夏侯尚书》，《大小戴礼》，《施》《孟》《梁邱易》，《谷梁春秋》;至元帝世，复立《京氏易》;平帝时，又立《左氏春秋》《毛诗》《逸礼》《古文尚书》。”则《书》之大小夏侯，《礼》之大小戴，《易》之施、孟、梁邱，刘歆云最初即有施、孟，非。《春秋》之谷梁，已非纯正之今文学。云孝宣世所立，亦不足信。近人吴兴崔适所著《史记探原》《春秋复始》，论《谷梁》为古文学，甚详。

欲考见孔子学说之真相者，当以今文家言为主;欲考见王莽、刘歆之政见者，当以古文经为主。欲考见古代之事实者，则今古文皆有价值。其中皆有古代之事实，皆有改制者之理想。吾辈紧要之手段，则在判明其“孰为事实，孰为理想”而已。但虽如此说，毕竟今文之价值，较大于古文。其中有两层理由：一则人之思想，为时代所限，此无可如何之事，孔子与刘歆、王莽虽同为改制托古之人，然孔子早于刘歆、王莽数百年，其思想与古代较接近；由之以推求古代之真事实较容易。二则造假话骗人之事，愈至后世而愈难，故王莽、刘歆，后于孔子数百年，而其所造作之言，反较孔子为荒怪，谶纬之书是也。因骗人难，故不得不索性出于荒怪，使人易于眩惑。——此等怪说，其中虽亦含有几分之神话，为治古史者最可宝贵之材料；然出于有意造作者多，大抵足以迷惑古代事实之真相。

今古文在考古上之价值如此，吾人从事于考古之时，不能不将此二者分别清楚，自无待言。盖今文家说，源出孔子，古文家说，祖述莽、歆。则考见孔子学说之真相者，固不容不剔除莽、歆之言；欲考见莽、歆学说之真相者，亦不容不剔除孔子之语。且古代史实，今日既无忠实从事于记载之书，流传于后，而欲凭孔子、莽、歆改制所托之书，以推求想像也，亦自不容不先将孔子、莽、歆之所托者分清，然后从事于推求想像也。且古代之书，传至今日者，大抵阙佚不完；任考一事，皆系东鳞西爪，有头无尾。夫两种本同之说，经割截及传讹之后，即可见其不同。故任考一事，往往有数种异说，使人无所适从。然苟于今古文家之学说，能深知其源流，则极错杂之说，殆无不可整理之为两组者。即诸子之书，于今古文家言，亦必有一合。既整理之为两组，乃从而判决其是非，则较胪列多数异说，而从事于判决者大易矣，且误谬必少。此亦治经必要分别今古文之一最大理由也。

尤有进者：则治经不当以分别今古文为已足，更当进而鉴别今文家之书，判定其价值之大小。此实为今后考古者必要之手段。盖吾国经学，凡分三时期：

（一）今文时期：十四博士以前之说是也。十四博士之说，颇疑其已非纯正之今文学。或当对《史记·儒林传》所述八家，分为新今文学派与旧今文学派，但此分别为必要与否，今尚未敢断言。

（二）古文时期：东汉马、郑诸儒之学是，皆崇信古文经，为之作注释者。

（三）新古文时期：此派起于魏、晋以后；其中有大关系者，为王肃一人。盖东汉末造，古文盛而今文衰。其后古文家中，寖至郑玄一人之说，独占势力。盖其时经说太繁杂，派别家法太多。繁杂则中人之材，难于遍涉；派别多，乃令人无所适从。郑玄起，乃将前此之所谓家法者，尽行破坏；全用主观的方法，随意采取；亦间用考据的手段，穿凿牵合。于是有此一家之书，而他家之书若可废。昧者不察，且谓玄以一人而奄有诸家之长。其实以后世之事譬之，玄所用者，乃毫不讲方法，随意纂钞之乡曲陋儒之法也。而其学说，遂自此而大行矣。盛名之下，必有思起而与之争者。当时与玄反对而今可考见者，亦有数人。但其说多亡，无甚关系。而王肃以晋武帝之外祖故，其说大行。而肃所用之手段，尤为陋劣。盖科学之所研求者为事实，学说之合不合，验诸事实而是非可明。经学家之所研求，则为与孔子之说符合与否。孔子已往之人也，势不能复起而为之判断，故其是非，本为一难解决之问题。肃乃用卑劣之手段，伪造《孔子家语》《孔丛子》《孔安国尚书传》《论语》《孝经》注，以其学说，托诸孔子后人，曰：此孔氏子孙之言，必为信史矣。其实孔子之学，传诸弟子，未闻传诸子孙也。此亦可谓之托古。而王肃之托古，乃专以之与人争名。托古之变幻至此，真匪夷所思矣。

托古改制，愈托而去古愈远，清代诸儒之考古，亦愈考而去古愈远。其初阎、王诸家之攻伪《古文尚书》，则破坏魏、晋以后之新古文，而复于东汉时代之古文学也。自武进庄氏、刘氏，以至最近南海康氏、井研廖氏，则破坏莽、歆所依据之古文经，以求复孔子学说之旧也。今后学者之任务，则在就今文家言，判决其孰为古代之真事实，孰为孔子之所托，如此，则孔子之学说与古代之事实，皆可分明，此则今之学者之任务已。

今文经之不得概执为古代事实，亦不得概以为孔子所造，而有待于鉴别，即就文学上观察，亦可见之。盖言语思想随时代而迁变，后人之思想，决不能尽同于古人；即必不能作为与古人密合之言语，此为确定不移之事实。故鉴别书籍之出于何时代，从文字上观察，实为一极可信之法。但其方法必极微密，且必为科学的，不得为现在文学家之笼统观察用“可以意会而不可以言传”之方法耳。攻击伪《古文尚书》者，所列之证据甚多，而从文字上判决，如“每岁孟春”之每字，非古书所有；“火炎昆冈，玉石俱焚”，为魏、晋后人语等是。亦为其最有力理由之一，且最初之疑点，实由此而入。《今文尚书》中，《尧典》《禹贡》反较《周诰》《殷盘》为平顺易读，此可信为真《虞夏书》乎！《周易》之卦辞爻辞，何等简奥难解；与其他春秋时之文字比较，似一时代之文字乎？此皆足以证明今文书中，有孔子自撰之文字，亦有钞录古书者也。春秋以后人之所撰，与前此之真古书，在考古上，其价值不能同等，无待言已。故有分别之必要也。此分别也，方法有种种，但须着手于考据后，方能言之。

尤有进者，就今文家言中，分别其孰为钞录古书，孰为孔子及孔门后学者所自撰，甚为紧要。而经与传之分别，却不甚紧要。经之中，有钞录古书者，亦有孔子及孔门后学者所自撰之文字。传之中，亦两者俱有之。盖经与传，同为孔门后学者所传，以其所传之经为可信，则其所传之传，亦可信也。以其所传之传为不可信，则其所传之经，亦不可信也。且经与传必合而观之，而其义始完。观吴兴崔氏《春秋复始》卷一《公羊传当正其名曰春秋传》一条可见。又如《孟子·万章》上篇论历史之言，皆为称引《书》说，亦可见此中之关系，盖如是乃可见孟子民贵君轻之义，皆出于孔门，而《尚书》乃为一有价值之书。

余所不解者，为北京大学朱君希祖之说，《北京大学月刊》一卷三号《整理中国最古书籍之方法论》。谓欲判别今古文之是非，必取立敌共许之法。“古书中无明文，今古文家之传说，一概捐除”；“所举证据，须在今文家古文家共信的书中”。因而欲取《易》十二篇、《书》二十九篇、《诗》三百五篇、《礼》十七篇、除《仪礼》中之传与记，《诗书》之序。《春秋》《论语》《孝经》七书，以为判决今古文家是非之标准。果如所言，则必（一）保证今古文家之传说不可靠，而此七部“惟字义有通假大致是相同的”经，则极可靠。然经在传授源流上，较传为可靠之说，孰为之保证乎？（二）朱君必曰：今古文家所传之经，“惟字义有通假”，此外则“大致相同”，此即其可靠之证据也。盖古文家之学为伪造而非出于孔门，固朱君所不承认也。然试问此七书者，朱君果自能解释乎？抑解释之时，仍有取于前人之传注乎？若云自能解释，则是宋以后凭臆说经之手段也，度朱君必不取。若有待于后人之传注，则于今古文家言，必一有所取矣。凭“任取其一以为解释之经文”，以判决两造之是非，不亦远乎？对于经文，今古文家无异说者，原亦有之。然今古文家言，本非绝对相异，其中同处正多，此等处本无问题，无待解决，若向来相持不决之问题，则彼此必各有经文为据。观许慎之《五经异义》及郑驳可见也。若有如朱君所云简单明了之法，可以解决，前此说经者，岂皆愚騃，无一见及者乎？朱君谓古书当“就各项学术分治；经学之名，亦须捐除”，自为名论，独其所持之方法，则似精密而实粗疏，且其攻击今文家之语，乃专指南海康氏欲尊孔子为教主，暨井研廖氏晚岁荒怪之说言之。此两说在今日，本无人崇信，何劳如此掊击？抑岂得以此两家之说，抹杀一切今文家邪？康氏欲崇孔子为教主，自系有为而言。廖氏晚年荒怪之说，亦诚不足信。然康氏昌言孔子改制托古；廖氏发明今古文之别，在于其所说之制度；此则为经学上之两大发明。有康氏之说，而后古胜于今之观念全破，考究古事，乃一无障碍。有廖氏之说，而后今古文之分野，得以判然分明，亦不容一笔抹杀也。近代崇信古学者，莫如章太炎，何以亦不视尧、舜、禹、汤、文、武、周公为神圣，而有取于孔子托古改制之说邪？清代今文学晚起，今文学家之业，所就未与古文学者之多，事诚有之。然此乃时间问题，不足为今文学者病，更不足为今文学之病也。乃近有一部分学者，几目今文学为空疏荒怪之流，而盛称古文学者为能求是。《东方杂志》近载陈君嘉益《东方文化与吾人之大任》一文，坚瓠君从而评之曰："尝谓吾国经学，本分今文家与古文家两派，今文家志在经世，其失也缘饰而附会；古文家志在求是，其失也碎义而逃难。夫固各有短长，然旧籍真面目之得遗留于今日，则当由古文家尸其功。即以科学方法而论，亦以古文家较为近似。陈君文中，于微言大义、《公羊》三世之说，称引至再，讵其学出于今文家欤？"此言窃不知所谓。志在经世，古人皆然；纯粹求真之主义，近日科学始有之；前此今文家固不知，古文家亦未有也。今文家缘饰附会，证据何在？谶纬之作伪起哀、平，与古文经同时并出之物也，顾不为缘饰附会乎？旧籍之真面目，得以遗留于今，当由古文家尸其功，此言益不能解。岂谓三家之《诗》，伏生之《书》……皆不足信；惟《古文尚书》《毛诗》《逸礼》《左氏春秋》……乃为可信乎？且古文经之大异于今文经者究安在？设无古文家，旧籍之真面目，何由遂晦乎？古文家近于科学方法之处又安在？许慎之《五经异义》，据孤证以决是非；郑玄之遍注群经，破家法而肆穿凿，足以当之乎？陈君此文，多杂引近日报章杂志，及新出之书，本非考古之作，其引证古书，自亦无从严甄真伪，一称《公羊》三世之说，遂以为其学出于今文家，天下有如此之今文学乎？夫以清代之古文学者为能求是，则今文学晚出而益精，恐未容执其中一二学者有为而言之言，一笔抹杀；若谓古代之古文家即能求是，则吾不知其所求何是也。吾为此论，非欲攻击时贤，特以学问上之方法，必真足以求真而后可。

以上皆论两汉时今古文之学。自魏、晋以后，今文学固佚亡殆尽，古文学亦残阙不完；而别有一种魏、晋人之学，与之代兴。其中亦可分两派：（一）如前所述之王肃等。其学原即东汉时之古文学，郑、王皆破家法，杂糅今古，然皆侧重于古。特其凭臆为说，变本加厉，至不惜造作伪书，以求相胜；其所说，更不如马、郑、贾、服等之可信耳。（二）如王辅嗣之注《周易》。多主空谈玄理，而不能如两汉时之朴实说经。世多以此訾之；然魏、晋人学术之程度，确高于两汉人。盖西京儒者，虽有微言大义之存，然罕能贯通，多不过仅守师说；而此师说，又本为残阙不完之说。东京儒者，则所求古文，不过训诂名物之末，其学琐屑而无条理。儒家之学，至此仅有形质而无精神，实不足以餍人心，而魏、晋人之学，乃代之而起。魏、晋人之学，所以异于汉人者，即在于有我。自有思想，故非有形质而无精神。此派学术，确能使古代哲学思想复活，以为迎接佛学之预备。虽由此以求孔门之微言大义，古代之典章文物，皆不如汉人之学之足恃；然魏、晋哲学，在中国学术史上，亦有甚大之价值。今此学之湮晦，亦已甚矣，讲而明之，宁非学者所有事？夫欲使魏、晋哲学复活，则魏、晋人空谈说经之书，其中亦有可宝之材料存焉。且魏、晋时去古究近；古人学说，未曾尽亡；虽曰任情，究有依据。即以魏、晋人之思想，测度古人，亦自较后世所臆测者为近。则即由此以求古，其价值亦自与唐、宋以后之学不同也。

（附论）后世多以魏、晋人之学为道家之学，与儒家无涉，此大误也。吾谓中国古代，自有一种由宗教变化而成之哲学。儒家之哲学，部分在《易》。今文《易》说尽亡；古文家之于《易》，多仅谈术数，而儒家之哲学，遂不可见。然今文《易》说，在魏、晋时，固未亡也。魏、晋人之谈哲学者，皆《老》《易》并重。其言《易》，迥异于东汉人。夫一种思想，不能无所本而突然发生，则其中，必多有今文《易》说存焉。所惜者，魏、晋士大夫又有好言神仙之术者，而当时之神仙家，又借儒、道二家之哲学，以自文饰，且援老子以入神仙家。后世之人，虽亦知道家与神仙家，本非一物，然罕知神仙家本一无所有，其类似道家之说，尽系窃诸儒、道二家者。于是于道家与神仙家之界限，终不能画然分明；至儒家谈哲理之说，则并尽举而奉诸道家与神仙家，不敢自有矣。吾何以知神仙家之本一无所有也？盖天下无论何种哲学，无能承认人可不死者。且苟谈哲学，无论浅深，亦断无贪求不死者。求不死者俗情，谓人可以不死者，天下之至愚也。曾是言哲学者而有之乎？而神仙家谓人可以不死，以求不死为目的，此足以证明其毫无哲学思想矣。然则神仙家果何所有乎？曰：神仙家起于燕、齐之间，观海市之现象，而以为有仙人。故其所谓仙人者，在海外三神山。又此派之人，颇通医学，于是组成一种“以求不死为目的，以（一）求神仙、（二）炼奇药、（三）御女为达目的之手段之至浅极陋之宗教”。彼其所谓不死者，非谓精神可以不死，乃直谓肉体可以不死。尸解之说，乃其大师既死，情见势绌，临时想出自解免之言耳，非其所固有也。此派自汉武帝以前，专以荧惑君主为事。为所惑者，齐宣、燕昭、秦始皇、汉武帝，皆非昏愚。又《左氏》载齐景公问晏子：“古而不死，其乐何如？”古无为不死之说者，有之者惟神仙家，则景公亦为所惑矣。景公亦有为之主也。可见此派自汉武以前，在贵族社会上势力之大。然至汉武时而其伪毕露矣，怪迂阿谀苟合之技无所施矣，则恃其不死之说，有以中贪夫之心；其金石之剂，服之亦有一时之効，如寒食散是也。仍延其残喘于士大夫之间。夫既容与于士大夫之间，则不能不略带哲学的色彩；

而《老》《易》之哲学，为当时社会上通行之哲学，遂窃取之以为缘饰附会之资。乃世遂不知其本来一无所有，亦惑矣！然彼之所有，虽尽窃诸儒、道二家，而儒、道二家之哲学，在今日传书不多，必转有存于彼书中者。故《道藏》之书，在今日，亦必有一部分有研究之价值也。《太极图》即其一证也。《太极图》原出道书，后世之所谓道书，即神仙家之书。清儒力致之，然所能证明者，确系取诸道书中，而在儒家，无传授形迹之可征耳；其与《易》说不合处何在，不能得也。夫使其为图，果与《易》之为书了无关系，何以能密合如此，且又可以之演范乎？则其为《易》之旧说，为神仙家所窃，在儒家既亡，而在神仙家书中转存，可以见矣。

东京之季，古学盛而今学微，欧阳、大小夏侯之《书》，施、孟、梁邱之《易》皆亡。《齐诗》在魏已亡。《鲁诗》不过江东。《韩诗》虽存，无传之者。《公》《谷》亦虽存若亡。于是东京十四博士传授之绪尽绝。所余者，惟东汉之古文学与魏、晋人之学之争。其在江左:《周易》则王辅嗣,《尚书》则孔安国,《左传》则杜元凯，其在河洛:《左传》则服子慎，《尚书》《周易》则郑康成，《诗》则并主于毛公，《礼》则同遵于郑氏，见《北史·儒林传》。是江左两派之势力相等，而河洛则纯为旧派也。然迄于隋，郑之《书》与《易》，服之《左氏》皆微，而王辅嗣、伪孔安国、杜元凯之书代之，唐人所修《十三经注疏》，大体沿隋之旧。其中除《孝经》为明皇御注外，汉人之注与魏、晋人之注，恰如得其半。义疏之学，至唐代而亦衰，无复措心于经学者；习帖经墨义之士，始有事焉，则相率奉官颁之书为定本而已。盖至唐而两派割据之局定矣。而何休之《公羊解诂》，巍然为今文家之硕果，存于其中，后世考今文家言，犹得有所凭借者，独赖此书之存，此外比较的为完整者则《韩诗外传》、伏生《书传》及董子之《繁露》而已。

《十三经注疏》为唐代官纂之书，从古官纂之书无佳者，《正义》荒谬之处，前人已多言之。然材料存焉，仍不可不细读，特其读之须有门径:其（一），有现代之科学思想，（二），知古人学术之源流派别而已。

凡事不知古则无以知今，今、古二字，作前、后解。而各种学问，皆贵实验，非搜集多数之材料，细其公例，以为立说之基。游谈无根，终必自悔。材料有存于现在，得以身验者，自吾有知识以来，躬所涉历者是已。有身所不逮，必借资于前人之诏诰者，书籍之足贵盖由是也。凡事既不知其前，无以知后，则求学问之材料于书籍，亦宜自最古者始，吾国最古之书，则先秦两汉之书是已。此中经之与子，吾人本平等相看；然求之却宜自经始。因自汉以后，儒学专行，传书既多，注疏尤备；自经求子易，自子求经难，手段上之方便则然也。此不独社会科学然，自然科学亦无不然，陈兰甫谓草木、鸟兽、饮食、衣服、宫室、车马，求三代以前者较易，汉魏而后者反难，因前者治经之人多有注释，后者则记载阙略是也。见《东塾读书记》。不及检书原文，但称述其意而已。

（三七六）申公

《史记·儒林传》云："申公者，鲁人也。高祖过鲁，申公以弟子从师入见高祖于南宫。吕太后时，申公游学长安，与刘郢同师。"《汉书》则云："申公，鲁人也，少与楚元王交，俱事齐人浮丘伯受《诗》。汉兴，高祖过鲁，申公以弟子从师入见于鲁南宫。吕太后时，浮丘伯在长安，楚元王遣子郢即夷王。与申公俱卒学。"于是高祖过鲁时，申公所从入见之师，本不知为何人者，变为浮丘伯。而申公之仅与夷王同师者，亦一变而与其父同学矣。案申公以武帝建元元年被征时，年八十余；则当秦焚书时，不过十岁左右。当高祖过鲁时，约及弱冠。玩《史记·儒林传》之言，申公自此以前，盖未出乡里。《汉书·楚元王传》曰："少时尝与鲁穆生、白生、申公俱受《诗》于浮丘伯，伯者，孙卿门人也；及秦焚书，各别去。"高祖崩年五十三，当秦烧书时三十二；元王若少高祖五年，亦已二十有七，与十岁左右之童子，比肩事师，恐未必然也。《盐铁论·毁学篇》：大夫曰："昔李斯与包丘子俱事荀卿；既而李斯入秦，遂取三公，据万乘之权，以制海内，功侔伊、望，名巨太山；而包丘子不免于瓮牖蒿庐，如潦岁之蛙，口非不众也，然卒死于沟壑而已。"文学曰："包丘子饭麻蓬藜，修道白屋之下，乐其志，安之于广厦刍豢，无赫赫之势，亦无戚戚之忧。"虽美刺不同，而其谓浮丘伯未尝富贵则一。争名者于朝，争利者于市，使其游于长安，安得如此？且元王既尊宠穆生、白生、申公矣，独不能厚礼迎致其师乎？然则谓高后时浮丘伯在长安，恐又子虚乌有之谈也。《楚元王传》又云："申公始为《诗传》，号《鲁诗》。元王亦次之《诗传》，号曰《元王诗》，世或有之。"元王果有《诗》，不容不登于中秘，《艺文志》何缘无之？且或即有也，古未闻有以"或有"二字连用者，则此语或恐并非《汉书》元文也。

《史记·儒林传》云:“自鲁商瞿受《易》孔子，孔子卒，商瞿传《易》六世至齐人田何。”盖自商瞿以后，虽能言其传授世数，其名字则已不能具举也。而《汉书》忽为补出桥庇子庸、馯臂子弓、周丑子家、孙虞子乘四家，果其有之，《史记》何为不言乎？言群经传授源流者，大率愈后而愈详，而其说亦愈不可信。故知《史记》所谓“言《诗》:于鲁则申培公，于齐则辕固生，于燕则韩太傅；言《尚书》:自济南伏生；言《礼》:自鲁高堂生；言《易》:自菑川田生；言《春秋》:于齐鲁自胡毋生，于赵自董仲舒”者，乃汉初最蚤可溯之大师，自此以前，能言之者罕矣。

《史记·儒林传》又云:“申公弟子为博士者十余人。孔安国至临淮太守，周霸至胶西内史，夏宽至城阳内史，砀鲁赐至东海太守，兰陵缪生至长沙内史，徐偃为胶西中尉，邹人阙门庆忌为胶东内史，其治官民皆有廉节，称其学。”“为博士者十余人”句，未知是否冒下文诸人言之。然《孔子世家》言“安国为今皇帝博士，至临淮太守”，则安国之尝为博士审矣。叙《尚书》处言“伏生教济南张生及欧阳生。欧阳生教千乘儿宽。儿宽既通《尚书》，以文学应郡举，诣博士受业，受业孔安国”，其所受者系《诗》，可知也。下文又云:“张生亦为博士。而伏生孙以治《尚书》征，不能明也。自此之后，鲁周霸、孔安国、洛阳贾嘉颇能言尚书事。”《汉书》无“孔安国”三字，此语之为妄人沾缀可知矣。《索隐》云:“缪音亡救反。缪氏出兰陵。一音穆。所谓穆生，为楚元王所礼也。”一音以下，必旧说，而《索隐》引之。如此说，则穆生实申公弟子，非申公同学。一说当有所据，惜乎其详不可得闻也。

（三七七）何邵公为学海

《东塾读书记》云:“《公羊》宣十五年《传》云:什一行而颂声作。何《注》言圣人制井田之法，遂及于出兵车，选父老里正，女功缉绩，求诗造士，凡六七百言，盖荟萃古书而贯串之;所谓学海，于此可见一斑。”愚按此段何《注》与《汉书·食货志》立说略同。特所引事实，一用今文说，一用古文说耳。然则此非何君所自为，乃经师成说，何君从而述之。《汉志》所本者同，特以所诵习之礼制，易经师旧说耳。此亦可见古学家剽窃今学之一斑。

（三七八）汉兴三雍太学

《汉书·礼乐志》云:“成帝时,犍为郡于水滨得古磬十六枚。刘向因是说上:宜兴辟雍，设庠序，陈礼乐，隆雅颂之声，盛揖逊之容，以风化天下。成帝以向言下公卿议。会向病卒。丞相、大司空奏请立辟雍。《何武传》:”成帝欲修辟雍，通三公官，即改御史大夫为大司空，武更为大司空。”案行长安城南。营表未作，遭成帝崩，群臣引以定谥。及王莽为宰衡，欲耀众庶，遂兴辟雍，因以篡位。”《平帝纪》:元始四年，“安汉公奏立明堂、辟雍。”《萧望之传》:望之子由，“为陈留太守。元始中，作明堂、辟雍，大朝诸侯，征为大鸿胪。会病，不及宾赞，还归故官”。《王莽传》:“莽奏起明堂、辟雍、灵台，为学者筑舍万区。”说皆相合。《文献通考·学校考》谓“据《礼乐志》,辟雍王莽时方立。然武帝封泰山，还登明堂，儿宽上寿曰：间者圣统废绝，陛下发愤，祖立明堂、辟雍。河间献王来朝，献雅乐，对三雍宫。《注》曰：三雍，明堂、辟雍、灵台也。则似已立于武帝时。何也？盖古者明堂、辟雍，共为一所。武帝时封泰山，济南人公玉带上黄帝时明堂图，上令奉高作明堂汶上，如带图，修封时以祠太一、五帝。盖儿宽时为御史大夫，从祠东封，遗登明堂上寿，所言如此，则所指者疑此明堂。意河间献王所对之地，亦是其处。”案《献王传》云“对三雍宫及诏策所问三十余事”;而《艺文志》有“河间献王《对上下三雍宫》三篇”;则《通鉴》胡《注》谓为“对三雍宫之制度，非召对于三雍宫”者，其说自是。武帝“登封泰山，降坐明堂”，见于《本纪》。《郊祀志》亦云：“天子从禅还，坐明堂，群臣更上寿。”然《纪》至元封二年秋，乃书“作明堂于泰山下”。五年，冬，南巡守。三月,“还至泰山,增封。祠高祖于明堂,以配上帝。”《郊祀志》云:“四月，至奉高，修封焉。初，天子封泰山，泰山东北址古时有明堂处，处险不敞。上欲治明堂奉高旁，未晓其制度。济南人公玉带上黄帝时明堂图。明堂中有一殿，四面无壁，以茅盖，通水，水环宫垣，为复道。上有楼，从西南入，名曰昆仑。天子从之入，以拜祀上帝焉。于是上令奉高作明堂汶上，如带图。及是岁修封，则祠泰一、五帝于明堂上坐，合高皇帝祠坐对之。祠后土于下房，以二十太牢。天子从昆仑道入，始拜明堂，如郊礼。毕，尞堂下。”观此，知臣瓒谓元封元年所坐，即泰山东北址古明堂处，明年秋乃作明堂，其说良是。是时明堂犹未作，而云“祖立明堂、辟雍”者，谓其意欲建立耳，不可泥也。明堂、辟雍是一，汉世更无明文。武帝营立辟雍，亦别无记载。其作明堂，则明白无疑。《地理志》：琅邪郡不其，“有泰一、仙人祠九所及明堂，武帝所起。”则武帝所作明堂，尚不止奉高一处。然言礼乐者皆不之及，盖以其用方士言所为，非如儒者所谓陈礼乐以风化天下者也。马氏又云：“徐天麟《西汉会要》言：《三辅黄图》，汉辟雍在长安西北七里。恐即王莽所立。又言大学亦在长安西北七里，有市、有狱，岂即辟雍邪？或别一所邪？”案元始之前，既无辟雍，《黄图》所言，自即王莽所立。《莽传》为学者筑舍，明与起辟雍分言，二者自不得是一。盖其营建适在一地耳。马氏又云：“鲍宣下狱，博士弟子王咸举旛大学下，曰：欲救鲍司隶者集此下。诸生会者千余人。此亦西都已立大学之证，当考。”案公孙弘请置博士弟子曰：“古者政教未洽，不备其礼，请因旧官而兴焉。”见《史记·儒林传》。则当时确未有学舍。其后员数日广，势非博士旧官所能容，必有其受学之所，即其所而称为大学，于理极顺。至于专为学者筑舍，则元始之前，必无其事，果其有之，言者必不得不及也。然则西汉三雍及大学之营建，皆在其大命将讫之年，实新朝之初政矣。若后汉则营建甚早。《后书·光武纪》：建武四年，“初起大学”。《儒林传》在五年，盖四年起，五年成也。又《纪》：中元元年，“初起明堂、灵台、辟雍”。《传》云“初建三雍。”《传》又云：“明帝即位，亲行其礼。坐明堂而朝群后。登灵台以望云物。袒割辟雍之上，尊养三老、五更。飨射礼毕，帝正坐自讲，诸儒执经问难于前。冠带缙绅之人，圜桥门而观听者，盖亿万计。”事在永平二年，见《本纪》及《续书·礼仪志》。《翟酺传》：酺于顺帝时上书，言“明帝时辟雍始成，欲毁大学，大尉赵熹以为大学、辟雍，皆宜兼存，故并传至今”。足见当时，于风化天下之具，务求其备。然刘向之说成帝，实兼以庠序为言；安汉公之兴学，亦兼及郡国乡党；《平帝纪》：元始三年，安汉公奏立学官。郡、国曰学，县、道、邑、侯国曰校，校、学置五经师一人。乡曰庠，聚曰序，序、庠置《孝经》师一人。事未必能尽行，然立法之意，则固无所偏废也。而光武、明、章，于此曾未留意，则自汉人观之，终不免于逐末而忘本也。读《汉书·礼乐志》可见。三雍、大学，于古盖皆是一，后乃逐渐分离。然至其时，则古意已堙，亦未必遍设矣。《孟子·梁惠王》下：“齐宣王问曰：人皆谓我毁明堂。毁诸？已乎？”于旧有者尚欲毁之，遑论新建？至汉世，乃毕分而毕建。盖物力丰而粉饰升平之事随之而盛也。然亦终于为粉饰升平之事而已矣。

王莽奏立明堂、辟雍，使刘歆等四人治之，事在元始五年，见《纪》，亦见《歆传》。四人者，歆与平晏、孔永、孙迁也，见《外戚恩泽侯表》。其成也，群臣奏颂莽功德，曰："明堂、辟雍，堕废千载莫能兴。"见《莽传》。足见汉人于武帝所为，莫或齿数也。

（三七九）私家教授之盛不始东汉

赵瓯北《陔余丛考》卷十六言："汉时受学者，皆赴京师。盖遭秦灭学，天下既无书籍，又少师儒；郡国虽已立学，然经义之专门名家，惟太学为盛；故士无有不游太学者。及东汉中叶以后，学成而归者，各教授门徒，每一宿儒，门下著录者至千百人，由是学遍天下矣。"此说颇为失考。疏广家居教授，学者自远方至。赣遂教授数百人。见《朱博传》。翟方进西至京师受经，积十余年，经学明习，徒众日广。其子宣，居长安教授，诸生满堂。皆前汉时事。许商门人林吉，王莽时为九卿，自表上师冢，大夫、博士、郎、吏为许氏学者，各从门人会，车数百两。《儒林传》。声气之广，无异东京。吴章，弟子千余人，莽以为恶人党，皆当禁锢。《云敞传》。刘昆，弟子五百余人。每春秋飨射，常备列典仪，县宰辄率吏属而观之；莽以昆多聚徒众，私行大礼，有僭上心，乃系昆及家属于外黄狱。《后汉书·儒林传》。则又后汉党锢之先声矣。《后汉书·王良传》：王莽时称病不出，教授诸生千余人。《儒林传》：洼丹，王莽时避世教授，徒众数百人。又周泽，隐居教授，门徒常数百人；甄宇，讲授尝数百人；核其时，亦当在莽世。此仅举易见者数事，若细核之，《后书》所载私家教授门徒之多，在西汉末若新世者，必尚不止此数也；而东汉中叶以前，更无论矣。《汉书·儒林传赞》云："自武帝立五经博士，开弟子员，设科射策，劝以官禄，讫于元始，百有余年，传业者寖盛，大师众至千余人。"此固先汉时事。《史记·儒林传》云："秦时焚书，伏生壁藏之。其后兵大起，流亡。汉定，伏生求其书，亡数十篇，独得二十九篇，即以教于齐、鲁之间。"云伏生壁藏其书，后独求得二十九篇，说不足信，云其教于齐、鲁之间则真。《传》又云："言《诗》，于鲁则申培公，于齐则辕固生，于燕则韩太傅。言《尚书》，自济南伏生。言《礼》，自鲁高堂生。言《易》，自菑川田生。言《春秋》，于齐、鲁自胡毋生，于赵自董仲舒。"此尤汉初事，为博士之学所从出，皆私学也。安得谓遭秦灭学，天下既无书籍，又少师儒乎？胡毋生为景帝博士，年老，归教于齐，齐之言《春秋》者宗之。虽为博士，教授固私家之业。董仲舒，孝景时为博士，弟子传以久次相受业，其时未为博士置弟子，仲舒之教授，亦私家之业也。安得云士无不游太学乎？陈平家贫，兄伯，常耕田，纵平使游学。楚元王与鲁穆生、白生，申公俱受诗于浮丘伯，及秦焚书，乃各别去。叔孙通之降汉，从弟子百余人。然则孔子弟子三千，孟子后车数十乘、从者数百人之风，盖自东周至秦，未之有改。秦之焚书，汉之兴学，实皆受民间风气之鼓动而不自知耳。惟好学之风盛，故觉其足忌，乃欲焚《诗》《书》，禁私学。

（三八〇）讲学者不亲授

汉世大师，所教授之弟子甚多。《后汉书·儒林传》言："精庐暂建，赢粮动有千百；其耆名高义，开门授徒者，编牒不下万人。"皆据事实而言，非臆说也。《后汉书》所载诸儒受业者之多，不可遍举。大抵千人为及门者之数，万人则编牒者之数。如牟长，自为博士及在河内，诸生讲学常有千余人，著录前后万人；蔡玄，门徒常千人，其著录者万六千人是也。《党锢传》：景毅子顾，为李膺门徒，而未有录牒，故不及于谴，毅乃慨然曰：本谓膺贤，遣子师之，岂可以漏夺名籍苟安而已？遂自表免归。此即《儒林传》所谓编牒，其人不必亲至门下也。职是故，其指授必不能遍及。《史记·儒林传》：董仲舒"下帷讲诵，弟子传以久次相受业，或莫见其面盖三年"。下文云"董仲舒不观于舍园"，此八字盖当时成语。《史记》照录之，不加删改，其时之人行文之例然也。《汉书》删改作"不窥园"三字，盖钞胥所为。世遂以"盖三年"三字下属，而董仲舒三年不窥园，成为众所熟知之故实矣。《汉书·孔光传》言：光"自为尚书，止不教授。后为卿时，会门下大生，讲问疑难，举大义"。《翟方进传》言：方进候伺胡常大都授时，遣门下诸生至常所问大义疑难。《后汉书·马融传》言："融弟子以次相传，鲜有入其室者。"《郑玄传》云："融门徒四百余人，升堂进者五十余生。融素骄贵。玄在门下三年不得见。乃使高业弟子传授于玄。间或大会诸生，不过讲正大义。"皆是物也。此风至后世亦未尝改。《晋书·隐逸传》：杨轲，"养徒数百。虽受业门徒，非入室弟子，莫得亲言。所欲论授，须旁无杂人，授入室弟子，令递相宣授"，即其一事。盖势有不给也。职是故，隶学籍者虽多，居门下者并不甚众。《后汉书·儒林·程曾传》，言会稽顾奉等数百人常居门下，则为罕有之事矣。虽官学亦如此。博士弟子初置，员五十人。此太常所选。郡、国、县、道、邑之民得诣太常受业如弟子者在外。《汉书·儒林传》云：“昭帝时，举贤良文学，增博士弟子员满百人。宣帝末，增倍之。元帝好儒，能通一经者皆复。数年，以用度不足，更为设员千人。《元帝纪》：初元五年，博士弟子毋置员，以广学者。永光三年，冬，复盐铁官、博士弟子员。以用度不足，民多复除，无以给中外徭役。郡国置五经百石卒史。成帝末，或言孔子布衣，养徒三千人，今天子太学弟子少。于是增弟子员三千人。岁余，复如故。平帝时，王莽秉政，增元士之子得受业如弟子，勿以为员。岁课甲科四十人为郎中，乙科二十人为太子舍人，丙科四十人补文学掌故云。”《史记·儒林传索隐》引如淳云：“《汉仪》：弟子射策，甲科百人补郎中，乙科二百人补太子舍人，皆秩比二百石；次郡国文学，秩百石。”与《汉书》之说异。博士弟子员数可考者如此：其中自以成帝时为最多，亦不过三千人。《后汉书·翟酺传》：酺于顺帝时上言：“孝文皇帝始置一经博士，武帝大合天下之书，而孝宣论六经于石渠，学者滋盛，弟子万数。”盖非专指一时，然其数之多，则二倍于成帝盛时而不止矣。《后汉书·儒林传》云：“光武中兴，爱好经术。未及下车，而先访儒雅，采求阙文，补缀漏逸。先是四方学士，多怀挟图书，遁逃林薮，自是莫不抱负坟策，云会京师。于是立五经博士，各以家法教授。”似其时之生徒，必不能少。而范升于建武四年沮立《费》《左》，乃言“虽设学官而无弟子”，此犹可云博士初立故尔，而翟酺亦言大学颓废，至为园采刍牧之处。然则太学之虚实，全与弟子员数之多少无涉。盖员数只是员数，隶籍者可以不来，而观翟方进遣门下诸生诣胡常，则知素无学籍者，亦未始不可临时来集也。要之与传习之关系，实甚浅也。

然则此等大师，从之何益？居其门下者，得毋皆仰慕虚名，甚或借资声气乎？此在后来，诚为习见之事，然师道初立时，必不容如此。盖由为学之道，先后不同也。《汉书·艺文志》曰：“古之学者耕且养，三年而通一艺，存其大体，玩经文而已。是故用日少而畜德多，三十而五经立也。后世经传既已乖离，博学者又不思多闻阙疑之义，而务碎义逃难。说五字之文，至于二三万言。后进弥以驰逐。故幼童而守一艺，白首而后能言。安其所习，毁所不见，终以自蔽。此学者之大患也。”朱买臣常艾薪樵，卖以给食，担束薪，行且诵书；匡衡时行赁作，带经而鉏，休息辄读诵；皆所谓耕且养者：存其大体之学，固如是而可为，其从师，亦诚于都授时往问大义疑难而足矣。碎义逃难之学，则其势不能如此。《三国·吴志·程秉传注》引《吴录》，言征崇“好尚者从学，所教不过数人辄止，欲令其业必有成也”，盖势不得不如是也。至此而犹守马融之骄贵，则师之者除借资声气而外，别无他益，不过为其虚名所眩而已。

大会都讲，可以要名誉，可以广声气，于学则无益也。然而可以要名誉，可以广声气，故讲学者恒喜为之。魏、晋以后，所讲者自儒而兼及于玄、佛，此风未之有改；宋、明之世，理学聿兴，所讲者又与二氏立异，此风亦未之有改也。会集者多，则人心易奋。故有如陆子讲“君子喻于义”一章，使听者感激泣下者。然此非陆子不能。不能而犹为之，则亦以要名誉、广声气而已。唐甄尝讥之曰：“升五尺之座，坐虎豹之皮，环而听之者百千人。在堂下者望而不见；负壁者、及阶者见而不闻；在寻丈之间者，闻而不知；在左右、前后者，知而不得。是之谓观讲。众观而已，何益之有？”《潜书·讲学》。

《南齐书·高逸传》：沈驎士，隐居余不吴差山，讲经教授，从学者数十百人，各营屋宇，依止其侧。此亦所谓常居门下者也。其数，大概不过如是耳。

（三八一）汉世向学者多孤寒之士

汉世向学者，颇多孤寒之士。公孙弘初牧豕海上。儿宽诣博士受业，贫无资用，常为弟子都养，及时时间行庸赁，以给衣食。匡衡世农夫，至衡好学，庸作以共资用。承宫，少孤，年八岁，为人牧豕；乡里有徐子盛者，以《春秋经》授诸生数百人，宫过息庐下，乐其业，因就听经，遂请留门下，为诸生拾薪。桓荣，少学长安，习《欧阳尚书》，事博士九江朱普；贫窭无资，常客佣以自给。公沙穆游太学，无资粮，乃变服客佣，为吴佑赁舂。庾乘，少给县庭为门士，郭林宗见而拔之，劝游学宫，遂为诸生佣。《后汉书·党锢传》。卫飒，家贫，好学问，随师无粮，常佣以自给。此等皆古所谓耕且养，亦今所谓工读者。翟方进西至京师受经，后母怜其幼，随之长安，织屦以给。王章学长安，独与妻居，章疾病，卧牛衣中。则又有家属相随作苦者。王吉少时学问，居长安。东家有大枣树，垂吉庭中。吉妇取枣以啖吉。吉后知之，乃去妇。东家闻而欲伐其树，邻里共止之。因固请吉，令还妇。则汉时游学者，多有家室相随。光武之长安受《尚书》，资用乏，与同舍生合钱买驴，令从者僦以给诸公费，《本纪》《注》引《东观记》。已非贫生所敢望矣。苦学者不必皆有所成，然究易于成就。自后汉崇儒重道，明帝既为功臣子孙、四姓末属别立校舍；质帝时，梁太后又诏大将军下至六百石，皆遣子入学；于是贵游子弟，羼入学校之中，势不得不“章句渐疏多以浮华相尚”矣。《后汉书·儒林传》。故凡事之衰机，即伏于其极盛之时也。

（三八二）游学

《后汉书·儒林传论》曰：“自光武中年以后，干戈稍戢，专事经学，自是其风世笃焉。其服儒衣，称先王，游庠序，聚横塾者，盖布之于邦域矣。”此风实尚不待后汉。《汉书·儒林传》言：“自武帝立五经博士，开弟子员，设科射策，劝以官禄，讫于元始，百有余年，传业者寖盛，大师众至千余人。”必不能皆在一地也。如是，向学者似不待远求，然又言“经生所处，不远千里之路”，何也？读《三国志·邴原传注》所引《原别传》而知其故矣。

《原别传》曰：“原十一而丧父。家贫。邻有书舍，原过其旁而泣。师问曰：童子何悲？原曰：孤者易伤，贫者易感。夫书者必皆具有父兄者，一则羡其不孤，二者羡其得学，心中恻然而为涕零也。师亦哀原之言而为之泣，曰：欲书可耳。答曰：无钱资。师曰：童子苟有志，我徒相教，不求资也。于是遂就书。一冬之间，诵《孝经》《论语》。及长，欲远游学，诣安丘孙崧。崧辞焉。曰：君乡里郑君，君知之乎？原答曰：然。崧曰：郑君学览古今，博文强识，钩深致远，诚学者之师模也。君乃舍之，蹑屣千里，所谓以郑为东家丘者也。君似不知，而曰然者何？原曰：先生之说，诚可谓苦药良针矣，然犹未达仆之微趣也。人各有志，所规不同。故乃有登山而采玉者，有入海而采珠者。岂可谓登山者不知海之深，入海者不知山之高哉？君谓仆以郑为东家丘，君以仆为西家愚夫邪？崧辞谢焉。又曰：兖、豫之士，吾多所识，未有若君者。当以书相分。原重其意，难辞之，持书而别。原心以为求师启学，志高者通，非若交游待分而成也，书何为哉？乃藏书于家而行。原旧能饮酒，自行之后，八九年间，酒不向口，单步负笈，苦身持力。至陈留则师韩子助，颍川则宗陈仲弓，汝南则交范孟博，涿郡则亲卢子干。归，以书还孙崧，解不致书之意。”古言知，犹今言相识。云“君似不知而曰然”，犹今言君实不识郑君，而冒充相识，其辞慢矣，而原答之甚逊。夫崧之学，岂必愈于郑玄？原舍玄而求之，殆先见拒于玄？玄所以拒之者，交结之士，声气宜广，乡里中人，不足以相扶翼。抑方望谢隗嚣之书曰："以望异域之人，疵瑕未露，欲先崇郭隗，想望乐毅。"《后汉书·隗嚣传》。乡里中人，庸或知我疵瑕，不相推奉，此亦远游之士之所以好远游也。孙崧作书相分，而原不用者，知既相违，书必泛泛，投亦无益；不如搁置也。抑谁知原果藏之于家，抑携以行而未投乎？务交结之士，其言可尽信哉？羁旅八九年，酒不向口，其苦身持力，则可谓难矣。晋世之赵至，其事最可与原参观。见《晋书·文苑传》。至而有成即原，原而不遂即至也，亦可哀矣。

交结亦非一术。《后汉书·文苑传》：高彪为诸生，游太学，有雅才而讷于言。尝从马融，欲访大义。融疾不获见。乃覆刺遗融书，讥其养痾傲士。融省书惭，追还之。彪逝而不顾。彪之见拒于融，犹邴原之不获于郑玄，且见拒于孙崧也。原逊辞以答崧，而彪盛气以陵融者，彪时在太学，声气已广，不惮融矣。融之追还之，盖亦以此。彪遂不顾者，知嫌隙已构，更下之亦无益也。《循吏传》：王涣署仇览为主簿，已而谢遣之，使入太学。同郡符融有高名，与览比宇，宾客盈室。览常自守，不与融言。融观其容止，心独奇之，乃谓曰：与先生同郡壤，邻房牖。今京师英雄四集，志士交结之秋。虽务经学，守之何固？览乃正色曰：天子修设太学，岂但使人游谈其中？高揖而去，不复与言。后融以告郭林宗。林宗因与融赍刺就房谒之，遂请留宿。林宗嗟叹，下床为拜。览所以不与融亲者，亢厉亦交结之一术也。融终下之，且与林宗俱，其交结之术，可谓异曲而同工矣。览之见知于王涣，以其为蒲亭长，劝人生业，为制科令。陈元母告元不孝，览不罪元，亲到元家，与其母子饮，为陈人伦孝行。其事绝类黄霸，岂悃愊之士也？其亢厉，亦岂其本志乎？鲁丕居大学，"性深沈好学，孳孳不倦。遂杜绝交游，不答候问之礼"。此或真为己之学，然"士友以此少之"矣。丕，恭弟，见《后汉书·恭传》。

《晋书·儒林·氾毓传》言：当时"隐逸之士，刘兆、徐苗等，皆务教授，惟毓不蓄门人，清静自守"。《隋书·隐逸·徐则传》："幼沉静，寡嗜欲。受业于周弘正，善三玄，精于议论，声擅都邑。则叹曰：名者，实之宾也，吾其为宾乎？遂杖策入缙云山。后学数百人，苦请教授，则谢而遣之。"观此二事，弥可知学者所以好游之故矣。

游学二字，昉见《史记·春申君列传》，曰"游学博闻"，盖谓其因游学所以能博闻也。学术初兴，散布未广，受业者不免拘墟，故虽极精深，而阙广大，言之似通，行之实窒，非有君人南面之学，无以用之。及杂家兴，“兼儒、墨，合名、法，知国体之有此，见王治之无不贯”，而此弊祛矣。故杂家之兴，实学术之一大变也，此惟游学可以致之，故游学实于学术大有裨益者也。然古之游学，所以求博闻，及汉世，学术既一于儒矣，离乡背井，所闻亦不过如此，而其好游反甚于古人。此则又使人惊叹于事势之迁流，有非拘于常理所能测度者矣。

（三八三）夏侯胜、桓荣

《后汉书·桓荣传》曰：“荣少学长安。贫窭无资，常客佣以自给，而精力不倦。王莽败，天下乱。荣抱其经书，与弟子逃匿山谷。虽常饥困，而讲论不辍。建武十九年，年六十余，始辟大司徒府。授太子经。二十八年，为太子少傅。赐以辎车乘马。荣大会诸生，陈其车马、印绶，曰：今日所蒙，稽古之力也，可不勉哉？三十年，拜为太常。荣初遭仓卒，与族人桓元卿同饥厄。而荣讲诵不息。元卿嗤荣曰：但自苦气力，何时复施用乎？荣笑不应。及为太常，元卿叹曰：我农家子，岂意学之为利，乃至是哉？”此事最为论者所嗤鄙，以为当时为 学之所愿，乃如此也？然《汉书·夏侯胜传》言：“胜每讲授，常谓诸生曰：士病不明经术，经术苟明，其取青紫，如俛拾地芥耳。”其言与桓荣亦何以异？然其议武帝庙乐，谓其亡德泽于民，不宜立，讼言诏书不可用。侃侃直节，何其贤也？岂徒志于富贵者而能如是哉？事何可以一端论也？人之为学，为荣利计者，固或不免。然能有所成就者，后必稍易其初志，不然，未有能有所成就者也，亦且终不能久持之。以予所见，无不如此者。然则桓荣之不弃所学，谓其徒为垂老之荣利计，亦浅之乎测丈夫矣。

（三八四）汉世豪杰多能读书

《廿二史札记》有《东汉功臣多近儒》一条，历举光武功臣，多习儒术，与其《汉初布衣卿相之局》一条并观，可见世变之亟矣。然其所言，犹有未尽者。《后汉书·顺阳怀侯传》云：伯升尝与俱学长安，习《尚书》《春秋》。《阴识传》：伯升起兵时，识游学长安。闻之，委业而归，率子弟、宗族、宾客千余人往诣伯升。是伯升与其徒党，皆曾读书也。《朱晖传》：光武与晖父岑俱学长安，有旧故。及即位，求问岑，时已卒，乃召晖拜为郎。晖寻以病去，卒业太学。则光武同学有旧故者，又不独一严光矣。诸将中盖以邓禹、贾复学业为最优，故最能偃武修文。然《李通传》言：光武征讨四方，常令通居守京师，镇抚百姓。修宫室，起学官。此又贤于萧何之徒能筹划兵饷。后汉营建太学之早，通其与有力乎？《邓禹传》言：禹有子十三人，各使守一艺。艺盖谓经艺。故和熹亦能通经；训不好文学，乃为禹所非也。《马武传》：帝与功臣诸侯燕语，从容言曰：诸卿不遭际会，自度爵禄何所至乎？邓禹先对曰：臣少尝学问，可郡文学博士。亦可见禹于经艺颇优。

《后书·儒林传赞》称美儒学之功，谓后汉所以衰敝而能多历年所者，皆学之效。乍观之，似不免阿私所好。然细思之，设使何进所召，非董卓而为张温、皇甫嵩，后汉之祸，何遽至此乎？诸葛亮鞠躬尽瘁，人人知其忠诚矣。即魏武帝，建安十五年十二月己亥令，何一语非出自肺腑？引蒙恬以自方，明虽死不敢负汉，意气感激之士，读之能无怆然流涕乎？梁太祖之功业，曷尝能过魏武帝，而汲汲谋篡如不及，人之度量相越，岂不远哉？予尝谓：魏武帝之不肯篡汉，汉世儒学盛行之效也。近世湘淮诸将之不能覆清，自宋以来理学盛行之效也。其事之是非利害，难以一言定，要其因果，则如此耳。

抑汉世儒学，能戢枭雄之心，以澹干戈之祸者，尚不仅于魏武帝、诸葛武侯见之也。当时跅弛之士盖多矣！魏朗，尝白日操刃，为兄报仇县中。后亡命陈国，从博士郤仲信游。又诣太学受五经。《后汉书·党锢传》。徐庶，少好任侠、击剑。为人报仇。后更折节学问。《三国志·诸葛亮传注》引《魏略》。何颙、友人虞伟高，有父仇未报，而笃病将终。颙往候之，伟高泣而诉。颙感其义，为复仇，以头醊其墓。后为宦官所陷，亡匿汝南间。所至皆亲其豪杰。袁绍慕之，私与往来，结为奔走之友。是时党事起，天下多罹其难。颙尝私入洛阳，从绍计议。其穷困闭厄者，为求援救，以济其患。有被掩捕者，则广设权计，使得逃隐。后又与荀爽、王允等共谋董卓。《后书·党锢传》。此等皆大侠者流也。使无名教以范围之，玄黄龙战之际，又恶知其所至乎？多一顾念名义之人，即少一裂冠毁冕之人；多一不忍杀人之人，即少一横行无忌之人。文教之维持世运，其功，诚有不可见而又不容尽没者耳。

（三八五）东汉诸将与儒学

生民之祸，无酷于兵。观秦、汉间之事可知矣。新、汉之际，战争犹酷于秦、汉之间，然后汉诸将，则颇有不嗜杀人者，此不可谓非儒学之功也。光武之遣冯异代邓禹也，敕之曰："诸将非不健斗，然好虏掠。卿本能驭吏士，念自修敕，无为郡县所苦。"岑彭破荆门，长驱武阳，持军整齐，秋毫无犯。陈俊为琅邪太守，专征青徐，检制军吏，不与郡县相干，百姓歌之。铫期自为将，有所降下，未尝虏掠。祭遵制御士心，不越法度，所在吏民，不知有军。李忠与任光同奉世祖，从攻下属县。至苦陉，世祖会诸将，问所得财物，惟忠独无所掠。朱佑将兵多受降，以克定城邑为本，不存首级之功；又禁制士卒，不得虏掠百姓，军人多以此怨之。三数将率之不嗜杀人，于九州颠覆之祸，固亦所补甚微，然此不得不归诸教化之功。冯异者，好读书，通《左氏春秋》《孙子兵法》。祭遵少好经书。朱佑初学长安。岑彭、陈俊、任光史虽不言其学业，然彭王莽时守本县长，俊少为郡吏，任光为乡啬夫，郡县吏，而李忠又以好礼修整称，王莽时为新博属长。汉世吏人亦多儒者，铫期父卒服丧三年，其非不读书尤可知矣。《祭遵传》云："尝为部吏所侵，结客杀之。初，县中以其柔也，既而皆惮焉。"《任光传》云："少忠厚，为乡吏所爱。"其非无行之徒可知。职是故，诸将私行，亦多修饬，如祭遵"为人廉约小心，克己奉公；赏赐辄尽与士卒，家无余财；身衣韦裤布被，夫人裳不加缘"，"临死遗诫：牛车载丧，薄葬洛阳。问以家事，终无所言"。遵从弟彤，"在辽东几三十年，衣无兼副"是也。寇恂不与贾复斗，冯异每所止舍，诸将并坐论功，异常独屏大树下，军中号曰大树将军。此固蔺相如、鲁仲连之所优为，然在彼辈或以天资特高，在儒者则为庸行矣。故知教化之功不可尽诬也。

光武与功臣诸侯燕语，从容言曰："诸卿不遭际会，自度爵禄，何所至乎？"邓禹先对曰："臣少尝学问，可郡文学博士。"见《马武传》。可知当时诸将，非必以武功自见者。功成之后，尚能敦行修学，居官亦多能抚循人民，兴起教化，非偶然也。如寇恂为汝南太守，修乡校，教生徒，聘能为《左氏春秋》者，亲受学焉。经明行修，名重朝廷。贾复知光武欲偃干戈，修文德，乃与邓禹并剽甲兵，敦儒学。祭遵为将军，取士皆用儒术，对酒设乐，必雅歌投壶。又建为孔子立后，奏置五经大夫。李忠为丹阳太守，起学校，习礼容，春秋乡饮，选用明经，皆是。

光武虽不任功臣，而高密、固始、胶东三侯，尝与公卿参议国家大事，亦见其人非尽武夫也。

（三八六）儒将

论流品者必以儒为尚，如将曰儒将，医曰儒医是也。此由执笔者皆儒生，故自私其类欤？盖不免焉，而亦不尽然也。世所谓儒医者，多不闲于手术。此由儒者多四体不勤故也。儒医尊而铃医贱，不复能得重糈，乃多苟图糊口，不求精进，古专家之技，遂以是而亡，近世平《银海精微》者，谓其术或非今眼科之所知，其一证也。然儒医虽不闲于技，而多好求明理，五运六气等空论，诚不足取；然审证周，用药慎，能推广方书之用，而救铃医卤莽之失者，亦不少焉。医籍俱在，不可诬也。惟将亦然，儒将所长，曰能恤人民，曰能严国纪。以严国纪言之，于大局一时之安危，所关尤巨。鉴观往史，而不免感不绝于余心也。

《后汉书·儒林传》称儒学之效曰："所谈者仁义，所传者圣法也。故人识君臣父子之纲，家知违邪归正之路，自桓、灵之间，君道秕僻，朝纲日陵，国隙屡启，自中知以下，靡不审其崩离，而权强之臣，息其窥盗之谋，豪俊之夫，屈于鄙生之议者，人诵先王言也，下畏逆顺势也。至如张温、皇甫嵩之徒，功定天下之半，声驰四海之表，俯仰顾盼，则天业可移，犹鞠躬昏主之下，狼狈折札之命，散成兵就绳约而无悔心，暨乎剥桡自极，人神数尽，然后群英乘其运，世德终其祚，迹衰敝之所由致，而能多历年所者，斯岂非学之效乎？"斯言也，乍观之，一若阿私所好者，然试设想：何进之所召者，若非董卓而为张温、皇甫嵩，汉末之祸，亦何遽至此？张温、皇甫嵩非能大有为之人，范氏谓其俯仰则天业可移，庸或太过。然如诸葛武侯之在蜀，孰能禁其不自取？犹可曰：国小民寡，大功未就，遽谋篡夺，必无以餍众心，知者不为也。乃如魏武帝，中原大乱，皆身所戡定，虽曰一统之功未竟，然吴、蜀之在当日，亦僻壤耳，功不逮此，而遽自尊者，岂可悉数？魏武而欲自取，其孰能禁之？乃观建安十五年十二月己亥令，殷殷欲以周文、齐桓为法，反复乐毅、蒙恬之行事，至于流涕，其确乎不拔为何如？而世乃妄造荀彧沮其国公九锡之议，谓公为不平，或以忧死，可谓以小人之腹，度君子之心矣。难立而易坏者，莫如纲纪。纲纪，无形可见者也，然可以范围一世之人心，使其莫敢逾越。人心咸轨于正，然后群之内可以相安，群之外莫敢予侮。自辛亥革命以来，武人擅权，裂冠毁冕，内乱不已，外寇乘之，八年征战，虽获幸胜，而萧墙之内，犹不能以一朝居，此仁人志士，所由抚膺扼腕，叹息于张温、皇甫嵩、魏武帝、诸葛武侯之不作者也。历代丧乱之时，阴受儒将之赐而不自知者有二：一在汉、魏之间，一则胜清咸、同之际。今人每訾曾、胡、左、李之伦，翼建夷以覆宗国，此乃未能论世，而欲知人。当是之时，风尘澒洞，九州豺虎，生民之祸，亦已烈矣。设更益之以武夫割据，互相攻伐，中国大局，又将何如？辛亥以后之扰攘，所以辽缓之数十年而后见者，以曾、胡、左、李辈皆读书人，莫敢干犯名义，且急流勇退，大局粗定，即释兵权故也。彼固昧于民族之义矣，然视何者为纲纪，严畏而不敢犯，夫固各以其时。试问今日，有能严民权之义，若昔时天泽之分者乎？然则所谓军人教育者，诚不宜徒骛于战胜攻取之末，而不思其本也。

虽然，儒将之效，则亦有所极矣。以张温、皇甫嵩、魏武帝、诸葛武侯、曾、胡、左、李辈之严畏名义，亦不过能使其豆相煎之祸，辽缓之数十年耳，卒不能消灭之使不作也。是何也？传曰："兵犹火也，不戢将自焚也。"见《左传》隐公四年。夫曰自焚，则非敌能胜之，而其敢亡实由于自取矣。自取之道奈何？记曰："不诚无物。"《礼记·中庸》。而兵事则尚狙诈。夫其为狙诈也，岂不曰："吾特以是遂吾之所求。"所以求之者虽诈，而其求之之意，固出于至诚恻怛也。此固非欺人之谈，然习于诈者，终将稍伤其诚，且尚诈则不能无用机巧之人，而机巧之人，其至诚恻怛之心必较薄，故军之乘时特起者，虽以哀矜始，及其久屯聚而不散，则终必稍离其真。魏武帝之后，继之以司马宣王。曾、胡硁硁，左宗棠虽少粗犷，犹不以权谲为体，至李鸿章则异是矣，而其后遂乘之以无所不为之袁世凯，岂不哀哉？握兵者终必至于无所不为，何也？曰：人生而有欲，不敢肆其欲者，以外力钳制之，使不得逞耳。握兵者则孰能钳制之？其力终必日扩，其行即随之而日肆，势也。惟至诚恻怛之士，所欲更有大于此者，乃能自抑其欲而不敢肆，此等人盖不易数觏。抑人心不能无随境而迁，后起者所值之时势，必不如创业者之艰，则其至诚恻怛之心，亦将随之而减，则其欲稍纵而行日肆矣。久之则若堤防之溃决而不可御矣。其事至浅也，其祸至博也，见微知著者，不可以不察也。魏武帝雅性节俭，不好华丽，后宫衣不锦绣，侍御履不二采，此盖其所以能奋起于艰难之中，手戡群雄。然其为司空欲身率其下也，岁发调，必使本县平其资。谯令平曹洪赀财与公家等，而公曰：我家财那得如子廉邪？然则公虽节俭，其下不必皆然，公亦明知之而不能禁也。以是推之，当时文武臣僚，风气可以想见。崔琰、毛玠典选，必崇一概难堪之行，明知其足以长伪而不恤，其亦有所不得已与？然何益矣，曹爽既已侈败，司马宣王务反爽，而其时之侈风乃弥甚，终至滔滔不可复返焉。请举二事以明之。石崇与王恺竞富，晋武帝每助恺，尝以珊瑚树赐恺，高三尺许，枝柯扶疏，无所罕比。恺以示崇。崇便以铁如意碎之。恺既惋惜，又谓崇嫉己宝，声色方厉。崇曰："不足多恨，今还卿。"乃命左右悉取珊瑚树，有三四尺者六七株，条干绝俗，光采曜日，如恺比者甚众，恺恍然自失矣。帝又尝幸王济宅，供馔甚丰，悉贮琉璃器中。琉璃来自西胡，珊瑚出于南海，汉末丧乱，至魏文帝之世，都畿犹树木成林，有待斫伐；见《三国志·王昶传》。而王、石等乃能多致远物如此，当时文武臣僚财力之雄可想，弗求胡获？无所不为之行，盖有迫之不得不然者矣。积重者难返，善观世变者，所以不欲兵之久屯聚也。

（三八七）郡国文学

汉世郡国文学之职，于教育颇有关系。诸葛丰及翟方进父翟公，皆尝为郡文学。匡衡调补平原文学，学者多上书荐衡，"经明，当世少双。今为文学就官，京师后进，皆欲从衡平原，衡不宜在远方"。可见当时文学，颇有名人为之。《三国志·杜畿传注》引《魏略》，言畿为河东太守，署乐详为文学祭酒，使教后进，河东学业大兴。《仓慈传注》引《魏略》，言令狐邵为弘农太守，是时郡无知经者，乃历问诸吏，有欲远行就师，辄假遣，令诣河东就乐详学，经粗明乃还。因设文学。由是弘农学业转兴。皆文学举职之效也。

（三八八）传、说、记

六经皆古籍，而孔子取以立教，则又自有其义。孔子之义，不必尽与古义合，而不能谓其物不本之于古。其物虽本之于古，而孔子自别有其义。儒家所重者，孔子之义，非自古相传之典籍也。此两义各不相妨。故儒家之尊孔子，曰："贤于尧舜远矣。"曰："自生民以来，未有孔子。"《孟子·公孙丑》上。而孔子则谦言“述而不作，信而好古”；《论语·述而》。即推尊孔子者，亦未尝不以“祖述尧舜，宪章文武”为言也。《礼记·中庸》。若如崇信今文者之说，谓六经皆孔子所作，前无所承，则孔子何不作一条理明备之书，而必为此散无友纪之物？又何解于六经文字，古近不同，显然不出一手，并显然非出一时乎？若如崇信古学者之言，谓六经皆自古相传之物，孔子之功，止于抱遗订坠；而其所阐明，亦不过古先圣王相传之道，初未尝别有所得；则马、郑之精密，岂不真胜于孔子之粗疏乎？其说必不可通矣。

惟六经仅相传古籍，而孔门所重，在于孔子之义。故经之本文，并不较与经相辅而行之物为重；不徒不较重，抑且无相辅而行之物，而经竟为无谓之书矣。

与经相辅而行者，大略有三：传、说、记是也。《汉书·河间献王传》曰：“献王所得书，皆经、传、说、记，七十子之徒所论。”盖传、说、记三者，皆与经相辅而行，孔门所传之书，大略可分此四类也。

传、说二者，实即一物；不过其出较先，久著竹帛者，则谓之传；其出较后，犹存口耳者，则谓之说耳。陈氏澧曰：“《荀子》曰：《国风》之好色也，其传曰：盈其欲而不愆其止，其诚可比于金石，其声可内于宗庙。《大略》。据此，则周时《国风》已有传矣。《韩诗外传》亦屡称传曰。《史记·三代世表》，褚先生曰：《诗传》曰：汤之先为契，无父而生。此皆不知何时之传也。”《东塾读书记》六。陈氏所引，实皆孔门《诗传》，谓不知何时之传者误也。然孔子以前，《诗》确已自有传，《史记·伯夷列传》引《轶诗传》是也。以此推之，《孔子世家》称孔子序《书传》，书传二字，盖平举之辞？孔子序《书》，盖或取其本文，或取传者之辞。故二十八篇，文义显分古近也。如《金縢》亦记周公之辞，其文义远较《大诰》等篇为平近。古代文字用少，书策流传，义率存于口说，其说即谓之传。凡古书，莫不有传与之相辅而行，其物既由来甚旧，而与其所传之书，又如辅车相依，不可阙一；故古人引用，二者多不甚立别，而传遂或与其所传之书，并合为一焉。汉人引据经传，不别者甚多，崔氏适《春秋复始》论之甚详，今更略举数证。《孟子·万章》一篇论舜事最多，后人多欲以补《舜典》；然《尚书》二十八篇为备，实不应有《舜典》。而完廪、浚井等事，亦见《史记·五帝本纪》。《五帝本纪》多同伏生《书传》。盖孟子、史公，同用孔门《书》说也。以此推之，《滕文公》篇引《书》曰“若药不瞑眩，厥疾不瘳”，《论语·为政》引《书》曰“孝乎惟孝”，亦皆《书传》文矣。《说文·旻部》敻下引《商书》曰：“高宗梦得说，使百工复求，得之傅岩。”语见《书序》，盖《书传》文，而作序者窃取之。“差以豪厘，缪以千里”，见《易·系辞》。《系辞释文》云王肃本有传字。案《太史公自序》述其父谈《论六家要旨》，引《系辞》“一致而百虑，同归而殊涂”，谓之《易·大传》，则王肃本是也。然《自序》又引“豪厘”“千里”二语，称“《易》曰”，《大戴·保傅》《小戴·经解》亦然。此汉人引用经传不别之证。故诸家之《易·系辞》下或无传字也。〇《孟子·梁惠王》下：“《诗》云：王赫斯怒，爰整其旅，以遏徂莒，以笃周祜，以对于天下。此文王之勇也。文王一怒而安天下之民。《书》曰：天降下民，作之君，作之师，惟曰其助上帝，宠之四方，有罪无罪，惟我在，天下曷敢有越厥志？一人衡行于天下，武王耻之。此武王之勇也。而武王亦一怒而安天下之民。”“此文王之勇也”“此武王之勇也”，句法相同。自此以上，皆当为《诗》《书》之辞。然“一人衡行于天下，武王耻之”，实为后人称述武王之语。《孟子》所引，盖亦《书传》文也。〇传之为物甚古，故又可以有传。《论语》邢疏：“汉武帝谓东方朔云：《传》曰：时然后言，人不厌其言。又成帝赐翟方进策书云：《传》曰：高而不危，所以长守贵也。是汉世通谓《论语》《孝经》为传。”然《汉志》，《鲁论》有《传》十九篇，《孝经》亦有《杂传》四篇。盖对孔子手定之书言，则《论语》《孝经》皆为传；对传《论语》《孝经》者言，则《论语》《孝经》亦经比也。〇传之名不一。或谓之义，如《礼记·冠义》以下六篇是也。或谓之解，如《管子》之《明法解》，《韩非子》之《解老》是也。《礼记》之《经解》，盖通解诸经之旨，与《明法解》《解老》等专解一篇者，体例异而旨趣同，故亦谓之解也。《墨子·经说》，体制亦与传同，而谓之说，尤传与说本为一物之证。〇《孟子·梁惠王》上对齐宣王之问曰：“仲尼之徒无道桓文之事者，是以后世无传焉。”下篇：齐宣王问曰：“文王之囿方七十里，有诸？”孟子对曰：“于传有之。”《管子·宙合》曰：“宙合有橐天地，其义不传。”此所谓传，并即经传之传也。《明法解》与所解者析为两篇；《宙合》篇前列大纲，后乃申释其义，则经传合居一简，古书如此者甚多。今所传《易·系辞》下无传字，亦不能议其脱也。

《公羊》曰：“定、哀多微辞，主人习其读而问其传，则未知己之有罪焉尔。”定公元年。古代文字用少，虽著之传，其辞仍甚简略，而又不能无所隐讳。若此，则不得不有藉于说明矣。《汉书·蔡义传》：“诏求能为《韩诗》者，征义待诏，久不进见。义上疏曰：臣山东草莱之人，行能亡所比，容貌不及众，然而不弃人伦者，窃以闻道于先师，自托于经术也。愿赐清闲之燕，得尽精思于前。上召见义，说《诗》，甚说之。”又《儒林传》：“儿宽初见武帝，语经学。”上曰：“吾始以《尚书》为朴学，弗好。朴即《老子》“朴散而为器”之朴。《淮南·精神注》：“朴，犹质也。”所谓木不斲不成器也。此可见经而无传，传而无说，即成为无谓之物。及闻宽说，可观，乃从宽问一篇。”并可见汉世传经，精义皆存于说，汉儒所由以背师说为大戒也。凡说，率至汉师始著竹帛。以前此未著竹帛，故至汉世仍谓之说也。夏侯胜“受诏撰《尚书论语说》”；《汉书》本传。“刘向校书，考《易说》，以为诸家《易说》，皆祖田何、杨叔、丁将军，大义略同，惟京氏为异党；焦延寿独得隐士之说，托之孟氏，不相与同”，《儒林传》。是也。《汉书·王莽传》：莽上奏曰：“殷爵三等，有其说，无其文。”又群臣请安汉公居摄如天子之奏曰：“《书》曰：我嗣事子孙，大不克共上下，遏失前人光，在家，不知命不易，天应棐谌，乃亡队命，《说》曰：周公服天子之冕，南面而朝群臣，发号施令，常称王命，召公贤人，不知圣人之意，故不说也。”然则说可引据，亦同于传。盖传即先师之说，说而著之竹帛，亦即与传无异耳。汉人为学，必贵师传，正以此故。刘歆等首唱异说，其所以攻击今文师者，实在“信口说而背传记，是末师而非往古”《汉书·楚元王传》附《歆传》。两语；而古学家之学，远不逮今文师者，亦实以此。以其奋数人之私智，以求之传记，断不能如历世相传之说之精也。公孙禄劾歆“颠倒《五经》，毁师法”，《莽传》。毁师法，即背师说也。

传附庸于经，记与经则为同类之物，二者皆古书也。记之本义，盖谓史籍。《公羊》僖公二年，宫之奇谏曰：“《记》曰：唇亡则齿寒。”《解诂》：“记，史记也。”史记二字，为汉时史籍之通称，犹今言历史也。《韩非子·忠孝》：“《记》曰：舜见瞽瞍，其容造焉。孔子曰：当是时也，危哉，天下岌岌。”此语亦见《孟子·万章》上篇，咸丘蒙以问孟子，孟子斥为齐东野人之语，古亦称史记为语，可为《解诂》之证。记字所苞甚广，宫之奇、咸丘蒙所引，盖记言之史，小说家之流；其记典礼者，则今所谓《礼记》是也。《记》与《礼》实非异物，故古人引《礼》者或称《记》，引《记》者亦或称《礼》。《诗·采蘩笺》引《少牢馈食礼》称《礼记》，《聘礼注》引《聘义》作《聘礼》，又《论衡·祭意》引《礼记·祭法》皆称《礼》。〇《礼记》中《投壶》《奔丧》，郑谓皆同《逸礼》，而《曲礼》首句即曰“《曲礼》曰”，可见《礼》与《记》之无别也。今《仪礼》十七篇，惟《士相见》《大射》《少牢馈食》

《有司彻》四篇无记。宋儒熊氏朋来之说。凡记皆记经所不备，兼记经外远古之言。郑注《燕礼》云：“后世衰微，幽、厉尤甚，《礼》《乐》之书，稍稍废弃，盖自尔之后有记乎？”《士冠礼疏》。《文王世子》引《世子之记》，郑《注》曰：“世子之礼亡，言此存其记。”盖著之竹帛之时，有司犹能陈其数；或虽官失其守，而私家犹能举其本末，如孺悲学《士丧礼》于孔子。则谓之《礼》；而不然者，则谓之《记》耳。记之为物甚古，故亦自有传；《士冠礼疏》：“《丧服记》，子夏为之作传，不应自造还自解之。《记》当在子夏之前，孔子之时，未知是谁所录。”案古书多有传说，已见前，《记》之《传》，或孔门录是《记》者为之，或本有而录是《记》者并录之，俱未可定也。而《礼记》又多引旧记也。如《文王世子》引《世子之记》。又引《记》曰“虞、夏、商、周，有师保，有疑丞”云云。《祭统》引《记》曰“齐者不乐”，又引《记》曰“尝之日，发公室”云云皆是。

传说同类，记以补经不备，传则附丽于经，故与经相辅而行之书，亦总称为传记，如刘歆《移太常博士》所言是也。《河间献王传》，并称经传说记，传盖指古书固有之传而言，如前所引《轶诗传》及孔子所序之《书传》是。其孔门所为之传，盖苞括于说中。

大义存于传，不存于经，试举一事为征。《尧典》究有何义？试读《孟子·万章》上篇，则禅让之大义存焉。夷考伏生《书传》《史记·五帝本纪》，说皆与孟子同，盖同用孔门书说也。此等处，今人必谓伏生袭孟子，史公又襄伏生。殊不知古代简策流传甚难，古人又守其师说甚固，异家之说，多不肯用，安得互相剿袭，如此之易？史公说尧舜禅让，固同《孟子》矣，而其说伊尹，即以割烹要汤为正说，与《孟子》正相反。何又忽焉立异乎？可见其说禅让事，乃与《孟子》所本者同，而非即用《孟子》矣。〇经义并有儒家失传，存于他家书中者。《吕览》多儒家言，予别有考。今《尚书甘誓》，徒读其本文，亦绝无意义。苟与《吕览·先己》参看，则知孔子之序是篇，盖取退而修德之意矣。传不足以尽义，而必有待于说，试亦引一事为征。王鲁，新周，故宋，非《春秋》之大义乎？然《公羊》无其文也，非《繁露》其孰能明之？《三代改制质文》篇。案亦见《史记·孔子世家》。又《乐动声义》有“先鲁后殷新周故宋”之文，见《文选》潘安仁《笙赋注》。古人为学，所以贵师承也。后人率重经而轻传、说，其实二者皆汉初先师所传。若信今文，则先师既不伪经，岂肯伪传？若信古文，则今古文经，所异惟在文字，今文经正以得古文经而弥见其可信。经可信，传、说之可信亦因可见矣。

或又谓经为古籍，据以考证古事，必较传为足据。殊不知孔门之经，虽系古籍，其文字未必一仍其旧。试观《尧典》《禹贡》，文字反较殷《盘》、周《诰》为平易可知。而古籍之口耳相传，历久而不失其辞者，亦未必不存于传、说、记之中也。然则欲考古事者，偏重经文，亦未必遂得矣。《史记·孔子世家》："孔子在位，听讼文辞，有可与人共者，不独有也；至于为《春秋》，笔则笔，削则削，子夏之徒不能赞一辞。"《公羊》昭十二年《疏》引《春秋说》云："孔子作《春秋》，一万八千字，九月而书成，以授游、夏之徒，游、夏之徒不能改一字。"然则相传以为笔削皆出孔子者，惟《春秋》一经。余则删定之旨或出孔子，其文辞必非孔子所手定也。即游、夏不能改一字，亦以有关大义者为限，若于义无关，则文字之出入，古人初不深计。不独文字，即事物亦有不甚计较者。吕不韦聚宾客著书，既成，布咸阳市门，悬千金其上，延诸侯游士宾客有能增损一字者予千金。高诱《注》多摘其误，谓扬子云恨不及其时车载其金。殊不知不韦所求，亦在能纠正其义。若事物之误，无缘举当时游士宾客，不及一扬子云也。子云既沾沾自喜，高诱又津津乐道，此其所以适成为子云及高氏之见也。

翼经之作，见于《汉志》者：曰外传，曰杂传，盖摭拾前世之传为之。《汉书·儒林传》："韩婴推诗人之意，而作《内外传》数万言。"又曰："韩生亦以《易》授人，推《易》意而为之传。"一似其传皆自为之者。然《韩诗外传》见存，大抵征引成文，盖必出自前人，乃可谓之传也。曰传记，曰传说，则合传与记、说为一书者也。曰说义，盖说之二名。曰杂记，则记之杂者也。曰故，曰解故，以去古远，故古言有待训释，此盖汉世始有。曰训传，则兼训释古言及传二者也。《毛传》释字义处为诂训。间有引成文者，如《小弁》《绵》之引《孟子》，《行苇》之引《射义》，《瞻卬》之引《祭义》，《閟宫》之引孟仲子，则所谓传也。

《汉志·春秋》有《左氏微》二篇，又有《铎氏微》三篇、《张氏微》十篇、《虞氏微传》二篇。《微》，盖即"定哀多微辞"之微；亦即刘歆《移太常博士》所谓"夫子没而微言绝"者也。定哀之闻，辞虽微，义则具存于先师之口说，何绝之有？易世之后，忌讳不存，举而笔之于书，则即所谓传也，安用别立微之名乎？今《左氏》具存，解经处极少，且无大义，安有微言？张氏不知何人。铎氏，《注》曰："楚太傅铎椒。"虞氏，《注》曰："赵相虞卿。"《史记·十二诸侯年表》曰："铎椒为楚威王傅，为王不能尽观《春秋》，采取成败，卒四十章，为《铎氏微》。赵孝成王时，其相虞卿，上采《春秋》，下观近世，亦著八篇，为《虞氏春秋》。"

二书与孔子之《春秋》何涉？铎氏之书自名《微》，非其书之外，别有所谓微者在也。今乃举左氏、张氏、虞氏之书而皆为之微，虞氏且兼为之传，其为妄人所托，不问可知。犹之附丽于经者为传、说，补经之不备者为记，本无所谓纬，而汉末妄人，乃集合传、说、记之属，而别立一纬之名也。要之多立名目以自张，而排斥异己而已。故与经相辅而行之书，实尽于传、说、记三者也。

传、说、记三者，自以说为最可贵，读前文自见。汉世所谓说者，盖皆存于章句之中。章句之多者，辄数十百万言，而《汉书》述当时儒学之盛，谓一经说至百万余言，《儒林传》。可知章句之即说。枝叶繁滋，诚不免碎义逃难、博而寡要之失；然积古相传之精义，则于此存焉。郑玄释《春秋运斗枢》云："孔子虽有盛德，不敢显然改先王之法，以教授于世，阴书于纬，以传后王。"《王制正义》。古代简策繁重，既已笔之于书，夫复安能自秘？其为窃今文家口授传指之语而失其实，不问可知。《文选》刘歆《移太常博士注》："《论语谶》曰：子夏六十四人。共撰仲尼微言。"此造纬者之自道也。然纬之名目虽妄，而其为物，则固为今文经说之荟萃；使其具存，其价值当尚在《白虎通义》之上也；乃以与谶相杂，尽付一炬，亦可哀矣。

（三八九）诗无作义

古之诗，与后世之谣辞相似，其原多出于劳人思妇，矢口所陈，或托物而起兴，或感事而陈辞。其辞不必无所因，而既成之后，十口相传，又不能无所改易。故必欲问诗之作者为何人，其作之为何事，不徒在后世不可得，即起古人于九原而问之，亦将茫然无以对。何也？其作者本不可知，至于何为而作，则作者亦不自知也。三家说《诗》，知本义者极少，即由于此。今所传《小序》，乃无一诗不知其何为而作；而其所为作，且无一不由于政治；几若劳人思妇，无不知政治之得失者。夫古者谓陈诗可观民风，抑且可知政治之得失者，以风俗之善恶，与政治之得失相关也；非谓劳人思妇，无一不深知政治，明乎其得失，且知其与风俗之关系也。所谓《小雅》讥己之得失，其流及上也。《雅》且如此，而况于《风》。若如今之《诗序》，则《风雅》何别焉？故今之《诗序》，不必问其所言者如何，但观其诗之皆能得其本义一端，即知其不可信矣。

《诗》有诵义，无作义，有以此为攻击今学之言者。《汉书·艺文志》，谓齐韩《诗》或取《春秋》，采杂说，咸非其本义是也。陈兰甫辨之云:“今本《韩诗外传》，有元至正十五年钱惟善《序》云:断章取义，有合于孔门商赐言《诗》之旨。澧案《孟子》云:忧心悄悄，愠于群小，孔子也;亦外传之体。《礼记·坊记》《中庸》《表记》《缁衣》《大学》引《诗》者，尤多似外传。盖孔门学《诗》者皆如此。其于诗义，洽熟于心，凡读古书，论古人古事，皆与诗义相触发，非后儒所能及。西汉经学，惟《诗》有《毛氏》《韩氏》两家之书，传至今日，读者得知古人内传、外传之体；乃天之未丧斯文也。《直斋书录解题》云:《韩诗外传》，多记杂说，不专解《诗》，果当时本书否？杭堇浦云：董生《繁露》、韩婴《外传》，偭背经旨，敷列杂说，是谓畔经；此则不知内外传之体矣。”其自注云:“韩非有《解老篇》，复有《喻老篇》，引古事以明之，即外传之体。其《解老》即内传也。”《东塾读书记》卷六。愚案：观此，即可知此体由来之古，所谓诗义洽熟于心。凡读古书，论古人古事，皆与诗义相触发者，古简籍少而诵之专精之世，凡书皆然，正不独《诗》;抑古之诵《诗》者皆然，亦不独孔门之言《诗》者也。古人会聚，多赋《诗》以见志，即其一证。

陈兰甫又云:“《毛传》有述古事，如《韩诗外传》之体者；如《素冠传》子夏闵子骞三年丧毕见夫子一节，《小弁传》高子曰小弁小人之诗也一节，《巷伯传》昔者颜叔子独处于室一节，《绵传》古公处豳一节，虞芮之君相与争田一节，《行苇传》孔子射于矍相之圃一节，皆外传之体。《定之方中传》建邦能命龟一节，虽非述古事，然因经文卜云其吉一语，而连及九能，亦外传之体也。”同上。然则《韩诗外传》乃《毛诗》家所不能为耳，非其所不欲为也。

（三九〇）毛诗传授之诬

群经传授源流，有极不可信者。刘歆云:“先师皆起于建元之间。”经学之渊源，必不始此；然先师名字之可记识者，则始于此矣。言群经之传授者，当以《史记》《两汉书》《儒林传》《艺文志》。《隋书》《经籍志》。《经典释文》《叙录》。为大宗。前人记识，偶有遗落，而后人从而补之，原非必不可有之事。然前人所遗落，何至如是之多，而其所补者，又多无征不信，龃龉难通，其不免于臆造附益可知。观于此，而知信史之难得矣。

《史记·儒林传》曰:“言《诗》，于鲁则申培公，于齐则辕固生，于燕则韩太傅；

言《尚书》，自济南伏生；言《礼》，自鲁高堂生；言《易》，自菑川田生；言《春秋》，于齐、鲁自胡毋生，于赵自董仲舒。”此其源流，皆确实可据，而其人之行事，亦确有可征者也。至《汉书》，则已有不尽然者。

《史记》云“言《诗》于鲁则申培公”，非谓申培公之学，无所受之也，其名氏不复传也；故但曰“吕太后时，申公游学长安，与刘郢同师”而已。而《汉书》补出浮丘伯之名，《儒林传》曰：申公与楚元王交，俱事齐人浮丘伯。吕太后时，浮丘伯在长安，元王遣子郢与申公俱卒业。《元王传》曰：少时，尝与鲁缪生、白生、申公，俱受《诗》浮丘伯；伯，孙卿门人。及秦焚书，各别去。郢之名，则作郢客。浮丘伯之行事，既无可考；元王贤王，果曾与申公同师，史公无缘不知；知之，无缘置之而独言其子。然则申公与元王同师，或因与其子同师而传讹。而缪生、白生尝与元王同学，或又因其与申公为同功一体之臣而傅会也。此说如确，则浮丘伯之名，可信与否，亦有不可知者矣。然此尚仅有可疑而已。乃如《毛诗》，《汉志》云：“又有毛公之学，自谓子夏所传，而河间献王好之，未得立。”自谓者，无征之辞；好之，亦仅好之而已。乃《诗谱》云：“鲁人大毛公为《训诂传》，河间献王得而献之，以小毛公为博士。”分毛公为大小，固已未知所据；而易好之为献之，则诸言河间献书者，何以不及《毛诗》；而刘歆校书中秘，亦何以但称无师说之《逸礼》《古文尚书》《周官》《左氏》，而不及有《诂训传》之《毛诗》乎？郑氏但言毛公有二，未举其名也。《后汉书·儒林传》曰：“赵人毛长传《诗》，是为《毛诗》。”毛长者，大毛公乎？小毛公乎？何以易鲁而为赵也？《隋志》：“《毛诗》二十卷，汉河间太守毛苌撰。”又易长而为苌，且变赵人为河间太守，总不知其何据。陆玑云：“孔子删《诗》授卜商，商为之序，以授鲁人曾申，申授魏人李克，克授鲁人孟仲子，孟仲子授根牟子，根牟子授赵人荀卿，荀卿授鲁国毛亨，毛亨作《训诂传》，以传赵国毛苌。时人谓亨为大毛公，苌为小毛公。”玑与郑玄，相去极近，《毛诗》果出子夏，乃圣门高弟，荀卿则六国名儒，岂容置而不言？称人不举名字，但用当时称号，汉人类然，如伏生名胜，始见《后汉书·伏湛传》，《史》《汉》皆但作伏生是。案此等有可信者，亦有不可信者。如伏氏世传儒业，行事众所共知，先祖之名，后昆自不容虚构；乃如遥遥华胄，信否难征，欲以谱牒之具存，显示胤裔之非伪，则名字爵里，或谓往史所不详，转非后人所能共信矣。而于邑里颇重，果大毛公鲁人，小毛公赵人，康成岂得不加别白也？《释文》以此为一说，又引徐整云：“子夏授高行子，高行子授薛仓子，薛仓子授帛妙子，帛妙子授河间人大毛公，毛公为《诗故训传》于家，以授赵人小毛公，小毛公为河间献王博士。”整亦三国吴人，说之乖异又如此。而所举人名，又无一有行事可征验者，安得不令人疑而不信乎？

（三九一）诗序上

《诗序》辩说，最为纷歧。若知汉时所谓古学者，皆摭拾传记为之；其所谓出于某某者，大抵附会依托，不可信据，则亦无疑于此矣。

《诗序》谁作，宋以后说多凭臆测，无可征验，即亦无从辩论。其为古说者有三：郑氏《诗谱》，谓《大序》子夏作，《小序》子夏、毛公合作，一也；《正义》引沈重说。王肃《家语注》，以为子夏作，二也；《后汉书·儒林传》：以为卫宏作，三也。宏与郑、王，相去甚近，《序》果宏作，郑、王无缘不知；然《序》有郑注而无郑笺，实为出于《毛传》以后之确证。其文平近谐婉，且不类西汉人作，更无论先秦矣。郑、王何至并此而不能辨？然一以为径出子夏，一以为兼出毛公，何也？古人云某书某作，不必其人亲著竹帛，特推所自来耳。《序》出子夏、毛公，盖古学家旧说，其著之竹帛，实始卫宏。郑、王皆本所自来，故以子夏、毛公为言耳。《隋志》谓“子夏所创，毛公及卫宏又加润益”，盖古学家成说，非苟为调停之辞也。郑、王、范晔皆言之不具耳。然《序》实古学家采缀古书所为，不惟非子夏，亦必不出毛公也。郑樵云：“汉世文字，未有引《诗序》者，惟黄初四年，有曹共公远君子近小人之语，盖宏之《序》至是始行也。”此说甚是，可为《诗序》晚出之确证。

《诗》之《大小序》，亦为聚讼之一端。有就《关雎》一序，分为大小者；有就各诗，分析其首句为《小序》，下为《大序》者。《释文》引旧说云：“起至用之邦国焉，名《关雎序》，谓之《小序》；自风风也，讫末，名为《大序》。”朱子作《诗序辩说》，以诗者志之所之至也为《大序》，余为《关雎小序》。以初句为子夏作，说出成伯屿。苏辙《诗集传》，只存首句，余皆删。程大昌《考古编》，亦以首语为古序，续申者为卫宏语。案魏源《诗古微》论三家《诗》亦有序，颇允。诸家所引《韩诗》，如《关雎》刺时也，《芣苢》伤夫有恶疾也等，皆与《诗序》首语一例。张揖习《齐诗》，《上林赋注》：“《伐檀》，刺贤者不遇也。”亦同。盖作序者依三家体例为之也。《隋志·史部》论簿录之语曰："孔子删书，别为之序，各陈作者所由。韩毛二《诗》，亦皆相类。"案《旧唐志》:《韩诗》二十卷，卜商序，韩婴撰。《韩诗翼要》十卷，卜商撰。《毛诗集序》二卷，卜商撰。《新书志》:《韩诗》，卜商序，韩、婴注，二十二卷，又《外传》十卷，《卜商集序》二卷，又《翼要》十卷。《翼要》当属《毛诗》。《旧书》韩字盖衍。韩、毛之序，体例相同，观《隋志》之言可见。《翼要》则窃疑其放《外传》也。虽无以知其必然，然《关雎》之序，非仅说《关雎》一诗；而各序首句及其下文，显有斧凿痕迹，则无可疑也。予谓《大小序》之分，大体当从朱熹之说，自起至"用之邦国焉"为《小序》，专序《关雎》一诗。"风风也"至"诗之至也"为《大序》，总论全诗之义。"然则关雎麟趾"以下，介于《大》《小序》之间，盖论全诗之义既竟，专论《周南》《召南》，又迴合至《关雎》一篇者也。《大》《小序》之名，盖传此序者所立，而非作此序者胸中先有此区别。故以其义论之，则一篇之中，兼苞专论《关雎》、统论诗义及《二南》两端；以其文言之，则又一气相承，不能分割也。盖作《诗序》者，以论全诗及《二南》之语，合诸《关雎序》中，后人欲加分别，乃立大小之名也。此序最可见古学家之说系摭拾传记而成。

此序统论诗义者，自"风风也"至"教以化之"，论风之义；"诗者志之所之"至"移风俗"，论诗及乐；"故诗有六义焉"至"六曰颂"，论六义；"上以风化下"至"诗之至也"，论风、雅、颂。论诗及乐者，取诸《乐记》；论六义者，取诸《周官》；余与论《二南》及《关雎》一诗者，盖取诸三家。而其文又有夺佚。且《诗》止《风》《雅》《颂》三体，而《序》云诗有六义，乃生赋、比、兴究为诗篇异体，抑诗文异辞之疑。康成最喜牵合《周官》，乃谓孔子录《诗》，已合风雅颂中，难可摘别。并谓《七月》一诗，备有三体，以牵合《周官》籥章之文。于是疑窦丛生，殊不知作《诗序》者，不过见《周官》即漫采之，初未计及《周官》六诗之说，与《诗经》风、雅、颂之体不能相容也。古学家之说多如此。后来弥缝渐密，初出时则极粗略，如郑众以《书序》之《周官》，即今谓之《周礼》之《周官》，篇卷多少，文体异同，皆不顾虑，真可发一大噱。以《风》、大小《雅》、《颂》为四始，无论如何弥缝，其说终不可通。《史记·孔子世家》曰："《关雎》之乱，以为《风》始，《鹿鸣》为《小雅》始，《文王》为《大雅》始，《清庙》为《颂》始。"《诗序》云："《关雎》，《风》之始也。"说实与《史记》同。《雅》《颂》安得独异。然则是谓四始之上，明有夺文；而郑即随其夺而曲说之也。《史记》之说，盖出

《鲁诗》。《汉书·匡衡传》，衡上疏曰孔子论《诗》，以《关雎》为始则《齐诗》说亦不异。《诗疏》引《汜历枢》曰:“《大明》在亥,水始也;《四牡》在寅,木始也;《嘉鱼》在巳，火始也;《鸿雁》在申，金始也。”此别一说，谶纬之文，不尽可信，然亦不以《风》《大小雅》《颂》为四始也。《曲礼》之“若夫坐如尸,立如齐”,据《大戴记·曾子事父母》，明有夺文。而郑引《左氏》是谓我非夫，读夫为如字。亦其随文曲释之一证。自敬仲至康成,中间未更丧乱,《诗序》不应更有夺佚,故知《诗序》之作，确在敬仲以前，特与毛义亦不尽合，如《静女》。可决其与《毛传》非一家言耳。

《汉志》云:“鲁申公为《诗》训诂,齐辕固生、燕韩生皆为之传。或取《春秋》,采杂说，咸非其本义；与不得已，《鲁》最为近之。”此古学家之诬辞，以此攻击三家,殊不足信;三家遗说,陈氏父子所辑,大抵相同。其原同,其流自不得异也。《史记·儒林传》曰:“韩生推诗之意而为《内外传》数万言，其语颇与齐、鲁间殊，其归一也。”燕与齐、鲁如此,齐鲁之间更不待论矣。然夫子自道则真矣。今所传《诗序》,《鸱鸮》出《金縢》,《北山》同《孟子》,《都人士》同《礼记·缁衣》,《那》同《国语·鲁语》，此外同《荀子》者尤多；其无书可见者，则有《高子》,《丝衣序》引之；皆所谓取《春秋》采杂说者也。《诗》三百五篇，从无异说，《诗序》忽多出《南陔》《白华》《华黍》《由庚》《崇丘》《由仪》六篇,盖即采自《乡饮酒礼》及《燕礼》，三家无《都人士》首章，而毛有之，盖即据《缁衣》以补之也。郑渔仲曰:“毛公时,《左传》《孟子》《国语》《仪礼》未盛,而先与之合。世人未知《毛传》之密,故俱从三家。及诸书出而证之,诸儒得以考其异同得失。长者出而短者自废,故皆舍三家而宗毛。”恶知夫毛之与诸书合,正以其出较晚,故所采皆汉时见存之书；三家口说流传，未著竹帛，故其渊源虽旧，转若无征不信邪？朱熹曰:“其初有齐鲁韩氏之说，并传于世，读者知其出于后人之手，不尽信也。其后三家之传又绝，而毛说孤行，则其抵牾之迹，无复可见。此序遂若诗人先所命题，诗反因序而作，于是读者转相尊信，无敢拟议；至于有所不通，则必委曲迁就，穿凿而附合之。宁使经之本文，缭戾破碎，不成文理，而终不忍明以《小序》为出于汉儒也。”其说较渔仲为允矣。

世同则俗同，俗同则人之心思相类，故彼此之意，易于推测而知，虽复托诸比兴，不翅矢口而陈，此陈诗之所以可观民风也。何休《公羊解诂》曰:“男女有所怨恨，相从而歌，饥者歌其食，劳者歌其事，男年六十、女年五十无子者，官衣食之，使之民间求诗，乡移于邑，邑移于国，国以闻于天子。故王者不出牖户，尽知天下所苦，不下堂而知四方。”宣公十五年。《汉书·食货志》略同，盖出《齐诗》。《诗序》曰：“国史明乎得失之迹，伤人伦之废，哀刑政之苛，吟咏情性，以风其上，达于事变，而怀其旧俗者也。故变风，发乎情，止乎礼义。发乎情，民之性也；止乎礼义，先王之泽也。”亦以风诗为出自民间，故知《诗序》之说，多采自三家也。此诗之六义也。三家于诗，有如《芣苢》《柏舟》等篇，能得其本事者，必非乡壁虚造，必也有所受之。自古学家为之，而劳人思妇之辞，皆变为士夫之作；歌其食歌其事者，皆变为刺讥朝政矣。如此，则《风》《雅》何别乎？善乎朱熹之言之也，曰：“诗之文意事类，可以思而得；其时世名氏，不可以强而推。今乃不然，不知其时者，必强以为某王某公；不知其人者，必强以为某甲某乙；于是傅会书史，依托名谥，凿空妄语，以诳后人。且如《柏舟》，不知其不得于夫，而以为不遇于君，此则失矣。然有所不及而不自欺，则亦未至于大害理也。今乃断然以为卫顷公之时，则其欺罔之罪，不可掩矣。盖其偶见此诗，冠于三卫变风之首，是以求之春秋之前。而《史记》所书，庄、桓以上，卫之诸君，事皆无可考者，谥亦无甚恶者，独顷公有赂王请命之事，其谥又为甄心动惧之名，如汉诸王，必其尝以罪谪，然后加以此谥，以是意其必有弃贤用佞之失，而遂以此诗予之也。”其于作序者采摭古书穿凿傅会之情，可谓洞烛无遗矣。芣苢，马舄；马舄，车前，《尔雅》亦无异说。而王肃引《周书·王会》云：“芣苢如李，出于西戎。”王基驳云：“《王会》所记杂物奇兽，皆四夷远国，各赍土地异物，以为贡贽，非周南妇人所得采。”见《疏》。其说允矣。要而言之，见古书即采摭之，而不顾其合于理不合于理，合于事不合于事而已。凡古学家之说，大抵如此逐渐造成者也。

（三九二）诗序下

儒生或不免锢蔽，而非儒生又不可以言经。何者？各种学问，皆自有其条例，非治之者不能知；不治其学，而闻其言，愿者河汉之，轻者非笑之矣。王仲任以能说一经者为儒生，博览古今者为通人，谓儒生不如通人，《论衡·超奇》。固也。如仲任者，可以谓之通人矣乎！读《论衡》者盖无异辞，即吾亦无异辞也。然其论经学则多缪，由经学自有条例，仲任不能知也。今日博闻之士，其达识固多逾于专门科学之家，然不可以言科学也，视此。

《论衡·谢短》:“问《诗》家曰：诗作何帝王时也？彼将曰：周衰而诗作，盖康王时也。康王德缺于房，大臣刺晏，故诗作。夫文、武之隆，贵在成、康，康王未衰，诗安得作？周非一王，何知其康王也？二王之末皆衰，夏、殷衰时，诗何不作？《尚书》曰诗言志，歌永言，此时已有诗也，断取周以来而谓兴于周。古者采诗，诗有文也，今诗无书，何知非秦燔五经，诗独无余札也？”此处当有讹误，其大意则可知。盖谓古已有诗，安知非为秦所燔？今乃仅余周诗，安得据见存之诗，而谓诗作于康王时也？案此乃不解儒生之言而误驳。《诗》家言诗作康王，元据孔门所传三百五篇言之，犹《春秋》家所谓托始，本不谓人之能作诗，始于康王时也。不然，《诗》家皆不知《尧典》邪？案采缀古书，曲加傅会，而曰某诗在某王某公时，则不可信。至于口说流传，则其初必有依据，若必以“周非一王，何知其康王”诘之，则竹帛亦人所著，所著亦本见闻，亦将一一诘之曰“何以知其然”乎？《列女传》曰:“自古圣王，必有妃匹。妃匹正则兴，不正则乱。夏之兴也以涂山，亡也以妹喜；殷之兴也以有㜪，亡也以妲己；周之兴也以太姒，亡也以褒姒。周之康王，夫人晏出朝，《关雎》豫见，思得淑女以妃君子。夫雎鸠之鸟，犹未尝见乘居而匹处也。”说与匡衡正匹妃之《疏》同。曰“豫见”，则防其渐耳；元不谓当康王之身而大衰也。陈古刺今，所刺者今之衰，所陈者无妨其为古之美。《诗序》改“思得淑女”之“思”为“乐”，可与改“金根”为“金银”者媲美矣。

《毛传》云:“雎鸠，王雎也，鸟挚而有别。后妃说乐君子之德，无不和谐，又不淫其色，慎固幽深，若雎鸠之有别焉；然后可以风化天下。”义亦与三家同。而不淫其色之语，又为《序》之所采，知《序》固杂采群书为之也。然失其意者多矣。

“哀窈窕”之“哀”字，乃爱怜之义。魏、晋间人，多如此用；汉人用者尚少，先秦更无论矣。惟《墨子·备梯》，子墨子甚哀之，系如此用。然汉人写定古书，于字句之出入，不甚计较，此等处，难保非写者所定也。知《序》之著于竹帛，必在东汉时也。然郑读为衷，则非。《诗序》笔法，有极平近者，如“然则《关雎》《麟趾》之化，王者之风”，此等承接之法，便非西汉人所有。试与《史记·封禅书》“然则怪迂阿谀苟合之士兴”相较，便见其用字同而文气不同。又如“华落”“色衰”等，亦非西汉人语，著之竹帛者系卫宏，殆无可疑也。

如《论衡·谢短》之说，则今学家谓三百五篇皆周诗。案辩《商颂》非商诗者，如《诗古微·商颂鲁韩发微》为最精。予旧撰《鬼方考》，可相参证。《汉书·艺文志》："孔子纯取周诗，上采殷，下取鲁，凡三百五篇。"数语之间，自相矛盾。"上采殷下取鲁"六字，盖后人记识之语，溷入本文者也。魏氏曰："《左氏》季札观周乐，为之歌《颂》，曰：美哉，盛德之所同也！杜《注》：《颂》有殷、鲁，故曰盛德之所同。若非皆周世所作，何以季札观乐，统之《周颂》中乎？"案古人记事，不甚精密，季札观乐，立夫子正乐之前，而十五《国风》及《雅》《颂》，均与今诗同者，《春官·大师疏》引郑众《左氏注》，谓传家据已定录之，是也。《诗谱序疏》引服虔说同。此亦孔子纯取周诗之一证。

商与宋双声，魏氏所列证据备矣。尚漏《左》僖二十二年天之弃商久矣一条。双声字本可通用，魏氏谓鲁定公讳宋，孔子改宋为商则非。古讳之之字，取同义而异声，不取同声而异形也。《宋世家》以《商颂》为正考父美襄公之作，《孔子世家》孟僖子言正考父佐戴、武、宣，戴、襄相距百十六年，宣、襄相距亦七十九年，且正考父生孔父嘉，殇公时死华督之难，与襄公必不相及。魏氏释难，殊近强辞。年代人地名之舛讹，乃古书所恒有，不必曲为之说，亦不得以此而疑三家之说也。

（三九三）左氏自相抵牾，诗序袭之

古学家之说，大抵采缀古书而成，然初不甚密，以古书本多抵牾处也。浅者不加详考，以为信而有征，误矣。《诗序》曰："有女同车，刺忽也；郑人刺忽之不昏于齐。太子忽尝有功于齐，齐侯请妻之，齐女贤而不取，卒以无大国之助，至于见逐，故国人刺之。"齐人请妻郑忽，而忽不欲，见《左氏》桓公六年及十一年，此《序》之所本也。然其后诱执祭仲，要以立突者，宋也。桓公十一年。立突而责赂，鲁人平之，不可，于是助突伐宋。十二年。而郑以纪、鲁及齐与宋、卫、燕战。十三年。又会鲁于曹，使弟语来修曹之会；而齐与宋、蔡、卫、陈伐郑，十四年。突出忽入；鲁会宋、卫、陈纳突，不克，十五年。又会宋、蔡、卫于曹而伐之；十六年。昭公见弑，十七年。齐杀高渠弥。十八年。是始终党突者鲁，立以求赂者宋，附和之者曹、卫、蔡、燕；齐则始终助忽也，安在其无大国之助乎？盖《左氏》自相抵牾，作《诗序》者，亦不暇详察而采之也。桓六年，以齐侯欲妻忽者即文姜，尤误。郑亦沿之，已见《疏》驳。

（三九四）毛诗训诂之误

《毛诗》称《训诂传》，不徒其传不足信也，即训诂亦有误者。皮鹿门《诗经通论》曰："或谓大毛公六国时人，安见不比三家更古。曰：毛公六国时人，并无明文可征；且《毛传》实有不可信者。丕显二字，屡见《诗》《书》，《毛传》于《文王》有周不显曰：不显，显也。又于不显亦世曰：不世显德乎。是其意以不字为语词，为反言；不知不显即丕显也。不显亦世，即丕显弈世也；不显不时，即丕显丕承，《清庙》之不显不承，正丕显丕承之证也。《卷阿》伴奂尔游矣，伴奂叠韵，连文为义，与下优游一例，即《皇矣》之畔援，颜注《汉书》引《诗》，正作畔换，亦即《闵予小子》之判换，所谓美恶不嫌同辞也。《毛传》乃云广大有文章貌，是其意分伴奂为两义，伴训广大，奂训有文章，不知下句优游，何以解之。毛何不分优游为两义乎？《正义》据孔晁引孔子曰：奂乎其无文章，伴乎其无涯际。孔晁，王肃之徒。其所引即《孔丛》《家语》之类，王肃伪作，必非圣言。《荡》曾是强御，强御亦二字连文为义，《左氏》昭元年《传》曰强御已甚，十二年《传》曰吾军帅强御，皆二字连文。《繁露·必仁且智》篇曰：其强足以覆过，其御足以犯难。《史记集解》引《牧誓》郑《注》曰：强御，犹强暴也。强御，即《尔雅·释天》之强圉。汉《石门颂》倒其文曰绥亿衙强，惟其义同，故可倒用。《毛传》乃曰：强，梁；御，善也。不知二字连文，而望文生义，岂六国时人之书乎？"案双声即重言而异其韵者，其字虽变，其意则一，故可合用，亦可分用，如《老子》之忽兮恍兮是也。孔晁所引，伴奂分言，正见其与优游一例。皮氏斥为王肃伪作，似非；然《毛传》训诂之误，则百口无以自解矣。又案《庄子·秋水》：何贵何贱，是谓反衍。《释文》云：本亦作畔衍；《文选·蜀都赋注》引司马作叛衍，云：叛衍，犹漫衍也，此亦即伴奂异字。

（三九五）太誓后得

今之《尚书》，为伏生所有者，凡二十八篇。《汉书·楚元王传注》引臣瓒曰："当时学者，谓《尚书》惟有二十八篇，不知本存百篇也。"与今所传之数合。

然《史记·儒林传》,谓伏生得二十九篇,以教于齐、鲁之间。《论衡·正说》曰:“说《尚书》者,或以为本百两篇,后遭秦燔《诗》《书》,遗在者二十九篇。”又曰:“或说《尚书》二十九篇者,法北斗七宿也。四七二十八篇,其一曰斗矣。”又曰:“或说曰：孔子更选二十九篇，二十九篇独有法也。”《论衡》所谓儒生，皆指博士之徒，此篇所正之说，即为博士学者之说，皆今学家言也，而其数皆二十九;《汉书·艺文志》:《尚书经》二十九卷，大小夏侯二家。欧阳《经》三十二卷；其《章句》，则欧阳三十一卷，大小夏侯各二十九卷;《解诂》，大小夏侯二十九篇；弥复睽异，何也？曰:《史记·儒林传》之文，盖后人所窜。《欧阳经》三十二卷，汲古阁本作二十二，字皆有讹，《左海经辨》曰:“阎若璩《古文尚书疏证》、惠栋《古文尚书考》、王鸣盛《尚书后案》并引《汉志》作《欧阳经》三十一卷。予遍检武英殿本、明南北监本、汪文盛本，皆作三十二卷，惟汲古阁本作二十二，上‘二’字误脱一笔。《玉海》卷三十七引《汉志》，正作《欧阳经》三十二卷。”当作三十一，与其章句同。伏生经二十八，而大小夏侯二十九，欧阳三十一者，益后得《太誓》,欧阳析为三,而大小夏侯合为一,讹窜之《儒林传》及《论衡》,皆据后来之卷数言之，故与伏生所传之数不合也。此增出之一篇，陈恭甫欲以《书序》当之，自非，王伯申辩之甚悉；然以《太誓》为伏生所固有，则非也。请得而辨正之。

王氏之说，不外二端：曰《史记》《汉书》皆未及《太誓》后得事；曰诸家征引在向、歆所谓后得之前者甚多而已。案古人著书,体例粗略,往往偏据一端,不复更加考核。班氏《艺文志》，大抵根据《七略》;其《儒林传》，则根据《史公书》，而益以后来之事，其所据者，适皆未及《太誓》后得事，班氏亦遂仍之，而未更加搜补，此等盖古人所时有矣。至《史记》述伏生事，则全系古学既兴后之霔言，其为后人窜入，更无疑义。断不能据之，以为伏生之《书》本有二十九篇之证也。

古人粗略，大抵于年月日人地名等为最甚。诸家说《太誓》后得，年代不同，即其一证。《别录》言武帝末，见下。马融惟言后得，不知何时得之，见《泰誓疏》。献帝建安十四年，黄门侍郎房宏等说云:“宣帝本始元年，河内女子有坏老子屋,得古文《泰誓》三篇”,与《论衡》之说略同,见《书序疏》。《书序疏》曰:“《汉书》娄敬说高祖云：武王伐纣，不期而会孟津之上者八百诸侯，伪《泰誓》有此文，不知其本出何书也？武帝时，董仲舒对策云:《书》曰：白鱼入于王舟，有火入于王屋，流为乌。周公曰：复哉复哉！今引其文，是武帝之时，已得之矣。”其见解实即王氏所本。然如《尚书》篇卷总数，及其中有一篇为后得等，则荦荦大端，不容有误；即欲作伪欺人者，于此等处，亦必不容妄造。故知古书不容轻信，又不容过疑；要在分别观之，逐一加以审核也。《正说》又曰：“孝宣皇帝之时，河内女子发老屋，得逸《易》《礼》《尚书》各一篇，奏之。宣帝下示博士。然后《易》《礼》《尚书》，各益一篇，而《尚书》二十九篇始定矣。”云《易》《礼》各益一篇，诬；河内女子得书，事非诬罔，以后得《太誓》确有其物也。《易》《礼》，盖如窦公献书，与当时已有者复。云《尚书》益一篇，则不误也。《书序疏》云：“《史记》及《儒林传》皆云：伏生独得二十九篇，以教齐、鲁……案马融云：《泰誓》后得。郑玄《书论》亦云民间得《泰誓》。《别录》曰：武帝末，民有得《泰誓》书于壁内者，献之。与博士，使读说之。数月，皆起，传以教人。则《泰誓》非伏生所传，而言二十九篇者，以司马迁在武帝之世，见《泰誓》出而得行，入于伏生所传内，故为史总之，并云伏生所出，不复曲别分析云民间所得。其实得时，不与伏生所传同也。”《左氏疏》云：“自秦焚《诗书》，汉初求之，《尚书》惟得二十八篇。故太常孔臧与孔安国书云：《尚书》二十八篇，前世以为放二十八宿，都不知《尚书》有百篇也。在后又得伪《太誓》一篇，通为二十九篇。汉、魏以来，未立于学官。”襄公三十一年。疏家不知《史记》之文为后人所窜，当时无考证之学，其无足怪。然所引马融、郑玄皆汉人；《别录》不尽信，亦不尽诬；孔臧与安国书，自系伪物。《史记·儒林传索隐》载其辞曰：“旧《书》潜于壁室，欻尔复出，古训复申。臧闻《尚书》二十八篇，取象二十八宿，何图乃有百篇邪？知以今文雠古隶篆，推科斗，以定五十余篇，并为之传也。”与《伪孔传序》系出一手，显然可见。然亦可证臧时《书》止二十八篇，故伪造臧书者，不云二十九也。疏家之说，亦有传授，小节时有讹误，大端不容虚诬，正与传注家言同。固不容以后人之臆见，疑自古相传之事实也。

然则何解于汉人征引《太誓》者，多在后得之前乎？曰：此由古人经传不别，后得以前，《太誓》固不存于经，然未尝不见于传也。请更进申其说。

《书序疏》曰：“郑作《书论》，依《尚书纬》云：孔子求书，得黄帝玄孙帝魁之书，迄于秦穆公，凡三千二百四十篇。断远取近，定可为世法者百二十篇。以百二篇为《尚书》，十八篇为《中候》。”百二篇之说，盖因张霸伪书，流传民间而起；《论衡·正说》：“孝成皇帝时，征为古文《尚书》学。东海张霸案百篇之序，空造百两之篇，献之成帝。帝出秘百篇以校之，皆不相应，于是下霸于吏。吏白霸罪当至死。成帝高其才而不诛，亦惜其文而不灭，故百两之篇，传在世间者，传见之人则谓《尚书》本有百两篇矣。"《佚文》亦云："成帝奇霸之才，赦其辜，亦不灭其经，故《百二篇尚书》传在民间。"三千二百四十篇，则因《诗》三千余篇之说而附会；见《史记·孔子世家》，后人多疑之。然《正说》亦云："《诗经》旧时亦数千篇，孔子删去复重，正而存三百篇。"《史记》亦云："去其重，取可施于礼义。"苟从"去其重""删去复重"两语着想，即可知其言之不诬。历代郊庙歌辞，固多相沿不改者。郊庙且然，况于余事？后世且然，况于古代？此其全首相复者也。又不论歌谣，辞句往往彼此相袭，虽全篇不同，而一章或数句则无异，古乐府及今日流传人口者皆然。论者多以佚《诗》散见古书者不多，而疑三千余篇之说不可信；知此，则知古诗一篇，可化为败十百篇，以盈三千之数不难矣。○《书》者，古记言之史，稍文明之国皆有之，如《大学》引《楚书》，《左氏》昭公二十八年司马叔游引《郑书》是也。孔子周流列国，所见庸或甚多，然谓数至三千，于理终难尽信；况云求而得之，益可决为虚说矣。皆不足信。然使古之所谓《书》者，二十八篇之外，别无形迹，则此等说亦必无自而生。今佚《书》之散见古书者固多，即见于伏生《书传》者，亦自不乏，此则百二篇及三千二百四十篇等说所由来也。

古人立言，大抵不甚精审，而又好为附会，故其说愈晚出者，则其失真愈甚。史公著书，讫于麟止，当经学初兴之日，今文家之曲说未兴，况于古学家之淫辞乎？故其言多可信据。《孔子世家》曰："追迹三代之礼，序《书传》，上纪唐、虞之际，下至秦缪，编次其事。曰：夏礼，吾能言之，杞不足征也；殷礼，吾能言之，宋不足征也；足，则吾能征之矣。观夏、殷所损益，曰：后虽百世可知也，以一文一质。周监二代，郁郁乎文哉！吾从周。故《书传》《礼记》自孔氏。"据此，知《书传》《礼记》为同物。《礼记》备载三代之礼，不止于取以为教之十七篇，则《书传》亦多存古事，不限于取以为教之二十八篇可知矣。此佚《书》之名，所以多见于《书传》中也。

传之体，自古有之，别见《传说记》条。《孔子世家》所谓"序《书传》"者，盖与后来之《书传》非同物。序《书传》之《书》，谓自古所传记言之史；其传，则自古相传，与此书并行之物。此皆在孔子之前，而孔子序之；自孔子序之之后，则儒家所谓《书》者，乃孔子取以为教之二十八篇；所谓传者，则弟子传此二十八篇者之辞也。古经传不甚立别。今二十八篇，文义有极简质，类古史官所记者；亦有极平易，类东周后人所为者。盖孔子之于二十八篇，不徒取其经，而兼取其传。所取以为教者，虽止于二十八篇，而诵说所及，未尝以二十八篇为限。其经传兼采，亦如其所序之二十八篇也。此则佚《书》之所以多见于《书传》中也。知此，则无疑于汉人征引《太誓》，多在后得之先矣。

汉人最重师法；师所不传，弟子必不敢妄益；而欧阳、夏侯皆以后得之书，附于本经之内，何也？曰：此由其与传相出入也。诸家所引《太誓》，多在后得之前，而其文亦见伏生《书传》，王氏《述闻》已备征之。如予说，《太誓》必非伏生所有，则诸家所引，谓其非本《书传》，不可得矣。逸十六篇，绝无师说，马、郑即不为作注，况欧阳、夏侯乎？其能传以教人，正以其与传相出入故也。《左》襄三十一年《疏》云："今《尚书·太誓》谓汉、魏诸儒马融、郑玄、王肃所注也。"马融固不信此《太誓》者，而亦为之作注，以其有师说故也。

《伪泰誓疏》引："马融《书序》曰：《泰誓》后得，案其文，似若浅露。又云：八百诸侯，不召自来，不期同时，不谋同辞，及火复于上至于王屋，流为鵰，五至，以谷俱来。举火神怪，得无在子所不语中乎？又《春秋》引《泰誓》曰：民之所欲，天必从之。《国语》引《泰誓》曰：朕梦协朕卜，袭于休祥，戎商必克。《孟子》引《泰誓》曰：我武维扬，侵于之疆，取彼凶残，我伐用张，于汤有光。孙卿引《泰誓》曰：独夫受。《礼记》引《泰誓》曰：予克受，非予武，惟朕文考无罪。受克予，非朕文考有罪，惟予小子无良。今文《泰誓》，皆无此语，吾见《书传》多矣，所引《泰誓》而不在《泰誓》者甚多，弗复悉记，略举五事以明之，亦可知矣。"此难甚强，而王氏于此，一语不及，然则伏生造伪书以欺人邪？抑为伪书所欺也？必知孔子序《书》，杂取经传，孔门所谓传者亦然；孔门所传之经，既为孔子所序，篇帙或较完具；传则随意征引，首尾大抵不完；然后知古书所引《太誓》，多不在后得《太誓》中之由也。造伪书者，必求诸所征引俱在，以为其书非伪之征，东晋晚出古文正然，汉时后得《太誓》则否，正可以此决其非伪矣。

传既兼存古书，则后得《泰誓》，似宜附之于传，不宜以之益经，而三家皆入之本经之内，《孟子·滕文公》赵《注》："今之《尚书·泰誓》，后得以充学。"案《汉志》不别著录，即其附入本经之一证。岂以其为宣帝诏下故乎？果然，亦难免曲学阿世之讥矣。古学家《书》有百篇之说，固今学家有以启之也。然《左疏》谓后得《太誓》，未立学官，则虽传以教人，视之究与本经有别，终见今文师之矜慎矣。

马融讥后得《太誓》在子所不语中，颇可见孔子序《书》去取之由。孟子曰："吾于《武成》，取二三策而已矣。"《武成》固亦不在二十八篇内也。

《宋书礼志》载魏高堂隆改朔议，引《书》"若稽古帝舜曰重华，建皇授政改朔"，《御览·皇王部》引《尚书中候考河命》略同。《新学伪经考》谓此为刘歆伪造之《舜典》。予谓纬书多用今文，此文盖亦出《书传》也。

（三九六）汉人说尚书传授之诬

汉人于史事，尚未知核实，故所述群经授受源流，多不可信；而于《尚书》，野言尤多。《史记·儒林传》云："秦时焚书，伏生壁藏之。其后兵大起，流亡。汉定，伏生求其书，亡数十篇，独得二十九篇，即以教于齐、鲁之间。学者由是颇能言《尚书》。诸山东大师，无不涉《尚书》以教矣。"又曰："孔氏有古文《尚书》，而安国以今文读之，因以起其家。逸《书》得十余篇。盖《尚书》滋多于是矣。"壁藏之信否，及安国有无《古文尚书》，别见《孔壁得书》条。古人学问，率由口耳相传，罕著竹帛，伏生何至专恃本经，亡其书即无以为教？独得二十九篇，即只能以二十九篇教邪？古人传经，最重师说，经传皆散无友纪，师说则自有条理，非可袭取其偏端也。颇能言即涉以教，此乃后世短钉之学，剽窃之为，古人岂其若是？《史记》此文，其为妄人所窜无疑矣。

汉初传经，皆重义理；至古学兴，乃一变而重文字；于是野言又因之而兴。卫宏《诏定古文尚书序》云："伏生老，不能正言；言不可晓也。使其女传言教错。齐人语多与颍川异，错所不知者，凡十二三，略以其意属读而已。"《汉书·儒林传注》引。《旧唐志》：《诏定古文官书》一卷，卫宏撰。《新唐志》又作《诏定古文字书》。古言知，犹今言识。云不知，是指文字言，意谓书本古文，因其不能正言，故错不能尽识也。殊不知汉初文字，与先秦极为相近；详见予所撰《中国文字变迁考》。伏生藏书，晁错断无不识之理；即谓不识，而伏生以《尚书》教，已非一日，岂并别写一本而不能？至晁错奉诏往受时，犹出壁藏之本以授之邪？卫宏之言，适自暴其为以意附会而已。因古学家谓今文经字多讹，而伏生壁藏，必为先秦古文也，于是有失其本经，口以传授之说，《伪书》之《伪孔安国传序》是也，此说与伏生求得二十九篇之说，又不相容。疏家乃谓初实壁内得之，以教齐、鲁，传教既久，诵文则熟，至其末年，因其习诵，或亦目暗，至年九十，晁错往受之时，不执经而口授之，以资调停。辗转附会，委曲弥缝，合而观之，真可发一大噱。

晁错受书伏生，既见《史记》本传，又见《儒林传》，当非虚辞，然其措辞，皆不审谛。《儒林传》云："孝文帝时，欲求能治《尚书》者，天下无有。乃闻伏生能治。"本传云："孝文帝时，天下无治《尚书》者，独闻济南伏生故秦博士，治《尚书》，年九十余，老不可征，乃诏太常使人往受之。太常遣错受《尚书》伏生所。"此所云"天下无有"，"天下无治《尚书》者"，乃谓汉朝求之他方，皆未得其人，而独闻济南有伏生也。天下岂真无儒？汉朝自不闻耳。山东之儒，岂止伏生一人？举尊宿，故言伏生耳。不云汉人不闻，而云天下无有；不云治《尚书》者伏生最为大师，而云独闻济南伏生。后人之误会，皆此等疏略之辞启之也。

晁错虽受《尚书》于伏生，不闻其更有所授。《史公》云"晁错明申商"，《自序》。则错于《尚书》，时承命往受，错实非治《尚书》者也。而《论衡》云"晁错传于儿宽"，《正说》。恐亦附会之辞。《后汉书·何敞传》："祖比干，学《尚书》于晁错。"子孙述其父祖，亦多增饰之语，不必信也。如韦孟《讽谏诗》，实其子孙所托，即其一例。

（三九七）孔壁得书

孔壁得书一役，姑勿论其信否，而其辗转传述，互相乖异，已足见汉人附会之一端。案此事见于《汉书》者，为《艺文志》及《楚元王传》《景十三王传》。《艺文志》所著录者：《尚书古文经》四十六卷，《礼古经》五十六卷，《春秋古经》十二篇，《论语》古二十一篇，《孝经古孔氏》一篇。《志》曰："《古文尚书》者，出孔子壁中。武帝末，鲁共王坏孔子宅，欲以广其宫，而得《古文尚书》，及《礼》《记》《论语》《考经》凡数十篇，皆古字也。共王往入其宅，闻鼓琴瑟钟磬之音，于是惧，乃止不坏。孔安国者，孔子后也，悉得其书，以考二十九篇，得多十六篇。安国献之。遭巫蛊事，未列于学官。刘向以中古文校欧阳、大小夏侯三家经文，《酒诰》脱简一，《召诰》脱简二。率简二十五字者，脱亦二十五字;简二十二字者,脱亦二十二字。文字异者七百有余。脱字数十。”又云:“《礼古经》者,出于鲁淹中,及孔氏,学七十当作十七。篇文相似,多三十九篇。及《明堂阴阳》《王史氏记》。”于《论语》云:“出孔子壁中。两《子张》。”于《孝经》云:“汉兴,长孙氏、博士江翁、少府后苍、谏大夫翼奉、安昌侯张禹传之,各自名家。经文皆同。惟孔氏壁中古文为异。”《志》又云:“‘父母生之,续莫大焉’,‘故亲生之膝下’,诸家说不安处,古文字读皆异。”此可见造古文者,以诸家说为不安而改之,亦古文经不足信之一证也。《楚元王传》刘歆《移太常博士》曰:“及鲁共王坏孔子宅,欲以为宫,而得古文于坏壁之中。《逸礼》有三十九,疑当作三十有九。《书》十六篇。天汉之后,孔安国献之,遭巫蛊仓卒之难,未及施行。及《春秋左氏》,丘明所修,皆古文旧书,多者二十余通,臧于秘府,伏而未发。孝成皇帝闵学残文缺,稍离其真,乃陈发秘臧,校理旧文;得此三事,以考学官所传,经或脱简,传或间编。”歆所言《逸礼》及《书》,篇数与《志》合。所异者,无《明堂阴阳》《王史氏记》;歆但言“经或脱简,传或间编”,而《志》明言所脱简数字数而已。《汉志》云《书》“凡百篇”,又云“孔安国悉得其书,以考二十九篇,得多十六篇”;则孔壁之《书》,百篇完具。《礼古经》及《明堂阴阳》《王史氏记》,《汉志》之意,谓出孔壁者几何未能定,见下。今姑不列;而《书》百篇,加《论语》《孝经》,已百二十二篇矣。简策繁重,孔壁安能容之?见下。窃疑《书》有百篇之说,刘歆时尚未有;而《班志》又据后人之说,以改《七略》元文也。脱简、间编,理所可有,然谓简二十五字者,脱亦二十五字,简二十二字者,脱亦二十二字,则为理所必无。果如此,文义岂复可解?此全系古学既兴后,辗转增饰,不顾事理之辞,向、歆皆通人,必不作此不通之论也。知此必非《七略》元文,或并非《班志》元文矣。不知经有夺文,而即随文为说,汉人亦有之。如《诗序》以《关雎》为《风》始,义实同于三家,下文“是谓四始”之上有夺文。郑答张逸遂以《风》《小雅》《大雅》《颂》为四始,即其一事。然此惟专据书本,而又博而不精者,乃有是弊。今文师学有渊源,必无是也。〇《史记·儒林传》:儿宽之学出于欧阳生。《汉书》则兼出孔安国。欧阳生子又受业于宽。宽弟子蔺卿,则夏侯胜之师也。然则安国之《书》,欧阳、夏侯亦当闻之。即谓逸十六篇,以无师说不传,岂并脱简脱字,亦不为补足邪?抑安国只考逸《书》,而于不逸者,讫未校雠,直待至刘向邪?《史记·五宗世家》:共王以孝景前三年徙为鲁王,二十六年卒。

其卒，当在武帝元光五年，前于麟止者八年。《世家》言王好治宫室苑囿狗马，接徙为鲁王言之；下又云季年好音，则共王好治宫室，尚非季年事，坏壁得书，当在景帝之世矣。而《史记》于此，一语不及，殊可疑也。《汉书·景十三王传》，叙共王事，略同《史记》。下又历叙其后嗣。既讫，乃曰："恭王初好治宫室，坏孔子旧宅，以广其宫，闻钟磬琴瑟之声，遂不敢复坏，于其壁中得古文经传。"沾缀之迹既显，而又语焉不详；而其辞又与《艺文志》如出一口，恐系后人据《艺文志》作此约略之辞，缀于传末，亦非班氏元文也。何者？使此文为班氏所著，则当云事见《艺文志》，以便读者互考；若非班氏所著，则作此传者，与作《艺文志》者，两不相谋，当纪其详，不容作此约略之辞矣。若谓《传》本详载，班氏以其与《艺文志》复而删之，则并此约略之辞，亦可不著也。故知此非班氏元文也。后人此等记识之语，溷入古书中者甚多，详见拙撰《章句论》。

《汉书》而外，载得古经事者，又有《说文解字序》及《论衡》。《序》曰："壁中书者，鲁恭王坏孔子宅，而得《礼》《记》《尚书》《春秋》《论语》《孝经》，又北平侯张苍献《春秋左氏传》。"此《礼》《记》及《艺文志》之《礼》《记》二字，皆当分读，《礼》指《礼古经》，《记》指《明堂阴阳》及《王史氏记》也。或本作礼，礼记，而夺一礼字。然则许说与《艺文志》合。惟《左氏》，刘歆及《艺文志》皆不言所自来，而许谓献自张苍，未知所据耳。《论衡·佚文》曰："孝武皇帝封弟为鲁恭王。恭王坏孔子宅以为宫，得佚《尚书》百篇，《礼》三百，《春秋》三十篇，《论语》二十一篇。闿疑当作闻。弦歌之声，惧，复封涂。上言武帝。武帝遣吏发取。古经《论语》，此时皆出。经传也，而有闿疑亦当作闻。弦歌之声，文当兴于汉，喜乐得闿之祥也。当传于汉，寝藏墙壁之中。恭王闿之，圣王感动，弦歌之象。此则古文不当掩，汉俟以为符也。孝成皇帝读《百篇尚书》，博士郎吏莫能晓知。征天下能为《尚书》者，东海张霸通《左氏春秋》，案《百篇序》，以《左氏》训诂造作《百二篇》。具成奏上。成帝出秘《尚书》以考校之，无一字相应者。成帝下霸于吏。吏当器辜大不谨敬。成帝奇霸之才，赦其辜，亦不灭其经，故《百二尚书》传在民间。"《正说》曰："盖《尚书》本百篇，孔子以授也。遭秦用李斯之议，燔烧五经。济南伏生抱百篇藏于山中。孝景皇帝时，始存《尚书》。伏生已出山中。景帝遣晁错往，从受《尚书》二十余篇。伏生老死，《书》残不竟。晁错传于儿宽。至孝宣皇帝之时，河内女子发老屋，得逸《易》《礼》《尚书》各一篇，奏之。宣帝下示博士。然后《易》《礼》《尚书》

各益一篇，而《尚书》二十九篇始定矣。至孝景帝时。鲁恭王坏孔子教授堂以为殿。得《百篇尚书》于墙壁中。武帝使使者取视，莫能读者，遂秘于中，外不得见。至孝成皇帝时，征为古文《尚书》学。东海张霸案百篇之序，空造百两之篇。献之成帝。帝出秘百篇以校之，皆不相应。于是下霸于吏，吏白霸罪当至死。成帝高其才而不诛，亦惜其文而不灭，故百两之篇，传在世间者。传见之人,则谓《尚书》本有百两篇矣。"此可见《书》有百篇之说所自来。又曰:"说《论》疑夺语字。者皆知说文解语而已，不知《论语》本几何篇……至武帝发取孔子壁中古文，得二十一篇,《齐》《鲁》二,《河间》九篇。三十篇。此文疑有夺误。《汉志》:"《论语》古二十一篇。出孔子壁中。两《子张》。"如淳曰:"分《尧曰》篇后子张问何如可以从政以下为篇,名曰《从政》。"《齐》二十二篇。多《问王》《知道》。如淳曰:"《问王》《知道》皆篇名也。"《鲁》二十篇。如《志》及如淳说，则《古论》篇数多于《鲁论》，而实未尝异;《齐论》则多二篇。则此文"齐鲁二"之"鲁"字当衍,三十篇当作三十二篇。否则《河间》九篇当作《河间》七篇。或"《齐》《鲁》二"之"二"字衍，亦如下文作《齐》《鲁》《河间》九篇。至昭帝女此字疑误。读二十一篇。宣帝下太常博士，时尚称书难晓，名之曰传，后更隶写以传诵。初,孔子孙孔安国以教鲁人扶卿,官至荆州刺史,始曰《论语》。今时称《论语》二十篇,又失《齐》《鲁》《河间》九篇。本三十篇,分布亡失,或二十一篇。目或多或少，文赞或是或误。"《案书》曰:"《春秋左氏传》者，盖出孔子壁中。孝武皇帝时,鲁共王坏孔子教授堂以为宫,得佚《春秋》三十篇,《左氏传》也。"仲任言《礼》，篇目又增于旧。《书》有百篇，《汉志》未云皆出孔壁，此始凿言之；并言伏生抱百篇藏于山中。刘歆及《汉志》皆云孔安国得书，此云武帝使使取视，遂秘于中，外不得见。《左氏春秋》，刘歆、《汉志》皆不言所自来，《许序》言献自张苍，此并云得自孔壁。荦荦大端，互相违异如此。

孔壁得书，事有极可疑者。《史记·孔子世家》云:"孔子葬鲁城北泗上。弟子及鲁人，往从冢而家者，百有余室，因命曰孔里。鲁世世相传，以岁时奉祠孔子冢。而诸儒亦讲礼乡饮大射于孔子冢。孔子冢大一顷,故所居堂,弟子内,后世因庙，藏孔子衣冠琴车书。至于汉，二百余年不绝。高皇帝过鲁，以太牢祠焉。诸侯卿相至，常先谒，然后从政。"史公自言适鲁，观仲尼庙堂车服礼器，诸生以时习礼其家，余祗回留之，不能去云。"《自序》亦云："观孔子之遗风，乡射邹、峄。"《后汉书·鲍永传》：拜鲁郡太守，"孔子阙里无故荆棘自除，从讲堂至于里门。乃会人众，修乡射之礼，请（董宪别帅彭）丰等共会观视，手格杀丰等”。《东平宪王传》：“分阴太后器服，特赐苍及琅邪王京书曰：今鲁国孔氏尚有仲尼车舆冠履，明德盛者，光灵远也。”盖圣人之居，声灵赫濯如此。共王即荒淫，安敢遽坏其室？且齐、鲁者，汉时文学之都会也，言文学者必称焉；学问之士，尤多出焉。孔子宅果见坏，必多有及其事者，其文当散见诸处；不当先汉之世，刘歆而外，更无一人齿及也。《景十三王传》不足信，已见前。《艺文志》本《七略》，《七略》出于歆《移太常博士》，更明系歆语矣。夫孔子冢大一顷，非宅大一顷也。一顷之地，盖百有余室皆在焉。古之授宅者，二亩半在田，二亩半在邑；在田曰庐，在邑曰里。弟子及鲁人从冢而家者，以孔里为名，盖亦邑居之制。百有余室，仅大一顷，盖室不逮一亩矣。后世地狭人稠，固不得尽如古制也。然孔子故居，及诸儒讲礼乡饮大射之处，占地亦必不能甚广可知。古卿大夫之室，前为寝，后为房；民居则一堂二内。见晁错《论募民徙塞下书》。《史记》称孔子之居曰故所居堂，弟子内，盖谓孔氏子弟，非受业之弟子也。颇于民居相近，其占地不能甚广又可知。能藏书几何？《史记·儒林传》曰“高皇帝诛项籍，举兵围鲁，鲁中诸儒，尚讲诵，习礼乐，弦歌之音不绝”，则秦亡而儒业即复；《传》又云“汉兴，然后诸儒始得修其经艺，讲习大射乡饮之礼”，尚系辽缓言之。孔鲋为陈王涉博士，死于陈下，而鲋弟子襄，为孝惠皇帝博士。自陈涉之起，至孝惠之立，凡十有六年；至其崩，亦二十有二年耳；为博士官，年不能甚少，鲋之死，襄必已有知识矣，壁中之书，孔氏所藏与？襄等不应不知；非孔氏所藏与？以鲁儒业之盛，中绝之时之暂，与知其事之人，不应无一存者；安待共王发之哉？《史记》云“故所居堂”，而《论衡》言“孔子教授堂”，语亦不合。疑汉世鲁中诸儒，自有讲堂，即《后汉书·鲍永传》所言者，初未必孔子教授之所，而仲任又以意言之也。升堂闻丝竹之声，语已近怪，至谓古文不当掩，而汉俟以为符，则更媚世之谈矣。明孔壁得书之说，与谶纬荒怪之言同时并出也。

刘歆云：“天汉之后，孔安国献之。”安国之年，实不能及天汉，前人已有论者。年月舛误，古人时有，原不能据此以定歆说之伪，然歆之无真知灼见，则于此可见矣。至《论衡》之言，则其年代事迹，舛误更甚，更不足据。近人或以充持论核实而信其说，然持论核实是一事，审于史实又是一事。充持论诚多核实，而说史实则多野言。使其生于今日，可以为哲学家，可以为科学家，不能为史学家也。

怪迁之谈，托之安国，并不自东晋始。郑玄《书赞》曰："我先师棘子下生安国，亦好此学。卫、贾、马二三君子之业，则雅才好博，既宣之矣。"《书尧典疏》引。此东汉之古学家，自托于安国也。亦并不自东汉始。《汉书》述《古文尚书》之学始于孔安国，传之都尉朝，以至庸生，《后汉书·儒林傅》作庸谭。即刘歆《移太常博士》所谓"鲁国桓公、赵国贯公、胶东庸生之遗学，与此同"者也。庸生之《尚书》，传之胡常；常又传《谷梁春秋》于瑕丘江公；与江公三传弟子尹更始之子咸，同受《左氏》于更始；更始之学，出于贯公之子长卿；长卿之学，传自其父；又受《毛诗》于毛公，传之贾延年，以及徐敖；而敖又授《尚书》于胡常者也。敖之书，传之王璜；璜则受《古文易》于费直。古文授受，辗转皆出此数人，而其世代又多不雠，谓其学有师承，得乎？《后汉书·儒林传》谓孔僖世传《古文尚书》，亦不足信。

刘歆所谓鲁国桓公者，盖徐生之弟子。《史记·儒林传》曰："诸学者多言《礼》，而鲁高堂生最。本《礼》，固自孔子时而其经不具。及至秦焚书，书散亡益多。于今独有《士礼》，高堂生能言之；而鲁徐生善为容。孝文帝时，徐生以容为礼官大夫。传子至孙徐延、徐襄。襄，其天姿善为容，不能通《礼经》。延颇能，未善也。襄以容为汉礼官大夫，至广陵内史。延及徐氏弟子公户满意、桓生、单次皆尝为汉礼官大夫。而瑕丘萧奋以《礼》为淮阳太守。是后能言《礼》为容者，由徐氏焉。"桓生盖亦颇能通《礼经》而未善者，故西汉人数经师者不之及。则知《史记·儒林传》所列八家，言《诗》，于鲁则申培公，于齐则辕固生，于燕则韩太傅。言《尚书》，自济南伏生。言《礼》，自鲁高堂生。言《易》，自菑川田生。言《春秋》，于齐、鲁自胡毋生，于赵自董仲舒。皆当时第一流学者也。而刘歆乃援彼颇通而未善者以自助，抑何其下乔而入幽乎？

汉初传经，本重大义，至古学出，乃斤斤于文字之间，然其所以自侈者，亦不过谓今经或有讹夺，如所谓文字异者七百有余、脱字数十而已。至东汉，乃有以古书之字，为时人所不识者，如《论衡》谓共王得《百篇尚书》，武帝使使者取视，莫能读者；成帝读《百篇尚书》，博士郎吏，莫能晓知，是也。《尚书·伪孔传序》，谓"科斗书废已久，时人无能知者"，说本于此。

《后汉书·陈宠传》："曾祖父咸，成哀间以律令为尚书。平帝时，王莽辅政，乞骸骨去。及莽篡位，召咸，谢病不肯应。三子参、丰、钦皆在位，乃悉令解官。其后莽复征咸，遂称病笃。于是乃收敛其家律令书文，皆壁藏之。”则壁藏《诗》《书》，汉世确有其事。孔壁得书，伏生壁藏，盖皆因此而附会也。然观其说之诞谩不中情实，而其为附会可知矣。秦焚书之令曰：“有敢偶语《诗》《书》弃市，以古非今者族，吏见知不举者与同罪。”其诛甚重，而令下三十日不烧，不过黥为城旦而已。秦法虽酷，行于山东如何，殊不可知。以当时爱尚艺文者之多，岂尽能奉令维谨？官吏亦岂能真按户穷索？《史记·六国表》曰：“《诗》《书》所以复见者，多藏人家。”明当时不烧者实不少，此实录也。《汉志》言《诗》遭秦而全者“以其讽诵，不独在竹帛故也”。一似凡在竹帛，无不烧毁者，则想象之谈矣。《汉志》所载书，五百九十六家，万三千二百六十九卷，虽有汉人所撰，要以出于先秦者为多，岂皆有人壁藏之欤？抑皆讽诵，不独在竹帛欤？则知壁藏《诗》《书》，秦汉间虽有其事，而书之存则不尽由此，抑不由此者正多也。而后人附会，一若孔壁得书，于经籍有绝续存亡之关系者，则皆《论衡》所谓语增而已。仲任诘难经生，不遗余力，而于古学家附会传讹之说，初不深思，亦可谓知二五而不知一十矣。

或曰：古人于年月日人地名等，时有错误，至于事之大体，则递相传述，必不容全属子虚，子不既言之乎？见《太誓后得》条。孔壁得书，果云乌有，刘歆安得造作谰言，以诬博士；而博士亦何不据事以折之乎？不知古人于史实，不甚措意；不独博士闻刘歆之言，不知考校孔壁得书果有其事与否；即刘歆，亦或误采传讹附会之说，而未之深思也。何者？歆而欲立《逸礼》及《古文尚书》，径以其为中秘之藏，主张立之可矣，何必造作谰言，授人以攻击之柄？况于中秘书非歆所独见；书之来历，亦断非歆所独闻；歆即欲造作谰言，曾与校雠者，岂肯皆扶同徇隐？然则孔壁得书，必固有是说，而非歆所造作明矣。然则为是说者，果有真知灼见欤？曰：无之。王仲任，汉世之通人也，而其说史事，纰缪之端，不可胜指。可知学问之事，随世益密，求史事之核实，尚非汉人所知也。当日校雠中秘之士，其才知岂能远踰于仲任？汉世中秘之书，盖或得之于鲁。壁藏《诗》《书》，秦汉间既有此事，鲁国自亦有其人。既有壁藏《诗》《书》之人，自当有坏壁得书之事。鲁共王好治宫室，或亦尝坏人之室以广其宫。至于曾否得书，恐必难于究诘。何则？如前所说，谓共王坏孔壁而得古书，有种种不可信者在也。然市三成虎，岂复可以情理求？一人为附会之辞，后人更弥缝其阙，则初不知为何书者，后可凿言之曰《逸礼》与《书》；初不知为何人者，后可确指之曰鲁共王；初不知为谁氏之宫者，后可故神之曰孔子之宅；初不知其何由人中秘者，后可臆度之曰安国献之；初犹知为臆度，后竟以为事实矣。此非厚诬古人，观于孔壁得书之说之首尾衡决；以及《论衡》述及史事之纰缪百出；固使人不能不作此想也。刘歆殆为是等说所欺欤？南海康氏《新学伪经考》，以一切伪说，悉为刘歆一人所造，不徒证以史实而不合，即衡以情理，亦必不然，宜乎近人之攻之也。然遂以当时之古学家为能实事求是，其欲建立古学，纯出于欲广道术之公心，则恐又不合于事实。果能实事求是，则古学家所立之说，不应多支离灭裂之谈；果尽出于欲广道术之公心，则亦不必与人争立学矣。《汉志》曰："《礼古经》者，出于鲁淹中，及孔氏，学七十篇文相似，多三十九篇。"刘敞曰："学七十篇，当作与十七篇。五十六除十七，正多三十九也。"案七十之当为十七，更无疑义，而学字当为与字，是否则尚有可疑。如敞说，当于"及孔氏"断句，《礼古经》兼出淹中孔氏；作学字，则当于鲁淹中断句，《礼古经》专出淹中矣。《隋书·经籍志》曰："又有古经出于淹中。而河间献王好古爱学，收集余烬，得而献之，合五十六篇。"初未及于孔氏。《释文叙录》引《六艺论》曰："后得孔氏壁中河间献王古文《礼》五十六篇，《记》百三十一篇，《周礼》六篇。"既兼言《记》，亦无以断刘氏之意，谓《礼古经》必兼出孔氏也。此亦汉世所谓古经不必出于孔壁之一证。

（三九八）百两篇

张霸《百两篇》，据《论衡·佚文》《正说》，见《孔壁》条。其为伪书无疑。然观《汉书·儒林传》，则又有不然者。《儒林传》曰："世所传《百两篇》者，出东莱张霸。分析，合二十九篇，以为数十。又采《左氏传》《书序》为作首尾，凡百二篇。篇或数简，文意浅陋。成帝时，求其古文者，霸以能为《百两》征。以中书校之，非是。霸辞受父，父有弟子尉氏樊并。时太中大夫平当、侍御史周敞劝上存之。后樊并谋反，乃黜其书。"《论衡》云：成帝征能为古文者，而霸造《百二篇》奏之，是有成帝之征，而后有霸之造；《汉书》云：成帝求古文，而霸以能为《百两》征，则霸之能为《百两》，在成帝求之之前。观霸书之黜，由樊并之谋，则霸受父之辞，似非虚语，其不雠一矣。《论衡》云：霸案《百篇》之序，以《左氏》训诂造作；又云：推精思，作经百篇；是百篇皆出霸伪造，而以《书序》为依据，如今人之按题作文字者然。而《汉书》云：“分析，合二十九篇，以为数十。”则《百两篇》中，同于今文书者，已有数十篇矣，安得云皆系伪造？其不雠二矣。案《百篇》之叙而作书，叙当在于书之外；采《书叙》以作首尾，叙亦入于书之中；其不雠三矣。“文意浅陋”者，文指文字言，盖谓所用多汉时俗语，不应尔雅，以《左氏》训诂为之，安得如此？其不雠四矣。“求其古文”者，“其”字当指《尚书》言，谓已有今文，又求古文也。若如《论衡》之言，成帝已有《古文尚书》矣，但当求能通其读者耳，安得云“求其古文”乎？且既有秘《百篇尚书》，则霸书之伪，一言可决，平当、周敞，何为劝上存之？而成帝亦安得惜其书而不灭乎？孟喜改师法则弗用；王莽时，诸古学皆立，公孙禄犹劾刘歆颠倒五经，毁师法；师法如此，况于伪造经文乎？云以中书校之，此中书明非《尚书》。盖成帝之所求，与霸之所能为，实非一物；特以世无能为《古文尚书》之人，而《百两篇》亦《书》之类，故姑以是应诏；而成帝亦出秘府所藏《尚书》一类之书以校之也。《古文尚书》，盖汉世实无其物，而《尚书》一类之书，在二十九篇之外者正多，虽非孔门之书，要是先秦旧籍，故平当、周敞，劝上存之也。若皆据《左氏》《书叙》伪造，则既有《左氏》《书叙》矣，复安取此乱苗之莠？岂亦如后世尊信东晋晚出古文之徒，明知其为采拾缀合之作，犹欲过而存之邪？故霸之书，无所谓伪也。何也？云非《古文尚书》，则霸本未尝云能为《古文尚书》；云其书为臆造，古无是物，则孟坚初无是言，乃仲任之妄说也。而仲任谓汉秘府有《百篇古文尚书》，更不待辩而知其妄矣。

然则当时以校《百两篇》之中书，果何书与？案《汉志·六艺略·书》家，有《周书》七十一篇。《注》曰：“周史记。”师古曰：“刘向云：周时诰誓号令也。盖孔子所论百篇之余也。”当时以校《百两篇》者，疑即此物。何者？既云中书，《七略》应有其目，而《汉志》自此之外，更无《尚书》之类也。七十一加二十九，适百篇，疑《书》有百篇之说既兴，曾以此当《尚书》。《汉书·律历志》载《武成》，即《周书》之《世俘解》，是其一证。若析二十九篇中之《泰誓》为三，则适百两篇矣，岂当时校霸书者，虽以其书为非是，而又窃取其百两之说，因以秘府所有七十一篇，合博士所传之三十一篇当之与？《尚书璇玑钤》云：“孔子求书，得黄帝玄孙帝魁之书，迄于秦穆公，凡三千二百四十篇。定可以为世法者百二十篇。以百二篇为《尚书》，十八篇为《中候》。”案今《尚书》析《顾命》为《康王之诰》，郑康成已然。又逸十六篇，亦有《益稷》，此未必今之《益稷》，然或析《益稷》于《皋陶谟》，亦有所本。则二十八篇，当得三十；加后得《泰誓》三篇为三十三；合《周书》七十一篇为一百四；更加逸十六篇则百二十矣。又今《周书》虽有七十一篇之目，存者实只四十二篇。而康成之《书》于二十九篇，分《盘庚》为三，析《康王之诰》于《顾命》，又分《泰誓》为三，为三十四。于所谓逸十六篇者，又分《九共》为九，共五十八。五十八加四十二，亦适百篇。《书序》尚不足信，而况《周书》。岂今《周书》之序，实后人据《汉志》篇数妄作，而康成之《书》，尝合见存之《周书》，为汉古学家所谓百篇之《书》者，而东晋晚出古文之篇数，亦以此为本与？书阙有间，诚难质言，然其数之巧合，实不能使人无疑也。抑秘府既有此七十一篇，览观者以为《尚书》之类，因兴《书》有百篇之说，而更求能为之者于民间与？书阙有间，诚难质言，然当时以校《百两篇》者，则似非此书莫属。即此外更有他书，相校不雠，亦不能定霸书之伪。以此相校不雠，初不能定霸书之伪。何则？孔门所传之《书》，虽止二十八篇，而自古相传《尚书》一类之书，则其数正多，固不能谓止孔门所传之二十八篇，并不能谓止汉秘府所藏之七十一篇也。然则张霸之书而存，虽非《尚书》之伦，亦必《周书》之类；简编既佚，辞句罕存，实可惜矣。

《论衡》谓张霸"次序篇句，依倚事类，有似真是"，亦足为其书非伪之征。何者？云次序篇句，是故有此篇句而次序之；云依倚事类，亦是故有其文，而援古书记事，与相比附；皆非伪造之谓也。《汉书》所谓采《左氏》《书叙》，为作首尾者，盖即依倚事类之谓。盖霸之书，亦诰誓号令之伦，而采《左氏》《书叙》，以备其事之本末耳。

然谓采《左氏》为作首尾则可，谓采《书叙》则殊有可疑。《法言·问神》曰："或曰："《易》损其一也，虽惷知阙焉，至《书》之不备过半矣，而习者不知，惜乎《书序》之不如《易》也。曰：彼数也，可数焉故也。如《书序》，虽孔子亦末如之何矣。"此设辞以明《书序》之不如《易》，非真谓《易》有所损也。见《原易》条。然今之《书序》，非子云时所有，则观于此而可明。何则？苟有如今之《书序》者，按序之名，以求《书》之阙，亦意者能之也，何至虽孔子亦末如之何乎？今之《书序》，子云且未之见，而况张霸？而况张霸之父？然则所谓张霸采《书序》者，非《书序》采张霸，则作今之《书序》者，与张霸同采古书耳。谓霸采今百篇之序，乃必无之理也。谓据此而造伪书，更不俟论矣。

《问神》又曰:“昔之说《书》者序以百,而《酒诰》之篇俄空焉,今亡夫!”此非谓《书》亡《酒诰》之篇,乃谓当时所谓《书序》者,无《酒诰》之序也。此亦今《书序》非子云时所有之证。

《问神》又曰:“虞夏之书浑浑尔,商书灏灏尔,周书噩噩尔。下周者其书谁乎?”此言书之所阙,在于春秋以后也。孟子曰:“三代之得天下也以仁,其失天下也以不仁。”又曰:“王者之迹息而《诗》亡,《诗》亡然后《春秋》作。”自春秋以后,儒家皆以周为已亡矣。今二十八篇,出于春秋之后者,仅《文侯之命》《秦誓》二篇。即《周书》可确指为记春秋后事者,亦惟《太子晋》一篇。不应三代以前书多存,春秋以后书反佚。张霸书可采《左氏》为作首尾,其多春秋后物可知。《汉书》谓其文意浅陋,岂以其书多春秋后文字,持与三代文字相较而云然邪?《论衡》谓其以《左氏》训诂造作,可知其文实与《左氏》相类也?此说与前不雠之四矛盾,姑并存之。

疑晚出古文者曰:今文多艰涩,而古文反平易,伏生倍文暗诵,乃偏得其所难;安国考定于科斗古书错乱之余,反专得其所易。此亦可证《尚书》二十八篇为备之说。何者?《书》苟真有百篇,其中必更有春秋后物,伏生不应都不省记也。

张霸之学,为今学乎?为古学乎?曰:古学也。古代简牍用少,学问皆存于口耳,故经或脱简,传或间编,皆非所计;汉今学家尚如此。《金縢》不记周公之死,而今学家知雷风之变为周公死后事,明经有脱简也。《礼记》传自小戴,而《郊特牲》他篇错入最多,《玉藻》本篇失次特甚,此传或间编,今学家初不错意之证。《公羊》昭公十二年:“齐纳北燕伯于阳:伯于阳者何?公子阳生也。子曰:我乃知之矣。在侧者曰:子苟知之,何以不革?曰:如尔所不知何。”不改旧文,而但存其真于口说,盖自古相传之法也。古学则本无师传,全系据书本考校而得,故于文字之异同,篇章之先后、离合,最为斤斤。康成注《仪礼》,兼存今古文。又其注经,有读为、读若等例,皆其注意文字之证。其注《郊特牲》《玉藻》等,于篇章之先后离合,亦所究心。郑只《诗》改字,《毛传》则否,《毛传》早出,古学尚未行也。又今学家之说,皆传之自古,流异源同,故虽分为数家,大体仍相一致。观三家《诗》可见。古学家之说,由于各自研求,故彼此不能相同,前后亦复相异。张霸析二十九篇为数十,即其更定篇章;《论衡》所谓“次序篇句”。采《左氏》为其书作首尾,是据传记立说;《论衡》所谓“依倚事类”。《诗序》之作，全用此法，参看《诗序》条。其所用者，皆古学家之法也。成、哀而后，古学稍行，而霸书独以樊并谋反见黜，亦可谓有幸有不幸矣。

《论衡·感类》曰："天之欲令成王以天子之礼葬周公，以公有圣德，有王功。伊尹，天所宜彰也，伊尹死时，天何以不为雷雨？应曰：以《百两篇》曰：伊尹死，大雾三日。"《论衡》此篇，所驳击者为儒者，儒者即今学家也。然则张霸之书，今学家亦引以立说矣。盖亦视为后得《太誓》之论，不以为伪也。

"劝上存之"之存，师古释为立其学，非也。存与黜为对辞。黜者，不充秘府之谓，故《汉志》无霸书。然其书自在民间，故《儒林传》谓之世所传也。然则汉世古书，不为秘府所有者，正自不乏，后人于书之不见《汉志》者，辄疑为伪物，亦过矣。

平当者，林尊弟子，尊事欧阳高；其学，实伏生之嫡传也，而劝存张霸之书；而后汉儒者，亦引霸书为说。然则今学家于传记，曷尝不博采？恶有如刘歆所谓"专己守残，党同门，妒道真"者乎？盖口说者，自古相传之说也，虽出末师，而渊源有自；传记者，徒有其书者也，其书虽古，解释之引用之者，皆出后人，安知不误？故以传记证口说可也，信传记而背口说不可也。信口说而背传记，非是末师而非往古，正以末师虽出末世，而其说自古；传记虽出往古，而说此传记者，实起于末世耳。诸儒所以笃信口说者，非恐其说之见破，乃自古相传之师法，不容为妄人所毁也，安得诋为私意？而刘歆必欲破之以为快，正见其无从善服义之公心耳。

《梁书·刘显传》："任昉尝得一篇缺简书，文字零落，历示诸人，莫能识者，显云：是《古文尚书》所删逸篇。昉检《周书》，果如其说。"此亦昔人以《周书》为《尚书》之余之一证也。

（三九九）伪古文尚书有本于荀子者

《荀子·解蔽》引《道经》曰："人心之危，道心之微，危微之几，惟明君子而后能知之。"其为伪《古文尚书·大禹谟》"人心惟危，道心惟微"所本，人皆知之矣。然尚不止此，《尧问》篇："尧问于舜曰：我欲致天下，为之奈何？对曰：执一无失，行微无怠，忠信无倦，而天下自来。执一如天地，行微如日月，忠诚盛于内，贲于外，形于四海，天下其在一隅邪，夫有何足致也？”此即《伪书》“惟精惟一”四字所本。更采《论语·尧曰》篇“允执其中”之语以益之，乃成十六字也。古书凡此等处，无不韵者，而此十六字无韵，足见其为杂凑而成也。《荀子》此篇下节，“其在中蘬之言也，曰：诸侯自为得师者王，得友者霸，得疑者存，自为谋而莫己若者亡”，亦为《伪书》所本，《仲虺之诰》：“能自得师者王，谓人莫己若者亡。”即其切近之一证。

行微，《注》曰“行细微之事也”；行微如日月，《注》曰“日月之行，人所不见，似于细微”，恐非。古言日月，皆取其明，取其东西相从而已，未有取人不见其行为喻者。《诗·十月之交》“彼月而微，此日而微”，《笺》曰：“微，谓不明也。”《广雅·释诂》四：“微，明也。”古多反训，此微字，亦当以明为义。

（四〇〇）马郑序周官之谬

汉世今文之学盛行。大学诸生，至于三万，岂尽高材绝学之士；王充等讥之，宜也。然古学家之鄙陋，似尤有甚焉者。

《周官》制度，多不与群经合，故武帝以为渎乱不验；何休亦以为六国阴谋之书，其说是也。乃马融、郑玄等尊而信之，玄更以此与《仪礼》《礼记》并列为《三礼》。《周官》与《仪礼》《礼记》各自为书，本不容互相牵合。郑必欲以《周官》为经礼，《仪礼》为典礼，于是彼此牵合而异说生。案《仪礼》之名，昉见《后汉书·郑玄传》，玄注经引《礼经》，尚皆举篇名，不云《仪礼》。《仪礼》之名，盖后人因《中庸》“礼仪三千”之文而立。然其名不始自郑，其原实出于郑也。三百三千，特举成数，见其相什，如《甫刑》言五刑之属三千，而《吕览·孝行览》云刑三百，见弘纲之十倍于细目耳，不能求其事以实之也。郑注《礼器》曰：“经礼谓《周礼》，其官三百六十。”其穿凿附会甚矣。《明堂位》言有虞氏官五十，夏后官百，殷二百，周三百。《注》云：“周之六卿，其属各六十，则周三百六十官也。此云三百者，《记》时《冬官》亡矣。”更可发一噱。《礼记正义序》曰：“《周礼》见于经籍，其名异者，见有七处：《孝经说》云‘礼经三百’，一也；《礼器》云‘经礼三百’，二也；《中庸》云‘礼仪三百’，三也；《春秋说》云‘礼经三百’，四也；《礼说》云‘有正经三百’，五也；《周官外题》谓为《周礼》，六也；《汉书·艺文志》云‘《周官经》六篇’，七也。其《仪礼》之别，亦有七处而有五名：一则《孝经说》《春秋》及《中庸》并云'威仪三千';二则《礼器》云'曲礼三千';三则《礼说》云'动仪三千';四则谓为《仪礼》;五则《汉书·艺文志》谓《仪礼》为《古礼经》。"案谓《仪礼》为《古礼经》,不知何以能为《仪礼》是曲礼非经礼之证。《汉志》"礼经三百,威仪三千",《注》引韦昭曰《周礼》三百六十官也。三百,举成数也。"同郑说。又引臣瓒曰:"礼经三百,谓冠昏吉凶,《周礼》三百,是官名也。"则驳郑说者也。《论衡·谢短》曰:"古礼三百,威仪三千;刑亦正刑三百,科条三千。出于礼,入于刑;礼之所去,刑之所取;故其多少,同一数也。"此相承旧说也。可以见《周官》当经礼之非。经记制度,不与《周官》合者,辄目为夏、殷礼,或挤为霸制,而其说之龃龉不可通者多矣。《论衡·谢短》又曰:"问礼家曰:前孔子时,周已制礼,殷礼夏礼凡三王因时损益,篇有多少,文有增减,不知今礼,周乎?殷、夏也?彼必以汉承周,将曰周礼。"此今学家以经记所陈,多为周礼之证。又曰:"夫周礼六典,又六转,六六三十六,三百六十,是以周官三百六十也。案今《礼》不见六典,无三百六十官;又不见天子,天子礼废何时?岂秦灭之哉?"此亦据《周官》以疑礼经,然不以《周官》即为礼经也。制度之变,必随时势。今文五等之封,大者不过百里;《周官》乃至五百里,其书所述为六国时制,即此一端,较然甚明。乃必以为周公致太平之书,《周官·天官》郑《注》:"周公居摄而作六典之职,谓之《周礼》。营邑于土中。七年,致政成王,以此礼授之,使居洛邑,治天下。"又《贾疏序》引《郑序》曰:"斯道也,文、武所以纲纪周国,君临天下,周公定之,致隆平龙凤之瑞。"则其识不如何邵公远矣。

马融之言,尤为可笑。《贾疏序》引融《传》云:"秦自孝公已下,用商君之法,其政酷烈,与《周官》相反,故始皇禁挟书,特疾恶,欲绝灭之,搜求焚烧之独悉,是以隐藏百年。孝武帝始除挟书之律,开献书之路,既出于山岩屋壁,复入于秘府,五家之儒,莫得见焉。至孝成皇帝,达才通人刘向子歆校理秘书,始得列序,著于录略。"云云。一派野言,竟似于前此史记,茫然无睹者。《孟子》曰:"诸侯恶其害己也,而皆去其籍。"谓于故典不加保重,非谓有意毁弃。且此语初不指秦,秦人焚书,大抵严于官而略于民,故曰:"《诗》《书》所以复见者,多藏人家;当作民家,盖唐人避讳所改。而史记独藏周室,以故灭。"《史记·六国表》。此诗、书二字,苞一切书籍言;周室二字,亦苞凡诸侯之国。乃古人言语,以偏概全之例。明当时民间之书,不焚者甚多,何尝有搜求之事。且与秦政相反者,岂独《周官》而已。除挟书之律乃惠帝,而以为孝武;命刘向校书乃哀帝，而以为孝成；盖因武帝开献书之路，孝成命刘歆校书，而溷言之，不复分别。此等处古人类然，不足为怪。然云五家之儒莫得而见，则瞽言矣。《史记·封禅书》云："上与公卿诸生议封禅。封禅用希旷绝，莫知其仪礼；而群儒采《封禅》《尚书》《周官》《王制》之望祀射牛事。"此所谓《封禅》者，即《汉志》之《古封禅群祀》，与《尚书》《周官》《王制》皆书名。林孝存谓武帝知《周官》末世渎乱不验之书，盖由于此。然则武帝时，群儒久见《周官》矣。况河间献王又采《周官》作《乐记》乎！安得谓出于山岩屋壁，复入秘府哉？郑众以《书序》之《周官》，与《周官经》即为一物，篇卷之多少，文体之异同，茫然莫辨，更可发一大噱。

融《传》又云"时众儒并出，共排以为非是；惟歆独识，其年尚幼，务在广览博观，又多锐精于《春秋》；末年，乃知其周公致太平之迹，迹具在斯。奈遭天下仓卒，兵革并起，疾疫丧荒，弟子死丧，徒有里人河南缑氏杜子春尚在；永平之初，年且九十，家于南山，能通其读，颇识其说，郑众、贾逵往受业焉。众、逵洪雅博闻，又以经书记转当作传。相证明为解"云云。此说却近得实。歆请立《左氏》《逸礼》、《古文尚书》，事在哀帝建平元年，时尚未以《周官》为言。《汉纪》言歆以《周官经》六篇为《周礼》，此书盖自此始称《周礼》，前此亦称《周礼》，则后人据后书之。奏以为礼经，置博士，则在王莽时矣。《后汉书·郑兴传》，言兴晚善《左氏传》，天凤中，将门人从刘歆讲正大义；歆美兴才，使撰条例章句训诂，及校《三统历》。又言兴明《周官》，而不言其出于歆，而学出于之杜子春，不过能通其读，颇识其说；则歆于是书，实未尝有所发明也。康南海顾指其书为歆伪造，诬矣。然古学本无传授，皆由好事者附会其说，则观于此而益明也。

古文经果有其物与否，事殊可疑，观《孔壁得书》一条可知。然今文家同有其书，所异惟在文字者可疑；若别有其书者，转不容子虚乌有。如《左氏》解经处虽伪，叙事处自真也。《周官》于诸经，有离有合。不合者，或合于《记》及诸子，如《礼记》之《内则》《燕义》，《大戴记》之《盛德》《千乘》《文王官人》《朝事》，《管子》《司马法》等。其非伪造可知。以《考工记》补《周官》，体制既不相类，制度亦复抵牾，如遂人、匠人。果出伪造，何不并《冬官》伪之乎？

《考工记》曰："不微至，无以为戚速也。"《注》："齐人有名疾为戚者，《春秋传》曰：盖以操之为已戚矣。"又曰："输已卑，则于马终古登阤也。"《注》："齐人之言终古，犹言常也。"《考工记》盖齐人所传。司空掌度地居民，不掌工事，云以补《冬官》,缪也。盖与余五篇同述官制,故附之其后耳。《周官》多与《管子》合，或亦齐地学者之书与？《史记》言太公极技巧，《货殖列传》。岂故太公之法而《管子》述之与？弗可考矣。

（四〇一）论二戴记上

大、小戴《礼记》,《汉志》皆无之，而有《记》百三十一篇。《注》曰："七十子后学者所记也。"《六艺论》云："后得孔氏壁中河间献王古文《礼》五十六篇,《记》百三十一篇,《周礼》六篇。其十七篇，与高堂生所传同，而字多异。其十七篇外，则《逸礼》是也。""今《礼》行于世者，戴德、戴圣之学也。戴德传《记》八十五篇，则《大戴礼》是也；戴圣传《礼》四十九篇，则此《礼记》是也。"《释文·叙录》及《曲礼疏》。《释文·叙录》引刘向《别录》曰："《古文记》二百四篇。"又引陈邵《周礼论叙》曰："戴德删《古礼》二百四篇为八十五篇，谓之《大戴礼》；戴圣删《大戴礼》四十九篇，谓之《小戴礼》。后汉马融、卢植考诸家同异，附戴圣篇章，去其繁重及所叙略，而行于世，即今之《礼记》是也。郑玄亦依卢、马之本而注焉。"《隋书·经籍志》云："汉初河间献王得仲尼弟子及后学者所记百三十一篇，献之，时亦无传之者；至刘向校录经籍，检得百三十篇，向因第而叙之。而又得《明堂阴阳记》三十三篇,《孔子三朝记》七篇，王氏史氏《记》二十一篇,《乐记》二十三篇，凡五种，合二百十四篇。戴德删其烦重，合而记之，为八十五篇，谓之《大戴记》；而戴圣又删大戴之书为四十六篇，谓之《小戴记》。汉末马融遂传小戴之学。融又足《月令》一篇,《明堂位》一篇,《乐记》一篇，合四十九篇。而郑玄受业于融，又为之注。"今案四十六加八十五，正百三十一，此即《汉志》所谓七十子后学所记者。《隋志》云"仲尼弟子及后学者所记"，语即本此。《六艺论》后人删引，多非元文，所谓得自孔氏壁中河间献王者，只指古文《礼》及《周礼》，不该百三十一篇。而《隋志》以百三十一篇亦献王所得，实误。《汉志》云："《礼古经》者，出于鲁淹中，及孔氏，学七十篇当作十七篇。文相似，多三十九篇。及《明堂阴阳》《王史氏记》。"今案《汉志·礼》家所著录者：《曲台后仓》，即《儒林传》所谓后氏《曲台记》者，为汉师所撰；《中庸说》《明堂阴阳说》皆说;《周官经》《周官传》，别为一家;《军礼司马法》，班氏所入;《封禅议对》《汉封禅群祀》《议奏》，注曰“石渠”。亦汉时物。惟《古封禅群祀》，盖亦古记之伦。《史记·封禅书》云:“群儒采《封禅》《尚书》《周官》《王制》之望祀射牛事。”所谓《封禅》，盖即《汉志·古封禅群祀》中《封禅》之篇也。《古封禅群祀》二十二篇，合《记》百三十一篇，《明堂阴阳》三十三篇，《王史氏》二十一篇，凡二百七。《小戴记》中:《曲礼》《檀弓》《杂记》皆分上下，故或云四十九，或云四十六。若以为四十六，则《记》百三十一篇，实百二十八。此《别录》所谓《古文记》二百四篇者，然其中之百二十八篇，实今学也。《明堂阴阳》《王史氏记》《古封禅群祀》，盖非二戴所有。陈邵云“戴德删《古礼》二百四篇为八十五篇”，实误。《隋志叙》之刘向叙录后，则误益甚矣。二戴在武、宣间，何由删向所叙录之书耶?《汉志》言百三十一篇，而《隋志》云刘向检得百三十篇，亦不合。或云:《礼记·丧服四制疏》云《别录》无此文，此实刘向所检得者少一篇之证，其说可谓巧矣。然《汉志》原出于向，何以仍作百三十一篇耶?窃疑此无异故，直是夺一“一”字，而后人妄改下文都数以就之耳。《别录》虽不足信，亦必略有据依，不能全伪；释《别录》之文，自以仍从《汉志》条贯为是。《乐记》《汉志》在《乐》家，《孔子三朝记》在《论语》家，《隋志》妄相牵引，非是。陈恭甫曲为之说曰:“《乐记》二十三篇，其十一篇已具百三十一篇《记》中，除之，故为二百四篇。《孔子三朝记》亦重出；不除者，篇名不同故也。”然则向、歆校书，但阅篇目耶?可谓进退失据矣。戴东原云:“孔颖达《义疏》于《乐记》云:按《别录》:《礼记》四十九篇。《后汉书·桥玄传》：七世祖仁著《礼记章句》四十九篇，号曰桥君学。仁即班固所谓小戴授梁人桥仁季卿者也。刘桥所见,篇数已为四十有九，不待融足三篇甚明。康成受学于融，其《六艺论》亦但曰戴圣传《礼》四十九篇。作《隋志》者，徒谓大戴阙篇，即小戴所录，而尚多三篇，遂聊归之融耳。”陈恭甫亦云:“《曹褒传》：父充持《庆氏礼》。褒又传《礼记》四十九篇，教授诸生千余人，庆氏学遂行于世。然则褒所受于庆普之《礼记》亦四十九篇也。二戴、庆氏，皆后苍弟子,恶得谓小戴删大戴之书邪?《释文叙录》云:刘向《别录》有四十九篇，其篇次与今《礼记》同，然则谓融足三篇者妄矣。”戴、陈之说均见《左海经辨》。今案桥仁受学小戴，而著《礼记章句》四十九篇，此正四十九篇出于小戴之证。《后汉书》云：曹充持《庆氏礼》，作章句辩难，于是有庆氏学。褒结发传充业，作《通义》十二篇，《演经杂论》百二十篇。又传《礼记》四十九篇，教授诸生千余人。庆氏学遂行于世。其中除“又传《礼记》四十九篇”八字外，皆指礼经言之。庆氏之学，与二戴同出后仓。十七篇三家所同，而《礼记》为二戴所独，四十九篇又小戴所独，故加又字以别之。《史记·五帝本纪赞》云:“孔子所传《宰予问五帝德》及《帝系姓》，儒者或不传。”今二篇皆在《大戴礼记》中。云儒者或不传，此即二戴以外不必皆传《礼记》之证。陈氏谓褒所传四十九篇，亦出庆氏，误矣。《隋志》:《礼记》十卷，汉中郎将卢植注。《旧唐志》:《礼记》二十卷，卢植注。《新唐志》:卢植注《小戴礼记》二十卷。《儒林·元行冲传》载《释疑论》云:《小戴》行于汉末，马融为传，卢植合二十九篇而为之解，世所不传。则《隋志》谓马融、卢植更定是书，郑玄依卢、马之本而作注，必有所本。卢、马曾去其繁重，及所叙略，故虽益三篇，篇数仍为四十九，安得谓其以《大戴》阙篇，即《小戴》所录，而尚多三篇，乃聊以归之乎?《释文·别录》有四十九篇，篇次与今同外，又有“名为他家书，拾撰所取，不可谓之《小戴礼》”十六字，陈氏删去未引，则其说亦未确也。《四库书目提要》云:“郑玄为马融弟子，使三篇果融所增，玄不容不知，岂有以四十九篇属于戴圣之理。况融所传者乃《周礼》,若小戴之学，一授桥仁，一授杨荣。后传其学者，有刘佑、高诱、郑玄、卢植，融绝不预其授受，又何从而增三篇乎?”不知古人言语粗略,《考工记》实后人所补，而康成于《周官》亦径云河间献王得六篇，安保其于《礼记》源流，言之必悉?两汉学者，兼通诸经者甚多，史传安能尽载?况融之更定《礼记》,实与卢植共之乎?康成依卢、马之本作注，说亦见于《礼记疏》，必非无据之谈也。要之《记》百三十一篇，实为今学，大戴传其八十五，小戴传其四十六，无所谓大戴删《古记》，小戴删大戴也。《汉志》盖正合大小戴之所传而著之耳。

（四〇二）论二戴记中

陈恭甫又云:“魏张揖《上广雅表》曰:周公著《尔雅》一篇。爰暨帝刘，鲁人叔孙通撰置礼记，文不违古。稚让之言，必有所据。”因谓“百三十一篇之记，第之者刘向，得之者献王，而辑之者叔孙通”;“《尔雅》为通所采，当在《大戴记》中”，其说尤误。揖表曰:“昔在周公，缵述唐虞，宗翼文武，克定四海，勤相成王，践祚理政，日昃不食，坐而待旦，德化宣流。越裳徕贡，嘉禾贯桑。六年制礼，以导天下。著《尔雅》一篇，以释其意义，传于后嗣。历载五百，坟典散落，惟《尔雅》恒存。《礼三朝记》：哀公曰寡人欲学小辨，以观于政，其可乎？孔子曰：《尔雅》以观于古，足以辩言矣。《春秋元命苞》言子夏问夫子作《春秋》，不以初哉首基为始何？是以知周公所造也。率斯以降，越绝六国，越逾秦楚，爰暨帝刘，鲁人叔孙通撰置礼记，文不违古。今俗所传三篇《尔雅》，或言仲尼所增，或言子夏所益，或言叔孙通所补，或言沛郡梁文所考，皆解家所说。先师口传，既无正验，圣人所言，是故疑不能明也。”《表》意乃极言文字之当雅，而称叔孙通撰置礼记，能不违雅耳。绝无今之《礼记》为通所辑之意。古言典礼事者皆谓之记，独古事，即当世之事亦然。《大戴记·公冠》篇载汉昭祝辞其证。《史记·礼书》云：“秦有天下，悉内六国礼仪，采择其善，虽不合圣制，其尊君抑臣，朝廷济济，依古以来。至于高祖，光有四海，叔孙通颇有所增益减损，大抵皆袭秦故。”《自序》云：“汉兴，萧何次律令，韩信申军法，张苍为章程，叔孙通定礼仪。”《汉书·礼乐志》曰：“今叔孙通所撰礼仪，与律令同录，藏于理官。”此即揖所谓撰置礼记者。其所撰皆秦所择六国旧文，增益减损，不过颇有而已。其文自然近古，故张揖称其不违，举为辞尚尔雅之证也。揖明言俗所传三篇《尔雅》，或言叔孙通所补，绝不言通尝置之《礼记》中。安得节取数语，而生曲说乎？《礼记》果通所撰，汉朝何由复失之，而有待于河间献王得之乎？

陈氏又引臧在东之言曰：“《白虎通·三纲六纪》篇引《礼亲属记》，见《尔雅·释亲》；《孟子》帝馆甥于贰室，赵岐《注》引《礼记》，亦《释亲》文；《风俗通·声音》篇引《礼·乐记》，乃《释乐》文；《公羊》宣十二年《注》引《礼》，乃《释水》文；则《礼记》中有《尔雅》之文矣。”夫古书文辞，互相出入者何限，安得摭拾之，为《礼记》中有《尔雅》之证？果若所言，佚《诗》佚《书》在《记》中者不乏，又可谓其皆在《礼记》中乎？

（四〇三）论二戴记下

今之《礼记》，见疑为秦时书者三篇，《王制》《月令》《乐记》是也。予初以《王制》有古者周尺之语，疑为汉人作；由今思之，殆不其然。古书多后人附益诚然。

然有有意作伪者，有偶然记识者，要当观其大体，不得泥于一端也。二戴《记》撰次之意，今不可见。观其大体，似系专取故书。《乐记》二十三篇，入《小戴记》者十一，余十二篇，《正义》具存其目，其末篇曰《窦公》，明系汉时事，见下。《礼记》即不之取。《乐记》予虽信为马融所附，然融有增益，亦必依据旧例，一也。《荀子·乐论》，大同《礼记·乐记》，而多辟《墨子》语，盖后人所增；可证马融所益，乃较古之本，二也。《史记·封禅书》：文帝"使博士诸生刺六经中作《王制》，谋议巡守封禅事"。卢植疑《王制》以此，然《索隐》引《别录》云文帝所造书，有《本制》《兵制》《服制》篇，明与今《礼记》中之《王制》不符。今《王制》言巡守者皆《书传》，言封禅事者无之。或曰：柴于岱宗即封禅；然则封禅五岁一举，安得云旷绝莫知其仪耶？《繁露·郊祀对》引《王制》曰"祭天地之牛茧栗，宗庙之牛握，宾客之牛尺"；《郊祭》引《王制》曰"丧者不祭，惟祭天为越绋而行事"，皆与今《礼记》之《王制》同，足征故有其书。《正义》云："《王制》之作，盖在秦汉之际。知者，案下文云有正听之。郑云汉有正平，承秦所制。又有古者以周尺之言，今以周尺之语，则知是周亡之后也。秦昭王亡周，故郑答临硕云：孟子当赧王之际，《王制》之作，复在其后。"然郑驳《异义》云："《周礼》是周公之制，《王制》是孔子之后大贤所记先王之事。"则似又以为孔子嫡传者。凡郑说固多如是，不足辨也。

《月令》，蔡邕、王肃并云周公所作，《释文》。盖以其见于《周书》云然，其说诚不足据。然邕《明堂月令论》云：《周书》七十一篇，而《月令》第五十三。秦相吕不韦著书，取《月令》为纪号；淮南王安亦取以为第四篇，改名曰《时则》。偏见之徒，或云吕不韦作，或云淮南，皆非也。其说自允。郑《目录》云：《月令》"本《吕氏春秋·十二月纪》之首章，以《礼》家好事，抄合之，后人因题之名曰《礼记》"。杜预《释例》曰："《月令》之书，出自吕不韦。其意欲为秦制，非古典也。"《左氏》桓公六年《疏》引。则昧其原本矣。郑云"其中官名时事，多不合周法"。《疏》云："周无大尉，惟秦官有大尉，而此《月令》云乃命大尉，是官名不合周法。"又云："秦以十月建亥为岁首，而《月令》云为来岁授朔日，即是九月为岁终，十月为授朔，此是时不合周法。"又自难之曰："秦始皇十二年，吕不韦死。二十六年并天下，然后以十月为岁首。岁首用十月时，不韦已死十五年。"又自解之曰："秦文公获黑龙，以为水瑞，何怪未平天下前，不以十月为岁首乎？"案始皇之改年始，《史记·本纪》明记其事，在二十六年并天下之后。《封禅书》亦曰："秦始皇既并天下而帝，或曰：黄帝得土德，黄龙地蚓见；夏得木德，青龙止于郊，草木畅茂；殷得金德，银自山溢；周得火德，有赤乌之符；今秦变周，水德之时。昔秦文公出猎获黑龙，此其水德之瑞。于是秦更名河曰德水，以冬十月为年首，色上黑，度以六为名，音上大吕，事统上法。"又曰："自齐威、宣之时，驺子之徒，论著终始五德之运；及秦帝而齐人奏之，故始皇采用之。"然则终始五德，说实出于东方；以黑龙为水瑞，乃后来附会之辞。安得凿空谓秦未平天下前，即以十月为岁首乎？乃命大尉，《吕览》作大封，以今言道古事，古人多有其例，然则大尉二字，盖传者所改；授朔亦或传者移之九月，要不得以是偏端，疑全篇皆为秦人所作也。言《月令》者，是篇及《吕览》《淮南》而外，尚有《管子》之《幼官》及《轻重己》，虽不密合，大要所本者同。《周书·月令》已亡，而《时则》记二十四气之应，与《礼记》《月令》皆合。窃疑是篇乃合《月令》《时训》两家之言而成。《疏》又以服色车旗，并依时色，与《周官》六冕等不合，而疑其非周法。不知其所据实较《周官》为古。鲁恭言"《月令》周世所造，而所据皆夏之时"，《后汉书》本传。其说实最平允也。

《汉书·艺文志》云："武帝时，河间献王好儒，与毛生等共采《周官》及诸子言乐者，以作《乐记》。""其内史丞王定传之，以授常山王禹。禹，成帝时为谒者，数言其义，献二十四卷记。刘向校书，得《乐记》二十三篇，与禹不同。"《疏》云："刘向所校二十三篇，著于《别录》，今《乐记》所断取十一篇。"案《史记·乐书》亡，张守节云：褚先生取《乐记》补之，其文全与《乐记》同。则十一篇之自为一篇旧矣。《礼记疏》亦云："《别录·礼记》四十九篇，《乐记》第十九，则《乐记》十一篇入《礼记》，在刘向前。至刘向为《别录》时，更载所人《乐记》十一篇，又载余十二篇，总为二十三篇。"《义疏》又云：《乐记》者，公孙尼子次撰也。此语未知何出，要必有所本。亡篇十二，《季札》第十八，疑即《左氏》所载季札观乐事；《窦公》第二十，疑即《汉志》孝文时得魏文侯乐人窦公事。《白虎通义·礼乐》篇引《乐记》曰"声成文谓之音，知而乐谓之乐"，在今《礼记·乐记》中；又引曰"土曰埙竹曰管"云云，陈卓人《疏证》疑出《乐器》第十三；亡篇之可考者如此。《志》又言窦公献其书，乃《周官·大司乐》章，疑即所谓河间献王采《周官》者。《乐记疏》云："此卷所出，解者不同，今且申郑旨释之。"则《乐记》所出，说有多端，必不止一公孙尼子。

此亦所谓采诸子者。窃疑王禹之二十四卷，与刘向之二十三篇，亦第小有乖异。正惟大体相同，故可以互勘而著其不同也。然则《乐记》十一篇，乃自古相传之物；其十二篇，则河间献王等采摭古籍而成，正不能并十一篇亦疑为汉人所作矣。

（四〇四）论尔雅谁作

郑康成《驳五经异义》曰："《尔雅》者，孔子门人所作，以释六艺之文。"张揖《进广雅表》曰："周公著《尔雅》一篇。今俗所传三篇，或言仲尼所增，或言子夏所益，或言叔孙通所补，或言沛郡梁文所考，皆解家所说。先师口传，既无正验，圣人所言，是故疑不能明也。"今案《尔雅》之文有明出秦汉后者，如《释鱼》"鳛鯚，鳜鳎"，《注》云："江东呼为妾鱼。"《疏》引《说文》云："鲮鱼出乐浪潘国。""鲂，鰕。"《注》云："出秽邪头国，见《吕氏字林》。"《疏》云："案《说文》亦云。"《释鸟》"鶟鸠，寇雉"，《注》云："出北方沙漠地。""翠鹬"，《注》云："生郁林。"《疏》云："樊光云：出交州。"《释兽》"貙獌似貍"，《注》云："今山东呼貙虎之大者为貙豻。"《疏》云："《字林》云：豻，胡地野狗。""狻麑，如虦猫，食虎豹"，《注》云："即师子也，出西域。"《释畜》"騊駼，马"，《疏》云："《字林》云：北狄良马也。"此等或尚非叔孙通所知，安得云周、孔及孔门弟子。盖古言"作"者与今异，今人言作，多指簒集之人；古则推原其所自出。以《尔雅》之文或同《周官》，昔以《周官》为周公之书，则以为 周公作；以其多释五经；则指为孔子作；或言孔子门人，又或以子夏列文学之科而凿指之。云出叔孙通者，以其为汉制礼，亦未必有何依据也。惟梁文或为纂集之一人耳。

凡备检阅之书，往往递有增益；《神农本草经》其证。《四库书目提要》言《尔雅》所取，及于《庄》《列》《尸》《管》《吕》诸子，《国语》《楚辞》《山海经》《穆天子传》。《尔雅》固未必为释此等书作，《穆天子传》尤为晚出伪书，不能在《尔雅》前，然亦可见其采摭之博。《提要》又引曹粹中《放斋诗说》，谓《尔雅》毛公以前，其文犹略，至康成时则加详，亦其书成甚晚之证。解家以一篇为周公作，余则或言仲尼，或言子夏，或言叔孙通，或言梁文，固不足信。然其中有一篇最古，余为后来所增益，则或当不诬。赵岐《孟子题辞》，言孝文时，《尔雅》亦置博士，未知信否？然平帝元始五年，尝征通《尔雅》者，则民间固有通其学者矣。通其学必有其书，今之《尔雅》，盖此等人所纂集也。

（四〇五）释尔雅

“尔雅”二字，昔人多释为近正，非其朔也。夏、雅一字，尔雅盖即近夏。古重楚夏之别，是以《论语》记子所雅言，诗书执礼；而孟子斥许行为南蛮鴃舌之人。其后南北大通，楚夏之殊稍泯，而去古渐远，古训转觉难通。于是正与不正，初致谨于语言者，后渐致谨于文字。而正与不正之别，始以近夏与否为准者，继乃以近古与否为准矣。《史记·乐书》曰：“今上即位，作十九章，通一经之士，不能独知其辞，皆集会五经家，相与共诵讲习之，乃能通知其意，多尔雅之文。”《儒林传》公孙弘请置博士弟子曰：“诏书律令下者，明天人分际，通古今之义，文章尔雅，训辞深厚，恩施甚美；小吏浅闻，不能究宣，无以明布谕下。”《汉书·王莽传》：“班符命四十二篇于天下，其文尔雅依托，皆为作说。”皆尔雅之辞近古，而义不易通之证。古本不可称雅，所以称近古为尔雅者，以尔雅二字，习用既久，已变为近正之义。当时文字，以古为正，遂从而袭用之耳。以近古释当时之所谓尔雅，原不为过。然雅字本无古义，亦无正义，要不得不分别言之也。《大戴礼记·小辨》篇，孔子谓哀公曰：“尔雅以观于古，足以辨言矣。”此以近古为尔雅最早者，恐亦汉人语也。

（四〇六）图谶一

张衡言夏侯胜、眭孟之徒，以道术立名，其所述著，无谶一言。刘向父子领校秘书，阅定九流，亦无谶录。成、哀之后，乃始闻之。《后汉书》本传。后人因以为谶始西京之末，非也。谶纬相附，始于西京之末，若徒论谶，则其所由来者旧矣。《说文·言部》：“谶，验也。有征验之书。”《竹部》：“籤，验也。”二字音义皆同，即今所谓豫言也。《史记·赵世家》叙秦缪公梦之帝所事，曰：“秦谶于是出矣。”《扁鹊列传》作“策”。《屈原贾生列传》：贾生赋服鸟曰：“发书占之兮，策言其度。”《汉书》作“谶”。作“谶”者盖是，此正所谓豫言也。《淮南王书·说山》曰：“六畜生多耳目者不祥，谶书著之。”《汉书·王莽传》：莽在平帝时，“征天下通一艺教授十一人以上，及有逸《礼》，古《书》《毛诗》

《周官》《尔雅》、天文、图谶、钟律、月令、兵法、《史篇》文字，通知其意者，皆诣公车。”史言其“网罗天下异能之士，至者前后千数”，足见民间固有其书，又有通其学者。今俗所谓求签，实即求谶，乃古之遗言也。特世莫知签谶同字，遂昧其本义尔。

（四〇七）图谶二

然则所谓谶者，亦家人言耳，无与于国家兴亡之大也。有国有家者，偶或以此自神，则亦如闾里之小知者之所为，所言者特一姓之事，未有谓能知历代兴亡，帝王统绪者。其有之，则自西京之末始也。

《吕览·观表》曰：“事与国皆有征。圣人上知千岁，下知千岁，非意之也，盖有自云也。绿图幡薄，从此生矣。”绿图八字，适在篇末，究为《吕览》原文，抑出后人沾缀，未可定。即谓为原文，亦谓能通乎其道，若孔子言殷因于夏，周因于殷，礼所损益可知，其或继周者虽百世可知耳，固不谓能知国家兴替。《淮南·俶真训》曰：“洛出丹书，河出绿图，故许由、方回、善卷、披衣，得达其道。”亦仅言遭遇盛世，故大道昌明，不谓其道出自图书也。《人间训》曰：“秦王挟录图，见其传曰：亡秦者胡也。”作录不作绿。《史记·秦始皇本纪》卢生奏录图书同。绿图、录图，未必是一。亡秦者胡，亦传录图者之言，非录图之文也。乃《论衡·实知》，以“亡秦者胡”为河图之文；郑玄以为“《河图》《洛书》，龟龙衔负而出。如《中候》所说：龙马衔甲，赤文绿色，甲似龟背，袤广九尺，上有列宿斗正之度，帝王录纪兴亡之数”；《论语·子罕·凤鸟不至章疏》引。则始以图书为自有所云矣，此则新莽等之所为也。

《王莽传》：“长平馆西岸崩，邕泾水不流，毁而北行。遣大司空王邑行视，还奏状，群臣上寿，以为《河图》所谓以土填水，匈奴灭亡之祥也。”此为征引《河图》之文之始，至后汉而变本加厉矣。《隋书·经籍志》曰：“《河图》九篇，《洛书》六篇，云自黄帝至周文王所受本文。又别有三十篇，云自初起至于孔子九圣之所增演，以广其意。又有《七经纬》三十六篇，并云孔子所作，并前合为八十一篇。”案郑注《易·大传》“河出图，洛出书”曰：“河以通乾出天苞，洛以流坤吐地符。河龙图发，洛龟书感。《河图》有九篇，《洛书》有六篇。”《正义》引。《后汉书·张衡传注》引《衡集》上事曰：“《河洛》五九，《六艺》

四九，谓八十一篇也。”即《隋志》之说也。《续汉书·祭祀志》载光武封禅刻石文曰：“皇帝惟慎《河图》《洛书》正文……秦相李斯燔《诗》《书》,乐崩礼坏。建武元年以前，文书散亡，旧典不具，不能明经文，以章句细微相况。八十一篇，明者为验。又其十卷，皆不昭晳。子贡欲去告朔之饩羊，子曰：赐也，尔爱其羊，我爱其礼。后有圣人正失误。”是八十一篇之说，实后汉初所造。《后汉书·尹敏传》：光武令校图谶，蠲去崔发所为王莽著录次比。《儒林传》：薛汉，建武初为博士，受诏校定图谶。盖光武之所欲去者，即其所谓十卷皆不昭晳者也。张衡曰：王莽篡位，汉世大祸，八十篇何为不戒？又云：《河洛·六艺》，篇录已定，后人皮傅，无所容篡；桓谭言：今诸巧慧小才伎数之人，增益图书，矫称谶记；《后汉书》本传。王充曰：神怪之言，皆在谶记，所表皆效。孔子条畅增益，以表神怪。或后人诈记，以明效验，《论衡·实知》篇。又《雷虚》篇曰：“图出于河，书出于洛，《河图》《洛书》，天地所为，人读知之。”其《自然》篇，亦极论图书自成之理。皆不敢径以八十一篇为伪，以其为后汉初所敕定也。然则谶记出自图书之说，实王莽造之，而光武成之也，亦可谓矫诬矣。《说文》曰：“河洛所出书曰谶。”亦东汉人之言。

《王莽传》言卜者王况为莽魏成大尹李焉造作谶书十余万言。况谓焉曰：“君姓李，李音征，征，火也，当为汉辅。”而《后汉书·李通传》，谓通父守，初事刘歆，好星历谶记。通素闻守说谶云：刘氏复兴，李氏为辅。《光武纪》谓通等以是说光武，光武乃与定谋。《窦融传》：隗嚣使辩士张玄游说河西。融等召豪杰及诸太守计议。其中智者皆曰：“汉承尧运，历数延长，今皇帝姓号，见于图书。自前世博物道术之士谷子云、夏贺良等，建明汉有再受命之符，言之久矣。故刘子骏改易名字，冀应其占。及莽末，道士西门君惠言刘秀当为天子，遂谋立子骏。事觉，被杀。出谓百姓观者曰：刘秀真汝主也。皆近事暴著，智者所共见也。”而《邓晨传》曰：“王莽末，光武尝与兄伯升及晨俱之宛，与穰人蔡少公等宴语。少公颇学图谶，言刘秀当为天子。或曰：是国师公刘秀乎？光武戏曰：何用知非仆邪？”强华所奉《赤伏符》亦曰：“刘秀发兵捕不道，四夷云集龙斗野，四七之际火为主。”见《光武纪》。《续汉书·祭祀志》载光武祭告天地文则曰：“刘秀发兵捕不道，卯金修德为天子。”莽末之谶，悉若为汉所造，有是理乎？《公孙述传》言：“述亦好为符命、鬼神、瑞应之事，妄引谶记。”然又曰：“述梦有人语之曰：八厶子系，十二为期。觉，谓其妻曰：虽贵而祚短，若何？”使此言真出于述，安得漏泄于外？然则莽末之谶，究出于谁，亦殊难言之矣。刘扬造作谶记曰：“赤九之后，瘿扬为主。”《后汉书·耿纯传》。新城山贼张满既执，叹曰：“谶文误我。”《后汉书·祭遵传》。然则是时信谶者极多，此后汉君臣，所以相与造作。徒事造作，犹恐不足以自神，乃皆托之于敌也。光武以谶文用孙咸、王梁，见《后汉书·王梁》及《景丹传》。又谓二十八将，上应二十八宿，见《朱佑》等《传赞》。《冯异传》载永初六年诏曰：“元功二十八将……谶记有征。”成败虽殊，其智，则亦刘扬、张满之智而已矣。

（四〇八）图谶三

《续汉书·祭祀志》：“建武三十年，二月，群臣上言：即位三十年，宜封禅泰山。诏书曰：即位三十年，百姓怨气满腹，吾谁欺，欺天乎？曾谓泰山不如林放，何事污七十二代之编录？桓公欲封，管仲非之。若郡县远遣吏上寿，盛称虚美，必髡，兼令屯田。”从此群臣不敢复言，善矣。然又云：“三十二年，正月，上斋，夜读《河图会昌符》，曰：赤刘之九，会命岱宗。不慎克用，何益于承？诚善用之，奸伪不萌。感此文，乃诏梁松等复案索《河》《洛》谶文言九世封禅事者。松等列奏，乃许焉。”岂至此顿忘“百姓怨气满腹”之言乎？《河》《洛》谶文，果谁所造，岂有躬造之而躬自信之者哉？然则光武之东封，亦欲藉是以镇压东方，并以眩耀愚俗耳。《后汉书·张纯传》言南单于、乌桓降后，纯案七经谶，请立辟雍，及封泰山，遂起明堂、灵台、辟雍，宣布图谶于天下，盖亦以眩耀愚俗也。《本纪》建武十七年《注》引《东观记》曰“上以日食避正殿，读图谶多，御坐庑下浅露，中风发疾”，吾谁欺？欺天乎？

《后汉书·桓谭传》言光武信谶，多以决定嫌疑。谭上疏，请屏群小之曲说，述五经之正义。帝省奏不说。其后有诏会议灵台所处，帝谓谭曰：吾欲谶决之，何如？谭复极言谶之非经。帝大怒曰桓谭非圣无法，将下斩之。谭叩头流血，良久乃得解。《郑兴传》曰：“帝尝问兴郊祀事。曰：吾欲以谶断之，何如？兴对曰：臣不为谶。帝怒曰：卿之不为谶，非之邪？兴惶恐曰：臣于书，有所未学，而无所非也。帝意乃解。兴数言政事，依经守义，文章温雅，然以不善谶故，不能任。”光武之信谶，似诚笃矣。然《儒林传》：尹敏言谶书非圣人所作，帝不纳。敏因其阙文增之曰：君无口，为汉辅。帝见而怪之，召敏问其故。敏对曰：

臣见前人增损图书，敢不自量，窃幸万一。帝深非之。虽亦以此沉滞，然竟不罪。与其所以遇桓谭者，宽严迥不侔矣。然则帝之于谭，亦本恶其质直，而借事以摧挫之耳。郑兴、尹敏之不大用，亦未必以其不信谶也。夫上以诚求，则下以诚应；不诚，未有能以诚报之者也。《郅恽传》言恽上书王莽，据图录，言汉历久长，劝莽更就臣位。莽大怒，而以恽据经谶，难即害之，系狱须冬，会赦得出。夫莽自遣赵并验治符命以来，甄寻、王奇、刘棻等且纷纷遭难矣，而何有于恽？《杨厚传》言厚祖父春卿"善图谶学，为公孙述将。汉兵平蜀，春卿自杀，临命，戒子统曰：吾绨袠中有先祖所传秘记，为汉家用，尔其修之。"既知秘记之为汉，何以复为述将？既自杀以徇述矣，又戒其子为汉，天下有是理乎？杨厚为后汉言图谶之大宗，《后汉书·儒林传》言任安从厚学图谶。《方术传》："董扶少游大学，与乡人任安齐名，俱事同郡杨厚学图谶。"《三国蜀志二牧传注》引陈寄《益部耆旧传》曰："董扶事杨厚，究极图谶。"《周群传》曰："少学术于杨厚，名亚董扶、任安。"杜微、杜琼，皆受学于安。《季汉辅臣赞》曰："何彦英事安，与杜琼同师，援引图谶，劝先帝即尊位。"而其诈谖如此，以术驭天下者，其所得果如何哉？

（四〇九）图谶四

谶，自古所有也；谶纬相附，则王莽之所为也。《申鉴·俗嫌》曰："世称纬书，仲尼之作也，臣悦叔父故司空爽辩之，盖发其伪也。有起于中兴之前，终、张之徒之作乎？或曰：杂。曰：以己杂仲尼乎？以仲尼杂己乎？若彼者，以仲尼杂己而已。然则可谓八十一篇非仲尼之作矣。或曰：燔诸？曰：仲尼之作则否，有取焉，曷其燔。"谶虽妖妄，纬则多存经说，后人卒不忍弃者以此。荀悦之言，早尽之矣。谶纬相符，诚足乱经，亦由欲以所行托之于古。以己所行托之于古，则亦欲有所为耳。其愚而诞可笑，其苦心仍可谅也。后世之造谶者，犹有之乎？若光武即徒为身谋而已，与张满辈何异？然自此，谶遂为作乱者之所资，视为禁物矣。《后汉书·窦融传》，融上书言臣融有子年十五，朝夕教道以经艺，不令得观天文谶记。《三国·魏志·常林传注》引《魏略》云：吉茂，建安二十二年，坐其宗人吉本等起事被收。先是科禁内学及兵书，而茂皆有，匿不送官。及其被收，不知当坐本等，顾谓其左右曰：我坐书也。

（四一〇）图谶五

谶之原安在？曰：在社会之迷信。张衡曰："永元中，清河宋景遂以历纪推言水灾，而伪称洞视玉版。或者至于弃家业，入山林。"《后汉书·张衡传》。可见时人信谶之深。《后汉书·翟酺传》："尚书有缺，诏将大夫六百石以上试对政事、天文、道术，以高第者补之。酺自恃能高，而忌故太史令孙懿，恐其先用，乃往候懿。既坐，言无所及，惟涕泣流连。懿怪而问之，酺曰：图书有汉贼孙登，将以才智，为中官所害；观君表相，似当应之；酺受恩接，凄怆君之祸耳。懿忧惧，移病不试。由是酺对第一，拜尚书。"懿非愚夫，而亦为酺所慑者，人之心力，有以相熏，众所共信之事，虽坚强明智者，或亦不免为其所移。三至之谗，正同此理，固非酺之能诳懿也。《论衡·实知》曰："儒者论圣人，以为前知千岁，后知万世，有独见之明，独听之聪。事来则名，不学自知，不问自晓，故称圣则神矣，若蓍龟之知吉凶。"此又谶之所以托诸仲尼欤？

（四一一）图谶六

谶为王莽所造，固也；然世或以刘歆为王莽之党，因以为谶出于歆，则诬。张衡谓刘向父子领校秘书，阅定九流，亦无谶录，《后汉书·张衡传》。足以明之矣。《汉书·五行志》曰："刘歆以为虙牺氏继天而王，受《河图》，则而画之，八卦是也。禹治洪水，赐《洛书》，法而陈之，《洪范》是也。初一曰五行云云六十五字，皆《洛书》本文。"歆之所谓《河图》《洛书》者如此，安有所谓"列宿斗正之度，帝王录纪兴亡之数"者乎？李守初事刘歆，未知信否。即以为信，亦不能决守所说谶为歆所造。《苏竟传》曰：王莽时，与刘歆等共典校书。延岑护军邓仲况拥兵据南阳阴县为寇，而刘歆兄子龚为其谋主。竟时在南阳，与龚书晓之曰："走昔以摩研编削之才，与国师公从事出入，校定秘书。"亦仅言歆曾从事校书，不谓下文"孔丘秘经，为汉赤制"等语为歆所造也。《莽传》言：甄丰、刘歆、王舜为莽腹心，倡导在位，褒扬功德；安汉、宰衡之号，及封莽母、两子、兄子，皆丰等所共谋，而丰、舜、歆亦受其赐，并富贵矣，非复欲令莽居摄也。居摄之萌，出于泉陵侯刘庆、前辉光谢嚣、长安令田终术。莽羽翼已成，意欲称摄；丰等承顺其意，辄复封舜、歆两子及丰孙。丰等爵位已盛，心意既满，又实畏汉宗室、天下豪杰；而疏远欲进者，并作符命，莽遂据以即真，舜、歆内惧而已。其后争为符命封侯，其不为者，相戏曰：独无天帝除书乎？司命陈崇白莽曰：此开奸臣作福之路，而乱天命，宜绝其原。莽亦厌之。遂使尚书大夫赵并验治，非五威将帅所班，皆下狱。而丰子寻作符命，言新室当分陕，立二伯，以丰为右伯，莽即从之。丰未行，寻复作符命，言黄皇室主为寻之妻，莽因是发怒，收捕寻。寻亡，丰自杀。寻随方士入华山，岁余，捕得，辞连歆子棻、棻弟泳、大司空邑弟奇，及歆门人丁隆等，牵引公卿党亲列侯以下，死者数百人。均见《王莽传》。莽之篡汉，意盖欲有所为，歆等之辅之亦以此。既欲大有所为，势非至于即真不止；谓歆等既已富贵，遂不欲莽即真，此浅之乎测丈夫之言也。然以此证歆等之不为谶，则可信矣。张衡言圣人明审律历，以定吉凶，重之以卜筮，杂之以九宫……或观星辰逆顺，寒燠所由，或察龟策之占，巫觋之言，其所因者，非一术也。”又言：“律历、卦候、九宫、风角，数有征效，世莫肯学，而竞称不占之书。”《后汉书·张衡传》。足见谶皆不学无术者所为，使刘歆等为之，有如是其陋者邪？

成、哀以后所谓谶者，大体有二：一附会字形，如王莽以钱文有金刀，改为货泉，或以货泉为白水真人，是也。一曲解文义，如张邯称说符命，谓《易》言“服戎于莽，升其高陵，三岁不兴”，莽，皇帝之名；升谓刘伯升；高陵谓高陵侯子翟义；言刘升、翟义为伏戎之兵于新皇帝之世，犹殄灭不兴，是也。刘歆乃好古文者。古文条例，是为六书。谶之附会字形者，莫不与六书相背，歆安得信之？范增述南公之言曰：“楚虽三户，亡秦必楚。”语意本明。苏林、臣瓒，亦皆随语气释之。乃服虔以三户为津名，孟康谓“南公知秦亡必于三户，故出此言。后项羽果渡三户津破章邯军，降章邯，秦遂亡”。然则“虽”字何解？岂不可发一大噱？曾是刘歆等而为此邪？谶文之体，盖放古之谣辞为之。《史记·三代世表》褚先生述方士考功之言曰：“《黄帝终始传》曰：汉兴百有余年，有人不短不长，出白燕之乡，持天下之政，时有婴儿主，却行车。”即其体。足征谶不始于成、哀，特成、哀后始盛耳。此犹今日之新诗，为人之所能为，亦足征其为家人言也。“亡秦者胡”等语，乃约举谶意，非谶本文。

（四一二）图谶七

谶非刘歆等所为，固矣。好古学者，又以是为今文师咎，则其说益诬。为是说者，乃以纬多用今文说，而谶文荒怪。今文师好言阴阳灾异，亦或邻于荒怪耳。不知纬之所以用今文说者，乃以成、哀之际，古文初兴，说尚未出；至于阴阳灾异，则与谶绝非一物。《汉书》总叙推言阴阳灾异者曰：孝武时有董仲舒、夏侯始昌，昭、宣则眭孟、夏侯胜，元、成则京房、翼奉、刘向、谷永，哀、平则李寻、田终术。《眭》《两夏侯》《京》《翼》《李传》。今其言具存，曷尝有如谶之矫诬者邪？尹敏建武二年，亦上疏陈《洪范》消灾之术，亦得以敏为信 谶者邪？

《隋书·经籍志》曰："汉时，诏东平王苍正五经章句，皆命从谶。俗儒趋时，益为其学，篇卷第目，转加增广。言五经者，皆凭谶为说。惟孔安国、毛公、王璜、贾逵之徒独非之，相承以为妖妄，乱中庸之典。故因汉鲁恭王、河间献王所得古文，参而考之，以成其义，谓之古学。当世之儒，又非毁之，竟不得行。"此所谓孔安国者，即《尚书》之《伪孔传》，可以勿论。《毛诗》究出何人，不可知。若如《汉志》之说，谓河间献王好之，则其时谶尚未兴，何缘以为妖妄？云因恭王、献王所得，参而考之，以成其义，明古文之说，皆出臆造，非有师承也。然贾逵明引谶文，争立《左氏》，亦得谓之非谶者邪？今文师信谶者诚不乏，然如郑玄，名为兼通今古文，而实偏于古，今其经注引谶者即极多，安得专咎今文师乎？以纬书多用今文说而咎今文，则《毛传》皇天、昊天、旻天之义，亦见《尚书帝命验》，又得以《毛传》为妖妄邪？

（四一三）太史公书亡篇

补《太史公书》是一事，续《太史公书》是一事，后人就《太史公书》有所附益，又是一事。三者不可相殽。

《后汉书·班彪传》，载彪作《后传略论》，言司马迁作本纪、世家、列传、书、表，凡百三十篇，而十篇缺焉。《汉书·艺文志》：《太史公书》百三十篇，十篇有录无书；本传同。张晏曰："迁殁之后，亡《景纪》《武纪》《礼书》《乐书》《兵书》《汉兴以来将相年表》《日者列传》《三王世家》《龟策列传》《傅靳列传》。元、成之间，褚先生补缺，作《武帝纪》《三王世家》《龟策》《日者传》，言辞鄙陋，非迁本意也。”此就百三十篇中所缺者补之，所谓补《太史公书》者也。

《彪传》又云：“武帝时，司马迁著《史记》，自太初以后，阙而不录。后好事者颇或缀集时事，然多鄙俗，不足以踵继其书。”《注》：“好事者，谓扬雄、刘歆、阳城衡、褚少孙、史孝山之徒也。”《汉书·张汤传赞》：“冯商称张汤之先与留侯同祖，而司马迁不言，故阙焉。”如淳曰：“班固《目录》：冯商，长安人。成帝时，以能属书，待诏金马门，受诏续《太史公书》十余篇。”师古曰：“刘歆《七略》云：商，阳陵人。治《易》，事五鹿充宗。能属文，博通强记，与孟柳俱待诏。颇序列传，未卒，会病死。”《艺文志注》同。“事五鹿充宗”下，多“后事刘向”四字。《艺文志注》引韦昭曰：“冯商受诏续《太史公》十余篇，在班彪《别录》。”说与如淳同，而《汉志》列商所续《太史公》仅七篇，盖余篇因病未卒邪？然无论其为七篇抑十余篇，要必在百三十篇之外，此所谓续《太史公书》者也。

张晏言褚少孙补迁书仅四篇，而今所缺十篇俱在，则补迁书者不止一人。然遂谓扬雄、刘歆、阳城衡、史孝山之徒为之，则又非也。雄等所为，盖皆续而非补；而此十篇，亦有可云补，有不可云补者。何则？苟其言补，虽不能必得迁意，要必与迁书体例相同。而如今之所为，钞《封禅书》以充《武纪》，钞《荀子》《戴记》以当《礼书》《乐书》，皆与迁书体例，截然不合也。张晏言褚先生所补，言辞鄙陋，而如今之所补，则《武纪》用《封禅书》，即迁所自为；《三王世家》全录策文；《日者传》载司马季主之辞；《龟策传》载太卜所传龟策卜事；其辞皆非褚氏所为，何鄙陋之有？且《武纪》即取《封禅书》，是钞本书之此篇以补彼篇也，《武纪》完，《封禅书》又缺矣，有是理乎？故知今此四篇，又非褚少孙之旧也。

然则《史记》中不出谈、迁处，果何人所为邪？曰：古书为后人所乱者甚多，而其乱之也，亦各不同。有本书既缺，他有所采以补之，而其所采大致与本书合者，如今《史记》之《景纪》《傅靳列传》《汉兴以来将相年表》是也。此三篇体例最与元书合。《景纪》《索隐》云以班书补之。今检其文，与班书绝不同，可知补《史记》者必别有所受之也。有所采虽未必合，而体例与元书相符者，若《律书》、《三王世家》、《日者》《龟策》两传是也。颜师古谓《史记自序》，有《律书》无《兵书》，以驳张晏，误也。《律书》即《兵书》，昔人已言之矣。亦有全不相干者，则《武纪》《礼》《乐》二书是矣。此其意盖本不在补，特取略有关涉之事，钞附以备观览而已。虽附元书篇中，元书仍不可不谓之缺也。有附录而无元文，亦无补之之文，然今《礼书》《乐书》中钞《荀子》《戴记》处，虽止可谓之附录，而自此以前一节，则与元书体例，尚无不合，岂此一节为褚少孙所补，而其余则好事者之为之与？《乐书》篇末又有“太史公曰”云云，亦剿《礼论》之文。

张晏谓《史记》所缺十篇，而今存者亦皆有“太史公曰”字。论者因谓《史记》实未尝缺，而訾少孙之补为亡谓，《十七史商榷》。此又非也。太史公三字，盖非独谈、迁，凡居是官者，皆以之自称焉。刘知几谓马迁既殁，太史之署，非复记言之司，此特以大校言之，安知居其位者，遂一无所述哉？且如今《司马相如传赞》，采及扬雄之语，岂谈、迁所能为，然亦著“太史公曰”字。此等苟非居是官者之自称，则只可谓钞他书以续补《史记》者妄益之，然观“褚先生曰”字，皆未尝改，则知妄以他人之辞，托诸谈、迁者尚不多，非谈、迁所能言之“太史公曰”，自以释为居是官者之自称为较安也。

《史记》中有褚先生之辞者，不止张晏所举四篇。如《三代世表》《建元以来侯者年表》是也。然晏不云此诸篇为褚所补，则知晏所谓补者，乃元书全佚，他有所采以充之，而非如此诸篇，于元书之后，有所沾缀也。诸篇中涉及麟止后事者，大抵皆此类耳。此皆只可谓之附益，既不可云补，亦不足言续也。

《自叙》曰：“三子之王，文辞可观，作《三王世家》。”今《三王世家》亦载太史公之言曰：“封立三王，天子恭让，群臣守义，文辞烂然，甚可观也，是以附之世家。”其言如出一口。似乎迁之元书，为不亡矣。然又载褚先生之言曰：“臣幸得以文学为侍郎，好览观太史公之列传。传中称《三王世家》，文辞可观。求其世家，终不能得。窃从长老好故事者，取其封策书，编列其事而传之，令后世得观贤主之指意。”今此篇所列策文，在“太史公曰”以前者，盖即褚先生得诸长老者也。然则“太史公曰”以下之语，何自而来？岂其所序之事及辞已亡，而论赞之语独存与？盖史迁之书，私书也，其意欲藏之名山，传之其人，而其后祖述宣布，实由其外孙扬恽。见迁本传。《杨敞传》云：“恽始读外祖《太史公记》，颇为《春秋》。”此乃民间之物，不必为侍郎而后得观。褚先生所览观之太史公列传，其所谓太史公者，实非迁也。今观其辞又曰：“王者疆土建国，封立子弟，所以褒亲亲，序骨肉，尊先祖，贵支体，广同姓于天下也，是以形势强而王室安。自古至今，所由来久矣，非有异也，故弗论著也。”此语若出谈、迁，则自汉兴以来同姓王侯，皆不当列表；而自楚元王以下，宗室受封者，亦不当著于世家矣；有是理乎？列者，序列；古书之序，恒与其书别行。褚少孙既云览观太史公之列传，又云求《三王世家》弗能得，则此所谓列传者，乃诸篇之序录，如今《史记》中之《自叙》，而非如《史记》中之列传序列行事者也。今《史记》诸篇中系诸太史公之辞，窃疑此类当尚不乏，特无从一一别白；而此篇“太史公曰”以下之辞，其非出于谈、迁，则昭然可睹矣。《礼书》《乐书》既亡，而篇首仍有系诸太史公之语，盖亦此类。故知张晏之言，必非无据也。知晏之言有据，则知张守节举《礼书》《乐书》等非史公元文者，司马贞举《建元以来侯者年表》四十五国、《历书》太始、征和以下，悉以为褚先生所补者之非矣。

《三国·魏志·王肃传》载明帝问肃曰：“司马迁以受刑之故，内怀隐切，著《史记》非贬孝武，令人切齿。”对曰：“司马迁记事，不虚美，不隐恶。刘向、扬雄服其善叙事，有良史之才，谓之实录。汉武帝闻其述《史记》，取孝景及己本纪览之，于是大怒，削而投之。于今此两纪有录无书。后遭李陵事，遂下迁蚕室。此为隐切在孝武，而不在于史迁也。”案迁《报任少卿书》，极言所以隐忍苟活，实为《史记》之未成，则其著书，实在遭李陵事后，而不在其前，安得有武帝因读本纪隐切，乃下迁蚕室之事？故昔人于肃说，多不之信也。或曰：著书是一事，成书又是一事。迁书之成，在遭李陵事后；其从事论著，当在继父为太史之年，安得谓景、武二纪，遭陵事时必无草创乎？此说可通。然古人轻事重言，往往设辞悟主，不必实有其事。孔融之“想当然耳”，是其明证。《魏志》载肃谏疏及李云不当死、史迁非隐切之对，意固美其直谏，非嘉其博闻。据明帝问，迁著书自在遭陵事后，肃之言似不能据为事实也。然景、武两纪，有录无书，则非虚辞，又可见张晏之说之确矣。

（四一四）淮南王书无中篇

《汉书·淮南王传》言其“招致宾客方术之士数千人，作为《内书》二十一篇，《外书》甚众；又有《中篇》八卷，言神仙黄白之术，亦二十余万言”。“又有”

以下十九字，必后人窜入。中即内也，《艺文志·杂家》有《淮南内》二十一篇，即今所传《淮南王书》；又有《外》三十三篇。王既招致方术之士甚众，未必无言神仙黄白事者，当在此中，不当别有《中篇》也。《楚元王传》言宣帝复兴神仙方术之事，而淮南有《枕中》《鸿宝》《苑秘》书，书言神仙使鬼物为金之术，及邹衍《重道延命方》，世人莫见；而更生父德，武帝时治淮南狱，得其书，更生幼而读诵，以为奇，献之，言黄金可成；上令典尚方铸作事，费甚多，方不验，上乃下更生吏。刘奉世曰：德待诏丞相府，年三十余，始元二年事也。淮南事元朔六年，是时德甫数岁。案《郊祀志》亦言更生献淮南《枕中》《洪宝》《苑秘》之方，而不言其出于德。然则谓其出于德，乃后人附会之语，而孟坚误采之也。刘向虽信其书，不必信其出于淮南王也。

《艺文志·易》家有《淮南道训》二篇，《注》云“淮南王安聘明《易》者九人号九师法”，疑即今《淮南王书》中之《原道训》。《内书》中此二篇专言《易》，余则不纯于儒，故向、歆入之杂家。师古曰：《内篇》论道，《外篇》杂说。以《内篇》为纯论道者，亦非也。

（四一五）读《论衡》

凡一时代中人，其思想必相类。王仲任《论衡》一书，近人盛称之，以为能破斥迷信矣，然其时之人之见解，类于仲任者实不少，读其书《订鬼》之篇而可知也。

此书列举时人论鬼之说，凡得八家：一曰人病则忧惧，忧惧见鬼出。譬之伯乐相马，顾玩所见，无非马者；庖丁学解牛三年，不见生牛，所见皆死牛。谓思念存想，自见异物。又谓精念存想，或泄于目，或泄于口，或泄于耳。泄于目，目见其形；泄于耳，耳闻其声；泄于口，口言其事。是则不徒见鬼者不足信，其耳有所闻，或口言其事者，亦皆非实有其物矣。二曰目光与卧乱。所谓卧者，谓气倦精尽，妄有所见。立此说者，谓之反照，谓其与梦相似。又谓狂者之见鬼物亦然。三曰鬼者人所见得病之气。其气象人形而见。气皆纯于天，天文垂象于上，其气降而生物。本有象于天，则其降下有形于地，此即《易》在天成象在地成形之说。如此说，则形与气实为一物。又谓众星之体，为人与鸟兽，故见人与鸟兽之形。案古称庶民惟星，盖实谓其降而为人，读《庶民惟星》条可知。可见此说实衍古哲学之绪也。四曰鬼者老物之精，亦或未老性能变化。五曰鬼者本生于人，时不成人，变化而去。引颛顼有三子，生而死，去为疫鬼为证。故鬼神有形体，能立树，与人相见，非阴阳浮游之气若云烟者所能为。六曰鬼者甲乙之神。甲乙者天之别气，其形象人。庚辛报甲乙，故病人且死，杀鬼之至者为庚辛之神。何以效之？以甲乙日病者，其死生之期，常在庚辛之日也。七曰鬼者物也，与人无异，常在四边之外，往来中国，与人杂。天地生物，有人若鸟兽，其生凶物亦有似人象鸟兽者。凶祸之家，或见蜚尸，或见走凶，或见人形，三者皆鬼也。而人或谓之鬼，或谓之凶，或谓之魅，或谓之魑。说螭者谓之龙，魅亦龙类，龙不常见，故鬼亦时见时匿，然皆生存实有，非虚无象之类。引《山海经》鬼门万鬼所出入，神荼郁垒主阅领万鬼，执其恶害者以食虎。谓可食之物无空虚者以明之。八曰鬼在百怪之中，太阳之气中伤人谓之毒，变化谓之妖。妖怪能象人之形，亦能象人之声，故言有妖，声有妖，文有妖。妖象人之形，毒象人之兵，毒中人则死，微者即为腓。杜伯之厉为妖，其弓矢则毒也。妖或施其毒不见其体，或见其形不施其毒。见其形不施其毒者，如晋太子申生是，不能为害。施其毒不见其体，则凡受其害，而不知其由者，皆是也。言有妖，如童谣；声有妖，如濮水琴声，纣郊鬼哭；文有妖，为文书之怪。人含气亦为妖，如巫之类；是巫之辞，无所因据，故同于声气自立、音声自变也。又博征诸事以明之，曰火气恍惚，故妖象存亡。龙，阳物也，故时变化。鬼时藏时见，故知其为阳气。阳色赤，故世人见鬼色尽纯朱。案此汉人与今异。蜚凶之类为火光，止集树木，枝叶枯死。问妖何以能象人形？则曰：太阳之气，天气也，天能生人之体，故能象人之容。问何以时见时隐？则曰：阴气为骨肉，阳气为精神。人之生也，阴阳气具。精气为知，案《礼运》“体魄则降，知气在上”之知字如此解。此亦可见当时之立说者多本古哲学。骨肉为强，合错相持，故能常见而不灭亡。太阳之气，盛而无阴，故徒能为象，不能为形；一见恍惚，辄复灭亡也。此说为仲任所取，故其《言毒》篇亦谓毒为太阳之热气，人不堪任。《纪妖》篇论张良遇老父得《太公兵法》事曰：《太公兵法》，气象之也。气象生人之形，则亦能象太公之书。亦与此说相符会也。八说自今日观之，当以第一二说为较合。然仲任不之取。欲取第一说者，则以第一二说以鬼为无其物。第三说至第八说则不然。仲任宗旨同于形法之家，凡事必求诸物质，故就后六说中择其推论最博者而取之也。

立论必据事物。有所据之事物是而推论误者，亦有所据之事物本不足信者。如第五说谓颛顼之子去为疫；第六说谓甲乙日病者，死生之期皆在庚辛之日；第七说谓神荼郁垒阅领万鬼，执以食虎是也。然误信事实，亦有仍由推论之不精者：《纪妖》篇论张良得兵法事，设问曰："气无刀笔，何以为文？"而答之曰："鲁惠公夫人仲子，生而有文在其掌，曰为鲁夫人；晋唐叔虞文在其手曰虞；鲁成季友文在其手曰友。三文之书，性自然；老父之书，气自成也。"因谓"太公钓得巨鱼，刳鱼得书，云吕尚封齐；武王得白鱼，喉下文曰以予发，盖不虚矣。因此复原《河图》《洛书》言兴衰存亡，帝王际会，审有其文矣"。姑无论此等事之不足信，即以为可信，而兵法必著于简策，亦与文在其手、喉下有文者，非同类也。盖时习以此等事为实有，故贤者亦有所蔽而不能自拔耳。《言毒》篇谓毒中人若火灼，信有其事矣。曰人或为蝮所中，割肉置地焦沸，火气之验，则未必然也。又曰："他物之气入人鼻目，不能疾痛。火烟入鼻，鼻疾；入目，目痛；火气有烈也。""盛夏暴行，暑暍而死，热极为毒也。人疾行汗出，对炉汗出，乡日亦汗出，疾温病者亦汗出，四者异事而皆汗出，困同热等，火日之变也。"说虽未尽然，所据之事自确。又曰"太阳之地，人民促急，促急之人，口舌为毒。故楚越之人，促急捷疾，与人谈言，口唾射人，则人脤胎肿而为创。南郡极热之地，其人祝树树枯，唾鸟鸟坠"，则并所据之事而亦不确矣。天下之事物多矣，安能一一目验？其所依据，必有得之于人者。市三成虎，明者不能尽知其诬，此乃无可如何之事，不宜妄以后人之见议论古人也。此亦一时代中人见解所以相类之故。

唯物之家，视精神亦有其质。《汉书·艺文志》驳形法家之论曰："形与气相首尾，亦有有其形而无其气，有其气而无其形，此精微之独异也。"此不谓气非质，特其形不可见耳。仲任之论亦如此。故《论死》篇谓"形须气而成，气须形而知"。有形无气则为死物，火灭光消而烛在，看似初无所损，然粟米弃出则囊橐无复坚强之形矣，此形须气之说也。有气无形则不能成物，譬犹天下无独然之火，其偶见者，则所谓妖也。人"受命于天，秉气于元，与物无异"。语见《辨祟》篇。其所以异者，以禀五常之气。五常之气，必舍于五藏。故五藏有病，则人荒忽，荒忽则愚痴，此今心理本于生理之说也。气之生人，犹水之为冰。冰解为水，人死复神。人之气与天地之气是一非二，正犹盎中之水与盎破后流于地上之水非二，此说恍闻横渠之说，实即《易》所谓"精气为物，游魂为变”尔。游魂之质必极微弱，仲任譬之卵未为鸡时，其质澒溶如水。害人者必以筋力，徒以精气加人，犹口气射人之面，虽贲育不能害人。此仲任所以断定鬼之不能为害也。以上所引皆见《论死》篇。

人之所以生者精气，而能为精气者血脉，亦见《论死》篇。仲任谓人之寿夭、强弱、知愚、贤不肖，咸视乎其禀赋。《初禀》篇谓王命定于怀妊，犹卵壳孕而雌雄生，日月至而骨节强，强则雄自率将雌，是其义也。《无形》篇谓寿夭由形，形不可变化，命不可减加；譬诸囊贮粟米，损益粟米，囊亦增减。是故天不能增减人之年，犹之人不能损益苞瓜之汁，令其形如故也。儒家三命之说：曰正命，谓禀吉而得吉者也；曰随命，行善而得善，行恶而得恶者也；曰遭命，行善得恶者也。仲任驳之，别立三命三性之说：以至百而死者为正命，五十而死者为随命，初禀气时遭凶恶者为遭命，禀五常之性者为正性，随父母之性者为随性，遭得恶物象之者为遭性。必别立新说者，所以破命随操行而至之说。《命义》篇所谓“操行善恶者性也，祸福吉凶者命也”。所以必攻命随操行而至之说者，则以遇不遇无关于才不才，累害自外不由内也。此义《逢遇》《累害》二篇明之。此等议论，每为迂儒好谈劝戒者所深訾；然贤不肖浑淆，使贤者蒙不白之冤，而不肖者获不虞之誉，不可也。治乱在时不在行，观《治期》篇所论可知。世俗不知，则使明知之主虚受其责矣。又不独此也，论罪者贵略迹而原心，贤贤者独不当如此乎？《定贤》篇立观善心之义曰：有善心，虽贫贱困穷功不成而效不立犹为贤。又曰：治不谋功，要所用者是；行不责效，期所为者正。此则不徒一洗成败论人之见，亦且暗契董生“正其谊不谋其利，明其道不计其功”之说矣。其论命义之说，谓命不可勉，时不可力，知者归之于天，故坦荡恬忽。此亦儒家无入不自得之义也。故真见是非未有不有裨于道德者，问佞人何以不为贤，曰：夫佞与贤者同材，佞以情自败；偷盗与田商同知，盗以欲自劾也。《答佞》篇。此岂徒持福善祸淫之空论所能范围驱策哉？

性与命之别，性以知德言，命以体格言。《命义》篇所谓死生寿夭之命，《气寿》篇所谓强弱寿夭之命皆命；《命义》篇所谓贵贱贫富之命则性也。此皆原于禀赋。其系于遭逢者，则仲任不谓之命，谓之禄，谓之遭遇，谓之幸偶。禄者，今人所谓命运，仲任谓之盛衰兴废，如国君或生于国家鼎盛之时，或生于国势衰颓之日；人或生于钟鸣鼎食之家，或为荜门圭窦之子是也。遭遇者，谓遇非常之变，历阳之都一夕沈而为湖，长平之坑四十万同时死其事，《气寿》《刺孟》两篇所谓所当触值之命。幸偶者，一人之遭遇，遭祸福为幸不幸，触赏罚为偶不偶，盖以自然之利害，或虽人所为而出于无意者为祸福，人有意加诸 吾者为赏罚也。合此四者，而人所遭之幸不幸定焉。四者或俱善，或俱恶，其或善或恶者，则视其力之大小以定吉凶，如所谓国命胜人命，寿命胜禄命是也。其意义自较三命旧课为周帀。仲任论命之说，通观《命禄》《气寿》《幸偶》《命义》《无形》《偶会》《骨相》《初禀》诸篇。

《齐世》一篇力辟古胜于今之说，《宣汉》《恢国》《验符》《须颂》力言今胜于古，看似无意义，然法家之所以不法古始，则正自此义来也。今能核实与否，于自然现象与社会现象同。核实于自然现象者，形法之家也；核实于社会现象者，名法之家也。仲任宗旨于此最近。

然社会现象殆不可与自然现象等量而齐观者，自然现象今古殆少变更，社会现象则不然矣。《齐世》篇辟上世之人侗长佼好坚强老寿之说，谓天不变易，气不改更，俱禀元气，形体何故不同？是矣。然古人冲愉恬淡，又少传染之病，易于老寿；后世反是，则事之不可诬者也。而仲任亦不谓然，则慎矣。仲任又谓人生一世，寿至百岁；生为十岁儿时，所见地上之物，生死改易者多，至于百岁所见诸物，无以异也。百岁之间，足以卜筮，此其致误之由也。

迷信之家，视神如人，谓万事皆神为之，而其所谓神为之者，则犹之人之为之也。此固缪妄可笑。归诸自然是矣。观《论衡》，综核名实之法，近于法家。所得结论，近于道家。《谴告》篇谓黄、老二家论说天道得其实矣，《自然》篇谓说合于人事，不入于道德，从道不从事，虽违儒家之说，合黄、老之义也。可见其宗旨所在。然举理之不可通者，亦概以自然说之，则大开方便之门，亦一弱点也。仲任等皆未免此病。

仲任等之解释鬼妖，虽未能将世俗之迷信根本否认，然卒能下“国将亡，妖见，其亡，非妖也；人将死，鬼来，其死，非鬼也；亡国者，兵也；杀人者，病也”之结论。则于死亡之原因，辨之甚核。对于摧破迷信，已大有功。大抵仲任论事，最致谨于因果之关系，其《偶会》篇曰：“世谓秋气击杀谷草……此言失实。夫物以春生夏长；秋而熟老，适自枯死，阴气适盛，与之会遇。何以验之？物有秋不死者，生性未极也。人生百岁而终，物生一岁而死，死谓阴气杀之，人终触何气而亡？……夜月光尽，不可以作，人力亦倦，欲壹休息；昼日光明，人卧亦觉，力亦复足。非天以日作之，以夜息之也，作与日相应，息与夜相得也。”

（四一六）大人见临洮

秦大人见临洮，汉人以为灾异，引之以说长狄；然《汉书·陈胜项籍传注》引《三辅黄图》言金人之铭曰：“皇帝二十六年，初兼天下，改诸侯为郡县，一法律，同度量，大人来见临洮，其长五丈，足迹六尺。”则当时实以为祥瑞也。

（四一七）论汉人行序之说

《后汉书·皇甫嵩传》，谓张角讹言“苍天已死，黄天当立”。案以相生之序言之，当云赤天已死；以相胜之序言之，当云白天已死。以黄代苍，五行家无此说也。疑角本云赤天已死，当时奏报者讳之，乃改为苍天。《灵帝纪》云：角自称黄天。其部师三十六万皆着黄巾。《续汉书·五行志注》引《物理论》曰：黄巾被服纯黄，不将尺兵，肩长衣，翔行舒步，所至郡县无不从。

五德终始，说出邹子。其遗文不可得见。惟《文选》沈休文《齐故安陆昭王碑》李善注引《邹子》曰：五德从所不胜，虞土、夏木、殷金、周火。左思《魏都赋》注引《七略》，亦曰邹子终始五德，从所不胜，土德为始，木德继之，金德次之，火德次之，水德次之。其说当有所本。《吕览·应同》，以黄帝为土德，禹为木德，汤为金德，文王为火德。《淮南·齐俗》，言有虞氏祀中溜，服尚黄；夏后氏祀户，服尚青；殷人祀门，服尚白；周人祀灶，服尚赤。《史记·封禅书》曰：“秦始皇既并天下而帝，或曰：黄帝得土德，黄龙地螾见；夏得木德，青龙止于郊，草木畅茂；殷得金德，银自山溢；周得火德，有赤乌之符。今秦变周，水德之时。昔秦文公出猎，获黑龙，此其水德之瑞。”皆邹子之说也。其后贾谊、公孙臣、儿宽、司马迁皆仍之。至刘向父子乃一变，见下，而王莽行焉，光武因之。自此以后，公孙述引《援神契》曰：西太守，乙卯金。谓西方太守而乙绝卯金也。五德之运，黄承赤而白继黄，金据西方为白德，而代王氏，得其正序。《后汉书·公孙述传》。李云忧国将危，心不能忍，乃露布上书，移副三府，曰：高祖受命，至今三百六十四岁，君期一周，当有黄精代见，姓陈、项、虞、田、许氏，不可令此人居太尉、太傅典兵之官。《李云传》。耿包密白袁绍曰：赤德衰尽，袁为黄胤，宜顺天意。《袁绍传》。袁术以袁氏出陈，为舜后，以黄代赤，德运之次，遂有僭逆之谋。《袁术传》。熹平末，黄龙见谯，桥玄问单飏：此何祥也？飏曰：其国当有王者兴，不及五十年，龙当复见，此其应也。魏郡人殷登密记之。至建安二十五年春，黄龙复见谯，其冬，魏受禅。见《后汉书·方术·单飏传》。案亦见《三国·魏文帝纪》。皆相生之说也。即草泽之夫，亦以是为号召，桓帝建和二年，长平陈景自号“黄帝子”是也。《桓帝纪》。此从监本。宋本黄作皇。案皇、黄古通。后汉之世，学士论行序，仍主相胜之说者，惟一王充；见《论衡·验符》篇。草泽举兵，仍以旧说号召者，惟冲帝永嘉元年，历阳贼华孟自称“黑帝”耳。见《本纪》，亦见《滕抚传》。然则后汉之世，相生之说，远胜于相胜。光武政事多反王莽，惟行序之说仍之者，亦取其为众所共喻也。故知张角“苍天已死”之苍，必本作赤而为汉人所改也。

易相胜为相生，说虽成于刘向，而实始于甘忠可。王莽称假皇帝之奏，引哀帝建平二年改元易号之事，曰“案其本事，甘忠可、夏贺良谶书臧兰台”，《汉书·王莽传》。而其增益漏刻，亦与贺良等同，其证也。哀帝号陈圣刘太平皇帝，陈即田，田即土，盖谓帝虽姓刘，所行者实土德耳。刘向父子绝忠可、贺良之说，而其行序之说，顾与之同，亦可见忠可、贺良之说，非无足取矣。案《史记·封禅书》曰“秦襄公既侯，居西垂，自以主少昊之神，作西畤，祠白帝”，其后“栎阳雨金，秦献公自以为得金瑞，故作畦畤栎阳，而祀白帝”；此乃附会之辞。汉高祖二年，“东击项籍而还入关，问故秦时上帝祠何帝也？对曰：四帝，有白、青、黄、赤帝之祠。高祖曰：吾闻天有五帝，而有四，何也？莫知其说。于是高祖曰：吾知之矣，乃待我而具五也。乃立黑帝祠，命曰北畤。”高帝时尚莫知祠不具五之说，而谓秦当襄献时，已自以为金运，其说宁可信乎？《封禅书》又曰：“自齐威宣之时，驺子之徒论著终始五德之运，及秦帝而齐人奏之，故始皇采用之。”则五德终始之说，实来自东方；秦自吕不韦集宾客著书以前，固当无所知也。忠可齐人，然则五德相生相胜之说，皆起于东方矣。

《史记·孟荀列传》言邹衍，“深观阴阳消息，而作怪迂之变，《终始》《大圣》之篇十余万言。其语闳大不经，必先验小物，推而大之，至于无垠。先序今以上至黄帝，学者所共术，大并世盛衰，因载其机祥度制，推而远之，至天地未生，窈冥不可考而原也。”《吕览》言五德始于黄帝，实为说出邹子之征。以此推之，则颛顼木，帝喾金，尧火，而虞为土德，中阙水德。岂邹子之说，五帝同德，至夏乃以木代土邪？或曰：《汉书·律历志》曰："祭典曰：共工氏伯九域。言虽有水德，在火木之间，非其序也。任知刑以强，故伯而不王。秦以水德，在周汉木火之间。周人迁其行序，故《易》不载。"然《周书·史记》言共工自贤，唐氏亡之。《淮南·本经》曰："共工振滔洪水以薄空桑。舜乃使禹疏三江五湖，辟伊阙，道廛涧。"《荀子·议兵》曰："禹伐共工。"《战国·秦策》载苏秦之言同。《成相》曰："禹有功，抑下鸿，辟除民害逐共工。"禹治水在舜摄政时，此即《书》所谓舜流共工于幽州，亦即《周书》所谓唐氏亡之也。然则唐虞之间，实有一共工其人。《管子·揆度》曰："共工之王，水处十之七，陆处十之三，乘天势以隘制天下。"知以共工为伯而不王，说实始于向、歆。《汉志》所引祭典，今见《礼记·祭法》《国语·鲁语》，盖皆向、歆之说既出后改定之文，非古文如此也。此说亦可通。若如此说，则古帝王相承之序，与《大戴记·五帝德》及《史记·五帝本纪》不合。予因之有疑焉。《太史公自序》曰："卒述陶唐以来，至于麟止，自黄帝始。"既曰陶唐以来，又曰自黄帝始，未免自相矛盾。《五帝本纪赞》文义支离，其经后人窜改，殆无疑义，然其中当颇有元文。《赞》曰："学者多称五帝，尚矣。然《尚书》独载尧以来；而百家言黄帝，其文不雅驯，荐绅先生难言之。孔子所传《宰予问五帝德》及《帝系姓》，儒者或不传。"此数语当系史迁元文。疑迁书本纪第一篇不称五帝，始自陶唐，后人以《五帝德》之文附益之，乃并其名而易之也。抑《大戴记》无传授，先儒多不之信，又安知非向、歆之说既行后，或人加以窜易者邪？王莽下书曰："夫三皇象春，五帝象夏，三王象秋，五伯象冬。皇王，德运也；伯者，继空续乏以成历数，故其道驳。"《王莽传》。此说尚未摈霸者使不得列于行序，然已启其端。更进一步，即可替共工而以舜承尧，闰嬴秦而以汉继周矣。可见向、歆之说，亦自甘忠可、夏贺良以来，逐渐增改而成者也。《汉书·艺文志·诸子略·阴阳家》，有《邹子终始》五十六篇，当即《史记》所谓《终始》之篇。其《大圣》篇则不可知矣。《史记·孝文本纪》言公孙臣上书，陈终始五德事。《汉书·律历志》言丞相属宝、长安单安国、甘陵栢育治《终始》，盖皆治邹子之学者。褚先生补《三代世表》曰："《黄帝终始传》曰：汉兴百有余年，有人不短不长，出白燕之乡，持天下之政。时有婴儿主，却行车。臣为郎时，与方士考功会旗亭下，为臣言。"方士说虽怪妄，亦附会邹子之书，知邹子之学在西京流布甚广也。

《汉书·郊祀志赞》曰："汉兴之初，庶事草创，惟一叔孙生略定朝廷之仪。若乃正朔、服色、郊望之事，数世犹未章焉。至于孝文，始以夏郊。而张苍据水德，公孙臣、贾谊更以为土德，卒不能明。孝武之世，文章为盛。太初改制，而儿宽、司马迁等，犹从臣、谊之言，服色数度，遂顺黄德。彼以五德之传从所不胜，秦在水德，故谓汉据土而克之。刘向父子以为帝出于震，故包羲氏始受木德，其后以母传子，终而复始，自神农、黄帝下历唐、虞、三代，而汉得火焉。故高祖始起，神母夜号，着赤帝之符，旗章遂赤，自得天统矣。昔共工氏以水德间于木火，与秦同运，非其次序，故皆不永。"《高帝纪赞》曰："刘向云战国时刘氏自秦获于魏。秦灭魏，迁大梁，都于丰。故周市说雍齿曰：丰，故梁徙也。是以颂高祖云：汉帝本系，出自唐帝。降及于周，在秦作刘。涉魏而东，遂为丰公。"此可见以共工与秦为不当行序，汉为火德，系出唐尧，说实成于向、歆。《眭弘传》弘谓"汉家尧后"，疑其文出后人，非弘本语。

《史记·高祖本纪》：高祖夜经丰西泽中，拔剑击斩蛇。"后人来至蛇所，有一老妪夜哭。人问何哭？妪曰：人杀吾子，故哭之。人曰：妪子何为见杀？妪曰：吾子，白帝子也，化为蛇，当道，今为赤帝子斩之，故哭。"又云：高祖立为沛公，"祠黄帝，祭蚩尤于沛庭，而衅鼓。旗帜皆赤，由所杀蛇白帝子，杀者赤帝子，故上赤。"此中"由所杀蛇白帝子"以下十五字，决为后人增窜。其余为史公元文与否未敢定。然即有此说，亦系寻常讹言，未必与行序有关也。应劭说此，谓秦祠白帝为金德，而汉以火德灭之，于行序之说可通。《索隐》引《春秋合诚图》曰："水神哭，子褒败。""宋均以为高祖斩白蛇而神母哭，则此母水精也。"则以秦为水德。闻水克火，不闻火克水，于理为不可通矣。刘向父子于此未能弥缝，亦一阙失也。

《高祖纪》又曰："其先刘媪尝息大泽之陂，梦与神遇。是时雷电晦冥，太公往视，则见交龙于其上。"但云交龙而已，不言为何色。夏贺良言赤精子之谶。应劭曰高祖感赤龙而生，自谓赤帝之精，贺良等因是作此谶文，始以龙为赤色，与行序有关，此亦后来所增益也。然亦可见向、歆之说，实与贺良等同。

（四一八）窦公

《汉书·艺文志》："六国之君，魏文侯最为好古，孝文时，得其乐人窦公。"

《注》引桓谭《新论》云:“窦公年百八十岁，两目皆盲，文帝奇之，问曰:何因至此?对曰:臣年十三失明，父母哀其不及众技，教鼓琴，臣导引无所服饵。”案此神仙家之妄托也。窦公之传出于魏文侯之乐人，非身事魏文侯;犹扁鹊上治虢太子，下逮赵简子、齐桓侯，同蒙扁鹊之号，实非一人也。故曰“或在齐，或在赵”。自魏文侯至汉文帝，亦不止百八十岁，神仙家之技，故止于此。

(四一九)禁巫祠道中

《汉书·武帝纪》:“天汉二年，秋，止禁巫祠道中者。”《注》:文颖曰:“始汉家于道中祠，排祸咎，移之于行人百姓，以其不经，今止之也。”师古曰:“文说非也。秘祝移过，文帝久已除之。今此总禁百姓巫觋于道中祠祭者耳。”案汉家若无此事，文颖岂得妄说?则师古之言非也。此与秘祝移过，并非一事。秘祝移过，盖如荧惑守心，而子韦欲移诸相，移诸民，移诸岁;赤云夹日飞，而周太史谓可移诸将相之类。使宋景、楚昭听之，官司必有职其事者，非行诸道中者也。礼以正俗，然人心未变，则有仍弃礼而徇俗者。《王嘉传》:嘉奏封事言:“董贤母病，长安厨给祠具，道中过者皆饮食。”如淳曰:“祷于道中，故行人皆得饮食。”此即所谓巫祠道中者。宰相行之，安保皇室之不出此乎?《潜夫论·巫列》篇曰:“人有爵位，鬼神有尊卑。巫觋之语，小人所畏;及民间缮治，微蔑小禁;本非天王所当惮。旧时京师，不防动功，造禁以来，吉祥应瑞，子孙昌炽，不能过前。且以君畏臣，以上需下，则必示弱而取陵，殆非致福之招也。”然则汉世祠祭禁忌，同于民间习俗者多矣，又安必巫祠道中之独不然乎?故知文颖之言，必有所据也。

(四二〇)赛与塞

《后汉书·宦者传》:“先是瑀等阴于明堂中祷皇天曰:窦氏无道，请皇天辅皇帝诛之，令事必成，天下得宁。既诛武等，诏令大官给塞具。”《注》:“塞，报祠也。音苏代反。字当为赛，通用。”案此乃塞字之长短言耳。

（四二一）黄老君

道家之学，与神仙家之言，相去亦远矣，而后世并为一谈，何也？曰：道家之学，托诸黄帝，而老子传之，世遂以黄、老并称，方士崇奉黄帝，耳熟黄、老之名，遂自附于老子耳。

曷言乎道家之学，托诸黄帝，而老子传之也？案《老子书》辞义最古；全书皆三四言韵语，一也。间有散句，乃后来所加。书中但有牝牡雌雄字，无男女字，称名特异，二也。全书之义，女权皆优于男权，三也。此必非东周后人所能为，盖自古相传之辞，至《老子》乃著之竹帛者耳。其辞出于谁某不可知，然必托之黄帝，故汉人恒以黄、老并称。今《列子书·天瑞》篇引《黄帝书》二条，黄帝之言一条，《力命》篇亦引《黄帝书》一条。《天瑞》篇所引，有一条与《老子书》同，其余亦极相类。《列子》虽伪物，亦多采摭古籍而成，非尽伪造也。故知道家言必自古即托之黄帝者也。

曷言乎方士耳熟黄、老之名，遂自附于老子也？《三国志·张鲁传注》引《典略》，谓张修使人为奸令祭酒，主以《老子》五千文，使都习。夫张修之道与老子何涉？此诚令人大惑不解者也。读《后汉书》之《桓帝纪》，乃恍然矣。《纪》云：延熹八年正月，遣中常侍左悺之苦县祠老子。十一月，使中常侍管霸之苦县祠老子。九年七月，祠黄、老于濯龙宫。《论》曰：前史称桓帝好音乐，善鼓琴，饰芳林而考濯龙之宫，设华盖以祠浮屠、老子，斯将所谓听于神者乎？注：前史，谓《东观记》也。《襄楷传》：楷上疏曰：闻宫中立黄、老、浮屠之祠。此道清虚，贵尚无为；好生恶杀，省欲去奢。今陛下嗜欲不去，杀罚过理，既乖其道，岂获其祚哉？或言老子入夷狄为浮屠；浮屠不三宿桑下，不欲久生恩爱，精之至也；天神遗以好女，浮屠曰：此但革囊盛血，遂不眄之。其守一如此，乃能成道。今陛下淫女艳妇，极天下之丽；甘肥饮美，单天下之味；奈何欲如黄、老乎？又《楚王英传》：晚节更喜黄、老学，为浮屠斋戒祭祀。永平八年，诏令天下死罪皆入缣赎。英遣郎中令奉黄缣白纨各三十匹诣国相，国相以闻。诏报曰：楚王诵黄、老之微言，尚浮屠之仁慈。洁斋三月，与神为誓。何嫌何疑，当有悔吝？其还赎，以助伊蒲塞、桑门之盛馔。然则是时，黄、老、浮屠，轇葛不清旧矣。然《续汉书·祭祀志》曰："桓帝即位十八年，好神仙事。延熹八年，初使中常侍之陈国苦县祠老子。九年，亲祠老子于濯龙。文罽为坛饰，淳金釦器，华盖之坐，用郊天乐也。”此与《后汉书》所纪同，而濯龙之祠，《纪》言黄、老，《志》但言老子，则除苦县为老子乡里，故特祠之之外，《三国·魏志·仓慈传注》曰：“案《孔氏谱》：孔乂字元儁，孔子之后。曾祖畴，字元矩，陈相。汉桓帝立老子庙于苦县之赖乡，画孔子像于壁；畴为陈相，立孔子碑于像前，今见存。”疑老子庙成于延熹八年，故特祠之也。其余皆当兼祠黄、老。八年一年之中，而遣祠老子者再，则其祠黄帝必甚数，必不止九年一祭。史特记九年之祭者，以其礼独隆耳。《东观记》考濯龙与祠老子对举，则濯龙之祠，所重当在黄帝。其因黄帝而牵及老子之迹，犹隐然可见也。《三国·魏志·武帝纪》：建安二十五年，王崩于洛阳。《注》引《世语》曰：太祖自汉中至洛阳，起建始殿，伐濯龙祠而树血出。《曹瞒传》曰：王使工苏越徙美梨。掘之，根伤，尽出血。越白状，王躬自视而恶之，以为不祥，还，遂寝疾。则濯龙实为妖妄之府，至汉末，犹有此等妖言也。黄帝无书，而老子有五千文，故张修使其下习之耳。其取五千文，盖特取其为老子之书，而非取其书中之义。抑其所取者，亦方士神巫之所谓老子，非道术之士之所谓老子也。《后汉书·逸民传》曰：矫慎，少学黄、老，隐遁山谷，仰慕松、乔道引之术。汝南吴苍遗书曰：盖闻黄、老之言，乘虚入冥，藏身远遁。亦有理国养人，施于为政。至如登山绝迹，神不著其证，人不观其验。吾欲先生，从其可者，于意何如？此道术之士，隐遁之流，神仙之家，并自托于老子之证。仲长统《卜居论》曰：“安神闺房，思老氏之玄虚；呼吸精和，求至人之仿佛。”亦以老子与神仙家并称。汉世方士，虽多以飞升遐举为言，然其道实杂而多端。言登山绝迹者可以自托于老子，固不能禁祠祭巫鬼者不之托。抑言他道者可自黄帝而及老子，又不能禁祠祭巫鬼者不因此而及彼也。此黄、老所由以道术之名，一变而为神巫方士之祖也。

《后汉书·陈愍王宠传》：景平二年，国相师迁，追奏前相魏愔，与宠共祭天神，希冀非幸，罪至不道。槛车传送愔、迁诣北寺诏狱。愔辞，与王共祭黄老君，求长生福而已，无他冀幸。刘攽《刊误》曰：黄老君不成文，当云黄帝、老君。《刊误补遗》曰：《真诰》云：大洞之道，至精至妙，是守素真人之经。昔中央黄老君秘此经，世不知也。则道家又自有黄老君。《真诰》未必可信，中央黄老君似指天神言之，正合迁之所奏。然迁以诬告获罪，足征愔与愍王所祭，实非《真诰》所云。云求长生福，所祀者盖亦方士所谓黄、老也。黄老君固不成文，增一帝字，黄帝二字，则成文矣，老君何人乎？盖方士之谫陋者，初不问黄、老为谁，贸然于其下加一君字耳。史言黄、老道者甚多，乍观之固似成文，然果以黄为黄帝，老为老子，其道又岂可奉祀者邪？

《后汉书·循吏传》云：延熹中，桓帝事黄、老道，悉毁诸房祀。惟特诏密县存故太傅卓茂庙，洛阳留王涣祠焉。又《栾巴传》云：好道。再迁豫章太守。郡土多山川鬼怪，小人尝破资产以祈祷。巴素有道术，能役鬼神。乃悉毁诸房祀，翦理奸诬。于是妖异自消。百姓 始颇为惧，终皆安之。《三国·魏志·武帝纪注》引《魏书》，言太祖击黄巾时，黄巾移之书曰：昔在济南，毁坏神坛，其道乃与中黄大乙同，似若知道，今更迷惑。《后汉书·皇甫嵩传》言张角奉事黄、老道，则角与桓帝，所事正同，即栾巴之所好，恐亦不外乎此也。《三国志·张鲁传》言鲁以鬼道教民，大都与黄巾相似。鲁之治，颇留意于人民生计，岂倡此道者以淫祀无福，妄耗民财，思有以革除之，乃为是以毒攻毒之计与？然桓帝则必非能知此义者也。

观于桓帝、栾巴、楚王、陈王、张角、张鲁等所奉，而后汉之世所谓黄、老者可知已。然窃疑其犹不始此。《史记·儒林传》曰：孝景不任儒者，而窦太后又好黄、老之术，故诸博士具官待问，未有进者。《魏其武安侯列传》言：太后好黄、老之言，而魏其、武安、赵绾、王臧等务隆推儒术，贬道家言，是以窦太后滋不说魏其等。窦太后多与政事，助梁王以谋继嗣，绝非知足知止之人。《儒林传》又曰："窦太后好《老子书》，召辕固生问《老子书》。固曰：此是家人言耳。太后怒曰：安得司空城旦书乎？乃使固入圈刺豕。景帝知太后怒而固直言无罪，乃假固利兵；下圈刺豕，正中其心，一刺，豕应手而倒。太后默然，无以复罪，罢之。"太后所问，果为今《老子书》，固虽不好道，岂得目为家人言？疑太后所问《老子书》，亦有巫鬼之辞，羼杂其中矣。怒而使之刺豕，理亦殊不可解。岂其所谓家人言者，有刺豕之戒，而固不之信，乃以是困之与？然则《老子书》之为人所附会也旧矣。

《后汉书·独行传》云："向诩，性卓诡不伦。恒读《老子》，状如学道；又似狂生，好被发着绛绡头。征拜侍中。会张角作乱，诩上便宜，颇讥刺左右，不欲国家兴兵；但遣将于河上北向读《孝经》，贼自当消灭。中常侍张让谗诩：不欲令国家命将出师，疑与角同心，欲为内应。收送黄门北寺狱，杀之。"案《三国·吴志·孙策传注》引《江表传》，言策欲杀于吉，诸将连名陈乞。策曰："昔南阳张津为交州刺史，舍前圣典训，废汉家法律，尝着绛帕头，鼓琴烧香，读邪俗道书，云以助化，卒为南夷所杀。此甚无益，诸君但未悟耳。"《注》考桓王前亡，张津后死，谓策以此晓譬诸将，自不可信。然特托之于策为诬，述张津事必非虚语。诩好着绛绡头，津则着绛帕头；诩欲读《孝经》以灭贼，津则读道书以助化，其所为亦颇相类。抑张角讹言苍天已死，黄天当立，无论从相生相胜之说，黄皆不得代苍，盖本言赤天已死，汉人奏报讳之，乃改赤为苍。《灵帝纪》曰："巨鹿人张角自称黄天，其部师三十六万，皆着黄巾。"《续汉书·五行志注》引《物理论》曰："黄巾被服纯黄，不将尺兵，肩长衣，翔行舒步，所至郡县无不从。"夫其着黄巾者，以黄天既立也。然则向诩着绛绡头，张津着绛帕头者，汉行犹未改也。角之起也，杀人以祠天，亦见《皇甫嵩传》。此东夷用人之旧，而被发亦东夷之俗。然则张让疑向诩与角同心，不为无因。谓其欲为角内应固诬，而诩所好之道，是否即张角所事之黄、老道，则殊难断其不然矣。又《三国·魏志·管宁传注》引《魏略》曰："寒贫者，本姓石，字德林，安定人也。建安初，客三辅。是时长安有宿儒栾文博者，门徒数千，德林亦就学，始精《诗》《书》。后好内事，于众辈中最玄默。至十六年，关中乱，南入汉中。不治产业，不畜妻孥，常读《老子》五千文及诸内书，昼夜吟咏。"此人所信何道，亦殊可疑，而与向诩皆常读《老子》，此又老子为邪教牵引之一证矣。

《论衡·道虚》篇曰："世或以老子之道，为可以度世。恬淡无欲，养精爱气。夫人以精神为寿命，精神不伤，则寿命长而不死。老子行之，踰百，度世为真人矣。"此亦神仙家附会老子之一证。

（四二二）黄老、老庄、老易

汉代虽儒学专行，然诸子之学传授仍不绝，其中道家之学尤盛。老、庄虽同隶道家，其宗旨实不同，老子之学，主于以柔克刚，仍是斗争求胜之术。庄子则观大化之无常，齐是非，泯欣厌，委心任运而已。《汉志》道家阐发老子者，有邻氏、傅氏、徐氏、刘向四家，阐发庄周者无一焉。前条所引列传中治道家之学者，亦仅严君平云，依老子、严周之旨著书，班嗣云：贵老严之术，其报桓生书，亦盛称严子耳。知其时庄周之说，远不如老子之盛也。然老氏之学，实无隐居自乐之意，庄生则有之。前条所引治黄老诸家，多有自甘隐遁者，恐未尝不兼取庄周也。此已开晋代风气之先矣。

以老子之言，与其谓近于庄，无宁谓近于易，故玄学诸家多以老易并称，范升向长皆兼治老易，亦魏晋之先河也。

《三国志·秦宓传》古朴曰：严君平见黄老，作《指归》。《指归》盖君平所著书名。

（四二三）读汉书札记一

天下事无可全欺人者。人之必死，众目所共见也。以不死诳人，其术拙矣。然时人信之甚笃，盖亦有由。淫祀之废也，成帝以问刘向。向言："陈宝祠自秦文公至今七百余岁矣，汉兴世世常来。光色赤黄，长四五丈，直祠而息，音声砰隐，野鸡皆雊。每见雍太祝祠以太牢，遣候者乘乘传驰诣行在所，以为福祥。高祖时五来，文帝二十六来，武帝七十五来，宣帝二十五来，初元元年以来亦二十来。"此众目昭见之事，非可虚诳。盖自然之象，为浅知者所不能解，乃附会为神怪。其说诬，其象则不虚也。神仙之说，盖因海上蜃气而起，故有登遐倒景诸说，而其所谓三神山者，必在海中，而方士亦必起于燕、齐耳。

《史记·封禅书》曰："三神山者，其传在勃海中，去人不远。患且至，则船风引而去。盖尝有至者，诸仙人及不死之药皆在焉。其物禽兽尽白，而黄金银为宫阙。未至，望之如云。及到，三神山反居水下。临之，风辄引去，终莫能至云。"《汉书·郊祀志》：谷永述当时言神仙者之说，谓能"遥同遥。兴轻遐举，登遐倒景，览观县圃，浮游蓬莱"。司马相如《大人赋》曰："世有大人兮，在于中州。宅弥万里兮，曾不足以少留。悲世俗之迫隘兮，朅轻举而远游。垂绛幡之素蜺兮，载云气而上浮。"皆可见神仙之说初兴，由蜃气附会之迹。

神仙家之说，不外四端：一曰求神仙，二曰练奇药，三曰导引，四曰御女。练药，导引，御女，皆与医药相关。《汉志》神仙家，与医经，经方，房中同列方技，盖由于此。然奇药不必自练，亦可求之于神仙。《史记·封禅书》：三神山尝有至者，诸仙人及不死之药皆在焉；又谓始皇"南至湘山，遂登会稽，并海上，冀遇海中三神山之奇药"是也。《史记·淮南王传》：伍被言：秦使徐福入海。"还为伪辞曰：臣见海中大神，言曰：汝西王之使邪？臣答曰：然。汝何求？曰：愿请延年益寿药。神曰：汝秦王之礼薄，得观而不得取。"尤显而可见。此与自行练药者，盖各为一派。

服食与练药，又有不同。练药必有待于练，服食则自然之物也。《后汉书注》引《汉武内传》，谓封君达初服黄连五十余年，郤俭多食茯苓，魏武能饵野葛是也。《华佗传》云："樊阿从佗求方可服食益于人者，佗授以漆叶青黏散。"《注》引《佗别传》曰："本出于迷入山者，见仙人服之，以告佗。"此神仙家言与医家相出入者。

导引之术，亦由来甚久。《庄子》已有熊经鸟申之言。《汉书·王吉传》吉谏昌邑王游猎曰："休则俯仰屈申以利形，进退步趋以实下，吸新吐故以练臧，专意积精以适神，于以养生，岂不长哉！"王褒《圣主得贤臣颂》曰："何必偃仰屈信若彭祖，呴嘘呼吸如乔松。"崔实《政论》曰："夫熊经鸟伸，虽延历之术，非伤寒之理；呼吸吐纳，虽度纪之道，非续骨之膏。"仲长统《卜居论》曰："呼吸精和，求至人之方佛。"皆导引之术也。《华佗传》："佗语吴普曰：古之仙者为导引之事，熊经鸱顾，引挽要体，动诸关节，以求难老。吾有一术，名五禽之戏：一曰虎，二曰鹿，三曰熊，四曰猨，五曰鸟，亦以除疾，兼利蹄足，以当导引。"则导引又医家及神仙家之所共也。

《后汉书》言普行五禽之法，年九十余，耳目聪明，齿牙完坚，此行规则运动之效，首见于史者。注引《佗别传》曰："普从佗学，微得其方。魏明帝呼之，使为禽戏，普以年老，手足不能相及，粗以其法语诸医。普今年将九十，耳不聋，目不冥，牙齿完坚，饮食无损。"云手足不能相及，盖其戏即今所传《八段锦》中所谓"两手攀足固肾要"者。《后书注》曰："熊经，若熊之攀枝自悬也。鸱顾，身不动而回顾也。"云若攀枝自悬，则未必真有物可攀，亦不必其真自悬。窃疑《八段锦》中所谓"两手托天理三焦"，即古所谓熊经者。身不动而回顾，其为《八段锦》中之"五劳七伤望后瞧"，无疑义矣。《后汉书》又云："冷寿光行容成公御妇人法，常屈颈鷮息，须发尽白，而色理如三四十时。王真年且百岁，视之面有光泽，似未五十者。自云：周流登五岳名山；悉能行胎息、胎食之方。漱舌下泉咽之。不绝房室。注引《汉武内传》："王真习闭气而吞之，名曰胎息。习漱舌下泉而咽之，名曰胎食。真行之，断谷二百余日，肉色光美，力并数人。"又引《抱朴子》曰："胎息者，能不以鼻口嘘翕，如在胎之中。"孟节能含枣核不食，可至五年十年。又能结气不息，状若死人，可至百日半年。"胎食、胎息，即今所谓吞津及河车般运之术。静之至，自可不食较久。二百余日或有之，云五年十年，则欺人之谈也。不息若死，亦其息至微耳。魏文帝《典论》曰："甘陵甘始，名善行气，老而少容。始来，众人无不鸱视狼顾，呼吸吐纳。军祭酒弘农董芬，为之过差，气闭不通，良久乃苏。"盖导引宜顺自然，又必行之有序，而与日常起居动作，亦无不有关系。山林枯槁之士，与夫专以此为事者，其所行，固非寻常之人所能效耳。

房中，神仙，《汉志》各为一家，其后御女，亦为神仙中之一派。盖房中本医家支流，神仙亦与医家关系甚密耳。《后汉书·方术传》言甘始、东郭延年、封君达三人，率能行容成御妇人术。又冷寿光，亦行容成御妇人法。魏文帝《典论》谓："庐江左慈，知补导之术。慈到，众人竞受其术。至寺人严峻，往从问受。奄竖真无事于斯，人之逐声，乃至于是。"此并《汉志》所谓房中之传。《史记·张丞相列传》言："妻妾以百数，尝孕者不复幸。"盖亦其术。此尚与神仙无涉。《汉书·王莽传》：莽以郎阳成修言，黄帝以百二十女致神仙，因备和嫔、美御，与方士验方术，纵淫乐。则房中、神仙合为一家矣。

（四二四）读汉书札记二

道家之说，与方士本不相干。然张修、于吉等，不惟窃其言，抑且窃其书以立教，一若奉为先圣先师，而自视为其支流余裔者。案张修使人为奸令祭酒，祭酒主以《老子》五千文使都习，见《三国志·张鲁传》注引《典略》，于吉有《太平清领经》，见《后汉书·襄楷传》注引《太平经·帝王》篇，有"元气有三名：太阳、太阴、中和"；"人有三名：父、母、子"之语。盖窃老子"一生二，二生三，三生万物"，"负阴而抱阳，冲气以为和"之说者也。何哉？予谓方士之取老子，非取其言，而取其人；其所以取其人，则因道家之学，以黄、老并称；神仙家亦奉黄帝。黄、老连称，既为世所习熟，则因黄帝而附会老子，于事为甚便耳。

《后汉书·襄楷传》：楷上书言：闻宫中立黄、老、浮屠之祠。《桓帝纪》延熹九年，七月，庚午，祠黄、老于濯龙宫，盖即楷所斥。先是八年，正月，遣中常侍左悺之苦县祠老子。十一月，使中常侍管霸之苦县祠老子，所以但祠老子者，以之苦县之故，一岁中遣祠老子至再。则祠黄、老之事，史不及书者多矣。《续书·祭祀志》："桓帝即位十八年，好神仙事。延熹八年，初使中常侍之陈国苦县祠老子。九年，亲祠老子于濯龙。文罽为坛，饰淳金釦器，设华盖之坐，用郊天乐也。”此与《后书》帝纪所言同事。而九年之祠，纪言黄老，志但言老子。《纪》又曰：“前史称桓帝好音乐，善鼓笙。饰芳林而考濯龙之宫，设华盖以祠浮图、老子，斯将所谓听于神乎！”注：“前史谓《东观记》也。”以考濯龙与祠老子对言，则濯龙之祠，所重盖在黄帝。黄帝无书，而老子有五千文在。治符咒治病者且取之，而后此之以哲理缘饰其教者，不必论矣。《典略》言张修之法略与张角同，而《后汉书·皇甫嵩传》言张角奉祀黄、老道，此张修之使人都习《老子》，为由黄帝而及之铁证也。楷之疏曰：“闻宫中立黄、老、浮屠之祠。此道清虚，贵尚无为；好生恶杀，省欲去奢。今陛下嗜欲不去，杀罚过理。既乖其道，岂获其作哉！或言老子入夷狄为浮屠。浮屠不三宿桑下，不欲久生恩爱，精之至也。天神遗以好女，浮屠曰：此但革囊盛血。遂不眄之。其守一如此，乃能成道。今陛下淫女艳妇，极天下之丽；甘肥饮美，单天下之味；奈何欲如黄、老乎？”此所谓老子之道，全与道家不合，盖方士所附会也。《楚王英传》晚节更喜黄、老，学为浮屠斋戒祭祀。永平八年，诏令天下死罪皆入缣赎。英遣郎中令奉黄缣白纨三十匹诣国相……国相以闻。诏报曰：楚王诵黄老之微言，尚浮屠之仁慈，洁斋三月，与神为誓。何嫌何疑，当有悔吝？其还赎，以助伊蒲塞桑门之盛馔。”此所谓黄老学者，亦非九流之道家，乃方士所附会也。然则黄老、神仙、浮屠三者，其轇葛不清旧矣，而桓帝亦沿前人之波而逐其流耳。

又不独淫昏之君主藩辅然也，枯槁之士亦有之。《后汉书·逸民传》：矫慎，少好黄老，隐遁山谷，因穴为室，仰慕松、乔导引之术。汝南吴苍遗书曰：“盖闻黄、老之言，乘虚入冥，藏身远遁；亦有理国养人，施于为政。至如登山绝迹，神不着其证，人不睹其验。吾欲先生从其可者，于意何如？”此风以治道家之黄、老，绝神仙家所托之黄、老也。仲长统《卜居论》曰：“安神闺房，思老氏之玄虚。呼吸精和，求至人之仿佛。”亦以道家与神仙家之言并称。

又《陈愍王宠传》：“熹平二年，国相师迁追奏前相魏愔与宠共祭天神，希冀非幸，罪至不道……槛车传送愔、迁诣北寺诏狱。使中常侍王酺与尚书令、侍御史杂考。愔辞与王共祭黄老君，求长生福而已，无它冀幸。”刘攽《刊误》曰：“黄老君不成文，当云黄帝老君。”《刊误补遗》曰《真诰》云：大洞之道，至精至妙，是守素真人之经。昔中央黄老君秘此经，世不知也。则道家又自有黄老君。”案言中央黄老君，似指天神中之黄帝，则正实师迁所奏。而当时迁以诬告其王诛死，足见《后汉书》所云，非《真诰》所载，贡父之说，为不误也。或《后汉书》衍君字。

（四二五）于吉神书

《后汉书·襄楷传》：延熹九年，楷自家诣阙上疏，有云："臣前上琅邪宫崇受于吉神书，不合明听。"十余日，复上书曰："前者宫崇所献神书，专以奉天地、顺五行为本，亦有兴国广嗣之术；其文易晓，参同经典；而顺帝不行，故国胤不兴；孝冲、孝质，频世短祚。"《传》曰："初顺帝时，琅邪宫崇诣阙上其师于吉于曲阳泉水上所得神书百七十卷，皆缥白素朱介，青首朱目，号《太平清领书》。其言以阴阳五行为宗，而多巫觋杂语。有司奏崇所上妖妄不经，乃收藏之，后张角颇有其书焉。"此文颇相矛盾。楷前疏明言自上，何后疏又云宫崇献神书而顺帝不行邪？疏云其文参同经典，而传谓其多巫觋杂语，亦又不雠。楷前疏臣前上云云十六字，语意未完，且与上下文皆不衔接；后疏，前者宫崇云云五十二字，尽删之，于文义亦无所阙；盖作史者于成文每多删并，当时必有伪为楷文，称扬于吉神书者，范氏不察，误合之于楷疏也。

于吉为孙策所杀，见《三国·吴志·策传注》引《江表传》。《后汉书·楷传注》亦引之，而其文不全。《注》又引《志林》曰："初顺帝时，琅邪宫崇诣阙上师于吉所得神书于曲阳泉水上，白素朱界，号《太平青领道》，凡百余卷。顺帝至建安中，五六十岁，于吉是时近已百年，年在耄悼，礼不加刑。又天子巡狩，问百年者，就而见之。敬齿以亲爱，圣王之至教也。吉罪不及死，而暴加酷刑，是乃谬诛，非所以为美也。"记于吉书与《后汉书》略同，而卷数互异，似是书卷帙，后来又有增加。自称百岁，乃方士诬罔之辞，吉安能授宫崇于五六十岁之前，又惑吴人于五六十岁之后？古书卷帙率少；又缣帛价贵，无论其为百余卷抑百七十卷，皆不易造作。然则谓吉以是书授崇，崇以是书上顺帝，恐皆子虚乌有之谈也。《后汉书注》曰："神书即今道家《太平经》也；其经以甲乙丙丁戊己庚辛壬癸为部，每部一十七卷。"恐即造作是书者，妄托之于宫崇、于吉，并附会之于襄楷耳。于吉之死，《三国志注》又引《搜神记》，与《江表传》大相径庭。又《江表传》记策语谓："昔南阳张津为交州刺史，舍前圣典训，废汉家法律，常着绛帕头，鼓琴烧香，读邪俗道书，云以助化，卒为南夷所杀。"而《志林》推考桓王前亡，张津后死。裴氏案太康八年广州大中正王范上《交广二州春秋》，亦谓建安六年，张津犹为交州牧。孙策死于建安五年。足见此等记载之不足凭矣。范氏书杂采之，又安可信邪？

襄楷事迹，亦见《三国·魏志·武帝纪注》引《九州春秋》。云陈蕃子逸与术士平原襄楷会于冀州刺史王芬坐，楷曰：天文不利宦者，黄门、常侍当族灭矣。逸喜。芬曰：若然者，芬愿驱除。于是与许攸等结谋。欲因灵帝北巡行废立。据其所记，则楷仍《后汉书》所称善天文阴阳之术者耳。楷两疏皆端人正士之言，陈蕃举其方正，乡里宗之，中平中，与荀爽、郑玄俱以博士征，岂信于吉神书者邪？

《楷传》言："书上，即召诣尚书问状。楷曰：臣闻古者本无宦官。武帝末，春秋高，数游后宫，始置之耳，后稍见任。至于顺帝，遂益繁炽。今陛下爵之，十倍于前。至今无继嗣者，岂独好之而使之然乎？尚书上其对，诏下有司处正。尚书承旨奏曰：宦者之官，非近世所置，汉初张泽为大谒者，佐绛侯诛诸吕；孝文使赵谈参乘，而子孙昌盛；楷不正辞理，指陈要务，而析言破律，违背经艺，假借星宿，伪托神灵，造合私意，诬上罔事，请下司隶，正楷罪法，收送洛阳狱。帝以楷言虽激切，然皆天文恒象之数，故不诛。犹司寇论刑。"案《汉书·成帝纪》：建始四年，春，罢中书宦官。《注》引臣瓒曰："汉初中人有中谒者令，孝武加中谒者令为中书谒者令，置仆射。宣帝时，任中书官弘恭为令，石显为仆射。元帝即位数年，恭死，显代为中书令，专权用事。至成帝，乃罢其官。"《百官公卿表》记成帝建始四年更名中书谒者令为中谒者令，而不记武帝加中谒者令为中书谒者令之事，然《萧望之传》言，望之以为中书政本，宜以贤明之选，自武帝游宴后庭，故用宦者，非国旧制，则瓒言确有所据。武帝所用，乃中书宦官，而非宦官始自武帝。宦官实自古所有，楷不应并此不知。且宫崇之书，顺帝时有司既奏其妖妄不经矣，楷果尝上其书，岂得云所言皆天文恒象之数邪？《楷传》之不足信，愈可见矣。

（四二六）太平道、五斗米道

《三国·魏志·张鲁传》："祖父陵，客蜀，学道鹄鸣山中，造作道书以惑百姓。从受道者出五斗米，故世号米贼。陵死，子衡行其道。衡死，鲁复行之。益州牧刘焉以鲁为督义司马，与别部司马张修将兵击汉中太守苏固，鲁遂袭修杀之，夺其众。《后汉书·刘焉传》曰："与别部司马张修将兵掩杀汉中太守苏固，断绝斜谷，杀使者。鲁既得汉中，遂复杀张修而并其众。"案《灵帝纪》：中平元年，"秋七月，巴郡妖巫张修反，寇郡县"。《注》引刘艾《纪》曰："时巴郡巫人张修疗病，愈者雇以五斗米，号为五斗米师。"则修先尝反叛，后乃降于焉。焉死，子璋代立，以鲁不顺，尽杀鲁母家室。鲁遂据汉中，以鬼道教民，自号师君。其来学道者，初皆名鬼卒。受本道已信，号祭酒。各领部众，多者为治头大祭酒。皆教以诚信，不欺诈，有病，自首其过。大都与黄巾相似。诸祭酒皆作义舍，如今之亭传。又置义米肉，县于义舍，行路者量腹取足；若过多，鬼道辄病之。犯法者，三原，然后乃行刑。不置长吏，皆以祭酒为治，民夷便乐之。雄据巴、汉垂三十年。"《注》引《典略》曰："熹平中，妖贼大起，三辅有骆曜。光和中，东方有张角，汉中有张修。骆曜教民缅匿法，角为太平道，修为五斗米道。太平道者，师持九节杖为符祝，教病人叩头思过，因以符水饮之；得病或日浅而愈者，则云此人信道；其或不愈，则为不信道。修法略与角同，加施静室，使病者处其中思过。又使人为奸令祭酒，祭酒主以《老子》五千文，使都习，号为《后汉书注》引无此字。奸令。为鬼吏，主为病者请祷。请祷之法，书病人姓名，说服罪之意。作书三通：其一上之天，着山上；其一埋之地；其一沉之水；谓之三官手书。使病者家出米五斗，以为常，故号曰五斗米师。实无益于治病，但为淫妄，然小人昏愚，竞共事之。后角被诛，修亦亡。及鲁在汉中，因其民信行修业，遂增饰之。教使作义舍，以米肉置其中以止行人；又教使自隐，有小过者，当治道百步，则罪除；又依月令，春夏禁杀，又禁酒。流移寄在其地者，不敢不奉。"《后汉书·刘焉传》及《注》引《典略》均略同。裴松之云："张修应是张衡，非《典略》之失，则传写之误。"案此言误也。鲁之教既云因修而增饰之，安得又云受诸父祖？修之事迹，信而有征。陵、衡若父子相传，其道不为不久，何以《典论》数"妖贼"不之及？且陵、衡之道，果行之何地乎？行之汉中欤，何以汉中人但知有修？行之蜀中欤，何以蜀中转不闻有是法也？疑鲁增饰修法，讳所自出，自谓受诸父祖，传者误信之，承祚亦误采之耳。《蜀志·二牧传》《后汉书·刘焉传》均云鲁母挟鬼道，出入焉家，不云其父。疑鲁之左道，幼即受诸其母，故能增饰修法也。

鲁，沛国丰人，则是东方人也，何以陵学道于蜀？此亦可疑之一端。或曰：流移访道，事所恒有。《三国志》谓鲁之道大都与黄巾相似，正足征其原出东方，谓其传自父祖,或不诬也。然鲁之道,实与角并不相似;角言苍天已死,黄天当立。《后汉书·皇甫嵩传》。自称"黄天泰平"。《三国志·孙坚传》。苍天疑当作赤天,汉人讳而改之。然则角所依托者,实当时五德终始之说,而修则于天之外兼事地、水,可谓绝不相蒙。《后汉书·皇甫嵩传》云:角遣弟子八人,使于四方,以善道教化天下。《孙坚传》云:托有神灵,遣八使以善道教化天下。青、徐、幽、冀、荆、扬、兖、豫八州之人,莫不毕应。遂置三十六方,方犹将军号也,大方万余人,小者六七千,各立渠帅。及其事露,则驰敕诸方,一时俱起。《杨震传》言:角等执左道,称大贤,以诳耀百姓,天下襁负归之。震孙赐,时在司徒,召掾刘陶告曰:张角等遭赦不悔,而稍益滋蔓;今若下州郡捕讨,恐更骚扰,速成其患。且欲切敕刺史二千石:简别流人,各护归本郡,以孤弱其党,然后诛其渠帅,可不劳而定,何如?陶对曰:此孙子所谓不战而屈人之兵,庙胜之术也。赐遂上书言之,会去位,事留中。后帝徙南宫,阅录故事,得赐所上张角奏,及前侍讲注籍,乃感悟,下诏封赐临晋侯,邑千五百户。《抱朴子·道意》篇言:张角、柳根、王歆、李申之徒,钱帛山积,富踰王公,纵肆奢淫,侈服玉食,伎妾盈室,管弦成列,刺客死士,为其致用,威倾邦君,势陵有司,亡命逋逃,用为窟薮。然则角乃汉时所谓豪桀大猾之流,专以诳诱流移为事。而鲁则修其政教,颇有与民相保之规。《典略》云:流移在其地者,不敢不奉,明其道本行诸土著。鲁之败也,左右欲悉烧宝货仓库,鲁曰:本欲归命国家,而意未达。今之走,避锐锋,非有恶意。宝货仓库,国家之有。遂封藏而去。其本无觊觎非分之心审矣,安得与角之欲代汉而兴者同日语邪?符咒治病,左道所同,以是而谓修之法与角相类,亦见卵而求时夜者流也。或曰:角奉黄、老道,而鲁使人习《老子》五千文,此亦其相类之一端也。然黄、老道为时人信奉已久,故角与鲁皆从而依附之,亦不足为其相类之证也。别见《黄老君》条。

丙帙　魏晋南北朝

（四二七）好名之弊

五胡之乱，所以致神州陆沉，百年丘墟者，其道多端，而尚文之弊其一也。夫尚文之弊，其所由来者旧矣。然人孰不好文而恶质？睹其文采斐然而悦之，遂至溺而不反，虽违彬彬之义，犹是天下之公心也。至于自私其身，以七尺之躯，不能久存，而欲藉文章以传其名于后，则私矣。崇尚文辞之弊，隋李谔推其原，以为起于魏之三祖。今观《三国志·文帝纪注》引《魏书》曰："帝初在东宫，疫疠大起，时人凋伤，帝深感叹，与素所敬者大理王朗书曰：生有七尺之形，死惟一棺之土，惟立德扬名，可以不朽，其次莫如著篇籍。疫疠数起，士人凋落，余独何人，能全其寿？故论撰所著《典论》、诗、赋，盖百余篇，集诸儒于肃城门内，讲论大义，侃侃无倦。"《王粲传注》引《魏略》，载帝为太子时《与吴质书》曰："昔年疾疫，亲故多罹其灾；徐、陈、应、刘，一时俱逝，痛何可言邪！"所指盖即初在东宫时事。又曰："顷撰其遗文，都为一集……历观诸子之文，对之抆泪，既痛逝者，行自念也。"则犹夫与王朗书之志也。王羲之叙兰亭燕集曰："修短随化，终期于尽。古人云：死生亦大矣，岂不痛哉？"又曰："一死生为虚诞，齐彭、殇为妄作，后之视今，亦犹今之视昔。"其与文帝，真可谓先后同揆矣。当时所谓名士，存心如此者何限？夫如是，安有杀身成仁，舍生取义者？京洛冠带之区，安得不沦为犬羊窟宅，而当任其责者，又岂独一王夷甫哉？

《晋书·羊祜传》："祜乐山水，每风景，必造岘山，顾谓从事中郎邹湛等曰：自有宇宙，便有此山。由来贤达胜士，登此远望，如我与卿者多矣，皆湮灭无闻，使人悲伤。"《杜预传》："预好为后世名。尝言高岸为谷，深谷为陵，刻石为二碑，纪其勋绩。一沉万山之下，一立岘山之上。曰：焉知此后不为陵谷乎？"贪痴如此，真所谓以身名为桎梏者矣。预尝言德不可企及，立功立言，可庶几也，而恶知夫能立德则无慕乎外，学问犹以为粗，事功犹以为末；虽有盖世之勋，不朽之言，湮灭而无传于后，而亦无所憾乎？

（四二八）诸葛亮治戎

《三国志·诸葛亮传》：亮卒于军，及军退，宣王案行其营垒处所，曰：天下奇才也。此非虚美之辞。《晋书·职官志》曰：武帝甚重兵官，故军校多选朝廷清望之士居之。先是陈勰为文帝所待，特有才用，明解军令。帝为晋王，委任使典兵事。及蜀破后，令勰受诸葛亮围陈用兵倚伏之法，又甲乙校标帜之制，勰悉闇练之，遂以勰为殿中典兵中郎将，迁将军。久之，武帝每出入，勰持白兽幡在乘舆左右，卤簿陈列齐肃。太康末，武帝尝出射雉，勰时已为都水使者，散从，车驾逼暗乃还，漏已尽，当合函停乘舆，良久不得合，乃诏勰合之，勰举白兽幡指麾，须臾之间而函成，皆谢勰闲解，甚为武帝所任。此事足见诸葛亮之治戎，确有法度也。

（四二九）诸葛亮南征考

诸葛亮之南征，《三国志》记其事甚略。《亮传注》引《汉晋春秋》曰：亮在南中，所在战捷。闻孟获者，为夷汉所服，募生致之。既得，使观于营陈之间。问曰："此军何如？"获对曰："向者不知虚实，故败。今蒙赐观看营陈。若只如此，即定易胜耳。"亮笑，纵使更战。七纵七禽，而亮犹遣获，获止不去，曰："公天威也，南人不复反矣。"遂至滇池。南中平。皆即其渠师而用之。或以谏亮；亮曰："若留外人，则当留兵，兵留则无所食，一不易也，加夷新伤破，父兄死伤，留外人而无兵者，必成祸患，二不易也。又夷累有废杀之罪，自嫌衅重，若留外人，终不相信，三不易也。今吾欲使不留兵，不运粮，而纲纪粗定，夷汉粗安故耳。"《马谡传注》引《襄阳记》曰：亮征南中，谡送之数十里。亮曰："虽共谋之历年，今可更惠良规。"谡对曰："南中恃其险阻，不服久矣。虽今日破之，明日复反耳。今公方倾国北伐，以事强贼。彼知官势内虚，其叛亦速。若殄尽遗类，以除后患，既非仁者之情，且又不可仓卒也。夫用兵之速，攻心为上，攻城为下；心战为上，兵战为下；愿公服其心而已。"亮纳其策，赦孟获以服南方，故终亮之世，南方不敢复反。攻心攻城，心战兵战，后世侈为美谈，其实不中情实。案当时叛者，牂牁朱褒、益州雍闿、越巂高定。褒之叛在建兴元年，闿、定则尚在其前。《后主传》：建兴元年夏，牂牁太守朱褒反。先是益州郡大姓雍闿反，流太守张裔于吴。越巂夷王高定亦叛。据《张裔传》及《马忠传》，则闿前次已杀太守正昂。《吕凯传》云：雍闿等闻先主薨于永安，骄黠恣甚，又载亮表凯及王伉，谓其执忠绝域，十有余年，则当先主之世，闿亦未尝服从也。闿又系为吴所诱。见《蜀志·张裔、吕凯传》《吴志·步骘、士燮传》。其答李严书，辞绝桀慢。见《吕凯传》。盖其蓄叛谋久矣。其心岂仓卒可服？《李恢传》云：为庲降都督，住平夷县，先主薨，高定恣睢于越巂，雍闿跋扈于建宁，朱褒反叛于牂牁。丞相亮南征，先由越巂，而恢案道向建宁。诸县大相纠合，围恢军于昆明。恢出击，大破之。追奔逐者，南至盘江，东接牂牁，与亮声势相连。南土平定，恢军功居多。《吕凯传》：永昌不韦人也。仕郡五官掾功曹，雍闿降于吴，吴遥署闿为永昌太守，永昌既在益州郡之西，道路壅塞，与蜀隔绝，而郡太守改易。凯与府丞蜀郡王伉，帅厉吏民，闭境拒闿。及丞相亮南征讨闿，既发在道，而闿已为高定部曲所杀。亮至南，表以凯为云南太守，亮平南之后，改益州郡为建宁郡。分建宁、永昌郡为云南郡，又分建宁、牂牁为兴古郡。王伉为永昌太守。《马忠传》云：亮入南，拜忠牂牁太守。郡丞朱褒反，叛乱之后，忠抚育恤理，甚有威惠。昆明种落，西至楪榆，其距越巂，已不甚远。亮兵自越巂而出，至云南附近，必已与李恢、吕凯相接。永昌本未破坏。自昆明以东，又为恢所平定，则亮之战绩，当在越巂、云南之间。既抵云南，遂可安行至滇池矣。亮之行，盖至滇池为止。自此以东，盖因李恢兵势，更遣马忠往抚育之。《后主传》仅云：南征四郡，四郡皆平；《亮传》亦仅云：率众南征，其秋悉平；不详述其战绩者，亮军实无多战事也。七纵七擒事同儿戏，其说信否，殊难质言。即谓有之，亦必在平原，非山林深阻之区。且以亮训练节制之师，临南夷未经大敌之众，胜算殆可预操。孟获虽得众心，实非劲敌。累战不捷，强弱皎然，岂待七擒而后服？况攻心攻城，心战兵战，乃庙算预定之策，非临机应变之方，谋之历年，当正指此，安得待出军之日，然后问之？马谡亦安得迟至相送之日，然后言之乎？《李恢传》云：军还，南夷复叛，杀害守将。恢身往扑讨，锄尽恶类，徙其豪帅于成都，赋出叟、濮耕牛战马、金银犀革，充继军资，于时费用不乏。此所谓军还者，当指亮南征之军。所谓费用不乏，亦即《亮传》所谓军资所出，国以富饶。其事相距不远，故承其秋悉平之下终言之。则是亮军还未几，南夷即叛也。《后主传》：建兴十一年，南夷刘胄反，将军马忠讨平之。《马忠传》亦云：建兴十一年，南夷豪帅刘胄反，扰乱诸郡。征庲降都督张翼还，以忠代翼，忠遂斩胄，平南土。而据《张翼传》，则翼之为庲降都督，事在建兴九年，刘胄作乱，翼已举兵讨胄，特未破而被征。然则胄之乱尚未必在十一年；即谓其在十一年，而亮之卒实在十二年八月，相去尚几两年也。《马忠传》又云：初建宁郡杀太守正昂，缚太守张裔于吴，故都督常驻平夷县。至忠，乃移治味县。又越巂郡亦久失土地，忠率将太守张嶷，开复旧郡。《张嶷传注》引《益都耆旧传》云：忠之讨胄，嶷属焉。战斗常冠军首。遂斩胄平南。事讫，牂牁、兴古僚种复反。忠令嶷领诸营往讨。此事当在建兴十一、二年间，亮亦尚未卒。又《后主传》：延熙三年春，使越巂太守张嶷平定越巂郡。《张嶷传》云：自丞相亮讨高定之后，叟夷数反，杀太守龚禄、焦璜。是后太守不敢之郡，只住安定县，去郡八百余里，其郡徒有名而已。时论欲复旧郡，除嶷为越巂太守。嶷在官三年，乃徙还故郡。定莋、台登、卑水三县，旧出盐铁及漆，夷徼久自固。嶷乃率所领夺取，署长吏。郡有旧道，经旄牛中至成都，既平且近。自旄牛绝道，已百余年，更由安上，既险且远。嶷乃与旄牛夷盟誓，开通旧道，复古亭驿。又《霍峻传》：子弋。永昌郡夷僚，恃险不宾，数为寇害。乃以弋领永昌太守，率偏军讨之。遂斩其豪师，破坏邑落，郡界宁静。此事在弋为太子中庶子之后，太子璇之立，事在延熙元年，则弋之守永昌，当略与嶷之守越巂同时，然则不但终亮之世，南方不敢复反为虚言；抑亮与李恢、吕凯等，虽竭力经营，南夷仍未大定，直至马忠督庲降，张嶷守越巂，霍弋守永昌，然后竟其令功也。诸人者，固未尝不竭抚育之劳，亦未闻遂释攻战之事，此又以见攻心心战之策，未足专恃矣。要之亮之素志，自在北方；其于南土，不过求其不为后患而止。军国攸资，已非夙望，粗安粗定，自系本怀。一出未能敉平，原不足为亮病，必欲崇以虚辞，转贻致讥失实矣。

（四三〇）诸葛亮随身衣食悉仰于官不别治生

诸葛亮自表后主曰："成都有桑八百株，薄田十五顷，子弟衣食，自有余饶。至于臣在外任，无别调度，随身衣食，悉仰于官，不别治生，以长尺寸，若臣死之日，不使内有余帛，外有赢财，以负陛下。”及卒，如其所言。见《三国志》本传。读史者以为美谈。其实当时能为此者，非亮一人也。夏侯惇“性清俭，有余财，辄以分施，不足资之于官，不治产业”。徐邈“赏赐皆散与将士，无入家者”。嘉平六年，诏与田豫并褒之。以上均见《三国志》本传。邓芝“为大将军二十余年，身之衣食，资仰于官，不苟素俭，然终不治私产，妻子不免饥寒。死之日，家无余财”。吕岱“在交州，历年不饷家，妻子饥乏”。其所为皆与亮同。陈表“家财尽于养士，死之日，妻子露立”。朱桓“爱养吏士，赡护六亲，俸禄产业，皆与共分。及桓疾困，举营忧戚”。见《三国志》本传。则尤有进焉者矣。君子行不贵苟难，不以公家之财自私则可矣；禄尽于外，而妻子饥寒则过矣。要之治生自治生，廉洁自廉洁，二者各不相妨也。

袁涣“前后得赐甚多，皆散尽之，家无所储，终不问产业，乏则取之于人，不为皦察之行，然时人服其清”。见《三国志》本传。有袁涣之行则可也。无之，则有借通财之名，行贪取之实者矣。随身用度，悉仰于官，而无节度，亦不能保贪奢者之不恣取也。为之权衡斗斛，则并权衡斗斛而窃之，于私产之世而求清廉，终无正本之策也。是故督责之术之不可以少弛也，于财计尤然。

羊续为南阳太守，妻与子秘俱诣郡舍，续闭门不纳。妻自将秘行，其资藏惟有布衾、敝祗裯，盐麦数斛而已。顾敕秘曰：“吾自奉若此，何以资尔母乎？”使与母俱归。刘虞“以俭素为操，冠敝不改，乃就补其穿。及遇害，瓒兵搜其内，而妻妾服罗纨，盛绮饰，时人以此疑之”。均见《后汉书》本传。步骘“被服居处有如儒生。然门内妻妾，服饰奢绮，颇以此见讥”。见《三国志》本传。夫虞与骘非必其为伪也，和洽曰：“夫立教观俗，贵处中庸，为可继也。今崇一概难堪之行以检殊涂，勉而为之，必有疲瘁。”见《三国志》本传。俭者之家人，不必其皆好俭也。身安于俭焉，习于俭焉，勉于俭焉，皆无不可，必欲强其家人以同好，则难矣。迫其家人为一概难堪之行，以立己名，尤非真率平易者所能为。故居官者携家室以俱行，未为失也，必欲使之绝父子之恩，忘室家之好，如世所称妻子不入官舍者，亦非中庸之行矣。然身俭素而家人奢泰，以此累其清节者，亦非无之。妻子不入官舍，亦有时足为苞苴滥取之防，以此自厉，究为贤者，较之以家自累者，则远胜矣。《三国志》载：蒋钦，“权尝入其堂内，母疏帐缥被，妇妾布裙。权叹其在贵守约。”则家人能俱安于俭者，亦有之，然非可概诸人人也。

治生之道，循分为难。何谓循分？曰：耕而食，织而衣，有益于己，无害于人者是已。然在交易既兴之后则难矣。无已，其廉贾乎？然身处阛阓之中，为操奇计赢之事，而犹能不失其清者，非有道者不能，凡人未足以语此也。士大夫之家，既不能手胼足胝，躬耕耘之业，又不能持筹握算，博蝇头之利；使为农商，必将倚势陵人，滞财役贫矣。陈化敕子弟废田业，绝治产，仰官廪禄，不与百姓争利，见《三国志·孙权传》黄武四年《注》引《吴书》。以此也。若其财果出于廪禄，虽治产亦何伤？所以必绝之者，正以士大夫而治生，易有妨于百姓故也。诸葛亮之不别治生，其以此欤？

《三国志·孙休传》注引《襄阳记》言："(李)衡每欲治家，妻辄不听。后密遣客十人，于武陵龙场泛洲上作宅，种甘橘千株。临死，敕儿曰：汝母恶我治家，故穷如是。然吾州里有千头木奴，不责汝衣食，岁上一匹绢，亦可足用耳。衡亡后二十余日，儿以白母，母曰：此当是种甘橘也。汝家失十户客来七八年，必汝父遣为宅。汝父恒称太史公言，江陵千树橘，当封君家。吾答曰：且人患无德义，不患不富，若贵而能贫，方好耳，用此何为？吴末，衡甘橘成，岁得绢数千匹，家道殷足，晋咸康中，其宅址枯树犹在。"患无德义而不忧贫，衡之妻何其贤也？然勤树艺之利，而不剥削于人，衡之治生，亦可谓贤矣。然自吴末至咸康，五十年耳，木已枯矣，信乎树木之利，不如树人也。

士之能厉清节者寡矣，乱世尤甚，以法纪荡然，便于贪取也。《三国志·王修传》言：袁氏政宽，在职势者多畜聚。太祖破邺，籍没审配等家财物以万数。此袁氏所由亡欤？《郭嘉传注》引《傅子》，谓嘉言绍有十败，曹公有十胜，汉末政失于宽，绍以宽济宽，公纠之以猛。然则绍之宽，非宽于人民，乃宽于虐民者耳。然虽太祖，亦未能使其下皆厉廉节也。太祖为司空时，以己率下，每岁发调，使本县平资。于时谯令平曹洪资财与公家等，太祖曰："我家资那得如子廉邪？"《三国志·曹洪传注》引《魏略》。洪之多财可知矣。诸葛瑾及其子恪并质素，虽在军旅，身无采饰；而恪弟融，锦罽文绣，独为奢绮。潘璋"性奢泰，末年弥甚，服物僭拟，吏兵富者，或杀取其财物"。均见《三国志》本传。其不法如此。然非独武人也，曹爽等实不世之才，而卒以奢败。魏之何夔，蜀之刘琰，吴之吕范，并以豪汰称，而其风且传于奕世。何曾，夔之子也。晋治之不善，王、石等之奢汰实为之，而其风则仍诸魏末者也。以魏武帝、诸葛武侯之严，吴大帝之暴，而不能绝，亦难矣。

太祖父嵩之死，《武帝纪注》引《世语》《吴书》，其说不同。《世语》云："嵩在泰山华县。太祖令泰山太守应劭送家诣兖州，劭兵未至，陶谦密遣数千骑掩捕。嵩家以为劭迎，不设备。谦兵至…… 阖门皆死。"《吴书》言："太祖迎嵩，辎重百余两。陶谦遣都尉张闿将骑二百卫送，闿于泰山华、费间杀嵩，取财物，因奔淮南。"谦虽背道任情，谓其与阙宣合从寇钞，似失之诬，当以《吴书》之言为是。然无论其为谦遣骑掩捕，抑卫送之将所为，嵩之慢藏诲盗则一也。处乱世者，可不戒欤？

鲁肃指囷，读史者亦久传为美谈，然亦非独肃也。先主转军广陵海西，糜竺进奴客二千，金银货币，以助军资。于时困匮，赖以复振，亦肃指囷之类也。知《管子》谓丁氏之粟足食三军之师，为不诬矣。然用财贵得其当，刘备、周瑜，皆末世好乱之士，助之果何为哉？

（四三一）奖率三军，臣职是当

《三国志·诸葛亮传》：建兴五年，亮率诸军北驻汉中，临发，上疏曰："今南方已定，兵甲已足，当奖率三军，北定中原。"及马谡为张郃所破，亮还汉中，上疏请自贬曰："《春秋》责帅，臣职是当。"《华阳国志》作"帅将三军，职臣是当"。皆较优。《三国志》文盖讹误。

（四三二）如其不才君可自取

蜀先主谓诸葛亮曰："若嗣子可辅，辅之；如其不才，君可自取。"《三国志·诸葛亮传》。世皆以为豁达大度推心置腹之言，实亦不然也。孙策临亡，以弟权托张昭。《吴志·张昭传注》引《吴历》曰："策谓昭曰：若仲谋不任事者，君便自取之。正复不克捷，缓步西归，亦无所虑。"其言与备亦何以异？董昭建议："宜修古建封五等。"太祖曰："建设五等者，圣人也，又非人臣所制，吾何以堪之？"昭曰："自古以来，人臣匡世，未有今日之功；有今日之功，未有久处人臣之势者也。"《三国志》本传。此乃明白晓畅之言，势之所迫，虽圣人将奈之何哉？菁华已竭，褰裳去之，为是言易，欲行是事，不可得也。古来圣贤豪杰有盖世之才智，卒不能自免于败亡以此。

（四三三）君与王之别

《三国志·乌丸传注》引《魏书》曰:“常推募勇健能理决斗讼相侵犯者为大人，邑落各有小帅，不世继也。数百千落自为一部，大人有所召呼，刻木为信，邑落传行，无文字，而部众莫敢违犯。”《后汉书·乌桓传》本之，而曰“有勇健能理决斗讼者，推为大人，无世业相继，邑落各有小帅”云云。知《魏书》“不世继也”句，当在“邑落各有小帅”之上，今本误倒也。邑落小帅，君也，不可无，亦不能无。或禅或继，各当自有成法。大人则邑落所共推，犹之朝觐讼狱之所归也，有其人则奉之，无则阙。德盛则为众所归，德衰则去之。三代以前，王霸之或绝或续，一国之所以忽为诸侯所宗，忽云诸侯莫朝以此。

《三国志·鲜卑传注》引《魏书》述檀石槐事曰:“乃分其地为中东西三部。从右北平以东至辽东，接夫余、貊为东部，二十余邑，其大人曰弥加、阙机、素利、槐头。从右北平以西至上谷为中部，十余邑，其大人曰柯最、阙居、慕容等，为大帅。从上谷以西至敦煌，西接乌孙为西部，二十余邑，其大人曰置鞬落罗、日律推演、宴荔游等，皆为大帅，而制属檀石槐。”此大人盖亦邑落所共推。而《后汉书》云:“分其地为三部，各置大人主领之。”一若本无大人，而檀石槐始命之者，误矣。《魏书》于乌丸，述其法俗甚详，于鲜卑则甚略，以乌丸、鲜卑法俗多同，述其相异者，同者则不及也。然则鲜卑亦当数百千落乃为一部。而檀石槐三部，中部十余邑，东西各二十余而已。而其大人皆非一人，则大人侔于小帅矣。檀石槐之众，合计不过五六十落，安能称强北边？然则所谓十余邑二十余邑云者，乃其大人所治之邑，即中部有大人十余，东西部各有二十余耳。属此诸大人之邑落，自在其外。此诸大人者，乃一方之主，犹之周初周、召分陕，一治周南，一治召南。太公所治，则东至于海，西至于河，南至于穆陵，北至于无棣也。其后吴、楚称王，犹自各王其域，彼此各不相干。曰天无二日，民无二王，乃冀望之辞，非事实也。《魏书》又曰:自檀石槐死后，诸大人遂世相袭，则犹周衰而齐、晋、秦、楚不随之而俱替耳。

《魏书》及《后汉书》所谓大人，即后世所谓可汗，檀石槐乃大可汗也。越之亡也，诸族子或为王，或为君，滨于江南海上，服朝于楚。其为王者，犹之鲜卑之诸大人；楚之君则犹檀石槐也。蒙古自成吉思汗以前，哈不勒忽图剌皆有汗号，成吉思亦先见推为汗，后乃更见推为成吉思汗。其初称汗也，与哈不勒忽图剌同，犹是小可汗，后则大可汗矣。回绝诸部尊唐太宗为天可汗，则又驾于诸大可汗之上，虽其等级不同，其理则一也。

（四三四）孙氏父子轻佻

陈寿言孙坚及策皆以轻佻果躁，陨身致败。其实非独坚及策如此，即孙权亦然。建安十八年正月，曹公攻濡须，权与相拒月余。《吴主传注》引《吴历》言："权乘轻船，从濡须口入公军。诸将皆以为是挑战者，欲击之。公曰：此必孙权欲身见吾军部伍也。敕军中皆精严，弓弩不得妄发。权行五六里，回还作鼓吹。公见舟船器仗军伍整肃，喟然叹曰：生子当如孙仲谋，刘景升儿子若豚犬耳！"又引《魏略》曰："权乘大船来观军，公使弓弩乱发，箭着其船，船偏重将覆，权因回船，复以一面受箭，箭均船平，乃还。"二说未知孰是。要之身乘船以入敌军，危道也。十九年，权征合肥。合肥未下，彻军还。兵皆就路，权与凌统、甘宁等在津北为魏将张辽所袭，统等以死扞权，权乘骏马越津桥得去。《注》引《献帝春秋》曰："张辽问吴降人：向有紫髯将军，长上短下，便马善射，是谁？降人答曰：是孙会稽。辽及乐进相遇，言不早知之，急追自得。举军叹恨。"又引《江表传》曰："权乘骏马上津桥，桥南已见彻，丈余无版。谷利在马后，使权持鞍缓控，利于后着鞭，以助马势，遂得超度。权既得免，即拜利都亭侯。"《贺齐传》《注》引《江表传》曰："权征合肥还，为张辽所掩袭于津北，几至危殆。齐时率三千兵在津南迎权。权既入大船，会诸将饮宴，齐下席涕泣而言曰：至尊人主，常当持重。今日之事，几致祸败，群下震怖，若无天地，愿以此为终身诫。"此役盖权生平最危险之一役，然特邂逅致之。《张纮传》言权是时率轻骑，将往突敌，以纮谏而止。果使遂往，其危险又当如何也。不特此也，《权传》黄武五年《注》引《江表传》曰："权于武昌新装大船，名为长安，试泛之钓台圻。时风大盛，谷利令柂工取樊口。权曰：当张头取罗州。利拔刀向柂工曰：不取樊口者斩。工即转柂入樊口，风遂猛不可行，乃还。权曰：阿利畏水，何怯也？"《张昭传》云："权每田猎，常乘马射虎，虎常突前攀持马鞍。昭变色而前曰：将军何有当尔？……权谢昭曰：年少虑事不远，以此惭君。然犹不能已，乃作射虎车，为方目，间不置盖，一人为御，自于中射之。时有逸群之兽，辄复犯车，而权每手击以为乐。昭虽谏争，常笑而不答。”盖其不能自克如此。案坚之死也，以单马行岘山。而《虞翻传》言策好驰骋游猎，翻谏以从官不暇严，吏卒常苦之。白龙鱼服，困于豫且。策曰：“君言是也。然时有所思，端坐悒悒，有裨谌草创之计，是以行耳。”此文过之辞也。《注》引《吴书》曰：“策讨山越，斩其渠帅，悉令左右分行逐贼，独骑与翻相得山中。翻问左右安在，策曰：悉行逐贼。翻曰：危事也！令策下马：此草深，卒有惊急，马不及萦策，但牵之，执弓矢以步。翻善用矛，请在前行。得平地，劝策乘马。翻步随之。得一鼓吏，策取角自鸣之，部曲识声，小大皆出。”其后策之死，果以出猎驱驰逐鹿，所乘马精骏，从骑绝不能及，单骑与许贡客遇故。是诚虞翻之所虑也。而权之不知以父兄为鉴，身屡蹈危，而犹不知戒如故，此无他，一时之风气使之也。《孙翊传》言其骁悍果烈，有兄策风。《注》引《典略》曰：“翊名俨，性似策。策临卒，张昭等谓策当以兵属俨，而策呼权，佩以印绶。”使翊而果，其轻躁当尤甚于权。建安二十五年，权下令诸将曰：“夫存不忘亡，安必虑危，古之善教。昔隽不疑，汉之名臣，于安平之世，而刀剑不离于身，盖君子之于武备，不可以已。况今处身疆畔，豺狼交接，而可轻忽不思变难哉？顷闻诸将出入，各尚谦约，不从人兵，甚非备虑爱身之谓。夫保己遗名，以安君亲，孰与危辱？宜深警戒，务崇其大，副孤意焉。”则当时诸将，亦莫非轻佻果躁之徒也。故曰一时之风气使然也。

（四三五）孙策欲袭许

孙策欲袭许之说，见于《三国·魏志·武帝纪》，又见于《吴志·策传》，《策传》且谓其欲袭许迎汉帝。注引《江表传》，则谓“策前西征，陈登阴遣间使，以印绶与严白虎余党，图为后祸，以报陈瑀见破之辱。登，瑀从兄子。策归复讨登，军到丹徒，须待运粮，见杀”，《九州春秋》及《傅子》又谓“策闻曹公将征柳城，而欲袭许”，异说纷如。夫策见杀在建安五年，而柳城之役在十二年。《九州春秋》及《傅子》之谬，不待辨矣。孙盛《异同评》谓：“策虽威行江外，略有六郡，然黄祖乘其上流，陈登间其心腹，且深险强宗，未尽归服，曹、袁虎争，势倾山海，策岂暇远师汝、颍，而迁帝于吴、越哉？”又谓“绍以建安五年至黎阳，策以四月遇害”。而《志》云策闻曹公与绍相距于官渡，谬矣。谓伐登之言为有证，其说是也。而裴松之谓:“黄祖始被策破，魂气未反，刘表君臣，本无兼并之志，强宗骁帅，祖郎、严虎之徒，禽灭已尽，所余山越，盖何足虑。若使策志获从，大权在手，淮、泗之间，所在可都，何必毕志江外，迁帝扬、越？”又致“武帝建安四年已出屯官渡，策未死之前，久与袁绍交兵”，因谓策之此举，理应先图陈登，而不止于登，《国志》所云不谬，则误矣。刘表、黄祖，庸或不能为策患，江南之强宗骁帅，则虽处深险之区，实为心腹之疾，策虽轻狡，岂容一无顾虑，即谓其不足为患？抑策并不知虑此。然以策之众，岂足与中国争衡，即谓袁、曹相持，如鹬蚌两不得解，策欲袭许，亦未有济，况徒偏师相接乎？淮、泗之间，岂足自立？策之众，视陶谦、袁术、刘备、吕布何如？若更远都江表，则义帝之居郴耳，岂足有济。况汉至献帝之世，威灵久替，扶之岂足有济？曹公之克成大业，乃由其能严令行，用兵如神，非真天子之虚名也。不然、因献帝而臣伏于操者何人哉？以曹公之明，挟献帝而犹无所用，而况于策乎？况以策之轻狡，又岂足以知此乎？

《吴志·吕范传》云:“下邳陈瑀，自号吴郡大守，住海西，与强族严白虎交通。策自将讨虎，遣范与徐逸攻瑀于海西，枭其大将陈牧。”而《孙策传》注引《江表传》谓:“建安二年，诏以策为骑都尉，袭爵乌程侯，领会稽太守。又诏与领徐州牧温侯布，及行吴郡太守安东将军陈瑀，共讨袁术。”则瑀行吴郡太守，乃朝命，非自号也。《传》又言:“是时陈瑀屯海西，策奉诏治严，当与布、瑀参同形势，行到钱塘，瑀阴图袭策，遣都尉万演等密渡江，使持印传三十余细贼与丹阳、宣城、泾、陵阳、始安、黟、歙诸险县大帅祖郎、焦己，及吴郡乌程严白虎等，使为内应，伺策军发，欲攻取诸郡，策觉之，遣吕范、徐逸攻瑀于海西，大破瑀，获其吏士妻子四千人。”案：策之渡江，本为袁术，汉朝命吏，如刘繇、王朗、华歆等，无不为其所逐。是时虽有与吕布、陈瑀同讨袁术之命，特权宜用之，非信其心也。有隙可乘，加以诛翦，夫固事理所宜。《吕范传》注引《九州春秋》曰:“初平三年，扬州刺史陈祎死，袁术使瑀领扬州牧，后术为曹公败于封丘，南人叛瑀，瑀拒之。术走阴陵，好辞以下瑀，瑀不知权，而又怯，不即攻术，术于淮北集兵向寿春，瑀惧，使其弟公琰请和于术。术执之而进，瑀走归下邳。”然则瑀实乃心王室者。陈登之结白虎余党，盖亦欲继其从父之志，戡翦乱人，非徒为雪家门之耻也。《张邈传》注引《九州春秋》言：登甚得江淮间欢心，有吞灭江南之志，孙策遣军攻登，再败，而迁为东城太守。

孙权遂跨有江外。太祖每临大江而叹，恨不早用陈元龙计，而令封豕养其爪牙，则登之才，盖非刘繇、王朗等比，而任之不专，致使大功不竟，轻狡之子，坐据江外数十年，岂不惜哉。

（四三六）张纯之叛

《三国志·公孙瓒传》云："光和中，凉州贼起，发幽州突骑三千人，假瓒都督行事传，使将之。军到蓟中，渔阳张纯诱辽西乌丸丘力居等叛，劫略蓟中，自号将军，略吏民，攻右北平、辽西属国诸城，所至残破。瓒将所领，追讨纯等有功，迁骑都尉。属国乌丸贪至王率种人诣瓒降。迁中郎将，封都亭侯，进屯属国，与胡相攻击五六年。丘力居等钞略青、徐、幽、冀，四州被其害，瓒不能御。朝议以宗正东海刘伯安既有德义，昔为幽州刺史，恩信流著，戎狄附之，若使镇抚，可不劳众而定，乃以刘虞为幽州牧。"案云瓒与胡相攻击五六年，则张纯之叛，不得在中平四年可知。而《后书·灵帝纪》记纯、举之叛在是年。《后书·乌桓传》亦云："中平四年前中山太守张纯畔入丘力居众中者，以举称天子，纯称弥天安定王"，在是年也。《后书·瓒传》云："中平中，以瓒督乌桓突骑车骑将军张温讨凉州贼，会乌桓反畔，与贼张纯等攻击蓟中，瓒率所领追讨纯等有功，迁骑都尉。"《注》云："凉州贼即边章等。"案边章之叛，事在中平元年。明年乃命张温讨之，下距中平四年，决不足五六年，《后书》之说误也。中平二年瓒或尝奉随张温讨边章之命，然张纯之叛，必不在此事之后。《刘虞传》谓纯、举之叛，在凉州贼起之后，更不足信。

（四三七）边章、韩遂

《后汉书·董卓传》云："北宫伯玉等劫致金城人边章、韩遂，使专任军政，共杀金城太守陈懿，攻烧州郡。"《注》引《献帝春秋》曰："梁州义从宋建、王国等反，诈金城郡降，求见凉州大人故新安令边允、从事韩约。约不见，太守陈懿劝之，国等便劫质约等数十人。金城乱，懿出，国等扶以到护羌营，杀之，而释约、允等。陇西以爱憎露布，冠约、允名以为贼，州购约、允各千户侯。约、允被购，约改为遂，允改为章。"《三国志·魏武纪》："建安二十年，西平、金城诸将麴演、蒋石等共斩送韩遂首。"《注》引《典略》曰:"遂字文约,始与同郡边章俱著名西州。章为督军从事。遂奉计诣京师,何进宿闻其名,特与相见。遂说进使诛诸阉人,进不从,乃求归。会凉州宋扬、北宫玉等反,举章、遂为主,章寻病卒,遂为扬等所劫,不得已,遂阻兵为乱,积三十二年,至是乃死,年七十余矣。"又引刘艾《灵帝纪》曰:"章一名元。"案元疑当作允。遂字文约,亦可见其本名约。宋建亦名扬,北宫伯玉亦名玉,盖边郡之事,传闻不能甚审,故名字或有异同也。自建安二十年上溯三十二年,为灵帝中平元年,与《后书》本纪、《董卓传》俱合。何进之谋诛阉人,当在灵帝崩后,而《典略》云:"遂说进诛阉人,"即传闻不审之一证。然据《献帝春秋》及《典略》观之,则章、遂本不欲叛,似皆可信也。

(四三八)曹嵩之死

《三国志·魏武帝本纪》兴平元年云:"初,太祖父嵩去官后还谯,董卓之乱,避难琅邪,为陶谦所害,故太祖志在复仇东伐。"《后汉书·陶谦传》云:"初,曹操父嵩、避难琅邪,时谦别将守阴平,士卒利嵩财宝,遂袭杀之。"董卓之乱,未尝及谯,而嵩须避难者,以太祖合兵诛卓也。嵩所避居之琅邪,盖今山东诸城县东南之琅邪山,而非治开阳、在今临沂县境之琅邪郡,僻处海隅,为耳目所不及,故可避卓购捕之难。汉阴平县治在今江苏沭阴县东北,相距颇近,故为陶谦别将戍此者所害也。《三国志注》引《世语》曰:"嵩在泰山华县,太祖令泰山太守应劭,送家诣兖州,劭兵未至,陶谦密遣数千骑掩捕。嵩家以为劭迎,不设备,谦兵至,杀太祖弟德于门中,嵩惧,穿后垣先出其妾,妾肥不能得出,嵩逃于厕,与妾俱被害,阖门皆死。"又引韦曜《吴书》曰:"太祖迎嵩,辎重百余两,陶谦遣都尉张闿将骑二百卫送,闿于泰山、华、费间杀嵩,取财物,因奔淮南。"案:初平四年下邳阙宣聚众数千人,自称天子。谦与共举兵取泰山、华、费,略任城,太祖乃征谦,则兖徐构衅,祸始泰山、华、费。或又以为操与谦有不共戴天之仇,遂妄谓嵩之见杀,为在泰山、华、费之间也。初平三年《纪》云:"袁术与绍有隙,术求援于公孙瓒,瓒使刘备屯高唐,单经屯平原,陶谦屯发干,以逼绍。太祖与绍会击,皆破之。"盖是时之相争者,袁绍与刘表为朋,袁术与公孙瓒为伍,太祖据兖州,绍之党也。田楷据青州,陶谦据徐州,皆瓒之与也。发干之屯，谦既躬进兵以逼绍；泰山之略，谦又合阙宣以图操，则自初平四年夏以前，陶谦皆攻取之师，袁绍与魏太祖仅备御之师而已。初平四年之秋，兴平元年之夏，魏祖始再举攻谦，谓之徼利之师可，谓之除害之师，亦无不可；谓之复仇则诬。嵩之死，固由谦之不能约束所部，然不能约束所部者亦多矣，究与躬行杀害者有别也。

《后汉书·应劭传》六年拜泰山太守。“兴平元年，前太尉曹嵩及子德，从琅玡入太山，劭遣兵迎之，未到，而徐州牧陶谦素怨嵩子操数击之，乃使轻骑追嵩、德，并杀之于郡界，劭畏操诛，弃郡奔冀州牧袁绍。”

《三国志·陶谦传》注引《吴书》谓：曹公父于泰山被杀，归咎于谦，欲伐谦而畏其强，乃表令州郡一时罢兵。谦被诏，上书拒命，曹公得谦上书事，知不罢兵，乃进攻彭城。裴松之谓此时天子在长安，曹公尚未秉政，罢兵之诏，不得由曹氏出。

（四三九）关羽欲杀曹公

《华阳国志·刘先主志》：建安五年，公东征先主。先主败绩，妻子及关羽见获。公壮羽勇锐，拜偏将军。初，羽随先主从公围吕布于濮阳，时秦宜禄为布求救于张杨。羽启公：“妻无子，下城乞纳宜禄妻。”公许之。及至城门，复白。公疑其有色，自纳之。后先主与公猎，羽欲于猎中杀公，先主为天下惜，不听，故羽常怀惧。公察其神不安，使将军张辽以情问之。羽叹曰：“吾极知曹公待我厚，然我受刘将军恩，誓以共死，不可背之，要当立功以报曹公。”公闻而义之。案关羽壮士，与刘备誓共死，不肯背之，其夙心也，然其怀惧不安，则自以初求秦宜禄妻，而曹公自纳之，及尝欲杀曹公之故。《三国志·关羽传》于此均未叙及，则情节漏略矣。《注》引《蜀记》与《华阳国志》之事略同，然但言公留宜禄妻，而羽心不自安，更不言羽因欲杀曹公而怀惧，情节亦为不全。羽初欲取宜禄妻，其当怀惧，固不如尝欲杀公之深也。惟云：“猎中众散，羽劝备杀公。”众散二字，又可补常璩之阙。知古人叙事，多不甚密，欲求一事之真，非互相校勘不可也。

（四四〇）袁曹成败

袁、曹成败，昔人议论孔多，然皆事后傅会之辞，非其实也。建安五年，曹操之东征刘备也，《武帝纪》曰："诸将皆曰：与公争天下者袁绍也，今绍方来，而弃之东，绍乘人后，若何？公曰：夫刘备，人杰也，今不去，后必为患。袁绍虽有大志，而见事迟，必不动也。郭嘉亦劝公。嘉传无此语。遂东击备，破之……公还官渡，绍卒不出。"绍传亦云："太祖自东征备，田丰说绍袭太祖后，绍辞以子疾，不许，丰举杖击地曰：夫遭难遇之机，而以婴儿之病失其会，惜哉。"皆病绍之用兵，不能乘时逐利。案用兵各有形势，轻兵掩袭，乘时逐利，与持重后进，专以摧破敌人之大军为主旨者，各一道也。绍之计，盖为先定河北，然后蓄势并力，以与强者争衡。当操与吕布相持于兖州时，强敌在前，饥军不立，欲从袁绍之说，遣家居邺。《三国志·魏书·程昱传》。其势可谓危矣，然以程昱之谏而遂止，袁绍亦不之问。其后吕布为操所败，张邈从布走，张超犹守雍丘，臧洪以故吏之谊，欲乞兵往救。绍当是时大可存超以为牵制，而犹终不听许，至反因此与洪构衅，诚欲专力于河北，未欲问鼎于河南也。建安四年，绍既并公孙瓒，将进军攻许，则既遣人招张绣，复与刘备连和，其明年，两军既相持，则有刘辟等应绍略许下，绍又使刘备助之，则绍于牵制操耳，亦不为不力矣。然终不发大兵为之援者，许下距河北远，多遣兵则势不能捷，少则无益于事，徒招挫折，故绍不肯遣大兵，即操亦知其如此，度其时日，足以定备，是以敢于轻兵东骛，非真能逆臆绍之昧机而不动也。绍之南也，田丰说绍曰："曹公善用兵，变化无方，众虽少，未可轻也，不如以久持之，简其精锐，分为奇兵，乘虚迭出，以扰河南，救右则出其左，救左则出其右，使敌疲于奔命，民不得安业，我未劳而彼已困，不及二年，可坐克也。今释庙胜之策，而决成败于一战，若不如志，悔无及也。"及兵既接，沮授又曰："北兵数众，而果劲不及南；南谷虚少，而货财不及北；南利在于急战，北利在于缓搏，宜徐持久，旷以日月。"一以兵之不逮，一以将之不及，不欲速战，而主持久以敝敌。盖时河北虽云凋敝，然其空乏初不如河南之甚，田丰违旨，终遭械系，沮授之策，则绍实不可谓不用。绍传云："太祖与绍相持日久，百姓疲乏，多叛应绍，军食乏。"《武帝纪》亦谓：操以粮少，与荀彧书，议欲还许。而绍则连谷车为徐晃、史涣所邀击者数千乘。又使淳于琼等五人，将兵万余人送之，悉为操所烧，乃致大溃。则其粮储之丰可知，使徐晃、史涣功不成，操攻琼而之诛不启，抑或不克济，事之成败，固未可知。或传太祖军粮方尽，书与彧议，欲还许以引绍，彧曰：“今军食虽少，未若楚、汉在荥阳、成皋间也。是时刘、项莫肯先退，先退者势屈也。公以十分居一之众，划地而守之，扼其喉而不得进，已半年矣。情见势竭，必将有变，此用奇之时，不可失也。”夫楚汉相持，汉以兵多食足见长，楚兵少食尽，其势与曹操之势正相反，安得举以为喻。陆逊之策刘备曰：“备是猾虏，更尝事多，其军始集，思虑精专，未可干也。今住已久，不得我便，兵疲意沮，计不复生，掎角此寇，正在今日。”此即荀彧所谓情见势绌，用奇之时。徐晃、史涣之邀击，及操之自将以攻淳于琼，正是其事。然亦幸而获济耳，使绍而虑精专，此等竟不能遂，则其后之成否，固犹未可知也。然则袁绍之成败，亦间不容发耳。所谓还许以引绍者，即是不支而退，使其竟尔如此，而绍以大兵乘其后，曹军之势必土崩瓦解，不复支矣。然则绍之筹策，固亦未尝可谓其不奏功也。

《满宠传》云：时袁绍盛于河朔，而汝南绍之本郡，门生宾客布在诸县，拥兵拒守。太祖忧之，以宠为汝南太守。宠募其服从者五百人，率攻下二十余壁，诱其未降渠帅，于坐上杀十余人，一时皆平。得户二万，兵二千人，令就田业。《李通传》云建安初，通举众诣太祖于许。释通振威中郎将，屯汝南西界。太祖讨张绣，刘表遣兵以助绣，太祖军不利。通将兵夜诣太祖，太祖得以复战，通为先登，大破绣军。拜裨将军，封建功侯。分汝南二县，以通为阳安都尉。通妻伯父犯法，朗陵长赵俨收治，致之大辟。是时杀生之柄，决于牧守，通妻子号泣以请其命。通曰：“方与曹公戮力，义不以私废公。”嘉俨执宪不阿，与为亲交。太祖与袁绍相拒于官渡。绍遣使拜通征南将军，刘表亦阴招之，通皆拒焉。通亲戚部曲流涕曰：“今孤危独守，以失大援，亡可立而待也，不如亟从绍。”通按剑以叱之，即斩绍使，送印绶诣太祖。又击郡贼瞿恭、江宫、沈成等，皆破歼其众，送其首。遂定淮、汝之地。《赵俨传》云：袁绍举兵南侵，遣使招诱豫州诸郡，诸郡多受其命。惟阳安郡不动，而都尉李通急录户调。俨见通曰：“方今天下未集，诸郡并叛，怀附者复收其绵绢，小人乐乱，能无遗恨！且远近多虞，不可不详也。”通曰：“绍与大将军相持甚急，左右郡县背叛乃尔。若绵绢不调送，观听者必谓我顾望，有所须待也。”俨曰：“诚亦如君虑；然当权其轻重，小缓调，当为君释此患。”乃书与荀彧，彧报曰：“辄白曹公，公文下郡，绵绢悉以还民。”上下欢喜，郡内遂安。此可见操之多忠亮死节之臣，刘辟等之所以不能摇动以此也。《后汉书·绍传》云：绍与操相持，许攸进曰："曹操兵少而悉师拒我，许下余守势必空虚，若分遣轻军，星行掩袭，许拔则操为成禽，如其未溃，可令首尾奔命，破之必也。"夫遣骑轻则如曹仁等优足拒之矣，安得使操疲于奔命而况侈言拔许哉！

曹操之攻淳于琼也，袁绍闻之谓长子谭曰："就彼破琼等，吾攻拔其营，彼固无所归矣！"乃使张郃、高览攻曹洪，此亦未为非计。《三国志·魏书·武帝纪》。而郃谓曹公营固，攻之必不拔，《三国志·张郃传》。其后果然，则操之备豫不虞不为不至。安得如书生谈兵谓一即可袭取哉。

要之两汉三国时史所传，惟一大纲，余皆事后傅会之辞，遽一一信为事实则傎矣。《蜀志》又谓曹公北征乌丸，先主说表袭许，表不能用其说，当时又谓孙策闻公与绍相持，乃谋袭许，未发为刺客所杀，《三国志·魏书·武帝纪》。则近于子虚乌有矣。参《孙策欲袭许》条。

《荀彧传》载彧论曹公较之袁绍有四胜，又曰不先取吕布，河北亦未易图也。《郭嘉传》注引《傅子》又谓嘉料绍有十败，公有十胜，其所谓十败十胜者，实与彧之辞无大异，特敷衍之，多其节目耳。又曰："嘉曰绍方北击公孙瓒，可因其远征，东取吕布，不先取布，若绍为寇，布为之援，此深害也。"两人之言有若是其如出一口者乎，其为事后傅会，而非其实，审矣。然此等综括大体之辞，较之专论一事者差为近理。要之当时之史尚系传述之辞，多所谓某人某人之语，未必可即作其人之辞观。然以此为其时人之见解，固无不可也。《史》《汉》之《留侯传》，《三国志》之《荀彧传》均可作如是观。

（四四一）李邈

《华阳国志·先贤士女总赞》云：李邈，守汉南，邵兄也。牧璋时，为牛鞞长，先主领牧，为从事。正旦命行酒，得进见，让先主曰："振威以讨贼元功，未效，先寇而灭，邈以将军之取鄙州，甚为不宜也。"先主曰："知其不宜，何以不助之？"邈曰："匪不敢也，力不足耳。"有司将杀之，诸葛亮为请，得免，为犍为太守、丞相参军、安汉将军。建兴六年，亮西征，马谡在前，亮将杀之。邈谏，以为秦赦孟明，用霸西戎；楚诛子玉，再世不竞，失亮意，还蜀。十三年亮卒。案亮卒在十二年。后主素服发哀三日。邈上疏曰："吕禄、霍禹，未必怀反叛之心，孝宣不好为杀臣之君，直以臣惧其逼，主畏其威，故奸萌生。亮身杖强兵，狼顾虎臣，五大不在边，臣常危之。今亮殒殁，盖宗族得全，西戎静息，大小为庆。”后主怒，下狱诛之。夫好恶之不可一久矣。今读《三国志》，诸葛亮为朝野所好，更无异辞，此岂实录乎？邈几为先主所诛，亮为请得免，则于亮非有私憾，其言如此，则当时同邈所危者，必不止一人也。特莫敢以为言，若有私议，则史不传耳。然邀则可谓直矣，纵不然其言，何至下狱诛之？后主之闇，亦可谓甚矣。岂邈素好直，怨者孔多，而借此陷之欤？君子是以知直道之不见容也。

（四四二）姜维不速救成都

《三国志·姜维传》：维保剑阁拒钟会，列营守险，会不能克。粮运县远，将议还归。而邓艾自阴平由景谷道旁入，遂破诸葛瞻于绵竹。后主请降于艾，艾前据成都。维等初闻瞻破，或闻后主欲固守成都，或闻欲东入吴，或闻欲南入建宁，于是引军由广汉、郪道以审虚实。寻被后主敕令，乃投戈放甲，诣会于涪军前，将士咸怒，拔刀斫石。《华阳国志》则谓维未知后主降，谓且固城，素与执政者不平，欲使其知卫敌之难而后逞志，乃回由巴西出郪五城。案维当诣会之后，犹欲杀会而复蜀，其无意于降魏可知。成都雄郡，邓艾孤军，安知后主之遽降？维既无意降魏，岂有不捧漏沃焦，与艾争一旦之命者？而顾迟曲其行，则常璩之言是也。王崇谓邓艾以疲兵二万入江油，姜维举十万之师，案道南归，艾为成擒，擒艾已讫，复还拒会，则蜀之存亡，未可量也。乃回道之巴，远至五城，使艾轻进，径及成都，兵分家灭，己自招之，其言允矣。故知文武不和，未有不招覆亡之祸者也；而武人褊隘，欲望其休休尽匪躬之节难矣。

（四四三）司马宣王征辽东

《传》曰：“虽鞭之长，不及马腹。”此为兵家所最忌。司马宣王之征辽东也，策之曰：“弃城预走，上计也。据辽水以距大军，次计也。坐守襄平，此成擒耳。”又曰：“惟明者能深度彼己，预有所弃，此非其所及也。今悬军远征，将谓不能持久，必先距辽水而后守，此中下计也。”既至襄平，大雨，贼恃水，樵牧自若。诸将欲取之，皆不听。曰：“自发京师，不忧贼攻，但恐贼走。今贼粮垂尽，而围落未合，掠其牛马，抄其樵采，此故驱之走也。夫兵者诡道，善因事变。贼凭众恃雨，故虽饥困，未肯束手，当示无能以安之。取小利以惊之，非计也。”其惧渊之走如此。盖悬远之地，少用师则力不足，多用师则馈运不继；即敌窜伏不敢抗，而分军搜捕为难，多军填厌又不易；师尽撤，则敌复出而前功尽弃，甚或乘吾之敝，击其莫归，其患有不可胜言者；故必视之以弱，聚而歼旃也。

《兵法》曰：“用兵之法……诸侯自战其地者为散地。”《孙子·九地》第十一。此言征之于史而屡验。司马宣王之征辽东，兵少于公孙渊，亦其一事也。然此非自度兵强于敌，知虑谋略皆出敌上，足以制其死命不可。故悬师远征，究非易事也。围之未合也，司马陈珪曰：“昔攻上庸，八部并进，昼夜不息，故能一旬之半拔坚城，斩孟达。今者远来，而更安缓，愚窃惑焉。”宣王曰：“孟达众少而食支一年；将士四倍于达，而粮不淹月；以一月图一年，安可不速？以四击一，正令半解，犹当为之；是以不计死伤，与粮竞也。今贼众我寡，贼饥我饱，水雨乃尔，功力不设，虽当促之，亦何所为？”“与粮竞”之言甚精。宣王所以不肯多用师，以运粮难也。此非兵精于敌，知虑谋略，皆出敌上，后患有不可胜言者；而专恃兵多而又不精者无论矣。杨镐之征辽是已。此等用兵，即使幸胜，亦不足贵。以其所费多，不易再举，又不能久驻以殄余敌也。论者徒咎其分兵为四，未为知言。

渊之穷也，使其相国王建、御史大夫柳甫乞降，请解围面缚，不许。皆斩之。檄告渊曰：“昔楚、郑列国，而郑伯犹肉袒牵羊而迎之。孤为王人，位则上公，而建等欲孤解围退舍，岂楚、郑之谓邪？必传言失旨，已相为斩之。若意有未已，可更遣年少有明决者来。”渊复遣侍中卫演乞克日送任。宣王谓演曰：“军事大要有五：能战当战，不能战当守，不能守当走，余二事惟有降与死耳。汝不肯面缚，此为决就死也。不须送任。”此等处，以言用兵，诚可谓当机立断；以言乎军礼，则古人遗意，荡焉尽矣，亦可以观世变矣。

（四四四）司马宣王之忍

孟子曰：“不仁哉，梁惠王也！仁者以其所爱，及其所不爱；不仁者以其所不爱，及其所爱。”《尽心下》。吴起杀妻以求将，义士非之。然古说流传，率多失实，不足信也。拓跋力微，欲图兼并，手刃其妻，并害妻之兄弟。此在夷狄，不足责也。司马宣王固云服膺儒教者，其托风痺以辞魏武之辟也，暴书遇雨，不觉自起收之。家惟一婢，见之。张夫人恐事泄致祸，手杀之以灭口，而亲执爨。密勿同心，可谓至矣。《安平献王传》云：汉末丧乱，与兄弟处危亡之中，箪食瓢饮。盖宣王家素贫，张夫人所谓糟糠之妻也。乃后宠柏夫人，张夫人遂罕得进见。卧疾往省，詈以老物可憎，致几自杀。以诸子不食，乃惊而致谢。退谓人曰："老物不足惜，虑困我好儿耳。"《晋书·宣穆张皇后传》。其天性凉薄，可以见矣。景皇又以其妃魏氏之甥，鸩而杀之。《景怀夏侯皇后传》。仍世凶德如此。明帝问前世所以得天下。王导陈宣帝创业之谋，及文王末高贵乡公事。明帝以面覆床，曰："若如公言，晋祚安得长远？"盖其所为，有鲜卑黄须奴所不忍问者矣。记曰："其所厚者薄，而其所薄者厚，未之有也。"汉高推堕孝惠、鲁元公主车下，视太公居俎上；漠然无所动于其中。唐太宗亲推刃同气，而取其妃；千古奸雄，如出一辙，岂仁之果不胜不仁哉？世习于争夺相杀之已久，非阻兵安忍者，不足以有所诀而取济于一时也。

（四四五）晋武帝不废太子

唐甄曰："善治必达情，达情必近人。人君之于父母，异宫而处，朝见以时，则曰天子之孝，与庶人异；人君之于子孙，异宫而处，朝见以时，则曰天子之慈，与庶人异；人君之于妻，异宫而处，进御有时，则曰天子之匹，与庶人异；骨肉之间，骄亢习成，是以养隆而孝衰，教疏而恩薄。谗人间之，废嗣废后，易于反掌。不和于家，乱之本也。"善哉言乎！天子之家，犹庶人之家也。而其家事，往往牵动国事，至于毒痛四海，则政制不善，将一人一家之事，与国事并为一谈致之也。而其家之所以易乱，则淫侈之积，有以成之。伊川之言曰："天下之害，无不由末之胜也。峻宇雕墙，本于宫室；酒池肉林，本于饮食；淫酷残忍，本于刑罚；穷兵黩武，本于征伐；凡人欲之过者，皆本于奉养，其流之远，则为害矣。"惟权力亦然。越人男女同川而浴；而号称冠带之国，则必深宫固门，阍寺守之。秦人父子同室而居；而山东礼义之邦，则由命士以上，父子异宫。方春翘然独异于人，岂不顾盼自憙，而不知兵刃之随其后也。故曰："高明之家，鬼瞰其室。"晋武帝疑太子不堪政事，悉召东宫官属，使以尚书事令太子决之。太子不能对。贾妃遣左右代对，多引古义。给事中张泓曰：太子不学，陛下所知，今宜以事断，不可引书。妃从之。泓乃具草，令太子书之。武帝览而大悦。太子遂安。夫疑太子之不堪政事，何难召与之言？乃必出之以纸墨，假手于传达，亦可谓迂而不近情者矣。无他，习之已成，不自知也。《易》曰："崇高莫大乎富贵。"积而至于崇高，则危矣。由其与下隔也。《吕览·达郁》之篇，可以深长思矣。

（四四六）史事失实

子贡曰：纣之不善、不如是之甚也，是以君子恶居下流，天下之恶皆归焉。善哉言乎。《晋书·贾充传》言：充妇郭槐，性妒忌，子黎民，年三岁，乳母抱之当閤。黎民见充入，喜笑，充就而拊之，槐望见，谓充私乳母，即鞭杀之。黎民恋念，发病而死。后又生男，过期复为乳母所抱，充以手摩其头，郭疑乳母，又杀之，儿亦思慕而死，充遂无胤嗣。天下有此刻板事乎？三岁及过期小儿，知恋念乳母至于发病而死乎？亦罕矣。所谓欲甚其恶者，史犹采之，亦不免于失实矣。

（四四七）刘庯祖、麦铁杖

传说之辞，往往辗转附会，不得其实。而昔人修史，好奇爱博，过而取之，遂至显然不足信者，亦有所不暇计矣。《宋书·刘庯祖传》云：便弓马，膂力绝人。每犯法，为郡县所录，辄越屋踰墙，莫之能擒。夜入人家，为有司所围，突围去，并莫敢追。因夜还京口，半夕便至。明旦，守门诣府州要识，俄而建康移书录之。府州执事者，并证庯祖其夕在京，遂得无恙。《隋书·麦铁杖传》云：骁勇有膂力，日行五百里，走及奔马。陈大建中，结聚为群盗。广州刺史欧阳頠俘之，以献。没为官户，配执御伞。每罢朝后，行百余里，夜至南徐州，踰城而入，行光火劫盗。旦还及时，仍又执伞。如此者十余度。物主识之，州以状奏。朝士见铁杖每旦恒在，不之信也。后数告变，尚书蔡征曰：此可验耳。于仗下时，购以百金，求人送诏书与南徐州刺史。铁杖出应募，赍敕而往。明旦及奏事，帝曰：信然，为盗明矣。惜其勇捷，诫而释之。合观两事，明明皆非实录。特有此一类传说，随事增饰附会耳。其不足信，显而易见，而李延寿修《南、北史》，亦俱取之。岂真见不及此哉，亦所谓与其过而废之，毋宁过而存之也。

（四四八）马钧

古今巧士，莫过马钧。然裴秀难之，曹羲复与之同，何哉？傅玄之说义曰：马氏所作，因变而得。是则初所言者，不皆是矣。其不皆是，因不用之，是不世之巧，无由出也。曰“因变而得”，曰“初所言者不皆是”：则钧之所就，亦皆屡试而后成；而试之无成者，亦在所不免。度秀、羲等必以是而忽之也。此固为浅见。然自来长于巧者，多短于言。巧者之所成就，多非其所自传，而长于言者传之，其人不长于巧也。不知其事之曲折，不著其屡试屡易之艰苦；而但眩其成就之神奇，遂若凡有巧制，皆冥思而得，一蹴而成矣。此古来备物致用立成器以为天下利者，其事之真，所以多无传于后也。

前人巧制，每多不传于后，浅者每咎后人之不克负荷，此亦不然。凡物之能绵延不绝者，必其能有用于时者也。三国之世，诸葛亮作连弩，而马钧欲五倍之；钧又欲发石车；亮又作木牛流马；时蜀又有李撰，能致思于弓弩机械；而吴亦有张奋能造攻城大攻车，奋，昭弟子，见昭传。盖时攻战方亟，故军械及运粮之具，相继而兴也。天下一统矣，攻战无所复事；而运粮以当时之情形，亦无须乎木牛流马，则其器安得而传哉？不观今世所谓机械者之于穷乡僻壤乎？人力既贱，资本家斥资以购机械，其赢曾不如用人力之为多也，则机械见屏矣。昔时巧制之不传，不与此同理乎？故机械之发明改革，实与群治相关。徒谓机械足以改革社会，亦言之不尽也。

（四四九）王景文

读宋明帝答王景文求解扬州诏，其通达可谓无以复加，论祸福之不应趋避，无可趋避，不必趋避，尤可谓洞见真际，宜乎其必不为无益之举矣。然终不免于杀景文，以景文之亟求退让，以蕲免祸，似乎临命必悲皇不能自主矣，而其从容乃殊出意计之外，则知人之善恶，不系乎其能明理与否，而系乎其能循理与否也。抑以景文之淡定，而犹不免祸，岂祸真无可避邪？古岂无获全于危乱之世者乎？孔子曰：危邦不入，乱邦不居，岂皆临时而求去乎？景文屡陈退让，而卒不获去，岂于避祸之道，犹有图之不夙者邪？故曰：介于石，不终日，贞吉。

（四五〇）柳仲礼

侯景之围台城也，四面援军云集，虽不皆精锐，然其数十倍于景，谓其不能解围，无是理也。所以无功者，全误于柳仲礼之怀挟异志。仲礼之为大都督，乃韦粲所推，粲虽无功，然赴援甚速，死事甚烈，一子三弟，皆及于难，亲戚死者数百人，谓非乃心王室不可也。仲礼为粲外弟，粲当知其为人，而执欲推之甚固，其故殊不可解。案此无难解也。《柳仲礼传》云："侯景潜图反噬，仲礼先知之，屡启求以精兵三万讨景，朝廷不许，及景济江，朝野便望其至，兼蓄雍司精卒，与诸蕃赴援，见推总督。景素闻其名，甚惮之。"《韦粲传》云：粲建议推仲礼为大都督，报下流众军，裴之高自以年位高，耻居其下。乃云：柳节下已是州将，何须我复鞭板，累日不决。粲乃抗言于众曰："今同赴国难，义在除贼，所推柳司州者，政以久扞边疆，先为侯景所惮，且士马精锐，无出其前，若论位次，柳在粲下，语其年齿，亦少于粲，直以社稷之计，不得复论，今日贵在将和，若人心不同，大事去矣。裴公朝之旧齿，岂应复挟私以沮大计，粲请为诸君解释之。"乃舸至之高营，切让之。之高泣曰："吾荷国荣，自应率先士卒，顾恨衰老，不能效命，跂望柳使君，共平凶逆，前谓众议已定，无俟老夫尔。若必有疑，当剖心相示。"于是诸将定议，仲礼方得进军。合观二传，则仲礼当时兵最强，必得大都督而后肯进，粲不得已而推之，而之高之泥之，亦非必自负年位，不肯相下，盖亦前知其为人矣。仲礼，骑将也，以其兵强，不得已而用之，而卒为所误，故骑将必不可用。

（四五一）曹景宗、韦叡

南北朝时，南北构兵，南多败衄。梁武帝天监六年邵阳洲之战，北方以元英之重兵，杨大眼之勇将，而皆溃败，决裂不可收拾，实南方之一奇捷也。是役之功，实在韦叡，而曹景宗不与焉。

是役也，元英违邢峦之议，逆世宗之诏，志在必取寿阳，固曰愎谏以要功，然守者之力已穷，攻者之势方烈，设无邵阳洲之捷，昌义之不为朱修之、蔡道恭之续者亦仅耳。是役也，武帝实先使曹景宗往援，诏其顿道人洲，待众军齐集俱进，而景宗欲专其功，违敕而进，逮遇风沉溺，则又还守先顿，使无韦叡以促之，景宗必逗桡不进，亦如其救司州时矣。《曹景宗传》言叡受景宗节度，而《南史·韦叡传》言景宗未敢进。帝诏叡会焉，赐以龙环御刀，曰："诸将有不用命者、斩之。"则实使叡督促景宗也。叡之受命也，自合肥径阴陵大泽，遇涧谷辄飞桥的济师。人畏魏军盛多，劝叡缓行，叡曰："钟离今凿穴而处，负户而汲，车驰卒奔，犹恐其后，而况缓乎？"旬日而至邵阳，于景宗营前二十里，夜掘长堑，树鹿角，截洲为城，比晓而营立。元英大惊，以杖击地曰："是何神也！"非此捧漏沃焦之势，又何及于事乎？是时，魏人先于邵阳洲两岸，为两桥，树栅数百步，跨淮通道，其难克者在此。《韦叡传》云：叡装大舰，使梁郡太守冯道根、庐江太守裴邃、秦郡太守李文钊等为水军，值淮水暴涨，叡即遣之。斗舰竞发，皆临敌垒，以小船载草，灌之以膏，从而焚其桥，风怒火盛，烟尘晦冥，敢死之士，拔栅斫桥，水又漂疾，倏忽之间，桥栅尽坏。而道根等皆身自搏战，军人奋勇，呼声动天地，无不一以当百，魏人大溃。《曹景宗传》言：高祖诏景宗等，预装高舰，使与魏桥等，为火攻计。令景宗与叡，各攻一桥。叡攻其南，景宗攻其北。六年三月，春水生，淮水暴长六、七尺，叡遣所督将冯道根、李文钊、裴邃、韦寂等，乘舰登岸击魏，洲上军尽殪。景宗因使众军皆鼓噪乱登诸城，呼声震天地。大眼于西岸烧营，英自东岸弃城走，诸垒相次土崩，悉弃其器甲，争投水死，淮水为之不流。合观两传，先登者实叡军，而景宗特继之耳。

（四五二）周弘正

从古学人之无行者，周弘正其最乎？台城陷，弘正谄附王伟，又与周石珍合族，避侯景讳，改姓姬氏，拜为太常。景将篡，使掌礼仪。及王僧辨东讨，元帝谓之曰："王师近次，朝士孰当先来？"僧辨曰："其周弘正乎，弘正智不后机，体能济胜，无妻子之顾，有独决之明，其余碌碌不逮也。"俄而前部传云，弘正至。记曰："其所厚者薄，而其所薄者厚，未之有也。"人情孰不念父母，顾妻子，至激于义理者不然，乃有所不得已也。弘正既已屈节于景矣，所谓不得已者安在？于此而称其无妻子之顾，有独决之明。然则知不后机，体能济胜者，乃惟明于一身之利害，而果以行其趋避之计乎？弘正之来也。僧辨飞骑迎之，即日启元帝，帝手书与弘正，仍遣使迎之，及至，礼数甚优，朝臣无比。帝尝著《金楼子》曰:“余于士大夫,重汝南周弘正。”君若臣之所重者如此，安得不亡国败家，并丧其身乎。王克仕侯景，景败，迎候僧辨，僧辨曰：劳事夷狄之君。何不以此语诘弘正？他日一败而臣于渊明，所遣往迎者，即弘正也，岂不哀哉？抑元帝性多猜忌，于名无所假人，微有胜己者，必加毁害，而于弘正，独优礼之，何也？则以其似直而实谀也。史称弘正俳谐似优，刚肠似直，简文之立为太子，弘景奏记，请其抗目夷之义，执子臧之节，明知其时为不能以是加罪也。元帝不肯归建邺，弘正骤谏，似逆帝意，且忤近臣，然当时谏者甚多，朱买臣，帝之亲昵也，而亦谏，则非帝之所甚恶，亦非近臣之所深忌也。此所谓刚肠似直者也。其归元帝也，授之显官，而以着犊鼻裈、衣朱衣，为有司所弹，其平时之行类俳优可想。君子正其衣冠，尊其瞻视，宁必以此示异于人，内重者外自不得而轻也，观人者必于其威仪，岂无故哉？或曰：娓娓谨威仪者，遂可以有为乎？曰:不必其有为也。而庶几有所不为，有所不为者，必始于介也，介不足以限奇士，而恒人要不可不以此自勉，故以威仪观人者，或失之于奇士，必不失之于恒人。

弘正在武帝时，有罪应流徙，敕以赐干陁利国，未去，寄系尚方，于狱上武帝讲武诗，降敕原罪，仍复本位。当时用法甚宽，至欲屏之四夷，其所犯之重可知，此等人宥之何为哉？

（四五三）张雕不择所事

张雕为齐后主所委信，遂以澄清为己任，意气甚高，贵幸皆侧目。尚书左丞封孝琰与侍中崔季舒，皆为祖珽所厚。孝琰尝谓珽曰：公是衣冠宰相，异于余人。近习闻之，大以为恨。会齐主将如晋阳，季舒与雕议，以为寿阳被围，大军出拒，信使德还，须禀节度；且道路小人，或相惊恐，以为大驾向并州，畏避南寇;若不启谏，恐人情骇动，遂与从驾文官，连名进谏。时贵臣赵彦深、唐邕、段孝玄等，意有异同，季舒与争未决。韩长鸾遽言于帝曰：诸汉官连名总署,声云谏章并州,其实未必不反,宜加诛戮。齐主遂悉召已署名者集含章殿，斩季舒、雕、孝琰及散骑常侍刘迪、黄门侍郎裴泽、郭遵于殿庭。郊忠异族之祸，至于如此。张雕颇有抱负，奈何不择所事邪？张雕《儒林传》亦作张雕武。

盖本名雕虎，避唐讳去下一字，或改虎为武。

（四五四）杀人自杀

《北齐书·废帝纪》云："文宣登凤台，召太子使手刃囚，太子恻然有难色，再三不能断其首，文宣怒，亲以马鞭撞太子三下，由是气悸语吃，精神时复昏扰。"《孝昭记》言孝昭入云龙门，至昭阳殿"庭中及两廊下卫士二千余人，皆被甲，待诏，武卫娥永乐武力绝伦，又被文宣重遇，抚刃思效，废帝性吃讷兼仓卒不知所言"，遂不能用。然则文宣之教子杀人，乃正所以杀其子也。夫欲杀人者，不过以求自存。然人所以自存之道，岂徒在杀人而已哉？人未有孑然独存于世者，而欲有以鸠其群而不涣，则必有道矣。故曰：不嗜杀人者能一之，然则君子之所以存心者又可知矣。古之人未尝不事田猎也，而又曰君子远庖厨，有以也夫！

（四五五）藉手报仇

陈武帝遣文帝攻杜龛，王清援之，欧阳頠同清援龛，中更改异，杀清而归武帝。清子猛，终文帝之世，不听音乐，疏食布衣，以丧礼自处。宣帝立，乃始求位。《南史·王准之传》。人或议之，然无可议也。文帝之后嗣，为宣帝所替，猛盖谓其仇已雪，抑且视宣帝为代己报仇者矣。梁武助齐明以倾郁林亦是道也。然则人不可以妄杀也。妄杀而骨肉之间，或为仇人所藉手矣。孟子曰："杀人之父者，人亦杀其父；杀人之兄者，人亦杀其兄。"然则非自杀之也，一间耳，犹未若此之可畏也。

（四五六）纨袴狎客

《通鉴》：长城公祯明二年，隋师将至。帝从容谓侍臣曰："王气在此，齐兵三来，周师再来，无不摧败，彼何为者邪。"孔范曰："长江天堑，古以为限隔南北，今日虏军，岂能飞渡邪。边将欲作功劳，妄言事急，臣每患官卑，虏若渡江，臣定作太尉公矣。"或妄言北军马死。范曰："此是我马，何为而死。"

帝笑以为然。案时临平湖草久塞，忽然自开，帝恶之，乃自卖于佛寺为奴以厌之，则亦未尝不知事势之亟。而临危之际，又藉王气在此以自宽，突弱之人，往往如是。至孔范，则惟知献媚，罔恤大局，强敌压境，而以谈笑道之，更可谓全无心肝矣。此等情态，吾于今世所谓纨袴子弟及狎客者屡见之。

（四五七）三国之校事

所谓特务，并不是近代才有的，在距今一千七百余年前，就早已有了。《三国魏志·高柔传》说："魏国初建，为尚书郎，转拜丞相理曹掾……迁为颍川太守，复还为法曹掾。时置校事卢洪、赵达等，使察群下。柔谏曰：设官分职，各有所司。今置校事，既非居上信下之旨；又达等数以憎爱，擅作威福，宜检治之。太祖曰：卿知达等，恐不如吾也。要能刺举而辨众事，使贤人君子为之，则不能也。昔叔孙通用群盗，良有以也。达等后奸利发，太祖杀之，以谢于柔。"然校事之制，并未因之而废，所以下文说："校事刘慈等自黄初数年之间，举吏民奸罪以万数，柔皆请惩虚实；其余小小挂法者，不过罚金。"到嘉平中，才因程昱孙晓之言而废，昱传云："时校事放横，晓上疏曰：……昔武皇帝大业草创，众官未备，而军旅勤苦，民心不安，乃有小罪，不可不察，故置校事，取其一切耳，然检御有方，不至纵恣也……其后渐蒙见任，复为疾病，转相因仍，莫正其本。遂令上察官庙，下摄众司，官无局业，职无分限，随意任情，惟心所适。法造于笔端，不依科诏；狱成于门下，不顾覆讯。其选官属，以谨慎为粗疏，以謥为贤能。其治事，以刻暴为公严，以循理为怯弱。外则托天威以为声势；内则聚群奸以为腹心。大臣耻与分势，含忍而不言；小人畏其锋芒，郁结而无告。至使尹模公于目下，肆其奸慝，罪恶之著，行路皆知，纤恶之过，积年不闻……今外有公卿、将校，总统诸署；内有侍中、尚书，综理万机；司隶校尉督察京辇；御史中丞董摄宫殿；皆高选贤才以充其职；申明科诏以督其违。若此诸贤犹不足任，校事小吏，益不可信。若此诸贤各思尽忠，校事区区，亦复无益。若更高选国士以为校事，则是中丞、司隶重增一官耳。若如旧选，尹模之奸，今复发矣。进退推算，无所用之……曹恭公远君子，近小人，《国风》托以为刺；卫献公舍大臣，与小臣谋，定姜谓之有罪；纵令校事有益于国，以礼义言之，尚伤大臣之心，况奸回暴露，而复不罢？是衮阙不补，迷而不返也。于是遂罢校事官。"魏国之建，事在汉献帝建安廿一年，为公元二一六年，嘉平为齐王芳年号，自二四九至二五三年，魏之任校事，约历四十年。又《吴志·孙权传》：赤乌元年，“初，权信任校事吕壹，壹性苛惨，用法深刻。太子登数谏，权不纳，大臣由是莫敢言。后壹奸罪发露，伏诛。权引咎责躬，乃使中书郎袁礼告谢诸大将。”《朱据传》：“嘉禾中，始铸大钱，一当五百。后据部曲应受三万缗，工王遂诈而受之，典校吕壹疑据实取，考问主者，死于杖下，据哀其无辜，厚棺敛之。壹又表据：吏为据隐，故厚其殡。权数责问据，据无以自明，藉草待罪，数月，典军吏刘助觉，言王遂所取，权大感寤曰：朱据见枉，况吏民乎？乃穷治壹罪，赏助百万。”嘉禾为权年号，自二三二至二三七年，其明年二三八，为赤乌元年。

用法之所最忌者，为于正式机关之外，别立机关；且出入任情，不本成法；程晓之言，可谓极其痛切了。魏武帝是很有明察之才的，《魏志·方技传》注引东阿王《辨道论》，说：“世有方士，吾王悉所招致，甘陵有甘始，庐江有左慈，阳城有郤俭……始等知上遇之有恒，奉不过于员吏，赏不加于无功，海岛难得而游，六黻难得而佩，终不敢进虚诞之言，出非常之语。”魏武帝的严明，确乎不甚容易；程晓说他检御有方，当非虚语，然仍不能不为赵达等所欺；像孙权的粗疏，就更不必说了。

程晓说任校事有伤大臣之心，而吕壹之诛，孙权使告谢诸将，则魏、吴之任校事，意实在于检察将吏的贪纵。从来丧乱之际，官方每多不饬，武臣纵恣尤甚，加以检察实为必要。然目的虽正，而手段不适，其诏祸尚如此，若如近代法西斯主义者之所为，专为维持一己的威权地位起见，不恤用残酷之吏，肆暴虐于民，则是武曌之任周兴、来俊臣，明成祖之立东厂，其作风又在魏武帝、吴大帝之下了。或谓法西斯主义者流，所行虽不适当，亦非无为国为民之心，未可一笔抹杀。这话我亦承认。但须知社会国家，关系重大，手段一误，流毒无穷，正未可以有为公之心，而冀人宽恕。昔人说：周公营洛阳为东都，说其地交通便利，有德易以兴，无德易以亡，秉政者正不可无此气度。所以不论我是该推翻的，不该过于防闲别人；即使我确能代表国利民福，反对我者系属捣乱之徒，我们对他，仍不宜过于压制，因为让他爆发一次，则其捣乱为众所共知，即为众所共弃，而大局也可以早入于正轨了。又况谁能代表国利民福，根本不易判定呢？

（四五八）用人以抚绥新附

《三国·魏志·邓艾传》：艾既平蜀，言于司马文王曰："兵有先声而后实者，今因平蜀之势以乘吴，吴人震恐，席卷之时也。然大举之后，将士疲劳，不可便用，且徐缓之；留陇右兵二万人，蜀兵二万人，煮盐兴冶，为军农要用，并作舟船，豫顺流之事，然后发使告以利害，吴必归化，可不征而定也。今宜厚刘禅以致孙休，安士民以来远人，若便送禅于京都，吴以为流徙，则于向化之心不劝。宜权停留，须来年秋冬，比尔吴亦足平。以为可封禅为扶风王，锡其资财，供其左右。郡有董卓坞，为之官舍。爵其子为公侯，食郡内县，以显归命之宠。开广陵、城阳以待吴人，则畏威怀德，望风而从矣。"谓吴可不征而定，自属太过，然其言确系良图，则不可诬也。然厚待刘禅，仅足倾动孙氏之主耳，若为长治久安计，则吴、蜀平后，所以抚绥其士大夫者，尤不可少矣。

《晋书·儒林传》：文立，巴郡临江人，蜀时游太学，师事谯周，仕至尚书。泰始初，拜济阴太守，入为太子中庶子，上表以诸葛亮、蒋琬、费祎等子孙流徙中畿，宜见叙用，一以慰巴蜀之心，其次倾吴人之望，事皆施行。诏称光武平陇蜀，皆收其贤才以叙之。以立为散骑常侍。又曰：蜀故尚书犍为程琼，雅有德业，与立深交。武帝闻其名，以问立，对曰：臣至知其人，但年垂八十，禀性谦退，无复当时之望，不以上闻耳。是武帝之于蜀士，确颇留意。然《本纪》：泰始五年二月己未，诏蜀相诸葛亮孙京，随才署史。则即武侯后裔，亦有用之未尽者也。吴平之后，拔用其人，尤为不尽，刘颂除淮南相，上疏言："封幼稚皇子于吴、蜀，臣之愚虑，谓未尽善。夫吴、越剽轻，庸、蜀险绝，此故变衅之所出，易生风尘之地。且自吴平以来，东南六州将士，更守江表，此肘之至患也。又内兵外守，吴人有不自信之心，宜得壮王以镇抚之，使内外各安其旧。又孙氏为国，文武众职，数拟天朝，一旦堙替，同于编户，不识所蒙更生之恩，而灾困逼身，自谓失地，用怀不靖。今得长王以临其国，随才授任，文武并叙，士卒百役，不出其乡。求富贵者取之于国内，内兵得散，新邦乂安，两获其所，于事为宜。"此其事机，可谓极紧急矣。然《贺循传》言：循以无援于朝，久不进序，陆机上疏荐之。其言曰："台郎所以使州州有人，非徒以均分显路，惠及外州而已。诚以庶士殊风，四方异俗，壅隔之害，远国益甚。

至于荆、扬二州，户各数十万，今扬州无郎，而荆州江南，乃无一人为京城职者，诚非圣朝待四方之本心。”观此，知晋初士夫，竞进成俗，而能为国远虑者，则几于无人矣。《陶侃传》：侃察孝廉，至洛阳，数诣张华，华初以远人，不甚接遇，后与语，乃异之，除郎中。伏波将军孙秀，以亡国支庶，府望不显，中华人士，耻为掾属，以侃寒宦，召为舍人。盖其时之歧视远人如此。王导辅元帝，说其招致顾荣、贺循，为史所艳称。然明帝太宁三年，八月，诏曰：“吴时将相名贤之胄，有能纂修家训，又忠孝仁义，静己守真，不闻于时者，州郡中正，亟以名闻，勿有所遗。”则至易世之后，而其抚用犹有未尽也。《桓温传》：温平李势，“停蜀三旬，举贤旌善，伪尚书仆射王誓、中书监王瑜、镇东将军邓定、散骑常侍常璩，皆蜀之良也，并以为参军，百姓咸悦。”温时如此，而况晋初乎！

《梁书·武帝纪》：天监五年，正月丁卯朔，诏曰：“在昔周汉，取士方国，顷代凋讹，幽仄罕被，人地孤绝，用隔听览，士操沦胥，因兹靡劝。凡诸郡国旧族邦内无在朝位者，选官搜括，使郡有一人。”此即陆机所谓以除壅隔之害者，固不仅为士大夫谋出路也。七年二月庚午，诏于州郡县置州望、郡宗、乡豪各一人，专掌搜荐，盖亦为此。

《魏书·邢峦传》：夏侯道迁内附，诏加峦使持节、都督征梁汉诸军事，诏曰：“峦至彼，须有板官，以怀初附，高下品第，可依征义阳都督之格也。”及巴西平，峦表曰：“巴西、南郑，相离一千四百，去州迢递，恒多生动。昔在南之日，以其统绾势难，故增立巴州，镇静夷獠。梁州藉利，因而表罢。彼土民望，严、蒲、何、杨，非惟五三，族落虽在山居，而多有豪右，文学笺启，往往可观，冠带风流，亦为不少。但以去州既远，不能仕进，至于州纲，无由厕迹。巴境民豪，便是无梁州之分，是以郁快，多生动静。比建义之始，严玄思自号巴州刺史，克城已来，仍使行事。巴西广袤一千，户余四万，若彼立州，镇摄华獠，则大帖民情，从垫江以遗，不复劳征，自为国有。”当时蜀中，势实岌岌，以世宗固不用峦之议，又王足反正，乃得幸免耳。然则不徒天朝，即州郡，亦不可不思引用贤能以抚绥所属矣。抑以巴中之辟陋，冠带风流，犹足称举，尚安得诿曰地实无才哉！

又《韩麒麟传》：麒麟以高祖时为齐州刺史，以新附之人，未阶台宦，士人沉抑，乃表曰：齐土自属伪方，历载久远，旧州府寮，动有数百。自皇威开被，并职从，省守宰，阙任不听土人监督。窃惟新人未阶朝宦，州郡扃任甚少，沉塞者多，愿言冠冕，轻为去就。愚谓守宰有阙，宜推用豪望，增置吏员，广延贤喆，则华族蒙荣，良才获叙，怀德安土，庶或在兹。朝议从之。又《李彪传》：彪上封事七条，其三曰："臣又闻前代明主，皆务怀远人，礼贤引滞。臣谓宜于河表七州人中，擢其门才，引令赴阙，依中州官比，随能序之。一可以广圣朝均新旧之义，二可以怀江、汉移有道之情。"盖当时反侧于两国之间者，率为地方豪右，故以是为招致之具也。《齐书·郁林王纪》：永明十一年八月，辛丑，诏曰：往岁蛮虏协谋，志扰边服，群帅授略，大歼凶丑，革城克捷，及舞阴固守，二处劳人，未有沾爵赏者，可分遣选部，往彼序用。此所序用者，必多当地之人，鼓舞之用，诚不可阙。然《宋书·长沙景王道怜传》言元嘉时，淮西江北长吏，悉叙劳人武夫，多无政术，虽合酬庸之典，未免扰民之患，又不可以不慎也。

风未甚同、道未甚一之世，各地方之间，恒不免此疆彼界之见。《晋书·孔坦传》："迁尚书郎，时台郎初到，普加策试。元帝手策问曰：吴兴徐馥为贼杀郡将，郡今应举孝廉不？"此在今日言之为不可解；而当时有此策者，各地方之相视，如今异国人之相视，为恩为怨，非以其人，而以其族，此等成见，犹未尽除也。远方所以宜加意抚绥，其理亦由于此。

（四五九）近乡情更怯

诗惟有至性至情者，乃能道出人心坎中事。唐人诗云："近乡情更怯，不敢问来人。"此非久经羁旅者不知，抑亦久经羁旅者人人心所欲言，而口不能言者也。毛修之代王镇恶为安西司马，义真败，为赫连勃勃所擒。及赫连昌灭，入魏。后朱修之俘于魏，经年不忍问家乡消息，久之，乃访焉。修之具答，并云："贤子亢矫，甚能自处。"修之悲不得言，直视良久，乃长叹曰："乌乎！"自此一不复及。夫经年始访，即近乡情更怯之意也。然诗人不过羁旅之思，修之则更有家国之痛焉。一叹之后，终身不及，亦可悲矣。长安之戍，实同弃师，功臣良将，骈肩而没。至于虏马饮江，乃登城而思道济，亦何益哉？

（四六〇）乱时取二妻

时直非常，则有非常之事。汉魏之际，丧乱荐臻。而要二妻者，遂屡有所闻焉。太康元年，东平王楙上言，相王昌父毖，本居长沙，有妻息，汉末使入中国，值吴叛，仕魏为黄门郎，与前妻息死生隔绝，更取昌母。今江表一统，昌闻前母久丧，当追成服，求平议。其时议者，谢衡以为虽有二妻，盖有故而然，不为害于道，宜更相为服，盖以为无妨二適者也。张恽谓《尧典》以厘降二女为文，不殊嫡媵，传记以妃夫人称之，明不立正后，则以为可不分適庶者也。其以为不容二適者，则虞溥谓未有遭变而二適，故昌父更娶之辰，是前妻义绝之日。许猛以为地绝。卫恒谓地绝死绝无异。盖谓不容二適，乃出以求全。然昌妻何故当义绝乎？李胤谓遂为黄门侍郎，江南已叛，石厚与焉。大义灭亲，毖可得以为妻乎？夫江南叛，非毖之妻叛也。如毖之说，境有叛首，境内之人，皆在当绝之列乎？于义窒矣。虞溥谓妻专一以事夫，夫怀贰以接已。开伪薄之风，伤贞信之教，于以纯化笃俗，不亦艰乎？其说是也。地绝之说本已难通。刘卞云：地既通，何故追而绝之，于义尤允。虞溥谓据已更娶，有绝前之证，义欲方之恶疾。谓虽无过，亦可见出。然揆诸人情，终不如卞粹谓昌父当莫审之时而娶后妻，则前妻同之于死而义不绝之为允也。卫恒谓绝前为夺旧与新，为礼律所不许，人情所不安，信矣。绝与死同，无嫌二嫡，此所以济事之穷，然以言终绝者则可矣。其如绝而复通，如朱某郑子群陈诜者何？于是嫡庶之别，终不得不辨矣。刘卞云：毖于南为邦族，于北为羁旅，此以名分言之，前妻为元妃，后妇为继室，然娶妻必于邦族，窃所未闻。干宝云：同产者无適侧之别，而先生为兄，诸侯同爵无等级之差，而先封为长，今二妻之入，无贵贱之礼，则宜以先后为秩，今生而同室者寡，死而同庙者众，及其神位，故有上下也。春秋贤赵姬遭礼之变而得礼情，朝廷于此，宜导之以赵姬，齐之以诏命，使先妻恢含容之德，后妻崇卑让之道，室人达少长之序，百姓见变礼之中，若此可以居生，又况于死乎？如宝之论，以处死则得矣。以之居生，先妻不恢含容之德，后妻不崇卑让之道，将若何？时吴国朱某，娶妻陈氏，生子东伯，入晋，晋赐妻某氏，生子绥伯。太康中，某已亡，绥伯将母以归邦族，兄弟交爱敬之道，二母笃先后之序，及其终也，二子交相为服，即行宝之说者也。君子以为贤，然虞溥云伯夷让孤竹，不可以为后王法，此可以为教不可以立法也。安丰太守程谅先已有妻，后又娶，遂立二嫡。前妻亡，后妻子勋疑所服，荀勖议曰：昔乡里郑子群娶陈司全从妹，后隔吕布之乱，不复相知存亡，更娶乡里蔡氏女，徐州平定，陈氏得还，遂二妃并存，蔡氏之子字符衅，为陈氏服嫡母之服，事陈公以从舅之礼，族兄宗伯曾责元衅，谓抑其亲，干宝之议，于斯穷矣。沛国刘仲武先娶毋丘氏，生子正舒、正则，毋丘俭反，败，仲武出其妻，娶王氏生陶，仲武为毋丘氏别舍而不告绝，及毋丘氏卒，正舒求祔葬焉。而陶不许，舒不释服，讼于上下，泣血露骨，缞裳缀络，数十年不得从，以至死亡。陶之所为于人情，则有嗛矣，于法不能责也。咸康二年零陵李繁姊先适南平郡陈诜，产四子而遭贼，于贼请活姑命，贼略将姊去。诜更娶严氏，生三子，繁后得姊消息，往迎还诜，诜籍注领二妻，及李亡，诜疑制服，以事言征西大将军庾亮，府司马王愆期议曰：诜有老母，不可以莫之养，妻无归期，纳妾可也。李虽没贼，尚有生冀，诜寻求之理不尽，而便娶妻，诚诜之短，其妻非犯七出，临危请治姑命，可谓孝归矣。议者欲令在没略之中，必全苦操，有陨无二，是望凡人皆为宋伯姬也。后子不及前母，故无制服之文。然礿祠蒸尝，未有不以前母为母者，亡犹母之，况其存乎？继室本非適也。虽云非適，义在始终，严宁可以，诜不应二妻而已涉二庭乎？若能下之，则赵姬之义，若云不能，官当有制。先適后继，有自来矣。此议惟责严氏不当涉二庭为过，余皆平允也。以上据《晋书·礼志》。

《晋书·贾充传》：初充前妻李氏，淑美有才行，生二女，褒、裕。褒一名荃，裕一名濬。父丰诛，李氏坐流徙，后娶城阳太守郭配女，即广城君也。武帝践阼，李以大赦得还，帝特诏充置左右夫人，充母亦敕充迎李氏。郭槐怒，攘袂数充曰：刊之律令，为佐命之功，我有其分，李那得与我并？充乃答诏，托以谦冲，不敢当两夫人盛礼，实畏槐也。而荃为齐王妃，欲令充遣郭而还其母，时沛国刘含母及帝舅羽林监王虔前妻，皆毋丘俭孙女。此例既多，质之礼官，皆不能决。虽不遣后妻，多异居私通。充自以宰相，为海内准则，乃为李筑室于永年里，而不往来。荃、濬每号泣谓充，充竟不往，会充当镇关右，公卿供帐祖道。荃、濬惧充遂出，乃排幔出，于坐中叩头流血，向充及群僚陈母应还之意，众以荃王妃，皆惊起而散，充甚愧愕，遣黄门将官人扶去。既而郭槐女为皇太子妃，帝乃下诏，断如李比皆不得还，后筌恚愤而薨……及充薨后，李氏二女乃欲令其母祔葬，贾后弗之许也。及后废，李氏乃得合葬。

（四六一）饮食侈靡之祸

公元三一二、三一六年，洛阳、长安相继沦陷。自此政府偏安于南方者二百七十三年。其间北方非无可乘之机，然终不克奏恢复之烈者，士大夫阶级之腐败，其大原因也。士大夫阶级之腐败，事有多端，奢侈其大焉者也。奢侈之事，亦有多端，饮食其大焉者也。贺琛之告梁武帝也，曰："今天下宰守，所以皆尚贪残，罕有廉白者，风俗侈靡，使之然也。淫奢之弊，其事多端，粗举二条，言其尤者。今之燕喜，相竞夸豪。积果如山岳，列肴同绮绣。露台之产，不周一燕之资。而宾主之间，裁取满腹，未及下堂，已同臭腐。又歌姬舞女，本有品制。今虽庶贱，皆盛姬妾。务在贪污，争饰罗绮。故为吏牧民者，竞为剥削。虽致赀巨亿，罢归之日，不支数年。乃更追恨向所取之少，如复傅翼，增其搏噬，一何悖哉？"案前世士夫，多畜声伎，燕客则使之奏技以娱宾，而欲延客赏其伎乐者，亦必盛为饮食以饷之。贺琛所言，二事实一事也。五侯之鲭，著称洛下，何曾之谱，流衍江东，五胡之祸，盖与饮食若流终始？岂不哀者？

扫码分享电子版

（四六二）清谈一

清谈之风，起于魏之正始。世遂以晋人之不事事，归咎于王弼、何晏之徒，其实非也。晏等不徒非不事事之人，且系欲大有为之人，观夏侯玄对司马宣王之问可知。《蒋济传》曰：曹爽专政，丁谧、邓飏等，轻改法度。会有日食之变，诏群臣问其得失。济上疏曰："齐侯问灾，晏婴对以布惠；鲁君问异，臧孙答以缓役。应天塞变，乃实人事。今二贼未灭，将士暴露，已数十年，男女怨旷，百姓贫苦。夫为国法度，惟命世大才，乃能张其纲维，以垂于后，岂中下之吏，所宜改易哉？终无益于治道，适足伤民望，宜使文武之臣，各守其职，率以清平，则和气祥瑞，可感而致也。"《国志》文最简略，爽等之所更张，盖皆无传于后矣。至于山涛、阮籍等，则皆有所为而为之，亦非酣嬉沉醉之徒也。《晋书·戴逵传》：逵著论曰："竹林之为放，有疾而为颦者也；元康之为放，无德而折巾者也。"可谓洞见情实。范宁乃以末流之弊，追议创始之人，谓王弼、何晏，罪深于桀纣，不亦诬乎？

訾议清谈之论，至晋世而后盛，盖其弊实至晋而始著也。三国时訾议清谈者，《魏志·袁焕传》载焕从弟霸之子亮，深疾何晏、邓飏等，著论以讥切之。《传》既不载其论，其说不可得闻。《傅嘏传注》引《傅子》，有讥切何晏、邓飏、夏侯玄之语，则嘏本与晏等不合，为其免官。《管辂传》及《注》引《辂别传》，亦有讥切何晏之语，并谓辂豫知晏、飏之当被祸，则事后附会之辞，弥不足信矣。正始八年何晏治身远小人之奏，卓然儒家礼法之谈。庾亮风格峻整，动由礼节，闺门之内，不肃而成，时人亦拟诸夏侯玄。见《晋书·亮传》。疑正始诸公之纵恣，并不如传者所言之甚也。

（四六三）清谈二

《三国·魏志·荀彧传注》引何劭《荀粲传》，粲尝谓傅嘏、夏侯玄曰："子等在世涂间，功名必胜我，但识劣我耳。"嘏难曰："能盛功名者，识也。天下孰有本不足而末有余者耶？"粲曰："功名者，志局之所奖也。然则志局自一物耳，固非识之所独济也。"此说最通。凡诸清谈之徒，特其识解相近，才志自各不同；故其立身途辙，亦各有异。有真不能任事者，若焦和、见《魏志·臧洪传注》引《九州春秋》。《后汉书·臧洪传》略同。王澄、谢万之徒是也。有托以避祸者，如阮孚、谢鲲、庾敳之徒是也。有热中权势，无异恒人者，如郭象是也。有处非所宜，以致败绩者，如毕轨是也。以上皆见《晋书》本传。《曹爽传注》引《魏略》，谓李胜前后所宰守，未尝不称职；胜出未几，而司马氏之变起。伐蜀骆谷之谋，亦出于胜。《传》谓邓飏等劝爽伐蜀，又谓飏与爽参军杨伟争于爽前，而伟之言曰："飏、胜将败国家事，可斩也。"则二人并为主谋，《魏略》之言不诬也。胜之才，盖足与司马景王、钟会匹敌矣。《晋书·景帝纪》曰："宣帝之将诛曹爽，深谋秘计，独与帝潜画，文帝弗之知也。将发夕，乃告之。既而使人觇之，帝寝如常，而文帝不能安席。晨会兵司马门，镇静内外，置陈甚整。宣帝曰：此子竟可也。"景帝在诸名士中，可谓最为枭杰矣。东晋诸主，才略莫优于明帝，而尝论圣人真假之意，王导等不能屈，盖亦清谈之隽。而名臣如桓彝、温峤、庾亮、郗续等，亦咸以清谈著闻。见《晋书·谢鲲》《羊曼传》。王忱镇荆州，能裁抑桓玄；王廙能诛戮陶侃将佐；其才盖亦相等，史褒忱而贬廙，则成败之论耳。王敦雅尚清谈；简文帝为会稽王，与孙绰商略诸风流人，绰以桓温与刘惔、王濛、谢尚并举；则乱世之奸雄，亦未尝非捉麈尾之人矣。殷仲堪之败，盖所遭直与忱异，非其才之不足以制桓玄也。殷浩能统率三军，北定中原，虽丧败，亦事势为之，其才则雄于谢安矣，而况王导乎？

清谈者不必皆无能之人，反清谈者，亦不必皆有为之士。庾翼轻杜乂、殷浩，谓当束之高阁。其与浩书，深致讥议。然翼之才，岂能优于亮哉？毋丘俭文武兼资，忠义盖世，而荐裴秀于曹爽曰："生而岐嶷，长蹈自然。玄静守真，性入道奥。博问强记，文无不该。"其所称道，全与时人无殊。则知风尚既成，贤者不必能自外；亦不以此而丧其贤。风俗之衰，受其弊者特恒人耳。然庸众者英杰之所资，众人皆莫能自振，贤豪亦无所藉以成其功矣。故风俗之清浊，究为治乱之原，而有唱道率将之责者，不可以不慎也。

学识既无与于才不才，故观其人之风度，亦不能定其贤否；古人戒以貌取人，盖为是也。简文帝少有风仪，善容止，凝尘满席，湛如也。尝与桓温及武陵王晞同载游板桥，温递令鸣鼓吹角，车驰卒奔；晞大恐，求下车，而帝安然无惧色；温由此惮服。初即位，温撰辞欲自陈述，帝对之悲泣，温惧不能言。有司承温旨，奏诛武陵王，帝不许。温固执，至于再三，帝手诏报曰："若晋祚灵长，公便宜奉行前诏；如其大运去矣，请避贤路。"温览之，流汗变色，不敢复言。可谓处变不惊矣。然谢安称为惠帝之流；谢灵运迹其行事，亦以为赧、献之辈。即孝武幼称聪悟，谢安叹其精理不减先帝，亦未见其才略之有余于简文也。王戎之奔郏也，亲接锋刃，谈笑自若；时召亲宾，欢娱永日；亦可谓历险夷而不改其度者，曾何解于覆餗之讥哉？

成都王颖，乐广之婿也，与长沙王乂构难。乂以问广，广神色不变，徐答曰："广岂以五男易一女？"乂犹以为疑，广竟以忧卒。《晋书·乐广传》。则知能矫饰于外者，未必能无动于中也。此较告子之不动心，又逊一筹矣。

孙登赠嵇康曰："子才多识寡，难乎免于今之世。"《魏志·王粲传注》引《魏氏春秋》。何晏以为圣人无喜怒哀乐，钟会等述之，王弼不与同，以为："圣人茂于人者神明也，同于人者五情也。神明茂，故能体冲和以通无；五情同，故不能无哀乐以应物，然则圣人之情，应物而无累于物者也。今以其无累，便谓不复应物，失之多矣。"其《答荀融书》又云："常狭斯人，以为未能以情从理者也，而今乃知自然之不可革。"何劭《弼传》。亦见《魏志注》。孙登所谓识，与荀粲不同。粲所谓识，但指知解，登则兼该夫以情从理，故谓嵇康无识，则无以自免也。人能以情从理与否，亦因禀赋而不同，王弼所谓自然之不可革也。东汉之季，能以情从理者，郭泰、申屠蟠是也；其不能者，李固、张俭是也。荀粲谓父彧不如从兄攸。彧整轨仪以训物，而攸不治外形，慎密自居而已。《魏志·彧传注》引《晋阳秋》。邴原能先诣魏祖；在军历署，终不当事；《魏志》本传《注》引《原别传》。可谓善自韬晦。然其在辽东，犹以清议格物，为公孙度以下所不安，赖管宁密遣之还，《宁传注》引《傅子》。则知如张阁之不知美好者，非易事矣。《魏志·邴原传注》。晋文帝欲为武帝求昏于阮籍，籍醉六十日，不得言而止。钟会数以时事问籍，欲因其可否而致之罪，皆以酣醉获免。山涛与尚书和逌交，又与钟会、裴秀并申款昵。二人居势争权，涛平心处中，各得其所，而俱无恨焉。皆见《晋书》本传。而嵇康以箕踞而锻忤钟会，以非薄汤武忤大将军。亦见《魏志注》引《魏氏春秋》。康之识，岂不如阮籍、山涛哉？情有所不自禁也。何晏等皆好交游，而丁谧独以忤诸王系狱，《曹爽传注》引《魏略》。视此矣。然则以情从理，诚非易事也，岂真王弼所谓自然不可革者邪？要非所语于能以学问变化气质者。知自然之不可革也，而不知学问之可以变化气质也，此当时之名士，所以多无以自免也。

宽容与忌刻，亦秉诸自然者也。王敦之举兵也，刘隗劝元帝尽除诸王，王导率群从诣阙请罪。直周顗将入，导呼谓顗曰："伯仁，以百口累卿。"顗直入不顾，既见帝，言导忠诚，申救甚至。帝纳其言，顗喜饮酒，致醉而出。导又呼顗，顗不与言，顾左右曰："今年杀诸贼奴，取金印如斗大系肘。"既出，又上表明导，言甚切至。导不知救己，而甚衔之。敦既得志，欲诛顗，以问导，导遂无言。致有"我虽不杀伯仁，伯仁由我而死"之叹，《晋书·周顗传》。啜其泣矣！嗟何及矣！是导外宽而内忌，顗外率而内宽也。此禀赋之殊也。然一时名士，忌刻者多。故王弼结憾于黎融，亦见《魏志注》。羊祜无德于戎、衍，王澄以旧意侮王敦而见杀，羲之以旧恶恨王述而誓墓。皆见《晋书》本传。悻悻然小丈夫哉！何其自处之卑，相报之惨也？无他，识解虽超，而情不免于徼利。不忮不求，何用不臧？忮且求，亦何以善其后哉？识足以平揖古贤，而行不免为市井鄙夫之所耻，君子于是齿冷乎当时之所谓名士者矣。

同是清谈之士，有能守礼法者，有不能守礼法者，亦由各率其情而行之，而未能变化之以学问也。王澄、胡毋辅之等任放为达，或至裸体。乐广闻而笑之曰："名教中自有乐地，何必乃尔？"和峤居丧，以礼法自持，而王戎母忧，不拘礼制。非必乐广、和峤操持过于王戎、王澄、胡毋辅之等，亦其性本近谨饬耳。能守礼法与否，亦与其人之才不才无涉。庾亮风格峻整，固为名臣；王忱放诞，慕王澄之为人，然其守荆州，亦威风肃然，殊得物和，且能裁抑桓玄也。

王昶名其兄子曰默曰沈，子曰浑曰深，而书以戒之，欲其遵儒者之教，履道家之言；深以惑当时之誉、昧目前之利为戒；可谓知自克矣。然其言曰："如不知足，则失所欲。"又曰："能屈以为申，让以为得，弱以为强，鲜不遂矣。"《三国·魏志》本传。则其自克，乃正所以徼利 而避祸也。志士不忘在沟壑，勇士不忘丧其元，俭德避难，非苟免之谓也；况又情存于徼利乎？此又嵇康之徒所不忍为也。

（四六四）清谈三

清谈之士，以忮败，尤多以求败，以其冒利而不能自克也。《三国志》言：何晏等专政，共分割洛阳、野王典农部桑田数百顷，及坏汤沐地，以为产业，承势窃取官物，因缘求欲州郡。有司望风，莫敢忤旨。爽饮食车服，拟于乘舆；尚方珍玩，充牣其家；妻妾盈后庭，又私取先帝才人等，以为伎乐。擅取太乐乐器，武库禁兵。作窟室，绮疏四周，数与晏等会其中，饮酒作乐。爽等罪状，出于司马氏之口，自不免于失实，然不能尽诬也。《注》引《魏略》，言邓飏好货，丁谧父斐亦好货，毕轨在并州名为骄豪，何晏养于太祖家，服饰拟于太子。然则正始秉政之人，实多骄奢之士，其人皆人望也；司马氏为其所摈，屏息不敢出气者几十年，其才亦非不足取也；而卒以覆灭者，岂不以骄则人恶之，奢则民怨之，故变起于肘腋之间而不之知、莫之援哉？

《晋书·王衍传》：父卒于北平，送故甚厚，为亲识之所借贷，因以舍之数年之间。家资罄尽，出居田园，似诚有高致矣。然石勒之责衍曰："君名盖四海，身居重任；少壮登朝，至于白首，何得言不豫世事耶？破坏天下，正是君罪。"虽爱衍者，不能为衍辩也。天下破坏，固非一人所能为，然怀禄而不去，何欤？如衍者，岂得云识不能及哉？然则其少日之轻财，正是矫情以干誉耳。矫情者，假之也，而不知其终不可假也。衍睹中国已乱，欲为自全之计，乃以弟澄为荆州，族弟敦为青州，谓曰："荆州有江、汉之固，青州有负海之险，卿二人在外，而吾留此，足以为三窟矣。"而终不免于排墙之祸，哀哉！

当时知名之士，未尝无俭德之人。如山涛爵同千乘，室无嫔媵；阮修四十不能娶；阮放为吏部郎，不免饥寒；嵇康、向秀，锻以自食，秀又与吕安灌园于山阳是也。然此或为避祸计，或则性本简傲，不与俗谐，乃甘食蔬衣敝耳，非有得于道也。干宝之言曰："悠悠风尘，皆奔竞之士；列官千百，无让贤之举。"《愍帝纪论》引。庾峻之言曰："普天之下，先竞而后让；举世之士，有进而无退。"熊远之言曰："今逆贼猾夏，暴虐滋甚。二帝幽殡，梓宫未返。昔齐侯既败，七年不饮酒食肉。况此耻尤大，臣子之责，宜在枕戈，为王前驱。若此志未果者，当上下克俭，恤人养士，彻乐减膳，惟修戎事。陛下忧劳于上，而群官未同戚容于下；每有会同，务在调戏酒食而已。"均见《晋书》本传。晏安鸩毒，入其中者鲜能自振，此北方之所以终不可复欤！

《记》曰："君子有诸己而后求诸人，无诸己而后非诸人；所藏乎身不恕，而能喻诸人者，未之有也。"何其言之亲切而有味也？吾尝默察并世中庸之士，亦未尝无为善之心，特其自私之念过深，必先措其身于至安，肥其家使无乏，然后正身以图晚盖。其意若曰："天下大矣，吾一人自私何害？"殊不知人心之感应，捷于影响，自私而望人之不私，自利而责人无欲利，不可得也。此古之欲为善者，所以贵以身先之。而如今人之所为，是后之也，其不得于人，无足怪矣。王述家贫，求试宛陵令，颇受赠遗，而修家具，为州司所检。王导使谓之曰："名父之子，不患无禄。屈临小县，甚不宜尔。"述答曰："足自当止。"时人未之达也。比后屡居州郡，清洁绝伦，禄赐皆散之亲故，宅宇旧物，不革于昔，始为当时所叹。《晋书》本传。此去贪求无已者一间耳；抑世之贪求无已者，岂不自以为未足，而曰足自当止欤？

清谈之士，固多名利之徒，然亦有受诬不白者。殷浩之废也，史称桓温将以为尚书令，遗书告之。浩欣然许焉。将答书，虑有缪误，开闭者数十，竟达空函，大忤温意，由是遂绝。《晋书》本传。此厚诬君子之言也。浩纵不肖，何至并矫情镇物而不能？而以温之忌刻，亦岂待达空函而后绝浩邪？谢安、王坦之犹足厄温，而况于浩？温又岂肯用之以自树难乎？

（四六五）清谈四

裴頠《崇有》之论曰："夫总混群本，宗极之道也。方以族异，庶类之品也。

形象著分，有生之体也。化感错综，理迹之原也。夫品而为族，则所禀者偏；偏无自足，故凭乎外资。是以生而可寻，所谓理也。理之所体，所谓有也。有之所须，所谓资也。资有攸合，所谓宜也。择乎厥宜，所谓情也。识智既授，虽出处异业，默语殊涂，所以宝生存宜，其情一也。贤人君子，知欲不可绝，而交物有会。观乎往复，稽中定务。故大建厥极，绥理群生，训物垂范，于是乎在。贱有则必外形，外形则必遗制，遗制则必忽防，忽防则必忘礼。礼制弗存，则无以为政矣。"《晋书》本传。其说甚辩，然未足以服贵无者之心也。頠之意，乃谓人不能不自爱其生；欲全其生，不能无资乎物；众皆有求，争夺斯起，故不可无礼以为率由之准。而不知贵无者之欲去礼，正以其不足以为率由之准也。奚以知其然也？魏太祖令，谓州人说祢衡受传孔融之论，以为：父母与人无亲，譬若缻器，寄盛其中；又言若遭饥馑，而父不肖，宁赡活余人。《三国·魏志·崔琰传注》引《魏氏春秋》。此等议论，非恒人思虑所及，可知其必出于融，非诬辞也。是融能破世俗所谓父子之义也。《典略》云："融昔在北海，见王室不宁，招合徒众，欲图不轨，此乃诬辞。融非功名之徒，安得有篡夺之念。言我大圣之后也，而灭于宋。有天下者，何必卯金刀？"《魏志·王粲传注》引。是融能破世俗所谓君臣之义也。君臣父子之伦，乃昔专制之世所最不敢訾议者，而融能毅然反之，足征其识解之超矣。魏文帝既受禅，顾谓群臣曰："舜、禹之事，吾知之矣。"《魏志·文帝纪注》引《魏氏春秋》。阮籍为晋文帝从事中郎。有司言有子杀母者，籍曰："嘻，杀父乃可，至杀母乎？"《晋书》本传。《传》又曰："坐者怪其失言。帝曰：杀父，天下之极恶，而以为可乎？籍曰：禽兽知母而不知父，杀父，禽兽之类也；杀母，禽兽之不若。"此权辞以释众议耳，非其本旨也。则知冲决网罗，为凡谈玄者之所共，而非孔融之所独矣。籍、咸、嵇康、刘伶、谢鲲、胡毋辅之父子，毕卓、王尼、羊曼之伦，所以必蔑弃礼法者，毋亦其视之与方内之士大异，觉其蹴然不安，而不可以一日居邪？

王坦之《废庄论》云："夫自足者寡，故理悬于羲、农；徇教者众，故义申于三代。先王知人情之难肆，惧违行以致讼，故陶铸群生，谋之未兆，每摄其契而为节焉。天下之善人少，不善人多，故庄生之利天下也少，害天下也多。"《晋书》本传。其意略与裴頠同。然亦未思拘守世俗之礼者，未可云能摄其契也。

李充《学箴》云："老子云绝仁弃义，家复孝慈，岂仁义之道绝，然后孝慈乃生哉？盖患乎情仁义者寡，利仁义者众也。道德丧而仁义彰，仁义彰而名利作，礼教之弊，直在兹也。先王以道德之不行，故以仁义化之；行仁义之不笃，故以礼律检之。检之弥繁，而伪亦愈广。老、庄是乃明无为之益，塞争欲之门；化之以绝圣弃知，镇之以无名之朴。圣教救其末，老、庄明其本，本末之途殊，而为教一也。人之迷也，其日久矣。见形者众，及道者鲜。不觌千仞之门，而逐适物之迹，逐迹愈笃，离本愈远，遂使华端与薄俗俱兴，妙绪与淳风并绝。后进惑其如此，将越礼弃学，而希无为之风，见义教之杀，而不观其隆矣。"又曰："世有险夷，运有通圮。损益适时，升降惟理。道不可以一日废，亦不可以一朝拟。礼不可为千载制，亦不可以当年止。非仁无以长物，非义无以齐耻。仁义固不可违，去其害仁义者而已。"《晋书》本传。其论最为持平也。

然当时放诞之士，初非见不及此，乃皆藉以为利耳。戴逵之论曰："儒家尚誉者，本以兴贤也。既失其本，则有色取之行，怀情丧真，以容貌相欺，其弊必至于末伪。道家去名者，欲以笃实也。苟失其本，又有越检之行；情理俱亏，则仰咏兼忘，其弊必至于本薄。夫伪薄者，非二本之失，而为弊者，必托二本以自通。夫道有常经，而弊无常情，是以六经有失，二政有弊。苟乖其本，固圣贤所无奈何也。"《晋书》本传。可谓言之深切著明矣。江惇谓"放达不羁，以肆纵为贵者，非但动违礼法，而亦道之所弃"，《晋书》本传。其意亦与逵同。夫情有所不安，不能自克，以就当世之绳墨，虽或以是贾祸，其志固可哀矜；至于以是徼名利焉，以是图便安焉，而其心不可问矣。此又刘伶、阮籍之徒之所弃也。

（四六六）清谈五

清谈所以求明理也，其后或至于尚气而求胜。如谢朗，病起体羸，于叔父安前，与沙门支遁讲论，遂至相苦。其母王氏再遣信令还。安欲留使竟论。王氏因出云："新妇少遭艰难，一生所寄，惟在此儿。"遂流涕携朗去。谢道韫为王凝之妻。凝之弟献之，尝与宾客谈议，理将屈。道韫遣婢白献之曰："欲为小郎解围。"乃施青绫步障自蔽，申献之前议。皆是也。然此特末流之失，原其朔，则诚有志在明理，从善服义，不计胜负者。《乐广传》云："尤善谈论，每以约言析理，以厌人心。"《阮瞻传》云："遇理而辩，辞不足而旨有余。见司徒王戎，戎问曰：圣人贵名教，老庄明自然，其旨同异？瞻曰：将毋同。戎咨叹良久，即命辟之，时人谓之三语掾。”《王承传》云：“言理辩物，但明其指要，而不饰文辞。有识者服其约而能通。”是当时谈者，皆以要言不烦为贵，不贵喋喋利口也。《广传》又云：“其所不知，默如也。”《裴頠传》：“乐广尝与頠清言，欲以理服之，而頠辞论丰博，广笑而不言。”《王述传》云：“性沉静，每坐客驰辩，异端竞起，而述处之恬如也。”则并不贵有言矣。《王衍传》曰：“义理有所不安，随即改更，世号口中雌黄。”以上均各见《晋书》本传。《三国·魏志·荀彧传注》引何劭《荀粲传》，谓“太和初，到京邑与傅嘏谈。嘏善名理而粲尚玄远，宗致虽同，仓卒时或有格而不相得意。裴徽通彼我之怀，为二家骑驿，顷之，粲与嘏善。”《晋书·张凭传》：诣刘惔，“惔处之下坐，神意不接。凭欲自发而无端，会王濛就惔清言，有所不通，凭于末坐判之，言旨深远，足畅彼我之怀。一坐皆惊，惔延之上坐，清言弥日”。此尤绝无彼我之见，而能获讲习之益者矣。

（四六七）晋人之矫诞

自后汉以名取士，而当世遂多矫伪之人，色取行违，居之不疑，至易代而犹未革。《晋书》所载，居丧过礼、庐墓积年、负土成坟、让产让财、抚养亲族、收恤故旧之士甚多，岂皆笃行，盖以要名也。而其尤矫诞者，要莫如邓攸。《攸传》云：“石勒过泗水。攸乃斫坏车，以牛马负妻子而逃。又遇贼掠其牛马，步走。担其儿及其弟子绥，度不能两全，乃谓其妻曰：吾弟早亡，惟有一息，理不可绝，止应自弃我儿耳。幸而得存，我后当有子。妻泣而从之，乃弃之。其子朝弃而暮及，明日，攸系之于树而去。攸弃子之后，妻不复孕，过江纳妾，甚宠之。讯其家属，说是北人遭乱，忆父母姓名，乃攸之甥。攸素有德行，闻之感恨，遂不复蓄妾，卒以无嗣。时人义而哀之，为之语曰：天道无知，使邓伯道无儿。”史臣论之曰：“力所不能，自可割情忍痛，何至豫加徽纆，绝其奔走者乎？斯岂慈父仁人之所用心也？卒以绝嗣，宜哉！”其言善矣，然犹未尽也。夫云“朝弃暮及”，则儿已自能奔走，何待负担？此而系之，是自杀其子也。不徒不足称义，抑当服上刑矣。礼：买妾不知其姓则卜之。攸纵不知此，而当买纳之初，岂不讯其家属？必待宠幸既久，然后及之邪？史之所云，无一语近于情理，而众口相传，誉为义士，固知庸众之易欺；而当时愤世之士，必欲违众而蔑礼，至于贾祸而不悔，固亦有激之使然者也。

《隐逸·郭翻传》云："尝坠刀于水。路人有为取者，因与之。路人不取，固辞。翻曰：尔乡不取，我岂能得？路人曰：我若取此，将为天地鬼神所责矣。翻知其终不受，复沉刀于水。路人怅焉，乃复沉没取之。翻于是不逆其意，乃以十倍刀价与之。其廉不受惠，皆此类也。"孔子曰："鲁道衰，洙泗之间，龂龂如也。"若翻之所为，岂特龂龂而已。孟子曰："可以取，可以无取，取伤廉；可以与，可以无与，与伤惠。"若翻者，已既伤惠，而又伤人之廉，虽市井薄俗有不忍为，而谓隐者为之乎？然当日知名之士，亦间有天性笃厚之人。《刘驎之传》云："去驎之家百余里，有一孤姥，病将死，叹息谓人曰：谁当埋我？惟有刘长史耳。何由令知？驎之先闻其有患，故往候之。直其命终，乃身为营棺，殡送之。"若驎之者，不敢谓其无徼名之心，然就其事论之，则诚凡民有丧、匍匐救之之仁人矣。世岂遂无仁人？以徼名而勉为仁者，盖亦不乏，则名亦未始不足以奖进人也。然终以矫伪之士为多。是以君子尚玄德，不贵偏畸之行也。

（四六八）晋人不重天道

汉世灾异，策免三公，上言者亦多援引天道。至魏晋以后，则异是矣。《晋书·挚虞传》：虞对策东堂。策曰："顷日食正阳，水旱为灾，将何所修，以变大眚？"虞对日："古之圣明，原始以要终，体本以正末。故忧法度之不当，而不忧人物之失所；忧人物之失所，而不忧灾害之流行。诚以法得于此，则物理于彼；人和于下，则灾消于上。其有日月之眚，水旱之灾，则反听内视，求其所由，远观诸物，近验诸身……推之于物则无忤，求之于身则无尤。万物理顺，内外咸宜，祝史正辞，言不负诚，而日月错行，夭疠不戒，此则阴阳之事，非吉凶所在也。期运度数，自然之分，固非人事所能供御，其亦振廪散滞，贬食省用而已矣。是故诚遇期运，则虽陶唐殷汤，有所不变；苟非期运，则宋卫之君，诸侯之相，犹能有感。"《郤诜传》载诜对策，实同时事。其言曰："水旱之灾，自然理也。故古者三十年耕必有十年之储，尧汤遭之而人不困，有备故也。自顷风雨，虽颇不时，考之万国，或境土相接，而丰约不同；或顷亩相连，而成败异流。固非天之必害于人，人实不能均其劳苦。失之于人，而求之于天，则有司惰职而不劝，百姓殆业而咎时，非所以定人志，致丰年也。宜勤人事而已。"其论虽亦古人所有，然古者勤修人事，实畏天心，二者或未易轩轾，此专以劝人事为言，固与两汉拂士异其趣矣。

（四六九）州郡秩俸供给

送故迎新之费，特郡县之吏取之于民之一端耳，自此而外，禄秩供给，盖无一不取之当地者。人不能自携资财以作官，以当地之财供当地之用，宜也。然立法不严，则因之以贪取者亦多矣。

《齐书·豫章王嶷传》："宋氏以来，州郡秩俸及杂供给，多随土所出，无有定准。嶷上表曰：伏寻郡县长尉俸禄之制，虽有定科，而其余资给，复由风俗，东北异源，西南各绪，习以为常，因而弗变。缓之则莫非通规，澄之则靡不入罪。臣谓宜使所在各条公用公田秩石迎送旧典之外，守宰相承，有何供调，尚书精加洗窍，务令优衷。事在可通，随宜开许，损公侵民，一皆止却。明立定格，班下四方，永为恒制。从之。"此即后世陋规归公之说也。《南史·范云传》："迁零陵内史。零陵旧政，公田俸米之外，别杂调四千石。及云至郡，止其半，百姓悦之。"又《王延之传》："在江州，禄俸外一无所纳。"此已为贤者。《梁书·良吏传》：孙谦，以宋明帝时为巴东、建平二郡太守，"俸秩出吏民者，悉原除之"。禄俸岂可不取，得无贤知之过乎？岂其取之之法，固未尽善邪？《齐书·王秀之传》："出为晋平太守。至郡期年，谓人曰：此邦丰壤，禄俸常充，吾山资已足，岂可久留，以妨贤路。上表请代。时人谓王晋平恐富求归。"丰壤禄俸常充，则瘠土有不给者矣。所谓东北异源，西南各绪也。

《梁书·裴邃传》："迁北梁、秦二州刺史，开创屯田，省息边运，民吏获安，乃相率饷绢千余匹。邃从容曰：汝等不应尔，吾又不可逆，纳其绢二匹而已。"又孙谦："齐初为钱塘令，去官。百姓以谦在职不受饷遗，追载缣帛以送之，谦却不受。"此等饷遗，并非常例。非常例，则既非秩俸所应得，亦非公用之所资，其却之宜也。然肆行贪取者亦多。《南史·宗元饶传》："迁御史中丞。时合州刺史陈褒赃污狼藉，遣使就渚敛鱼，又令人于六郡乞米，百姓甚苦之，元饶劾奏免之。"又《梁宗室传》：始兴王憺，"拜益州刺史。旧守宰丞尉，岁时乞丐，躬历村里，百姓苦之，习以为常。憺至，停断严切，百姓以苏"。此等乞取，尚复成何事体。又《谢朏传》："朏为吴兴，以鸡卵赋人，收鸡数千。"畜马乘不察于鸡豚，况于赋民而使之畜。食人二鸡卵，而卫以是弃干城之将，况于赋民以卵而责其鸡乎！

《陈书·孔奂传》："除晋陵太守。曲阿富人殷绮，见奂居处素俭，乃饷衣一袭，毡被一具。奂曰：太守身居美禄，何为不能办此；但民有未周，不容独享温饱耳。劳卿厚意，幸勿为烦。"此盖富人每喜献媚官吏，藉相往来，自以为荣也。然有因此遂见诛求者。《南史·孝义传》：赵拔扈新城人。兄震动，富于财，太守樊文茂求之不已，震动怒曰："无厌，将及我！"文茂闻其语，聚其族诛之。拔扈走免，亡命聚党，杀文茂。非夙与官府交关，虽有诛求，岂容过甚。非谓慢藏诲盗者邪？

裴邃、孙谦、孔奂等却吏民之馈，廉矣。然《陈书·文学传》：褚玠除山阴令，"在任岁余，守禄俸而已；去官之日，遂乃不堪自致，因留县境，种蔬菜以自给"。则徒恃禄俸，诚有不能自活者。《南史·裴昭明传》：元徽中，出为长沙郡丞，罢任，刺史王蕴之谓曰：卿清贫，必无还资。湘中人士，有须一礼之命者，我不爱也。此后世之陋规，所以虽云非法而卒不可绝也。朱修之刺荆州，百城贶赠，一无所受，惟以蛮人宜存抚纳，有饷皆受，得辄与佐吏赌之，未尝入己。《南史》本传。赌虽非法，可谓曰廉。然去镇之日，秋豪不犯可也，计在州以来，然油及私牛马食官谷草，以私钱六十万偿之，则贤知之过矣。伏暅为东阳太守，郡多麻苎，家人乃至无以为绳，《梁书·良吏传》。其失惟钧。萧琛频莅大郡，不治产业，有阙则取，不以为嫌。《梁书》本传。此则古人随身衣食，悉仰于官，不别治生之义也。《南史·何远传》："迁武昌太守，馈遗秋豪无所受。武昌俗皆汲江水，盛夏，远患水温，每以钱买人井寒水，不取钱者，则摙水还之。"此亦贤知之过。昏莫叩人之门户，求水火，无弗与者，至足矣，受者与之不受者亦可以无还也。

伏暅之守东阳也，民赋税不登者，辄以太守钱米助之。何思澄父敬叔，为齐长城令，在县清廉，不受礼遗。夏节至，忽牓门受饷。数日中，得米二千余斛，他物称是。悉以代贫人输租。《南史·文学传》。此以其乘舆济人于溱洧之类也，固不如为法以遗后嗣矣。而如敬叔之所为，尤足使巧者借口也。

有贪取于民，流俗顾不责其贪，犹以他事称道之者。《梁书·张率传》："率嗜酒，事事宽恕，于家务尤忘怀。在新安，遣家僮载米三千石还吴宅；既至，遂耗大半。率问其故，答曰：雀鼠耗也，率笑而言曰：壮哉雀鼠！竟不研问。"三千石米，不为不多，新安、吴中之路，不为近矣，果皆出于禄俸，不烦民力乎？家僮侵蚀，置诸不问，以是为高，则何如陶潜之公田半以种秫也？

朱修之，史美其百城贶赠，一无所受。是为州郡者，不徒贪取于民，又取之于下僚也。《南史·傅昭传》："迁临海太守。县令尝饷栗，置绢于簿下，昭笑而还之。"是其事矣。大官贪取于僚属，则僚属不得不益诛求于吏民。斯时之以食货闻者，刺史如益州刘悛、梁州阴智伯，并臧货巨万。《梁书·江淹传》。县令如山阴虞肩，亦臧污数百万。《梁书·陆杲传》。事实相因也。萧洽仕梁为南徐州从事，近畿重镇，职吏千人，前后在者，皆致巨富，洽清身率职，馈遗一无所受，妻子不免饥寒，诚可谓难矣。

不独上官食取于下也，即朝廷亦责郡县以献遗。《齐书·明帝纪》，建武元年十一月诏曰："邑宰禄薄俸微，不足代耕，虽任土恒贡，亦为劳费，自今悉断。"可见其名为土贡，实则出之令长矣。《南史·垣闳传》："孝武帝即位，以为交州刺史。时交土全实，闳罢州遗，资财巨万。孝武末年贪欲，刺史二千石罢任还都，必限使献奉，又以蒱戏取之，要令罄尽乃止。闳还至南州，而孝武晏驾，拥南资为富人。明帝初，以为司州刺史。出为益州刺史，蜀还之货，亦数千金，先送献物，倾西资之半，明帝犹嫌其少。及闳至都，诣廷尉自簿，先诏狱官留闳，于是悉送资财，然后被遣。凡蛮夷不受鞭罚，输财赎罪，谓之赕，时人谓闳为被赕刺史。"又《张兴世传》：宋元徽中，"兴世在家，拥雍州还资，见钱三千万，苍梧王自领人劫之，一夜垂尽，兴世忧惧病卒。"又《孔靖传》：子琇之，"为临海太守。在任清约，罢郡还，献干姜二十斤。齐武帝嫌其少；及知琇之清，乃叹息"。又《崔慧景传》："慧景每罢州，辄倾资献奉，动数百万，武帝以此嘉之。"皆可见其诛求无艺，更甚于唐世之进奉也。《萧惠开传》："惠开妹当适桂阳王休范，女又当适孝武子，发遣之资，应须二千万，乃以为豫章内史，听其肆意聚纳，由是在都著贪暴之名。"此何异纵虎兕以噬人欤？

北魏之初，百官无禄，故其恣取于下，尤为有辞。《魏书·崔宽传》：附《崔玄伯传》。"拜陕城镇将。三崤地险，民多寇劫。宽性滑稽，诱接豪右、宿盗魁帅，与相交结，倾衿待遇，不逆微细，是以能得民庶忻心，莫不感其意气。时官无禄力，惟取给于民。宽善抚纳，招致礼遗，大有受取，而与之者无恨。"此取之于豪猾，似无伤于细民。然因此，能无宽纵豪滑邪？《景穆十二王传》：任城王云，"出为冀州刺史，留心政事，甚得下情。合州请户输绢五尺，粟五升，以报云恩。"此名为乐输，实亦未尝不出献媚也。《北齐书·阳州公永乐传》："罢豫州，家产不立。神武问其故，对曰：裴监为长史，辛公正为别驾，受王委寄，斗酒只鸡不入。神武乃以永乐为济州，仍以监、公正为长史、别驾。谓永乐曰：尔勿大贪，小小义取莫复畏。”神武颇有意于整饬吏治，而其言犹如是，可见其恬不为怪矣。《周书·裴侠传》：“除河北郡守。旧制有渔猎夫三十人，以供郡守。侠曰：以口腹役人，吾所不为也。乃悉罢之。又有丁三十人，供郡守役使，侠亦不以入私，并收庸直，为官市马。岁月既积，马遂成群。去职之日，一无所取。民歌之曰：肥鲜不食，丁庸不取。裴公贞惠，为世规矩。”此自奉养之出于民者也。《北齐书·裴让之传》：弟谳之，“为许昌太守。客旅过郡，出私财供给，民间无所与”。则凡吏之宗族交游，亦无不烦民供应矣。《周书·申徽传》：“出为襄州刺史。时南方初附，旧俗官人皆通饷遗，徽性廉慎，乃画杨震像于寝室以自戒。”北人之贪取如是，而乃诿其罪于南方旧俗，何其立言之巧也。

（四七〇）苻洪因谶改姓之诬

东汉以后，谶纬之说甚行，外夷之窃据中原者，亦相率傅会，殊可笑也。《晋书·苻洪载记》云：“始其家池中蒲生，长五丈，五节如竹形，时咸谓之蒲家，因以为氏焉。洪以谶文有草付应王，又其孙坚背有草付字，遂改姓苻氏。”案《三国·蜀志·后主传》：建兴十四年，“徙武都氐王苻健及氐民四百余户于广都。”《张嶷传》：“十四年，武都氐王苻健请降，遣将军张尉往迎，过期不到，大将军蒋琬深以为念。嶷平之曰：苻健求附款至，必无他变。素闻健弟狡黠，又夷狄不能同功，将有乖离，是以稽留耳。数日，问至，健弟果将四百户就魏，独健来从。”《晋书·宣帝纪》：青龙三年，“武都氐王苻双强端帅其属六千余人来降。”青龙三年，在建兴十四年之前一年，是时武都已有苻氏。洪死于晋穆永和六年，年六十六，则当生于武帝太康六年，上距青龙三年，尚五十年也。草付应王之谶，既系妄言；蒲生五丈之说，必为矫诬，从可知矣。

（四七一）五胡次序无汝羌名

《晋书·苻坚载记》：姚苌求传国玺于坚，曰：“苌次膺符历，可以为惠。”坚瞋目叱之曰：“小羌乃敢干逼天子，岂以传国玺授汝羌也？图纬符命，何所依据？五胡次序，无汝羌名，违天不祥，其能久乎？”或据谓五胡以羌为最贱，误。

此羌字指姚苌言之，非指凡羌人。当时最重图纬，故苌以是求而坚斥其诬。《苻登载记》：冯翊郭质起兵广乡以应登，宣檄三辅曰："姚苌穷凶肆害，毒被人神，于图谶历数，万无一分，而敢妄窃重名，厚颜瞬息，日月固所不照，二仪实亦不育。"意与坚之言同。不然，图谶岂有不为一人造而为一种族造者邪？

（四七二）慕容、拓跋

晋世五胡，率好依附中国，非徒慕容、拓跋称黄帝之后，宇文托于炎帝，苻秦自称出于有扈，羌姚谓出于有虞也；即其部落旧名，亦喜附会音义，别生新解。如慕容廆曾祖莫护跋，魏初率其诸部，入居辽西，从宣帝征伐有功，拜率义王，始建国于棘城之北，此盖慕容氏有土之始，后人遂以其名为氏。慕容二字，固明明莫护转音也，乃《晋书·慕容廆载记》曰："时燕、代多冠步摇冠，莫护跋见而好之，乃敛发袭冠，诸部因呼之为步摇，其后音讹，遂为慕容焉。"岂诸部皆解华语乎？步摇二字，固不难知，然诸部于汉人之冠，未必不能自造一名以名之，亦未必皆用汉名也。况禹入裸国，裸入衣出；莫护跋岂必敛发袭冠，以其名诸部乎？《秃发氏载记》云："其先与后魏同出。"秃发，拓跋，盖同音异译，魏人又自附会为后土，其谬同此。《秃发氏载记》云："寿阗之在孕，母胡掖氏因寝而产于被中，鲜卑谓被为秃发，因而氏焉。"此亦附会。秃发二字，盖覆被之义。

（四七三）校郎

《晋书·沮渠蒙逊载记》：蒙逊闻刘裕灭姚泓，怒甚。门下校郎刘祥言事于蒙逊，蒙逊曰："汝闻刘裕入关，敢研研然也！"遂杀之。胡三省《通鉴注》曰："自曹操、孙权置校事司察群臣，谓之校郎，后遂因之。蒙逊置诸曹校郎，如门下校郎、中兵校郎是也。"义熙十三年。然则蒙逊之司察其臣，可谓特甚。

（四七四）后魏出自西伯利亚

五胡诸族，多好自托于古帝之裔，其说殊不足信。然其自述先世事迹，仍有不尽诬者。要当分别观之，不得一笔抹杀也。《魏书》谓“后魏之先，出自黄帝。黄帝子曰昌意。昌意少子，受封北国。其后世为君长，统幽都之北，广漠之野。黄帝以土德王，北俗谓土为拓，谓后为跋，故以为氏”。又谓“其裔始均，仕尧时，逐女魃于弱水北，人赖其勋，舜命为田祖”。此全不可信者也。然谓“国有大鲜卑山，因以为号”，则其说不诬。已见《鲜卑》条。又云：“积六七十代，至成帝毛，统国三十六，大姓九十九，威振北方。五传至宣帝推寅，南迁大泽，方千余里。厥土昏冥沮洳。谋更迁徙，未行而崩。又七传至献帝邻，有神人，言：此土荒遐，宜徙建都邑。献帝年老，以位授其子圣武帝诘汾，命南移。山谷高深，九难八阻，于是欲止。有神兽似马，其声类牛，导引历年乃出。始居匈奴故地。其迁徙策略，多出宣、献二帝，故时人并号为推寅，盖钻研之义也。”此为拓跋氏信史，盖成帝强盛，故传述之事，始于其时也。《魏书》云：“时事远近，人相传授，如史官之有记录焉。”

今西伯利亚之地，自北纬六十五度以北，地理学家称为冻土带。自此南至五十五度，称森林带。又南，称旷野带。最南，称山岳带。其山，即西伯利亚与蒙古之界山也。冻土带极寒，人不能堪之处甚多。森林带多蚊虻。旷野带虽沃饶，然卑湿，多疫疠，亦非乐土。拓跋氏盖始处冻土带，以苦寒南徙，复陷旷野带中，最后乃越山岳带而至今外蒙古也。大泽方千余里，必旷野带中薮泽。或谓今拜喀勒湖，非也。拜喀勒湖乃古北海，为丁令所居，汉时服属匈奴，匈奴囚苏武即于此，可见往来非难，安有山谷高深，九难八阻之事？

（四七五）拓跋氏先世考上

晋世五胡，多好自托于神明之胄，其不足信，自无待言。而魏人自述先世，荒渺尤甚，又尝以史事诛崔浩，故其说弥不为人所信。然其中亦略有事实，披沙拣金，往往见宝，所贵善为推求，不当一笔抹杀也。《魏书·序纪》云：“昌意少子，受封北土，国有大鲜卑山，因以为号。”此因汉世乌丸、鲜卑，史皆云以山为号，因有是言，不足信者也。又云：“积六十七世，至成帝毛统国三十六，大姓九十九。”九十九者，合己为百姓也。统国三十六者，四面各九国。自受封至成帝六十七世，又五世至宣帝，又七世至献帝，又二世至神元，其数凡八十一。八十一者，九九之积也。自成帝至神元十五传，为三与五之积，盖取三才五行之义，比拟三皇五帝也。世数及所统国姓，无一非九之积数，有如是巧合者乎？况自神元以前，除成帝、宣帝、献帝、圣武帝外，绝无事迹可见。世有事迹传述如是其疏，顾于受封以来之世数，及成帝以降十余世之名讳，独能识之弗忘者乎？其为伪造，夫复奚疑！然安帝统国有九十九姓之说，亦见于《官氏志》。九十九之数，虽不足信，其曾统有诸姓，则必不尽诬，特不当造作成帝其人，而系之于其时耳。至云：宣帝“南迁大泽，方千余里，厥土昏冥沮洳，谋更南迁，未行而崩”。献帝时，“有神人言于国曰：此土荒遐，未足以建都邑，宜复徙居。帝时年老，乃以位授子”。“圣武帝诘汾，献帝命南移，山谷高深，九难八阻，于是欲止。有神兽，其形似马，其声类牛，先行道引，历年乃出。始居匈奴故地。亦见《魏书·灵征志》。其迁徙策略，多出宣、献二帝，故人并号曰推寅，盖俗云钻研之义。”此中圣武帝其人，及献帝之名，又为伪造；而其迁徙之事，及先后有两推寅，则不尽诬。“诘汾无妇家，力微无舅家”，造作者盖亦微示人以圣武以上，悉无其人。至推寅则所谓以德为号者。以德为号而无其名，又傅以神兽道引荒诞之说，正与野蛮部落十口传说之性质相符，故知其非子虚也。

《礼志》云：“魏先之居幽都也，凿石为祖宗之庙于乌洛侯国西北。自后南迁，其地隔远。真君中，乌洛侯国遣使朝献，云石庙如故，民常祈请，有神验焉。其岁，遣中书侍郎李敞诣石室告祭天地，以皇祖先妣配。”《乌洛侯传》云：“真君四年来朝。据本纪，事在是年三月壬戌。称其国西北，有国家先帝旧墟。石室南北九十步，东西四十步，高七十尺。室有神灵，民多祈请。世祖遣中书侍郎李敞告祭焉，刊祝文于室之壁而还。”此云旧墟，盖是。《礼志》云凿石为庙则诬矣。魏之先，能兴如是大工乎？然云其地为魏之故土，则自不诬，此固无庸造作也。乌洛侯在地豆干之北，去代都四千五百里。其国西北有完水，东北流合于难水。其地小水，皆注于难，东入于海。又西北二十日行，有于已尼大水，所谓北海也。难水今嫩江；完水今额尔古讷河；北海即贝加尔湖；于已尼盖入湖之巨川也。魏人编发，故称索虏；而乌洛侯绳发；地豆干在失韦西千余里，失韦丈夫索发；可见自失韦以西北，其俗皆同。谓魏人曾居黑龙江、贝加尔湖之间，必不诬也。然其初所居，尚当在此之北。今西伯利亚：自北纬六十五度以北，地理学家称为冻土带；自此南至五十五度曰森林带；又南曰旷野带；极南曰山岳带，则蒙古与西伯利亚之界山也。冻土带极寒，人不能堪之处极多。

魏人盖自此南徙。森林带多蚊虻，亦非乐土，不可居；且鲜卑习骑射，亦不似林木中人也。魏人当时，似自冻土带入旷野带。其地沃饶，然卑湿多疫疠，所谓昏冥沮洳者也。终至山岳带定居焉。后又踰山南出，则所谓匈奴故地者，其地当在漠北。自此至漠南，尚当多历年岁。其事，魏人都不能记矣。自后推寅至神元，历时必久，世数亦必非一。

魏人此等矫诬之说，果始自何时乎？《卫操传》谓桓帝崩后，操为立碑于大邗城南，以颂功德。云魏为轩辕之苗裔。皇兴初，雍州别驾雁门段荣于大邗掘得此碑。此说而信，则拓跋氏之自托于轩辕，尚在惠、怀之世；桓帝死于惠帝永兴二年，卫操卒于怀帝永嘉四年。然不足信也。《灵征志》云："真君五年二月，张掖郡上言：往曹氏之世，丘池县大柳谷山石表龙马之形，石马脊文曰大讨曹，而晋氏代魏。今石文记国家祖宗讳，著受命之符。乃遣使图写其文。大石有五，皆青质白章，间成文字。其二石记张、吕之前已然之效。其三石记国家祖宗以至于今。其文记昭成皇帝讳，继世四六天法平，天下大安，凡十四字；次记太祖道武皇帝讳，应王载记千岁，凡七字；次记太宗明元皇帝讳，长子二百二十年，凡八字；次记太平天王，继世主治，凡八字；次记皇太子讳，昌封太山，凡五字。初上封太平王，天文图录又受太平真君之号，与石文相应。太宗名讳之后，有一人象，携一小儿。见者皆曰：上爱皇孙，提携卧起，不离左右，此即上象灵契，真天授也。"此事诬罔，无待于言。又《皇后传》云："高宗初，穿天渊池，获一石铭，称桓帝葬母封氏，远近赴会二十余万人。有司以闻。命藏之太庙。"部落会葬，事所可有，何当举部偕来，至于二十余万乎？其为诬罔，殆与丘池获石等矣。观此二事，则知造作石刻以欺人，实为魏人惯技。桓帝时虽稍知招徕晋人，恐尚未知以文辞自炫。且卫操、卫雄、姬澹、莫含等，皆乃心华夏，其于拓跋氏，特欲借其力以犄匈奴耳，何事道谀贡媚，为作诬辞乎？《操传》又云："卫雄、姬澹、莫含等名皆见碑。"一似惟恐人之不信，故列多人以为征验者，其情亦大可见矣。然则此等矫诬之说，果始何时乎？案道武定国号诏曰："昔朕远祖，总御幽都，控制遐国，虽践王位，未定九州，"此为魏人自言其先世可考之始。僭位之后，即追尊成帝已下及后号谥。诏有司议定行次。崔玄伯等奏从土德。盖一切矫诬之说，皆起于此时。所以自托于轩辕者，以从土德；所以从土德，则以不欲替赵、秦、燕而承晋故也。太和十四年高闾之议如此，见《礼志》。崔玄伯立说虽异，用意当同，盖不敢替异族以触拓跋氏之怒也。世祖册沮渠蒙逊曰："昔我皇祖，胄自黄轩。"见《蒙逊传》。辞出崔浩。据本纪，事在神䴥四年。高祖时，秘书令高祐、丞李彪等奏曰："自始均以后，至于成帝，其间世数久远，是以史弗能传。"《魏书·高祐传》。皆与《魏书·序纪》合。知道武之世，造作久定，后人特祖述其说而已。

隋文诏魏澹别成《魏史》，义例多与魏收不同。其二曰："魏氏平文以前，部落之君长耳。太祖远追二十八帝，并极崇高，违尧、舜宪章，越周公典礼。但道武出自结绳，未师典诰。当须南董直笔，裁而正之。反更饰非，岂是观过？但力微天女所诞，灵异绝世，尊为始祖，得礼之宜。"《隋书·魏澹传》。然则拓跋氏先世可考者止于神元，固人人所共知也。道武天兴二年，祠上帝，以神元配，瘗地于北郊，以神元宝后配；见《礼志》。太武使祭告天地石室，仅云以皇祖先妣配，而不援昌意、始均、成帝之伦；傥亦不欲厚诬其祖乎？然两推寅固当确有其人也。

拓跋氏事有年可考者，当始文帝入质之岁，实曹魏景元二年。《魏书》以是年为神元四十二年者，上推神元元年为庚子，取与曹魏建国同时也。亦不足信。

或曰：神元能遣子入侍，其部落当不甚微，何至父祖名号，亦无省记？独不观《南史·侯景传》乎？景僭位后，王伟请立七庙，并请七世讳。景曰："前世吾不复忆，惟阿耶名摽。"景党有知景祖名乙羽周者；自外悉伟别制其名位。神元之初，声名文物，岂能逾于侯景之时？况神元依妻家以起，乃赘婿之伦；其部落之大，盖自并没鹿回始；前此盖微不足道矣。推寅神兽而外，一无省记，又何足怪乎？

《晋书》谓秃发氏之先，与后魏同出，其说最确。《魏书·源贺传》：世祖谓贺曰："卿与朕同源，因事分姓，今可为源氏。"《唐书·宰相世系表》：源氏出自后魏圣武帝诘汾长子匹孤。七世孙秃发傉檀据南凉。子贺降后魏。太武见之曰："与卿同源，可改为源氏。"魏人固自言之矣。乌孤五世祖树机能，略与神元同时。其八世祖匹孤，始自塞北迁于河西。以三十年为一世计之，匹孤早于神元约百年，其时在后汉中叶，正北匈奴败亡、鲜卑徙居其地之时也。西伯利亚南边部落，盖亦以此时踰山南出。

《宋书·索虏传》云："其先汉将李陵后也。陵降匈奴，有数百千种，各立名号，索虏亦其一也。"《齐书·魏虏传》云："匈奴种也。"又云："匈奴女名托跋，妻李陵。胡俗以母名为姓，故虏为李陵之后。虏甚讳之，有言其是陵后者辄见杀。"

胡俗以母名为姓，说无征验。若援前赵改姓刘氏为征，则其时入中国已久，非复胡人故俗矣；况亦母姓而非其名也？匈奴与鲜卑相混，事确有之。《魏书·官氏志》中有须卜氏、林氏其证；而宇文氏出于匈奴，事尤明显，《隋书·李穆传》自云："陇西成纪人，汉骑都尉陵之后也。陵没匈奴，子孙代居北狄。其后随魏南迁，复归汧、陇。祖斌，以都督镇高平，因家焉。"此则出于依托矣。然不得云拓跋氏为匈奴种也。魏太武与宋文帝书曰："彼年已五十，未尝出户。虽自力而来，如三岁婴儿，复何知我鲜卑常马背中领上生活？"合诸世祖命源贺之言，拓跋氏固明以鲜卑自居也。

（四七六）拓跋氏先世考下

《魏书》谓桓帝葬母，远近赴者二十万人，说不足信，既已辞而辟之矣，然《序纪》中类此之言尚多，请一一辩之。《序纪》云：神元之时，控弦上马二十余万。案神元吞并没鹿回，部落诚稍大，然谓有二十余万，则必诬也。《晋书·卫瓘传》曰：除征北大将军、都督幽州诸军事、幽州刺史、护乌丸校尉。至镇，表立平州。后兼督之。于时幽、并东有乌桓，西有力微，并为边害。瓘离间二虏，遂致嫌隙。于是乌桓降而力微以忧死。考《武帝纪》，平州之立，事在泰始十年。其明年为咸宁元年，六月，力微即遣使来献。三年正月，又使瓘讨力微。是年，即《魏书》文帝被害而神元死之年也。《魏书》云：文帝为神元信谗所杀，盖饰辞，实则部落离叛，子见杀而父以忧死耳。此岂似拥众二十万者乎？神元之后，传章帝、文帝、平帝三世，凡十六年，拓跋氏盖其微已甚。思帝死，昭帝、桓帝、穆帝三分其众，势颇稍张。然云控弦骑士四十余万，则又诬也。是年，为晋惠帝元康五年。《魏书》云：穆帝始出并州，迁杂胡，北徙云中、五原、朔方。又西渡河，击匈奴、乌丸诸部。越二年，桓帝度漠北巡，因西略诸国，积五岁始还。史云诸降附者二十余国，盖其经略颇勤，故其势稍振。然穆帝七年，即晋愍帝建兴六年，与刘琨会于平阳，会石勒禽王浚，国有匈奴杂胡万余家，多勒种类，闻勒破幽州，谋为乱，欲以应勒，发觉，伏诛，讨聪之计，于是中止。此即元康五年之所迁也，不过万余家，而主部之势，既不足以制之矣，而《序纪》谓昭帝十年，晋惠帝永兴元年。桓帝以十余万骑会司马腾，昭帝同时大举以助之；穆帝三年，晋怀帝永嘉四年。平文以二万骑助刘琨攻铁弗；是年得陉北之地，徙十万家以充之；五年，永嘉六年。又躬统二十万众以击刘粲；不尤诬乎？

穆帝之死也，《序纪》云：卫雄、姬澹率晋人及乌丸三百余家随刘遵南奔并州。此事亦见《雄》《澹传》。云时新旧猜嫌，迭相诛戮。雄、澹并为群情所附，谋欲南归，言于众曰：闻诸旧人忌新人悍战，欲尽杀之，吾等不早为计，恐无种矣。晋人及乌丸惊惧，皆曰：死生随二将军。于是雄、澹与刘琨任子遵率乌丸、晋人数万众而叛。案《晋书·琨传》云：遵与澹帅卢众三万人，马牛羊十万，悉来归琨；下文云：琨悉发其众，命澹领步骑二万为前驱；则《雄》《澹传》之言，为得其实。《序纪》所云，盖讳饰之辞也。《官氏志》云：昭成建国后，诸方杂人来附者，总谓之乌丸。分为南北部，帝弟觚监北部，子寔君监南部，分民而治，若古之二伯焉。太祖登国元年，因而不改，南北犹置大人，对治二部。诸方来附，总谓乌丸，盖其众实以乌丸为多，他部莫足与比也。魏初西部齮龁最甚，东部即慕容、宇文，亦见《官氏志》。较拓跋氏为强，不得为之臣属。然则拓跋氏之所有者，南北部耳。而乌丸之盛如此，库贤沮众，而神元云亡；普洛唱叛，而道武出走；其无足怪。然则拓跋氏之本部亦微矣。遵、澹南归，几于鱼烂，平文绥抚，未知遗落几何，而《序纪》云西兼乌孙故地，东吞勿吉以西，控弦上马，将有百万，不尤言之不怍乎？

《燕凤传》云：苻坚问凤：代王何如人？凤对曰：宽和仁爱，经略高远，一时之雄主，常有并吞天下之志。坚曰：卿辈北人，无刚甲利器，敌弱则进，强即退走，安能并兼？凤曰：北人壮悍，上马持三仗，驱驰若飞。主上雄隽，率服北土，控弦百万，号令若一。军无辎重樵爨之苦，轻行速捷，因敌取资，此南方所以疲敝，而北方所以常胜也。坚曰：彼国人马，实为多少？凤曰：控弦之士数十万，马百万匹。坚曰：卿言人众可尔，说马太多，是虚辞耳。凤曰：云中川自东山至西河二百里，北山至南山百有余里，每岁孟秋，马常大集，略为满川。以此推之，使人之言，犹当未尽。此言经后人增饰，非其实。坚当日，盖问凤以北方诸部人马多少，非专问拓跋氏。不然，昭成时敢自夸于秦，谓有并吞之志邪？然《魏书》侈言部众之多，则可由是知其来历。盖皆并计当时北方部族之数，指为己有耳。说虽夸大，仍略有事实为凭，善求之，未必不可藉考当日朔陲形势也。

昭成之世，势亦小张。其所由然，则以其服高车之众也。《序纪》：昭成二十六年，讨高车，大破之，获万口，马牛羊百余万头。明年，讨没歌部，破之，获牛马羊数百万头。三十年，征卫辰，卫辰与宗族西走，收其部落而还，俘获生口及马牛羊数十万头。三十三年，征高车，大破之，史不言其有所俘获。然北狄专以俘掠为务，未必此役独不然也。非史失纪，则其所俘较少，未之及。三十九年，符洛来侵，昭成避于阴山之北，高车杂种，四面寇钞，不得刍牧，乃复度漠南。《献明皇后传》云：苻洛之内侮也，后与太祖及故臣吏避难北徙。俄而高车奄来钞掠，后乘车与太祖避贼而南。中路失辖。后惧，仰天而告曰：国家胤胄，岂止尔绝灭也？惟神灵扶助。遂驰。轮正不倾，行百余里，至七介山南，而得免难。可见是时情势之危。高车之数，盖远逾于其旧部矣。

道武之骤盛，其事亦与昭成同。道武之初立也，辅之者惟贺兰，旋即叛去。其众仅南北部，犹怀反侧。刘显来侵，北部大人复率乌丸而叛，其不为昭成之续者几希。当时所以获免，盖惟赖慕容贺驎之援。然刘显既败，不数年遂至盛强，则实由其胁服之众也。道武之破窟咄，事在登国元年十月。明年五月，复征师于慕容垂，垂又使贺驎来。六月，遂破刘显于马邑南，尽收其部落。其明年五月，北征库莫奚，六月，破之，获其四部杂畜十余万。十二月，西征解如部，破之，获男女杂畜十数万。四年正月，袭高车诸部落；二月，讨叱突邻部；皆破之。五年三月，西征，袭高车袁纥部，破之，虏获生口，马牛羊二十余万。四月，与贺驎讨贺兰、纥突邻、纥奚诸部落，破之。九月，破叱奴部于囊曲河。十月，破高车豆陈部于狼山，十一月，纥奚部大人库寒，十二月，纥突邻大人屈地鞬皆举部内属。六年三月，遣讨黜弗部，破之。十二月，灭卫辰。簿其珍宝畜产，名马三十余万匹，牛羊四百余万头。山胡酋大幡颓、业易于等率三千余家内附。八年三月，西征侯吕邻部，四月，破之。六月，遣救慕容永，破类拔部帅刘曜等。类拔，疑当作颎拔。《太宗纪》：永兴五年正月，颎拔大渠帅四十余人诣阙奉贡。徙其部落。八月，征薛干部帅太悉佛，徙其民而还。至十年，遂与慕容氏构兵矣。以上均见《太祖纪》。盖虏获既多，诸部又间有内附者，得其人足以为强，得其畜足以为富，故其势骤张也。然则慕容氏之助拓跋，不几于藉寇兵赍盗粮乎？道武以皇始元年八月出兵攻燕，至天兴元年正月克邺，事乃粗定。是年六月，迁都平城。十二月僭号。明年正月，即复分兵袭高车矣。自此至天赐元年，仍岁出兵北略；二年乃无闻，则以散发故也。明元立，其勤北略复如故。讫太武世不变。非徒建都平城，形势不得不尔，亦其所以致盛强者，本由于此也。

游牧部落，易合易离。有雄主兴，数十百万之众，可以立集；及其亡也，则其土崩瓦解亦忽焉。檀石槐之已事，其明征也。虽契丹之亡，其道亦不外是。拓跋氏所以屡仆复起者，实缘先得陉北，根基稍固之故。然则刘琨之有造于拓跋氏大矣。

（四七七）拓跋氏之虐

拓跋氏之专以裹胁为强，不独其于北族然也，即于中国亦然。道武之定河北，即徙山东六州民吏及徙何、高丽杂夷三十六万，百工伎巧十万余口，以实云中。旋又徙六州二十二郡守宰、豪杰、吏民二千家于代都。皆天兴元年事。自此至太武，破中原之国，无不徙其民。而内地酋豪以及郡县长吏，亦颇有苦于乱，自归以托庇者，而其势不可遏矣。然道武遇中原之人实虐，所加意抚绥者，则北方部族之众耳。天赐元年，距河北之定已六年矣，而是年三月，限县户不满百罢之，当时郡县之凋残可想。太武太延元年，诏长安及平凉民徙在京师，其孤老不能自存者，听还乡里。以魏人之视民如草芥，而犹有此诏，徙民之流离失所，可知也。而天赐元年，大选朝臣，令各辨宗党，保举才行，诸部子孙失业赐爵者二千余人。其于汉人及部族厚薄，为何如乎？然亦于其旧部则尔，于新降之众，遇之未尝不虐。天兴二年，获高车之众，即令起鹿苑于南台阴，北距长城，东苞白登，属之西山，广轮数十里，凿渠引武川水注之苑中，疏为三沟，分流宫城内外，又穿鸿雁池。此与甫定河北，即发卒治直道，自望都铁关凿恒岭至代，天兴元年事。后又屡勤其力，以起宫室苑囿者何异？宜乎高车之众，时有叛服也。

抑于旧有部族加意抚绥，亦道武僭位以后则然，若上溯诸昭成以前，则其虐用其民，亦与新降之众无异。《序纪》云：穆帝“忿聪、勒之乱，志欲平之。先是，国俗宽简，民未知禁；至是明刑峻法，诸部民多以违命得罪，凡后期者，皆举部戮之；或有室家相携而赴死所，人问何之？答曰：当往就诛”。此事亦见《刑罚志》，云“死者以万计”。蛮人性质固多残酷，然拓跋氏等起于塞外者似尤甚。苻坚之厚抚羌与鲜卑，固非本心；然究犹能伪为之也。至慕容暐谋杀坚事露，乃并鲜卑在城者尽诛之，少长无遗，本心露矣。然究犹退败而然也。至于柔然败投西魏，已无能为，乃徒以突厥之求，执其君民三千余人尽付之，使之并命，此则不徒中国所不为，稍沾中国之化者，亦必不能为矣。屈丐之败奔薛干也，道武使求之，部帅太悉佛出屈丐以示使者曰：今穷而见投，宁与俱亡，何忍遣之。所谓后期，盖后师期，乃欲强发其众南犯也。时穆帝长子六修领南部，召之不至，怒讨之，失利遂死。盖南部亦不从其命也。此为六修弑父，抑穆帝战败自死，尚未可知。盖普根攻灭六修，则不得不以六修弑父为口实耳。普根先守外境，闻难来赴，攻六修，灭之。普根立月余而薨，子始生，桓帝后立之，其冬又薨。其为良死与否，尚未可知。而平文立，又欲迫其众南下。平文二年，闻晋愍帝为刘曜所害，顾谓大臣曰："今中原无主，天其资我乎？"刘曜遣使请和，不纳。明年，石勒请为兄弟，斩其使以绝之。其决意如此。五年，晋元帝使韩畅加崇爵服，亦绝之。史谓其治兵讲武，有平南夏之意，桓帝后以帝得众心，恐不利于己子，害帝，遂崩，大臣死者数十人。夫苟得众心，一妇人何能为？盖亦以违众取败也。桓帝中子贺傉立，是为惠帝，未亲政事，太后临朝，即遣使与石勒通和，其情事可见。昭成帝十三年，冉闵杀石鉴自立。十四年，昭成曰："石胡衰灭，冉闵肆祸，中州纷梗，莫有匡救。吾将亲率六军，廓定四海。"乃敕诸部各率所统，以俟大期。诸大人谏，乃止。昭成所为，犹之穆帝，特较能从谏，故未及祸。然则当道武南伐以前，拓跋氏之觊觎中原旧矣，而其众皆不同。固知芸芸之民，特欲安居乐业，父子相保，未有无故觊杀掠者，虽游牧之族犹然。而骄暴之主，每以私意驱之。此墨子所由焦唇敝舌以游说于王公大人者邪？道武之军九门也，中山拒守，饥疫并臻，群下咸思还北。道武乃谓之曰："斯固天命，将若之何！四海之人，皆可与为国，在吾所以抚之耳，何恤乎无民！"真视民如草芥矣。陈留王虔之子悦说太宗，谓京师杂人，不可保信，宜诛其非类者；又雁门人多诈，并可诛之。史称悦怀奸计，故为是言，其实乃拓跋氏之积习也。

夫天下不可以力服也。芮芮之于拓跋，亦切近矣，而终魏之世不服。魏人屡勤大兵以讨之，而烽火犹时通于平城。虽乘阿那瓌时内乱，一臣伏之，未造复畏之如虎。则魏人因酷虐所丧者多矣。抑魏之兵力，非真足畏也。宋文而后，南风不竞，自不足与之敌耳。宋武北伐，道武之众非减于曩时，而竟坐视后秦之亡而不能救；赫连氏之取长安，而不能议其后，则后燕之奔溃，亦其自亡，而非魏之能亡之也。北方众虽犷悍，而无训练节制，乏坚甲利兵，故苻坚谓其不足畏。观其累败于羯石、氐苻，卫雄、姬澹之众，桓帝所倚以征伐者，而不足当石勒之一击，而以道武方兴之锐，慕容垂垂死之年，犹能唾手而入平城，则知坚之言为不诬。假使中国安宁，将卒用命，命一大将，严兵守塞上，而以贾生五饵之策，招其携贰之民，当穆帝、平文之世，民有不归之如水，诸部落有不自相翦灭，虽道武能不为神元之续乎？而诸将猜疑，长安即失，谋臣武将，或以叛乱受戮，或以猜忌见诛，坐使胡马饮江，燕巢林木，天之方愦，无然泄泄，莫肯念乱，不亦悲乎！

（四七八）崔浩论

往读史，尝怪五胡人据中原，中原士大夫皆伈伈俔俔而为之下，曾未有处心积虑，密图光复者；今乃知崔浩则其人也。浩仕魏历三世，虽身在北朝，而心存华夏，魏欲南侵时，恒诡辞饰说，以谋匡救；而又能处心积虑，密为光复之图；其智深勇沉，忍辱负重，盖千古一人而已。徒以所事不成，遂致所志不白，尚论者徒以北朝名臣目之，岂不哀哉！

浩之败，《魏书》云以史事，此说实不待深思，即知其非实。何者？魏史之作，始于邓渊，而浩继之。浩初与史事，在神䴥二年，同作者有浩弟览、高谠、邓颖、晁继、范亨、黄辅等，秉笔者非浩一人也。平凉州后，以浩监秘书事，而高允、张伟，共参著作，则浩不过“总裁而已”。《高允传》允之言如是，此非虚语也。魏于史事，忌讳最甚，而其诛戮最酷，孰敢显揭其恶？浩书果触其忌，闵湛、郗標，安敢以刊石为请？恭宗素谨慎，亦安得而善其请？浩也内文明而外柔顺，为人写《急就章》以百数，必称“冯代强”，以示不敢犯国，其谨也如此，而岂轻于一掷者哉？史称浩述国事，备而不典，而石铭显在衢路，往来行者，咸以为言，此《魏书》之辞。《北史》云：北人咸悉忿毒，相与构浩于帝，其辞较《魏书》为重。可见浩事情形，传者并不深悉，后人以其见戮之酷，臆测其触怒北人必深，加重其辞，延寿遂据之以窜易《魏书》耳。一似浩举北人不可告人之隐，尽行宣泄者。然事发之后，浩仅伏受赇，是有虚美之辞，而无瘅恶之实也。浩之见诛，同作史者一无所问，仅高允于浩被收时召入诘责，终亦见释。后允久典史事，所续者仍浩故事也，其犯触者安在？或曰：浩之死，僮吏已上死者百二十八人焉，安得云无所犯触？此亦不善读史之过。《北史·允传》载游雅之言，谓浩被诏责时，声嘶股战，不能一言；而允敷陈事理，申释是非，辞义清辩，音韵高亮。夫允之为人，岂强于浩？而是时能如是者，浩之所坐，本非史事，允实明知故也。世祖敕允为诏，自浩已下僮吏已上百二十八人，皆夷五族，允持疑不为，频诏催切，允乞更一见，及见，则曰："浩之所坐，若更有余衅，非臣敢知。直以犯触，罪不至死。"观此言，浩案之真情，跃然可见矣，允徒以史事见诘，又何惧焉？

《宋书·柳元景传》：元景河东解人。曾祖卓，自本郡迁于襄阳。从祖弟光世，先留乡里，魏以为河北太守。光世姊夫为司徒崔浩，魏之相也。元嘉二十七年，拓跋焘南寇汝、颍，浩密有异图，光世要河北义士为浩应。浩谋泄，被诛。河东大姓坐连谋夷灭者甚众。光世南奔得免。《魏书·浩传》言：浩之诛，清河崔氏无远近，范阳卢氏，太原郭氏，河东柳氏，皆浩之姻亲，尽夷其族。《卢玄传》言：玄，浩之外兄。玄子度世，以浩事，弃官逃于高阳郑羆家。羆匿之。使者囚羆长子，将加捶楚。羆戒之曰："君子杀身以成仁，汝虽死勿言。"子奉父命，遂被考掠，至乃火爇其体，因以物故，卒无所言。度世后令弟娶羆妹，以报其恩。度世四子：渊、敏、昶、尚。初玄有五子，嫡惟度世，余皆别生。崔浩之难，其庶兄弟常欲害之，度世常深忿恨。及度世有子，每戒约令绝妾孽，以防后患。至渊兄弟，婢贱生子，虽形貌相类，皆不举接，为识者所非。郑羆之于度世，交义未知如何，然亦何至杀其子以全亡命之人？疑浩之义图，度世与羆皆与焉。元丕谋逆，子隆、超皆与，而其后妻之子，绝不与闻。《魏书·神元平文诸帝子孙传》。杨侃与庄帝图尔朱荣，尔朱荣入洛，侃时休沐，得潜窜归华阴。后尔朱天光遣招之，立盟许恕其罪。侃从兄昱，令侃出应，假其食言，不过一人身殁，冀全百口。侃往赴之，遂为天光所害。《魏书·杨侃传》。当时士大夫之见地，固如是也。北朝严嫡妾之别，因之嫡庶兄弟，忮刻亦深，读《颜氏家训·后娶》篇可知。度世之诫妾孽，盖实由其隐痛之深，非之者未识其苦心耳。《宋书》之为实录无疑矣，而信之者绝少，司马公作《通鉴》，亦不之取，见《考异》。岂不异哉？

浩称北魏名臣，然细观所言，便见其无一不为中国计者。神瑞二年秋，谷不登，王亮、苏垣劝明元迁邺，浩力阻之，盖不欲北族荐居中国，抑亦虑其因饥而至，诒害于民也。宋武之伐姚秦，魏外朝公卿，咸欲发兵断河上流，勿令西过。又议之内朝，咸同外计。明年，晋齐郡太守王懿降魏，上书劝绝宋武后路，明元因欲遣精骑南袭彭城、寿春。以宋武当日兵锋之锐，姚秦衰弱之甚，魏即发兵，亦未必能为晋害，然究多一敌。浩又力阻之，其以存中国，更显而易见。明元使太武监国，意自别有所在，说详另条，浩之力赞之，则似以其母为汉人之故。是时太武年尚少，逮其成长，其气质乃纯乎为一鲜卑人，则非浩所能逆料也。时适闻宋武之丧，明元因欲取洛阳、虎牢、滑台，浩又力阻之。歆之以南金象齿羽毛之珍不求而至之利，怵之以裕新死，党与未离，兵行其境，必相率拒战，功不可必之害，其为中国计，又情见乎辞矣。明元不听，遂遣奚斤南伐。议于监国之前，曰：先攻城也？先略地也？公孙表欲先攻城，而浩请先略地。曰：分军略地，至淮为限。列置守宰，收敛租谷。滑台、虎牢，反在军后，绝望南救，必沿河东走。若或不然，即是囿中之物。读史者观北兵马饮长江之役，六州荒残，河南遂不可守，以此为猾夏之上策，谓浩为魏计甚深，殊不知魏是时之兵，绝非太武自将时比。宋虽将多怯懦，兵力亦尚充足。魏处代北，声援悬隔，偏师南下，安能列置守宰，至于淮上？是时之争河南，必也力攻数大镇，以破南朝设守之局。《公孙表传》言：明元欲先略地，盖尝动于浩之议，然其后自将而南，亦力攻虎牢，盖用兵形势实如是。浩之言似为北朝计，实为中国计也。太武欲用兵于僭伪诸国及北狄，浩无不力赞之，盖引其力以他向，使不专于中国；抑亦欲疲之也。攻赫连昌之役，《浩传》言：世祖次其城下，收众伪退。昌鼓噪而前，舒陈为两翼。会有风雨从东南来，扬沙昏冥。宦者赵倪进曰：今风雨从贼后来，我向彼背，天不助人；又将士饥渴，愿陛下摄骑避之，更待后日。浩叱之曰：是何言与？千里制胜，一日之中，岂得变易？贼前行不止，后已离绝，宜分军隐出，掩击不意。风道在人，岂有常也？世祖曰善，分骑奋击，昌军大溃。然据《昌传》：则昌军行五六里，世祖冲之，其阵尚不动；及分骑为左右以犄之，世祖坠马，流矢中掌；则是役实为幸胜。不顾风雨及将士饥渴而徼幸于一决，此岂用兵之法？浩殆以是误魏与？神䴥二年，议击蠕蠕，朝臣内外，尽不欲行，孙太后尤固止之，而浩坚主宜出。是时宋方议北伐，浩盖欲分魏兵力，而此役遂至大捷，柔然远遁，高车降者甚多，反为魏之大利，则宋不能乘机，魏太武之雄勇实为之，非浩谋之不臧也。俄魏南藩诸将，表宋大严，欲犯河南，请兵三万，先其未发逆击之，因诛河北流民在界上者，绝其乡道，足以挫其锐气，使不敢深入。先声夺人，实用兵之长策。浩乃訾诸将欲南抄以取赀财，为国生事，非忠臣，盖欲一举而杜武臣之口矣。太武闻赫连定与宋文帝遥分河北，欲先事定，诸将以宋师犹在河中为疑，浩又决宋无北渡意，岂能灼知其然？其欲分魏兵力，犹素志也。太武之伐沮渠牧犍也，奚斤等三十余人阻之，浩赞之。世皆多浩读书能致用，此亦为史籍所误。当时之所争者，军行有无水草，古弼、李顺等言："自温圉河以西，至于姑臧城南，天梯山上，冬有积雪，深一丈余，至春夏消液，下流成川，引以溉灌。彼闻军至，决此渠口，水不通流，则致渴乏。去城百里之内，赤地无草，又不任久停军马。"浩则曰："《汉书·地理志》称：凉州之畜，为天下饶。若无水草，何以畜牧？又汉人为居，终不于无水草之地筑城郭立郡县也。"夫李顺等所言者，乃姑臧城外之事，浩所言则凉州全州。所攻在于姑臧，城外果无水草，他处纵极丰饶，何益于事？立城郭者诚不于无水草之地，然自汉至魏，水道岂无变迁？然则太武之幸成，亦以沮渠牧犍未能决渠以困敌耳。浩之所以教太武者，实为危道，浩岂不之知，盖亦欲以是误魏也。凉州既平，浩劝不徙其民，太武不听。后搜于河西，诏浩诣行在所议军事。浩仍欲募徙豪强大家，以充实凉土，军举之日，东西齐势，以攻蠕蠕，此仍是引魏外向以疲其力之志，其为中国计，岂不深且远哉？

《浩传》言：浩从太宗幸西河太原，登憩高陵之上，下临河流，傍览川域，慨然有感，遂与同寮论五等郡县之是非，考秦始皇、汉武帝之违失，好古识治，时伏其言。寇谦之属其撰列王者治典，并论其大要，浩乃著书二十余篇，上推太初，下尽秦汉变弊之迹。大旨先以复五等为本。两晋以降，善封建者固不乏其人，然浩之言此，则似别有深意。当时世家大族，在各地方之势力颇强，其心未尝不恶北族而欲驱除之，然皆手无斧柯，故终无所成就。拓跋氏设用浩说而行封建，代北之族，受封者固必多，然必亦间以汉族之名臣宿将。客族在中国，虽据数百里之地，必无能为，而汉族之世家大族，向仅为郡县之长，堡坞之主者，各获君其土而子其民，则情势大异矣。《高允传》言：浩荐冀、定、相、幽、并五州之士数十人，各起家郡守。恭宗谓浩曰："先召之人，亦州郡选也，在职已久，勤劳未答，今可先补前召外任郡县，以新召者代为郎吏。又守令宰民，宜使便事者。"浩固争而遣之。允闻之，谓东宫博士管恬曰："崔公其不免乎！苟逞其非，而校胜于上，何以能济？"以浩之深沉，岂不知为危道？然必固争之者，得毋为登高一呼四山响应之计邪？郡县虽无根柢，亦时或为合从讨伐之资，而况于封建乎？浩之言此，必别有深意矣。

不独崔浩，即寇谦之亦有心人也。《魏书·释老志》：谦之自言，尝遇仙人成公兴，将之入嵩山。历年，谓谦之曰：兴出后，当有人将药来，得但食之，莫为疑怪。寻有人将药而至，皆是毒虫臭恶之物。谦之大惧，出走。兴还问状，谦之具对。兴叹息曰：先生未便得仙，政可为帝王师耳。又言：有牧土上师李谱文，来临嵩岳，云老君之玄孙，为牧土宫主，领治三十六土人鬼之政，地方十八万里有奇。其中为方万里者有三百六十方，以嵩岳所统广汉平土方万里授谦之。而《浩传》载谦之谓浩曰：吾行道隐居，不营世务，忽受神中之诀，当兼修儒教，辅助泰平真君，继千载之绝统。其非忘情于世可知。《释老志》言：谦之以始光初奉其书而献之，时朝野闻之，若存若亡，未全信也，崔浩独异其言，因师事之，受其法术，上疏赞明其事。《浩传》亦言：谦之每与浩言，闻其论古治乱之迹，常自夜达旦，竦意敛容，无有懈倦。既而叹美之曰：斯言也惠，皆可底行，亦当今之皋陶也。但世人贵远贱近，不能深察之耳。二人之互相标榜，果何为哉？太武之攻赫连昌，太尉长孙嵩难之，乃问幽征于谦之，谦之对曰必克。神䴥二年攻蠕蠕，谦之亦赞之，且固劝太武穷讨。其于浩，可谓如骖之靳矣。浩不好老、庄之书，尤非毁佛法，而独信谦之，宁有是理？浩在道武之世，不过以工书在左右耳，及明元世，忽与军国大谋，岂真以其尝授经书哉？明元好阴阳术数，而浩中以《易筮》及《洪范五行》，彼堕其术中，固其所也。太武好用兵，浩则以征伐中其欲，然亦未尝不侈禨祥。浩之毁佛法也，《释老志》谓其以为虚诞，为世费害。谦之之虚诞，未知视佛为何如？《志》又言：恭宗见谦之奏造静轮宫，必令其高不闻鸡鸣狗吠之声，欲上与天神交接，功役万计，经年不成，乃言于世祖曰："人天道殊，卑高定分，今谦之欲要以无成之期，说以不然之事，财力费损，百姓疲劳，无乃不可乎？必如其言，未若因东山万仞之上，为功差易。"世祖深然恭宗之言，但以崔浩赞成，难违其意，沉吟者久之，乃曰："吾亦知其无成，事既尔，何惜三五百功？"于佛则病其费害，于老则助其怪迂，浩之悖至是哉？二人之相比周，其意居然可见矣。毛修之虽终没于魏，实未尝忘华夏。《传》言朱修之俘于魏，（毛）修之经年不忍问家消息，久之乃访焉。（朱）修之具答，并云："贤子元矫，甚能自处。"（毛）修之悲不得言，直视良久，乃长叹曰："呜呼！"自此一不复及。亦可哀矣。《南史·毛修之传》。而其得不死，实以谦之营护故。谦之岂无心于中国者哉？

《崔玄伯传》云：始玄伯因苻坚乱，欲避地江南，于泰山为张愿所获，本图不遂，乃作诗以自伤，而不行于时，盖惧罪也。及浩诛，高允受敕收浩家，始见此诗，允知其意，允孙绰录于《允集》。然则浩之乃心华夏，实不自浩始。即其藏机于密，亦不自浩始，而终于泄露。其事因魏人讳饰之深，遂无可考见，然仍有可微窥者。《卢玄传》云：浩大欲齐整人伦，分明姓族，玄劝之曰：

"夫创制立事，各有其时，乐为此者，讵几人也？宜其三思。"浩当时虽无异言，竟不纳，浩败颇亦由此。然则浩谋之泄，似仍是汉人发之也。

浩所拥右者为王慧龙。慧龙，《传》言其自以遭难流离，尝怀忧悴，乃作祭伍子胥文以见意。生一男一女，遂绝房室。布衣蔬食，不参吉事。时制：南人入国者，皆葬桑干；而慧龙临没，乞葬河内。虽重私仇，亦非昧于民族大义者。鲁轨谓其非愉之子，殆不足信。又北方诸国中，最不服魏者为凉州人，而张湛、宗钦、段承根，皆与浩善。钦、承根皆与浩俱死，湛亦仅而得免。浩之所善者如此，其为人不弥可见哉？

（四七九）高肇

景明而后，魏政不纲，朝臣之公忠体国者，高肇一人而已。史顾诬为奸佞之流，甚矣其无是非也。《魏书·张彝传》：彝除秦州刺史。"为国造佛寺，名曰兴皇。诸有罪咎者，随其轻重，谪为土木之功，无复鞭杖之罚。时陈留公主寡居，彝志愿尚主，主亦许之。仆射高肇亦 望尚主，主意不可。肇怒，证彝于世宗，称其擅立刑法，劳役百姓。诏遣直后万贰兴驰驿检察。贰兴，肇所亲爱，必欲致彝深罪。彝清身奉法；求其愆过，卒无所得；见代还洛，犹停废数年。"彝即清身，所为岂可云奉法？乱法而劳民，肇为仆射而举其罪，可以谓之谮乎？彝之咎，止于见代，欲深罪之者顾如是乎？谓其以争尚主而怨怒，则莫须有之辞也。此亦肇见诬之一端也。

（四八〇）后魏吏治

《廿二史札记》谓魏入中原，颇以吏治为意，及其末造，国乱政淆，宰县者乃多厮役，入北齐而更甚。卷十五。此误也。拓跋氏非知治体者，其屡诏整饬吏治，必其虐民实甚，更难坐视。此不足见其留意吏治，适足见其吏治之坏耳。据《魏书·本纪》，道武天兴元年，定都平城，即遣使循行郡国，举守宰之不如法者。此承北方僭伪之后，其政治本极苟简，又新遭丧乱，或不能尽为后魏咎。然其后历代诏令频繁，所述守宰贪暴之状，悉出意表，即可知其吏治之坏，实为古今所罕觏矣。明元帝神瑞元年十一月，诏使者巡行诸州，校阅守宰资财，非自家所赍，悉簿为赃；又诏守宰不如法，听民诣阙告言之。已可见其贪残之甚。二年三月诏曰："刺史守宰，率多逋慢，前后怠惰，数加督罚，犹不悛改。今年赀调悬违者，谪出家财充之，不听征发于民。"是其时刺史守宰，不徒下朘民膏，亦且上亏国课也。太武始光四年十二月，行幸中山，守宰以贪污免者十数人。明年（神䴥元年）正月，又以天下守令多行非法，精选忠良悉代之。可见贪暴者之多。太延三年五月诏曰："比年以来，屡诏有司班宣惠政，与民宁息。而内外群官及牧守令长，不能忧勤所司，纠察非法，废公党私，更相隐置，浊货为官，政存苟且。夫法之不用，自上犯之，其令天下吏民，得举告守令不如法者。"此可见当时监察之司，悉成虚语。文成太安四年五月，诏曰："朕即阼至今，屡下宽大之旨，蠲除烦苛，去诸不急，欲令物获其所，人安其业。而牧守百里，不能宣扬恩意，求欲无厌，断截官物，以人于己。使课调悬少，而深文极墨，委罪于民，苟求免咎，曾不改惧。国家之制，赋役乃轻，比年已来，杂调减省。而所在州郡，咸有逋悬，非在职之官绥导失所，贪秽过度，谁使之然？自今常调不充，民不安业，宰民之徒，加以死罪。"观此，可知神瑞二年之诏之所由来，而其弊迄未尝革矣。明年九月，又诏曰："牧守莅民，侵食百姓，以营家业，王赋不充，虽岁满去职，应计前逋，正其刑罪。而主者失于督察，不加弹正，使有罪者优游获免，无罪者妄受其辜，是启奸邪之路，长贪暴之心，岂所谓原情处罪，以正天下？自今诸迁代者，仰列在职殿最，案制治罪，克举者加之爵宠，有想者肆之刑戮，使能否殊贯，刑赏不差，主者明为条制，以为常楷。"盖时于逋负，督责严切，去职者乃蒙蔽监司，嫁其罪于后人也。和平二年正月，诏曰："刺史牧民，为万里之表，自顷每因发调，逼民假贷，大商富贾，要射时利，旬日之间，增赢十倍。上下通同，分以润屋。故编户之家，困于冻馁，豪富之门，日有兼积，为政之弊，莫过于此。其一切禁绝，犯者十疋以上皆死。布告天下，咸令知禁。"昔时发调，多用实物，编户之家，不能咸备，诛求之亟，惟有乞假于积贮之家，驵贾豪商，遂乘之以要利。此弊由来已久，乃至官吏与之通同，则更不成事体矣。四年三月诏曰："今内外诸司，州镇守宰，侵使兵民，劳役非一。自今擅有召役，逼雇不程，皆论同枉法。"役之厉民，实尤甚于赋，虐取之余，重之以召役逼雇，民复何以自存哉？孝文延兴二年七月，诏州、郡、县各遣二人，才堪专对者，赴九月讲武，常亲问风俗。三年六月诏曰："往年县召民秀二人，问以守宰治状，善恶具闻，将加赏罚，而赏者未几，罪者众多，肆法伤生，情所未忍。今特垂宽恕之恩，申以解网之惠，诸为民所列者，特原其罪，尽可贷之。”所谓民秀，盖即去岁七月所召。太和七年正月诏曰：“朕每思知百姓之所疾苦,以增修宽政。故具问守宰苛虐之状于州郡使者、秀孝、计掾，而对多不实，甚乖朕虚求之意。宜案以大辟，明罔上必诛。然情犹未忍，可恕罪听归，申下天下，使知后犯无恕。”州郡使者、秀孝、计掾，自不免与官吏扶同，然民秀果敢尽言乎？乃能使赏者希，罚者众，魏之吏治可想矣。

《魏书·张衮传》：显祖诏诸监临之官，所监治受羊一口，酒一斛者，罪至大辟，与者以从坐论。纠告得尚书已下罪状者，各随所纠官轻重而授之。衮玄孙白泽表谏，谓“周之下士，尚有代耕，况皇朝贵仕，而服勤无报，请依律令旧法,稽同前典,班禄酬廉”。案魏初百官无禄,论者或以是为其时官吏之贪取恕；然昔时郡县之吏,之任代下,所赀悉取于民,所谓送故迎新也。在任时随身衣食，悉仰于官，亦为相沿成法，则无禄者虽不能有所得，亦不至有所耗。而且送迎及供应所入，必不能仅足而无余，岂可以是为贪求之口实乎？魏之班禄，事在太和八年。而延兴三年，诏县令能静一县劫盗者，兼治二县，即食其禄；能静二县者，兼治三县，三年迁为郡守；二千石能静二郡上至三郡亦如之，三年迁为刺史。此所谓禄,即其出于地方,法令亦许之不以为罪者也,岂真枵腹从公哉！

州郡弊政之深，一由督察之不力，一由选用之太轻。《北齐书·元文遥传》云：“齐因魏朝，宰县多用厮滥，至于士流耻居百里。文遥以县令为字人之切，遂请革选，于是密令搜扬贵游子弟，发敕用之。犹恐其披诉，总召集神武门，令赵郡王叡宣旨唱名，厚加慰喻。士人为县，自此始也。”赵氏引此，以证魏末之弊。然据《魏书·辛雄传》：雄以肃宗时转吏部郎中，上疏曰：“助陛下治天下者，惟在守令，最须简置，以康国道。但郡县选举，由来共轻，贵游儁才，莫肯居此，宜改其弊，以定官方。请上等郡县为第一清，中等为第二清，下等为第三清。选补之法，妙尽才望，如不可并，后地先才；不得拘以停年，竟无铨革。三载黜陟，有称者补在京名官，如前代故事，不历郡县不得为内职。”则其弊实不始魏末。《北史·元文遥传论》云：“汉氏官人，尚书郎出宰百里。晋朝设法,不宰县不得为郎。后魏令长,多选旧令史为之,故缙绅之流耻居其位，爰逮有齐，此途未改。”亦不云其事始于魏末也。《周书·于谨传》言谨屏居闾里，未有仕进之志，或劝之，谨曰：“州郡之职，昔人所鄙；台鼎之位，须待时来。吾所以优游郡邑，聊以卒岁耳。”此亦魏盛时之俗，非其末叶始然也。《晋书·傅玄传》：诏群僚举郡县之职以补内官，玄子咸上书曰："才非一流，职有不同。中间选用，惟内是隆，外举既颓，复多节目，竞内薄外，遂成风俗，此弊诚宜亟革。"则当魏晋之世，外选业已寖轻矣，况于拓跋氏之不知治体者乎！

魏、齐、周三朝中，北周最能模仿中国之治法，其能灭齐而开隋、唐之先路，非无由也。宇文泰任苏绰，立法改制，模拟《周官》，其事并无足取，而其整顿吏治，则实为致治之大端。苏绰制文案程序及计帐户籍之法，又为六条诏书奏施行之，是也。北齐亦有班五条诏书之法。见《隋书·礼仪志》四。殊无益于吏治者，彼行之以文，此行之以实也。然周时刺史，多以功臣为之，其弊颇著。《周书·令狐整传》：弟休，与整同起兵，入为中外府乐曹参军。时诸功臣多为本州刺史，晋公护谓整曰："以公勋望，应得本州，但朝廷藉公委任，无容远出，然公门之内，须有衣锦之荣。"乃以休为敦煌郡守。此可见其习为故常矣。《隋书·柳彧传》：迁治书侍御史。于时刺史多任武将，类不称职。彧上表曰："伏见诏书，以上柱国和平子为杞州刺史。其人年垂八十，钟鸣漏尽，前任赵州，闇于职务，政由群小，贿赂公行，百姓吁嗟，歌谣满道，乃云老禾不早杀，余种秽良田。古人有云：耕当问奴，织当问婢。此言各有所能也。平子弓马武用，是其所长，治民莅职，非其所解。如谓优老尚年，自可厚赐金帛；若令刺举，所损殊大。"上善之，平子竟免。此亦周世之余弊也。又《北齐书·高隆之传》曰："魏自孝昌已后，天下多难，刺史太守，皆为当部都督，虽无兵事，皆立佐僚，所在颇为烦扰。隆之表请：自非实在边要，见有兵马者，悉皆断之。"夫置吏猥多，则扰民必甚。此等皆当时弊政，正不独郡县选任之轻也。

（四八一）魏立子杀母

《廿二史札记》云："《魏书·道武宣穆皇后传》：魏故事，后宫产子，将为储贰，其母皆赐死，故后以旧法薨。然考纪传，道武以前，未有此事。《明元本纪》载道武将立明元为太子，召而告之曰：昔汉武将立其子而杀其母，不令妇人与国政也。汝当继统，故吾远同汉武。于是刘贵人死，明元悲不自胜。据此，则立子先杀其母之例，实自道武始也。遍检《魏书》，道武以前，实无此例。而传何以云魏故事邪？《北史》亦同此误。"今案魏自道武以前，曷尝有建储之事，况云欲立其子而杀其母乎？往史之诬，不待辩也。然云其例始于道武亦误。道武曷尝立明元为太子。《明元纪》言：刘贵人死，明元哀泣，不能自胜，太祖怒之。帝还宫，哀不自止，日夜号泣。太祖知而又召之。帝欲入，左右曰：孝子事父，小杖则受，大杖避之，今陛下怒甚，入或不测，不如且出，待怒解而进。帝惧，从之，乃游行逃于外。此盖既杀其母，又欲诛其子耳，非欲立之也。《齐书·魏虏传》云：初，佛狸母是汉人，为木末所杀，佛狸以乳母为太后。自此以来，太子立，辄诛其母。今案，自佛狸以后，文成元皇后为常太后所杀，孝文贞皇后则为文明皇后所杀，惟献文思皇后为良死，则其人之有无不可知。《齐书》之言，信有征矣。然明元之杀太武母，亦非以虑妇人与政而然也。

《魏书·皇后传》云：明元密皇后，杜氏，邺人，阳平王超之姊也。初以良家子选入太子宫，有宠，生世祖。及太宗即位，拜贵嫔，泰常五年薨。世祖保母窦氏，初以夫家坐事诛，与二女俱入宫，太宗命为世祖保母，性仁慈，勤抚导，世祖感其恩训，奉养不异所生，及即位，尊为保太后，后尊为皇太后，与《齐书》佛狸以乳母为太后之说合，与其母为木末所杀之说则乖。今案，魏太武以泰常七年摄政，时年十五。密后果殁于泰常五年，太武年已十三，尚何待窦氏之保育，其感恩安得如是其深？然则谓密皇后殁于泰常五年，其说殆不足信，一语既虚，满盘是假。《杜超传》谓其泰常中为相州别驾，奉使京师，以法禁不得与后通问，亦子虚乌有之谈。太武之母在魏宫，盖本无位号，亦难考其以何时见杀。太武之获长大，非得窦氏保全之力，则必得其养育之功，故其德之如是其深也。《胡灵后传》云：召入掖庭，为承华世妇，椒掖之中，以国旧制，相与祈祝，皆愿生诸王公主，不愿生太子。唯后每谓夫人等言，天子岂可独无儿子，何缘畏一身之死，而令皇家不育冢嫡乎？及肃宗在孕，同列犹以故事相恐，劝为诸计，后固意确然，幽夜独誓云："但使所怀是男，次第当长，子生身死，所不辞也。"此乃附会之谈。献文及废太子恂母之见杀，未知何故，要必非遵行故事，疑当时宫掖之中，有此等惨酷之事，欲藉辞于先世，乃造作道武欲法汉武之说。不徒《魏史》不能发其覆，即南国传闻，亦不免为其所误也。《太宗纪》：泰常七年四月，甲戌，封皇子焘为泰平王。初、帝素服寒食散，频年动发，不堪万几。五月，诏皇太子临朝听政。是月，泰平王摄政。《世祖纪》：泰常七年四月，封泰平王。五月，为监国。太宗有疾，命帝总摄百揆。《崔浩传》载浩对明元之问曰："自圣化龙兴，不崇储贰，是以永兴之始，社稷几危，今宜早建东宫，选公卿忠贤，陛下素所委仗者，使为师傅，左右信臣，简在圣心者，以充宾友，入总万机，出统戎政，监国抚军，六柄在手。若此，则陛下可以优游无为，颐神养寿，进御医药。万岁之后，国有成主，民有所归，则奸宄息望，旁无觊觎，此乃万世之令典，塞祸之大备也。今长皇子焘，年渐一周，明叡温和，众情所系，时登储副，则天下幸甚。”浩辞中虽有早建东宫，时登储副等语，然传言太宗纳之，使浩奉策告宗庙，命世祖为国副主，居正殿临朝，绝无立为太子之说。然则本纪中诏皇太子临朝听政一语，乃史家措辞不审，抑或原文实系皇长子，后人传写，误长为太，皆未可知。要之，明元未尝立太武为太子也。《浩传》又载太武监国后，明元谓左右侍臣，以长孙嵩等六人辅相，吾与汝曹，游行四境，伐叛柔服，可得志于天下矣。会闻宋武帝之丧，遂欲取洛阳、虎牢、滑台，其后卒自将南下。世岂有不能听政，顾能躬履行阵者？然则明元使太武监国，意实别有所在，其死于明年，特偶然之事，初非当退居西宫之日，即有不可救药之病。《浩传》及《北史·长孙嵩传》等皆谓明元因病，而命太武监国，又事后附会之谈也。序纪言：昭帝之时，分国为三部，帝与桓、穆二帝，各主其一。其时昭帝未闻外出，而桓、穆二帝，则皆躬出经略，穆帝且历五年而后归。其后献文传位于孝文，亦曾北征蠕蠕。然则大酋或主国政，或亲戎马，实拓跋氏之旧习，故文明太后迫献文传位，而当时不以为篡也。然则拓跋氏自献文以前，始终未有建储之事，安得云道武欲立明元而杀其母，况又谓道武系奉行故事乎？

（四八二）神武得六镇兵

北齐神武帝之所以兴，实缘得尔朱兆所分六镇之众，而所以得此众者，魏、齐二书记载皆欠明耳。今综核其文而臆测之。《齐书·神武纪》云：费也头纥豆陵步藩入秀容，逼晋阳。兆征神武。神武将往。贺拔焉过儿请缓行以弊之。神武乃往，逗留，辞以河无桥，不得渡。步藩军盛，兆败走。兆又请救于神武，神武内图兆，复虑步藩后之难除，乃与兆悉力破之，藩死。兆深德神武，誓为兄弟。时世隆、度律、彦伯共执朝政，天光据关右，兆据并州，仲远据东郡，各拥兵为暴，天下苦之。葛荣众流入并，肆者二十余万，为契胡陵暴，皆不聊生。大小二十六反，诛夷者半，犹草窃不止。兆患之，问计于神武。神武曰：“六镇反残，不可尽杀。宜选王素腹心者，私使统焉。若有犯者，直罪其帅，则所罪者寡。”兆曰:善。遂以委焉。神武以兆醉，醒后或致疑贰，遂出。宣言“受委统州镇兵，可集汾东受令”，乃建牙阳曲川，陈部分。兵士素恶兆而乐神武，莫不皆至。居无何，又使刘贵请兆:以“并，肆频岁霜旱，降户掘黄鼠而食之，皆面无谷色，徒污人国土。请令就食山东，待温饱而处分之。”兆从其议。其长史慕容绍宗谏曰:“今四方扰扰，人怀异望，高公雄略，又握大兵，将不可为。”兆曰:“香火重誓，何所虑也?”绍宗曰:“亲兄弟尚尔难信，何论香火?”时兆左右已受神武金，因谮绍宗与神武旧有隙。兆乃禁绍宗而催神武发。神武乃自晋阳出滏口。路逢永朱荣妻北乡长公主自洛阳来，马三百匹，尽夺易之。兆闻，乃释绍宗而问焉。绍宗曰:“犹掌握中物也。”于是自追神武。至襄垣，会漳水暴涨，桥坏。神武隔水拜曰:“所以借公主马，非有他故，备山东盗耳。王受公主言，自来赐追。今渡河而死不辞，此众便叛。”兆自陈无此意。用轻马渡，与神武坐幕下，陈谢。遂授刀引颈，使神武砍己。神武大哭曰:“自天柱薨背，贺六浑更何所仰?愿大家千万岁，以申力用。今旁人构间至比，大家何忍复出此言?”兆投刀于地，遂刑白马而盟，誓为兄弟。留宿夜饮。尉景伏壮士欲执之，神武啮臂止之，曰:“今杀之，其党必奔归聚结，兵饥马瘦，不可相支。若英雄崛起，则为害滋甚。不如且置之。兆虽劲捷，而凶狡无谋，不足图也。”旦日，兆归营，又召神武。神武将上马诣之。孙腾牵衣，乃止。兆隔水肆詈，驰还晋阳。如此说是神武受委统众在平步蕃之后也。《魏书·尔朱兆传》云:初荣既死，庄帝召河西人纥豆陵步蕃等，令袭秀容。兆入洛后，步蕃兵势甚盛，南逼晋阳。兆所以不服留洛，回师御之。兆虽骁果，本无策略，频为步藩所败。于是部勒士马，谋出山东。令人频征献武王于晋州。乃分三州、六镇之人，令王统领。既分兵别营，乃引兵南出，以避步蕃之锐。步蕃至于乐平郡，王与兆还讨破之，斩步蕃于秀容之石鼓山。其众退走。兆将数十骑诣王，通夜宴饮。后还营召王。王知兆难信，未能显示，将欲诣之。临上马，长史孙腾牵衣而止。兆乃隔水责骂腾等。于是各去。王遂自襄垣东出，兆归晋阳。是神武受委统众在破步蕃之先也。《齐书》本纪虽与《魏书》岐异，而其《慕容绍宗传》曰:纥豆陵步藩逼晋阳，尔朱兆击之，累为所破，欲以晋州征高祖，共图步藩。绍宗谏曰:“今天下扰扰，人怀觊觎，正是智士用策之秋，高晋州才雄气猛，英略盖世，譬诸蛟龙，安可藉以云雨?”兆怒曰:“我与晋州，推诚相待，何忽辄相猜阻，横生此言?”便禁止绍宗，数日方释。遂割鲜卑隶高祖。高祖共讨步藩，灭之。

亦谓割众隶神武，在破步蕃之先，与《魏书》合。今案《魏书·孝庄纪》永安三年十二月，河西人纥豆陵步蕃、破落韩常大败尔朱兆于秀容山。盖即兆传所云，兆入洛后，步蕃进逼之事，兆因此反旆拒之，其战事犹在秀容，未至晋阳也。其后盖因兆部勒士马谋出山东，乃后乘虚南逼至于晋阳，兆于此时盖又反旆御之，而又屡为所败，乃欲征神武以自助。《齐书》本纪直言步蕃入秀容，逼晋阳，一似长驱直下，所向无前者固非。《魏书》兆传亦将步蕃南逼晋阳，误叙于兆欲部勒士马，谋出山西之前，信如是亦为非是。兆当自顾不遑，何暇更谋东略乎？神武在尔朱荣时，即刺晋州。而《慕容绍宗传》言兆欲以晋州征高祖，一似待步蕃既灭之后，乃以此酬庸者，措语亦殊粗略，观称神武为晋州可知。推原其故，盖兆之入洛，神武不从，嫌隙既构，兆入洛后，盖有夺神武晋州之意，至是又仍旧职。故诸家记载，有以晋州征之语，作史者摭其单辞，而未计其与全文不合也，亦可谓疏矣。兆所分神武之众，盖即其部勒之，欲率以出山东者，继因晋阳见逼，乃又率之回援，其众素怨，是以累败。大小二十六反，正在此时，非谓统入并、肆后并计之也。其众本以乖离而败，故分之神武而即克，然则兆之分兵，盖亦有不得不然者，非因酒醉而然矣。三州盖谓并、肆及兆所刺汾州，其中并、肆之众，盖以葛荣降户为多。三州六镇之兵，虽非必鲜卑种人，亦必为所谓累世北边，习其俗遂同鲜卑者。《齐书·神武纪》言神武如此。故绍宗传称为鲜卑，神武起兵实藉此众，故其誓师有不得欺汉儿之语也。兆分神武之众究若干，不可知。然必不能甚多。神武起兵时，虽恃此众为主，必不能此外一无所有。韩陵之役，高昂所将，即非鲜卑，此外率部曲与于此役者尚多。然韩陵之战，犹云马不满二千，兵不满三万。则受委时，可知本纪侈言其数为二十余万。盖承上文尔朱氏诸人为暴，遂并凡葛荣降众言之，而不悟兆所分诸神武者，止就其隶行伍，并止就其当时所统率者而言也。上言凡降户，而下言受委统州镇兵，可谓一简之中，自相抵牾矣。神武之受委统众，自当在破步蕃之先，其建牙阳曲，令士集汾东，则当在就食山东得请之后。《齐书·神武纪》误其受委在破步蕃之后，《魏书·尔朱兆传》则漏去请就食山东一节，其事之始末，遂不可知矣。慕容绍宗之谏，在兆分兵畀神武，抑许其东出时，不可知。此虽难必然，窃疑当在分兵之时，《神武纪》言神武请选腹心统众时，兆曰：善，谁可行也？贺拔允时在坐，请神武。神武拳殴之，折其一齿，曰：生平天柱时，奴辈伏处分如鹰犬，今日天下，安置在王，而阿鞠泥敢诬下罔上，请杀之。兆以神武为诚，遂以委焉。窃疑当时实公议之欲用神武者固多，反之者亦不少，兆则决用神武。故一怒而禁绍宗，此特借以摄众，非有恶于绍宗也。史所载绍宗谏兆之辞，固非众议之语，然绍宗特亦不然分兵于神武者之一，其辞盖出后来附会，非当时语实如是也。然必因其征神武，以图步蕃而发。征神武以图步蕃，神武且为兆用，何嫌何疑，而须强谏。绍宗传上言绍宗之谏，以兆之征神武，而下言兆之距谏，不云遂征神武而云割鲜卑以隶，更矛盾不可通矣。六朝史书之疏略，大率如此，恨不能一一校正之也。并州逼近晋阳，神武居此，必不能叛。一出山东，则真所谓蛟龙得云雨者矣。当时山东不服尔朱氏者固多，此兆所以部勒其众而欲亲出，神武之请就食，未尝不以前驱陈力尝寇为辞，此兆之所以许之。至夺北乡之马，则其非信臣可知，故又悔而自追之。然卒无如何者，则为神武此众便叛一语所胁，兆固自度必不能善驭此众也。六镇之师武臣力实，尔朱氏所由兴，而虐用其众以资敌；兴亡之故，亦可鉴矣。

（四八三）宇文氏先世

《周书》谓周之先，出自炎帝。炎帝为黄帝所灭，子孙遁居朔野。其后有葛乌兔者，雄武多算略。鲜卑奉以为主。遂总十二部落，世为大人。其裔孙曰普回，因狩，得玉玺三纽，文曰皇帝玺。其俗谓天子曰宇文，故国号宇文，并以为氏。普回子莫那，自阴山南徙，始居辽西，为魏甥舅之国。自莫那九世至侯豆归，为慕容晃所灭。出自炎帝乃妄语。自莫那至侯豆归，世次事实亦不具。当以《魏书·宇文莫槐传》正补之。《宇文莫槐传》，谓其先出自辽东塞外，世为东部大人。莫槐虐用其民，为部下所杀。更立其弟普拨。普拨传子丘不勤。丘不勤传子莫廆。莫廆传子逊昵延。逊昵延传子乞得龟。丘不勤取魏平帝女，逊昵延取昭帝长女，所谓为魏甥舅之国也。莫廆、逊昵延、乞得龟三世皆与慕容廆相攻，皆为廆所败。乞得龟时，廆乘胜长驱，入其国，收资财亿计，徙部人数万户以归。别部人逸豆归，遂杀乞得龟自立。与慕容晃相攻，为所败，远遁漠北，遂奔高句丽。晃徙其部众五千余落于昌黎，自是散灭矣。逸豆归即侯豆归。侯、逸同声。侯应议罢边备塞吏卒，谓“北边塞至辽东，外有阴山，东西千余里”，则阴山之脉，远接辽东。《周书》谓莫那自阴山南徙，《魏书》谓莫槐出辽东塞外，似即一人。惟自莫槐至逸豆归，仅得七世。《周书》世次既不具，所记或有讹误也。《晋书》以宇文莫槐为鲜卑;《魏书》谓南单于之远属；又谓其语与鲜卑颇异。疑宇文为匈奴、鲜卑杂种，语亦杂匈奴也。又《魏书》以奚、契丹为宇文别种，为慕容晃所破，走匿松漠之间，则逸豆归败亡时，慕容廆所徙五千余落，实未尽其众，奚、契丹之史，亦可补宇文氏先世事迹之阙矣。奚事迹无考。契丹事迹可知者，始于奇首可汗，别见《契丹部族》条。奇首遗迹，在潢、土二河流域，已为北徙后事，不足补宇文氏先世事迹之阙。惟《辽史·太祖本纪赞》，谓“辽之先，出自炎帝，此即据《周书》言之。世为审吉国。其可知者，盖自奇首云”。审吉二字，尚在奇首以前，或宇文氏故国之名欤？然事迹无可征矣。

（四八四）周人畏突厥之甚

《隋书·苏威传》：威有从父妹，适河南元雄。雄先与突厥有隙，突厥入朝，请雄及其妻子，将甘心焉，周遂遣之。威曰：夷人昧利，可以赂动。遂标卖田宅，罄家所有以赎雄，论者义之。案柔然之亡也，其余众千余家奔关中，突厥请尽杀以甘心焉。周文遂收缚其主已下三千余人，付突厥使者于青门外斩之。亦既不仁且不武矣，犹得曰柔然故为中国患，乘此殄之也。若元雄，固中国之人也，乃虏使一来，其受命也如响。弃子民以快夷狄之欲，不亦重愧为民父母之义乎？周武帝号雄主，而其所为如此，周之畏突厥，可谓甚矣。其交涉之事，不可告人者必尚多，史皆削之耳。汉高祖被围于平城，卒其所以得脱者，世莫得而言也。唐高祖尝称臣于突厥，《唐书》亦仅微露其辞。屈辱于外，而伪饰于内，所谓临民者，不亦重可笑哉！

（四八五）突厥之先

突厥强盛，始于土门，然其先，尚有可考者三世，讷都六设、阿贤设、大叶护是也。《北史》载突厥缘起三说：第一说谓始率部落出于穴中者为阿贤设，至大叶护种类渐强，当后魏之末，而有伊利可汗。第二说谓本平凉杂胡阿史那氏，魏太武灭沮渠氏，阿史那以五百家奔蠕蠕。居金山之阳，为蠕蠕铁工，金山形似兜鍪，俗号兜鍪为“突厥”，因以为号。第三说则以讷都六设为伊质泥师都之大儿，阿贤设为讷都六设之幼子。《新唐书·西突厥传》云："其先讷都陆之孙吐务，号大叶护，长子曰土门伊利可汗，次子曰室点蜜，亦曰瑟帝米。"讷都陆即讷都六，显而易见。伊质泥师都，不知果有其人否？而《唐书》之大叶护，即《北史》之大叶护，则无可疑。其名及其为讷都陆之孙，土门之父，《北史》皆不具，而《唐书》著之。是土门之前可考者确得三世也。特不知大叶护是否阿贤设之子耳。

《北史》之说，《周书》具载之。惟将其第一、第二两说并为一说，而无"本平凉杂胡阿史那氏，魏太武灭沮渠氏，阿史那以五百家奔蠕蠕"之说，不知后人传写有所刊落邪？抑其辞本如此，而《北史》又有增益也？《周书》曰："其后曰土门，部落稍盛，始至塞上市缯絮，愿通中国。大统十一年，太祖遣酒泉胡安诺槃陁使焉。十二年，土门遂遣使献方物。时铁勒将伐茹茹，土门率所部邀击，破之，尽降其众五万余落。恃其强盛，乃求婚于茹茹。"《隋书》则云："伊利可汗以兵击铁勒，大败之，降五万余家，遂求婚于茹茹。"其辞虽有详略，其事则无异也。《北史》前录《隋书》之文，后又袭《周书》之语，则其辞重出矣。度《北史》并录两说，必有自注，为传写者所删耳。

《隋书》曰："伊利可汗卒，弟逸可汗立，病且卒，舍其子摄图，立其弟俟斗，称为木杆可汗。"逸可汗，《北史》作阿逸可汗，俟斗作俟叔，木杆作水杆。外夷单语甚少，疑《隋书》夺阿字；俟斗、俟叔，并俟斤之误；水杆为木杆之误，显而易见。《周书》曰："土门死，子科罗立，号乙息记可汗。科罗死，弟俟斤立，号木汗可汗。"《北史》亦同其文，而曰"科罗舍其子摄图，并其弟俟斤"，则乙息记之与阿逸，其为一人，亦凿然无疑。乙息记，《周书》云为伊利子，《隋书》谓为伊利弟，则《周书》是而《隋书》非也。《北史》云：木杆舍其子大逻便，而立其弟他钵。他钵病且卒，复命其子庵逻避大逻便。及卒，国中将立大逻便，以其母贱，众不服，竟立庵逻为嗣。大逻便不得立，不服，庵逻不能制，遂让位于摄图。摄图立，是为沙钵略可汗，以大逻便为阿波可汗；已而袭破之，杀其母。阿波西奔达头可汗。《隋书》曰："达头者，名玷厥，沙钵略之从父也。"《北史》同。《新唐书》曰："瑟帝米之子曰达头可汗，亦曰步迦可汗。"必乙息记为土门之子，达头乃得为沙钵略从父；若为土门弟，则达头与沙钵略为昆弟行矣。摄图以子雍虞闾愞，遗令立弟处罗侯。摄图卒，雍虞闾使迎处罗侯。处罗侯曰："我突厥自木杆可汗来，多以弟代兄，以庶夺嫡，失先祖之法，不相敬畏，汝当嗣位，我不惮拜汝也。”明兄弟相及，始于木杆之于乙息记，土门不得传弟也。

《隋书》曰：“佗钵以摄图为尔伏可汗，统其东面。又以其弟褥但可汗子为步离可汗，居西方。”《北史》无子字，案《北史》是也。步离即步迦，此即西突厥之达头可汗耳。都蓝时曾遣母弟褥但特勒献于阗玉杖。褥但，盖可汗介弟之尊称也。

《隋书》曰：摄图号伊利俱卢设莫何始波罗可汗，一号沙钵略可汗。下文载其致书隋文帝，自称伊利俱卢设莫何始波罗，而文帝报书则称为伊利俱卢设莫何沙钵略，然则沙钵略即始波罗之异译，中国于四夷名字，恒截称其末数字以求简，非有二号也。今人简称，多截取首数字，此古今语法不同。然俗人犹沿旧习，如上海法租界有路名勃来泥蒙马浪，俗人简称为马浪路，不曰勃来路也。

（四八六）称秃发氏为汉儿

《通鉴》陈宣帝大建五年，源师为左外兵郎，摄祠部，尝白高阿那肱，龙见当雩。阿那肱惊曰：“何处龙见，其色如何？”师曰：“龙星初见，礼当雩祭，非真龙也。”阿那肱怒曰：“汉儿多事，强知星宿。”遂不祭。师出，窃叹曰：“礼既废矣，齐能久乎？”注曰：诸源本出于鲜卑秃发，高氏生长于鲜卑，自命为鲜卑，未尝以为讳，鲜卑遂自谓贵种，率谓华人为汉儿，率侮诟之。诸源世仕魏朝，贵显，习知典礼，遂有雩祭之请，冀以取重，乃以取诟。《通鉴》详书之，又一慨也。案《通鉴》是年，又载韩长鸾尤疾士人，朝夕宴私，惟事谮诉，尝带刀走鸟，未尝安行，瞋目张拳，有唤人之势，朝士咨事，莫敢仰视，动致呵叱。每骂云：“汉狗不可耐，惟须杀之。”其轻视汉人，可谓甚矣。诸源本出鲜卑，而高阿那肱等亦以汉人视之，盖以其已同于汉也。此可见民族异同，只论法俗，不论种姓。春秋之义，用夷礼则夷之，进于中国则中国之，诚有由也。

古称汉民族曰华。《左氏》：夷不谋夏，裔不乱华，又戎子驹支谓：我诸戎饮食衣服，不与华同是也。古者民族之义，尚未光昌，故称我民族者，率以其朝代之名。如《汉书·匈奴传》言：卫律为单于谋，穿井筑城治楼以藏谷，与秦人守之。《西域传》言：匈奴缚马前后足置城下，驰言秦人我匄若马是也。汉有天下久，秦人之称，遂渐易为汉人。此时民族之义渐著，知民族之与王朝，非是一物，遂沿称汉民族为汉人。朝名犹氏名，以朝名名其民，盖知有氏族，而未知有民族也。在本国中，诸氏族之界限渐泯，而又与异民族遇，则民族之义渐昌矣。魏晋之世，作史者犹沿旧例，称汉族人为魏人、晋人，而语言则迄未尝改。故鲜卑人犹称汉族人为汉人也。自此相沿，遂为定称。如唐时称汉蕃不曰唐蕃是也。故汉族之名，实至汉以后而渐立。

（四八七）秃发与拓跋

《魏书·源贺传》:世祖谓贺曰:“卿与朕同源，因事分姓，今可为源氏。”《廿二史考异》云：古读轻唇如重唇，发从犮得声，与跋音正相近。魏伯起书尊魏而抑凉，故别而二之。《晋书》亦承其说。案此盖魏人迻译时有意用不同之字，亦未必伯起为之也。《魏书·乌孤传》云:初母孕寿阗,因寝产于被中,乃名秃发。其俗为被覆之义。此说似较可信。或谓寿阗为树机能之祖。元魏与秃发氏之分携安得如是其晚。然无妨秃发为被覆之义真，而其出于寿阗为附会也。《晋书·载记》言：乌孤八世祖匹孤，率其部自塞北迁于河西。元魏与秃发氏之分携，或当在是时也。

（四八八）乞伏氏

《晋书·乞伏氏载记》云:在昔有如弗斯、出连、叱卢三部,自漠北南出太阴山,遇一巨虫于路,状若神龟,大如陵阜,乃杀马而祭之,祝曰:“若善神也,便开路;恶神也,遂塞不通。”俄而不见,乃有一小儿在焉。时又有乞伏部,有老父无子者,请养为子。众咸许之。老父欣然，自以有所依凭，字之曰纥干。纥干者，夏言依倚也。年十岁,骁勇善骑射,弯弓五百斤,四部服其雄武,推为统主,号之曰:乞伏可汗托铎莫何。托铎者，言非神非人之称也。案《魏书·乞伏国仁传》云“其先如弗，自漠北南出”，则乞伏当属如弗斯，不得自为一部。后述延居苑川,以斯引乌埿为左辅将军,镇蔡园川,出连高胡为右辅将军,镇至便川。叱卢那胡为率义将军，镇牵屯山。斯引乌埿，盖如弗斯部之酋，犹是三部鼎立也。窃疑乞伏氏之于如弗斯，犹孛儿只斤之于蒙古，后乃别为一族，初非独为一部。

如弗与女勃同音，疑部名或系出阴山后居女勃水畔而得，则其得名亦非甚早。

（四八九）大人简称为“大”

《晋书·石勒载记》：“时胡部大张訇督冯莫突等，拥众数千，壁于上党，勒往从之。”殿本考证云：“纲目集览，姓大张，名訇督，正误云。一部之长，呼为部大。姓张氏，下文亦有都督部大之名是也。”案“部大”乃部落大人之简称。《魏书·段就六眷传》云“其伯祖曰陆眷，因乱被卖为渔阳乌丸大库辱官家奴，诸大人集会幽州，皆持唾壶，惟库辱官独无”云云。乌丸大之大，即下文诸大人之大也。《宋书·大且渠蒙逊传》云：“匈奴有左且渠、右且渠之官，蒙逊之先为此职。羌之酋豪曰大，故且渠以位为氏，而以大冠之。”其实酋豪曰大，不独羌人也。

（四九〇）考绩之法上

卢毓为吏部尚书，魏明帝诏之曰：“选举莫取有名，名如画地作饼，不可啖也。”毓对曰：“名不足以致异人，而可以得常士。常士畏教慕善，然后有名，非所当疾也。愚臣既不足以识异人，又主者正以循名案常为职，但当有以验其后。故古者敷奏以言，明试以功。今考绩之法废，而以毁誉相进退，故真伪浑杂，虚实相蒙。”帝纳其言，即诏作考课法。《三国·魏志·卢毓传》。案入官之为利禄之途久矣，无论以何途取之士，皆将巧伪而冒进；初砥行而立名，后枉法而致败者多矣。故察吏之法，考绩实重于登庸。论者多注重于取之之时，而不留意于用之之后，此其所以吏职不举，而政事罕见修明也。

《汉书·京房传》云：“治《易》，事梁人焦延寿。延寿字赣。赣贫贱，以好学得幸梁王，王共其资用，令极意学。既成，为郡史，察举，补小黄令。以候司先知奸邪，盗贼不得发。赣常曰：得我道以亡身者，必京生也。”世因谓房之所以亡身者，为延寿之《易》学，误也。《儒林传》言：“延寿云尝从孟喜问《易》。会喜死，房以延寿《易》即孟氏学，而翟牧、白生不肯，皆曰非也。至成帝时，刘向校书，考《易》说，以为诸《易》家说皆祖田何、杨叔、丁将军，大谊略同，惟京氏为异。党焦延寿独得隐士之说，托之孟氏，不相与同。”然则延寿之《易》，实为无本之学。梁王既共其资用，令极意，安得如此？然则延寿殆别有所学，其用以候司知奸邪者，即本其所学以为用，而亦即延寿考功课吏之法所自出也。王符言先师京君科察考功，以遗贤俊，太平之基，必自此始，无为之化，必自此来也。《潜夫论·考绩》。杜预言魏氏考课，即京房之遗意。见《晋书》本传。案魏氏考课，除卢毓外，又有刘劭作《都官考课》七十二条，王昶尝受诏撰百官考课事。“昶以为唐、虞虽有黜陟之文，而考课之法不垂。周制冢宰之职，大计群吏之治而诛赏，又无校比之制。由此言之，圣王明于任贤，略举黜陟之体，以委达官之长，而总其统纪，故能否可得而知也。”《三国·魏志·王昶传》。案刘劭所作考课之法，今已不传，而其所为《人物志》具存，其论博大精深，断非一人一时思虑之所能到。盖实文王官人之遗，足见先秦之世，已有此一种学术，而汉魏之世实承其流，若焦延寿、京房之所授受者则是也。延寿谓房得之以亡身者盖指此。《汉书》辞不完具，后人遂以为指《易》学，误也。

《汉书·王吉传》:谷永奏言“圣王不以名誉加于实效。考绩用人之法”,《谷永传》：永对策亦言“论材选士，必试于职。明度量以程能，考功实以定德，毋用比周之虚誉，毋听寖润之谮愬”。后汉左雄亦欲令“吏职满岁，宰府州郡乃得辟举”。《后汉书》本传。和帝永元五年诏曰：“选举良才，为政之本；科别行能，必由乡曲；而郡国举吏，不加简择。故先帝明敕在所令试之以职，乃得充选。又德行尤异，不须经职者，别署状上。”然则科别行能，亦当历试；而德行尤异，乃特为别署耳。然则两汉之世，考绩之义本明，而惜乎莫之通行也。《三国·魏志·邓艾传》:“迁兖州刺史。上言国之所急，惟农与战，国富则兵强，兵强则战胜。然农者，胜之本也。上无设爵之劝，则下无财畜之功。今使考绩之赏，在于积粟富民，则交游之路绝，浮华之原塞矣。”澄清选举，必由考绩，虽武夫亦知之矣。

欲行考绩，必行久任，左雄言之详矣。《三国·魏志·王昶传》：司马宣王既诛曹爽，乃奏博问大臣得失。昶陈治略五事：其二欲用考试，其三欲令居官者久于其职。《刘廙传注》引《廙别传》载廙表论治道亦言“数转易，则往来不已，送迎之烦，不可胜计。转易之间，辄有奸巧，既于其事不省，而为政者亦以不得久安之故，知惠益不成于己，而苟且之可免于患，皆将不念尽心于恤民，而梦想于声誉，此非所以为政之本意也”，其论全与左雄同。或谓新任职者，多有朝气，久则不免暮气，此诚有之;然积久而暮气乘之，亦由是非不别，功罪不明。苟其不然，安得如此。况新出者虽有朝气，然□□未足，亦安足任乎？未使天下之士，可不待督责，而自致于口，则善矣。如其不然，考绩安可废？欲行考绩，则非□□□□□□□□□□□，王安石所谓贤者则其功可以致于成，不肖者则其罪可以至于著也。

考绩必有其法，如王昶之言，是为无术矣。本虑官吏相比周，而设监司以检察之；若悉委诸长官，又何烦为此纷纷乎？岂长官皆可任邪？然监察之司，亦有不可信者。刘廙之言曰：“今之所以为黜陟者，颇以州郡之毁誉，听往来之浮言耳。长吏之所以为佳者，奉法也，忧公也，恤民也。此三事者，或州郡有所不便，往来者有所不安。而长吏执之不已，于治虽得计，其声誉未为美；屈而从人，于治虽失计，其声誉必集也。长吏皆知黜陟之在于此也，亦何能不去本而就末哉？”此监司之弊也。廙以为长吏皆宜使少久，足使自展。岁课之能，三年总计，乃加黜陟。课之皆当以事，不得依名。事者，皆以户口率其垦田之多少，及盗贼发兴，民之亡叛者，为得负之计。如此行之，则无能之吏，修名无益;有能之人，无名无损。法之一行，虽无部司之监，奸誉妄毁，可得而尽。以上刘廙之言均见《三国·魏志·刘廙传注》引《廙别传》载廙表论治道。夫以部司监郡，而又须防其奸誉妄毁，此齐威王之所以烹阿大夫封即墨大夫也。夫国家之使监司察郡县，非谓监司必可信也，特其职如此耳。然则法之所定，固亦可使下官监察上官。京房之法，公卿朝臣会议者，皆訾其令上下相司，烦碎不可许，度其法必有大过人者，而惜乎其不传也。

《后汉书·朱浮传》:浮因日食上疏，言“间者守宰，数见换易，迎新相代，疲劳道路。寻其视事日浅，未足昭见其职。既加严切，人不自保，各相顾望，无自安之心。有司或因睚眦以骋私怨，苟求长短，求媚上意。二千石及长吏，迫于举劾，惧于刺讥，故争饰诈伪，以希虚誉”。此急考课而不久任之弊也。

敷奏以言,似与军功无涉,然其事亦未可以已。此则葛洪言之矣。其言曰:“古者犹以射择人，况经术乎？如其舍旃，则未见余法之贤乎此也。假令不能尽得贤能，要必愈于了不试也。今且令天下诸当在贡举之流者，莫敢不勤学；但此一条，其为长益风教，亦不细矣。”又曰：“予意谓新年当试贡举者，今年便可使儒官才士豫作诸策，计足周用集。禁其留草，殿中封闭之。临试之时，亟赋之，人事因缘于是绝。当答策者，皆可会著一处，高选台省之官，亲监察之，又严禁其交关出入，毕事乃遣，违犯有罪无赦。如此，属托之冀窒矣。夫明君恃己之不可欺，不恃人之不欺己也，亦何耻于峻为斯制乎？若试经法立，则天下不可以不立学官，而人自勤学矣。”又曰：“汉四科亦有明解法令入仕。今在职之人，官无大小，悉不知法令，而使之决狱，是以死生委之，以轻百姓之命，付无知之人也。亦可令廉良之吏，皆取明律令者试之如试经，高者随才品叙用。如此，天下必少弄法之吏，失理之狱矣。”以上葛洪之言，均见《抱朴子·审举篇》。其言于后世科举所致之利，所行之法，一一若烛照而数计；使非其书久著，几使人疑为科目既兴之后，后人依托前人之谈矣。故谓事全不可逆臆非也。前人□□之谈，后人往往有不率由者。何者？势之所趋，不得不然，言之者亦不过能审乎其势耳。此前人之抱道者，所以可自信百世以俟圣人而不惑也。

名不足以致异人，而可以得常士。此言最为平允。惟可以得常士也，故策试考绩诸法，明知其不尽可恃，而终不可废。惟不足致异人也，故汉武帝、魏太祖欲求跅弛之士也。参看《汉末名士》条。

（四九一）考绩之法下

九品中正之弊，历数百年，夫人而知之矣。其原何自起乎？曰：起于汉末之朋党也。何以言之？案《三国志·夏侯玄传》：“玄议以为官才用人，国之柄也，故铨衡专于台阁，上之分也；孝行存乎闾巷，优劣任之乡人，下之叙也。夫欲清教审选，在明其分叙，不使相涉而已。若令中正但考行伦辈，辈当行均，斯可官矣。奚必使中正干铨衡之机于下，而执机柄者有所委仗于上，上下交侵，以生纷错哉？且台阁临下，考功校否，众职之属，各有官长，旦夕相考，莫究于此；闾阎之议，以意裁处，而使匠宰失位，众人驱骇，欲风俗清静，其可得乎？天台悬远，众所绝意。所得至者，更在侧近，孰不修饰以要所求？所求有路，则修己家门者，已不如自达于乡党矣。自达乡党者，已不如自求之于州邦矣。苟开之有路，而患其饰真离本，虽复严责中正，督以刑罚，犹无益也。”然则中正之弊，实由台阁不听官长考功校否之谈，而凭闾阎以意裁处之议也。

（四九二）才不中器

世之论人者，率先才而后德，以为徒善无能为；苟有才，虽或不善，亦可资以成事也。此见大误。世事之所以纷纷，皆徒有才而不正者，背公营私，损人利己致之也。《三国·魏志·卢毓传》言：毓于人及选举，必先性行而后言才。李丰尝以问毓，毓曰："才所以为善也，故大才成大善，小才成小善。今称之有才而不能为善，是才不中器也。"物必成器，然后有用；不中器，则直为无用之材矣。其言可谓深切矣。

（四九三）访问

《晋书·刘卞传》："卞从县令至洛阳，入大学试经，为台四品吏。访问令写黄纸一鹿车，卞曰：刘卞非为人写黄纸者也。访问知怒，言于中正，退为尚书令史。"案《齐书·王谌传》："明帝好围棋，置围棋州邑，以建安王休仁为围棋州都大中正，谌与太子右率沈勃、尚书水部庾珪之、彭城丞王抗四人为小中正，朝请褚思庄、傅楚之为清定访问。"访问盖中正僚属，助之采听清议者也。刘毅论九品曰："置州都者，取州里清议，咸所归服，将以镇异同，一言议。不谓一人之身，了一州之才。"自不能无助之访问者。然其任私而行如此，九品官人之法，又何以善其后乎？

（四九四）山涛

《通鉴》陈武帝永定三年：周以霖雨，诏群臣上封事极谏，左光禄大夫猗氏乐逊上言四事，其三以为选曹、补拟，宜与众共之。今州郡选置，犹集乡闾，况天下铨衡，不取物望，既非机事，何足可密？案事见《周书·逊传》，今本有阙文。胡三省《注》曰："以此观之，选曹、补拟，皆密奏于上，盖自晋山涛启事始也。"案《晋书·涛传》言："涛再居选职，十有余年，每一官缺，辄启拟数人，诏旨有所向，然后显奏，随帝意所欲为先，故帝之所用，或非举首。众情不察，以涛轻重任意，或谮之于帝，故帝手诏戒涛曰：夫用人惟才，不遗疏远卑贱，天下便化矣。而涛行之自若。一年之后，众情乃寝。"涛之掌选，为世所艳称，其实上不逆人之意，而行之既久，下之人亦知用舍之皆出于上，而己不任其恩怨，乃巧于逢迎趋避之为耳。《外戚传》：王蕴，“累迁尚书吏部郎，性平和，不抑寒素，每一官缺，求者十辈，蕴无所是非。时简文帝为会稽王，辅政，蕴辄连状白之曰：某人有地，某人有才。务存进达，各随其方，故不得者无怨焉”。其所为亦涛之类也。

《陈书·徐陵传》：天康元年，迁吏部尚书，领大著作。陵以梁末以来，选授多失其所，于是提举纲维，综核名实。时有冒进求官，喧竞不已者，陵乃为书宣示曰：“所见诸君，多踰本分，犹言大屈，未喻高怀。若问梁朝朱领军异亦为卿相，此不踰其本分邪？此是天子所拔，非关选序。梁武帝云：世间人言有目色，我特不目色范悌。宋文帝亦云：人世岂无运命，每有好官缺，辄忆羊玄保。此则清阶显职，不由选也。秦有车府令赵高直至丞相，汉有高庙令田千秋亦为丞相，此复可为例邪？”此犹张释之言：方其时上使使诛之则已，已下廷尉，则天下之平，不可倾也。专制之世，人主举措，诚有不能以法范围者，然此等要以少为佳。《晋书·王戎传》：“南郡太守刘肇贿戎筒中细布五十端，为司隶所纠，以知而未纳，故得不坐，然议者尤之。帝谓朝臣曰：戎之为行，岂怀私苟得，正当不欲立异耳。帝虽以是言释之，然为清慎者所鄙，由是损名。”天子能颠倒赏罚，而不能移易清议；清议有力，则终足以纠正赏罚，使不至于大悖。此足见与众共之利，而秘密之终成壅蔽矣。

专制之世，人主之威，似可以为所欲为矣；然壅蔽既深，亦有时而不得行其意。《北史·景穆十二王传》：元修义，“迁吏部尚书。及在铨衡，唯事货贿，授官大小，皆有定价。时中散大夫高居者，有旨先叙，上党郡缺，居遂求之；修义私已许人，抑居不与。居大言不逊，修义命左右牵曳之。居对大众，呼天唱贼。人问居曰：白日公庭，安得有贼？居指修义曰：此坐上者，违天子明诏，物多者得官，京师白劫，此非大贼乎？修义失色，居行骂而出。后欲邀车驾论修义罪状，左仆射萧宝夤喻之，乃止。”先叙之旨不得行，邀驾论罪不得达，虽有雷霆之威，亦何所用之乎？

（四九五）限年入仕

中兴二年，梁武帝请立选部表云：“且闻中间立格，甲族以二十登仕，后门以过立试吏。是则世禄之家，无意为善，布衣之士，肆心为恶。此实巨蠹，尤宜刊革。”《梁书·本纪》。其言善矣。然《梁书·文学伏挺传》云：“齐末，州举秀才，对策为当时第一。高祖义师至，挺迎谒于新林，高祖见之，甚悦，谓曰颜子，引为征东行参军，时年十八。”是高祖躬道之而躬自蹈之也。此犹可曰倥偬之际，立法未定也。天监四年正月癸卯朔诏曰：“今九流常选，年未三十，不通一经，不得解褐。若有才同甘颜，勿限年次。”而《陈书·文学·岑之敬传》：“年十六，策《春秋左氏》制旨、《孝经》义，擢为高第。御史奏曰：皇朝多士，例止明经，若颜闵之流，乃应高第。梁武帝省其策曰：何妨我复有颜闵耶？因召入面试，除童子奉车郎。”之敬岂足当甘颜之目邪？《梁书·朱异传》：“旧制，年二十五方得解褐，时异适二十一，特敕擢为扬州议曹从事史。”则解褐之年，较天监四年之诏，又早四年矣。异虽非正人，而实有才能，特敕用之，或转较伏挺、岑之敬等呫哔之士为有当也。

世胄入仕之早者。《张缅传》：起家秘书郎，出为淮南太守，时年十八。缅第三弟缵，年十一，尚高祖第四女富阳公主，起家秘书郎，时年十七。秘书郎有四员，宋齐以来，为甲族起家之选，待次入补，其居职，例数十百日便迁任。缵固求不徙，欲遍观阁内图籍。数岁方迁太子舍人。又《南史·刘虬传》：虬子之遴，年十五，举茂才明经。虬亦南阳旧族，徙居江陵者也。

《魏书·高宗纪》：和平三年十月丙辰诏曰：“三代之隆，莫不崇尚年齿。今选举之官，多不以次，令斑白处后，晚进居先，岂所谓彝伦攸叙者也！诸曹选补，宜各先尽劳旧才能。”然《肃宗纪》：熙平二年八月己亥，诏庶族子弟年未十五不听入仕。则其限年，较南朝尤早矣。《周书·裴宽传》：年十三，以选为魏孝明帝挽郎。《吕思礼传》：年十九举秀才，对策高第。又北齐杨愔，年十八，拜通直散骑侍郎，其早达亦不减南朝也。

后汉黄香，年十二，太守刘护召署门下孝子。此特用以矜式末俗，偶然之事耳。若南北朝之事，则有可异者。《陈书·虞荔传》：“年九岁，随从伯阐候太常陆倕，倕问五经凡有十事，荔随问辄应，无有遗失，倕甚异之。又尝诣征士何胤，时太守衡阳王亦造焉。胤言之于王，王欲见荔，荔辞曰：未有板刺，无容拜谒。王以荔有高尚之志，雅相钦重。还郡，即辟为主簿，荔又辞以年小，不就。”此其见辟，固未必即在九岁之时，然北齐袁聿修，则竟以九岁而州辟为主簿矣。又封孝琬及弟孝琰，皆以年十六州辟主簿。崔瞻㥄子。年十五，刺史高昂召署主簿。皆见《北齐书》本传。隋文年十四，京兆尹薛善辟为功曹，见《隋书·本纪》。《北齐书·白建传》："诸子幼稚，俱为州郡主簿，新君选补，必先召辟。"则一门又不止一人矣。

丧乱之际，地方豪右，往往据地自专，朝廷不能远驭，则即以其人治之，于是有世袭守令，此实同封建，不可以选举常格论矣。《周书·泉企传》："曾祖景言，魏建节将军，假宜阳郡守，世袭本县令，封丹水侯。父安志，复为建节将军，宜阳郡守，领本县令，降爵为伯。企九岁丧父，服阕袭爵。年十二，乡人皇平、陈合等三百余人诣州，请企为县令，州为申上。时吏部尚书郭祚，以企年少，未堪宰民，请别选遣，终此一限，令企代之。魏宣武帝诏曰：企向成立，且为本乡所乐，何为舍此世袭，更求一限？遂依所请。"又企子仲遵，年十三，州辟主簿，十四为本县令。此等措置，盖诚有所不得已者也。隋郑善果，以父死尉迟迥之难，十四而授刺史。武人酬庸，亦非可以常格论也。

入官虽早，而致仕则迟。《晋书·庾峻传》，峻以风俗趣竞，礼让陵迟，上疏言："自非元功国老，三司上才，可听七十致仕。其父母八十，可听终养。"然《齐书·明帝纪》：永明中，御史中丞沈渊表百官年登七十，皆令致仕，并穷困私门。建武元年十一月庚子诏曰："日者百司耆齿，许以自陈，东西二省，犹沾微俸，辞事私庭，荣禄兼谢，兴言爱老，实有矜怀。自缙绅年及，可一遵永明七年铨叙之科。"则七十致仕之法，实有难行者矣。《魏书·肃宗纪》：正光四年七月辛亥诏曰："今庶僚之中，或年迫悬车，循礼宜退；但少收其力，老弃其身，言念勤旧，眷然未忍。或戴白在朝，未当外任；或停私历纪，甫受考级；如此之徒，虽满七十，听其莅民，以终常限。或新辟郡县，或外佐始停，已满七十，方求更叙者，吏部可依令不奏。其有高名俊德，老成髦士，灼然显达，为时所知者，不拘斯例。若才非秀异，见在朝官，依令合辟者，可给本官半禄，以终其身。"《辛雄传》：雄"为《禄养论》，称仲尼陈五孝，自天子至庶人无致仕之文。《礼记》：八十，一子不从政；九十，家不从政。郑玄《注》云：复除之。然则止复庶民，非公卿士大夫之谓。以为宜听禄养，不约其年。书奏，肃宗纳之"。士大夫以官为家，不易脱屣，固南北皆然也。

《南史·顾协传》："张率尝荐之于梁武帝，问协年，率言三十有五。帝曰：北方高凉，四十强仕，南方卑湿，三十已衰，如协便为已老。但其事亲孝，与友信，亦不可遗于草泽，卿便称敕唤出。于是以协为兼太学博士。"三十为老，前世罕闻，岂其时入仕皆习于早，故有斯语邪？

（四九六）选举寒素之士

自魏晋行九品中正之制，而“上品无寒门，下品无世族”，晋刘毅语。直至唐代科举之制兴，而寒素之士始有进身之阶，然此固非一蹴而几，其间演变之迹，有可得言者。《晋书·庾峻传》云：是时风俗趣竞，礼让陵迟，峻上疏曰：“圣王之御世也，因人之性，或出或处，故有朝廷之士，又有山林之士。朝廷之士，佐主成化，犹人之有股肱心膂，共为一体也。山林之士，被褐怀玉，太上栖于丘园，高节出于众庶；其次轻爵服，远耻辱以全志；最下就列位，唯无功而能知止；彼其清劭足以抑贪污，退让足以息鄙事，故在朝之士，闻其风而悦之；将受爵者，皆耻躬之不逮，斯山林之士，避宠之臣，所以为美也。先王嘉之，大者有玉帛之命，其次有几杖之礼，此先王之弘也。秦塞斯路，利出一官，虽有处士之名，而无爵列于朝者，时不知德，惟爵是闻，故闾阎以公乘侮其乡人，郎中以上爵傲其父兄。夫不革百王之弊，徒务救世之政，文士竞智而务入，武夫恃力而争先；官高矣而意未满，功报矣其求不已；又国无随才任官之制，俗无难进易退之耻；位一高，虽无功而不见下，已负败而复见用，故因前而升，则处士之路塞矣。又仕者黜陟无章，是以普天之下，先竞而后让，举世之士，有进而无退，大人溺于动俗，执政挠于群言，衡石为之失平，清浊安可复分。”处士固不免虚声，然如干宝所云“悠悠风尘，皆奔竞之士，列官千百，无让贤之举”者，所乏者非济世之才，所阙者实廉隅之士，峻之言，乃诚晨钟暮鼓也。峻又曰：“夫人之性陵上，犹水之趣下也，益而不已必决，升而不已必困，始于匹夫行义不敦，终于皇舆为之败绩。”乌乎，何其言之痛，而于后来怀、愍之祸，若烛照而数计也。

虽然，欲进处士，则亦有难焉者矣。欲以矜式一世，挽回末俗，其人必无欲而不争；声华驰骛之徒，显以为名而阴以为利，未有足称为处士者也。《李重传》：“迁尚书吏部郎，务抑华竞，不通私谒，特留以隐逸，由是群才毕举，拔用北海西郭汤、琅邪刘珩、燕国霍原、冯翊吉谋等为秘书郎及诸王文学，故海内莫不归心。时燕国中正刘沈举霍原为寒素，司徒府不从，沈又抗诣中书奏原，而中书复下司徒参论。司徒左长史荀组，以为寒素者，当谓门寒身素，无世祚之资。原为列侯，显佩金紫，先为人间流通之事，晚乃务学，少长异业，年逾始立，草野之誉未洽，德礼无闻，不应寒素之目。”此则其言实是，而重之右沈者实非也。以留心隐逸之人，而其所拔用者如是。搜求寒素，夫岂易言哉？

虽然，舍寒素而用贵富之祸则有恫焉者矣。《阎缵传》：“愍怀太子之废也，缵舆棺诣阙，上书理太子之冤，曰：每见选师傅，下至群吏，率取膏粱击钟鼎食之家，希有寒门儒素。”又曰：“非但东宫，历观诸王师友文学，皆豪族力能得者，友无亮直三益之节。官以文学为名，实不读书，但共鲜衣好马，纵酒高会，嬉游博弈。请置游谈文学，皆选寒门孤宦，以学行自立者，使严御史监护其家，绝贵戚子弟，轻薄宾客。”皇太孙立，缵复上书，言“旦夕训诲，辅导出入，动静劬劳，宜选寒苦之士。其侍臣以下，文武将吏，且勿复取盛戚豪门子弟。若吴太妃家室及贾、郭之党，如此之辈，生而富溢，无念修己，率多轻薄浮华，相驱放纵，皆非所补益于吾少主者也。”观缵之言，得知晋之骨肉相残，终至青衣行酒，见辱他族，非天之降才尔殊，而其父兄自僇辱之也。

（四九七）九品官人之始

《三国·魏志·陈群传》：“文帝在东宫，深敬器焉，待以交友之礼，常叹曰：自吾有回，门人日以亲。及即王位，封群昌武亭侯，徙为尚书。制九品官人之法，群所建也。”似其法始于文帝为王时者。然《宋书·恩倖传》言：“汉末丧乱，魏武始基，军中仓卒，权立九品。”则其法实不始于魏文，亦不必为陈群所建。群之所建者，特以权立之事，制为定法，此则其事在文帝即王位后，群徙为尚书之时耳。《晋书·卫瓘传》：瓘与太尉亮等上疏言：“魏氏承颠覆之运，起丧乱之后，人士流移，考详无地，故立九品之制，粗具一时选用之本耳。其始造也，乡邑清议，不拘爵位，褒贬所加，足为劝励，犹有乡论余风。中间渐染，遂计资定品，使天下观望，惟以居位为贵，人弃德而忽道业，争多少于锥刀之末，伤损风俗，其弊不细。”则其法初立时，未尝无益，后乃败坏，特其败坏甚速耳。

（四九八）九品中正

马贵与论九品中正，谓其法太拘，引陈寿遭父丧，有疾，使婢丸药，客见之，乡里以为贬，坐是沉滞累年；谢惠连爱幸会稽郡吏杜德灵，及居父忧，赠以五言诗十余首，坐废，不豫荣伍；阎缵父卒，继母不慈，缵恭事弥谨，而母疾之愈甚，乃诬缵盗父时金宝，讼于有司，遂被清议十余年：三事为证。案当时中正之拘，其事尚不仅此。《晋书·张辅传》：梁州刺史杨欣有姊丧，未经旬，车骑长史韩预强聘其女为妻，辅为中正，贬预以清风俗，论者称之。《卞壶传》：父粹，以清辩鉴察称；兄弟六人，并登宰府，世称卞氏六龙，玄仁无双。玄仁，粹字。弟裒，尝忤其郡将，郡将怒，讦其门内之私，粹遂以不训见讥议，陵迟积年。《南史·齐本纪》：高祖建元三年九月，乌程令吴郡顾昌玄，坐父法秀宋泰始中北征死亡，尸骸不反，而昌玄燕乐嬉游，与常人无异，有司请加以清议。又明帝建武元年十二月，宣德右仆射刘朗之，坐不赡给兄子，致使随母他嫁，免官禁锢终身，付之乡论。皆其时清议特重礼教之证。《卞壶传》又云：壶转御史中丞。时淮南小中正王式继母，前夫终，更适式父，式父终，丧服讫，议还前夫家，前夫家亦有继子，奉养至终，遂合葬于前夫。式自云父临终，母求去，父许诺，于是制出母齐衰朞。壶奏其亏损世教，不可居人伦诠正之任。案侍中、司徒、临颍公组，敷宣五教，实在任人，而含容违礼，曾不贬黜；扬州大中正、侍中、平望亭侯晔，淮南大中正、散骑侍郎弘，显执邦论，朝野取信，曾不能率礼正违，崇孝敬之教，并为不胜其任；请以见事免组、晔、弘官，大鸿胪削爵士，廷尉结罪。疏奏，诏特原组等，式付乡邑清议，废弃终身。

《北齐书·羊烈传》："烈家传素业，闺门修饰，为世所称，一门女不再醮。魏太和中，于兖州造一尼寺，女寡居无子者，并出家为尼，咸存戒行。烈天统中与尚书毕义云争兖州大中正。义云盛称门阀，云我累世本州刺史，卿世为我家故吏。烈答云卿自毕轨被诛已还，寂无人物，近日刺史，皆是疆埸之上彼此而得，何足为言？岂若我汉之河南尹，晋之太傅，名德学行，百代传美；且男清女贞，足以相冠，自外多可称也。盖讥义云之帷薄焉。"是身居中正之职者，其受责备当尤重也。《刘毅》论九品之弊曰："孝弟之行，不施朝廷，门外之事，以义断恩。"于此拘泥之失，可谓一语破的；然论事当原其朔，不应概以末流之弊。九品立法之初，原不过藉考所用之人无大偭规越矩之行，本不谓足尽人伦；其后行之诚失初意，然即如立法之意行之，亦不过能维持风纪，立当时所谓名教之防，本不能期其有他效也。东汉之季，俗重清议，尤贵乡平，然所褒美，率多虚名无实，甚者德行亦出矫伪，是以魏武下令，欲求盗嫂受金之士；然此乃一时愤激之为，抑亦乱世权宜之法，岂可概诸平世？平世用人，必本行实；欲考行实，必不能舍弃乡平；是以何夔建议，谓：“自军兴以来，制度草创，用人未详其本，是以各引其类，时忘道德。夔闻以贤制爵，则民慎德；以庸制禄，则民兴功。以为自今所用，必先核之乡闾，使长幼顺叙，无相踰越。显忠直之赏，明公实之报；则贤不肖之分，居然别矣。”毛玠与崔琰并典选举，史称“其所举用，皆清正之士，虽于时有盛名而行不由本者，终莫得进”，盖即斯意。陈群之制，不过更立为定法而已。夏侯玄议九品，谓当铨衡专于台阁，优劣任之乡人，明其分叙，不使相涉；中正但当考行伦辈，考功校否，仍当据官长之第；皆与何夔之论相合，可见立法初意。刘毅言：“前九品诏书，善恶必书，以为褒贬，当时天下，少有所忌。今之九品，所下不彰其罪，所上不列其善；任爱憎之断，清浊同流，以植其私；故反违前品，大其形势，以驱动众人，使必归己，天下焉得不解德行而锐人事？”卫瓘亦云：“其始造也，乡邑清议，不拘爵位，褒贬所加，足为劝励，犹有乡论余风，中间渐染，遂计资定品，使天下观望，惟以居位为贵人。”然则法行之初，亦有微效，后乃陵夷，终至大败耳。《晋书·孔愉传》：“初，愉为司徒长史，以平南将军温峤母亡遭乱不葬，乃不过其品。至是苏峻平，而峤有重功。愉往石头诣峤，峤执愉手而流涕曰：天下丧乱，忠孝道废，能持古人之节，岁寒不凋者，惟君一人耳。时人咸称峤居公，而重愉之守正。”愉之执持，曷尝有妨峤之宣力？以是立名教之坊，使知名勇功之士，不敢荡检踰闲，固亦未为无用。若云其所谓坊者，本不足立，此则别是一义，不能以是为中正之咎也。

《后汉书·酷吏传》谓，王吉为沛相，“课使郡内各举奸吏豪人诸常有微过、酒肉为臧者，虽数十年犹加贬弃，注其名籍”。是则善恶所为，皆有记注，本前世之成法，特其掌之者乃郡县而非中正耳。《许劭传》言：劭与从兄靖俱有高名，“好共核论乡党人物，每月辄更其品题，故汝南俗有月旦评”。此虽非官法，而以中正操核论之权，实自此始。然无论官司记注，私家核论，必皆本诸行实，则理之无可疑者也。所下不彰其罪，所上不列其善，果何自来哉？刘毅又云：“人心多故，清平者寡，故怨讼者众。听之则告讦无已，禁绝则侵枉无极。”可见当时核论之不平。此讼也，不徒不可胜听，亦且是非终不可明，乃不得不一切禁之，而有如毅所谓“杜一国之口，培一人之势，使得纵横，无所顾惮”者矣。然公家不为申理，不能禁民之不私相仇，毅又言其弊曰：“恨结于亲亲，猜生于骨肉，当身困于敌仇，子孙罹其殃咎。”其为祸不亦博乎？

所下不彰其罪，所上不列其善，不过欲驱动众人，使必归己而已。惟如是，故所臧否，必也时变。《晋书·祖逖传》载王隐与梅陶论月旦评曰：“《尚书》称三载考绩，三考黜陟幽明，何得一月便行褒贬？陶曰：此官法也；月旦，私法也。隐曰：《易》称积善之家，必有余庆，积不善之家，必有余殃。称家者岂不是官？必须积久，善恶乃著，公私何异？若必月旦，则颜回食埃，不免贪污；盗跖引少，则为清廉。朝种 暮获，善恶未定矣。”《傅咸传》：“迁司徒左长史，在位多所执正。豫州大中正夏侯骏上言：鲁国小中正、司空司马孔毓，四移病所，不能接宾，求以尚书曹馥代毓，旬日复上毓为中正。司徒三却，骏故据正。咸以骏与夺惟意，乃奏免骏大中正。司徒魏舒，骏之姻属，屡却不署，咸据正甚苦。舒终不从，咸遂独上。舒奏咸激讪不直，诏转咸为车骑司马。”每月辄更，亦何以异于旬日即变！是故知驱动之为，公私无异也。

（四九九））中正非官

《十七史商榷》云：“魏陈群始立九品官人之法。《三国志》《晋书》及《南史》诸列传中，多有为州郡大中正者，盖以他官或老于乡里者充之。掌乡党平论，人才臧否，清议系焉。乃《晋·职官志》中绝不一见，何也？”案《魏书·刑罚志》云：“旧制：直阁、直后、直斋，武官队主、队副等，以比视官，至于犯谴，不得除罪。尚书令任城王澄奏：案诸州中正，亦非品令所载，又无禄恤，先朝已来，皆得当刑。直阁等禁直上下，有宿卫之勤，理不应异。灵太后令准中正。”品令不载，又无禄恤，则中正非官也。刘毅云：“置州都者，取州里清议，咸所归服，将以镇异同，一言议。”《晋书·刘毅傅》。盖于清议之中，择一人为之平骘，乃士大夫之魁首，而非设官分职之一也。

（五〇〇）屯田之弊

屯田之效，莫著于后汉之末。以是时海内凋敝已甚，野无可掠，即拥兵者亦多“无敌自破”，《魏书》语。见《三国·魏志·武帝纪》建安元年《注》引。故群思致力于此；而又有严明之上以督之，故其效易也。然《三国·魏志·袁涣传》言："拜为沛南部都尉。是时新募民开屯田，民不乐，多逃亡。涣白太祖曰：夫民安土重迁，不可卒变，易以顺行，难以逆动，宜顺其意，乐之者乃取，不欲者勿强。太祖从之，百姓大说。"然则是时之屯田，有强民移徙者矣。安知其非故有业之民哉？盖欲见屯田之功，即不恤废其旧有之业也。苏轼曰："今有人为其主牧牛羊者，不告其主而以一牛易五羊。一牛之失，则隐而不言，五羊之获，则指为劳绩。"盖官之所谓功，如是者多矣。此政事之所以难言，亦考绩之所以不易也。

天下之弊，莫大于名实之不副。《吴志·孙权传》黄武五年："陆逊以所在少谷，表令诸将增广农亩。权报曰：甚善。今孤父子亲自受田，车中八牛以为四耦，虽未及古人，亦欲与众均等其劳也。"其重视屯垦，亦可谓至矣。而孙休永安二年诏言："自顷年已来，州郡吏民 及诸营兵，多违此业，皆浮船长江，贾作上下，良田渐废，见谷日少。"然则上有务农之诏，下惟商贩之务也。然此犹可言也。乃若魏者，特开屯田之官，专以农桑为业，而诸典农亦各部吏民，末作治生，以要利入，见《魏志·司马芝传》。又何以自解与？然而末作之利，优于本业旧矣。

（五〇一）晋度田收租之制

《晋书·食货志》：咸和五年，成帝始度百姓田，取十分之一，率亩税米三升。哀帝即位，乃减田租，亩收二升。孝武大元二年，除度田收租之制，王公以下，口税三斛，惟蠲在役之身。八年，又增税米口五石。《文献通考》云：晋制：男子一人授田七十亩。以亩收三升计之，当口税二斛一斗。以亩收二升计之，当口税一斛四斗。今除度田收租之制，而口税二斛增至五石，则赋颇重矣。岂所谓王公以下云者，又非泛泛授田之百姓欤？当考。

案马氏所疑是也。《隋书·食货志》：北齐河清三年定令：京城四面，诸坊之外，三十里内为公田。受公田者，三县代迁内，《通典》作户。执事官一品以下逮于羽林、武贲各有差。其外畿郡，华人官第一品以下羽林、武贲已上各有差。职事及百姓请垦田者，名为受田。《通典》作永业田。奴婢受田者：亲王止三百人，嗣王止二百人，第二品嗣王已下及庶姓王止一百五十人，正三品以上及王宗止一百人，七品已上限止八十人，八品以下至庶人限止六十人。其方百里外及州人：一夫受露田八十亩，妇人四十亩。奴婢依良人，限数与在京百官同。丁牛一 头受田六十亩，限止四牛。又每丁给永业二十亩为桑田，其中种桑五十根、榆三根、枣五根，不在遗受之限。非此田者，悉入还受之分。土不宜桑者，给麻田如桑田法。然则王畿百里以内，任土之法，与其外不同。其外有桑田，有露田；其内则皆为永业也。此制盖沿自后魏。《魏书·食货志》：肃宗孝昌二年税京师田亩五升，借赁公田者亩一斗。即指此项田亩言之。税五升者，盖其所谓代来之户；税一斗者，则华人之借赁者也。北朝立法，多规放南朝。晋世之度田为税，自亦指王公之田言之：云蠲在役之身，明其人本来无役；又云度百姓田者，则其田不能尽为王公所有，平民亦有借赁者耳。

（五〇二）户调之始

户调之式，定自晋武帝。然其事非始于武帝也。《三国·魏志·武帝纪》：建安九年注引《魏书》载公定河北后令曰：其收田租亩四升，户出绢二匹，绵二斤而已，他不得擅兴发。《赵俨传》：俨为朗陵长。时袁绍举兵南侵，遣使招诱豫州诸郡，诸郡多受其命，惟阳安郡不动，而都尉李通急录户调。俨见通曰：方今天下未集，诸郡并叛，怀附者复收其绵绢，小人乐乱，能无遗恨。则户调绵绢之制，魏武帝时久行之矣。

案《续汉书·百官志》云：乡置有秩，郡所署。小者，县置啬夫，皆主知民善恶，为役先后；知民贫富，为赋多少；平其差品。《后汉书·明帝纪》：中元二年诏曰：郡县每因征发，轻为奸利，诡责羸弱，先急下贫，其务在均平，无令枉刻。《魏志·曹洪传》注引《魏略》曰：太祖为司空时，以己率下。每岁发调，使本县平资。则民之以訾产定赋久矣。

《后汉书·顺帝纪》：永和六年七月，诏假民有资者，户钱一千。《汉书·景帝纪》：后二年，以訾算十以上乃得官，诏减为四。则汉时人民訾产之有无多少，在官皆有记注。《王莽传》：冯茂击句町，赋敛民财，什取五，更遣廉丹等复訾民，取其十四。又天凤六年，一切税天下吏民，訾三十取一。亦见《食货志》。其取之之率，盖即以其记注为据。伍被言秦收大半之赋，《汉书·食货志》亦云，亦谓其取之过于什五耳。汉田租仅三十取一；人民所见为重者，实在口钱及赋役。故贡禹以口钱之重为言；而史称桑弘羊之功，乃在于民不加赋。《汉书·萧望之传》：西羌反，汉遣后将军征之。张敞上书请令诸有罪、非盗受财、杀人及犯法不得赦者入谷八郡赎罪。望之及少府李强难之。敞曰：少府、左冯翊所言，常人之所守耳。昔先帝征四夷，兵行三十余年，百姓犹不加赋，而军用给。今羌虏一隅小夷，跳梁于山谷间，汉但令罪人出财减罪以诛之，其名贤于烦扰良民，横兴赋敛也。足见加赋为害之烈。武帝以民不益赋而天下用饶，赐弘羊爵左庶长，黄金再百斤，其赏诚不虚也。世徒譬弘羊之聚敛；不知若无弘羊，则明季加派之祸，早见于天汉之年，非复绣衣杖斧之所得而平矣。赋之恶在于其取之无艺、无定物、无定数、无定时。明季加派之祸，即如此。"户调绵绢，他不得擅兴发"，则此弊免矣。然则以户调拯横敛之弊，犹以一条鞭济加派之穷也。此亦魏武帝之所以克戡大难矣。

《后汉书·刘平传》云：拜全椒长，政有恩惠，百姓怀感。人或增资就赋，或减年从役。增资就赋说与《续书》"知民贫富，为赋多少"合。云减年从役，则役亦以年为准，与《续书》"知民善恶，为役先后"之说不符。岂汉世于论年以外，又有以善恶定役之法欤？然此法大易上下其手，非良法也。

（五〇三）滂

《南齐书·周颙传》云：建元初，为山阴令。县旧订滂民，以供杂使。颙言于太守闻喜公子良曰：窃见滂民之困，困实极矣。役命有常，只应转竭。蹙迫驱催，莫安其所。险者或窜避山湖，困者自经沟渎，亦有摧臂斫手，苟自残落，贩佣贴子，权赴急难。每至滂使发动，遵赴常促，辄有粗杖被录，稽颡阶垂，泣涕告哀，不知所振。下官未尝不临食罢箸，当书偃笔，为之久之，怆不能已。交事不济，不得不就加捶罚。见此辛酸，时不可过。山阴邦治，事倍余城。然略闻诸县，亦处处皆踬。惟上虞以百户一滂，大为优足。过此列城，不无凋罄。宜应有以普救倒悬，设流开便，则转患为功，得之何远。此滂字似即今之帮字，盖民自合若干人为一帮以应役也。

（五〇四）募兵之利弊

前汉时国威极盛，东京以后，稍以衰替，实由于民兵之废。规复民兵，固为久长之计，然设行之不善，则又有转致骚扰者。杜畿谲卫固曰：“今大发兵，众必扰，不如徐以赀募兵。”是也。《三国·魏志》本传。太祖建安十五年十二月已亥令曰：“遭值董卓之难，兴举义兵。是时合兵能多得耳。”《吴志·孙策传》：“策说（袁）术乞助（吴）景等平定江东。术表策为折冲校尉，行殄寇将军，兵财千余，骑数十匹，宾客愿从者数百人。比至历阳，众五六千。”此募兵易得之效。《袁绍传注》引《九州春秋》言：袁谭在青州，“别使两将募兵下县，有赂者见免，无者见取，贫弱者多，乃至窜伏丘野之中，放兵捕索，如猎鸟兽。邑有万户者，著籍不盈数百。”此名为召募，实同征发，非召募之罪也。《吴志·陆逊传》：嘉禾六年，“中郎将周祇乞于鄱阳召募。事下问逊。逊以为此郡民易动难安，不可与召，恐致贼寇。而祇固陈取之，郡民吴遽等果作贼杀祇，攻没诸县。豫章、庐陵宿恶民，并应遽为寇。”丧乱之世，只虑民之易动耳，不虞其不可得也。募民固非经久之计，然犷悍之民，亦宜有以教之。而其性既习于犷悍，欲化之以善甚难，不得不束之以严，欲束之以严，则莫若束之行伍之中矣。计民之为兵，必二三十年而休之，则年稍长而气稍衰；使在行伍之中，果能束之以纪律，则其性已稍习于良善，固不虑其遣散之后，复为恣睢也。此则行教化于行伍之中，亦非不知礼义之将所能为矣。

招兵固易得矣，然抚之不善，则逃亡亦多。《魏志·卢毓传》言：“时天下草创，多逋逃，故重士亡法，罪及妻子。亡士妻白等，始适夫家数日，未与夫相见，大理奏弃市。”《高柔传》云：“鼓吹宋金等在合肥亡逃。旧法，军征士亡，考竟其妻子。太祖患犹不息，更重其刑。金有母妻及二弟皆给官，主者奏尽杀之。”其酷如此。柔言：“宜贷其妻子，一可使贼中不信，二可使诱其还心。”此理易明，人所共晓，然以魏武帝之明，犹为此法。卢毓诤大理之失，亦不过曰“刑之为可，杀之为重”而已。又柔言：“正如前科，固已绝其意望，而猥复重之，柔恐自今在军之士，见一人亡逃，诛将及己，亦且相随而走，不可复得杀也。”然则不徒亡士诛及妻子，亦且军中又有什伍之诛也；然卒不能止士之逃亡，严刑峻法何益哉？

《高柔传》又云：“护军营士窦礼近出不还。营以为亡，表言逐捕，没其妻盈及男女为官奴婢。盈连至州府，称冤自讼，莫有省者。乃辞诣廷尉。柔问曰：汝何以知夫不亡？盈垂泣对曰：夫少单特，养一老妪为母，事甚恭谨，又哀儿女，抚视不离，非是轻狡不顾室家者也。柔重问曰：汝夫不与人有怨仇乎？对曰：夫良善，与人无仇。又曰：汝夫不与人交钱财乎？对曰：尝出钱与同营士焦子文，求不得。时子文适坐小事系狱，柔乃见子文，问所坐。言次，曰：汝颇曾举人钱不？子文曰：自以单贫，初不敢举人钱物也。柔察子文色动，遂曰：汝昔举窦礼钱，何言不邪？子文怪知事露，应对不次。柔曰：汝已杀礼，便宜早服。子文于是叩头，具首杀礼本末，埋藏处所。柔便遣吏卒，承子文辞往掘礼，即得其尸。"夫恭谨养母，哀抚儿女，良善与人无仇，而斤斤于所出之钱，至于见杀，是则田舍翁耳，此岂为士伍者？而亦隶名护军，则以迫于单特故也。田舍郎犹以迫于处境而为兵，此募兵之所以易；抑兵中亦多此等人，此干戈之所以卒戢欤？

（五〇五）魏时将帅之骄

《三国·魏志·董昭传》：文帝三年，"征东大将军曹休临江在洞浦口，自表：愿将锐卒虎步江南，因敌取资，事必克捷；若其无臣，不须为念。帝恐休便渡江，驿马诏止。时昭侍侧，因曰：今者渡江，人情所难，就休有此志，势不独行，当须诸将。臧霸等既富且贵，无复他望，但欲终其天年，保守禄祚而已，何肯乘危自投死地，以求徼幸？苟霸等不进，休意自沮。臣恐陛下虽有敕渡之诏，犹必沉吟，未便从命也。是后无几，暴风吹贼船，悉诣休等营下，斩首获生，贼遂进散。诏敕诸军促渡。军未时进，贼救船遂至"。案《贾逵传注》引《魏略》言太祖之崩，"太子在邺，鄢陵侯未到，士民颇苦劳役，又有疾疠，于是军中骚动。群寮恐天下有变，欲不发丧。逵建议以为不可秘，乃发哀，令内外皆入临，临讫，各安叙不得动。而青州军擅击鼓相引去。众人以为宜禁止之，不从者讨之。逵以为方大丧在殡，嗣王未立，宜因而抚之。乃为作长檄，告所在给其饮食。"《臧霸传》："（孙）权乞降，太祖还，留霸与夏侯惇等屯居巢。文帝即王位，迁镇东将军，进爵武安乡侯，都督青州诸军事。及践阼，进封开阳侯，徙封良成侯。与曹休讨吴贼，征为执金吾，位特进。"《注》引《魏略》曰："建安二十四年，霸遣别军在洛。会太祖崩，霸所部及青州兵，以为天下将乱，皆鸣鼓擅去。文帝即位，以曹休都督青、徐，霸谓休曰：国家未肯听霸耳！若假霸步骑万人，必能横行江表。休言之于帝，帝疑霸军前擅去，今意壮乃尔，遂东巡，因霸来朝而夺其兵。"然则当时所虑者，曹休之不能制霸，非休之欲渡江也。《魏略》谓休表言霸意，而董昭谓休自欲渡江，失其实矣。《王基传》：明帝时，基上疏曰："昔汉有天下，至孝文时，惟有同姓诸侯，而贾谊忧之曰：置火积薪之下而寝其上，因谓之安也。今寇贼未殄，猛将拥兵，检之则无以应敌，久之则难以遗后，当盛明之世，不务以除患，若子孙不竞，社稷之忧也。使贾谊复起，必深切于曩时矣。"读此知魏时将帅之骄，统一之业之不克早成，良有以也。

将帅之骄也，由于法之不行。诸葛亮所谓"宠之以位，位极则贱，顺之以恩，恩竭则慢"也。《三国志》本传《注》引《蜀记》。《武帝纪》建安八年五月己酉令曰："《司马法》：将军死绥。故赵括之母，乞不坐括。是古之将者，军破于外，而家受罪于内也。自命将征行，但赏功而不罚罪，非国典也。其令诸将出征，败军者抵罪，失利者免官爵。"案《史记·项羽本纪》言：章邯降，"项羽乃立章邯为雍王，置楚军中；使长史欣为上将军，将秦军为前行。秦吏卒多窃言曰：章将军等诈吾属降诸侯，今能入关破秦，大善；即不能，诸侯虏吾属而东，秦必尽诛吾父母妻子"。然则战败受诛者，不独将军也。而将军战败受罪，直至建安八年始行，何其慢哉？岂以所将者多群盗若臧霸之流，不容操之过急欤？

又《武帝纪》："建安七年正月，公军谯，令曰：吾起义兵，为天下除暴乱。旧土人民，死丧略尽，国中终日行，不见所识，使吾凄怆伤怀。其举义兵已来，将士绝无后者，求其亲戚以后之，授土田，官给耕牛，置学师以教之。为存者立庙，使祀其先人，魂而有灵，吾百年之后何恨哉！"十二年二月，"丁酉，令曰：吾起义兵诛暴乱，于今十九年，所征必克，岂吾功哉？乃贤士大夫之力也。天下虽未悉定，吾当要与贤士大夫共定之；而专飨其劳，吾何以安焉！其促定功行封。于是大封功臣二十余人，皆为列侯，其余各以次受封，及复死事之孤，轻重各有差。"《注》引《魏书》载公令曰："昔赵奢、窦婴之为将也，受赐千金，一朝散之，故能济成大功，永世流声。吾读其文，未尝不慕其为人也。与诸将士大夫共从戎事，幸赖贤人不爱其谋，群士不遗其力，是以夷险平乱，而吾得窃大赏，户邑三万。追思窦婴散金之义，今分所受租与诸将掾属及故戍于陈、蔡者，庶以畴答众劳，不擅大惠也。宜差死事之孤，以租谷及之。若年殷用足，租奉毕入，将大与众人悉共飨之。"十四年七月，"辛未，令曰：自顷已来，军数征行，或遇疫气，吏士死亡不归，家室怨旷，百姓流离，而仁者岂乐之哉？不得已也。其令死者家无基业不能自存者，县官勿绝廪，长吏存恤抚循，以称吾意”。夫此三令，可谓至诚恻怛，其于将士之恩，亦不为不厚矣。文帝即王位后，延康元年十月癸卯，下令曰：“诸将征伐，士卒死亡者或未收敛，吾甚哀之；其告郡国给槥椟殡敛，送致其家，官为设祭。”《文帝纪》。亦可谓能肯堂肯构者。《汉书·高帝纪》：四年八月，“汉王下令：军士不幸死者，吏为衣衾棺敛，转送其家，四方归心焉”。则知魏氏之于将士，不为不厚；而将帅之骄如此，治军者贵威克厥爱，信哉！

（五〇六）魏太祖征乌丸

魏武帝之征乌丸也，堑山堙谷五百余里。《本纪》《注》引《曹瞒传》曰：“时寒且旱，二百里无复水，军又乏食，杀马数千匹以为粮，凿地入三十余丈乃得水。”亦可谓危矣。“既还，科问前谏者，皆厚赏之，曰：孤前行，乘危以徼幸，虽得之，天所佐也，故不可以为常。诸君之谏，万安之计，是以相赏，后勿难言之。”是公亦自知其危也。然而必征之者，《夏侯惇传》《注》引《魏书》言：“韩浩迁护军。太祖欲讨柳城，领军史涣以为道远深入，非完计也，欲与浩共谏。浩曰：今兵势强盛，威加四海，战胜攻取，无不如志，不以此时遂除天下之患，将为后忧。”善夫，夷狄最虑令其养成气，毫毛勿拔，将寻斧柯□□□□之死。清太祖曾何能为，明不以此特除恶务尽，至其戡尼堪外兰、灭哈达、犯叶赫，而势不易除矣。□□□□□而乘兵威以“除天下之患”，此太祖君臣之志夫，亦可谓神武矣！

（五〇七）文臣轻视军人

《三国·蜀志·刘巴传注》引《零陵先贤传》曰：“张飞尝就巴宿，巴不与语，飞遂忿恚。诸葛亮谓巴曰：张飞虽实武人，敬慕足下。主公今方收合文武，以定大事；足下虽天素高亮，宜少降意也。巴曰：大丈夫处世，当交四海英雄，如何与兵子共语乎？备闻之，怒曰：孤欲定天下，而子初专乱之。其欲还北，假道于此，岂欲成孤事邪？”案《彭羕传》言：羕左迁为江阳太守。“闻当远出，私情不悦，往诣马超。超问羕曰：卿才具秀拔，主公相待至重，谓卿当与孔明、孝直诸人齐足并驱，宁当外授小郡，失人本望乎？羕曰：老革荒悖，何复道邪！”

《注》曰:“古者以革为兵,故语称兵革,革犹兵也。兼骂备为老革,犹言老兵也。”然则当时士夫视备,亦不足齿数,无怪备谓刘巴特欲假道还北矣。《费诗传》:“先主为汉中王,遣诗拜关羽为前将军。羽闻黄忠为后将军,怒曰:大丈夫终不与老兵同列!”是不惟士夫轻军人,即军人亦自相轻也。《吴志·孙坚传注》引《吴录》言:王叡“与坚共击零、桂贼,以坚武官,言颇轻之”。知文臣之轻视武人,由来已久。

(五〇八)追贵人家属胁之出战

《通鉴》:陈宣帝大建八年,周武帝破晋阳,齐主还邺,引诸贵臣,问以御周之策,人人异议,齐主不知所从。是时人情汹惧,莫有斗心,朝士出降,昼夜相属。高励曰:“今之叛者,多是贵人,至于卒伍,犹未离心,请追五品已上家属,置之三台,因胁之以战,若不捷,则焚台,此曹顾惜妻子,必当力战,且王师频北,贼徒轻我,今背城一决,理必破之。”齐主不能用,案周、齐兵力本相若,齐之所以亡,特因人心崩溃,不能自固耳。以此胁之,理可一战,惜乎齐主之不能用也。凡兵力本可用,而人心不固者,皆可用此策。

(五〇九)兵无铠甲

《三国·吴志·孙和传注》引《吴历》言:吴兴施但聚众万余人,劫和子谦,将至秣陵,欲立之。至九里,为丁固、诸葛靓所破。但兵裸身无铠甲,临陈皆披散。似民间仓卒起兵者,不能备铠甲也。然《诸葛恪传》言东兴之役,留赞等亦解置铠甲,不持矛戟,但兜鍪刀楯,倮身缘遏。时天寒雪,尚且如此。则吴人固有倮身而斗之习。盖吴、越古本倮,汉世虽袭衣冠,战时犹沿旧习也。

(五一〇)魏晋法术之学上

汉治自永初而后,纵弛极矣。外戚专权,宦竖窃柄,官方不肃,处士横议,盖自朝宁、宫禁、学校之中,无一以国事为念者。一时通达治体之士,若王符、仲长统、崔寔等,咸欲以综核名实之治救之,当时莫能行,然三国开创之君臣,实皆用此以致治。

《魏志》载建安八年五月己酉太祖令曰："《司马法》：将军死绥。故赵括之母，乞不坐括。是古之将者，军破于外，而家受罪于内也。自命将征行，但赏功而不罚罪，非国典也。其令诸将出征，败军者抵罪，失利者免官爵。"《注》引《魏书》载庚申令曰："议者或以军吏虽有功能，德行不足堪任郡国之选，所谓可与适道，未可与权。管仲曰：使贤者食于能则上尊，斗士食于功则卒轻于死，二者设于国则天下治。未闻无能之人，不斗之士，并受禄赏，而可以立功兴国者也。故明君不官无功之臣，不赏不战之士；治平尚德行，有事赏功能。论者之言，一似管窥虎欤！"皆法家之精义也。《荀彧传》载彧论袁、曹成败，及《郭嘉传注》引《傅子》述嘉"绍有十败，公有十胜"之论，大同小异，疑即一说之误传。二者皆谓绍御军宽缓，法令不立，操法令明而赏罚必行。绍任亲戚子弟而好名誉，故多得好言饰外之人；操用人不问远近，赏功无所悋惜，故能得忠正效实之士。绍大臣争权，谗言惑乱；操御下以道，浸润不行。比而观之，亦可见曹公之能任法术矣。

建安十五年令曰："若必廉士而后可用，则齐桓其何以霸世？今天下得无有被褐怀玉而钓于渭滨者乎？又得无盗嫂受金而未遇无知者乎？"十九年令曰："夫有行之士未必能进取，进取之士未必能有行也。陈平岂笃行，苏秦岂守信邪？"二十二年令曰："韩信、陈平负污辱之名，有见笑之耻，卒能成就王业，声著千载。吴起贪将，杀妻自信，散金求官，母死不归，然在魏，秦人不敢东向，在楚则三晋不敢南谋。今天下得无有至德之人放在民间，及果勇不顾，临敌力战；若文俗之吏，高才异质，或堪为将守；负污辱之名，见笑之行，或不仁不孝而有治国用兵之术：其各举所知，勿有所遗。"《三国志注》引《魏书》。顾亭林深加贬斥，谓"经术之治，节义之防，光武、明、章数世为之而未足；毁方败常之俗，孟德一人变之而有余"。实则后汉之世，士好立名，凡争名者必假饰于外，其才固未可用，其德亦不足称。董昭太和之疏，乃东京末世之俗，不徒非魏武所造，并非文帝所为也。《荀彧传注》引《彧别传》，谓其"取士不以一揆，戏志才、郭嘉有负俗之讥，杜畿简傲少誉，皆以智策举之"。有负俗之讥无论矣，即简傲少文，亦不利于合徒党，要乡曲之誉。可见魏武君臣，取才皆不尚虚声也。

陈寿评魏祖，谓其"揽申、商之法术，该韩、白之奇策，官方授材，各因其器，矫情任算，不念旧恶"。《注》引《魏书》，亦称其"知人善察，难眩以伪”。可见其诛赏皆守法而不任情。乃又引《曹瞒传》，谓其“持法峻刻，诸将有计划胜出己者，随以法诛之，及故人旧怨，亦皆无余”。此可谓能守法欤？《曹瞒传》又谓“其所刑杀，辄对之垂涕嗟痛之，终无所活”。可见其持法之严。此岂任情诛杀者哉？又曰：“尝出军，行经麦中，令士卒无败麦，犯者死。而太祖马腾入麦中，敕主簿议罪；主簿对以《春秋》之义，罚不加于尊，太祖曰：制法而自犯之，何以帅下？然孤为军帅，不可自杀，请自刑。因援剑割发以置地。又有幸姬，尝从昼寝，枕之卧，告之曰：须臾觉我。姬见太祖卧安，未即寤。及自觉，棒杀之。尝讨贼，廪谷不足，私谓主者曰：如何？主者曰：可行小斛以足之。太祖曰：善。后军中言太祖欺众，太祖谓主者曰：特当借君死以厌众，不然，事不解。乃斩之，取首题徇曰：行小斛，盗官谷，斩之军门。其酷虐变诈，皆此类也。”夫罚不加于尊，《春秋》之义，非主簿所能伪造也；军帅不可自杀，亦理势之宜，此而可谓之变诈欤？幸姬不受令，或当诛责，何至棒杀？酷虐如此，岂似持法之人？法贵平，不贵酷也。主廪谷者岂一人，而可先许之而后杀之欤？故知野史之言，失实者多矣。

《马谡传》谓谡下狱物故，诸葛亮为之流涕。《注》引《襄阳记》曰：“于时十万之众为之垂涕。亮自临祭，待其遗孤若平生。蒋琬后诣汉中，谓亮曰：昔楚杀得臣，然后文公喜可知也。天下未定，而戮智计之士，岂不惜乎？亮流涕曰：孙武所以能制胜于天下者，用法明也。四海分裂，兵交方始，若复废法，何以讨贼？”此与魏武之垂涕嗟痛，终无所活，可以参观。《亮传》谓亮“庶事精练，物理其本”，《上诸葛氏集表》曰：“工械技巧，物究其极。”而《魏志注》引《魏书》，亦谓太祖“造作宫室，缮治器械，无不为之法则，皆尽其意”，又可见其殊方而一揆。《诸葛氏集》，有《计算》《综核》两篇，《表》曰：“其声教遗言，皆经事综物，公诚之心，形于文墨，足以知其人之意理，而有补于当世。”《注》引《袁子》，谓“亮之治蜀，田畴辟，仓廪实，器械利，蓄积饶”。凡能成大业者，未有不勤于细物者也。岂有从容暇豫，而自以为知体者哉？

《季汉辅臣赞注》引《襄阳记》曰：“亮尝自校簿书。杨颙谏曰：为治有体，上下不可相侵。今明公躬校簿书，流汗竟日，不亦劳乎？亮谢之。”夫此位分之体，岂亮之所不知？而如是者，危邦之政，固不可以平世之事为例也。

《费诗传》：降人李鸿诣亮曰：“间过孟达许，适见王冲从南来，言往者达之去就，明公切齿，欲诛达妻子，赖先主不听耳。达曰：诸葛亮见顾有本末，终不尔也。尽不信冲言。”故知持法平者，虽背逋之人犹信之，岂有释法而任情者乎？《魏志》曰：太祖讨袁谭时，“民亡椎冰，令不得降。顷之，亡民有诣门首者，公谓曰：听汝则违令，杀汝则诛首，归深自藏，毋为吏所获。”则执法自有其人，非废法也。

廖立垂泣，李平致死，何施而得斯于人哉？习凿齿曰：“夫水至平而邪者取法，镜至明而丑者亡怒，水镜之所以能穷物而无怨者，以其无私也。水镜无私，犹以免谤，况大人君子怀乐生之心，流矜恕之德，法行于不可不用，刑加乎自犯之罪，爵之而非私，诛之而不怒，天下有不服者乎？诸葛亮于是可谓能用刑矣。自秦、汉以来，未之有也。”《李严传注引》。今案陈寿《上诸葛氏集表》，言“至今梁、益之民，咨述亮者，言犹在耳，虽《甘棠》之咏召公，郑人之歌子产，无以远譬也”。《注》引《袁子》亦曰：“行法严而国人悦服，用民尽其力而下不怨。亮死至今数十年，国人歌思，如周人之思召公也。”异口同辞，必非虚语矣。陈寿又曰：“刑政虽峻而无怨者，以其用心平而劝戒明也。”夫劝戒在先，而后以刑诛其不顺者于后，则非不教而诛者矣。此习凿齿所谓“怀乐生之心，流矜恕之德”者欤？故知义以断事者，未有不以仁心为其质者也。

张裔之称诸葛曰：“赏不遗远，罚不阿近，爵不可以无功取，刑不可以贵势免，此贤愚之所以佥忘其身者也。”《张裔传》。法不以远近贵贱而异，所谓平也。陈寿之称诸葛氏曰：“吏不容奸，人怀自厉，道不拾遗，强不陵弱。”此又其不遗乎远之效也。袁子言亮军之能斗也，曰：“蜀人轻脱，亮故坚用之。”两汉之世，民风以蜀为最弱，读司马相如《谕巴蜀檄》可知。而亮能以之为强，其道何由？则“法令明，赏罚信，士卒用命，赴险不顾”而已。谁谓治戎与理民，有二道哉？

《吴志·陆逊传》：上疏陈时事曰：“科法严峻，下犯者多。顷年以来，将吏罹罪，虽不慎可责，然天下未一，当图进取，小宜恩贷，以安下情。且世务日兴，良能为先，自非奸秽入身，难忍之过，乞复显用，展其力效。峻法严刑，非帝王之隆业；有罚无恕，非怀远之宏规也。”是吴大帝之用法，颇失之严，不如诸葛之平恕矣。《魏志》：建安九年九月令曰：“河北罹袁氏之难，其令毋出今年租赋。”重豪强兼并之法，百姓喜悦。《注》引《魏书》载曹公令曰：“有国有家者，不患寡而患不均，不患贫而患不安。袁氏之治也，使豪强擅恣，亲戚兼并；下民贫弱，代出租赋，衒鬻家财，不足应命；审配宗族，至乃藏匿罪人，为逋逃主；欲望百姓亲附，甲兵强盛，岂可得邪？其收田租亩四升，户出绢二匹、绵二斤而已，他不得擅兴发。郡国守相明检察之。无令强民有所隐藏，而弱民兼赋也。”是魏武用法，颇能下逮于民，非徒督责官吏而已。其能国富兵强，岂不以此欤？

《蜀志·吕乂传》：“累迁广汉、蜀郡太守。蜀郡一都之会，户口众多，又亮卒之后，士伍亡命，更相重冒，奸巧非一。乂到官，为之防禁，开喻劝导，数年之中，漏脱自出者万余口。”以诸葛亮立法之备，用法之严，而身没之后，奸巧遂作。人存政举，人亡政息，岂不然哉？

（五一一）魏晋法术之学中

三国承季汉纵恣之后，督责之术，乃时势所需，非魏武、孔明等一二人故为严峻也。故其时薄有才略之君，皆能留意于此。《魏志·明帝纪注》引《魏书》，称其“料简功能，真伪不得相贸，务绝浮华谮毁之端”，“性特强识，虽左右小臣官簿性行，名迹所履，及其父兄子弟，一经耳目，终不遗忘。案此由其留意于督察，非必天性强识也。含垢藏疾，容受直言。听受吏民士庶上书，一月之中至数十百封，虽文辞鄙陋，犹览省究竟，意无厌倦”。孙盛亦称其“政自己出，而优礼大臣，开容善直，虽犯颜极谏，无所摧戮”。此盖兼听并观之术。《魏书》又称其“特留意于法理”，其操术盖有由来矣。

然明帝非真能用法之人也。法家之术，如鉴空衡平，首贵绝去私意。所恶于私意者，非徒不可以治人，亦且不足以修己。抑修己治人，理无二致；不能修己，而欲袭取于莅朝行法之时，吾知其不可得矣。明帝虽隆法术，而多秕政；临终顾托，又不得其人，卒使“当涂”之运，移于“典午”，有以也哉！观其侈于宫室弋猎，而拒辛毗、杨阜、高堂隆之谏，则知其不能自克矣。《世语》曰：“帝与朝士素不接，即位之后，群下想闻风采。居数日，独见侍中刘晔，语尽日。众人侧听。晔既出，问何如？晔曰：秦始皇、汉孝武之俦，才具微不及耳。”《三国·魏志·明帝纪注》引。夫秦皇、汉武固亦好任法术，而不能抑其侈欲者也。晔之言，何其婉而彰欤？

不能绝去私意，则易致昵近小人。《魏略》秦朗、孔桂，俱列佞幸。鱼豢怪武皇之慎赏，明皇之持法，而犹有此等人，《三国·魏志·明帝纪注》。抑知其不足怪也。《杨阜传》：“阜又上疏欲省宫人诸不见幸者，乃召御府吏问后宫人数。吏守旧令，对曰：禁密，不得宣露。阜怒，杖吏一百，数之曰：国家不与九卿为密，反与小吏为密乎？”令真不得宣露，阜岂得任怒杖吏？则知吏云不得宣露，非令意也。明帝使吏不得宣露，非能密，实坏法矣。夫其任秦朗，则亦犹是耳。《魏略》曰：明帝授朗内官，为骁骑将军、给事中，每车驾出入，朗常随从。时明帝喜发举，数有以轻微而致大辟者，朗终不能有所谏止，又未尝进一善人，帝亦以是亲爱，每顾问之。《三国·魏志·明帝纪注》引。夫安知明帝之所发举，非阴得之若朗辈者乎？与内官事发举，而加轻罪以重辟，岂法也哉？即谓不然，而惟顺适意旨者是爱，其可谓善治心乎？以是临下，欲其如鉴空衡平，其可得乎？不能治心，安能持法？故曰明帝非真能用法者也。

《蜀志·先主纪注》引《诸葛亮集》载先主遗诏敕后主曰："可读《汉书》《礼记》，闲暇历观诸子及《六韬》《商君书》，益人意智。闻丞相为写《申》《韩》《管子》《六韬》一通已毕，未送，道亡，可自更求闻达。"则先主亦尚法术矣。盖时势使然，久历艰难者，皆知之也。又可见孔明、魏武之用法，皆时势所需，非徒好尚所在矣。

《诸葛亮传注》引《蜀记》，载郭冲条亮五事。其一曰：亮刑法峻急。法正谏曰："昔高祖入关，约法三章，秦民知德，今君假借威力，跨据一州，初有其国，未垂惠抚；且客主之义，宜相降下，愿缓刑弛禁，以慰其望。"亮答曰："君知其一，未知其二。秦以无道，政苛民怨，匹夫大呼，天下土崩，高祖因之，可以弘济。刘璋暗弱，自焉以来有累世之恩，文法羁縻，互相承奉，德政不举，威刑不肃。蜀土人士，专权自恣，君臣之道，渐以陵替；宠之以位，位极则贱；顺之以恩，恩竭则慢；所以致弊，实由于此。吾今威之以法，法行则知恩；限之以爵，爵加则知荣；荣恩并济，上下有节。为治之要，于斯而著。"诸葛之所以任法，此其自道也。先主之专任之，殆亦以君臣同好，而又同鉴于时势，知非是不足以致治欤？裴松之难冲曰："法正在刘主前死，今称法正谏，则刘主在也。诸葛职为股肱，事归元首，刘主之世，亮又未领益州，庆赏刑政，不出于己。寻冲所述亮答，专自有其能，有违人臣自处之宜。以亮谦顺之体，殆必不然。"夫安知先主之庆赏刑政，不皆咨于亮而后行乎？且善则归君，过则归己，人方怨咨，安得委其事于君上也？《法正传》谓成都既服，以正为蜀郡太守、扬武将军，外统都畿，内为谋主。一餐之德，睚眦之怨，无不报复。擅杀毁伤己者数人。或谓诸葛亮曰："法正于蜀郡太纵横，将军宜启主公，抑其威福。”此治民虽由法正，而督察群僚，诸葛实参禁密之证。安得谓庆赏刑政，不由于亮乎？然亮以先主雅爱信正，卒未能启而裁之。则知先主虽好《六韬》《商君书》，而持法有不能尽平者矣。此诸葛之所以不可及欤？

《魏志·袁涣传注》引《魏书》曰：“谷熟长吕岐善朱渊、袁津，遣使行学还，召用之，与相见，出，署渊师友祭酒，津决疑祭酒。渊等因各归家，不受署。岐大怒，将吏民收渊等，皆杖杀之，议者多非焉。涣教勿劾，主簿孙徽等以为渊等罪不足死；长吏无专杀之义；孔子称唯器与名，不可以假人，谓之师友而加大戮，刑名相伐，不可以训。涣教曰：主簿以不请为罪，此则然矣。谓渊等罪不足死，则非也。夫师友之名，古今有之。然有君之师友，有士大夫之师友。夫君置师友之官者，所以敬其臣也；有罪加于刑焉，国之法也。今不论其罪，而谓之戮师友，斯失之矣。主簿取弟子戮师之名，而加君诛臣之实，非其类也。夫圣哲之治，观时而动，故不必循常，将有权也。闲者世乱，民陵其上，虽务尊君卑臣，犹或未也，而反长世之过，不亦谬乎？遂不劾。”此事与诸葛亮答法正之语，可以参观。

《吴志·张纮传》：临困，授子靖留笺曰：“自古有国有家者，咸欲修德政以比隆盛世，至于其治，多不馨香。非无忠臣贤佐，闇于治体也，由主不胜其情，弗能用耳。夫人精惮难而趋易，好同而恶异，与治道相反。《传》曰：从善如登，从恶如崩。言善之难也。人君承奕世之基，据自然之势，操八柄之威，甘易同之欢，无假取于人；而忠臣挟难进之术，吐逆耳之言，其不合也，不亦宜乎？虽则有衅，巧辩缘间。眩于小忠，恋于恩爱，贤愚杂错，长幼失叙，其所由来，情乱之也。故明君悟之，求贤如饥渴，受谏而不厌，抑情损欲，以义割恩，上无偏谬之授，下无希冀之望。宜加三思，含垢藏疾，以成仁覆之大。”其言皆法家精义。又南阳谢景，善刘廙先刑后礼之论，见《陆逊传》。则江东亦不乏法术之士矣。

（五一二）魏晋法术之学下

正始以后魏政之不纲，则督责之术之不行也。盖有远大之志者，必济之以综核之才；不则举措陵乱，务名而不务实，鲜不未获其利，反受其害者。《魏志·曹爽传》谓何晏、邓飏、李胜、丁谧、毕轨，咸有声名，进趣于时，明帝以其浮华，皆黜之;及爽秉政，乃复进叙，任为腹心。此爽之所以败也。所谓浮华者，《刘廙传》《注》引《廙别传》载廙戒弟伟之辞曰："世之交者，不审择人，务合党众，违先圣人交友之义，非厚己辅仁之谓也。吾观魏讽，不修德行，而专以鸠合为务，华而不实，此直搅世沽名者也。卿其慎之，勿复与通。"华而不实，即浮华之谓，仍是汉末奔竞之习耳。此等专务鸠合之徒，亦非绝无有志之士；然志大而才疏，既不能胜其沽名徼利之私，又不能革其酖毒晏安之习，以是而当大任，其不折足餗者，盖亦鲜矣。《刘劭传》：景初中，受诏作《都官考课》，成七十二条，又作《说略》一篇。劭所为《人物志》，尚存于今，论官人之法极精，明帝令作《都官考课》，可谓得人。而以帝崩，遂不施行，则景初之遗规，爽等有不克负荷者矣。嗟乎！当明帝顾命之年，司马氏权虽已起，谓其有取魏氏而代之之心，未必然也。其所以深谋秘策，必覆爽等而后快者，非徒徼利，盖亦以避祸。而其惕于及祸，则爽等之务立朋党，揽威权，有以激之使然也。乡使明帝之终，得一综核名实之相，以受顾命，崇悃愊，黜浮华，赏罚以功罪，而不以好恶，庶政既肃，人心大和，司马氏虽怀不轨之心，宁敢称兵以逞？抑亦谁与为徒哉？然则浮华之召祸诚烈矣。

司马氏虽覆曹爽而代之，然于浮华之风，则初未能革易。晋代清谈之习，实沿正始之流而扬其波者也。而正始之浮华，则又沿于东汉之奔竞。魏武、明帝，虽欲以综核之治救之，卒不能胜，是知变俗之难也。清季，曾国藩尝作《原才》之篇，慨然于风俗之厚薄，始于一二人心之所乡。其出而任事也，凛坚贞之操，任诚朴之人，亦可谓不为风气所移，而能以转移风气自任者矣。然一传而为李鸿章，已尚权数而疏综核;鸿章所激赏者，袁世凯，岑春煊，则弥任权谲，好大言，不徒不能任用敦朴之人，且颇奖进浮华之士矣。此与魏武、明帝，仅收综核之效于一时，而卒不能绝汉末倾危之俗，事颇相类，君子是以知变俗之难也。

然自泰始以降，知综核名实，为当世之急务者，亦未尝无其人，特莫之能行耳。何曾尝质阮籍曰："今忠贤执政，综核名实，若卿之曹，不可长也。"《晋书·何曾传》。曾为人不足取，然当泰始宴游之时，即能预烛永嘉丧乱之祸，其深识不可及也。"不闻经国远图，惟说平生常事"，亦何大过，而知难诒厥孙谋？正以惰气乘之，则不复能留心军国。精神之运，既有所不加；名实之间，将有所不察耳。熊远之疏曰："选官用人，不料实德，惟在白望，不求才干，乡举道废，请托交行。有德而无力者退，修望而有助者进；称职以违俗见讥，虚资以从容见贵。是故公正道亏，私途日开；强弱相陵，冤枉不理。遂使世人削方为圆，挠直为曲。不明其黜陟，以审能否，俗未可得而变也。”《晋书·熊远传》。陈頵与王导书曰：“中华所以倾弊，四海所以土崩者，正以取才失所，先白望而后实事，浮竞驱驰，互相贡荐，言重者先显，言轻者后叙，遂相波荡，乃至陵迟。”《晋书·陈頵传》。然则东晋之不纲，仍由督责之术不行，浮华之风未息耳。王衍诣羊祜陈事，辞甚俊辩，而祜谓败俗伤化必此人。陶侃诸参佐，或以谈戏废事，侃命取其酒器蒱博之具，悉投之江，吏将则加鞭扑。曰：“樗蒱者，牧猪奴戏耳。老庄浮华，非先王之法言，不可行也。君子当正其衣冠，摄其威仪，何有乱头养望，自谓宏达邪？”卞壶干实当官，以褒贬为己任。阮孚每谓之曰：“卿恒无闲泰，常如含瓦石，不亦劳乎？”壶曰：“诸君以道德恢弘，风流相尚，执鄙吝者，非壶而谁？”时贵游子弟，多慕王澄、谢鲲为达。壶厉色于朝曰：“悖礼伤教，罪莫斯甚。中朝倾覆，实由于此。”欲奏推之，王导、庾亮不从，乃止。《晋书·卞壶传》。此任职之吏，不以浮华放达为然者也。王坦之颇尚刑名学，而著《废庄论》；李充幼好刑名之学，而作《学箴》；此学问之士，不以浮华放达为然者也。夫挥麈谈玄，亦何伤于家国。所恶于清谈之士者，正以其外清高而内贪鄙，既不事事，而又恋权势不肯去，求富贵若不及耳。王徽之为桓温参军，蓬首散带，不综府事。又为桓冲骑兵参军，冲问：“卿署何曹？”对曰：“似是马曹。”又问：“管几马？”曰：“不知马，何由知数？”又问：“马比死多少？”曰：“未知生，焉知死？”《晋书·王徽之传》。此等人能见用于魏武，见容于诸葛乎？而以桓温之枭雄犹容之；王导、庾亮皆良相，而犹尼卞壶之奏推贵游；则知俗之既成，虽贤者不易自拔矣。山涛尝荐阮咸典选，武帝以其耽酒浮虚，遂不用；卞壶为诸名士所少，而明帝深契之；又《阮孚传》，谓元帝用申韩以救世；则两晋之君，亦未尝不知法术之可任。然元帝终不能如孚之徒；阮放侍明帝东宫，常说老庄，不及军国，明帝又雅友爱之；则所谓善善而不能用，恶恶而不能去者矣，此中原所由不复欤！

（五一三）江左阴阳术数之学式微

《南史·宋本纪》：明帝泰始六年，立总明观，征学士以充之，置东观祭酒访举各一人，举士二十人，分为儒、道、文、史、阴阳五部学，言阴阳者遂无其人。《刘瓛传》瓛讲《月令》毕，谓学生严植之曰："江左以来，阴阳律数之学废矣，吾今讲此，曾不得其仿佛。"盖自正始以后，俗尚玄谈，皆重理而轻数也。《吴明彻传》云："明彻亦微涉书史经传，就汝南周弘正学天文、孤虚、遁甲，略通其术，颇以英雄自许，武帝亦深奇之。"此则术数之家，欲藉其术以应用者，非儒者明理之学也。

（五一四）贼杀郡将、郡不得举孝廉

《晋书·孔愉传》：愉从兄子坦迁尚书郎。"时台郎初到，普加策试，（元）帝手策问曰：吴兴徐馥为贼，杀郡将，郡今应举孝廉否？坦对曰：四罪不相及，殛鲧而兴禹。徐馥为逆，何妨一郡之贤？又问：奸臣贼子弑君，污宫潴宅，莫大之恶也。乡旧废四科之选，今何所依？坦曰：季平子逐鲁昭公，岂可废仲尼也？竟不能屈。"此言"乡旧废四科之选"，则其所由来者旧矣。此自今日观之为不可解。古者一统未及，则叛者非以其身而以其群，民情如是，故国法亦随之而不同也。《魏书·张白泽传》：太和初，怀州民伊祁苟初三十余人谋反，将杀刺史，文明太后欲尽诛一城之民。亦是此等见解。

章太炎《五朝法律索隐》曰："《通典·刑制》中，刘秀之为尚书右仆射，请改定制令，疑部人杀长吏科，议者谓直赦宜加徙送。秀之以为：律文虽不明部人杀长官之旨，若直赦但止徙送，便与悠悠杀人曾无一异。人敬官长，比之父母，行害之身，虽遇赦，宜付尚方，穷其天命，家口令补兵。从之。据此，是魏、晋相承之律，部民杀长吏者，亦同凡论。盖法律者，左以庇民，右以持国。国之所以立者，在其秩分；秩分在其官府，不在其任持官府者。故谋反与攻盗库兵，自昔皆深其罪。及夫私人相杀，虽部民长吏何择焉？秀之以官长比父母，荐绅自卫者为此言，无所依据。汉世孝廉曹吏，为其州郡将持服，率比父母三年，是由近承封建，民心隆于感恩，顾法律未尝制是。其部民杀长吏者，汉律亦不见有殊科也。"然则贼杀郡将而废四科之选，当亦谓叛乱，非止贼其身也。

（五一五）曲法失刑

刑贵乎平。有八议，已非荡荡平平之道矣。乃有明知其为八议所不如而犹曲法宥之者。《晋书·羊曼传》：弟聃，迁庐陵太守，刚克粗暴，恃国戚，纵恣尤甚，睚眦之嫌，辄加刑杀。疑郡人简良等为贼，杀二百余人，诛及婴孩，所髡锁复百余。庾亮执之，归于京都。有司奏聃罪当死，以景献皇后是其祖姑，应八议。成帝诏曰："此事古今所无，何八议之有？"然琅邪太妃，聃之甥，入殿叩头请命；王导又以为言，卒仅除名而已。可谓曲法失刑矣。

隋秦王俊镇并州，以奢纵免。杨素进谏，文帝曰："我是五儿之父，若如公意，何不别制天子儿律？"后蜀王秀镇蜀，有罪征还，帝曰："顷者秦王糜费财物，我以父道训之；今秀蠹害生民，当以君道绳之。"于是付执法者。何其言之廓然大公也！人之度量相越，岂不远哉！

（五一六）父母杀子同凡论

章太炎作《五朝法律索隐》，深美魏、晋、宋、齐、梁之法恢卓乐易，其所举者有四端：一曰重生命，二曰恤无告，三曰平吏民，四曰抑富人。重生命之法有二，其一曰父母杀子同凡论。说曰："《南史·徐羡之传》：义熙十四年，军人朱兴妻周生子道扶，年三岁，先得痫病。周因其病发，掘地生埋之，为道扶姑双女所告，周弃市。羡之议曰：自然之爱，犲狼犹仁，周之凶忍，宜加显戮。臣以为法律之外，尚弘通理。母之即刑，由子明法，为子之道，焉有自容之地？愚谓可特申之遐裔。从之。据此，是晋律父母杀子，并附死刑。上观汉法，《白虎通德论》亦同斯说。羡之不学，特议宥恕。夫子既生埋，长冥不视，而云焉有自容之地，宁当与朽骨论孝慈邪？藉如其议，翁奸子妇者，律亦殊死，复甚为其子求自容之地乎？然羡之议虽暂行一时，不著为令。近世父母杀子者，皆从轻比，南朝固无此律。后魏法：诸祖父父母忿怒以兵刃杀子孙者五岁刑，殴杀及爱憎而故杀者减一等。是知鲜卑乱制，至今为梗，甚乎始造桐人以葬者！"

案《宋书·宗室传》：临川王义庆为丹阳尹。民黄初妻赵杀子妇遇赦，应徙送避孙仇，义庆议以为"亲戚为戮，骨肉相残，故道乖常，宪纪无定。当求之法外，裁以人情，且礼有过失之宥，律无仇祖之文。况赵之纵暴，本由于酒，论心即实，事尽荒耄。岂得以荒耄之王母，等行路之深仇？臣谓此孙，忍愧衔悲，不违子义，共天同域，无亏孝道”。兼采《南史》之文。如所言，是母为王母所杀者，当时律家，固谓孙得割刃于王母也。王母者一家之私尊，禁杀者阖群之公义；阖群之公义，固不以一家之私尊废矣。既曰宪纪无定，当求之法外，而又曰律无仇祖之文，然则律有许杀子之文乎？

又案《宋书·孔季恭传》：季恭弟子渊之，“大明中为尚书比部郎。时安陆应城县民张江陵，与妻吴共骂母黄令死，黄忿恨自经死，值赦。律文：子贼杀伤殴父母，枭首；骂詈，弃市；谋杀夫之父母，亦弃市。值赦，免刑补冶。江陵骂母，母以之自裁，重于伤殴。若同杀 科，则疑重，角殴伤及骂科，则疑轻。制惟有打母遇赦犹枭首，无骂母致死值赦之科。渊之议曰：夫题里逆心，而仁者不入，名且恶之，况于人事？故殴伤呪诅，法所不原，詈之致尽，则理无可宥。江陵虽值赦恩，故合枭首。妇本以义，爱非天属，黄之所恨，情不在吴，原死补冶，有允正法。诏如渊之议，吴免弃市。”是则妇之于姑，其恩本杀于子之于母，即谓父母杀子可从轻者，杀子妇亦不得援以为例也。斯义明，恶姑之杀妇者，庶可知所戒矣。

又案《宋书·何承天传》：“有尹嘉者，家贫，母熊，自以身贴钱，为嘉偿责。坐不孝当死。承天议曰：被府宣令，普议尹嘉大辟事，称法吏葛滕签：母告子不孝，欲杀者许之；法云谓违犯教令，敬恭有亏，父母欲杀，皆许之。嘉虽亏犯教义，而熊无请杀之辞。熊求所以生之而今杀之，非随所求之谓。滕签法文，为非其条。”案父母欲杀则许，非谓顺其爱憎，必其本有可杀之罪者。然此究非重人命之道。《汉书·田儋传》：“儋阳为缚其奴，从少年之廷，欲谒杀奴。”《注》引服虔曰：“古杀奴婢皆当告官。”盖始也专杀自由，后则当告之官而得其许可耳。古者臣、子一例，是以父母亦得告之官而杀其子也。既告之官，必不致不论有罪无罪而皆许之矣。然此究非重人命之道也。

弑父弑君，固为大恶，然诛亦当止其身。《魏书·邢峦传》：“雁门人有害母者，八坐奏轘之而潴其室，宥其二子。虬峦叔祖祐之从子。驳奏云：君亲无将，将而必诛。今谋逆者戮及期亲，害亲者今不及子。既逆甚枭镜，禽兽之不若，而使禋祀不绝，遗育永传，非所以劝忠孝之道，存三纲之义。若圣教含容，不加孥戮，使父子罪不相及，恶止于其身，不则宜投之四裔，敕所在不听妃匹。《盘庚》言无令易种于新邑，汉法五月食枭羹，皆欲绝其类也。奏入，世宗从之。”

此则淫刑也已矣。

（五一七）诸署共咒诅

少时闻父老言，清高宗问其相曰：“卿早朝何食而来？”对曰：“臣食少，食鸡卵两枚耳。”高宗怫然曰：“鸡卵一枚，直银二两。卿自言清贫，何乃日朝食能费银四两也？”对曰：“人间物价，不如天上之贵；鸡卵一枚，乃钱二文耳。”高宗太息曰：“然则朕之一食，乃平民千人之食矣。”此自齐东野人之言，然清世内务府之臧秽，则亦人之所知也。《南史·王悦之传》：悦之以宋明帝泰始中，掌检校御府太官太医诸署。“时承奢忲之后，奸窃者众，悦之按覆无所避，得奸巧甚多。于是众署共咒诅。悦之病甚，恒见两乌衣人捶之。及卒，上乃收典掌者十许人，桎梏之，送淮阴，密令渡瓜步江，投之中流。”此说不知信否。如其信，宋明为淫刑矣。然咒诅虽不足以杀人，因奸巧见发而咒诅人，则亦有取死之道也。

（五一八）吉翰杀典签

《宋书·吉翰传》：为徐州刺史，“时有死罪囚，典签意欲活之，因翰八关斋呈其事。翰省讫，语今且去，明可便呈。明旦，典签不敢复入，呼之乃来。取昨所呈事视讫，谓之曰：卿意当欲有此囚死命，昨于斋坐见其事，亦有心活之，但此囚罪重，不可全贷，既欲加恩，卿便当代任其罪。因命左右收典签，付狱杀之，原此囚生命”。此囚盖本有可原，典签盖本有当杀之罪，翰特借此收之耳。曰“不可全贷”，则业已贷其死。是当翰收典签时，尚未云欲杀之，既付狱之后，乃发其他罪，附之死比耳。当时典签，原多非佳士也。史家辞不明白，一若意存乞请，便可致之死地者，则为淫刑以逞矣，曾是循吏而如是乎？《南史》翰入《循吏传》。

（五一九）梁武帝宽刑法

《隋书·刑法志》云：“（梁）武帝敦睦九族，优借朝士，有犯罪者，讽群下屈法申之。百姓有罪，皆案之以法，其缘坐则老幼不免，一人亡逃，则举家质作。人既穷急，奸宄益深。后帝亲谒南郊，秣陵老人遮帝曰：陛下为法，急于黎庶，缓于权贵，非长久之术；诚能反是，天下幸甚。帝于是思有以宽之。旧狱法：夫有罪，逮妻子，子有罪，逮父母。十一年天监。正月壬辰，乃下诏曰：自今捕谪之家，及罪应质作，若年有老小者，可停将送。十四年，又除黵面之刑。”此其所更者法而已，徒法不能以自行。《志》又云：“帝锐意儒雅，疏简刑法，自公卿大臣，咸不以鞫狱留意。奸吏招权，巧文弄法，货贿成市，多致枉滥，大率二岁刑已上，岁至五千人。”又云：“是时王侯子弟皆长，而骄蹇不法。武帝年老，厌于万机，又专精佛戒，每断重罪，则终日弗怿。尝游南苑，临川王宏伏人于桥下，将欲为逆。事觉，有司请诛之。帝但泣而让曰：我人才十倍于尔，处此恒怀战惧，尔何为者？我岂不能行周公之事，念汝愚故也。免所居官，顷之，还复本职。由是王侯骄横转甚，或白日杀人于都街。劫贼亡命，咸于王家自匿，薄暮尘起，则剥掠行路，谓之打稽。武帝深知其弊，而难于诛讨。”然则帝之所谓宽之者，竟何益也？与其思宽于黎庶，不如加严于权贵矣。

（五二〇）梁武帝政刑之缪

《礼记》说流放之刑曰：“屏诸四夷，不与同中国。”此古国小故然。若后世则方制万里，虽在国内亦且必有道里矣。《南史·周弘正传》：“为平西邵陵王府咨议参军，有罪应流徙，敕以赐干陁利国。未去，寄系尚方。于狱上武帝《讲武诗》，降敕原罪，仍复本位。”一怒而弃诸绝域，又以一言而原之，可见梁武政刑之缪。

（五二一）梁元帝杀刘之遴

《南史·梁元帝纪》云：“性好矫饰，多猜忌，于名无所假人，微有胜己者，必加毁害。帝姑义兴昭长公主子王铨，兄弟八、九人，有盛名，帝妒害其美，遂改宠姬王氏兄珩名琳，以同其父名。忌刘之遴学，使人鸩之，如此者甚众，虽骨肉亦遍被其祸。”《之遴传》言：“之遴避难还乡，湘东王绎尝疾其才学，闻其西上至夏口，乃密送药杀之，不欲使人知之，乃自制志铭，厚其赙赠。”

元帝之猜忌固矣，然谓之遴为其所杀，恐或所谓语增，何者？之遴乃一学人，颇好佛法，与世无争，不容为元帝所忌，若谓忌其才名学问，则世之有才名学问者多矣，可得而尽杀乎？虽甚猜忌，无是理也。盖世自有一种议论，谓人以争名而相杀，之遴死因暧昧，遂以是附会之，此正如谓隋炀帝杀薛道衡耳。之遴即果为元帝所杀，其故亦不可知也。至谓忌姑子盛名，而改宠姬兄名，以同其父名，则更可笑矣，此岂足以败其名邪？

（五二二）御史不宜司审理

朝廷设纠察之官，宜也。然事权各有攸归，既司纠察，即不宜再令其审理，此司法独立之宗旨也。《魏书·高崇传》：子道穆，庄帝时为御史中尉，上疏曰："高祖太和之初，置廷尉司直，论刑辟是非，虽事非古始，交济时要。窃见御史出使，悉受风闻，虽时获罪人，亦不无枉滥。何者？得尧之罚，不能不怨。守令为政，容有爱憎，奸滑之徒，恒思报恶，多有妄造无名，共相诬谤。御史一经检究，耻于不成，杖木之下，以虚为实，无罪不能自雪者，岂可胜道哉！如臣鄙见，请依太和故事，还置司直十人，名隶廷尉，秩以五品；选历官有称、心平性正者为之。御史若出纠劾，即移廷尉，令知人数。廷尉遣司直与御史俱发，所到州郡，分居别馆。御史检了，移付司直覆问，事讫与御史俱还。中尉弹闻，廷尉科按，一如旧式。庶使狱成罪定，无复稽宽；为恶取败，不得称枉。若御史、司直纠劾失实，悉依所断狱罪之，听以所检，迭相纠发。如二使阿曲，有不尽理，听罪家诣门下通诉，别加按检。"诏从之，复置司直。此疏所论，可谓深切著明。其所规画，亦颇周密。而自唐以后，乃竟于台中置狱，听受辞讼，后遂日侵审理之权，何哉？

（五二三）治都邑之道

《南史·王俭传》：齐太祖以都下舛杂，且多奸盗，欲立符伍，以相检括，俭谏曰："京师翼翼，四方是凑，必也持符，于事既烦，理成不旷，谢安所谓不尔何以为京师。"乃止。以不检括示广大，实非为治之道。俭所以不欲为符伍者，盖亦虑奉行之吏藉此扰民耳。

治都邑之道，能改变社会之组织，以立治化之基，上也。此义也，汉之翼奉等尚能言之。魏晋而后，无敢言之，亦无能言之者矣。任明察之吏，以诛锄强梗而安细民，其次也；坐视强梗而莫之惩，斯为下矣；妄纵逻辑以扰下民，则尤不足齿数矣。《魏书·刑罚志》：高宗太安四年，始设酒禁。是时年谷屡登，士民多因酒致酗讼，或议主政，帝恶其若此，故一切禁之。酿、酤、饮皆斩之，吉凶宾亲则开禁，有日程，增置内外候官，伺察诸曹，外部州镇，至有微服杂乱于府寺间，以求百官疵失，其所穷治，有司苦加讯测，而多相诬逮，辄劾以不敬，诸司官赃二丈皆斩。《官氏志》谓太祖制定官号，以伺察为候官，谓之白鹭，取其延颈远望，则其所由来已久，此时特加厉焉耳，百官为所困扰，何况细民。此明代厂、卫之伦，又非孙、刘校事之比矣。高祖太和三年，下诏曰："治因政宽，弊由网密，今候职千数，奸巧弄威，重罪受赇不列，细过吹毛而举，其一切罢之。"于是更置谨直者数百人，以防喧斗于街衢，吏民安其职业。此则今警察之职而已。

警察之职，所重者亦在摧锄豪桀，防喧斗于街衢，抑其小焉者也。《魏书·甄琛传》：琛迁河南尹，表曰："国家居代，患多盗窃，世祖太武皇帝，亲自发愤，广置主司里宰，皆以下代令长及五等散男有经略者为之，又多置吏士，为其羽翼，崇而重之，始得禁止。迁都已来，天下转广，四远赴会，事过代都，方代杂沓，难可备简，寇盗公行，劫害不绝，此由诸坊浑杂，厘比不精，主司暗弱，不堪检察故也。凡使人攻坚木者，必为之择良器，今河南郡是陛下天山之坚木，盘根错节，乱植其中，六部里尉，即攻坚之利器，非贞刚精锐，无以治之。今择尹既非南金，里尉讼刀而割，欲望清肃都邑，不可得也。里正乃流外四品，职轻任碎，多是下才，人怀苟且，不能督察，故使盗得容奸，百赋失理，边外小县，所领不过百户，而令长皆以将军居之，京邑诸坊，大者或千户五百户，其中皆王公卿尹，贵势姻戚，豪猾仆隶，荫养奸徒，高门邃宇，不可干问。又有州郡侠客，荫结贵游，附党连群，阴为市劫，比之边县，难易不同。请取武官八品将军已下干用贞济者，以本官俸恤领里尉之任，各食其禄，高者领六部尉，中者领经途尉，下者领里正；不尔，请少高里尉之品，选下品中应迁之者，进而为之，则督责有所，辇毂可清。"诏曰："里正当进至勋品，经途从九品，六部尉正九品，诸职中简取，何必须武人也。"琛又奏以羽林为游军，于诸坊巷司察盗贼，于是京邑清静，至今踵焉。《高谦之传》：除河阴令，旧制：二县令得面陈得失。时佞幸之辈，恶其有所发闻，遂共奏罢，谦之乃上疏曰："豪家支属，戚里亲媾，缧绁所及，举目多是，皆有盗憎之色，咸起怨上之心，县令轻弱，何能克济。先帝昔发明诏，得使面陈所怀。臣亡父先臣崇之为洛阳令，常得入奏是非，所以朝贵敛手，无敢干政，近日以来，此制遂寝，致使神宰威轻，下情不达，乞新旧典，更明往制，庶奸豪知禁，颇自屏心。"此二疏，可见都邑为治之概也。

（五二四）惩臧私之道

古者吏之恶不仅臧私，然虐民之事，究以由贪取而起者为多，故绝臧私，实饬吏治之大端也。惩臧私之道甚多，严法初非治本之计，然急则治标，严法亦不容缓。《周书·明帝纪》，武成元年，五月乙卯诏曰："比屡有纠发官司赦前事。此虽意在疾恶，但先王制肆眚之道，令天下自新；若又推问，自新何由哉！如此之徒，有司勿为推究。惟库厩仓廪，与海内所共，汉帝有云：朕为天下守财耳。若有侵盗公家财畜钱粟者，魏朝之事，年月既远，一不须问；自周有天下以来，虽经赦宥，而事迹可知者，有司宜即推穷。得实之日，但免其罪，征备如法。"贪夫徇财，固有甘丧失官爵，而珍视其臧贿者。此令能行，贪风庶少戢乎？

（五二五）无赦之论

无赦之论，汉人常言之，后世则罕有矣，晋世犹间有之。《晋书·武帝纪》：泰始三年，立太子，诏曰："近世每建太子，宽宥施惠之事，间不获已，顺从王公卿士之议耳。方今世运垂平，将陈之以德义，示之以好恶，使百姓蠲多幸之虑，笃终始之行；曲惠小仁，故无取焉。咸使知闻。"《王彪之传》："时当南郊，简文帝为抚军，执政，访彪之：应有赦否？答曰：中兴以来，郊祀往往有赦，愚意尝谓非宜。何者？黎庶不达其意，将谓郊祀必赦，至此时，凶愚之辈，复生心于侥幸矣。"此等议论，在后世愈罕闻矣。夫国不能无法；既有法，自不可以不行；赦是使法不行也。然法之用，孰能保其皆得当乎？疆理愈广，氓庶愈繁，情伪愈滋，官吏之奉法与否，亦益不可知；固执不赦，岂不背哀矜庶戮之意？此所以愈至后世，而无赦之论愈少也。然狱不能皆得当，亦不能皆不当，举其罪状确实无疑者而亦释之，又非为治之道矣。《周书·乐运传》，乐运告周宣帝曰：“《尚书》曰：眚灾肆赦。此谓过误为害，罪虽大，当缓赦之。《吕刑》云：五刑之疑，有赦。此谓赦疑从罚，罚疑从免。《论语》曰：赦小过，举贤才。谨寻经典，未有罪无轻重，溥天大赦之文。”可谓知言矣。

（五二六）法粗术、非妙道

古之言断狱者必以情。事之情万殊，而法不能与之为万殊。故贵求情者必贱守法，叔向诤铸刑书，仲尼讥制刑鼎，皆是道也。然此施诸小国寡民、风气淳朴之世则可耳。若其国大民殷，情伪滋众，则有不得不为一切之法者矣。凡执禁以齐众，不赦过，则是道也。斯理也，《晋书·刑法志》载刘颂、熊远之说，论之最精。《志》云：惠帝之世，政出群下，每有疑狱，各立私情，刑法不定，狱讼繁滋。尚书裴頠表陈之，曲议犹不止。时刘颂为三公尚书，又上疏曰：“陛下为政，每思尽善，故事求曲当；求曲当则例不得直，思尽善故法不得全。何则？夫法者，固以尽理为法，而上求尽善，则诸下牵文就意，以赴主之所许，是以法不得全。刑书征文，征文必有乖于情听之断，而上安于曲当，故执平者因文可引，则生二端。是法多门，令不一，则吏不知所守，下不知所避。奸伪者因法之多门，以售其情，所欲浅深，苟断不一，则居上者难以检下，于是事同议异，狱犴不平，有伤于法。”《志》又云：“及于江左，元帝为丞相，时朝廷草创，议断不循法律，人立异议，高下无状。主簿熊远奏曰：自军兴以来，法度陵替，至于处事不用律令，竞作属命，人立异议，曲适物情，亏伤大例。府立节度，复不奉用，临事改制，朝作夕改，至于主者不敢任法，每辄关咨，委之大官，非为政之体。按法盖粗术，非妙道也。矫割物情，以成法耳。若每随物情，辄改法制，此为以情坏法。法之不一，是谓多门，开人事之路，广私请之端，非先王立法之本意也。”二奏所论甚精，而法粗术非妙道之语，尤为洞见本原。

（五二七）同伍犯法士庶殊科

古法不可行于后世，而为后世所误沿者，莫如比伍相坐。《宋书·王弘传》

载弘与八坐丞郎共疏曰:“同伍犯法,无士人不罪之科,然每至诘谪,辄有请诉,若垂恩宥,则法废不可行。依事纠责,则物以为苦怨,宜更为其制,使得忧苦之衷也。”当时议者,江奥谓:“符伍虽比屋邻居,至于士庶之际,实自天隔,舍藏之罪,无以相关。奴客与符伍交接,有所藏蔽,可以得知。是以罪及奴客,自是客身犯愆,非代郎主受罪也。如其无奴,则不应坐。”王淮之谓:“昔为山阴令,士人在伍,谓之押符,同伍有愆,得不及坐。士人有罪,符伍纠之,此非士庶殊科,实使即刑当罪。”盖缘“束修之胄,与小人隔绝,防检无方”,“不逞之士,事接群细”,“故使纠之”耳。何尚之谓既许士庶缅隔,则闻察自难,不宜以难知之事,定以必知之法。此皆情实如此。弘议谓:“士人坐同伍罹谪者,无处无之,多为时恩所宥,故不尽亲谪。”盖亦以罚不当罪,不得不然,非尽由恩宥也。乃弘谓“庶民不许不知,何许士人不知小民,自非超然简独,永绝尘秕者,比门接栋,终自闻知,不必须日夕来往也。”于理似正,然与社会情形不合。

王淮之又云:“有奴客者,类多役使,东西分散,住家者少,其有停者,左右驱驰,动止所须,出门甚寡。典计者在家,十无其一,奴客生伍,滥刑必众。”是非独使士人亲坐其罪为不当,即罪及奴客,亦未免于枉也。然此犹以奴客不住家言之耳。其实犯法之士,亦视其所犯者如何,不必皆事接群细,事不接而责其相检,亦理有所不可,势有所不能也。故古今情势悬殊,法必不可不变。什伍相司,商君行之,已为暴政,而后世无论矣。

(五二八)后有犯罪宥而勿坐

盟免三死,始于卫之浑良夫;然三而已,三以后则杀之矣。《魏书·宿石传》:“尝从猎,高宗亲欲射虎,石叩马而谏,引高宗至高原上。后虎腾跃杀人。诏曰:石为忠臣,鞚马切谏,免虎之害,后有犯罪,宥而勿坐。”凡犯罪皆免之,妄矣。《于烈传》:“高祖幼冲,文明太后称制,烈与元丕、陆叡、李冲等各赐金策,许以有罪不死。”亦不过免死而已,无凡犯勿坐之文也。

(五二九)著魏律者

《晋书·刑法志》曰:“(魏明帝)命司空陈群、散骑常侍刘劭、给事黄门侍郎韩逊、议郎庾嶷、中郎黄休、荀诜等删约旧科，旁采汉律，定为魏法，制《新律》十八篇，《州郡令》四十五篇，《尚书官令》《军中令》合百八十余篇，其《序略》曰”云云。《三国志·魏志·卢毓传》云：“青龙二年，入为侍中。先是，散骑常侍刘劭受诏定律，未就。毓上论古今科律之意，以为法宜一正，不宜有两端，使奸吏得容情。”而《魏志·刘劭传》言：“明帝即位，出为陈留太守。征拜骑都尉，与议郎庾嶷、荀诜等定科令，作《新律》十八篇，著《律略论》。迁散骑常侍。”则劭当定律之初，尚未为散骑常侍。《毓传》及《晋志》皆从其后来所迁之官言之。荀诜为中郎，则《国志》又未分别。《晋志》所谓《序略》，当即《劭传》所谓《略论》也。

（五三〇）追戮已出之女

《晋书·刑法志》曰：“景帝（司马师）辅政，是时魏法，犯大逆者诛及已出之女。毌丘俭之诛，其子甸妻荀氏应坐死，其族兄顗与景帝姻通，表魏帝以匄其命。诏听离婚。荀氏所生女芝，为颍川太守刘子元妻，亦坐死，以怀妊系狱。荀氏辞诣司隶校尉何曾乞恩，求没为官婢，以赎芝命。案此事亦见《三国志·何夔传注》。《注》引干宝《晋纪》云：“辞诣廷尉，乞为官婢，以赎女命。”曾哀之，使主簿程咸上议曰：夫司寇作典，建三等之制；甫侯修刑，通轻重之法。叔世多变，秦立重辟，汉又修之。大魏承秦汉之弊，未及革制，所以追戮已出之女，诚欲殄丑类之族也。”据议，其法沿自秦汉，而《志》又言魏法者，盖秦汉有此法而未必行，及是时乃行之耳。魏文帝诛丁仪、丁廙并其男口，《三国志·陈思王传》。则虽非已出之女，亦有不并戮者。

《三国志·郭淮传注》引《世语》曰：“淮妻，王凌之妹。凌诛，妹当从坐，御史往收。督将及羌、胡渠帅数千人叩头请淮表留妻，淮不从。妻上道，莫不流涕，人人扼腕，欲劫留之。淮五子叩头流血请淮，淮不忍视，乃命左右追妻。于是追者数千骑，数日而还。淮以书白司马宣王曰：五子哀母，不惜其身；若无其母，是无五子；无五子，亦无淮也。今辄追还，若于法未通，当受罪于主者，觐展在近。书至，宣王亦宥之。”案此书乃迫胁之辞。上文叙事之语，亦淮之托辞，非必其实也。此事之去激变亦仅矣。夫族诛之酷，不过虑报复耳；安知不有因此而引起自危之念，益坚其报复之心，而终不得戢者邪？

（五三一）秦韩

《三国·魏志·辰韩传》云："其耆老传世，自言古之亡人避秦役来适韩国，马韩割其东界地与之。其言语不与马韩同。名国为邦，弓为弧，贼为寇，行酒为行觞。相呼皆为徒，有似秦人，非但燕、齐之名物也。"又云："今有名之为秦韩者。"《后汉书》云："有似秦语，故或名之为秦韩。"无"非但燕、齐之名物"句，远不如《三国志》之精。盖自燕至朝鲜，言语本大同，辰韩距朝鲜近，非明著其似秦而非但燕、齐，无以见耆老传言之可信也。

《宋书·百济传》云："百济国本与高骊俱在辽东之东千余里。其后高骊略有辽东，百济略有辽西。百济所治，谓之晋平郡晋平县。"晋平郡晋平县疑慕容氏或北燕冯氏所置。知非百济自置者。《梁书》云："百济亦据有辽西、晋平二郡地，自置百济郡。"明晋平、辽西，同为旧郡也。晋平所在无考，疑在今辽宁沿海。当时高句骊之西侵自陆，百济之西侵盖自海。《梁书》云：天监时，百济"为高句骊所破，衰弱者累年，迁居南韩地"。百济之失辽西入半岛，盖在此时。其民犹有秦韩之遗焉。《梁书》谓其"呼帽曰冠，襦曰复衫，袴曰裈，其言参诸夏，亦秦韩之遗俗"是也。又曰："今言语服章，略与高骊同。"此由百济之王，本与高句骊同种，非其民皆如是。又曰"行不张拱，拜不申足则异"，则亦未尽变三韩之俗矣。拜申足者，《梁书·高句骊传》云"跪拜申一脚"；《魏书》云"曳一脚"，盖两足一信一屈，颇类武坐之致右宪左。《隋书》言其"以两手据地为敬"，亦与中国之拜，大同小异也。秦取辽东，在始皇二十五年，下距梁之天监，七百二十三年矣，而避役之亡人，旧俗犹未尽变，亦可谓之贞固矣哉！

秦韩、辰韩，二者似不可溷。辰韩者，三韩之一，秦韩则避役之亡人也。当时所谓秦韩者，疑专指此亡人言之，辰韩初不在内。《三国志》《后汉书》皆云辰韩为古之亡人，或名之为秦韩，疑实误也。《梁书》云辰韩始有六国，后稍分为十二，新罗其一，而其称冠曰遗子礼，襦曰尉解，袴曰柯半，反与中国大相径庭；其拜及行，与高骊相类。语言待百济而后通；皆新罗与中国远，百济与中国近之证。盖亡人与辰韩杂居，乃秦汉时事，梁时转属百济，与出自辰韩之新罗，顾无涉矣。自来论者，皆谓新罗出自华夏，实未深考之过也。

《周书》云百济昏取之礼，略同华俗；父母及夫死，三年治服，余亲则葬讫除之；其王以四仲之月，祭天及五帝之神；亦殊与中国类。

（五三二）晋初东夷种落之多

《晋书·武帝纪》：咸宁二年二月，东夷八国归化。七月，东夷十七国内附。三年，东夷三国内附。四年三月，东夷六国来献。是岁，东夷九国内附。太康元年六月甲申，东夷十国归化。七月，东夷二十国朝献。二年三月，东夷五国朝献。六月，东夷五国内附。三年九月，东夷二十九国归化，献其方物。七年八月，东夷十一国内附。八年八月，东夷二国内附。九年九月，东夷七国诣校尉内附。十年五月，东夷十一国内附。是岁，东夷绝远三十余国来献。太熙元年二月辛丑，东夷七国朝贡。《惠帝纪》：永平元年，东夷十七国诣校尉内附。盖十六年之间，东夷之来者十有七，国数逾二百。其中固多前后屡至之国，然东夷国数之多，可想见矣。自是之后，惟孝武帝太元七年九月，东夷五国遣使来贡方物。此外不复见于史。盖鲜卑渐强，艮维失驭；继以中原丧乱，东渡以后，声威益不逮远使然。然窃疑亦有史失其事者。肃慎之在东北，距校尉颇远，然成帝时曾遣使来贡，又入贡于石虎、苻坚时，皆曾贡其楛矢，则当时东北与中原形势，实不甚隔绝；以晋初东夷来者之盛，而谓至惠帝以后，便尔阒然，似于事情不近。若谓诸国皆小弱，远隔则不能自通，则《苻坚载记》载：太元六年，康居、于阗及海东诸国凡六十有二王，皆遣使献其方物。此六十二王，不知但指海东诸国言，抑并计康居、于阗，或西域尚有他国，然其中必以海东诸国为多，则无疑义。七年，海东诸国又遣使献其方物。然则当东晋中叶，东夷国数，仍不减于西晋之初。国数如是之多，而谓自惠帝初元以降，仅太元初年五国一至，似终难于相信。即谓如是，亦其至者之少，其国数之未曾大减，似犹可推想而得也。然则东夷当慕容氏初亡时，仍是部落分立。句骊、百济之强大，盖尚积渐而致也。

《晋书·张华传》："乃出华为持节、都督幽州诸军事，领护乌桓校尉，安北将军。抚纳新旧，戎夏怀之。东夷马韩新弥诸国，依山带海，去州四千余里，历世未附者二十余国，并遣使朝献。"华之出，据《本纪》，事在太康三年，则《传》所谓二十余国者，必即《纪》所谓二十九国者也。《东夷传》云：裨离国在肃慎西北，马行可二百日。养云国去裨离马行又五十日。寇莫汗国去养云国又百日行。一群国去莫汗又百五十日，计去肃慎五万余里，其风俗土壤并未详。泰始三年，各遣小部献其方物。此诸国当在今黑龙江省北垂至西伯利亚，盖绝远之国，偶尔一至。又云："至太熙初，复有牟奴国帅逸芝、惟离模卢国帅沙支臣芝、于离末利国帅加牟臣芝、蒲都国帅因末、绳余国帅马路、沙楼国帅钐加，各遣正副使诣东夷校尉何龛归化。"诸国之名，颇与《三国志》所记三韩诸国之名相似，当去校尉治所较近；魏置东夷校尉，居襄平，而分辽东、昌黎、玄菟、带方、乐浪五郡为平州。后还合为幽州，及文懿灭后，有护东夷校尉居襄平。见《晋书·地理志》。《纪》所记东夷诸国，大约皆此等部落也。此十国之至，《纪》皆不载，可见当时四夷朝贡者，《本纪》不能尽记其事。余谓惠帝而后，东夷未必遂绝，似可信矣。

《地理志》云："后汉末，公孙度自号平州牧，及其子康，康子文懿，并擅据辽东；东夷九种，皆服事焉。"此所谓九种者，似袭古九夷之文，非真当时种落有九。魏晋时之东夷校尉，其威棱之远，实不逮公孙氏，而诸国来者犹盛。谓公孙氏时服事者，乃止九种，其非事实可知。南北朝、隋、唐间修史者，好饰文辞，致失史实，往往如此。《三国·魏志·齐王芳纪》：正始七年春二月，幽州刺史毌丘俭讨高句骊，夏五月，讨濊貊，皆破之。韩那奚等数十国各率种落降。又《晋书·文帝纪》：景元四年，天子申晋公九锡之命，司空郑冲率群官劝进，有云"时俗畏怀，东夷献舞"。《乐志》：食举乐东西厢歌"亹亹文皇""韩濊进乐"，所述即一事。此皆魏时事也，可见东夷当魏时来者亦盛。

（五三三）四裔酋长虽降为编户 其种人仍君事之

《三国·魏志·四裔传》注引《魏略·西戎传》曰：氐"虽都统于郡国，然故自有王侯，在其虚落间。"案《晋书·石勒载记》曰："其先匈奴别部羌渠之胄。祖耶奕于，父周曷朱，一名乞翼加，并为部落小率……曷朱性凶粗，不为群胡所附，每使勒代已督摄，部胡爱信之。"然又云："勒年十四，随邑人行贩洛阳……所居武乡北原山下，草木皆有铁骑之象，家园中生人参，花叶甚茂，悉成人状。父老及相者皆曰：'此胡状貌奇异，志度非常，其终不可量也。'劝邑人厚遇之，时多嗤笑。唯邬人郭敬，阳曲宁驱，以为信然，并加资赡。勒亦感其恩，为之力耕。每闻鞞铎之音，以归告母，母曰：‘作劳耳鸣，非不祥也。’”则勒当为司马腾所执卖之先，久沦为佣耕负贩之俦矣。盖古之亡国败家者皆如此，此诸侯不臣寓公，所以称为盛德欤？然于其种人，有督摄之权如故。此则败亡之族，所以时足为患也。

《载记》又云：“太安中，并州饥乱，勒与诸小胡亡散，乃自雁门还依宁驱。北泽都尉刘监欲缚卖之，驱匿之获免。勒于是潜诣纳降都尉李川，路逢郭敬，泣拜言饥寒。敬对之流涕，以带货鬻食之，并给以衣服。勒谓敬曰：‘今者大饿，不可守穷。诸胡饥甚，宜诱将冀州就谷，因执卖之，可以两济。’敬深然之。会建威将军阎粹说并州刺史、东嬴公腾，执诸胡，于山东卖充军实。腾使将军郭阳、张隆虏群胡，将诣冀州，两胡一枷。勒时年二十余，亦在其中，数为隆所欧辱。敬先以勒属郭阳及兄子时，阳，敬族兄也，是以阳、时每为解请，道路饥病，赖阳、时而济。既而卖与茌平人师欢为奴。”案腾之所为酷矣。然使敬与勒之谋而克遂，其所为岂必有愈于腾。勒虽降为编氓，然群胡犹服其督摄，是犹以君事之也。乃穷饿之时，遽卖其种人以自利，并狡虐矣哉！

（五三四）滑国考

考证之学，自古有之，特前人不如后人之密耳。然后人议前人之疏，亦时或出于误会，非尽前人之咎也。《梁书·西北诸戎传》云：“滑国者，车师之别种也。汉永建元年，八滑从班勇击北虏有功，勇上八滑为后部亲汉侯。自魏、晋以来，不通中国。至天监十五年，其王厌带夷栗陁始遣使献方物。”又云：“元魏之居桑干也，滑犹为小国，属芮芮，后稍强大，征其旁国波斯、盘盘、罽宾、焉耆、龟兹、疏勒、姑墨、于阗、句盘等国，开地千余里。”元魏之居桑干，事在晋初，下距天监，载祀不过二百，其时塞北、西域，使译皆有往来，既非隔绝无闻，亦非年远而事迹湮灭，傥使芮芮之一属部，骤致强大，拓地万里，安得其战胜攻取之迹，阙焉不传？且其于芮芮，何以绝不反噬，如后来突厥之所为乎？此皆衡以事理而绝不可通者也。《梁书》又有白题国云：“其先盖匈奴之别种胡也。汉灌婴与匈奴战，斩白题骑一人。今在滑国东，去滑六日行。”其说之不可信，亦与其说滑国同。《裴子野传》云：“西北徼外，有白题及滑国，遣使由岷山道入贡。此二国历代弗宾，莫知所出。子野曰：汉颍阴侯斩胡白题将一人。服虔《注》云：白题，胡名也。又汉定远侯击虏，八滑从之，此其后乎？时人服其博识。”然则以滑国为八滑之后，乃子野推测之辞，作《梁书》者乃以为事实，误矣。滑国即《北史》之嚈哒，明白无疑。《北史·西域传》云：“嚈哒国，大月氏之种类也，亦曰高车之别种。其原出于塞北，自金山而南。”其不可信，亦与《梁书》同。《通典·边防典》云：“案刘璠《梁典》：滑国姓嚈哒，后裔以姓为国号，转讹又谓之挹怛焉。”《注》云：“其本原，或云车师之种，或云高车之种，或云大月氏之种。又韦节《西蕃记》云：亲问其国人，并自称挹阗。又按《汉书》：陈汤征郅支、康居副王挹阗钞其后重，此或康居之种类。然传自远国，夷语讹舛，年代绵邈，莫知根实，不可得而辨也。”以挹阗为康居副王之后，正与裴子野之智同。然韦节亲闻，说自不误。因此，可知哒、怛二字，音并同阗，于、邑双声，于、於同字，挹哒、挹怛，实于阗之异译。而通梁之厌带夷栗陁，殆亦夷栗陁其名，厌带其姓也。云后裔以姓为国号，则其初不以姓为国号可知。《唐书·地理志》：“大汗都督府，以嚈哒部落活路城置。”此即《西域记》之活国，盖嚈哒尝居于是，而以其名自通，故《梁书》谓之滑国也。《梁书·西北诸戎滑国传》云：“少女子，兄弟共妻。”又云：“女人被裘，头上刻木为角，长六尺，以金银饰之。”《北史·西域嚈哒传》云：“其俗，兄弟共一妻，夫无兄弟者，妻戴一角帽，若有兄弟者，依其多少之数，更加角焉。”多夫之俗，较多妻为少，俗同而地又相邻者，当可信为同族。《北史·吐谷浑传》云：“白兰西南二千五百里，隔大岭，又度四十里海，有女王国。以女为王，故因号焉。”《西域传》云：于阗“南去女国三千里”，又云：“女国，在葱岭南，其国以女为王。”而唐世西山八国中，亦有一女国，见《旧唐书·德宗纪》贞元九年、《新唐书·韦皋传》。可见自西康至后藏，戴女王之部族颇多。以女为主，必也其行女系，女系固非即女权，然女权究易张大也。《北史》之女王国，“宜桑麻，熟五谷”，女国则“气候多寒，以射猎为业”，“丈夫惟以征伐为务”，盖亦随其所处而法俗不同。射猎好征战之族，自后藏北出，于阗正当其冲。《梁书》滑国与于阗，王与妻皆并坐接客；滑“女人被裘”，于阗“妇人皆辫发，《北史》：女国人皆被发。衣裘袴”；其俗既极相类。又《梁书·滑传》云“其跪一拜而止”，此语疑有讹误。《于阗传》云：“其人恭，相见则跪，其跪则一膝至地。”此古武坐致右宪左之类，滑俗疑亦同之，此皆滑人曾据于阗之迹。又有周古柯、呵跋檀、胡蜜丹，皆滑旁小国。又云：“凡滑旁之国，衣服容貌，皆与滑同。”

盖其相将俱出者也。《滑传》云“其言语待河南人译，然后通”，此其入贡所以必由岷山道。又云“着小袖长身袍”，《渴盘陁传》云：“风俗与于阗相类。着长身小袖袍，小口袴。”渴盘陁，盖即《滑传》之盘盘也。《高昌传》云：：“着长身小袖袍，缦裆袴。”《武兴传》云：“着长身小袖袍，小口袴。”然则自岷山循南山而西，历天山而北，法俗多同，越北塞而化及金山，自无足异。《北史》所由指嚈哒为高车、月氏之种与？藏族缘起，史最茫昧，而一经考索，其事迹之有可见者亦如此。而前史但据译名，妄相附会，不其傎与？民族异同，大端莫如言语。《北史》明言嚈哒之语，与蠕蠕、高车及诸胡不同，而犹目为高车之种，不尤缪与？然前史所云种者，多指种姓，非谓种族，故所云“车师别种”“高车别种”“大月氏种类”者，皆指其君，非指其民。且如拓跋氏，孰不知为鲜卑种？然《魏书·官氏志》中有须卜氏，有丘林氏，则固匈奴种姓也。契丹为宇文氏遗落，其谁不知？而《五代史》本传谓为匈奴种，以宇文氏之先，为南单于远属也。夫其徒以其君之种姓，而忽其民之族类，则诚疏矣。然举彼考其君之种姓之辞，而谓其谈说其民之种族，则前史不任咎也。抑《通典》以嚈哒之君为康居副王之种，岂不大谬？然彼固云“夷语讹舛，年代绵邈，莫知根实”。推裴子野之意，亦当如是耳。作《梁书》者径以其推测之辞为事实则缪矣，然因此而并斥子野为武断则诬。故曰：前人之考据，不如后人之密，而后人所议前人之疏，亦或出于误会也。

沙琬《西突厥史料》，冯承钧译，商务印书馆本。引《梁书·滑国传》之文而加按云：“盘盘，南海国，不应列入西域诸国间。”案《宋书·索虏传》后附《芮芮传》云：“其东有盘盘国。”即此盘盘，非南海之盘盘也。《梁书》又有末国云：“汉世且末国也。北与丁零，东与白题，西与波斯接。”此国亦在西方，与且末相去甚远。丁氏谦《梁书·夷貉传考》，谓为米国之异译，盖是。以为汉世之且末，与以滑为八滑，致误之因同也。

（五三五）柔然

柔然，《南史》云“盖匈奴之别种”，殊误。《魏书·蠕蠕传》云：“始神元之末，掠骑有得一奴，发始齐眉。忘本姓名，其主字之曰木骨闾。木骨闾者，首秃也。木骨闾与郁久闾声相近，故后子孙因以为氏。木骨闾既壮，免奴为骑卒。穆帝时，坐后期当斩，亡匿广漠溪谷间，收合逋逃，得百余人。依纯突邻部。疑当作纥突邻。木骨闾死，子车鹿会雄健，始有部落，自号柔然。后世祖以其无知，状类于虫，故改其号曰蠕蠕。”阿那瑰之降魏也，启魏主：“臣先世源由，出于大魏。”观此，则柔然之先，必为鲜卑。惟纯突邻部，似系高车部落。

（五三六）北族辫发

北族除匈奴外，殆皆辫发，而其辫发之制，又小有不同。《后汉书·乌桓传》，谓其“父子男女相对踞蹲，以髡头为轻便。妇人至嫁时乃养发，分为髻”。而鲜卑则“唯婚姻先髡头”。《魏书·宇文莫槐传》：“人皆剪发，而留其顶上，以为首饰。长过数寸，则截短之。”是其所留之发颇短。然木骨闾发齐眉，而拓跋氏谥之曰秃，则拓跋氏之辫发，又颇长矣。此南朝所以呼为“索虏”欤？《晋书·载记》述慕容氏得氏之由曰：“时燕、代多冠步摇冠，莫护跋见而好之，乃敛发袭冠。诸部因呼之为步摇，其后音讹，遂为慕容焉。”窃疑莫护亦慕容音转，此人实名跋也。此当为北族慕化解辫之最早者。而后来之满洲人，乃以强迫汉人剃发，大肆杀戮，人之度量相越，岂不远哉？

其服饰：男子辫发，女子则否。《北史·高车传》：“妇人以皮裹羊骸，戴之首上，萦屈发鬓而缀之，有似轩冕。”《南史·蠕蠕传》：“辫发，衣锦小袖袍、小口袴、深雍鞾。”利御寒而便骑射，亦各适于其地也。《北史·突厥传》称其“被发左衽”；《隋书·突厥传》载沙钵略表，谓“削衽解辫，革音从律，习俗已久，未能改变”，可见其由来之旧矣。

（五三七）北俗不解用弹

北夷虽善射而不解弹。《魏书·序纪》云：神元帝四十二年“遣子文帝如魏，以国太子留洛阳。魏晋禅代，和好仍密。始祖春秋已迈，帝以父老求归，晋武帝具礼护送。四十八年，帝至自晋。五十六年，复如晋；其年冬，返国，行达并州；晋征北将军卫瓘以帝为人雄异，恐为后患，乃密启晋帝，请留不遣。晋帝难于失信，不许。瓘复请以金锦赂国之大人，令致闲隙，使相危害。晋帝从之，遂留帝。五十八年，方遣帝。始祖闻帝归，大悦，使诸部大人诣阴馆迎之。

酒酣，帝仰视飞鸟，谓诸大人曰：我为汝曹取之。援弹飞丸，应弦而落。时国俗无弹，众咸大惊，乃相谓曰：太子风采被服，同于南夏，兼奇术绝世，若继国统，变易旧俗，吾等必不得志，不若在国诸子，习本淳朴。咸以为然。且离间素行，乃谋危害，并先驰还。始祖问曰：我子既历他国，进德何如？皆对曰：太子才艺非常，引空弓而落飞鸟，是似得晋人异法怪术，乱国害民之兆，惟愿察之。自帝在晋之后，诸子爱宠日进。始祖年逾期颐，颇有所惑，闻诸大人之语，意乃有疑，因曰：不可容者，便当除之。于是诸大人乃驰诣塞南，矫害帝。”此说虽出附会，然北俗之不知弹，而视为神奇，则可见矣。《隋书·长孙晟传》：晟副宇文神庆送千金公主，摄图爱焉。“每共游猎，留之竟岁。尝有二雕，飞而争肉，因以两箭与晟曰：请射取之。晟乃弯弓驰往，遇雕相攫，遂一发而双贯焉。摄图喜，命诸子弟贵人皆相亲友，冀昵近之，以学弹射。”晟之一发双贯，盖亦用弹，非用箭也。其后启民入朝，赐射于武安殿，时有鸢群飞，上曰：公善弹，为我取之。十发俱中，并应丸而落，犹欲以弹夸示外夷也。

（五三八）乌丸俗从妇人计

《三国·魏志·乌丸传注》引《魏书》曰：“其嫁娶皆先私通，略将女去，或半岁百日，然后遣媒人送马牛羊以为聘娶之礼。《后汉书》作“以为聘币”。婿随妻归，见妻家无尊卑，旦起皆拜，而不自拜其父母。为妻家仆役二年，《后汉书》作“一二年间”。妻家乃厚遣送女，居处财物，一出妻家，故其俗从妇人计。至战斗时，乃自决之。”案此自服务婚稍入买卖婚之世，财产犹属女子，故除战斗外，一切皆女子主之也。《史记·大宛列传》言：“自大宛以西至安息国，俗贵女子，女子所言而丈夫乃决正。”盖部族政治，初亦不离米盐靡密，故亦多由女子主之也。

《三国志·高句丽传》曰：“其俗作婚姻，言语已定，女家作小屋于大屋后，名婿屋，婿暮至女家户外，自名跪拜，乞得就女宿，如是者再三，女父母乃听使就小屋中宿，旁顿钱帛，至生子已长大，乃将妇归家。”此亦从从妇居稍变为从夫居者。舜尚见帝，帝馆甥于贰室，与婿屋颇相类。

（五三九）东沃沮之葬

《三国·魏志·东沃沮传》云："其葬作大木椁，长十余丈，开一头作户。新死者皆假埋之，才使覆形，皮肉尽，乃取骨置椁中。举家皆共一椁。"案此象生时之居室也，野蛮人之居，固多为大室也。韩居处作草屋土室，形如冢，其户在上，举家共在中，无长幼男女之别，同书《韩传》。即其一证。

（五四〇）历日

古以干支纪日，后世则易之以数。以用干支为纪，不能与月相合，又不能与年相合，故历术渐普遍于民间，而其法遂废矣。《宋书·礼志》二："案《周礼》女巫掌岁时祓除衅浴，如今三月上巳如水上之类也。《月令》，暮春，天子始乘舟。禊于名川也。《论语》，暮春浴乎沂。自上及下，古有此礼。今三月上巳祓于水滨，盖出此也。自魏以后，但用三日，不以巳也。"盖至魏世，用干支纪日者已希矣。

历术何以普遍于民间，则必恃历本之普遍。《梁书·傅昭传》：昭随外祖于朱雀航卖历日。所谓历日，即今历本也。昔人诗："偶来松树下，高枕石头眠。山中无历日，寒尽不知年。"谓山中无历本可得也。

（五四一）减食致寿

梁武帝在历代帝王中，可谓最能勤劳且寡嗜欲者。以从来学人，居于帝王之位者极少，而帝则确为学人也。《梁书·贺琛传》：琛启陈事条，言甚切直。武帝怒，召主书于前，口授敕责琛，有曰："朕三更出理事，随事多少，事少或中前得竟，或事多，至日昃方得就食。日常一食，若昼若夜，无有定时。疾苦之日，或亦再食。昔要腹过于十围，今之瘦削，裁二尺余，旧带犹存，非为妄说。"帝之责琛，诚为拒谏，然其能勤劳寡嗜欲，则史家亦盛称之，非妄说也。顾乃康强致高寿。然则生于忧患，死于安乐，亦非徒以其处境而实由其自律矣。节食尤为致寿之大端。吾颇留心人之寿夭，自弱冠来，所知识者死，恒访求其病状，而推测其致死之由。盖未见痴肥之人，克至耄耋之岁者；若其有之，则少壮虽痴肥，入老必瘦削。然则饮食若流者，以自促其年耳，亦可悲矣！

（五四二）罢社

《三国志·王修传》："年七岁丧母，母以社日亡，来岁邻里社，修感念母，哀甚。邻里闻之，为之罢社。"案古人甚重社，安得罢之。所谓罢社者，盖古人恒因社以作乐，哀其念母而罢之也。此犹得"邻有丧，舂不相，里有殡，不巷歌"《礼记·曲礼上》。之义。

（五四三）吞泥

近世饥荒时，民或吞土以求免死，俗称之曰观音土。《三国·吴志·孙权传注》引《江表传》，言权攻李术于皖城，术闭门自守，粮食之尽，妇女或丸泥而吞之。建安六年。则汉世已有其事。

（五四四）因俗

《通鉴》陈长城公至德元年，隋柳彧以近世风俗，每正月十五夜，燃灯游戏，奏请禁之。曰："窃见京邑，爰及外州，每以正月望夜，充街塞陌，聚戏明游，鸣鼓聒天，燎炬照地，竭资破产，竞此一时，尽室并孥，无问贵贱，男女混杂，缁素不分。秽行因此而成，盗贼由斯而起。因循弊风，曾无先觉，无益于化，实损于民，请颁天下，并即禁断。"诏从之。胡三省注曰：观此，则上元游戏之弊，其来久矣。后之当路者，能不惑于世俗，奋然革之，亦所谓豪杰之士也。一国之人皆若狂，昔人痛之深矣。然百日之蜡，一日之泽。民固不可无会聚欢乐之时，要在节之以礼耳。且如赐酺，岂不足以致酒祸。然孔子不曰："吾观于乡而知王道之易易乎？"俗之兴替，必有其由。将颓者不可以人力支，众之所乐者，亦不能以人力强革也；要在因人情而为之节文耳，所谓善者因之也。且如百戏，无益有损，然其原出于角觝。秦汉之世，民至空邑以观，不犹可以奖技勇乎？技勇之在今日，相需尤切，有心世道之人，能于时节，加以提唱，亦牖民之一道也。且男女之交，其不自由久矣，可无以宣泄之乎，此固自由之世之遗俗也。子贡欲去告朔之饩羊，子曰：赐也，尔爱其羊，我爱其礼。

（五四五）父子相似

人之相似，惟医学家所谓真双生子为然，不徒其貌也，即其心亦相似。然双生之子，处境亦多相同，幼时尤甚；若处之不同之境，则其貌虽相似，其心即不能尽同。此可见清虚者易迁，重浊者难变，张横渠《正蒙》之说，有不尽诬者也。父子之相似，本不能如双生之子。且人貌随年而异，双生子貌之相似，亦以年之相同也。若父子则有老少之殊，纵使人追忆畴昔而惊其相肖，必不能混淆于一见之下矣。乃《南史·陆倕传》，谓倕次子缅，有似于倕，一看殆不能别，此诚罕有之事。意者倕生子甚早，子已壮而父犹未老欤？然终为罕见之事矣。

（五四六）绝菜患肿

围城之中，人乏蔬菜以为食，每致患肿，昔人误以为由于乏盐。如《北史·王思政传》，谓思政初入颍川，士卒八千人，被围既久，城中无盐，肿死者十六七，及城陷之日，存者才三千人是也。《魏书·房法寿传》：法寿族子景伯，母亡居丧，不食盐菜，遂为水病，积年不愈，孝昌三年卒于家。似足证无盐致肿之说矣。然《北史·赵琰传》言：时禁制甚严，不听越关葬于旧兆，琰四十余年不得葬二亲，年逾耳顺，孝思弥笃，慨岁月迁移，迁窆无冀，乃绝盐粟，断诸肴味，食麦而已。而年至八十，则又何也？《隋书·刘方传》：方征林邑还，士卒脚肿，死者十四五。此由南方卑湿，易患脚气病，亦与缺盐无涉也。

（五四七）脉法

中医多以善诊脉自诩，甚者谓能诊脉，则不待问而可知所患，此乃欺人之谈，少明事理者不之信，即医家之少明事理者，亦不以此欺人也。然此等附会之说，古即有之。《魏书·术艺传》，谓显祖欲验徐謇所能，乃置诸病人于幕中，使謇隔而脉之，深得病形，兼知色候是矣。此事即有之，亦为幸中，况传者过而非其实，《术艺传》中事迹，率多如是也。脉学之兴，盖本诊察之一术，所以补但凭证状者之不足，以求详慎，非谓恃此遂可忽视证状。仓公之学，出于阳庆，

《史记》本传记庆语，谓有黄帝、扁鹊之脉书，五色诊病，知人生死，决嫌疑，定可治；原不专治脉书。仓公对诏问，谓病名多相类，不可知，故古圣人之脉法，以起度量，立规矩，悬权衡；此即所谓决嫌疑，乃所以补望、闻之不足者也。其自述治验，无一不切其脉者，然亦无一不详其证状，即知切脉非可专恃。后世医家，遇有证脉不合者，多舍脉而从证；以证固明白有据，脉究徒凭探索也。间有舍证从脉者，乃经验多，知目前之证将有变化，不宜徒据之以为治，乃逆测未来以立法，实无所谓从脉也。故脉法实不可深恃。然脉法以不如证状之易见，而有待于探索，故其通知实较难；医工之较下者，或不知之。《宋书·范晔传》，谓孔熙先善于治病，兼能诊脉，可见是时能治病者，不皆能诊脉也。

（五四八）手术

近世之论西医者，多艳称其手术。其实病之可用手术者，皆有形质可见，而可以径拔除之，实不可谓之难治。近世手术，所以胜于古人者，乃在人体生理之益明，所用械器之益精，及麻醉、消毒等法，为效益大，而流弊益微耳。此皆他种科学有以辅助医学，若就医家疗治之术言之，则使用手术，为法最为简径，固非古人所不能知，其兴起度必甚早也。

华佗之技，为今古所艳称，以其于针药不及之病，能以刳割治之也。然其时关羽中流矢，尝破臂作创，刮骨去毒。又《三国·魏志·贾逵传注》引《魏略》，谓逵生瘿稍大，自启欲令医割之，太祖惜逵忠，恐其不活，教谢主簿：吾闻“十人割瘿九人死”。逵犹行其意，而瘿愈大。逵之不愈，或不能归咎于医，然谚语亦必有由，则因割瘿而死者不少矣。可见医于刳割之术多拙。然工拙别是一事，观于割瘿者之多，而知是时之医，能施刳割之术者实不少。若为关羽破臂刮骨者，则其术并不可谓之拙矣。《魏书·长孙道生传》，谓道生玄孙子彦，少尝坠马折臂，肘上骨起寸余，乃命开肉锯骨，流血数升，言戏自若，时以为逾于关羽。子彦视关羽何如不可知，为子彦施治之医，必不减于为羽施治之医，则无惑也。是其术固异世而犹存也。《晋书·魏咏之传》言：咏之生而兔缺，年十八，闻荆州刺史殷仲堪帐下有名医能疗之，贫无行装，谓家人曰：“残丑如此，用活何为！”遂赍数斛米西上，以投仲堪。既至，造门自通。仲堪与语，嘉其盛意，召医视之。医曰：“可割而补之，但须百日进粥，不得语笑。”咏之曰：“半生不语，而有半生，亦当疗之，况百日邪！”仲堪于是处之别屋，令医善疗之。咏之遂闭口不语，惟食薄粥，其厉志如此。及差，仲堪厚资遣之。此医之技，亦未必减于华佗也。佗之所以负盛名者，或以其能用麻沸散。近世论医学者，谓麻醉药之发明，为医家一大事。以病有非刳割不能治者，无此，人或惮痛苦而不敢治；即或不惮，而痛苦非人所能堪，于法亦遂不可治也。为关羽、长孙子彦作创之医，未尝用麻醉药，显而易见。《三国·吴志·吕蒙传》言，蒙疾病，孙权迎置内殿，每有一针加，为之惨戚。盖亦不能用麻醉药，故其痛苦实甚。然则是时之医，能用麻醉药者似少，此佗之所以独擅盛名欤？然麻沸散之方，近世铃医犹有之，则亦非佗之所独也。故世容有绝精之技，而必无独擅之学。

白喉之初起也，医家多不能治。民间妪妇，乃有以刀针破其白腐处而强抉去之者，往往致死，亦或获愈。此足证吾手术治病最为简直、兴起当早之说。盖病之有形质可见者，就所在而径抉去之，原为人所易见；初用之或致死加剧，久之则其术渐精矣。然亦有古人技精，而后世反不逮之者。新医有阅《银海精微》者，谓其手术或为近世眼医师所不知。此由医学传习不盛，医家又或自秘，前人之所知所能，不能尽传于后也。然世之偏重儒医，亦当分尸其咎。凡儒医多好空谈，而手术则非所习；使此辈享盛名，食厚糈，而袭古代医家真传之铃医，日益衰落，而古医家专门之技，不传于后者，亦益多矣。

《晋书·温峤传》：峤平苏峻后，固求还镇，先有齿疾，至是拔之，因中风，至镇未旬而卒。其死，不知果由拔齿致之不，然时医工能拔去病齿，则因此可知。

古语云：“毒蛇螫手，壮士断腕。”则去病毒之所在，以免延及全身，其由来亦极早。《晋书·卢钦传》：钦子浮，以病疽截手，遂废。则去肢体以全生命，古代之医亦能为之矣。

邂逅受伤，残折肢体，甚至伤及藏府而卒不死，亦可使人悟及手术之可用。《北史·彭乐传》：天平四年，从神武西讨，与周文相拒。神武欲缓持之，乐气奋请决战，神武从之。乐因醉入深，被刺肠出，内之不尽，截去复战，身被数创，军势遂挫，然乐卒不死。有此等经验，则使人知肠之可去矣。不然，孰敢臆测肠之可截邪？

医有借助于巫者，或藉此以振精神，便于施治耳。有形质之疾，谓可但以符呪等治之，恐无是理也。《齐书·陈显达传》言：显达讨桂阳贼，矢中左眼，拔箭而镞不出。地黄村潘妪善禁，先以钉钉柱，妪禹步作气，钉即时出，乃禁显达目中镞出之。似谓但禹步作气而镞自出者，恐传者过也。《南史·张融传》云：有薛伯宗者，善徙痈疽，公孙泰患背，伯宗为气封之，徙置斋前柳树上，明旦痈消，树边便起一瘤如拳大，稍稍长，二十余日，瘤大脓烂，出黄赤汁斗余，树为之痿损。其说尤为离奇。然自称能徙痈者，吾小时尚见之，其事似在光绪辛卯岁，吾父脑后忽肿起如瘤，医家不敢以刀割，亦不能以药消，乃曰，有某者，自称能徙痈，不妨姑试之。如其言。其人用何术，予已不省记，但记其云已徙之庭前桂树上。其后树无他异，而吾父肿亦旋消。更询诸医家，则云此盖无名肿毒，本非瘤也。故知以神奇自炫者，今古多有，而侈陈奇迹，则无一不出语增耳。

《隋书·隐逸传》：张文诩尝有腰疾，会医者自言善禁，文诩令禁之，遂为刃所伤，至于顿伏床枕。医者叩头请罪，文诩遽遣之，因为其隐，谓妻子曰："吾昨风眩落坑所致。"其掩人之短，皆此类也。此可见善禁者亦不能不用刀针，或且藉此以施刀针也。

（五四九）国子太学

国子学与太学，初本是二，后乃合而为一。

古代平民，学于其所居之里之校，秀者升入其乡之庠序，自庠序升于司徒，入于大学。贵族则学于其家门侧之塾。师氏、保氏门闱之学，公宫南之左之小学，与家塾皆一物也，贵族出于此，亦入于大学。故平民登进，较之贵族，多一节级。然既入大学，即与王太子、王子、群后之太子、卿大夫、元士之嫡子等夷矣。详见《古学制》条。汉世博士弟子，太常择民年十八以上仪状端正者补；在郡、国、县、道、邑者，令、相、长、丞上二千石，二千石察可者，得与计偕；尤绝无限制。后汉虽有大将军至六百石遣子入学之令，亦未闻其较平民多占便宜，可谓荡荡平平矣。自国子学立，而此局乃一变。

《宋书·礼志》云："魏文帝黄初五年，立太学于洛阳。齐王正始中，刘馥上书曰：黄初以来，崇立太学，二十余年，而成者盖寡。由博士选轻，诸生避役，高门子弟，耻非其伦，故无学者。虽有其名而无其实，虽设其教而无其功。宜高选博士，取行为人表，经任人师者，掌教国子。依遵古法，使二千石以上子孙，年从十五，皆入太学。明制黜陟，陈荣辱之路。不从。晋武帝泰始八年，有司奏：

太学生七千余人，才任四品，听留。诏：已试经者留之，其余遣还郡国。大臣子弟堪受教者，令入学。案此可见学生虽多，大臣子弟实少。咸宁二年，起国子学。盖《周礼》国之贵游子弟所谓国子，受教于师氏者也。”此为国子学设立始末。盖欲迫令贵游子弟入学而不能，乃为之别立一学耳。观其拟诸师氏，则固以小学视之。《宋书·百官志》言晋初置国子学，隶属太学，其等级固分明也。至南朝而其制一变。南朝皆无太学。陈宣帝太建三年、后主至德三年，皇太子皆释奠太学。然此等皆徒有其名而已。《齐书·礼志》载曹思文之表曰：“今之国学，即古之太学。晋初太学生三千人，案较之上引《宋书·礼志》所述泰始八年之数，已裁减过半矣。既多猥杂，惠帝时欲辨其泾渭，故元康三年，始立国子学。官品第五以上，得入国学。案“立国子学”，《晋书·本纪》在咸宁二年。《宋书·礼志》作“起国子学”。《晋书·职官志》云：“咸宁四年，武帝初立国子学，定置国子祭酒、博士各一人，助教十五人，以教生徒。”盖屋宇起于二年，官制定于四年，生徒选补之法，实至元康三年而后定，故思文又云立于是年也。天子去太学入国学，以行礼也。太子去太学入国学，以齿让也。太学之与国学，斯是晋世殊其士庶，异其贵贱耳。”然则国学存而太学废矣。太学凡民可入，而国学限于贵游，是则去荡平之途而求私龙断也。

原晋所以设国子学者，实缘欲求高门子弟之入学。其求高门子弟入学，则以此辈专务交游也。《三国·魏志·董昭传》：昭上疏陈末流之弊曰：“当今年少，不复以学问为本，专更以交游为业；国士不以孝弟清修为首，乃以趋势游利为先。合党连群，互相褒叹，以毁訾为罚戮，用党誉为爵赏。附己者则叹之盈言，不附者则为作瑕衅。”此本汉末太学中之弊风，特以遭逢丧乱，学校丘墟，而此风未改，故初在学校中者，后又出于学校外耳。《晋书·傅玄传》：玄于武帝初上疏，言“汉、魏百官子弟，不修经艺而务交游，徒系名于太学，不闻先王之风”；又言“今圣明之政资始，而汉、魏之失未改，散官众而学校未设”，盖以此也。此事关键，首在其用人之能核实，次亦视其果能驱人入学与否。用人果能核实，游谈将不禁自止。不能驱人入学，则国子学亦与太学等耳。所谓高门子弟者，岂诚以羞与避役者伍而不入学哉？抑因避役而入学，固情有可矜，然为政之道，当清简赋役，不能豢避役者于学中，则当时猥杂之徒，虽一举而尽汰之可也。而又不能，而乃为之别立一学，不诚无具矣哉？

然晋世所行之政，亦迄未收效也。以国学代太学，盖始于宋，晋世尚未有此意，故东渡后，建武元年，即立太学。《晋书·本纪》。此事由王导、戴邈。导之言曰："人知士之所贵，由乎道存，则退而修其身。修其身以及其家，正其家以及于乡，学于乡以登于朝。反本复始，各求诸己，则敦朴之业著，浮伪之道息。"欲"使朝之子弟，并入于学"。《宋书·礼志》。邈亦言："贵游之子，未必有斩将搴旗之才，亦未有从军征戍之役。"宜"及盛年，讲求道艺"。《宋书·礼志》。咸康三年，既立太学，复议国学。设立未几，又复遣散。《晋书·成帝纪》：咸康三年，正月，立太学。《袁瑰传》：除国子祭酒，上疏曰："若得给其宅地备其学徒，粗有其官，则臣之愿也。"疏奏，成帝从之。国学之兴，自瑰始也。《宋书·礼志》，以疏为瑰与太常冯怀同上，事在咸康三年，云："疏奏，帝有感焉。由是议立国学，征集生徒。而世尚庄、老，莫肯用心儒训。穆帝永和八年，殷浩西征，以军兴罢遣。由此遂废。"自咸康三年至永和八年，凡十六年。至孝武帝时，乃二学并立。《晋书·孝武帝纪》：太元九年，四月，增置太学生百人。十年，二月，立国学。事由谢石之奏，见《晋书》本传及《宋书·礼志》。《宋书》载其疏辞，谓上于太元元年，盖当作九年，因字形近而误。疏有"皇威遐震，戎车方静"之语，盖指淝水之捷言之，事在太元八年也。其事由于谢石。史称"烈宗纳其言，选公卿二千石子弟为生，增造庙屋一百五十五间，而品课无章，士君子耻与其列"。国子祭酒殷茂言之曰："自学建弥年，而功无可名。惮业避役，就存者无几。或假托亲疾，真伪难知。声实浑乱，莫此之甚。臣闻旧制，国子生皆冠族华胄，比列皇储，而中者混杂兰艾，遂令人情耻之。窃谓群臣内外，清官子侄，普应入学，制以程课。今者见生，或年在扞格，方圆殊趣，宜听其去就，各从所安。"又庾亮在武昌，开置学官，其教亦言："人情重交而轻财，好逸而恶劳。学业致苦，而禄答未厚，由捷径者多，故莫肯用心。"又言："若非束修之流，礼教所不及，而欲阶缘免役者，不得为生。"然则贵游不入，而避役者群集，在太学未闻有改，而国学又复如此；即地方设学，亦不能免也。此积习不易变，南朝盖患其猥杂，故径独立国学，然非政体也。

强高门子弟入学，太元十年，盖颇收效。然《宋书·五行志》云："太元十年，正月，立国子学。学生多顽嚚，因风放火，焚房百余间。"《晋书·五行志》略同。盖即高门子弟之所为也。历代学校，亦多有所谓风潮，然未有如此次之无意识者，别见《学校风潮》条。当时所谓高门子弟者，其质量可知矣。设学不以教孤寒之士，而斤斤欲教此等人，不亦雕朽木而圬粪土之墙乎？

《北齐书·儒林传》曰："齐制，诸郡并立学，置博士、助教授经。学生俱差逼充员。士流及豪富之家，皆不从调。备员既非所好，坟籍固不关怀，又多被州郡官人驱使，纵有游惰，亦不检治。"此则入学而不能避役，因之非差逼莫肯充员。又魏、晋以降之一变局矣。

（五五〇）为私家立学

予尝撰《私家教授之盛不始东汉》一条，读之，可知学术之兴盛，皆人民所自为，而政府所能为力者实浅矣；然犹不止此。夫东京十四博士，皆今学也。当时太学著籍之盛，旷古未闻，乃一朝灰炭，而今学之传授，即随之而绝，然则当时其学之传于后生者几何？无怪范蔚宗讥其"章句渐疏，多以浮华相尚"矣。《后汉书·儒林传序》。东京私学，亦多有名无实。郑玄在当时，最称大师，而其所传，陵乱无条理，且多矛盾，即可见之。然其传授，犹历久不绝。然则当时今学讲师，其学尚不逮郑玄、王肃也，况敢望韩婴、董仲舒、刘向、扬雄乎？晋立国子学而太学废。国学皆贵游子弟，自更不足语于学问，说见《国子太学》条。刘宋以后，国学又替，而就讲学之私家，加以扶助者转盛。则是学术之命脉，仍系于私家也。

《宋书·礼志》云：高祖受命，诏有司立学，事在永初三年正月，见《纪》。未就而崩。太祖元嘉二十年，复立国学。《本纪》：太祖诏建国学，在元嘉十九年正月。是年十二月，诏言胄子始集，学业方兴。《何承天传》亦云：是年立国子学，以本官领国子博士。而《志》云二十年者，盖师生集于十九年末，始业实在二十年也。二十七年废。《纪》在三月，盖以军兴废。《孝武帝纪》：大明五年，八月，诏来岁可修葺庠序，旌延胄子。《礼志》不言其事，疑其实未曾行。宋世国学之立，盖不及十年也。然其时周续之遁迹庐山，高祖践阼即召之，为开馆东郭外，招集生徒。元嘉十五年，文帝又征雷次宗至京师，为开馆于鸡笼山。时又使何尚之立玄学，何承天立史学，谢元立文学。凡四学并建。见《隐逸·雷次宗传》。案此事《南史》入《本纪》，系元嘉十六年。《宋书·何尚之传》云：元嘉十三年，彭城王义康欲以司徒左长史刘斌为丹阳尹，上不许。乃以尚之为尹。立宅南郭外，置玄学，聚生徒，谓之南学。《南史》同。其立学不知究在何年也。《明帝纪》：泰始六年，九月，立总明观。《南史》云：分为儒、道、文、史、阴阳五部学。言阴阳者遂无其人。此犹是率元嘉之旧。国学虽衰，其扶助私家之学，则可谓至矣。齐建元四年，正月，诏立国学。见《礼志》及《本纪》。九月，以国哀罢。《武帝纪》。《百官志》云：其夏国讳废学。永明三年，正月，诏立学。《本纪》。旋复省废。未知何时，东昏侯时，曹思文争废国学，见下。表言永明以无太子故废，非古典。案建武四年诏言："往因时康，崇建庠序，屯虞荐有，权从省废。"则似非以无太子故。建武四年，正月，又诏立学。永泰元年，东昏侯即位，尚书符依永明旧事废学。国子助教曹思文表言不可废。有司奏从之。《礼志》。然其立学之久，尚不逮刘宋也。总明观以永明三年省，盖以国学已立故。然是岁，又于王俭宅置学士馆，悉以四部充俭家。则学术之重心，仍在私家。又竟陵王子良，尝表世祖，为刘瓛立馆，亦宋世待周续之、雷次宗之意也。梁武践阼，征何胤不至，遣何朗、孔寿等六人于东山受学。天监四年，置五经博士各一人。《本纪》。《儒林传》云：以平原明山宾、吴兴沈峻、建平严植之、会稽贺玚、吴郡陆琏补博士，各主一馆，则所重者仍在其人。七年，正月，诏大启庠序，博延胄子，国学盖自此建立。然恐亦徒有其名。故其后大同七年，又于宫城西立士林馆，延集学者也。《陈书·儒林传》言：高祖"承前代离乱，日不暇给，弗遑劝课。世祖以降，稍置学官。虽博延生徒，成学盖寡"。陈世，资助私家之事，阒焉无闻，然官立之国学，亦益黯然无色矣。

郡县亦有为私家立学者。《宋书·隐逸传》沈道虔：乡里年少，相率受学。道虔常无食，无以立学徒。武康令孔欣之厚相资给，受业者咸得有成。《梁书·处士传》诸葛璩：性勤于诲诱，后生就学者日至，居宅狭陋，无以容之，太守张友为起讲舍。《魏书·崔休传》：为渤海，大儒张吾贵有盛名于山东。西方学士咸相宗慕。弟子自远而至者恒千余人。生徒既众，所在多不见容。休乃为设俎豆，招延礼接，使肄业而还，儒者称为口实。皆是。

南北朝实为资助私家立学最盛之世。固以其时王业偏安，敬教劝学，力有弗逮，乃仅就私家，加以资助。亦以私家立学，为众所归仰者，其人必较有学问，而归仰之者，亦必较有乡学之诚，就加资助，转较官自立学者为有实际也。

（五五一）盲人识字

盲人亦能识字，为近世言欧美教育者所艳称。然其事古亦有之。《隋书·艺术传》:卢大翼目盲,以手摸书而知其字是也。其所摸书,盖为简牍。自简牍尽废,而此事遂不可见矣。

(五五二)范宁崇学

《晋书·范汪传》:为东阳太守,“在郡大兴学校”。子宁,为余杭令,“在县兴学校,养生徒,洁己修礼,志行之士,莫不宗之。期年之后,风化大行。自中兴以来,崇学敦教,未有如宁者也”。补豫章太守,“在郡又大设庠序。遣人往交州采磬石,以供学用。改革旧制,不拘常宪。远近至者千余人,资给众费,一出私禄。并取郡四姓子弟,皆充学生,课读五经。又起学台,功用弥广。江州刺史王凝之上言曰:豫章郡居此州之半。太守臣宁,入参机省,出宰名郡,而肆其奢浊,所为狼籍。郡城先有六门,宁悉改作重楼,复更开二门,合前为八。私立下舍七所。臣伏寻宗庙之设,各有品秩,而宁自置家庙。又下十五县,皆使左宗庙,右社稷,准之太庙,皆资人力,又夺人居宅,工夫万计。宁若以古制宜崇,自当列上,而敢专辄,惟在任心。州既闻知,即符从事,制不复听。而宁严威属县,惟令速立。愿出臣表下太常,议之礼典。宁以此抵罪。子泰,弃官称诉。帝以宁所务惟学,事久不判。会赦,免。”案宁之所为,诚若奢浊,然远近至者千余人,资给众费,一出私禄,则其无所利焉可知。孝武迟回不判,以待赦令,良有由也。或疑宁私禄何以能如是之多,则此非指朝所颁禄;各地方相沿,本有行政经费,并有供守令之费,如后世之陋规者。此不能不取,亦不必不取,惟在用之何如耳。豫章居江州之半,此款必不菲也。人有所长,必有所短。用人之道,贵在舍短取长。宁之失,在于迂阔奢泰,以崇学敦教论,则可谓世济其美矣。若能任以学事,而抑其迂阔奢泰之为,则用人之道也。

事之当办与否,与其办理之善否,系属两事。当办之事,虽办理不善,只应改其办法,不应径废其事也。且如青苗,抑配固为不可,然任兼并之家要倍称之息,可乎?然则散放之法可变,散放之事,不可已也。宋世之新旧党,若知此义,事之败于狐埋狐搰者,必可大减矣。《宋史·胡宿传》:“知湖州,前守滕宗谅大兴学校,费钱数十万。宗谅去,通判、僚吏皆疑以为欺,不肯书历。宿诮之曰:君辈佐滕侯久矣,苟有过,盍不早正?乃阴拱以观,俟其去而非之,岂昔人分谤之意乎?坐者皆大惭。其后湖学为东南最,宿之力为多。”滕侯贤者,自无欺罔之事，然其下之人，得毋有欺滕侯者乎？然其事已在前矣。惩此而不承权舆，是重费也。然则胡宿保全湖学之功，不减于滕宗谅之创始也。

宋世张昇镇许，欲兴乡学，而马宏沮之，诬县令因以取民，引见《郡县乡里之学下》条。宏之言固诬，然因兴作以取民之事，必多有之，宏乃得以肆其诬，则亦不可不儆也。国民党政府之都南京也，学校、官司，屋宇皆不周于用，于是竞事营建。百务废弛，惟兹则汲汲恐后。论者皆讥其别有用心焉。此则范宁之罪人也。

《晋书·虞溥传》："除鄱阳内史。大修庠序，广招学徒，至者七百余人。祭酒求更起屋行礼。溥曰：君子行礼，无常处也。故孔子射于矍相之圃，而行礼于大树之下。况今学庭庠序，高堂显敞乎！"斯则范宁之诤友也。子曰："以约失之者鲜矣。"《论语·里仁》。

（五五三）周朗

一时之人，有一时之人之思想。《宋书·周朗传》：世祖即位，普责百官谠言。朗上书，谓："宜二十五家选一长，百家置一师。男子十三至十七，皆令学经；十八至二十，尽使修武。官长皆月至学所，以课其能。习经者五年有立，则言之司徒；用武者三年善艺，亦升之司马。若七年而经不明，五年而勇不达，则更求其言政置谋，迹其心术行履，复不足取，虽公卿子孙，长归农亩，终身不得为吏。"此可谓昔人教育普及之论，其思想似颇特异。然《晋书·慕容皝载记》，载其记室参军封裕谏辞曰："四业者国之所资，教学者有国盛事。习战务农，尤其本也，百工商贾，犹其末耳。宜量军国所须，置其员数，已外归之于农，教之战法。学者三年无成，亦宜遣之于农，不可徒充大员，以塞聪隽之路。"皝因此令学生不任教者，除其员录。其思想与朗颇相类。《魏书·景穆十二王传》：南安王桢之子英，奏言"谨案学令：诸州郡学生，三年一校所通经数，因正使列之。然后遣使就郡练考。儁造之流，应问于魏阙；不革之辈，宜反于齐民。顷以皇都迁构，江、扬未一，故乡校之训，弗遑正试。致使薰莸之质，均诲学廷；兰萧之体，等教文肆。今外宰京官，铨考向讫，求遣四门博士明通五经者，道别校练，依令黜陟。"其所行，亦即慕容皝之令。盖时宇内分裂，竞争烈而责望于民者深，故不期而同有此思想也。更上溯之，晋初傅玄上疏，言分民之理，欲采皇甫陶之说，课散官以亲耕，亦以直丧乱之后，不容浮食者之众耳。

（五五四）汲冢书

古书湮没复见，最早者无过于晋世之汲冢书。其事见于《晋书》之《武帝纪》《律历志》，及卫瓘、荀勖、束皙、王接、司马彪、续咸诸传。《纪》云：咸宁五年十月，“汲郡人不准掘魏襄王冢，得竹简小篆古书十余万言，藏于秘府”。《志》云：“武帝太康元年，汲郡盗发六国时魏襄王冢，亦得玉律。”《卫瓘传》载瓘子恒所作《四体书势》云：“太康元年，汲县人盗发魏襄王冢，得策书十余万言。”《束皙传》云：“太康二年，汲郡人不准盗发魏襄王墓，或言安厘王冢，得竹书数十车。”诸说年代虽不相符，《二十二史考异》云：“《束皙传》作太康二年，《卫恒传》作太康元，与《纪》互异。赵明诚《金石录》，据《太公庙碑》及荀勖序《穆天子传》，俱云太康二年，以正《晋》《纪》年月之误。”然亦未检束、卫两传也。注云：“杜预《春秋后序》亦作太康元年。”案杜预《春秋后序》、荀勖《穆天子传序》，并是伪物。然古事传者多不审谛，不能以此遂疑其事之真。《律历志》言：“荀勖校太乐，八音不和，始知后汉至魏，尺长于古四分有余。勖乃部著作郎刘恭依《周礼》制尺，所谓古尺也。依古尺更铸铜律吕，以调声韵。其尺量古器，与本铭尺寸无差。又，汲郡盗发六国时魏襄王冢，得古周时玉律及钟磬，与新律声韵闇同。”则当时所得，书籍外尚有他物。书籍纵有伪作，他物不必皆有人作伪。以此互证，亦足见汲冢得书，事非乌有。所得之数，《本纪》与《卫瓘传》，二说符同。简策重滞，而每策所容，不过数十字；十万余言，自可盈数十车。《束皙传》说，亦非歧异。十余万言之书，即在楮墨盛行之时，得诸地表，亦云匪易，况在楮墨未行之世，而又得诸地下之藏乎？诚足令人神往矣。

然则世之所传，所谓出自汲冢之书，其物果可信乎？曰：否。汲冢得书，实有其事，系一事；世之所传，所谓出自汲冢之书，其可信与否，又是一事。汲冢得书，固实有其事，然世之所传，谓其出于汲冢者，则不徒明以来之伪《竹书纪年》不可信，即其早于此者，如世所谓古本《竹书纪年》等，其不可信，亦未尝不相等也。此其为说，观于《晋书》之《束皙传》，即可知之。《荀勖传》言竹书之得，“诏勖撰次之，以为《中经》，列在秘书。”《束皙传》言：

“初发冢者烧策照取宝物，及官收之，多烬简断札，文既残缺，不复铨次。武帝以其书付秘书校缀次第，寻考指归，而以今文写之。皙在著作，得观竹书，随疑分释，皆有义证。”《王接传》云：“时秘书丞卫恒考正汲冢书，未讫而遭难。佐著作郎束皙述而成之，事多证异义。时东莱太守陈留王庭坚难之，亦有证据。皙又释难，而庭坚已亡。散骑侍郎潘滔谓接曰：卿才学理议，足解二子之纷，可试论之。接遂详其得失。挚虞、谢衡皆博物多闻，咸以为允当。”是观其大略，加以次第者荀勖;就其所载，加以研求者，则卫瓘、束皙、王庭坚、王接也。《四体书势》云:“魏初传古文者,出于邯郸淳。恒祖敬侯写淳《尚书》,后以示淳，而淳不别。至正始中，立三字石经，转失淳法，因科斗之名，遂效其形。太康元年，汲县人盗发魏襄王冢，得策书十余万言。案敬侯所书，犹有髣髴。古书亦有数种，其一卷论楚事者最为工妙，恒窃悦之。”玩其言，似能次第成书，藉以考见古事者，不过数种，余则仅堪藉证书法。简断编残，铨次已觉不易，况于考索？此实录也。人之度量相越，不能甚远，束皙继业，所就岂能远过？乃《皙传》述诸书之目，大凡七十五篇，不识名题者七篇而已，余则皆能举其崖略，果可信乎？《司马彪传》云：“初谯周以司马迁《史记》书周秦以上，或采俗语百家之言，不专据正经，周于是作《古史考》二十五篇，皆凭旧典，以纠迁之谬误。彪复以周为未尽善也，条《古史考》中凡百二十二事为不当，多据《汲冢纪年》之义，亦行于世。”夫曰多据，则非尽据，且所据者《纪年》一书耳。《续咸传》言咸“著《远游志》《异物志》《汲冢古文释》,皆十卷,行于世”。六七十篇之书,岂十卷之书所能释？是彪与咸即诚见汲冢书,所见者亦不多也。

更就《束皙传》论诸书之语观之。诸说皆云所发为魏襄王冢，《皙传》独多“或言安厘王冢”六字，说果何所据乎？《传》又云：“其《纪年》十三篇，纪夏以来至周幽王为犬戎所灭，以事接之。三家分，仍述魏事，至安厘王之二十年。盖魏国之史书。”此六字之所由来也。据《史记》,安厘王为襄王曾孙。襄王子哀王，在位二十三年；哀王子昭王，在位十九年；昭王子则安厘王，在位三十四年，其卒在秦始皇之四年，距襄王之卒，七十有六年矣。此时魏已去亡不远，能否厚葬，如史所云，实有可疑。古人作伪，多不甚工，往往少加校勘，说即不雠。窃疑《纪年》书本无传，造作者初不详核，乃误下三世七十六年，而后人反据之以为说也。

《束晳传》又云《纪年》，“大略与《春秋》皆多相应。其中经传大异，则云夏年多殷；益干启位，启杀之；太甲杀伊尹；文丁杀季历；自周受命，至穆王百年，非穆王寿百岁也；幽王既亡，幽王当作厉王，此盖传写之误。有共伯和者摄行天子事，非二相共和也。”案《史记集解》引《纪年》，谓夏有王与无王，用岁四百七十一年；汤灭夏以至于受，用岁四百九十六年；而《路史》引《易纬稽览图》，谓夏年四百三十一，殷年四百九十六。造竹书者，盖谓自相之亡，至于少康复禹之绩，历年四十，故窃纬候之说，而易其四百三十一为四百七十一，此其作伪之显证。启、益、太甲、伊尹、文丁、季历之相贼，则其时之人“舜禹之事，我知之矣”之见解耳。古人纪年，初不审谛，而好举成数，故于人君享国长久者，率以百年言之。如《诗生民疏》引《中候握河纪》云：“尧即政七十年，受河图。《注》云：或云七十二年。”案尧立七十年得舜，辟位凡二十八年崩，则尧年九十八，若云七十实七十二，则适得百岁矣。《史记·五帝本纪》云：“舜年二十以孝闻，年三十尧举之，年五十摄行天子事，年五十八尧崩，年六十一代尧践帝位。践帝位三十九年，南巡狩，崩于苍梧之野。”即位踰年改元，时舜年六十二，在帝位三十九年，舜年亦百岁也。此古传说本以尧舜为百岁，而说书者从而为之辞也。《大戴记·五帝德》：“宰我问于孔子曰：昔者予闻诸荣伊曰黄帝三百年，请问黄帝者，人邪？抑非人邪？何以至于三百年乎？孔子曰：生而民得其利百年，死而民畏其神百年，亡而民用其教百年。”《小戴记·文王世子》：“文王谓武王曰：女何梦矣？武王对曰：梦帝与我九龄。文王曰：女以为何也？武王曰：西方有九国焉，君王其终抚诸？文王曰：非也。古者谓年龄，齿亦龄也。我百，尔九十，吾与尔三焉。文王九十七乃终，武王九十三而终。”《书·无逸》曰：“文王受命惟中身，厥享国五十年。”言其为君时年五十有一也。又云：“殷高宗之享国，五十有九年。”《石经》残碑作百年。然则《吕刑》谓穆王享国百年，正合古人语例。造《纪年》者疑其误而改之，正见其不知古义耳。厉王见流，周、召二相共和行政，犹之鲁昭公时之三家，卫献公时之孙林父、宁殖。古者世族权大，此等事盖甚多，特不能尽见于书传。谓他国之君释位而未摄政，却史无前例。有之，则有夏之衰，后羿自鉏迁于穷石，因夏民以代夏政耳，曾闻其反政于夏乎？此说也，《史记正义》引《鲁连子》同之，不知造《鲁连子》者袭伪《纪年》乎？造伪《纪年》者袭《鲁连子》乎？其为造作则无疑也。

《束皙传》又云:“《名》三篇,似《礼记》,又似《尔雅》《论语》。” 此合伪《孔子家语》与《孔丛子》为一书也。又云:“《师春》一篇,书《左传》诸卜筮,师春似是造书者姓名也。” 玩其言,似所记与《左氏》全同,古书有如是略无出入者乎?又云:“《琐语》十一篇,诸国卜、梦、妖怪、相书也。” 下文云:“七篇简书折坏,不识名题。” 则名题皆系固有,卜、梦、妖怪、相书,古人是否视为琐语,殊难质言。《史通·疑古》引《汲冢琐语》,有舜放尧于平阳之事,又非卜、梦、妖怪、相书之伦也。又云:“《穆天子传》五篇,言周穆王游行四海,见帝台、西王母。” 又有《周穆王美人盛姬死事》。合此二者,正今所谓《穆天子传》。世多以其言域外地理有合而信之,而不知此正其书出于西域既通后之铁证也。凡此皆今《晋书》《束皙传》不足信之征也。杜预《后序疏》引王隐《晋书·束皙传》云:汲冢竹书,“大凡七十五卷,其六十八卷皆有名题,其七卷折简碎杂,不可名题。有《周易》上下经二卷,《纪年》十二卷,《琐语》十一卷,《周王游行》五卷,说周穆王游行天下之事,今谓之《穆天子传》。此四部差为整顿。汲郡初得此书,表藏秘府,诏荀勖、和峤以隶字写之,勖等于时即已不能尽识。其书今复阙落,又转写益误。《穆天子传》,世间偏多。” 述竹书篇卷凡数,名题可考与否之数,与今《晋书·束皙传》同,而能言其指归者,多少迥异。官家校理,往往徒有其名,六十八卷曾否悉行隶写,殊为可惑。观王隐《晋书》与今《晋书》之说之不同,而可见造作者之各自为说也。卫恒言古书数种,论楚事者最为工妙,应在整顿之列,而隐《晋书》不及。

汉魏之世,习称异于大小篆之字为古文,《说文解字》之例可证也。《晋书·武帝纪》言竹书,并称小篆、古书,可见二者俱有。其时既在战国,小篆之数,度必远多于古文,而今《晋书·束皙传》乃谓其皆科斗字,亦凭臆为说之一端也。

(五五五)再论汲冢书

近代治古本《竹书纪年》者,以钱君宾四、杨君宽正用力为最深。二君于战国史事,推校皆极密。皆谓《纪年》所记年代,较《史记》为可信。余于战国史事,未尝致力,于二君所言,无以平其是非,以其用力之勤,深信所言必非无见。然窃谓考证之学,今古皆有之,而著述体例,则今古不同。古人于其考证所得者,往往不明言为己见,而或托之他人;又或将推论之辞,与纪载相混。

故窃疑竹书所言，虽或可信，亦系后人考证所得，而未必真为汲冢原文也。尝以此意语二君，二君未能信其然，而亦无以难之。近予将旧作《汲冢书》笔记一则，刊诸报端，旋得杨君来书，疑出土《纪年》，本仅记战国事，自魏文侯至襄王之二十年，其余则出后人增窜；且其增入并非一次。此言殊有意理。天下无赤手伪造之事，晋人既称其书为《纪年》，其中自必有若干按年记事者也。然必不能超出共和以上。《晋书·束皙传》说《纪年》云："纪夏以来至周幽王为犬戎所灭，以事接之。三家分，仍述魏事，至安厘王之二十年。"此中惟安厘王三字，诚如杨君所疑，原文或为襄王，而为后人所臆改，余则似皆出旧文。观其所言，绝无谓自夏以来皆有年纪之意。然则真竹书即记夏以来事，亦不过存其梗概而已。《史记·晋世家》谓自靖侯以来，年纪可推；《汉书·律历志》言"《春秋》《殷历》，皆以殷，鲁自周昭王以下无年数，故据周公伯禽以下为纪"，知列国年代，有可推寻，皆不能早于周世，且已为历人之言，而非史家之籍矣。鲁为周礼所在，犹且如此，晋居深山之中，王灵不及，拜戎不暇，安得所记乃远至夏殷？故知杨君所言，深有意理，足证所谓古本《纪年》者所纪甚远之不足信，而又足正予疑其专出后人推校所得之伪也，故乐得而再著之。

杨君书又云，"《纪年》与《赵世家》最为相合，以此见其可信"，然又以其"与《史记》嬴秦世系，亦有出入，史公记六国时事，多本《秦记》，秦之世系，不应有误"而疑之。予谓小小夺误，古书皆所不免。如《史记·秦始皇本纪》后所记秦之先君，不尽与《秦本纪》相合，即其切近之一证。古人著书，有一最要之例，曰："信以传信，疑以传疑。"惟如是，故所据虽有异同，皆各如其原文录之，而初不加以刊改。此在后人，或以此议古人之疏，甚且加以痛诋，然正因此，而古籍之有异同者，乃得悉葆其真，以传于后。较之以意刊改者，为益弘多矣。古本《纪年》，在战国之世者，似当兼采鄙说及杨君之说，谓其中有《竹书》原文，兼有后人推校所得。二者分别诚为不易，然即能分别之，尽得魏氏史官之旧，亦不过古代各种史文之一耳，未必其纤毫不误也。此意亦不可不知。

（五五六）四部

《通鉴》齐武帝永明三年："初，宋太宗置总明观以集学士，亦谓之东观。

上以国学既立，五月乙未，省总明观。时王俭领国子祭酒，诏于俭宅开学士馆，以总明四部书充之。”胡三省《注》云：“分经、史、子、集为甲、乙、丙、丁四部。又据《宋纪》：明帝泰始六年立总明观，征学士以充之；举士二十人，分为儒、道、文、史、阴阳五部学，言阴阳者遂无其人。然则四部书者，其儒、道、文、史之书欤！”案总明举士，虽分五部，观中之书，不必随之而分部。四部之分，始于晋之荀勖，自尔以来，相承不改。《通鉴》此文，本于《南史》，《齐书·王俭传》亦同。四部二字，未必更有异义。胡氏二说，自以前说为得也。

《隋书·经籍志》言：荀勖四部，“合二万九千九百四十五卷。惠怀之乱，京华荡覆，渠阁文籍，靡有孑遗。东晋之初，渐更鸠聚。著作郎李充，以勖旧簿校之，其见存者，但有三千一十四卷，充遂总没众篇之名，但以甲乙为次，自尔因循，无所变革。其后中朝遗书，稍流江左。宋元嘉八年，秘书监谢灵运造《四部目录》，大凡六万四千五百八十二卷。元徽元年，秘书丞王俭又造《目录》，大凡一万五千七百四卷。齐永明中，秘书丞王亮、监谢朏，又造《四部书目》，大凡一万八千一十卷。齐末兵火，延烧秘阁，经籍遗散。梁初，秘书监任昉，躬加部集，又于文德殿内，列藏众书，华林园中，总集释典，大凡二万三千一百六卷，而释氏不豫焉。梁有秘书监任昉、殷钧《四部目录》，又《文德殿目录》。其术数之书，更为一部，使奉朝请祖暅撰其名。故梁有《五部目录》。隋炀帝即位，秘阁之书，限写五十副本，分为三品，于东都观文殿东西厢构屋以贮之，东屋藏甲乙，西屋藏丙丁；又聚魏已来古迹名画，于殿后起二台，东曰妙楷台，藏古迹；西曰宝台，藏古画；又于内道场集道、佛经，别撰目录。”此自晋至隋书籍分部之大略也。除书画及释道氏书外，惟梁世术数之书别为一部，余皆以四部括之，此予所谓自荀勖以来相承不改者也。《晋书·李充传》：“为大著作郎，于时典籍混乱，充删除烦重，以类相从，分作四部，甚有条贯，秘阁以为永制。”《齐书·王俭传》：“超迁秘书丞，上表求校坟籍，依《七略》撰《七志》四十卷，又撰定《元徽四部书目》。”《梁书·沈约传》：“齐初为征虏记室，带襄阳令，所奉之王，齐文惠太子也。太子入居东宫，为步兵校尉，管书记，直永寿省，校四部图书。”《任昉传》：“转御史中丞，秘书监。自齐永元以来，秘阁四部，篇卷纷杂，昉手自雠校，由是篇目定焉。”《殷钧传》：天监初，起家秘书郎，历秘书丞，“在职启校定秘阁四部书，更为目录”。《张缵传》：“起家秘书郎，时年十七。秘书郎有四员，宋、齐以来，为甲族起家之选，待次入补，其居职，例数十百日便迁任。缵固求不徙，欲遍观阁内图籍。尝执四部书目曰：若读此毕，乃可言优仕矣。”《文学传》：刘杳撰《古今四部书目》五卷。皆足与《隋志》相证明也。

四部之分，不足以见学术流别，故言校雠之学者多病之。实斋《通义》反复阐述，实惟此一义而已。然四部之分，本其大较，其中更有子目，则学术流别存焉。循其名不能知其实者，惟集部之书为甚，此实由后世专门之学日亡，立言者无不驳杂之故，与作目录者无涉也。荀勖四部：一曰甲部，纪六艺及小学等书，此刘歆之《六艺略》也；二曰乙部，有古诸子家、近世子家、兵书、兵家、术数，此歆之《诸子》《兵书》《术数略》也；三曰丙部，有史记、旧事、皇览簿、杂事，此为勖所新增，盖以记事之作不可与言道之作相混而然；四曰丁部，有诗赋、图赞、汲冢书。诗赋者歆之《诗赋略》，图赞盖王俭《图谱志》所本，亦为《七略》所无，汲冢书别为一门，最为论者所惑。然勖即昧于学术流别，亦无以汲冢书为一类之理，盖缘其书初出，未能尽通，无从分类，而其物为古简策，所宝者不徒所言，故别立为一类，正如后世目录家之别立金石一门耳。《七略》中之《方技》，为勖四部所无，以《隋志》列于子部推之，度其当入乙部。《晋书·勖传》云：“领秘书监，与中书令张华，依刘向《别录》，整理记籍。”可见其所为一秉前规。四部之分，盖特以计庋藏之便，而非以言学术流别。厥后王俭有作，《四部目录》与《七志》亦自殊科，犹此志也。俭之《七志》：一曰《经典志》，纪六艺、小学、史记、杂传，当勖之甲丙两部；二曰《诸子志》，纪今古诸子，四曰《军书志》，纪兵书，五曰《阴阳志》，纪阴阳图纬，六曰《术艺志》，纪方技，与勖之乙部相当；三曰《文翰志》，纪诗赋，七曰《图谱志》，纪地域及图书，与勖之丁部相当，而无汲冢书，盖其物已不存。《隋志》有《纪年》《周书》《古文琐语》，注皆云汲冢书，隶史部。诸书未必皆出齐后，盖以其非故简而为写本，故按书之门类隶之，此亦可见荀勖之以汲冢书为一类，乃以古物视之也。其道、佛附见，不与旧书为类，盖亦以其性质不同。梁兴，阮孝绪作《七录》：一曰《经典录》，纪六艺，二曰《记传录》，纪史传，当王俭之《经典志》；三曰《子兵录》，纪子书、兵书，五曰《技术录》，纪数术，苞俭之《诸子》《军书》《阴阳》《术艺》四志；四曰《文集录》，纪诗赋，即俭之《文翰志》，图谱无录，盖如《隋志》入诸《记传》；六曰《佛录》，七曰《道录》，亦如俭《志》之殊科。梁世秘书监、文德殿之藏，释氏不豫，隋世亦于内道场集道、佛经，别撰目录，其意皆与王、阮同。而梁又将术数之书，别为一部，则其析之更细。然则刘《略》荀《簿》而降，经籍之分类，实相承而渐变，屡变而益详。四部之分，特庋藏之部居，非分类之准则，显然可见。李充总没众篇之名，但分四部，实一时苟简之为耳，《晋书》称其甚有条贯者，盖前此混乱，并四部之分而无之。而不意后遂以为永制也。然自隋以来，虽以四部为宏纲，其中亦未尝不分子目；就子目而观之，学术流别，夫固昭然可见。集部之不能循名责实，正犹刻书者所苞较广，而编目之家，不得不随之而立丛部，固未可责其鲁莽也。

经籍分类，随乎学术，宜详而不宜混。近世东西之籍，所言者与中国旧籍，固不尽同，强欲齐其门类，势必治丝益棼，实不如分而著之为得。昔人道、释不杂四部，固足以为法也。

《汉书·艺文志》言，刘向校雠，每一书已，辄条其篇目，最其指要，录而奏之。此诚不朽之盛业，然其事殊不易为，故自荀勖以降，遂莫之能为也。然《隋志》言，王俭《七志》，不述作者之意，而于书名之下，每立一传，并及传授源流、后人评论，此则于读者甚有裨益矣。后世校勘之家，于此等处亦皆极留意，观《隋志》之言，而知其由来已久也。

（五五七）梁末被焚书籍

梁世藏书有二处，一秘书监，一文德殿也，故有秘书监任昉、殷钧《四部目录》，又有《文德殿目录》。牛弘云："侯景渡江，秘省经籍，虽从兵火，其文德殿内书史，宛然犹存。萧绎据有江陵，遣将破平侯景，收文德之书及公私典籍重本七万余卷，悉送荆州。"与《隋志》云"元帝克平侯景，收文德之书及公私经籍归于江陵，大凡七万余卷"者相合。《南史·侯景传》，谓王僧辩收图书八万卷归江陵；颜之推《观我生赋注》，亦谓王司徒表送秘阁旧书八万卷，盖举成数言之。颜《赋注》又云，孝元鸠合，通重十余万，则并江陵所故有者言之也。牛弘谓周师入郢，绎悉焚之于外城，所收十才一二，则其书亦未全焚，但所收甚仅耳。

《隋志》言梁书大凡二万三千一百六卷，而僧辩所收，已逾七万，盖亦通重言之也。牛弘云"总其书数三万余卷"，则亦以成数言之耳。《梁书·昭明太子传》云于时东宫有书三万卷，不知通重言之，抑其所有侔于秘省文德之藏？然即通重言之,其数亦已不少矣。乃《南史·侯景传》云:贼“登东宫墙射城内。至夜，简文募人出烧东宫，台殿遂尽，所聚图籍数百厨，一皆灰烬。先是简文梦有人画作秦始皇，云此人复焚书，至是而验”。然则梁末所失者，尚不止建业秘省之藏，江陵外城之烬也，亦可云浩劫矣。

《南史·张缵传》:缵兄缅，有书万余卷;缵晚颇好积聚，多写图书数万卷;及死,湘东王皆使收之,书二万卷。此等皆元帝所藏,出于王僧辩所致之外者也。

兵燹之际，图籍最宜加意保全，然能保全者实鲜。牛弘言书有五厄，其四固皆兵燹为之也。《梁书·柳恽传》：高祖至京邑，恽候谒石头。时东昏未平，恽上笺陈便宜，请城平之日，先收图籍。高祖从之。然《隋志》言齐末兵火，延烧秘阁，经籍遗散，则仍未能收取矣。周武平齐，先封书府。亦见《隋志》。杨广伐陈，既破丹阳，亦使裴矩、高颎收其图籍。见《隋书·矩传》。盖视刘、石等之全不措意者为愈矣。《北齐书·辛术传》言，术“少爱文史，晚更修学，虽在戎旅,手不释卷。及定淮南,凡诸资物,一毫无犯,惟大收典籍,多是宋、齐、梁时佳本，鸠集万余卷，并顾、陆之徒名画，二王以下法书，数亦不少，俱不上王府，惟入私门。及还朝，颇以馈遗权要，物议以此少之”。此虽违奉公之义，究胜于拉杂摧烧之者。《魏书·李顺传》:世祖之克统万，“赐诸将珍宝杂物，顺固辞，惟取书数千卷”。则按旧例，入国之日，图籍原不尽归公家也。公家苟欲收藏，自可使人转写。且据《北齐书·文苑传》，天保七年，诏令校定群书，供皇太子，樊逊以秘府书籍，纰缪者多，议向多书之家，牒借参校，而术为所举六家之一，则其书，亦未尝不有裨中藏矣。

（五五八）论晋书一

《晋书·王隐传》云:“隐世寒素。父铨，少好学，有著述之志。每私录晋事及功臣行状，未就而卒。隐以儒素自守，不交势援，博学多闻。受父遗业，西都旧事，多所谙究。建兴中过江，丞相军咨祭酒涿郡祖纳，雅相知重。纳好博弈，每谏止之，纳曰：聊用忘忧耳。隐曰：古人遭时则以功达其道，不遇则以言达其才，故否泰不穷也。当今晋未有书，天下大乱，旧事荡灭，非凡才所能立。君少长王都，游宦四方，华夷成败，皆在耳目，何不述而裁之？纳喟然叹曰：非不悦子之道，力不足也。乃上疏荐隐。元帝以草创务殷，未遑史官，遂寝不报。太兴初，典章稍备，乃召隐及郭璞，俱为著作郎，令撰晋史。时著作郎虞预私撰《晋书》，而生长东南，不知中朝事，数访于隐，并借隐所著书窃写之，所闻渐广。是后更疾隐，形于言色。预既豪族，交结权贵，共为朋党以斥隐。竟以谤免，黜归于家。贫无资用，书遂不就，乃依征西将军庾亮于武昌，亮供其纸笔，书乃得成，诣阙上之。隐虽好著述，而文辞鄙拙，芜舛不伦。其书次第可观者，皆其父所撰；文体混漫，义不可解者，隐之作也。”《祖纳传》载隐谏纳之辞略同。又载纳荐隐疏，称其“清纯亮直，学思沉敏，五经群史，多所综悉，且好学不倦，从善如流。若使修著一代之典，褒贬与夺，诚一时之儁也”。又云：“帝以问记室参军钟雅，雅曰：纳所举虽有史才，而今未能立也。事遂停。然史官之立，自纳始也。”东晋之置史官，事在建武元年十一月，见《元帝纪》。《王导传》云：“时中兴草创，未置史官，导始启立，于是典籍颇具。”盖其事成于导，而议实发于纳。纳之所以为是议，则又隐实启之也。隐之有功于晋史亦大矣。《魏书·李彪传》载彪表求修史之辞曰：“近僭晋之世有佐郎王隐，为著作虞预所毁，亡官在家，昼则樵薪供爨，夜则观文属缀，集成《晋书》，存一代之事，司马绍敕尚书惟给笔札而已。”官给笔札，盖即庾亮供隐纸笔之讹。抑彪求白衣修史，乃为是语。躬自采樵，不忘属缀，则虽微庾亮之助，隐亦未尝不自刻厉，其继志述事，亦可谓勤矣。《祖纳传》又曰：“纳尝问梅陶曰：君乡里立月旦评，何如？陶曰：善褒恶贬，则佳法也。时王隐在坐，因曰：《尚书》称三载考绩，三考黜陟幽明。何得一月便行褒贬？陶曰：此官法也；月旦，私法也。隐曰：《易》称积善之家，必有余庆；积不善之家，必有余殃。称家者岂不是官？必须积久，善恶乃著，公私何异？古人有言：贞良而亡，先人之殃；酷烈而存，先人之勋。累世乃著，岂但一月。若必月旦，则颜回食埃，不免贪污。盗跖引少，则为清廉。朝种暮获，善恶未定矣。”其评骘之矜慎，可以想见。此纳所以称其使修一代之典，褒贬与夺，足为之儁欤？岂有芜舛不伦，文体混漫，而能如是者欤？当时史记，成于父子继业者甚多。多不别其孰为父作，孰为子述。盖补缺正误，必有不容别白者在也。梁世许亨撰《梁书》，梁乱亡散。入陈更加修撰，仍未成而卒。善心随见补葺，成七十卷。其《序传》云：“凡称史臣者，皆先君所言。下称名案者，并善心补阙。”此亦指论赞言之，姚思廉《梁》《陈》二书之例耳。其叙事处必无从别白也。隐既不自别白，观者何以知其孰出于父，孰出于子？毋亦犹沿权贵朋党訾毁之辞，乃为是臆度专固之论欤？亦足忿嫉矣。

（五五九）论晋书二

晋史撰述，始自陆机。《史通·古今正史》篇曰："机为著作郎，撰《三祖纪》。束皙为佐郎，撰《十志》。会中朝丧乱，其书不存。"然《隋书·经籍志·古史类》有机《晋纪》西卷。《晋书·干宝传》云："宝以才器，召为著作郎。中兴草创，未置史官。中书监王导上疏曰：夫帝王之迹，莫不必书，著为令典，垂之无穷。宣皇帝廓定四海，武皇帝受禅于魏，至德大勋，等踪上圣。而纪传不存于王府，德音未被乎管弦。宜备史官，敕佐著作郎干宝等渐就撰集。元帝纳焉。宝于是始领国史。"然则机所撰者，故府无存，而民间则犹有其书也。《宝传》又云：宝"著《晋纪》，自宣帝迄于愍帝，五十三年，凡二十卷，奏之。其书简略，直而能婉，咸称良史"。其所以简略者，岂亦以取材无多，而非尽由于体例欤？

干宝之书，《隋志》亦在《古史类》，云二十三卷，与《晋书》本传卷数不合。未知何故。岂古人好举成数，作传者于其卷数不审，乃以大较言之欤？《正史类》有虞预《晋书》二十六卷，《注》云："本四十四卷，讫明帝，今残缺。"而《晋书·预传》云"著《晋书》四十余卷"，亦不能言其确数，则作传者于所传之人著述卷数，不能尽审之证。

王隐之书，《隋志》在《正史类》，八十六卷。《注》云："本九十三卷。"《史通》云八十九卷，未知孰是。要其卷数，必远多于干宝、虞预，则无疑也。然则预虽善攘窃，究不能掩隐之长矣。隐之作盖以多为贵，所谓与其过而废之，毋宁过而存之者。洛都行事，当以是为得失之林。岂造谤者正嫉其详备，乃又訾为芜秽欤？

（五六〇）论晋书三

江左之史，《史通》云："自邓粲、孙盛、檀道鸾、王韶之已下，相次继作。远则偏记两帝，近则惟叙八朝。至宋湘东太守何法盛，始撰《晋中兴书》，勒成一家，首尾该备。齐隐士东莞臧荣绪，又集东西二史，合成一书。皇家贞观中，有诏以前后晋史十有八家，制作虽多，未能尽善。乃敕史官更加纂录，采正典与杂说数十余部，兼引伪史十六国书，为纪十、志二十、列传七十、载记三十，并叙例、目录，合为百三十二卷。自是言晋史者，皆弃其旧本，竞从新撰者焉。”十八家，浦二田《通释》云：“《隋》《唐》二《志·正史部》凡八家，其撰人则王隐、虞预、朱凤、何法盛、谢灵运、臧荣绪、萧子云、萧子显也。《编年部》凡十一家，其撰人则陆机、干宝、曹嘉之、习凿齿、邓粲、孙盛、刘谦之、王韶之、徐广、檀道鸾、郭季产也。据《志》盖十有九家，岂缘习氏独主汉斥魏，以为异议，遂废不用欤？”说近臆测。贞观《修晋书诏》曰：“十有八家，虽存记注，而才非良史，事亏实录，绪烦而寡要，思劳而少功。叔宁课虚，滋味同于画饼；子云学海，涓滴湮于涸流；处叔不预于中兴，法盛莫通于创业；洎乎干、陆、曹、邓，略记帝王；鸾、盛、广、讼，才编载记。其文既野，其事罕传，遂使典午清高，韬遗芳于简册；金行曩志，阙继美于骊騵。遐想寂寥，深为叹息。”所列举者，凡十二家，自此而外，阙疑可也。

（五六一）论晋书四

《晋书·孙盛传》云：“盛笃学不倦，自少至老，手不释卷。著《魏氏春秋》《晋阳秋》，并造诗赋论难复数十篇。《晋阳秋》词直而理正，咸称良史焉。既而桓温见之，怒，谓盛子曰：枋头诚为失利，何至乃如尊君所说？若此史遂行，自是关君门户事。其子遽拜谢，谓请删改之。时盛年老还家，性方严，有轨宪，虽子孙斑白，而庭训愈峻。至此，诸子乃共号泣稽颡，请为百口切计。盛大怒，诸子遂窃改之。盛写两定本，寄于慕容儁。太元中，孝武帝博求异闻，始于辽东得之，以相考校，多有不同，书遂两存。”《晋阳秋》《隋志注》云“讫哀帝”，而枋头之败，事在海西公太和四年，则其事实为非定本之所无。岂盛诸子竟删之欤？然慕容氏在当时，实为晋敌国。寄定本于敌国，实事理之所无。且即如所云，慕容氏亦早入燕、赵矣，又何待得之辽东？故知所谓定本者，必不出于盛，殆知枋头之事或有憾于温者之所为，以盛名高而托之也。寄定本于敌国，虽造作此说者，亦宁不知其辞之谬悠。推其意，亦本不欲此说之见信于人，特欲附名高之人以行其书。甚或转利于其说之谬悠，使闻者惊奇之而读其书耳。其心亦良苦矣。

《盛传》又云：盛善言名理，于时殷浩擅名一时，与抗论者，惟盛而已。

盛尝诣浩谈论，对食，奋掷麈尾，毛悉落饭中，食冷而复暖者数四。盛本为庾翼安西咨议参军，迁廷尉正。会桓温代翼，留为参军，与俱伐蜀。蜀平，赐爵安怀县侯。累迁温从事中郎。从入关平洛，以功进封吴昌县侯，出补长沙太守。以家贫，颇营资货，部从事至郡，察知之，服其高明而不劾。盛与温笺，辞旨放荡。称州遣从事观采风声，进无威凤来仪之美，退无鹰鹯搏击之用。徘徊湘川，将为怪鸟。温得笺，复遣从事重案之，臧私狼籍，槛车收盛。到州，舍而不罪。其人盖非端士，而又矜愎尚气。温之于盛，实不可谓不厚。盛或以尝见收而有憾焉，著书以诋之，亦理所可有。然寄定本于敌国，究为理所必无。抑且盛果如此，则于其书之将遭改削，早已知之，又何必大怒以却诸子之请？故知所谓定本者，必不出于盛。《隋志》所著录之本，实为盛之原书也。昔人云定，义谓改易。若盛豫知其书将遭改削，而自写两本，寄于他国，则其书当云真本。而顾称之为定本，则造作此说者，已于无意之间，流露其改易之消息矣。《晋书·盛传》之文，自《晋阳秋》“词直而理正”以下，盖别采自一书，以广异闻，与上文不相连属也。

（五六二）论晋书五

语云，非公正不发愤。著述之家，虽造诣或有浅深，其意则恒在于守先而待后，此不可讽也。《北齐书·宋显传》：“显从祖弟绘，少勤学，多所博览，好撰述。魏时，张缅《晋书》未入国，绘依准裴松之注《三国志》体，注王隐及《中兴书》。又撰《中朝多士传》十卷，《姓系谱录》五十篇。以诸家年历不同，多有纰缪，乃刊正异同，撰《年谱录》，未成。河清五年，并遭水漂失。绘虽博闻强记，而天性恍惚。晚又得风疾，言论迟缓。及失所撰之书，乃抚膺恸哭曰：可谓天丧予也！天统中卒。”其志亦可哀矣。观此，弥可想见王隐之苦心也。岂有从事述作，而专为名利之计者欤！乃《南史·徐广传》云：“时有高平郗绍亦作《晋中兴书》，数以示何法盛。法盛有意图之，谓绍曰：卿名位贵达，不复俟此延誉。我寒士，无闻于时，如袁宏、干宝之徒，赖有著述流声于后，宜以为惠。绍不与。书成，在斋内厨中。法盛诣绍，绍不在，直入窃书。绍还失之，无复兼本，于是遂行何书。”岂有但计流声，遂可向人乞所述作者！果如所言，则寒贱时所述作，逮于贵达，皆可摧烧之矣。抑且《中兴书》卷帙繁重，

《隋志》七十八卷。入斋窃取，岂无闻见之人？造此说者，不徒不知述作为何事，亦且不计事理之可通与否矣。此说与谓虞预攘王隐之书者绝相似，而其信否不同如此。故知相似之言，不可不察也。

（五六三）论晋书六

《齐书·高逸传》：臧荣绪括东西晋为一书，纪、录、志、传百一十卷。《南史·隐逸传》同。《十七史商榷》谓王隐等以晋人记晋事，载录未全。沈约在荣绪之后，卷数又同，谅不过润色荣绪之书。若荣绪则各体具备，卷帙繁富，实可即以之垂世，而惜其为唐世官修之书所掩。案王隐之书，卷帙几与荣绪书埒，可见荣绪之书，未为赅备。沈约《宋书自序》谓："常以晋氏一代，竟无全书，年二十许，便有撰述之意。泰始初，蔡兴宗为启明帝，有敕赐许，自此迄今，年逾二十，所撰之书，凡一百二十卷。条流虽举，而采缀未周。永明初，遇盗，失第五帙。建元四年未终，被敕撰国史。永明二年，又忝兼著作郎，撰次起居注。自兹王役，无暇搜撰。"《梁书·约传》，谓约所著《晋书》百一十卷。则遇盗所失者凡十卷。《自序》云"采缀未周"，则其书实未大成。而其卷帙已多于荣绪，则谓憾晋无全书而有撰述之意者，必非虚辞。其初撰时必未尝见荣绪书，后来即或见之，亦必不容舍己作而更就加润饰也。《北史·序传》论晋史，谓"太宗深嗟芜秽，大存刊勒"，则今《晋书》于诸旧作，芟薙必多。不特繁富如王隐书者非所能容，即臧荣绪、沈约之书，亦必不能尽取矣。何以知其然也？案刘知几论新《晋书》，谓其采正典与杂说，兼引伪史十六国书。则伪史十六国书，实前此正典所未采，新《晋书》载记三十，盖以此为本。载记而外，合纪、志、列传仅七十卷，反少于荣绪之书矣。故新《晋书》必非以荣绪书为蓝本者也。秦、汉而降，一统之局久定。故汉、晋之间，虽三方鼎立，而承祚作《志》，仍合为一书，以中国实未尝分也。况如十六国之草草攘窃者欤！新《晋书》列为载记，视如新末之群雄，于义当矣。或曰：既如是，魏、齐、周之史，何以与宋、齐、梁、陈并刊？此则唐承隋而隋承周，势有所不得已也。李唐之出于华夏，岂能较高齐之自云出于渤海者为可信？举高齐而"夷"之，事已有所难行矣，况于攘斥宇文、拓跋欤！

（五六四）论晋书七

兼采伪史十六国书，盖唐修《晋书》所以舍旧谋新之一端；而兼采杂说，或亦为其一端也。后之论者，多以是为《晋书》病。其实此乃当时史家风气如此，初非修《晋书》者之所独。抑当时史家所以如此，固亦有其不得已者在也。何则？史料流传，不越官家记注、私家撰述二者。官家记注，仅具事之外表，而不足以知其情。臧往者何能以是为已足，则不得不有取于私家杂说矣。《史通·古今正史》篇，谓三国之世，异闻错出，其流最多，宋文帝以《三国志》载事，伤于简略，乃命裴松之兼采众书，补注其阙，由是世言《三国志》者，以裴书为本。则时人之于裴《注》，实已视同述作，而不以之为陈书之羽翼矣。陈书之所以简略，盖即缘其专取官家记注。干宝《晋纪》所以有“略记帝王”之诮，盖亦由是也。南北朝时，注史用松之之体者，实非一家，宋绘以是注王隐及何法盛书，已见前。《齐书·文学传》：崔慰祖临卒，与从弟纬书云：欲更注迁、固二史，采《史汉》所漏二百余事，在厨簏，可检写之，以存大意。《梁书·王规传》：“规集《后汉》众家同异，注《续汉书》二百卷。”又《文学传》：刘昭伯父彤，“集众家《晋书》注干宝《晋纪》，为四十卷。至昭，又集《后汉》同异，以注范晔书，世称博悉。”昭《注》百八十卷，与彤及王规之注，卷帙皆远过于所注之书，可以想见其体例。李延寿预修《五代史》，然必别作《南》《北史》者，其《序传》云：“正史外，更勘杂史。于正史所无者一千余卷，皆以编入。其烦冗者，即削去之。”又表言“小说短书，易为湮落，脱或残灭，求勘无所。用是鸠集遗逸，以广异闻”。其志犹裴松之、李绘、王规、刘彤、刘昭之志也。特一补苴于成书之后，一采撷于纂葺之时耳。修新《晋书》者之志，则亦犹是也。

采撷既多，说遂或流于荒怪，后之论者，尤以是为病。如《廿二史札记·晋书所记怪异》一条是也。此亦当时风气使然，《晋书·干宝传》云：“性好阴阳术数，留思京房、夏侯胜等传。宝父先有所宠侍婢，母甚妒忌，及父亡，母乃生推婢于墓中。宝兄弟年小，不之审也。后十余年，母丧，开墓，而婢伏棺如生，载还，经日乃苏。言其父常取饮食与之，恩情如生。在家中吉凶辄语之，考校悉验。地中亦不觉为恶。既而嫁之，生子。又宝兄尝病气绝，积日不冷，后遂寤，云见天地间鬼神事。如梦觉，不自知死。宝以此遂撰集古今神祇灵异、人物变化，名为《搜神记》，凡二十卷。因作序以陈其志曰：虽考先志于载籍，收遗逸于当时，盖非一耳一目之所亲闻睹也，亦安敢谓无失实者哉！卫朔失国，二传互其所闻；吕望事周，子长存其两说。若此比类，往往有焉。从此观之，闻见之难一，由来尚矣。夫书赴告之定辞，据国史之方策，犹尚若兹。况仰述千载之前，记殊俗之表，缀片言于残阙，访行事于故老，将使事不二迹，言无异途，然后为信者，固亦前史之所病。然而国家不废注记之官，学士不绝诵览之业，岂不以其所失者小，所存者大乎？今之所集，设有承于前载者，则非予之罪也。若使采访近世之事，苟有虚错，愿与先贤前儒，分其讥谤。”假死更生，事所可有。在今日理亦共明，然当时之人，不之知也。而阴阳术数之说方盛，哲士魁儒，皆欲藉是以穷宇宙之秘。躬逢怪异者，安得不广事搜罗，以资研讨。然犹极言所记者之不必皆信。此与世俗之未尝亲见，而顾深信不疑者，固大异矣。当时信神怪之说者，不止一家，修《晋书》者遇而存之，亦何足怪。治古史与治近史不同，治近史者或患材多，治古史则惟苦材少。怪异之说之不足信，固也；然因述之信之者之多，正可以见当时风气。即持无鬼之论，亦岂可以尽删。修《晋书》者，岂无通知释典之人，然一读鸠摩罗什之传，则知当时之信释教者，实全与其教义无涉矣。此岂可以改作，亦岂可以删除欤？

（五六五）论魏史之诬

以私意淆乱史实者，莫如清代，夫人而知之矣。其实清代亦不过其变本加厉者，相类之事，前此久有之矣。清人疑前代以丑恶字样译外国人名，乃举前史译名妄加改易。夫一时代有一时代之语言，斯一时代有一时代之译例。清人纵能知满语，或且能知与满语相类之蒙古语，安能尽知其余诸民族之语？况能知数百年前诸民族之语，及其时之译例乎？然此事亦不始于清。《北史·蠕蠕传》，谓其人自号柔然，太武以其无知，状类于虫，改其号为蠕蠕。蠕蠕与柔然，芮芮，《宋书》。茹茹，《周书》。均系同音异译。太武此举，非更其名，乃易其字。则以丑恶字样为外国译名，实出于褊衷。不特此也，魏人自称为黄帝之后，谓北俗谓土为托，谓后为跋，故以托跋为氏。《魏书·帝纪·序纪》。案《齐书·魏虏传》云：“魏虏，匈奴种也，姓托跋氏。初，匈奴女名托跋，妻李陵，胡俗以母名为姓，故虏为李陵之后。”此说之不可信，别见下。是魏人曾以人名释托跋二字也。其实二者皆非其真。《晋书·秃发氏载记》谓其先与后魏同出。乌孤七世祖寿阗在孕，其母因寝产于被中，鲜卑谓被为秃发，因而氏焉。秃发氏之亡，其主傉檀之子破羌奔魏，魏赐之氏曰源，名曰贺。《魏书·贺传》载世祖谓贺曰:“卿与朕源同，因事分姓，今可为源氏。”足见《晋书》“与后魏同出”之说之确。“秃发”“托跋”，同音异译，显而易见。《载记》所述之说，虽不敢谓其必真，要较后土及母名之说为可信。是魏人两释“托跋”之义，均属伪造也。伪造训诂，亦犹之妄改译名也。更考《魏书·序纪》之说，尤可见魏人自道其历史之诬。《序纪》云:“昌意少子，受封北土，积六十七世至成帝毛，统国三十六，大姓九十九。”又十四世而至神元。自受封至神元，凡八十一世，八十一者，九九之积也。自成帝至神元十五世，十五者，三与五之积也。九者数之九,三与五，盖取三才五行之义。统国三十六,四面各九国也。大姓九十九，与已为百姓也。数之巧合，有如是者乎?《序纪》又言:“不为文字，刻木纪契而已，世事远近，人相传授，如史官之纪录焉。”世岂有无文字而能详记六十七世之世数者?果能详记世数,何以于名号、事迹，一不省记?其为诬罔，不言自明。为此矫诬者谁欤?《卫操传》言桓帝崩后，操为立碑以颂功德,云魏为轩辕苗裔,一似其事为魏初汉人附虏者所为。其实一览《卫操传》,即知其为乃心华夏之人，其于托跋氏，特思借其力以犄匈奴耳，岂肯为之造作诬辞，以欺后世?况统观前后史实，魏人是时，尚未必有帝制自为之思。既无帝制自为之思，必不敢自附于帝王之后。故《卫操传》之说，必不足信。魏之帝制自为，实在道武帝天兴元年，史称其追尊成帝已下及后号谥，诏百司议定行次，尚书崔玄伯等奏从土德，其造作必在此时也。

道武之称帝,在天兴元年十二月。先十二岁为登国元年,《纪》书正月戊申，帝即代王位，四月，改称魏王。及天兴元年六月丙子，诏有司议定国号。群臣曰:“昔周、秦已前，世居所生之土，有国有家，及王天下，即承为号。自汉已来，罢侯置守，时无世继，其应运而起者，皆不由尺土之资。今国家万世相承，启基云、代。臣等以为若取长远，应以代为号。”诏曰:“昔朕远祖，总御幽都，控制遐国，虽践王位，未定九州。逮于朕躬，处百代之季，天下分裂，诸华乏主。民俗虽殊，抚之在德，故躬率六军，扫平中土。凶逆荡除，遐迩率服。宜仍先号，以为魏焉。布告天下，咸知朕意。”所谓总御幽都，控制遐国者，即《序纪》所谓“昌意少子受封北土，其后世为君长，统幽都之北，广漠之野，至成帝统国三十六，大姓九十九”者也。魏人造作史实，在于此时，断然可识。然魏之称号，何自来乎？案《崔玄伯传》云：司马德宗遣使来朝，太祖将报之，诏有司博议国号。玄伯议曰：“国家虽统北方广漠之土，逮于陛下，应运龙飞，虽曰旧邦，受命维新，是以登极之初，改代曰魏。又慕容永亦奉进魏土。夫魏者大名，神州之上国。斯乃革命之征验，利见之玄符也。臣愚以为宜号为魏。”太祖从之。玄伯之说，实驳《纪》所载有司之议者。云“慕容永奉进魏土”，则魏王之封，实受之于永者耳。然其事恐不在登国元年四月也。

据《魏书》，道武为昭成帝什翼犍之孙。其父名寔，昭成太子也，后追谥为献明帝。昭成时，长孙斤谋逆，寔格之，伤胁而死。秦（苻坚）兵来伐，昭成为庶长子寔君所弑。坚分其地，自河以西属刘卫辰，以东属刘库仁。库仁母，平文帝郁律之女也，昭成复以宗女妻之。于是南部大人长孙嵩及元他等，尽将故民南依库仁。道武方幼，其母献明皇后贺氏，亦以之居独孤部。《晋书·苻坚载记》则云：涉翼犍“子翼圭缚父请降。坚以翼犍荒俗，未参仁义，令入太学习礼。坚尝之太学，召涉翼犍问曰：中国以学养性而人寿考，漠北啖牛羊而人不寿，何也？翼犍不能答。又问：卿种人有堪将者，可召为国家用。对曰：漠北人能捕六畜，善驰走，逐水草而已，何堪为将？又问：好学不？对曰：若不好学，陛下用教臣何为？坚善其答。”《宋书·索虏传》云：犍“为苻坚所破，执还长安，后听北归。犍死，子开字涉珪代立”。《齐书·魏虏传》曰：坚“擒犍还长安，为立宅，教犍书学。坚败，子珪，字涉圭，随舅慕容垂据中山，还领其部”。案《晋书》明载坚与犍问答之语，必不能指为虚诬，则《魏书》所云犍为寔君所弑者，实属妄语。一语虚则他语不得不随之而虚，谓道武为昭成之孙者，自不如谓为其子之可信。盖《魏书》之云，一以讳昭成见执降伏之辱，一亦欲洗道武翦灭舅氏之恶，乃改昭成之见执于其子为见弑，而又造作一救父见杀之太子，以与之对，其心计可谓工矣。然岂能尽钳中国人之口哉？观此，然后知清代欲焚禁中国书籍为有由也。《宋书》谓苻坚后听昭成北归，《齐书》谓坚败，道武尚随慕容垂，二说又当以《齐书》为确。何者？昭成苟北归，不应略无事迹可见也。据《魏书·刘库仁传》，慕容垂之起，库仁实右苻丕，因此为慕容文所杀。库仁弟眷摄国事。库仁子显，杀眷而代之，遂谋杀道武。道武乃走贺兰部，依其舅贺讷，遂于牛川即代王位。昭成之子窟咄，为苻坚徙于长安，因随慕容永，永以为新兴太守。刘显使弟亢泥迎纳之。道武求援于慕容垂。垂使子贺驎往援，破之。又破刘显。显奔慕容永。贺兰部叛道武，贺驎又与道武破之。是后燕之有造于道武者实大。其后贺兰部为刘卫辰所攻，请降告困。道武援之，却卫辰，而迁贺兰部于东界。贺兰盖自此夷为托跋氏之臣仆。不知如何，忽与后燕启衅，贺驎伐之，道武救之，而托跋氏与后燕之衅端，亦因之而启。后燕止托跋氏之使秦王觚，而道武亦转而纳交于慕容永矣。窃疑道武之北归，慕容垂实使之，其事当在刘库仁助苻丕之时，时库仁所统多托跋氏之旧部，使之北归扇动，以相牵掣也。慕容永封道武为魏王，则其事当在登国六年七月《纪》书“使其大鸿胪慕容钧奉表劝进尊号”之日。天兴元年六月之议，乃决臣晋与否，臣晋则仍称代王，不臣则不矣。道武从崔玄伯之议而不臣，乃去代号而专称魏。是年十二月，遂有帝制自为之举焉。是时慕容永已亡；且拓跋氏尚不甘臣晋，岂肯受封于永？乃以称魏为自行改号，而又移其事于登国元年四月，以泯其改易之迹。其心计弥可谓工矣，然终不能尽掩天下人之目也，心劳日拙，讵不信哉？

天兴元年之议行次，其事亦见《礼志》。逮太和十四年，复以是为议，高闾等主以据中原之地者为正统。赵承晋为水德，燕承赵为木德，秦承燕为火德，魏承秦为土德。李彪、崔光援汉继周之例，以魏承晋为水德。诏群官议之。卒从彪等之议。案高闾等之议，盖不敢替诸胡而承中华，以触忌讳。然孝文实不复以虏自居，故卒弃其说，而从李彪等之议也。然闾等之议，亦非天兴时原意。天兴时之意，盖欲祧魏、晋而承汉，故其所臆造之神元元年，与曹魏之并国同岁也。是时晋尚未亡，承晋既不可，又不能与晋争承魏；北方僭伪诸国，又皆无可承，其势固不得不如此耳。

魏在天兴以前，既无帝制自为之意，自不敢妄托于古之帝王，故《宋》《齐书》谓其自托于李陵，说必不妄。托跋氏当时，得此已为褒矣。《齐书》云：虏甚讳之，有言其是陵后者辄见杀，盖先尝以是自夸，传播颇广，既以黄帝之后自居，则又欲讳其说；然传播既广，其势不可卒止，乃又一怒而滥杀以立威也；可恶亦可笑矣。

后魏与秃发氏同祖，而乌孤五世祖树机能，实为晋人所诛。抑不仅此，神元者，《晋书》之力微，《晋书·卫瓘传》云：瓘督幽州，于时幽、并东有务桓，西有力微，并为边害。瓘离间二虏，遂至间隙，于是务桓降而力微以忧死。据《魏书·序纪》：神元子文帝沙漠汗，实为 诸部大人所杀。神元是否终于牖下，亦难质言。然则托跋氏仍世遭诛，正犹清之有叫场、他失也，固无怪其仇中原之深耳。

自来修史者，于魏事多取《魏书》，于南朝之纪载，所取甚罕，意谓敌国传闻之辞，必不如其人自述者之可信也，而孰知适得其反。且如道武，《魏书》本纪谓其"服寒食散，动发，谓百寮左右，人不可信，虑如天文之占，或有肘腋之虞，朝臣至前，追其旧恶，皆见杀害。其余或以颜色变动，或以喘息不调，或以行步乖节，或以言辞失措，帝皆以为怀恶在心，变见于外，乃手自殴击，死者皆陈天安殿前。于是朝野人情，各怀危惧。有司懈怠，莫相督摄。百工偷劫，盗贼公行。巷里之间，人为希少。帝亦闻之，曰：朕纵之使然，待过灾年，当更清治之尔。"夫所杀果止朝臣，何至巷里之间，人为希少？今观《宋书·索虏传》，则云："开暴虐好杀，民不堪命。先是，有神巫诫开：当有暴祸，惟诛清河，杀万民，乃可以免。开乃灭清河一郡、常手自杀人，欲令其数满万。"然则开之滥杀，及于平民者多矣。此与什翼犍之见俘，皆魏人之记载不可信，而南朝之记载转可信者也。然此特其偏端耳。其宫闱之惨祸，宗戚之分争，讳言中原人之叛之，与他外族兵争，亦多讳败为胜，实属不胜枚举，别于他条发之。

不特《魏书》，《周》《齐书》之诬妄，亦有出人虑外者。西魏之寇江陵也，梁元帝请援于齐，齐使其清河王岳救之。至义阳，荆州已陷，因略地，南至郢州。齐知江陵陷，诏岳旋师。岳留慕容俨据郢。梁使侯瑱攻之。《陈书·瑱传》云："俨食尽请和，瑱乃还镇豫章。"此实录也。《北齐书·俨传》，谓俨镇郢城，"始入，便为梁大都督侯瑱、任约率水陆军奄至城下。俨随方备御，瑱等不能克。又于上流鹦鹉洲上造荻蔑，竟数里，以塞船路。人信阻绝，城守孤悬，众情危惧。俨导以忠义，又悦而安之。城中先有神祠一所，俗号城隍神，公私每有祈祷。于是顺士卒之心，乃相率祈请，冀获冥佑。须臾，冲风欻起，惊涛涌激，漂断荻蔑，约复以铁锁连缉，防御弥切。俨还共祈请，风浪夜惊，复以断绝。如此者再三，城人大喜，以为神助。瑱移军于城北，造栅置营，焚烧坊郭，产业皆尽。约将战士万余人，各持攻具，于城南置营垒，南北合势。俨乃率步骑出城奋击，大破之，擒五百余人。先是郢城卑下，兼土疏颓坏，俨更修缮城雉，多作大楼。又造船舰，水陆备具，工无暂阙。萧循又率众五万，与瑱、约合军，夜来攻击。俨与将士力战终夕。至明，约等乃退。追斩瑱骁将张白石首。瑱以千金赎之，不与。夏五月，瑱、约等又相与并力，悉众攻围。城中食少，粮运阻绝，无以为计，惟煮槐楮、桑叶并紵根、水萍、葛、艾等草，及靴、皮带、觔角等物而食之。人有死者，即取其肉，火别分啖，惟留骸骨。俨犹申令将士，信赏必罚，分甘同苦，死生以之。自正月至于六月，人无异志。后萧方智立，遣使请和，显祖以城在江表，据守非便，有诏还之。俨望帝，悲不自胜。帝呼令至前，执其手，持俨须鬓，脱帽看发，叹息久之。谓俨曰：观卿容貌，朕不复相识，自古忠烈，岂能过此！”凡所云云，有一语在情理之中者乎？江陵之陷也，巴、湘之地，并属于周。周遣梁人守之。后陈人加以围逼。周使贺若敦率步骑六千赴救。又使独孤盛将水军与俱。侯瑱自寻阳往御。又遣徐度会瑱于巴丘。天嘉元年十月，瑱破盛于杨叶洲，盛登岸筑城自保。十二月，周巴陵城主尉迟宪降。盛收余众遁。明年，正月，周湘州城主殷亮降。二月，以瑱为湘州刺史。三月，瑱卒，以徐度代之。七月，贺若敦自拔遁归，人畜死者十七八。见《陈书·世祖纪》。《陈书》所纪者如此，此实录也。《周书·敦传》，侈陈敦之战绩，与《北齐书·慕容俨传》，可称异曲同工。尤可笑者，云：“相持岁余，瑱等不能制，求借船送敦渡江。敦虑其或诈，拒而弗许。瑱复遣使谓敦曰：骠骑在此既久，今欲给船相送，何为不去？敦报云：湘州是我国家之地，为尔侵逼，敦来之日，欲相平殄，既未得一决，所以不去。瑱后日复遣使来。敦谓使者云：必须我还，可舍我百里，当为汝去。瑱等留船于江，将兵去津路百里。敦觇知非诈，徐理舟楫，勒众而还。”姑无论所言之信否，而瑱死在三月，敦之遁在七月，乃《传》中记其絮絮往复如此，敦岂共鬼语邪？

（五六六）读抱朴子上

明明诞妄之事而人信之者，以其中杂有真事也；始而真伪参半，继而伪稍胜真，又继而伪为人所共信矣。《抱朴子·内篇·论仙》谓：“魏文帝穷览治闻，自谓于物无所不经，谓天下无切玉之刀，火浣之布，及著《典论》，尝据言此事；未期，二物毕至，乃叹息，遽毁斯论。”又云：“陈思王著《释疑论》云：初谓道术，直呼愚民诈伪……及见武皇帝试左慈等，令断谷近一月，而颜色不减，气力自若，常云可五十年不食；正尔，复何疑哉？又令甘始以药含生鱼，而煮之于沸脂中，其无药者，熟而可食，其衔药者，游戏终日，如在水中也；又以药粉桑以饲蚕，蚕乃到十月不老；又以住年药食鸡雏及新生犬子，皆止不复长；《金丹》篇云：“王君丹法，巴沙及汞内鸡子中，漆合之，令鸡伏之，三枚，以王相日服之，住年不老。小儿不可服，不复长矣。与新生鸡犬服之，皆不复大，鸟兽亦皆如此验。”盖神仙家以不长与不老同理。又以还白药食白犬，百日，毛尽黑。乃知天下之事，不可尽知，而以臆断之，不可任也。”切玉之刀，火浣之布，在今日已无足异；断谷数十日，理自可能；蚕不老，鸡不长，白犬毛黑，亦非必不可致；惟衔药之鱼，煮之沸脂中，游戏终日，则于理必不可解耳。案《三国志·华佗传注》引东阿王《辨道论》云：“世有方士，吾王悉所招致，甘陵有甘始，庐江有左慈，阳城有郤俭。始能行气导引，慈晓房中之术，俭善辟谷，悉号三百岁。卒所以集之于魏国者，诚恐斯人之徒，接奸宄以欺众，行妖慝以惑民，岂复欲观神仙于瀛洲，求安期于海岛，释金辂而履云舆，弃六骥而美飞龙哉？自家王与太子及余兄弟咸以为调笑，不信之矣。然始等知上遇之有恒，奉不过于员吏，赏不加于无功，海岛难得而游，六黻难得而佩，终不敢进虚诞之言，出非常之语……甘始者，老而有少容，自诸术士咸共归之。然始辞繁寡实，颇有怪言。余常辟左右，独与之谈，问其所行，温颜以诱之，美辞以导之，始语余：吾本师姓韩字世雄，尝与师于南海作金，前后数四，投数万斤金于海。又言：诸梁时，西域胡来献香罽、腰带、割玉刀，时悔不取也。又言：车师之西国，儿生，擘背出脾，欲其食少而弩行也。又言：取鲤鱼五寸一双，合其一煮药，俱投沸膏中，有药者奋尾鼓鳃，游行沉浮，有若处渊，其一者已熟而可啖。余时问：言率可试不？言：是药去此逾万里，当出塞；始不自行不能得也。言不尽于此，颇难悉载，故粗举其巨怪者。始若遭秦始皇、汉武帝，则复为徐市、栾大之徒也。”然则始乃方士中之诞谩者，衔药煮鱼，陈思王安得谓武皇帝曾为试之乎？则此篇殆为妄人所造矣。然其余语，固非尽伪，此所谓真伪夹杂者也。

断谷，闻今印度人犹有能之。西人某尝严密试之，闭之密室中，封禁甚严，度无能私递饮食者，月余启视，其人康健如恒也。《杂应篇》云吴景帝尝锁闭道士石春，令人备守之年余，与此事颇相类。此理今日尚不能尽明；然观病者能经久不食，则知人之生理，苟异恒时，自无所谓一日不再食则饥，更无所谓七日不食则死也。《道意》篇言李宽吞气断谷，可得百日以还，亦不堪久，最为近情，度左慈亦不过如此耳。《杂应》篇云：“问诸曾断谷积久者云：差少病痛，胜于食谷时；其服术及饵黄精及禹余粮，久令人多气力，堪负担远行，身轻不困；

其服诸石药，一服守之十年五年者，及吞气服符饮神水辈，但为不饥耳，体力不任劳也。”此说亦非虚诳。亡友长沙丁冕英尝日食九橘，但饮水，不复食，如是者七日，精神作事皆如恒，惟行动无力，偶与物相撞则仆，乃复食。此皆服石药吞气服符饮神水之类也。北伐军之攻武昌也，有药肆学徒为肆中取何首乌，中途流弹大至，不能返肆，乃负之抵家。家仅有老父，病瘫痪，不能起坐者久矣；父子相守历月余，粮绝，乃蒸何首乌而食之，四旬余，其父竟起。此岂所谓断谷而少病痛、服术饵黄精等令人多气力身轻者邪？因悟古书所谓久服轻身延年者，必须当作饭吃，若如今人以为药饵而服之，他食什佰于此，无效也。

承君仰贤，尝戒人少食，曰人有吃死者，无饿死者。《抱朴子》云：“余数见断谷人三年二年者，多皆身轻色好，堪风寒暑湿，大都无肥者耳。”不肥正更为美，未见其弊也。又云：“问诸为之者，绝谷。无不初时少气力，后复稍健，月胜一月，岁胜一岁。但用符水及单服气者，皆四十日中疲瘦，过此乃健耳。郑君云：本性饮酒不多，昔在铜山中，绝谷二年许，饮酒数斗不醉。以此推之，是为不食更令人耐毒，耐毒则是难病之候也。”皆见《杂应》篇。皆可为世之迷信多食者作棒喝。

魏文帝《典论》，信有其书矣。而《论仙》篇又曰：“董仲舒所撰《李少君家录》云：少君有不死之方，而家贫无以市药物，故出于汉，以假途求其财，道成而去。”又引刘向《列仙传》，为有仙人之证。夫仲舒及向，岂作此等书者邪？道家好附会道术之士，盖其言阴阳五行等，有相类者也。然道术之士之言阴阳五行，岂方士之谓哉？然其相依附则已久矣。《史记·封禅书》云：驺衍以阴阳主运，显于诸侯，而燕、齐海上之方士，传其术不能通。盖二者之相淆久矣。

《仙药》篇云：“汉成帝时，猎者于终南山中见一人，无衣服，身生黑毛；猎人见之，欲逐取之，而其人踰坑越谷，有如飞腾，不可逮及，乃密伺候其所在，合围得之，乃是妇人；问之，言我本是秦之宫人也，闻关东贼至，秦王出降，宫室烧燔，惊走入山，饥无所食，垂饿死，有一老翁教我食松叶松实，当时苦涩，后稍便之，遂使不饥不渴，冬不寒，夏不热……乃将归，以谷食之，初闻谷臭呕吐，累日乃安，如是二年许，身毛乃脱落，转老而死。”“南阳文氏说其先祖，汉末大乱，逃出山中，饥困欲死，有一人教之食术，遂不能饥；数十年乃来还乡里，颜色更少，气力胜故；自说在山中时，身轻欲跳，登高履险，历日不极，行冰雪中，了不知寒。”此两事自有傅会，非尽实，然不熟食，身轻而体生毛，确非虚语。向见野史中载如此事，犹未之信；丁未春夏间，见上海《时报》译某西报云，瑞典有人流落入山亦如此，当非虚诬也。当时曾将报留存，惜一九三七年故乡沦陷，屋庐毁坏，书物都尽，今已不可复得矣。

（五六七）读抱朴子中

《道意》篇言信巫之弊，至于幸而误活，财产穷罄，遂复饥寒而死，或乃起为穿窬剽劫，丧身锋镝，陷刑丑恶，其没者无复凶器，尸朽虫流，其祸至于如此，宜其欲重淫祀之刑，致之大辟也。又谓张角、柳根、王歆、李甲之徒，钱帛山积，富踰王公，纵肆奢淫，侈服玉食，妓妾盈室，管弦成列，刺客死士，为其致用，威倾邦君，势陵有司，亡命逋逃，因为窟薮，此其所以能称兵以叛与？然张角奉黄老道，而黄老道禁诸房祀，见《黄老君》条。岂亦知霸有天下者陈兵以守，而顾禁人之执兵与？

少时读此篇之李宽及《祛惑》篇古强、蔡诞、项曼都、白和之事而大笑之。稚川云“宽弟子转相授受，布满江表”，即强及诞之言，亦有信之者，予颇疑其为诞而不信也。及今思之，则寻常人之所信者，原不过如此。李少君言汉武帝铜器，齐桓公十年陈于柏寝，非古强云亲见尧、舜、禹、汤且识孔子、秦始皇、项羽、汉高祖与？稚川言强“敢为虚言，言之不怍”，非即栾大之敢为大言，处之不疑与？少君言“臣常游海上，见安期生”，栾大亦曰“臣常往来海中，见安期、羡门之属”，非诞所谓身事老君，曼都所谓曾游天上者与？公孙卿言“黄帝郊雍上帝，鬼臾区死葬雍；其后黄帝接万灵明廷，明廷者，甘泉也。所谓寒门者，谷口也”，明明无稽之谈，而言之凿凿可指，与蔡诞之言昆仑五城十二楼、五河出其四隅、弱水绕之何异？而其言鼎湖之事，与项曼都谓仙人来迎、共乘龙而升天，又何似也！然汉武则固信之矣。不特此也，昆仑五城十二楼诸说，不又明著之道家之书与？则知道士之明知能著书者，举不过文成、五利、公孙卿、李宽、古强、蔡诞、项曼都之伦也。白和，道士有博涉众事、洽练术数者，以诸疑难咨问，皆为寻声论释，无滞碍，盖在此曹中已罕觏矣。前数年有作平话描写剑仙者，童子闻之，或背家而入山，世人群笑其愚；然观古者帝王士大夫皆轻信如此，且寻声附和者甚众，又曷怪此十余龄之童子也。然所恶于利口之士者则有之矣。公孙卿曰:“黄帝且战且学仙,患百姓非其道,乃断斩非鬼神者。”是知武帝之好战乐刑杀而逢之也;非鬼神者皆断斩,则无虑人之非己矣。封而旱,则曰“黄帝时封则天旱,干封三年”;柏梁台灾,则曰“黄帝就青灵台,十二日烧,黄帝乃治明庭”。乌乎,何其善于文君之过、逢君之恶如此也!故小人非徒求己身富贵苟容也,毒必被于天下。

方士虽善诳,亦必略有言之成理之说,盖所以应付明理之人也。如曰世间何以不见仙人,则云仙人殊趣异路,行尸之人安得见之?假令游戏或经人间,匿真隐异,外同凡庸,比肩接武,孰有能觉乎?英儒伟器,犹不乐见浅薄之人,况彼神仙,何为汲汲使人知之?《论仙》篇。又曰:或问老氏、彭祖,悉仕于世,中世以来,为道之士,莫不飘然绝迹幽隐,何也?则曰:曩古纯朴,巧伪未萌,信道者勤而学之,不信者默然而已;末俗偷薄,好为讪毁,谓真正为妖讹,以神仙为诞妄,或曰惑众,或曰乱群。《明本》篇。然则神仙之不在人间,乃有所不得已也。此皆所谓弥近理而大乱真者也,然非此固无释明理者之难也。

(五六八)读抱朴子下

《金丹》篇曰:“余考览养性之书,鸠集久视之方,篇卷以千计矣,莫不以还丹金液为大要。”然则爱尚金丹,非稚川一人之私言,而古来方士之公言也。所以然者,金石质坚,信人服之,则质可坚如金石,盖其最初之思想如此。《对俗》篇曰:“金玉在于九窍,则死人为之不朽;盐卤沾于肌髓,则脯腊为之不烂;况以宜身益命之物纳之于己乎?”《至理》篇曰:“泥壤易消者也,而陶之为瓦,则与二仪齐其久;柞柳速朽者也,而燔之为炭,则可亿载而不败。”皆可见其思想之迹。《对俗》篇又曰:神仙方书,试其小者,莫不效焉,举方诸求水、阳燧引火为证。此其所以取信于人者,然彼亦未尝不因此而坚其自信也。汉武之信乐大也,使验小方斗棊,棊自相触击,《索隐》引顾氏案《万毕术》云:“取鸡血杂磨针铁,捣和磁石棊头置局上,自相抵击也。”知方士于物理颇有所知也。而其诛也,亦以方尽多不雠。文成之诛,亦以方益衰,神不至。

石不如金之坚,故方士之所信者,珠玉次于金银,至于草木,则谓仅可延年而已。不免于死。信金石草木之初说盖如此。至并谓金丹可以起死人,隐形,先知,通宿命,厌百鬼,疾病不侵,所求皆至,则增益之辞也。且如房中,其初当亦谓能生，然流俗之言，亦谓能尽其道者，可以移灾解罪，转祸为福，居官高迁，商贾倍利，《微旨》篇。犹此。

方士盖亦有真信金丹可致不死，草木可以延年者。盖服金石之剂，不必无强壮之效，而草木可以延年，亦实事也。大抵方士惟诳惑人主鼓动百姓者为可诛，其余则其愚可哀，然不能谓其以欺诳为志也。彼亦有其论理，如《塞难》篇言人非天地所造，天地亦为一物，而当俯从物理，见解颇高；神仙由于禀赋，即其信不信亦由此，见《塞难》篇，亦见《辨问》。亦颇能自圆其说，然以人之生为各有所直之星宿则缪矣。此由方士之说，多与古迷信之谈夹杂，故其自行推理处虽高，卒不能脱迷信之迹也。

以人之生为各有所直之星宿者，盖自古相传之说，故《洪范》谓王省惟岁，卿士惟月，师尹惟日，庶民惟星也。道家之说，存古宗教之说颇多，如《对俗》篇言司命，《微旨》篇言司过及三尸，皆古迷信时之遗迹。言三尸欲人早死，此尸乃得作鬼，放纵游行，尤野蛮时代魂魄为二之普通思想。《地真》篇云："守玄一，并思其身分为三人，三人已见，又转益之可至数十人，皆如己身。"此所谓分形之道。一人可分为三，与三尸之思想同，盖古以三为多数也。守一之道，亦见其以魂魄分为二，此固最素朴之思想也。又述师言，谓金水分形，则自见其三魂七魄，三魂盖即三尸。

《金丹》篇云："九丹诚为仙药之上法，然合作之所用杂药甚多，若四方清通，市之可具，若九域分隔，则物不可得也。"此与甘始妄言仙药，及请之，则云药去此踰万里，当出塞，始不自行难得同。然始为自解免之言，而道士之信远方有药者，则不必尽虚也，故稚川亦思为句漏令求丹砂也。

秦、汉方士，世皆目为神仙家，其实非也。方士之道，杂而多端，而神仙仅其一术耳。

神仙家之术，盖原起于燕、齐之间，其地时有海市，古人睹其象而不知其理，则以为人可遥兴遐举，载云气而上浮矣。匡衡等之废淫祀也，成帝以问刘向，向言："甘泉、汾阴及雍五畤始立，皆有神祇感应，然后营之，非苟而已也。武、宣之世，奉此三神，礼敬敕备，神光尤著。祖宗所立神祇旧位，诚未易动。及陈宝祠，自秦文公至今，七百余岁矣，汉兴，世世常来，光色赤黄，长四五丈，直祠而息，音声砰隐，野鸡皆雊。每见雍太祝祠以太牢，遣候者乘一乘传驰诣行在所，以为福祥。高祖时五来，文帝二十六来，武帝七十五来，宣帝二十五来，初元元年以来，亦二十来。”《汉书·郊祀志》。此皆众目昭见之事，非可虚诳。野蛮之迷信，所言之理虽误，所见之象则真，是以众心皈仰，不可移易。

因目观海市蜃楼，而谓人可遥兴遐举也，则以为人可不死。求不死之方，最初似偏于服食。服食有使人老寿者。《三国志·华佗传》：樊阿从佗求可服食益于人者，佗授以漆叶青黏散，言久服去三虫，利五脏，轻体，使人头不白。阿从其言，寿百余岁。《注》引《佗别传》曰：“本出于迷入山者，见仙人服之，以告佗。佗以为佳，辄语阿，阿又秘之。近者人见阿之寿而气力强盛，怪之，遂责阿所服，因醉乱误道之。法一施，人多服者，皆有大验。”此理所可有。魏武啖野葛，《纪注》引《修物志》。郤俭饵茯苓，《华佗传注》引《典论》。皆其类也。

古人又以导引求老寿。《史记·留侯世家》言良“性多病，即道引不食谷”；又言其“学辟谷，道引轻身”。《后汉书·方术传注》引《汉武内传》，谓王真“习闭气而吞之，名曰胎息；习嗽舌下泉而咽之，名曰胎食。真行之，断谷二百余日，肉色光美，力并数人”。未言其谷食外不食他物。《三国志·华佗传注》引东阿王《辩道论》，谓：“余尝试郤俭绝谷百日，躬与之寝处，行步起居自若也。夫人不食七日则死，而俭乃如是。”则似全然不食者。其说殊诞谩不可信。陈思王岂能躬与郤俭寝处至百余日邪？隆古之世，人本不专食谷，及后农业既兴，乃专以谷为食。然谷食之兴，亦因栽培之便，谓其最足养人，其实并无此理。世尽有食物，其养生转逾于谷者。《后汉书·西南夷传》谓“莋都夷土出长年神药，仙人山图所居焉”，盖亦以食他物养生而附会之也。然此止足养身，至多益寿，必不可以不死。《三国·魏志·王粲传注》引嵇康兄喜所为《康传》言：嵇康“性好服食，尝采御上药。以为神仙者，禀之自然，非积学所致。至于道养得理，以尽性命，若安期、彭祖之伦，可以善求而得”，其证也。方士之伦，乃别求所谓金石之剂。

金石质坚，古人误谓饵金石，则其体亦能如金石，于是可以不死，《抱朴子》中，全是此论。金石相较，金为愈坚，故方士尤贵焉。玉亦石类，珠又玉类，故古人又欲餐珠玉者。汉武听李少君说，化丹沙诸药剂为黄金；《史记·封禅书》。桓谭言光武穷折方士黄白之术；《后汉书》本传。汉武欲得云表之露以餐玉屑，故立仙掌以承高露；《三国·魏志·卫觊传》。《盐铁论·散不足》篇谓方士言“仙人食金饮珠，然后寿与天地相保”是也。求之不得，则疑其在于海外。《史记·封禅书》曰："三神山尝有至者，诸仙人及不死之药皆在焉。"又曰："始皇南至湘山，遂登会稽，并海上，冀遇海中三神山之奇药。"又《淮南王传》载伍被言：秦"使徐福入海求神异物，还为伪辞曰：臣见海中大神言曰：女西王之使邪？臣答曰：然。汝何求？曰：愿请延年益寿药。神曰：汝秦王之礼薄，得观而不得取"。《封禅书》乐大言："臣常往来海中，见安期、羡门之属，顾以臣为贱，不信臣。又以为康王诸侯耳，不足与方。"然则初欲求仙人，亦特欲求其药耳，如后世所谓遇仙人即能接引飞升，古无是说也。神仙家之死，黄诚谓肉体可以上升，公孙卿谓黄帝采首山铜，铸鼎于荆山下，鼎既成，有龙垂胡髯下迎黄帝，黄帝上骑，群臣后宫从上者七十余人是也。其时又有尸解之说，《三国志·华佗传注》引《典论》："王和平死，弟子夏荣言其尸解。"《封禅书》："李少君病死，天子以为化去不死。"即尸解之说。

人锻炼则体强，不锻炼则体弱，此乃习见之理。故其后亦有欲以是求长年者。《庄子》已有熊经鸟伸之言。《汉书·王吉传》，吉谏昌邑王好猎曰："休则俯仰屈申以利形，进退步趋以实下，吸新吐故以练臧，专意积精以通神。"王褒《圣主得贤臣颂》曰："何必偃仰屈伸若彭祖，呴嘘呼吸如乔、松。"崔寔《政论》曰："夫熊经鸟伸虽延历之术，非伤寒之理；呼吸吐纳虽度纪之道，非续骨之膏。"仲长统《卜居论》曰："安神闺房、思老氏之玄虚；呼吸精和，求至人之仿佛。"是也。《三国志·华佗传》，佗语（吴）普曰："古之仙者，为道引之事，熊颈《后汉书》作经。鸱顾，引輓腰体，动诸关节，以求难老。吾有一术，名五禽之戏，一曰虎，二曰鹿，三曰熊，四曰猨，五曰鸟，亦以除疾，并利蹄足，以当道引。"《志》称佗"晓养性之术，时人以为年且百岁而貌有壮容"。殿本《考证》云：《册府》"以为"下有"仙"字，盖是。《佗传注》引《典论》谓"甘始善行气，老有少容"。《后汉书·方术传》言："王真年且百岁，视之面有光泽似未五十者，自云周流登五岳名山，悉能行胎息胎食之方。"至此神仙家与养身家之术混而不分矣。《后汉书·佗传注》云："熊经，若熊之攀枝自悬也，鸱顾，身不动而回顾也。"又引《佗别传》曰："吴普从佗学，微得其方。魏明帝呼之使为禽戏，普以年老，手足不能相及，粗以其法语诸医。"《典论》曰："后（甘）始来，众人无不鸱视狼顾，呼吸吐纳。军谋祭酒弘农董芬为之过差，气闭不通，良久乃苏。"习养生术者多贵乎清静，故王吉言专意积精，仲长统言安神闺房，《后汉书·文苑传》言苏顺好养生术，隐处求道，晚乃仕。所行者盖即其术。

房中之术，《汉志》与神仙本各为一家，然其后遂合为一。《史记·张丞相列传》言"妻妾以百数，尝孕者不复幸"，此似犹能贵养生。《汉书·王莽传》言"郎阳成修献符命言，继立民母"；又曰"黄帝以百二十女致神仙"；又言"莽日与方士涿郡昭君于后宫考验方术，纵淫乐焉"；则房中、神仙并为一术矣。其后则左慈、《三国志注》引《典论》。冷寿光、甘始、东郭延年、封君达等行其术，并见《后汉书·方术传注》引《列仙传》曰："御妇人之术，谓握固不泻，还精补脑也。"

以上所言，皆可云是神仙家之事，其人有形状可见，其药有形质可求，导引锻炼，深为切实，其术原非迷信也。卢生辟恶鬼之说，《秦始皇本纪》。李少君祠灶之方，《封禅书》。只可谓之巫术耳。

（五六九）水经叶榆水注节录

"《交州外域记》曰：交趾昔未有郡县之时，土地有洛田，其田从潮水上下，民垦食其田，因名为洛民。设洛王洛侯，主诸郡县，县多为洛将，洛将铜印青绶，后蜀王子将兵三万，来讨洛王洛侯，服诸洛将，蜀王子因称为安阳王。后南越王尉佗举众攻安阳王。安阳王有神人名皋通，下辅佐，为安阳王治神弩一张，一发杀三百人。南越王知不可战，却军住武宁县。按《晋太康地记》县属交距。越遣太子名始，降伏安阳王，称臣事之。安阳王不知通神人，遇之无道，通便去，语王曰：'能持此弩王天下，不能持此弩者亡天下。'通去，安阳王有女名曰媚珠，见始端正，珠与始交通。始问珠，令取父弩视之。始见弩，便盗以锯截弩。讫，便逃归报南越王。南越进兵攻之，安阳王发弩，弩折，遂败。安阳王下船径出于海。今平道县后王宫城见有故处。《晋太康地记》县属交趾。越遂服诸洛将。"

中国疆域广大，民族众多，各地方之历史传说，亦应极多，惜存者殊少。所以然者，各地方文明程度不同，其程度较低者，不能著之竹帛，日久遂至湮没也。然其仅存者，则读之殊有趣味；藉以考各地方开化情形，亦殊有裨益；如《吴越春秋》《越绝书》《华阳国志》等是也。此等各地方之传说，乃其确实可信之历史，存于图经中者必多，惜图经亦多湮灭。近世之方志，即古之图经，然多出后人纂辑，古代材料，留存者不多矣。然苟能精心采撷，其中可宝之材料，当仍不乏也。引用古代图经最多者，在古书中当推《水经注》。

今故录此一节，以见其概，此一节乃南越征服南方民族之事，为史所不载者也。洛，即自晋至唐所谓獠，亦即后汉时所谓哀牢，亦即近世所谓犵狫，亦作猼狫者也。或曰:《明史》所谓暹罗本分暹与罗斛二国，后暹为罗斛所并，乃称暹罗。罗斛与哀牢、犵狫,亦属同音异译。暹则与古之蜀,汉世之叟及賨,同音异译也。

文明程度较低之民族，对于兴亡大事，往往以传奇之形式出之，如此篇亦是也。其说似荒唐，然中实含史实。如此篇谓平道县后有王宫城，则决不能以安阳王为子虚，亡是之流。然则蜀人之服洛而王之，而南越又随其后，亦必非虚语矣。特此等史料，皆当打一甚大之折扣，而后可用已。

（五七〇）干宝搜神记

《晋书·干宝传》云:“宝父先有所宠侍婢，母甚妒忌。及父亡，母乃生推婢于墓中。宝兄弟年小，不之审也。后十余年，母丧，开墓，而婢伏棺如生，载还，经日乃苏。言其父常取饮食与之，恩情如生。在家中吉凶辄语之，考校悉验，地中亦不觉为恶。既而嫁之，生子。又宝兄尝病气绝，积日不冷，后遂寤。云见天地间鬼神事，不自知死。宝以此遂撰集古今神祇灵异人物变化，名为《搜神记》，凡二十卷。”

案宝父侍婢及宝兄之言,未必可信,或亦传者之过。至假死复生,凿然有之。宝序极言记载传述之不足信,而曰:“今之所集,设有承于前载者,则非予之罪也。若使采访近世之事，苟有虚错，愿与先贤前儒，分其讥谤。”则宝初不以其所记为必可信也。又曰:“群言百家，不可胜览，耳目所受，不可胜载，今粗取足以演八略之旨,成其微说而已。”则宝所闻见尚多,其著之书者,已加简择矣。史称宝性好阴阳术数，留思京房、夏侯胜等传，又尝著《晋纪》，盖兼好史学与哲学者，其好撰集异闻，亦固其所，固非矫诬造作者流，亦非有闻必录，不求其审者比也。

（五七一）北史蠕蠕传叙次不清

《北史·蠕蠕传》:“社仑……奔匹候跋，匹候跋处之南鄙……令其子四人监之，既而社仑率其私属，执匹候跋四子而叛，袭匹候跋，诸子案诸子上当脱匹候跋三字。收余众，亡依高车斛律部。社仑凶狡，有权变，月余乃释匹候跋，归其诸子，欲聚而歼之。密举兵袭匹候跋，杀匹候跋……社仑既杀匹候跋，惧王师讨之，乃掠五原以西诸部，北度大漠……社仑与姚兴和亲。道武遣材官将军和突袭黜弗素古延诸部，社仑遣骑救素古延，突逆击破之。社仑远遁漠北，侵高车，深入其地，遂并诸部，凶势益振。”一似社仑之侵高车，在为和突所败后者。然《高车传》云：“蠕蠕社仑破败之后，收拾部落，转徙广漠之北，侵入高车之地，斛律部帅倍侯利患之，曰：社仑新集，兵贫马少，易与耳。乃举众掩击之，入其国落。高车昧利，不顾后患，分其庐室，妻其妇女，安息寝卧不起。社仑登高望见，乃召集亡散，得千人，晨掩杀之，走而脱者十二三。倍侯利遂奔魏。”所谓侵入高车之地，盖即其袭杀匹候跋之时，其后尝为倍侯利所破，卒又袭破倍侯利，终乃并诸部而势益振耳。兵贫马少之日，姚兴何所慕而与之和亲？亦安有力以救素古延？此自当在破倍侯利并诸部之后，和突所破，特其偏师，安足使社仑远遁乎？《北史》社仑远遁之文，原亦不承其为和突所破，而系遥接上文。然序次不清，遂使读者易于误会矣。前史此等处，因无可校雠，而其误不易见者，恐不少也。

（五七二）金人

言佛教入中国者，多据《魏书·释老志》。《志》云：“汉武元狩中，遣霍去病讨匈奴。昆邪王杀休屠王，将其众五万来降，获其金人，帝以为大神，列于甘泉宫。金人率长丈余，不祭祀，但烧香礼拜而已。此则佛道流通之渐也。”案《汉书·霍去病传》，武帝称其功曰：“收休屠祭天金人。”如淳注曰：“祭天以金人为主也。”盖本《金日磾传赞》“本以休屠作金人为祭天主，故因赐姓金氏”之文。皆曰祭天，不云礼佛。《梁书·扶南传》云：“俗事天神。天神以铜为像，二面者四手，四面者八手，手各有所持，或小儿，或鸟兽，或日月。”此文或本旧闻，不出梁世。然修《梁书》时，佛教盛行久矣，天神果即佛像，姚思廉不容不知。且《汉书·地理志》，左冯翊云阳，有休屠金人及径路神祠三所，《郊祀志》：云阳有径路神祠，祭休屠王也。则休屠金人，实自有祠，未尝列于甘泉也。颜师古以金人为佛像，误矣。

《释老志》又云：“哀帝元寿元年，博士弟子秦景宪受大月氏王使伊存口授浮屠经，中土闻之，未之信也。后孝明帝夜梦金人，顶有白光，飞行殿庭，乃访群臣，傅毅始以佛对。帝遣郎中蔡愔、博士弟子秦景等使于天竺，写浮屠遗范。愔仍与沙门摄摩腾、竺法兰东还洛阳。中国有沙门及跪拜之法，自此始也。愔又得佛经四十二章，乃释迦立像。明帝令画工图佛像，置清凉台及显节陵上，经缄于兰台石室。愔之还也，以白马负经而至，汉因立白马寺于洛城雍关西。摩腾、法兰咸卒于此寺。”此说似因后来之佛像而附会。《后汉书·楚王英传注》引袁宏《汉纪》云：“佛长丈六尺，黄金色，顶中佩日月光，变化无方，无所不入，而大济群生。初，明帝梦见金人，身大，顶有日月光，以问群臣。或曰：西方有神，其名曰佛，陛下所梦，得毋是乎？于是遣使天竺，问其道术，而图其形像焉。”《晋书·恭帝纪》言，帝“深信浮屠道，造丈六金像，亲于瓦官寺迎之，步从十许里”。《魏书·胡叟传》言：“蜀沙门法成，鸠率僧旅，几于千人，《北史》作数千人。铸丈六金像。”然则当时铸像，殆有定制，皆长丈六。《崔挺传》言：“光州故吏闻凶问，莫不悲感，共铸八尺铜像，于城东广因寺起八关斋，追奉冥福。”盖减其长之半。《释老志》言，魏先于恒农荆山造珉玉丈六像一，永平三年冬，迎置于洛滨之报德寺，世宗躬亲致敬。虽易金以玉，而其长无改。《灵征志》：“太和十九年六月，徐州表言，丈八铜像，汗流于地。”丈八疑丈六之讹也。然则袁宏云佛长丈六尺，明因佛像而为之辞矣。对明帝之问者，宏不言其姓名，而《魏志》言为傅毅；宏但云遣使图佛形像，明时未有铸像。《魏志》云“帝令画工图像”，说亦相同，而又云蔡愔曾得立像，明其杂采众说，愈后起者，附会愈多。楚王英，明帝之兄，《传》已言其为浮屠斋戒祭祀，则佛教之行于中国旧矣，何待明帝遣使求之？金人入梦之说，殊不足信也。

佛像可考最早者，为汉末笮融所造，见《三国·吴志·刘繇传》，云融“大起浮图祠，以铜为人，黄金涂身，衣以锦采，垂铜盘九重，下为重楼阁道，可容三千余人”。其制之崇宏如此，其像亦必不减丈六矣。民间所造则较小。《魏书·灵征志》云：“永安三年二月，京师民家有二铜像，各长尺余，一颐下生白豪四，一颊旁生黑毛一。”是也。《北齐书·循吏·苏琼传》言：“徐州城中五级寺，被盗铜像一百躯。”像数既多，其制亦当较小也。

当时造像，所费殊巨。魏高宗为太祖以下五帝铸释迦立像五，各长一丈六尺，都用赤金二万五千斤，显祖于天官寺造释迦立像，高四十三尺，用赤金十万斤，黄金六百斤，皆见《魏书·释老志》。此固北朝所为，然时郡县及民间，造金像者亦不少。《宋书·文九王传》言拓跋焘围悬瓠，毁佛浮图，取金像以为大钩，施之冲车端；《北齐书·王则传》言其性贪婪，除洛州刺史，旧京诸像，毁以铸钱，于时世号河阳钱，皆出其家，其用铜之多可知。《宋书·夷蛮传》，元嘉十二年，丹阳尹萧摩之，奏请欲铸铜像者，皆诣台自闻，须准报然后就功。《魏书·释老志》载太武废佛之诏曰："敢有事胡神及造形像泥人、铜人者，门诛！"足见民间造像，用铜亦不少也。士蔿对筑蒲屈之让也，曰："三年将寻师焉，焉用慎！"齐明帝以故宅起湘宫寺，穷极奢侈，巢尚之罢郡还见，帝曰："卿至湘宫寺未？我起此寺，是大功德。"虞愿在侧曰："陛下起此寺，皆是百姓卖儿贴妇钱，佛若有知，当悲哭哀愍。罪高佛图，有何功德？"《齐书·良政传》。敛百姓卖儿贴妇之钱，穷极奢侈，以为有裨教化，其愚已不可及，况藉敌以为冲车乎？隋文帝禁毁坏偷盗佛及天尊像者，以恶逆不道论。事在开皇二十年。《隋书·高祖纪》载诏曰："敢有毁坏偷盗佛及天尊像、岳镇海渎神形者，以不道论。沙门坏佛像，道士坏天尊者，以恶逆论。"又《刑法志》云："诏沙门、道士坏佛像天尊，百姓坏岳渎神像，皆以恶逆论。"张释之霸陵之对曰："使其中有可欲，虽锢南山犹有隙；使其中无可欲，虽无石椁，又何戚焉？"然则佛像而不以金为之，又谁则毁坏偷盗之也？而周世宗可谓倜乎远矣。彼王则之所为，亦恶其自图财利耳。若徒铸之为钱，则犹有利于化居，固愈于锢金于寺也。

《南史·林邑传》云，宋文帝使檀和之克其国，销其金人，得黄金数十万斤。此语《宋书》无之，而见于《梁书》，明传之者语增，非实录。魏造佛像，用赤金十万斤，黄金六百斤；涂金之法，南北不能大殊，然则宋所得黄金若为三十万斤，其所销金人之铜，当得五千万斤矣，有是理乎？然林邑金人必较中国为多，则可信矣。

造像亦有用银者。《南史·梁本纪》，武帝大同元年四月壬戌，"幸同泰寺，铸十方银像"，是也。三年五月癸未，"幸同泰寺，铸十方金铜像"，则又以金铜为之。此所铸者必多，其像当亦不大。

玉像南朝亦有之。《齐书·武帝纪》，大渐诏曰："显阳殿玉像诸佛及供养，具如别牒。"又《魏书·释老志》，高宗践极之年，诏有司为石像，令如帝身，则反不逮其所为珉玉像之大，其实珉玉亦石也。

金人入梦之说，既不足信，则汉立白马寺之说，亦属子虚矣。《北齐书·韩贤传》云："昔汉明帝时，西域以白马负佛经送洛，因立白马寺，其经函传在此寺，形制淳朴，世以为古物，历代藏宝。贤无故斫破之，未几而死，论者或谓贤因此致祸。”又不云经缄于兰台石室，足见其皆属附会之辞也。

（五七三）轮回

《晋书·挚虞传》:“虞尝以死生有命，富贵在天，天之所佑者义也，人之所助者信也，履信思顺，所以延福，违此而行，所以速祸；然道长世短，祸福舛错，怵迫之徒，不知所守，荡而积愤，或迷或放。故作《思游赋》。”“道长世短”四字最精，此佛家之所以说轮回，而亦其所以能行于中国也。《羊祜传》云:“祜年五岁时，令乳母取所弄金环。乳母曰：汝先无此物。祜即诣邻人李氏东垣桑树中探得之。主人惊曰：此吾亡儿所失物也，云何持去？乳母具言之，李氏悲惋。时人异之，谓李氏子则祜之前身也。”祜之时，佛教之行未久耳，然轮回之说，已深入人心如此矣。晋南北朝之世，史言轮回之事尚不乏:如《晋书·艺术传》言鲍靓为曲阳李家儿托生,《南史·梁元帝纪》言帝乃眇目僧托生,《北史·李崇传》言李庶托生为刘氏女是也。慧琳《均善论》，设为黑学道士之说，病周孔为教，正及一世，积善不过子孙之庆，累恶不过余殃之罚，报效止于荣禄，诛责极于穷贱。《宋书·夷蛮传》。亦挚虞之意也。

欲说轮回，则必有轮回之体；无我轮回，虽言者谆谆，终不使人共信也。然则必主神不灭矣。范缜《神灭论》曰:“问曰:知此神灭，有何利用邪？答曰：浮屠害政，桑门蠹俗，风惊雾起，驰荡不休，吾哀其弊，思拯其溺。夫竭财以赴僧，破产以趋佛，而不恤亲戚，不怜穷匮者何？良由厚我之情深，济物之意浅。是以圭撮涉于贫友，吝情动于颜色，千钟委于富僧，欢意畅于容发，岂不以僧有多稌之期，友无遗秉之报，务施阙于周急，归德必于在己。又惑以茫昧之言，惧以阿鼻之苦，诱以虚诞之辞，欣以兜率之乐，故舍逢掖，袭横衣，废俎豆，列瓶钵，家家弃其亲爱，人人绝其嗣续。致使兵挫于行间，吏空于官府，粟罄于惰游，货殚于泥木。所以奸宄弗胜，颂声尚拥，惟此之故，其流莫已，其病无限。若陶甄禀于自然，森罗均于独化，忽焉自有，恍尔而无，来也不御，去也不追，乘夫天理，各安其性。小人甘其垄亩，君子保其恬素，耕而食，食不可穷也，蚕而衣，衣不可尽也，下有余以奉其上，上无为以待其下，可以全生，可以匡国，可以霸君，用此道也。”其辞辩矣。然济物情深，厚我意浅，恐非夫人之所能。彼无为之世，所以上下安和者，非其时之人情，异于有为之世，其物我之利害固同也。老子曰："民之饥，以其上食税之多。民之轻死，以其奉生之厚。"有多食税者以歆之，而奉生咸欲其厚，而民不得不轻死矣。而欲使小人甘其垄亩，君子保其恬素，得乎？此弊也，岂轮回之说致之哉？抑俗之既敝，而轮回之说，乃乘之而起也！

《缜传》云："缜在齐世，尝侍竟陵王子良。子良精信释教，而缜盛称无佛。子良问曰：君不信因果，世间何得有富贵，何得有贱贫？缜答曰：人之生，譬如一树花，同发一枝，俱开一蒂，随风而堕，自有拂帘幌、坠于茵席之上，自有关篱墙、落于粪溷之侧。坠茵席者，殿下是也；落粪溷者，下官是也。贵贱虽复殊途，因果竟在何处？子良不能屈，深怪之。"夫坠茵席，落粪溷，得不有其所由然欤？其所由然，非即因果欤？此理非缜所不达，而其言云尔，则子良所谓因果，实乃流俗果报之说，非真因果之理也。《宋书·文五王传》："太宗常指左右人谓王景文曰：休范人才不及此，以我弟故，生便富贵。释氏愿生王家，良有以也。"愿生王家，此子良等之志也。隋越王侗之将死也，焚香礼佛，咒曰："从今以去，愿不生帝王尊贵之家。"《隋书·炀三子传》。哀哉！如宋太宗、齐竟陵王之类，不知临命之时亦自悔其所愿不乎？楚灵王曰："予杀人子多矣，能无及此乎？"《左氏》昭公十三年。不生帝王尊贵之家，或早为帝王尊贵者所戕贼矣。贵者果不贼人也，人恶得而贼之？孟子曰："杀人之父者，人亦杀其父；杀人之兄者，人亦杀其兄。然则非自杀之也一间耳。"《尽心》下。哀哉！然得谓无因果之理乎？

《梁书·刘歊传》：歊著《革终论》曰："季札云：骨肉归于土，魂气无不之。庄周云：生为徭役，死为休息。寻此二说，如或相反。何者？气无不之，神有也；死为休息，神无也。原宪云：夏后氏用明器，示民无知也；殷人用祭器，示民有知也；周人兼用之，示民疑也。若稽诸内教，判乎释部，则诸子之言可寻，三代之礼无越。何者？神为生本，形为生具，死者神离此具，而即非彼具也。即非，疑当作非即。虽死者不可复反，而精灵递变，未尝灭绝。"此主神不灭之说者也。然又曰"神已去此，馆何用存？神已适彼，祭何所祭？"因"欲翦截烦厚，务存俭易"。则主神不灭之说者，亦不必遂为贪求之行矣。

《晋书·王湛传》：湛曾孙坦之，"初与沙门竺法师甚厚，每共论幽明报应，便要先死者当报其事。后经年，师忽来，云贫道已死，罪福皆不虚，惟当勤修道德，以升济神明耳。言讫不见。坦之寻亦卒。”此事之为虚构，自不待言。然就造作此说者之心而观之，却可见人无不斤斤于死后之苦乐，此轮回之说所以乘其机而中之也。然死后报应，究为将信将疑之事，故人又无不恋恋于生。《隋书·儒林传》言辛彦之崇信佛道，迁潞州刺史，于城内立浮图二所，并十五层。开皇十一年，州人张元暴死，数日乃苏，云游天上，见新构一堂，制极崇丽。元问其故，人云，潞州刺史辛彦之有功德，造此堂以待之，彦之闻而不悦，其年卒官。闻生天上而犹不悦，可见百虚不敌一实，此迷信之力所以终有所穷也。

《晋书·刘聪载记》："聪子约死，一指犹暖，遂不殡殓。及苏，言见（刘）元海于不周山，经五日，遂复从至昆仑山，三日而复返于不周，见诸王公卿将相死者悉在，宫室甚壮丽，号曰蒙珠离国。元海谓约曰：东北有遮须夷国，无主久，待汝父为之。汝父后三年当来，来后国中大乱，相杀害，吾家死亡略尽，但可永明辈十数人在耳。汝且还，后年当来，见汝不久。约拜辞而归，道过一国，曰猗尼渠余国，引约入宫，与约皮囊一枚，曰：为吾遗汉皇帝。约辞而归，谓约曰：刘郎后年来，必见过，当以小女相妻。约归，置皮囊于机上。俄而苏，使左右机上取皮囊，开之，有一方白玉，题文曰：猗尼渠余国天王敬信遮须夷国天王，岁在摄提，当相见也。驰使呈聪，聪曰：若审如此，吾不惧死也。”又云：聪将死，时约已死，至是昼见，聪甚恶之，谓粲曰："吾寝疾惙顿，怪异特甚，往以约之言为妖，比累日见之，此儿必来迎吾也。何图人死定有神灵！如是，吾不悲死也。”约之诳聪，与是豆浑地万之诳丑奴颇相似，事见《魏书·蠕蠕传》。野蛮之人，率多欲而轻信，其受欺固无足怪。曰审如是，吾不惧死，然见约而又恶之，亦辛彦之之心也。此说主升天而不主轮回，不周、昆仑等，亦全系中国旧名，可见其与佛教无涉。而其眷眷于死后之苦乐如此，可见人之所欲，古今中外皆同，佛教特乘其机而诱之耳。

成佛、生天，皆不易冀，求免堕落，暂时自以能得人身为佳，故信佛者于是尤惓惓焉。晋恭帝之将死也，兵人进药，帝不肯饮，曰："佛教自杀者不得复人身。"乃以被掩杀之。《宋书·褚叔度传》。宋彭城王义康之死亦然。卢潜为北齐扬州道行台尚书，寿阳陷，及左丞李騊駼等皆没。騊駼将逃归，并要潜，潜曰："我此头面，何可诳人？吾少时相者云没在吴越地，死生已定，弟其行也。"既而叹曰："寿阳陷，吾以颈血溅城而死，佛教不听自杀，故荏苒偷生，今可死矣！"于是闭气而绝。《北史·卢潜传》。观此，知佛教戒自杀之说，遍行于当时也。

奉佛以蕲再得人身，若能无死，岂不更善？俗有诵《高王经》则兵火不能侵之说，其所由来者旧矣。《晋书·苻丕载记》云："徐义为慕容永所获，械埋其足，将杀之。义诵《观世音经》，至夜中，土开械脱，于重禁之中若有人导之者，遂奔杨佺期。"《宋书·王玄谟传》言，玄谟围滑台，拓跋焘军至，奔退。萧斌将斩之，沈庆之固谏乃止。玄谟始将见杀，梦人告曰："诵《观音经》千遍则免。"既觉，诵之将千遍，明日将刑，诵之不辍，忽传呼停刑。《魏书·卢景裕传》："河间邢摩纳与景裕从兄仲礼据乡作逆，逼其同反，以应元宝炬。齐献武王命都督贺拔仁讨平之。景裕之败也，系晋阳狱，至心诵经，枷锁自脱。是时又有人负罪当死，梦沙门教诵经，觉时，如所梦默诵千遍，临刑刀折，主者以闻，赦之。此经遂行于世，号曰《高王观世音》。"《南史·刘霁传》："母明氏寝疾，霁年已五十，衣不解带者七旬，诵《观世音经》数万遍；夜中感梦，见一僧谓曰：夫人算尽，君精诚笃志，当相为申延。后六十余日乃亡。"皆今俗说所本也。《晋书·周浚传》言子嵩为王敦所害，临刑犹于市诵经；《王恭传》亦云临刑犹诵佛经。《齐书·王奂传》："奂司马黄瑶起、宁蛮长史裴叔业于城内起兵攻奂，奂闻兵入，还内礼佛，未及起，军人遂斩之。"造次必于是，颠沛必于是，岂其临命犹冀以是获免邪？《梁书·儒林传》：皇侃"性至孝，常日限诵《孝经》二十遍，以拟《观世音经》"。贪欲之深，真可发一噱。《周书·萧詧传》："甄玄成以江陵甲兵殷盛，遂怀贰心，密书与梁元帝，申其诚款。有得其书者，进之于詧。詧深信佛法，常愿不杀诵《法华经》人。玄成素诵《法华经》，遂以此获免。"以人之贪，我得所欲，其事可谓甚奇。然萧詧枭獍也，徼福缘于枭獍，庸可必乎？

（五七四）沙门致敬人主

《宋书·孝武帝纪》：大明六年，"九月戊寅，制沙门致敬人主"。《夷蛮传》云："先是晋世庾冰始创议，欲使沙门敬王者，后桓玄复述其义，并不果行。大明六年，世祖使有司奏：臣等参议，以为沙门接见，比当尽虔，礼敬之容，依其本俗。诏可。前废帝初，复旧。"则佛教入中国后，其徒直至宋世，乃致敬于人主，而其行之亦无几时也。庾冰、桓玄之议，何充、桓谦、王谧、慧达等抗之，见《弘明集》。佛教不信之前已，既信之，则不强其致敬，亦颇得大学之礼。

虽诏于天子无北面之义，强其致敬，实无当也。《魏书·释老志》："法果每言，太祖明叡好道，即是当今如来，沙门宜应尽礼，遂常致拜。谓人曰：能弘道者人主也，我非拜天子，乃是礼佛耳。"然则南朝屡议而不果行者，在北朝则不待言而其人自行之矣。《晋书·赫连勃勃载记》云："勃勃归于长安，征隐士京兆韦祖思。既至，恭惧过礼，勃勃怒曰：吾以国士征汝，奈何以非类处吾？汝昔不拜姚兴，何独拜我？我今未死，汝犹不以我为帝王，吾死之后，汝辈弄笔，当置吾何地！遂杀之。"貌为恭敬者，乃以非类视之，此岂拓跋珪所知？观此，知其智又出铁弗下，盖由其附塞尚不如铁弗之久也。

（五七五）沙门与政上

后世之为僧者，类多遗落世事，有托而逃，佛法初入中国时则不然。《宋书·武三王传》言庐陵王义真，与谢灵运、颜延之、慧琳道人周旋异常，云得志之日，以灵运、延之为宰相，慧琳为西豫州都督。慧琳事见《夷蛮传》，云其兼外内之学，元嘉中，遂参权要，朝廷大事，皆与议焉。而其时彭城王义康谋叛，参与其事者，亦有法略道人及法静尼。始安王休仁之死也，明帝与诸大臣及方镇诏，谓"前者积日失适，休仁使昙度道人及劳彦远屡求启，阚觇吾起居"。《宋书·文九王传》。休仁之死，固不以罪，此语则未必尽诬。《齐书·倖臣传》云："宋世道人杨法持，与太祖有旧，元徽末，宣传密谋，升明中，以为僧正。建元初，罢道，为宁朔将军，封州陵县男，三百户。"则革易之际，道人亦有参与其事者矣。

僧人多与政事，故其罢道极易，法略即罢道为臧质宁远参军者也。本姓孙，及是改名景玄。陈遂兴侯详，少出家为沙门，武帝讨侯景，召令还俗，配以兵马。《陈书·陈详传》。是能戎事者亦或出家也。《南史·陆厥传》云："时有王斌者，不知何许人，着《四声论》，行于时。斌初为道人，博涉经籍，雅有才辩，善属文。后还俗，以诗乐自乐，人莫能名之。"此文学之士之出家者也。《北齐书·神武帝纪》：神武疾病，谓世子曰："潘相乐本作道人，心和厚，汝兄弟当得其力。"《魏书·酷吏传》："李洪之少为沙门，晚乃还俗。"此等人，皆非遗世者也。

慧琳，《宋书》谓其宾客辐凑，门车常有数十两，四方赠赂相系，势倾一时，亦未尝不可如杨法持入诸佞倖传也。晋世君相并信佛法者，莫如孝武帝及会稽王道子，而许荣上书，病其僧尼乳母，竞进亲党；闻人奭亦云尼姏属类，倾动乱时，是其乱政殊甚。时范宁请黜王国宝，国宝使陈郡袁悦之因尼妙音，致书太子母陈淑媛，说国宝忠谨，宜见亲信，以上均见《晋书·简文三子传》。则非徒干乱朝权，并有交通宫禁者矣。《魏书·释老志》：道登之死，孝文以师丧之，似其人必有清操；然《酷吏传》言登尝过高遵，遵以登荷宠于高祖，多奉以货，深托仗之；及遵见诉，诏廷尉少卿穷鞫，登屡因言次申启救遵，则亦非谢绝赇谒者。《酷吏传》又言：张赦提克己厉约，本有清称，后乃纵妻段氏，多有受纳，令僧尼因事通请，遂至贪虐流闻，卒以此败。则郡县之朝，亦有为所干乱者。《齐书·江谧传》言谧出为长沙内史，行湘州事，政治苛刻；僧遵道人与谧情款，随谧莅郡，犯小事，饿系郡狱，裂三衣食之，既尽而死。谧固酷，僧遵或亦有以取之也。

《北齐书·神武帝纪》言神武自发晋阳，至克潼关，凡四十启，魏帝皆不答。还洛阳，遣僧道荣奉表关中，又不答。乃集百僚四门耆老议所推立。四门，《北史》作沙门，立君而谋及沙门，似乎不近情理。然《梁书·王僧孺传》言：僧孺出为南海太守，"视事期月，有诏征还，郡民道俗六百人诣阙请留，不许"。郡守之去留，道人既可参与，又何不可与于立君之议邪？《北齐书·文宣帝纪》：天保元年八月庚寅诏曰："朕以虚寡，嗣弘王业，思所以赞扬盛绩，播之万古，虽史官执笔，有闻无坠，犹恐绪言遗美，时或未书；在位王公文武大小，降及民庶，爰至僧徒，或亲奉音旨，或承传旁说，凡可载之文籍，悉宜条录封上。"可见神武谋及沙门时甚多。本纪之文，自当以《北史》为是也。

使沙门参与机要者，非独高欢也，五胡之主时有之。《晋书·石季龙载记》："沙门吴进，言于季龙曰：胡运将衰，晋当复兴，宜苦役晋人，以压其气。季龙于是使尚书张群发近郡男女十六万，车十万乘，运土筑华林苑及长墙于邺北，广长数十里。"《姚襄载记》言襄率众西行，苻生遣苻坚、邓羌等要之。襄将战，沙门智通固谏，襄曰：吾计决矣。战于三原，为坚所杀。《慕容垂载记》：参合之役，"有大风黑气，状若堤防，或高或下，临覆军上。沙门支昙猛言于慕容宝曰：风气暴迅，魏军将至之候，宜遣兵御之。宝笑而不纳。昙猛固以为言，乃遣慕容麟率骑三万为后殿，以御非常。麟以昙猛言为虚，纵骑游猎，俄而黄雾四塞，日月晦冥，是夜魏师大至，三军奔溃。"《慕容德载记》言潘聪劝德据广固，"德犹豫未决。沙门朗公素知占候，德因访其所适。朗曰：敬览三策，时张华劝德据彭城，慕容钟等劝攻滑台。潘尚书之议，可谓兴邦之术矣。今岁初，长星起于奎、娄，遂扫虚、危，而虚、危，齐之分野，除旧布新之象。宜先定旧鲁，巡抚琅邪，待秋风戒节，然后北转临齐，天之道也。德大悦。"《魏书·沮渠蒙逊传》："罽宾沙门曰昙无谶，东入鄯善，自云能使鬼治病，令妇人多子。与鄯善王妹曼头陁林私通，发觉，亡奔凉州。蒙逊宠之，号曰圣人。昙无谶以男女交接之术教授妇人，蒙逊诸女、子妇，皆往受法。世祖闻诸行人言昙无谶之术，乃召昙无谶。蒙逊不遣，遂发露其事，拷讯杀之。"其说殊不足信。《释老志》云昙摩谶"哓术数禁呪，历言他国安危，多所中验，蒙逊每以国事咨之；神䴥中，帝命蒙逊送谶诣京师，惜而不遣，既而惧魏威责，遂使人杀谶"，当是实情。盖谶既与闻国事，遣之则虑其漏泄，不遣又虑魏求之无已，故径杀之，以免交涉之棘手也。此皆五胡之主，多使沙门参与机要之征也。

元魏诸主，自孝文而后，多好与沙门讲论。神武之使道荣奉表，盖亦以其素蒙接待也。李暠遣舍人黄始、梁兴间行归表于晋，未报，复遣沙门法泉，间行通表。《北史·序传》。盖以其易避稽察。梁豫章王综谋叛，亦求得北来道人释法鸾，使通问于萧宝寅。

罢道者不必皆参与机要之徒也，寻常人出入于道俗之间者亦多。高允少孤，年十余，奉祖父丧还本郡，推财与二弟而为沙门，未久而罢。其为沙门，盖亦如刘孝标居贫不自立，母子并为尼僧，事见《南史》本传，亦见《魏书·刘休宾传》。乃一时之计，非其素志也。魏河南王曜之曾孙和为沙门，舍其子显，以爵让其次弟鉴，鉴固辞。诏许鉴身终之后，令显袭爵，鉴乃受之。鉴出为齐州刺史。高祖崩后，和罢沙门还俗，弃其妻子，纳一寡妇曹氏为妻。曹氏年齿已长，携男女五人，随鉴至历城，干乱政事。和与曹及五子，七处受纳，鉴皆顺其意，言无不从，于是狱以贿成，取受狼籍，齐人苦之，鉴治名大损。鉴薨之后，和复与鉴子伯宗竞求承袭，时和子早终。事见《魏书·道武七王列传》。前后若两人，皆由其出家之时，本未断名利之念也。此等可见当时之人，出家还俗，皆极轻易。

有所规避而出家者，自亦有之。《齐书·倖臣传》言宋孝武末年，鞭罚过度，校猎江右，选白衣左右百八十人，皆面首富室，从至南州，得鞭者过半，茹法亮忧惧，因缘启出家，得为道人。《梁书·文学传》：伏挺除南台治书，因事纳贿，当被推劾，挺惧罪，变服为道人，久之藏匿，后遇赦，乃出大心寺。会邵陵王纶为江州，携挺之镇，王好文义，深被恩礼，挺自此还俗。《南史》云：挺不堪蔬素，自此还俗。《张缵传》：缵为杜岸所执，送诸岳阳王詧，始被囚縶，寻又逼缵剃发为道人。《南史》云：嫌惧不免，请为沙门。《南史·刘虬传》：子之遴，“侯景初以萧正德为帝，之遴时落景所，将使授玺绂，之遴豫知，仍剃发披法服，乃免”。此等出家，皆非素志，故其还俗更易，其徒屏居佛寺而不出家者，更无论矣。如《北齐书·魏兰根传》言高乾死，兰根惧，去宅，居于寺。《高德政传》言文宣时，德政甚惧，称疾屏居佛寺，兼学坐禅是也。要之当时僧俗甚近，故僧人之与俗事者亦多也。

（五七六）沙门与政下

沙门之多与政事也，以其时之王公大人，迷信甚深故也。沙门事迹，见于《晋书·艺术传》者，有佛图澄、鸠摩罗什、僧涉、昙霍，所传皆怪异之谈。《北史·艺术传》之灵远、惠丰，《魏书·释老志》之惠始，亦其类也。南朝所盛称者，莫如释宝志。《梁书·何敬容传》载其先知敬容败于河东王；《南史·梁武帝纪》载其先知国泰寺之灾；《贼臣传》载其先知侯景起自汝阴，败于三湘；甚至《隋书·律历志》云开皇官尺，或传梁时有志公道人作此尺，寄入周朝，云与多须老翁，周太祖及隋高祖各自以为谓己，实当时流俗传最广者也。志之事迹，见于《南史·隐逸传》，云有人于宋泰始中见之，出入钟山，往来都邑，年已五六十矣。此乃无征不信之谈。其可征信者，齐武帝忿其惑众，收付建康狱，而其死在梁武帝之天监十三年。自齐武帝元年至天监十三年，凡三十二年；自其末年起计，则二十二年耳。志之入狱，即在齐武帝元年，其时年已六十，至其死时，亦不过九十有二，此固人寿所可有，无足异也。然则其为流俗所盛传，特以其敢于惑众耳，乃梁武帝亦敬事之，可见时人之易惑矣。

流俗所重，莫如先知，故沙门之见附会，多在于此。《晋书·五行志》云：“石季龙在邺，有一马，尾有烧状，入其中阳门，出显阳门，东宫皆不得入，走向东北，俄尔不见，佛图澄叹曰：灾其及矣！逾年而季龙死，其国遂灭。”亦见《澄传》。《姚兴载记》云：兴死之岁，“正旦朝群臣于太极前殿，沙门贺僧，恸泣不能自胜，众咸怪焉。贺僧者，莫知其所从来，言事皆有效验，兴甚神礼之，常与隐士数人，预于燕会”。《南史·贼臣传》云：“有僧通道人者，意性若狂，饮酒啖肉，不异凡等，世间游行，已数十载，姓名乡里，人莫能知，初言隐伏，久乃方验，人并呼为阇黎，侯景甚信敬之。景尝于后堂与其徒共射，时僧通在坐，夺景弓射景阳山，大呼云，得奴已。景后又燕集其党，又召僧通，僧通取肉揾盐以进景，问曰：好不？景答所恨太咸。僧通曰：不咸则烂。及景死，王僧辩截其二手送齐文宣，传首江陵，果以盐五斗置腹中，送于建康，暴之于市，百姓争取屠脍，羹食皆尽。”此等皆以能先知而见称为神圣者也。职是故，遂有托于是以惑世者，周太祖、隋高祖各自谓志公所称多须老翁，即是也。《宋书·符瑞志》云：“武帝尝行至下邳，遇一沙门，沙门曰：江表寻当丧乱，拯之必君也。”又云：“冀州有沙门法称，将死，语其弟子普严曰：嵩皇神告我云：江东有刘将军，是汉家苗裔，当受天命，吾以三十二璧、镇金一饼与将军为信。三十二璧者，刘氏卜世之数也。普严以告同学法义，法义以（义熙）十三年七月，于嵩高庙石坛下得玉璧三十二枚，黄金一饼，后二年而受晋禅。史臣谨按：法称所云玉璧三十二枚，宋氏卜世之数者，盖卜年之数也。三十二者，二三十，则六十矣。宋氏受命，至于禅齐，凡六十年云。”《齐书·祥瑞志》云：永明二年十一月，“虏国民齐祥归，入灵丘关，闻殷然有声，仰视之，见山侧有紫气如云，众鸟回翔其间。祥往气所，获玺，方寸四分，兽纽，文曰坤维圣帝永昌，送与虏太后师道人惠度，欲献虏主。惠度睹其文，窃谓当今衣冠正朔，在于齐国，遂附道人惠藏送京师，因羽林监崔士亮献之。三年七月，始兴郡民龚玄宣云：去年二月，忽有一道人乞食，因探怀中出篆书真经一卷，六纸，又表北极一纸，又移付罗汉居士一纸，云从兜率天宫下，使送上天子。因失道人所在。”《南史·宋武帝纪》云：“尝游京口竹林寺，独卧讲堂前，上有五色龙章，众僧见之，惊以白帝，帝独喜，曰：上人无妄言。”《梁武帝纪》云：“有沙门自称僧恽，谓帝曰：君项有伏龙，非人臣也。复求，莫知所之。”《宋书·颜竣传》云：“沙门释僧含，粗有学义，谓竣曰：贫道粗见谶记，当有真人应符，名称次第，属在殿下。”案竣仕世祖。《南史·王僧辩传》云：“天监中沙门释宝志为谶云：太岁龙，将无理，萧经霜，草应死，余人散，十八子。时言萧氏当灭，李氏代兴。及湘州贼陆纳等攻破衡州刺史丁道贵，而李洪雅又自零陵称助讨纳，寻而洪雅降纳，纳以为应符，于是共议尊事为主。”《北史·艺术传》云：“有沙门灵远者，不知何许人，有道术。尝言尔朱荣成败，豫知其时。又言代魏者齐，葛荣闻之，故自号齐。及齐神武至信都，灵远与渤海李嵩来谒。神武待灵远以殊礼，问其天文人事，对曰：齐当兴，东海出天子，今王据渤海，是齐地，又太白与月并，宜速用兵，迟则不吉。灵远后罢道，姓荆，字次德。求之，不知所在。”此等事之为矫诬，至易见也，而沈约犹据其辞而曲为之说，时人之迷罔，亦可见矣。

谶之最早见者，如《史记·赵世家》所谓秦谶，似系记事之作，而非歌谣之类，故《扁鹊列传》亦载其事，而作秦策。后汉君臣竞事造作，乃皆成韵语，如歌谣然，盖取其易于流播也。谣辞至后来，亦可伪造，史家明言之者，如《宋书·王景文传》谓明帝忌景文及张永，乃自为谣言曰“一士不可亲，弓长射杀人”，是也。当时沙门，亦有为是者。《宋书·五行志》云：“司马元显时，民谣诗云：当有十一口，当为兵所伤，木亘当北度，走入浩浩乡。又云：金刀既以刻，娓娓金城中。此诗云襄阳道人竺昙林所作。”《志》又云：“孟颢释之曰：十一口者，玄字象也，木亘，桓也，桓氏当悉走入关、洛，故云浩浩乡也。金刀，刘也，倡义诸公，皆多姓刘，娓娓，美盛貌也。”《北齐书·窦泰传》云：“泰将发邺，邺有惠化尼，谣云：窦行台，去不回。”此等亦因流俗之好求先知，而为是妄诞也。

然溺于迷信，特其时沙门见信敬之一端；其又一端，则亦以是时沙门多有学艺也。周朗痛陈佛教之弊，谓其假医术，托卜数，《宋书·周朗传》。足见其流衍民间，实以二者为凭借。而其在庙堂亦然。《魏书·术艺传》：李修“父亮，少学医术。又就沙门僧坦研习众方，略尽其术”；“崔彧少尝诣青州，逢隐逸沙门，教以《素问》九卷及《甲乙》，遂善医术”。足征沙门医学，确有渊源。贺琛为宣城王长史，侯景陷城，被创未死，贼舆送庄严寺疗之，《梁书·贺琛传》。寺中诸僧，必有娴于医术者矣。《魏书·孝文五王传》：“有沙门惠怜者，自云呪水饮人，能差诸病，病人就之者，日有千数，灵太后诏给衣食，事力优重，使于城西之南，治疗百姓病，清河王怿表谏。”《北史·李先传》：曾孙义徽，“太和中补清河王怿府记室，性好老庄，甚嗤释教。灵太后临朝，属有沙门惠怜，以呪水饮人，云能愈疾，百姓奔凑，日以千数。义徽白怿，称其妖妄，因令义徽草奏以谏，太后纳其言。”呪水治病，固属诬罔，然安知其不有医术佐之；议之者出于好老庄而嗤释教之人，其言亦未必可信也。《魏书·景穆十二王传》：有沙门为小新成孙诞采药。《孝文五王传》：汝南王悦，好读佛经，而“有崔延夏者，以左道与悦游，合服仙药松术之属，时轻与出采芝”。似神仙家服食之术，亦为沙门所知，盖以其与医术相出入也。《宋书·沈攸之传》：“攸之将发江陵，使沙门释僧桀筮之。”《魏书·山伟传》：“伟与仪曹郎袁升、屯田郎李延孝、外兵郎李奂、三公郎王延业方驾而行，伟少居后。路逢一尼，望之叹曰：此辈缘业，同日而死。谓伟曰：君方近天子，当作好官。而升等四人，皆于河阴遇害，果如其言。”《术艺·王显传》云:“世宗夜崩。显既蒙任遇，兼为法官，恃势使威，为时所疾。朝宰托以侍疗无效，执之禁中，诏削爵位。临执呼冤，直阁以刀镮撞其腋下，伤中吐血，至右卫府，一宿死。始显布衣为诸生，有沙门相显后当富贵，戒其勿为吏官，吏官必败。由是世宗时或欲令其遂摄吏部，每殷勤避之。及世宗崩，肃宗夜即位，受玺册，于仪须兼太尉及吏部，仓卒百官不具，以显兼吏部行事矣。”《北史 · 艺术传》云：“魏正始前，有沙门学相，游怀朔，举目见人，皆有富贵之表，以为必无此理，燔其书，而后皆如言，乃知相法不虚也。” 此皆沙门娴于医卜，兼及相术之征也。然其学初不止此。《南史 · 隐逸传》言关康之尝就沙门支僧纳学算，《宋书》无“算”字，盖夺。妙尽其能。魏《正光历》，总合九家，雍州沙门统道融居其一。见《魏书·律历志》。《术艺传》：“殷绍上《四序堪舆》，表曰：臣以姚氏之世，行学伊川，时遇游遁大儒成公兴,从求九章要术。兴时将臣南到阳翟九崖岩沙门释昙影间,兴即北还，臣独留住，依止影所，求请九章。影复将臣向长广东山，见道人法穆，法穆时共影为臣开述九章数家杂要,披释章次意况大旨。又演隐审五藏六府心髓血脉，商功大算，端部变化，玄象，土圭，《周髀》，练精锐思，蕴习四年，从穆所闻，粗皆仿佛,穆等仁矜,特垂忧闵,复以先师和公所注黄帝《四序经》文三十六卷，合有三百二十四章，专说天地阴阳之本。以此等文，传授于臣。”此等皆绝业，而当时之沙门能传之，可谓难矣。《辛绍先传》：子穆，“初随父在下邳，与彭城陈敬文友善。敬文弟敬武，少为沙门，从师远学，经久不返。敬文病，临卒，以杂绫二十匹托穆与敬武，久访不得，经二十余年，始于洛阳见敬武，以物还之，封题如故，世称其廉信。”敬武之久学不返，或非徒习经论、参禅定也。

《宋书 · 文九王传》言拓拔焘围悬瓠，毁佛浮图，取金像以为大钩，施之冲车端，以牵楼堞，城内有一沙门，颇有机思，辄设奇以应之。此沙门或曾习兵家言。支昙猛说慕容宝备魏师，亦似知望气之术。

晋南北朝，沙门多能通知玄学无论矣，此外所该涉者尚广。今据《隋书·经籍志》观之,则有《古今乐录》十二卷,陈沙门智匠撰;经部乐。此乐学也。《韵英》三卷，释静洪撰;《杂体书》九卷，释正度撰；经部小学。此小学及书法之学也。《四海百川水源记》一卷，释道安撰；史部地。此地理之学也。《婆罗门天文经》二十一卷,《婆罗门竭伽仙人天文说》三十卷,《婆罗门天文》一卷,《摩登伽经说星图》一卷，子部天文。《婆罗门算法》三卷，《婆罗门阴阳算历》一卷,《婆罗门算经》三卷,子部历数。此天文历数之学也。《阳遁甲》九卷,释智海撰,子部五行。此数术之学也。《寒食散对疗》一卷,释道洪撰;《解寒食散方》二卷,释智斌撰;《释慧义寒食解杂论》七卷,《解散方》一卷,《释僧深药方》三十卷,以上三书皆亡。《摩诃出胡国方》十卷,摩诃胡沙门撰;《诸药异名》八卷,沙门行矩撰;原注:本十卷,今阙。《单复要验方》二卷,释莫满撰;《释道洪方》一卷,《释僧匡针灸经》一卷,《龙树菩萨药方》四卷,《西域诸仙所说药方》二十三卷,原注:目一卷,本二十五卷。《香山仙人药方》十卷,《西录波罗仙人方》三卷,《西域名医所集要方》四卷,原注:本十二卷。《婆罗门诸仙药方》二十卷,《婆罗门药方》五卷,《耆婆所述仙人命论方》二卷,原注:目一卷,本三卷。《乾陀利治鬼方》十卷,《新录乾陀利治鬼方》四卷,原注:本五卷,阙。《龙树菩萨和香法》二卷,子部药方。此医学也。《楚辞音》一卷,释道骞撰,集部《楚辞》。序云:隋时有释道骞,善读之,能为楚声,音韵清切,至今传《楚辞》者皆祖骞公之音,此文学亦声韵之学也。或中国有而沙门通之,或印土之学由沙门传入;其盛,盖不减近世基督教士之传播西学矣,曷怪好用其人者之多也。

(五七七)梁武帝废郊庙牲牷

梁武信佛,卒召台城之祸,读史者皆深讥之,其实不然。梁武受祸,自由刑政之不修,于信佛乎何与?其以面代郊庙牲牷,议者以为宗庙遂不血食,《南史·梁本纪》天监十六年及《隋书·礼仪志》。又《梁书·文学传》言:"时七庙飨荐,已用蔬果,而二郊农社,犹有牺牲。(刘)勰表言二郊宜与七庙同改,诏付尚书议,依勰所陈。"则尤拘墟之见矣。

南北朝时,帝王之主张去杀者,实非梁武一人。《齐书·王奂传》云:永明六年,奂欲请车驾幸府。上晚信佛法,御膳不宰牲,使王晏谓奂曰:"吾前去年为断杀事,不复幸诣大臣已判,无容欻尔也。"又《武帝本纪》载帝大渐之诏曰:"东邻杀牛,不如西家禴祭。我灵上慎勿以牲为祭,惟设饼、茶饮、干饭、酒脯而已。"是武帝虽未绝肉,已不杀牲。又《豫章王嶷传》:嶷临终召子子廉、子恪命之曰:"三日施灵,惟香火、盘水、干饭、酒脯、槟榔而已。朔望菜食一盘,加以甘果,此外悉省。葬后除灵,可施吾常所乘舉扇缴。朔望时节,席地香火、盘水、酒脯、干饭、槟榔便足。”此亦与齐武同，犹曰施之于己也。乃《魏书·礼志》曰：“显祖深愍生命，乃诏曰：其命有司，非郊天地、宗庙、社稷之祀，皆无用牲。于是群祀悉用酒脯。”《北齐书·文宣帝纪》天保八年八月庚辰，诏丘、郊、禘、祫、时祀，皆仰市取少牢，不得剖割。农社先蚕，酒肉而已；雩、禖、风、雨、司民、司禄、灵星、杂祀，果饼酒脯。”此其去梁武弥近矣。《齐书·张冲传》：冲父柬卒，遗命曰：“祭我必以乡土所产，无用牲物。”《魏书·崔挺传》：“挺子孝直顾命诸子，祭勿杀生，其子皆遵行之。”《颜氏家训·终制篇》云：“灵筵勿设枕几，朔望祥禫，惟下白粥清水干枣，不得有酒肉饼果之祭。亲友来餟酹者，一皆拒之。”又云：“四时祭祀，周孔所教，欲人勿死其亲，不忘孝道也。求诸内典，则无益焉。杀生为之，翻增罪累。”

欲薄祭祀，自必先绝口腹之欲。梁武帝无论矣，《梁书·贺琛传》言琛启陈事条，高祖大怒，召主书于前，口授敕责琛。有云：“昔之牲牢，久不宰杀。朝中会同，菜蔬而已。”虽北主亦有能行之者。《北齐书·文宣纪》：天保七年五月，“帝以肉为断慈，遂不复食”，是也。士夫有以信佛而疏食者，如《齐书·高逸传》言：刘虬精信释氏，礼佛长斋。《梁书·裴子野传》言其末年深信释氏，持其教戒，终身饭麦食蔬。《梁书·到溉传》言其初与弟洽常共居一斋，洽卒后，便舍为寺，因断腥膻，终身蔬食。《文学传》言：刘杳睹释氏经教，常行慈忍。自居母忧，便长断腥膻，持斋蔬食。任孝恭少从萧寺云法师读经论，明佛理，后乃蔬食持戒，信受甚笃。《陈书·徐陵传》言其第三弟孝克蔬食长斋，持菩萨戒。《北齐书·卢潜传》言其自扬州刺史征为五兵尚书，扬州吏民以潜戒断酒肉，笃行释氏，大设僧会，以香华缘道送之。《齐书·张融传》言：融兼掌正厨，见宰杀，回车径去，自表解职。知时奉佛者，于杀戒甚虔。间有以不堪蔬素而还俗者：如《南史·儒林传》之伏挺，则其出家亦本以避罪，非以信佛也。又袁粲孝建元年文帝讳日，群臣并于中与寺八关斋中，食竟，粲别与黄门郎张淹更进鱼肉，为尚书令何尚之所白免官。则其人本不信佛。亦有不尽由于信佛者，信佛者持戒自尤严。《陈书·王固传》云：固“崇信佛法，及丁所生母忧，遂终身蔬食。尝聘于西魏，因宴飨之际，请停杀一羊，羊于固前跪拜。又宴于昆明池，魏人以为南人嗜鱼，大设罟网，固以佛法呪之，遂一鳞不获”。似乎周旋坛坫之间，仍守疏食之旧不变。《齐书·周颙传》：“何胤言断食生，犹欲食白鱼、䱜脯、糖蟹，以为非见生物。疑食蚶蛎，使学生议之。学生钟岏曰：䱜之就脯，骤于屈伸，蟹之将糖，躁扰弥甚。仁人用意，深怀如怛。至于车螯蚶蛎，眉目内阙，惭浑沌之奇；矿壳外缄，非金人之慎。不悴不荣，曾草木之不若；无声无臭，与瓦砾其何算。故宜长充庖厨，永为口实。竟陵王子良见岏议大怒。”其持戒可谓严矣。然沙门反有不能守戒者。《宋书·谢弘微传》云：兄曜卒，“弘微蔬食积时，服虽除，犹不啖鱼肉。释慧琳诣弘微，弘微与之共食，犹独蔬素。慧琳曰：檀越素既多疾，顷者肌色微损。若以无益伤生，岂所望于得理。”是沙门反劝人肉食也。犹曰劝人，抑慧琳本佞幸之流也。梁武帝大弘释典，将以易俗，乃郭祖深上封事极言其事之弊，有云“僧尼皆令蔬食”。《南史·循吏列传》。则寻常僧尼亦有肉食者矣，岂不异哉？

梁武帝敕太医不得以生类为药；公家织官纹锦饰，并断仙人鸟兽之形，以为亵衣裁翦，有乖仁恕。《南史本纪》天监十六年三月。然北主亦有能行之者。《魏书·释老志》载高祖延兴二年诏曰：“内外之人，兴建福业，造立图寺，务存高广，伤杀昆虫含生之类。欲建为福之因，未知伤生之业。自今一切断之。”此诏虽在高祖之时，实出显祖之意。《志》又言：三年十二月，显祖因田鹰获鸳鸯一，其偶悲鸣，上下不去。帝乃惕然。于是下诏禁断鸷鸟，不得育焉。《本纪》世宗永平二年五月辛丑，以旱故禁断屠杀；十一月诏禁屠杀含孕，以为永制。《北齐书·文宣帝纪》：天保八年四月庚午诏诸取虾蟹蚬蛤之类，悉令停断，唯听捕鱼。乙酉诏公私鹰鹞，俱亦禁绝。九年二月己丑，诏限以仲冬一月燎野，不得他时行火，损昆虫草木。《武成帝纪》：元年正月，诏断屠杀，以顺春令。《后主纪》：天统五年二月乙丑，诏禁网捕鹰鹞及畜养笼放之物。《上洛王思宗传》云：子元海，好乱乐祸，然诈仁慈，不饮酒啖肉。文宣天保末年，敬信内法，乃至宗庙不血食，皆元海所谋。及为右仆射，又说后主禁屠宰，断酤酒，然本心非清，故终至覆败。案元海尝劝武成奉济南，此未为非义。其后与祖珽共执朝政，依违陆太姬间，盖亦事不得已耳，然谓其好乱乐祸则过矣。《周书·武帝纪》：保定二年四月，亦以旱故禁屠宰。《隋书·礼仪志》：祈雨初请后二旬不雨者，即徙市禁屠。州郡尉祈雨，亦徙市断屠如京师。盖自此遂为故事矣。

《宋书·谢灵运传》言：“（会稽）太守孟𫖮事佛精恳，而为灵运所轻。会稽东郭有回踵湖，灵运求决以为田，太祖令州郡履行。此湖去郭近，水物所出，百姓惜之。𫖮坚执不与。灵运既不得回踵，又求始宁岯崲湖为田，𫖮又固执。灵运谓𫖮非存利民，正虑决湖多害生命，言论毁伤之，与𫖮遂构仇隙。”灵运固狂悖，然其度𫖮意或未必尽诬。齐武帝将射雉，竟陵王子良上书谏。见《齐书》

本传。王绩亦称疾不从。见《齐书·王奂传》。《魏书·陆俟传》:“俟玄孙子彰崇好道术，曾婴重疾，药中须桑螵蛸，子彰不忍害物，遂不服焉。”此与梁武帝禁以生类为药用意符同矣。《齐书·高逸传》:“始兴人卢度亦有道术，少随张永北征，永败，虏追急，阻淮水不得过。度心誓曰:若得免死，从今不复杀生。须臾见两楯流来，接之得过。”此等戒杀之念，原不过徼利之心，然有以蕲报而然者，亦有不出于此者。闻以仁为治，不闻以杀为治，梁武帝、齐文宣可议之处则甚多矣，于其戒杀竟何与哉?

(五七八)僧徒为乱

宗教为治世之资乎?抑为作乱者之所藉乎?曰无定也。无论何教，皆可用以治民，亦可藉以犯上。道教自寇谦之而后，庙堂之上亦尊礼之，与儒、释并列矣。谓其非原出于张角、张鲁、孙恩之俦，不可得也。基督教在欧洲，几欲藉以驾驭帝王成统一之业;其在中国，太平天国起事之时，谓其非张角、张鲁、孙恩之流，不可得也。佛教最称柔和矣，然自传入中国以来，假以谋乱者，亦迄不绝;以其所成就，不如张角、张鲁、孙恩、太平天国等之大，读史者遂多忽略焉;然其性质实无以异，不可不一指出之也。

佛教流通，世皆信《魏书·释老志》之说，谓其以汉明帝之世来自西域，首至洛阳，非也。楚王英者，明帝之兄，而据《后汉书》本传，永平八年诏令天下死罪皆入缣赎，英遣郎中令奉黄缣白纨三十匹诣国相，国相以闻，诏报之，已有“楚王诵黄、老之微言，尚浮屠之仁慈”之语矣。然则佛教流通，南方殆先于北。大作佛事最早可考者，为汉末之笮融，事见《三国志·刘繇传》，亦见《后汉书·陶谦传》。《传》言融丹阳人，初聚众数百，往依徐州牧陶谦。谦使督广陵、彭城运漕，遂放纵擅杀，坐断三郡委输以自入。乃大起浮图祠，以铜为人，黄金涂身，衣以锦采，垂铜盘九重，下为重楼阁道，可容三千余人，悉课读佛经令界内及旁郡人有好佛者听受道，复其他役以招致之，由此远近前后至者五千余人户。每浴佛，多设酒饭，布席于路，经数十里，民人来观及就食且万人，费以巨亿计。曹公攻陶谦，徐土骚动，融将男女万口，马三千匹，走广陵，广陵太守赵昱待以宾礼。先是，彭城相薛礼为陶谦所逼，屯秣陵。融利广陵之众，因酒酣杀昱，放兵大略，因载而去，过杀礼。刘繇为孙策所破，奔丹徒，溯江南保豫章，驻彭泽。笮融先至，杀太守朱皓，入居郡中。繇进讨融，为融所破，更复招合属县，攻破融。融败走入山，为民所杀。其人实乱徒也。《隋书·经籍志》论《佛经》云："汉末太守竺融亦崇佛法。"竺笮同音，佛徒以释为姓，始于道安，先此皆从所受学。《困学纪闻》二十引石林叶氏《避暑录话》。而僧人来自异域者，率以其国名为姓，如月支人姓支，安息人姓安是也。天竺人则姓竺，竺融疑从天竺人受学，因从其姓者；此说若然，则融，中国人出家之甚早者矣。《三国·吴志·孙琳传》言其"坏浮屠祠，斩道人"。其详不可得闻。今案《梁书·海南诸国传》述高祖改造阿育王寺塔，出旧塔下舍利及佛爪发事云："阿育王即铁轮王，王阎浮提，一天下，佛灭度后，一日一夜役鬼神造八万四千塔，此即其一也。吴时有尼居其地，为小精舍，孙琳寻毁除之，塔亦同泯。吴平后，诸道人复于旧处建立焉。晋中宗初渡江，更修饰之。至简文咸安中，使沙门安法师程造小塔，未及成而亡。弟子僧显继而修立。至孝武太元九年，上金相轮及承露。其后西河离石县有胡人刘萨何遇疾暴亡，而心下犹暖，其家未敢便殡，经十日更苏，说云：有两吏见录，向西北行，不测远近，至十八地狱，随报重轻，受诸楚毒；见观世音语云：汝缘未尽，若得活，可作沙门，洛下、齐城、丹阳、会稽并有阿育王塔，可往礼拜；若寿终，则不堕地狱。语竟，如堕高岩，忽然醒寤。因此出家，名慧达，游行礼塔，次至丹阳，未知塔处。乃登越城四望，见长干里有异气色，因就礼拜，果是育王塔所。屡放光明，由是定知必有舍利，乃集众就掘之，入一丈，得三石碑，并长六尺，中一碑有铁函，函中有银函，函中又有金函，盛三舍利及爪发各一枚，发长数尺。即迁舍利近北，对简文所造塔西，造一层塔。十六年，又使沙门僧尚伽为三层，即高祖所开者也。初穿土四尺，得龙窟及昔人所舍金银镮钏钗镊等诸杂宝物。可深九尺许，方至石磉，磉下有石函，函内有铁壶，以盛银坩，坩内有金镂罂，盛三舍利，如粟粒大，圆正光洁。函内又有琉璃椀，内得四舍利及发爪，爪有四枚，并沉香色。"说虽怪迂，然穿土所得诸物，不容妄言；则其追溯前代寺塔，亦必非虚语。然江东之有佛教旧矣，孙琳何故毁灭之？观于笮融之事，而知当时僧众，未必皆和柔自守之徒，琳或亦有所不得已也。然则佛教初入中国时，已有藉以谋乱者矣。

魏、晋以后，佛教之流通愈盛，其徒之反侧亦滋多。宋文帝元嘉九年，益州刺史刘道济绥抚失和，有司马飞龙者，自称晋之宗室，晋末走仇池，遂入绵竹，攻阴平，道济遣军击斩之。而五城人帛氏奴等复为乱，以道人程道养诈称飞龙。史虽云出于劫持，然其后道养亦迄未自拔，乱事绵延至十四年乃定焉。见《宋书·刘粹传》。二十八年又有亡命司马顺利，诈称晋室近属，自号齐王，聚众据梁邹城；又有沙门自称司马百年，号安定王，以应顺则。见《宋书·萧思话传》。孝武帝大明二年，先是，南彭城蕃县人高阇、沙门释昙标、道方等共相诳惑，与秣陵民蓝宏期《南史》作宕期。等谋为乱。又要结殿中将军苗允、员外散骑侍郎严欣之、司空参军阚千纂、太宰府将程农、王恬等谋，克八月一日夜起兵，攻宫门，晨掩太宰江夏王义恭，分兵袭杀诸大臣，以阇为天子。事发觉，凡党与死者数十人。见《宋书·王僧达传》。亦见《夷蛮传》，云高阇为羌人。观文武官员与谋者之多，而知其诳惑，史之所传，庸或得实。然孝武因此以陷王僧达，则其事必与士夫多所牵连可知矣。齐武帝永明十一年，有建康莲华寺道人释法智与徐州民周盘龙等作乱，《齐书·王玄载传》。梁武帝时有沙门僧强自称为帝，攻陷北徐州。《梁书·陈庆之传》。此皆南朝之反侧者也。北方则尤甚。《晋书·石季龙载记》云：有安定人侯子光，弱冠美姿仪，自称佛太子，从大秦国来，当王小秦国，易姓名为李子杨。游于鄠县爰赤眉家，赤眉信敬之，妻以二女，转相扇惑。京兆樊经、竺龙、此人或亦佛徒，故姓竺。严谌、谢乐子等聚众数千人于杜南山，子杨称大黄帝，建元曰龙兴。其见于《魏书》者：太祖天兴五年，有沙门张翘，自号无上王，与丁零鲜于次保聚党常山之行唐。高祖延兴三年十二月，有沙门慧隐谋反。太和五年二月，又有沙门法秀谋反，以上皆见《本纪》。法秀事亦见《天象志》《灵征志》。此役与大乘之乱，皆震动一时，与其谋者，有崔道固兄子僧佑及州秀才平雅。僧佑见《魏书·崔玄伯传》。雅，季之父，见《阉官传》。《苟颓传》云："大驾行幸三川，颓留守京师，沙门法秀谋反，颓率禁卫收掩，毕获，内外晏然。驾还饮至，文明太后曰：当尔之日，卿若持疑不即收捕，处分失所，则事成不测矣。"《恩倖·王叡传》云："法秀谋逆事发，多所牵引。叡曰：与其杀不辜，宁赦有罪，宜枭斩首恶，余从疑赦。高祖从之，得免者千余人。"叡弟亮以告法秀反，赐爵永宁侯。此役似中国之士大夫谋欲覆魏，事未及发，而魏主归后，又株连颇广也。十四年有沙门司马惠御，自言圣王，谋破平原郡。世宗永平二年，有泾州沙门刘惠汪聚众反。三年二月，有秦州沙门刘光秀谋反。延昌三年十一月，有幽州沙门刘僧绍聚众反，自号净居国明法王。皆见《本纪》。光秀事亦见《灵征志》。僧绍事亦见《天象志》。至四年六月而大乘之祸作。《肃宗本纪》云：沙门法庆聚众反于冀州，自称大乘。九月甲寅，元遥破斩之，及渠帅百余人，传首京师。熙平二年正月，余贼复相聚结，攻瀛州，刺史宇文福讨平之。《本纪》。此事散见元遥及崔玄伯、宇文福、高允、萧宝夤、张彝、裴叔业、李叔虎、《酷吏》谷楷、《阉官》封津及《北齐书》封隆之等传。《元遥传》云："冀州沙门法庆既为妖幻，遂说渤海人李归伯。归伯合家从之，招率乡人，推法庆为主。法庆以归伯为十住菩萨、平魔军司、定汉王，自号大乘。杀一人者为一住菩萨，杀十人者为十住菩萨。又合狂药，令人服之，父子兄弟不相知识，惟以杀害为事，于是聚众杀阜城令，破渤海郡，杀害吏人。刺史萧宝夤遣兼长史崔伯驎讨之，败于煮枣城，伯驎战殁。凶众遂盛，所在屠灭寺舍，斩戮僧尼，焚烧经像，云新佛出世，除去旧魔。诏以遥为使持节、都督北征诸军事，帅步骑十万以讨之。法庆相率攻遥，遥并击破之。遥遣辅国将军张虬等率骑追掩，讨破，擒法庆并其妻尼惠晖等斩之，《北史》作斩法庆。传首京师。后擒归伯，戮于都市。"《北齐书·封隆之传》言法庆之众，为五万余。《魏书·谷楷传》曰："沙门法庆反于冀州，虽大军讨破，而妖帅尚未枭除，诏楷诣冀州追捕，皆擒获之。"此盖法庆以外之小帅。《封津传》云："大乘贼起，诏津慰劳，津世不居桑梓，故不为州里所归。"《高允传》：允孙绰，"大乘贼起于冀州，元遥讨之，诏绰兼散骑常侍，持节，以白虎幡军前招慰。绰著信州里，降者相寻。"此则攻剿之外，别事招抚者也。《张彝传》言："大乘贼起于冀、瀛之间，遣都督元遥讨平之，多所杀戮，积尸数万。（彝子）始均以郎中为行台，忿军士重以首级为功，乃令检集人首数千，一时焚爇，至于灰烬，用息侥幸。"可见魏帅军纪之坏。法庆何故专以杀戮为务，甚至残及僧尼，殊不可解。归伯者，叔虎之从兄弟，叔虎弟台户亦同法庆反，叔宝则以连坐死于洛阳狱。见《魏书·李叔虎传》。士大夫之与其事者亦不少也。《源贺传》：贺出为冀州刺史，"武邑郡奸人石华告沙门道可与贺谋反，高宗谓群臣曰：朕为卿等保之。乃精加讯检，华果引诬。"《逸士传》：冯亮为中山王英所获，至洛，隐居嵩高，与僧徒礼诵为业。会逆人王敞事发，连山中沙门，亮被执赴尚书省十余日，诏特免雪，亮不敢还山，遂寓居景明寺。后乃复还山室。此二事虽不知僧人之果与谋与否，然其易于牵连，则亦甚矣。《北齐书·皮景和传》："陈将吴明彻寇淮南，令景和率众拒之；有阳平人郑子饶诈依佛道；设斋会，用米面不多，供赡甚广。密从地藏渐出饼饭，愚人以为神力，见信于魏、卫之间。将为逆乱，谋泄，掩讨，漏逸，乃潜渡河，聚众数千，自号长乐王。已破乘氏县，又欲袭西兖州城。景和自南兖州遣骑数百击破之，斩首二千余级，生擒子饶，送京师烹之。”此则利用佛教斋会供赡穷民，以聚众者。《魏书·卢玄传》：子渊，“高祖议伐萧赜。渊表曰：臣闻流言：关右之民，自比年以来竞设斋会，假称豪贵，以相扇惑，显然于众坐之中以谤朝廷，无上之心，莫此为甚。愚谓宜速惩绝，戮其魁帅。不尔，惧成黄巾、赤眉之祸。”渊虽云尔，实则豪贵参与其事者正多，不必出于假托，观法秀、法庆之事可知。郑子饶能为地道，多出饼饭以赡人，亦必豪桀之流也。显然腾谤于众坐之间，至引为南伐之后患，其中或有华夏有心之士志存覆魏者矣。

《宋书·文五王传》：竟陵王诞迁镇广陵，“大明二年，发民筑治广陵城。诞循行，有人干舆扬声大骂曰：大兵寻至，何以辛苦百姓！诞执之，问其本末，答曰：姓夷名孙，家在海陵，天公去年与道佛共议，欲除此间民人；道佛苦谏得止。大祸将至，何不立六慎门？诞问六慎门云何？答曰：古时有言，祸不入六慎门。诞以其言狂悖，杀之。”此人非有心恙，则亦必能假道佛以惑众者也。

《魏书·释老志》：高宗复佛法时下诏曰：“欲为沙门，不问长幼，出于良家，性行素笃，无诸嫌秽，乡里所明者，听其出家。”有是限制，足见是时入道，豪猾者多也。《宋书·垣护之传》：其伯父之子阆，元嘉中为员外散骑侍郎。母墓为东阿寺道人昙洛等所发，阆与弟殿中将军闳共杀昙洛等五人，诣官归罪，见原。《北齐书·阳州公永乐传》：弟长弼，小名阿伽，性粗武，出入城市，好殴击行路，时人皆呼为阿伽郎君。时有天恩道人，至凶暴，横行闾肆，后入长弼党，专以斗为事。文宣并收掩付狱，天恩党十余人皆弃市，长弼鞭一百。此两事，并足见僧众中凶人之多。《周书·齐炀王宪传》：齐任城王湝、广宁王孝珩等据守信都，高祖复诏宪讨之。大开赏募，多出金帛，沙门求为战士者亦数千人。其人可应募为兵，无怪其易于为乱矣。

《魏书·释老志》：高祖延兴二年四月诏曰：比丘不在寺舍，游涉村落，交通奸猾，经历年岁，令民间五五相保，不得容止。无籍之僧，精加隐括，有者送付州镇，其在畿郡，送付本曹。若为三宝巡民教化者，在外赍州镇维那文移，在台者赍都维那等印牒，然后听行，违者加罪。《本纪》云：“诏沙门不得去寺浮游民间，行者仰以公文。”观此知当时僧众亦有如基督教士巡游劝化者，而奸猾乃因之以行矣。世宗永平二年冬，沙门统惠深上言：“与经律法师，群议立制：或有不安寺舍，游止民间，乱道生过，皆由此等，若有犯者，脱服还民。”仍与延兴之诏同意。

僧众游涉，究较平民为自由，观当时遭难者，或变形为沙门，或由沙门加以隐匿可知。《晋书·祖约传》：祖逖有胡奴曰王安，待之甚厚，及在雍丘，告之曰：石勒是尔种类，吾亦不在尔一人，乃厚资遣之，遂为勒将。祖氏之诛也，安多将从人于市观省，潜取逖庶子道重藏之为沙门，时年十岁，石氏灭后，来归。《宋书·邓琬传》：子勋之败，郢州行事张沈、伪竟陵太守丘景先闻败，变形为沙门逃走，追禽伏诛。《梁书·陈庆之传》：洛阳陷，庆之马步数千，结陈东返，尔朱荣亲自来追，直嵩高山水洪溢，军人死散，庆之乃落发为沙门，间行至豫州。《陈书·王质传》：侯景军至京师，质不战而溃，乃翦发为桑门，潜匿人间。《南史·宋宗室诸王传》言长沙王道怜之孙彦节谋攻齐高帝被杀，子俣与弟陔剃发被法服向京口，于客舍为人识，执于建康狱，尽杀之。又《齐武帝诸子传》言竟陵王子良子昭胄，王敬则事起，明帝召诸王侯入宫；及陈显达起事，王侯复入宫，昭胄惩往时之惧，与弟永新侯昭颖逃奔江西，变形为道人。《魏书·房法寿传》言法寿从弟崇吉南奔，夫妇异路，剃发为沙门，改名僧达，投其族叔法延，住岁余，清河张略之，亦豪侠士也，崇吉遗其金帛，得以自遣；妻从幽州南出，亦得相会。《萧宝夤传》言兄宝卷子赞，本名综，为齐州刺史，尔朱兆入洛，为城民赵洛周所逐，为沙门，潜诣长白山，未几，趣白鹿山，至阳平遇病而卒。《裴叔业传》言长兄子彦先，正始中转渤海相；属元愉作逆，征兵郡县，彦先不从，为愉拘执，踰狱得免，仍为沙门，潜行至洛。此皆身为沙门以求免者也。《宋书·王华传》：父廞，举兵以讨王恭为名，恭遣刘牢之击廞，廞败走，不知所在。长子泰为恭所杀，华时年十二，《南史》作十三。在军中与廞相失，随沙门释昙永《南史》作昙冰。逃窜。《南史·袁昂传》：雍州刺史颉之子也。颉败，藏于沙门。沙门将以出关，关吏疑非常人，沙门杖而语之，遂免。又《梁宗室传》：临川王宏，宣武之难，兄弟皆被收。道人释惠思藏宏。及武帝师下，宏至新林奉迎。又邵陵王纶，元帝闻其盛，乃遣王僧辩帅舟师一万以逼纶。纶将刘龙武等降僧辩，纶遂与子踬等十余人轻舟走武昌。沙门法磬与纶有旧，藏之岩石之下。又《王僧辩传》言甥徐嗣先，荆州灭亡，为比丘慧暹藏得脱。《魏书·司马楚之传》：刘裕诛夷司马戚属，叔父宣期、兄贞之并为所杀，楚之乃亡，匿诸沙门中，济江自历阳西人义阳竟陵蛮中。又《王慧龙传》：自云司马德宗尚书仆射愉之孙。刘裕微时，愉不为礼，及得志，愉合家见诛。慧龙年十四，为沙门僧彬所匿，百余日，将慧龙过江。此皆藉沙门之隐藏以获免者也。沙门中虽多豪猾，究为方外之人，故其或行或居，稽察者究较宽弛矣。

（五七九）畜蛊

畜蛊之俗，近世谓西南有之。《隋书·地理志》曰："新安、永嘉、建安、遂安、鄱阳、九江、临川、庐陵、南康、宜春，此数郡往往畜蛊，而宜春偏甚。其法：以五月五日，聚百种虫，大者至蛇，小者至虱，合置器中，令自相啖，余一种存者留之，蛇则曰蛇蛊，虱则曰虱蛊，行以杀人。因食入人腹内，食人五藏，死则其产移入蛊主之家，三年不杀他人，则畜者自钟其弊。累世子孙，相传不绝，亦有随女子嫁焉。干宝谓之为鬼，其实非也。自侯景乱后，蛊家多绝，既无主人，故飞游道路之中则殒焉。"余少时闻人之言蛊者，大同小异，可见近世西南诸族，在六代时，尚盛于东南也。

（五八〇）淫祀之盛

《宋书·礼志》四："刘禅景耀六年，诏为丞相诸葛亮立庙于沔阳。先是所居各请立庙，不许，百姓遂私祭之，而言事者或以为可立于京师，乃从人意，皆不纳。步兵校尉习隆、中书侍郎向允等言于禅曰：昔周人怀邵伯之美，甘棠为之不伐；越王思范蠡之功，铸金以存其象。自汉兴以来，小善小德，而图形立庙者多矣；况亮德范遐迩，勋盖季世，王室之不坏，实斯人是赖。而烝尝止于私门，庙象阙而莫立，百姓巷祭，戎夷野祀，非所以存德念功，述追在昔也。今若尽从人心，则渎而无典，建之京师，又逼宗庙，此圣怀所以惟疑也。愚以为宜因近其墓，立之于沔阳，使属所以时赐祭。凡其故臣欲奉祠者，皆限至庙。断其私祀，以崇正礼。于是从之。"诸葛亮诚贤相，民乃竞私祭之，且及戎夷，亦为野祀乎？《志》又曰："汉时城阳国人以刘章有功于汉，为之立祠，青州诸郡，转相放效，济南尤盛。至魏武帝为济南相，皆毁绝之。及秉大政，普加除翦，世之淫祀遂绝。"刘章有功于汉，青州何与焉？而城阳祠之，诸郡且放效之乎？若曰栋折榱崩，侨将厌焉，忠孝之节，天下之所同美也，以是报德，且以厉后之人，魏武又何得目为淫祀乎？不特此也。《孔季恭传》云："出为吴兴太守，加冠军。先是吴兴频丧太守，云项羽神为卞山王，居郡听事，二千石至，常避之，季恭居听事，竟无害也。"《齐书·李安民传》云：为吴兴太守，卒官。"吴兴有项羽神，护郡听事，太守不得上。太守到郡，必祀以轭下牛。安民奉佛法，不与神牛，着屐上听事，又于听上八关斋。《太平御览》六五四、八八二引此文，"八关斋"上并有"设"字。俄而牛死，葬庙侧，今呼为李公牛冢。及安民卒，世以神为祟。"《萧惠基传》云："弟惠休，徙吴兴太守，征为右仆射。吴兴郡项羽神旧酷烈，世人云：惠休事神谨，故得美迁。"《梁书·萧琛传》云："迁吴兴太守。郡有项羽庙，土民名为愤王，甚有灵验，遂于郡听事安施床幕为神座，公私请祷，前后二千石皆于听拜祀，而避居他室。琛至，徙神遗庙，处之不疑。又禁杀牛解祀，以脯代肉。"合此数事观之，吴兴之奉项羽，可谓至虔，羽何功德于吴兴乎？犹得曰羽初避地江东，江东故楚地，民以其有功于楚而怀之也。乃如董卓，逆乱之贼也，度无怀思之崇敬之者；而《北史·魏兰根传》：谓其母忧，将葬常山。"郡境先有董卓祠，祠有柏树，兰根以卓凶逆，不应遗祠至今，乃启刺史，请伐为椁。左右人言有灵，兰根了无疑惧。"是董卓亦受人崇祀数百年也。石虎尤异族淫暴之主也，而《北史·景穆十二王传》云：南安王桢为相州刺史，"以旱祈雨于群神。邺城有石季龙庙，人奉祀之。桢告神像云：三日不雨，当以鞭罚。请雨不验，遂鞭像一百。是月疽发背薨。"为此言者，盖亦信季龙之能为厉也。何民之不论善恶，不别内外，不计其有功德及己与否，而好淫祀至于如此也？善乎周朗之言之也。宋世祖之即位也，普责百官谠言，朗上书曰："凡鬼道惑众，妖巫破俗，触木而言怪者不可数，寓采而称神者非可算，其原本是乱男女，合饮食，因之而以祈祝，从之而以报请，是乱不除，为害未息。凡一苑始立，一神初兴，淫风辄以之而甚。今修堤以北，置园百里，峻山以右，居灵十房，糜财败俗，其可称限？"可谓言之深切著明矣。

《齐书·周山图传》云：义乡县长风庙神姓邓，先经为县令，死遂发灵。山图启乞加神位辅国将军，上世祖。答曰："足狗肉便了事，何用阶级为？"县令死而发灵，亦习隆等所云小善小德图形立庙之类也。加之阶级，则又将屠牛刲羊，烦费不赀矣。是以世祖不之许也。《武十七王传》："竟陵王子良为会稽太守。夏禹庙盛有祷祀，子良曰：禹泣辜表仁，菲食旌约，服玩果粽，足以致诚。使岁献扇簟而已。”《隋书·高劢传》：“拜楚州刺史。先是城北有伍子胥庙，其俗敬鬼，祈祷者必以牛酒，至破产业。劢叹曰：子胥贤者，岂宜损百姓乎？乃告谕所部，自此遂止，百姓赖之。”诚无所费于民，以虚文崇祀之亦何害？然无所费，则其祠亦将不禁而自绝矣。何也？无所利焉，则莫为之倡率，而欲祷祝报请者，亦将无所景从也。

自宋、齐之世，孔季恭、李安民即不信项羽神，然至梁世而其妖妄仍不息，则以季恭、安民仅逐出之于听事，而未能径废其庙也。然即废之，亦未必能遂绝之。《梁书·王神念传》云：“出为青、冀二州刺史。神念性刚正，所更州郡，必禁止淫祠。青、冀州东北有石鹿山临海，先有神庙，妖巫欺惑百姓，远近祈祷，糜费极多。及神念至，便令毁撤，风俗遂改。”而《南史·阴子春传》云：“子春仕历位朐山戍主、东莞太守。时青州石鹿山临海，先有神庙，刺史王神念以百姓祈祷糜费，毁神影，坏屋舍。当坐栋上有一大蛇长丈余，役夫打扑，不禽，得入海水。尔夜，子春梦见人通名诣子春云：有人见苦，破坏宅舍，既无所托，钦君厚德，欲憩此境。子春心密记之。经二日而知之，甚惊，以为前所梦神，因办牲醑请召，安置一处。数日，复梦一朱衣相闻，辞谢云：得君厚惠，当以一州相报。子春心喜，供事弥勤。经月余，魏欲袭朐山，间谍前知，子春设伏摧破之，诏授南青州刺史，镇朐山。”此事不知子春故信此神，闻神念之废之而己立之；抑有信此神者，闻神念之废之，而说子春立之也？然此神也，则废于此而立于彼矣。又不仅此也，《周书·于翼传》云：“出为安州总管。时属大旱，涢水绝流。旧俗，每逢亢阳，祷白兆山祈雨。高祖先禁淫祀，山庙已除，翼遣主簿祭之，即日澍雨沾洽，岁遂有年。民庶感之，聚会歌舞，颂翼之德。”其时则有废之，又有举之者矣。然所云聚会歌舞者，又安知不为乱男女、合饮食来邪？

阴子春、于翼之事，其小焉者也。魏武帝之废淫祀也，文帝、明帝皆能继其志。文帝黄初五年诏曰：“自今，其敢设非祀之祭，巫祝之言，皆以执左道论，著于令典。”明帝青龙元年，又诏：“郡国山川不在祀典者勿祠。”晋武帝泰始元年诏：“末代信道不笃，僭礼渎神，纵欲祈请，曾不敬而远之。徒偷以求幸，妖妄相扇，舍正为邪，故魏朝疾之。其按旧礼，具为之制，使功著于人者，必有其报，而妖淫之鬼，不乱其间。”犹此志也。然穆帝升平中，何琦论修五岳祠谓：“今非典之祠，可谓非一。考其正名，则淫昏之鬼；推其糜费，则四人之蠹。可俱依法令，先去其甚，俾邪正不渎。不见省。”而武帝之志荒矣。以上亦皆据《宋书·礼志》。《宋书·武帝纪》：永初二年四月诏曰：“淫祠惑民废财，前典所绝，可并下在所，除诸房庙，其先贤及以勋德立祠者，不在此例。”此《礼志》所谓“普禁淫祀”者，盖至此而又一整顿也。《志》云：“由是蒋子文祠以下，普皆毁绝。”然又云：“孝武孝建初，更修起蒋山祠，所在山川，渐皆修复。明帝立九州庙于鸡笼山，大聚群神。”则其废之也，亦不旋踵而即复，且加厉焉。所谓蒋子文者，其行事无可考。《齐书·崔祖思传》云：“州辟主簿，与刺史刘怀珍于尧庙祀神，庙有苏侯像。怀珍曰：尧圣人，而与杂神为列，欲去之，何如？祖思曰：苏峻今日可谓四凶之五也。怀珍遂令除诸杂神。”祖思，清河东武城人，清河齐世属冀州。《南史·祖思传》则云：“年十八，为都昌令，随青州刺史垣护之入尧庙，庙有苏侯神偶坐。护之曰：唐尧圣人，而与苏侯神共坐，今欲正之，何如？祖思曰：使君若清荡此坐，则是唐尧重去四凶，由是诸杂神并除。”不云苏侯为苏峻。论者或以苏峻凶逆，不当见祀，谓《南史》为可信，然则董卓、石虎又何以见祀邪？若谓苏侯当在建康，不当在青、冀，则《南史·张冲传》言：“东昏遣薛元嗣、暨荣伯领兵及粮运送冲，使拒西师。冲病卒，元嗣、荣伯与冲子孜及长史江夏程茂固守，处围城之中，无他经略，惟迎蒋子文及苏侯神，日禺中于州听上祀以求福，铃铎声昼夜不止。又使子文导从登陴巡行，旦日辄复如之，识者知其将亡。”苏侯可迎入郢城，独不可至青、冀邪？以此推之，蒋侯亦必非正神。不然，宋武诏明言先贤及以勋德立祠者不在除例，何以其祠在当时亦见毁绝耶？

凡人当祸福无定之际，则皇惑无主。《宋书·礼志》四云：“蒋侯，宋代稍加爵位，至相国、大都督、中外诸军事，加殊礼，钟山王。苏侯，骠骑大将军。”今案宋世信此二神者，莫如元凶及太宗。《文九王传》云：“劭迎蒋侯神于宫内，疏世祖年讳，厌祝祈请。”又云：“始安王休仁都督征讨诸军事。初行，与苏侯神结为兄弟，以求神助。及事平，太宗与休仁书曰：此段殊得苏侯兄弟力。”《南史》云：“明帝初与苏侯神结为兄弟。”书辞则曰：“此段殊得苏兄神力。”皆在军旅成败之际也。自此而上溯之，《晋书·简文三子传》云：“孙恩至京口，道子无他谋略，惟日祷蒋侯庙，为厌胜之术。”又《苻坚载记》云：“坚与苻融登城而望王师，见部陈齐整，将士精锐，又北望八公山上，草木皆类人形，顾谓融曰：此亦勍敌也，何谓少乎？怃然有惧色。初，朝廷闻坚入寇，会稽王道子以威仪鼓吹，求助于钟山之神，奉以相国之号。及坚之见草木状人，若有力焉。”由此而下，暨之《齐书·东昏侯纪》云：“崔慧景事时，拜蒋子文神为假黄钺、使持节、相国、太宰、大将军、录尚书、扬州牧、钟山王，至是（义师至近郊）又尊为皇帝，迎神像及诸庙杂神，皆入后堂，使所亲巫朱光尚祷祀祈福。《南史·齐东昏侯纪》云：“又偏信蒋侯神，迎来入宫，昼夜祈祷。左右朱光尚诈云见神，动辄咨启，并云降福。始安之平，遂加位相国，末又号为灵帝，车服羽仪，一依王者。”又虚设铠马斋仗千人，皆张弓拔白，出东掖门，称蒋王出荡。”亦皆在军事急迫之际也。《南史·曹景宗传》云：天监六年，“先是旱甚，诏祈蒋帝神求雨，十旬不降。帝怒，命载荻，欲焚蒋庙并神影。尔日开朗，欲起火，当神上忽有云如繖，倏忽骤雨如泻。台中宫殿，皆自振动。帝惧，驰诏追停，少时还静。自此帝畏信遂深。自践阼以来，未尝躬自到庙，于是备法驾将朝臣修谒。是时，魏军攻围钟离，蒋帝神报敕必许扶助，既而无雨水长，遂挫敌人，亦神之力焉。凯旋之后，庙中人马脚尽有泥湿，当时并目睹焉。”此盖大敌当前，借此以激士气，其灵异之迹，则传者之所增饰也。《陈书·高祖纪》，帝以十月乙亥，即皇帝位于南郊，丙子即幸钟山，祀蒋帝庙；三年闰四月，久不雨，又幸钟山，祭蒋帝庙。亦梁武之志矣。《南史·陈高祖纪》：永定二年正月，又尝遣中书舍人韦鼎策吴兴楚王神为帝。《南史·毛修之传》云：“修之不信鬼神，所至必焚房庙。时蒋山庙中有好牛马，并夺取之。”当清平无事之时，虽凡人亦不易惑以淫昏之鬼矣。固知巫觋之流，莫非有所利而为之者也。

然凡民亦非可以徒诳也，周朗论淫祀又曰：“针药之术，世寡复修；诊脉之技，人鲜能达；民因是益征于鬼，遂弃于医。”凡民当疾病生死不决之时，亦犹之王公贵人当军事成败未决之日耳，固易乘危而胁取其财帛矣。

（五八一）巫能视鬼

古人信巫能视鬼。夏父弗忌谓“吾见新鬼大，故鬼小”是也。《左氏》文公二年。《史记·魏其武安侯列传》：“武安侯病，专呼服谢罪。使巫视鬼者视之，见魏其、灌夫共守欲杀之。”《后汉书·孝明八王传》：梁节王畅乳母王礼等自言能见鬼神事。《三国·吴志·孙休朱夫人传注》引《搜神记》曰：“孙峻杀朱主，埋于石子冈。归命即位，将欲改葬之。冢墓相亚，不可识别，而宫人颇识主亡时所着衣服，乃使两巫各住一处，以伺其灵，使察鉴之，不得相近。久时，二人俱白：见一女人，年可三十余，上着青锦束头，紫白袷裳，丹绨丝履，从石子冈上。半冈，而以手抑膝长太息，小住须臾。进一冢上，便住，徘徊良久，奄然不见。二人之言，不谋而同。于是开冢，衣服如之。”《孙和传》：孙晧遣守丞相孟仁等以灵舆法驾，东迎神于明陵。《注》引《吴书》曰：“比仁还，中使手诏，日夜相继，奉问神灵起居动止。巫觋言见和被服颜色如平生日。”吴范等传《注》引《抱朴子》曰：“吴景帝有疾，求觋视者，得一人。景帝欲试之，乃杀鹅而埋于苑中，筑一屋，施床几，以妇人屐履服物着其上，乃使觋视之。告曰：若能说此冢中鬼妇人形状者，当加赏，而即信矣。竟日尽夕无言，帝推问之急，乃曰：实不见有鬼，但见一头白鹅立墓上，所以不即白之，疑是鬼神变化作此相，当候其真形而定。无复移易，不知何故，不敢不以实上闻。景帝乃厚赐之。”据此三事，知汉世巫鬼之习犹盛也。

《论衡·论死》篇曰：“夫为鬼者，人谓死者之精神。如审鬼者死人之精神，则人见之宜徒见裸袒之形，无为见衣带被服也。”其辩驳可谓隽快，然此非流俗所知。流俗云见鬼，恒云见其衣带被服，故有葬之俗焉。王充谓被服无精神，然人以焚烧之，则其物化而为气，亦鬼神之伦矣。《三国·魏志·乌丸传注》引《魏书》，言乌丸之葬，“取亡者所乘马、衣物、生时服饰，皆烧以送之”，由此也。中国古无烧送之俗，岂明器初起时，谓死者诚能用之邪？则其知识反出乌丸下矣。后世衣物等亦率皆烧送，可见人心之渐变也。《魏志·文德郭皇后传注》引《魏略》曰：“甄后临没，以（明）帝属李夫人。及太后崩，夫人乃说甄后见谮之祸，不获大敛，被发覆面，帝哀恨流涕，令殡葬太后，皆如甄后故事。”又引《汉晋春秋》曰：“初，甄后之诛，由郭后之宠，及殡，令被发覆面，以糠塞口，遂立郭后，使养明帝。帝知之，心常怀忿。遂逼杀之。敕殡者使如甄后故事。”《袁绍传注》引《典论》曰：“（绍妻）刘氏性酷妒，绍死，僵尸未殡，宠妾五人，刘尽杀之。以为死者有知，当复见绍于地下，乃髡头墨面以毁其形。”案子西以袂掩面而死。《左氏》哀公十六年。《吴越春秋·夫差内传》曰：“吴王临欲伏剑，顾谓左右曰：使死者有知，吾羞前君地下，不忍睹忠臣伍子胥及公孙圣。使其无知，吾负于生。死必连繴组以罩吾目。恐其不蔽，愿复重罗绣三幅，以为掩明。”亦此意也。《汉书·景十三王传》：广川王去爱姬阳成昭信杀幸姬王昭平、王地余。后昭信病，梦见昭平等，以状告去。去曰：虏乃复见畏我，独可燔烧耳。掘出尸，皆烧为灰。后昭信立为后，复谮幸姬陶望卿，望卿投井死;昭信出之，椓杙其阴中，割其鼻唇，断其舌。谓去曰:前杀昭平，反来畏我，今欲靡烂望卿，使不能神。与去共支解，置大镬中，取桃灰毒药并煮之，连日夜靡尽。亦皆谓毁其形则不能神也。

丁帙　隋唐以下

（五八二）隋文不肯自逸

《通鉴》长城公至德四年三月己未，洛阳男子高德上书，请隋主为太上皇，传位皇太子。帝曰：“朕承天命，抚育苍生，日旰孜孜，犹恐不逮，岂效近代帝王，传位于子，自求逸乐哉。”十月，隋主每旦临朝，日昃不倦。礼部尚书杨尚希谏曰：“周文王以忧勤损寿，武王以安乐延年。愿陛下举大纲，责成宰辅，繁碎之务，非人主所宜亲也。”帝善之而不能从。案至德元年，柳彧上疏劝不勤细务，已有圣躬有无疆之寿之语矣。帝亦览而善之，而终不能改者，则其勤劳出于天性故也。逸豫者未必延年。然世俗之见，固也为如是。隋文不肯自逸。以求民瘼，拟之邾文公之知命，又何愧哉。

（五八三）炀帝雁门之围

始毕可汗围炀帝于雁门，《旧唐书·太宗纪》云：时太宗年十八，“应募救援，隶屯卫将军云定兴营，将行，谓定兴曰：始毕敢围天子，必以国家仓卒无援。我张军容，令数十里旗幡相续，夜则钲鼓相应，虏必谓救兵云集，望尘而遁矣。不然，彼众我寡，悉军来战，必不能支矣。定兴从焉。师次崞县，突厥候骑驰告始毕曰：王师大至。由是解围而遁”。此唐人之饰说也。始毕敢围天子，岂其慑于虚声？据《隋书·炀帝纪》，帝之见围，齐王暕以后军保于崞县。云定兴军盖亦隶焉，其军实仅能自保，未能赴援也。

又《萧瑀传》言，瑀于是时进谋曰：“汉高祖解平城之围，乃阏氏之力。若发一单使以告义成，假使无益，事亦无损。于后获其谍人，云义成公主遣使告急于始毕，称北方有警，由是突厥解围，盖公主之助也。”此亦妄言。当时告变即由义成，其乃心宗国可知，然竟不能尼始毕之兵。且时留守之事，不闻由义成主之。即北方有警，告急之使，亦岂得出自义成哉?

（五八四）唐高祖称臣于突厥

唐高祖称臣于突厥，新旧《唐书》皆不载其事。然《旧唐书·李靖传》谓：太宗初闻靖破颉利，大悦，谓侍臣曰："朕闻主忧臣辱，主辱臣死。往者国家草创，太上皇以百姓之故，称臣于突厥，朕未尝不痛心疾首，志灭匈奴。今者暂动偏师，无往不捷，单于款塞，耻其雪乎？"《新唐书·突厥传》云：李靖等出讨，捷书日夜至，帝谓群臣曰："往国家初定，太上皇以百姓故，奉突厥，诡而臣之，朕尝痛心病首，思一刷耻于天下，今天诱诸将，所乡辄克，朕其遂有成功乎？"《通鉴》贞观三年："十二月，突利可汗入朝，上谓侍臣曰：往者太上皇以百姓之故，称臣于突厥，朕常痛心。今单于稽颡，庶几可雪前耻。"三文所本者同，单于稽颡，自指突利入朝之事。《通鉴》叙述，最为明析。《旧唐书》虽不逮，犹留单于款塞之文，使人可以推较。《新唐书》删去此语，顾移"无往不捷"之语于前，改为"捷书日夜至"，谓太宗此语，乃为闻捷而发，可谓疏矣。观此，知高祖尝称臣于突厥不疑。《旧唐书·张俭传》："贞观初，以军功，累迁朔州刺史，时颉利可汗自恃强盛，每有所求，辄遣书称敕，缘边诸州，递相承禀。及俭至，遂拒不受，太宗闻而嘉之。"《新唐书》略同。彼之称敕于诸州，盖正由高祖之称臣于彼。《新唐书·突厥传》言：高祖初待突厥用敌国礼，武德八年，乃"命有司，更所与书为诏若敕"。疑称臣之礼，实至是而始罢，然亦不过用敌国礼。云用诏若敕者，史家讳前此之称臣为用敌国礼，则不得不改是时之用敌国礼者为用诏敕也。《通鉴》：高祖之起，命刘文静使于突厥以请兵，私谓曰：胡骑入中国，生民之大蠹也，吾所以欲得之者，恐刘武周引之，共为边患。数百人之外，无所用之。及文静以突厥兵五百人、马二千匹来至，高祖喜其缓，谓曰：吾西行及河，突厥始至，兵少马多，皆君将命之功也。恭帝义宁元年。此或史家文饰之辞，高祖未必及此。然唐初确未藉突厥兵以为用，则高祖之智，虽不及此，群臣之中，必有能为是谋者矣。夷狄利厚实，非爱虚名，既非急于求人，何乃无端屈己。盖唐室先世，出自武川，其自视原与鲜卑无异，以中国而称臣于突厥，则可耻矣，鲜卑则何有焉！此正犹石敬瑭称臣于耶律德光，沙陀之种，原未必贵于契丹也。

（五八五）唐太宗除弊政

《旧唐书·太宗纪》：贞观元年三月，诏曰：崔季舒子刚、郭遵子云、韦孝琰子君遵，并以门遭时遣，淫刑滥及，宜从褒奖，特异常伦，可免内侍，量才别叙。《新书》同。此自齐历周、隋至唐，市朝已三易矣。

又二年九月丁未，诏侍臣曰："妇人幽闭深宫，情实可悯，隋氏末年，求采无已，至于离宫别馆，非幸御之所，多聚宫人，皆竭人财力，朕所不取；且洒扫之余，更何所用？今将出之，任求伉俪，非独以惜费，亦人得各遂其性。"于是遣尚书左丞戴胄、给事中杜正伦等，于掖庭宫西门简出之。此亦隋代弊政，至太宗而后除者，可见武德时之政事，殊不足观也。

（五八六）太宗停薛延陀婚

《旧唐书·薛延陀传》：延陀请婚，"太宗谓侍臣曰：北狄世为寇乱，今延陀崛强，须早为之所。朕熟思之，惟有二策：选徒十万，击而虏之，灭除凶丑，百年无事，此一策也；若遂其来请，结以婚姻，缓辔羁縻，亦足三十年安静，此亦一策也；未知何者为先？司空房玄龄对曰：今大乱之后，创夷未复，且兵凶战危，圣人所慎。和亲之策，实天下幸甚。太宗曰：朕为苍生父母，苟可以利之，岂惜一女？遂许以新兴公主妻之。因征夷男备亲迎之礼，仍发诏将幸灵州与之会。夷男大悦，谓其国中曰：我本铁勒之小帅也，天子立我为可汗，今复嫁我公主，车驾亲至灵州，斯亦足矣。于是税诸部羊马以为聘财。或说夷男曰：我薛延陀可汗与大唐天子俱一国主，何有自往朝谒？如或拘留，悔之无及。夷男曰：吾闻大唐天子圣德远被，日月所照，皆来宾服。我归心委质，冀得睹天颜，死无所恨。然碛北之地，必当有主，舍我别求，固非大国之计。我志决矣，勿复多言。于是言者遂止。太宗乃发使受其羊马。然夷男先无府藏，调敛其国，往返且万里，既涉沙碛，无水草，羊马多死，遂后期；太宗于是停幸灵州。既而其聘羊马来至，所耗将半，议者以为夷狄不可礼义畜，若聘财未备而与之婚，或轻中国；当须要其备礼。于是下诏绝其婚。"《新唐书》略同，且曰："或曰：既许之，信不可失。帝曰：公等计非也。昔汉匈奴强，中国不抗，故饰子女嫁单于。今北狄弱，我能制之;而延陀方谨事我者，顾新立，倚我以服众;彼同罗、仆骨力足制延陀而不发，惧我也;我又妻之，固中国婿，名重而援坚，诸部将归之。戎狄野心，能自立，则叛矣。今绝婚，使诸姓闻之，将争击延陀，亡可待也。"《旧唐书·契苾何力传》云:"何力母姑臧夫人、母弟贺兰州都督沙门,并在凉府。诏许何力觐省其母,兼抚巡部落。何力父入龟兹,居热海上,死。何力随母诣沙州内附，太宗置其部落于甘、凉二州。时薛延陀强盛，契苾部落皆愿从之。何力至，闻而大惊曰:主上于汝有厚恩，任我又重，何忍而图叛逆！诸首领皆曰：可敦及都督已去，何故不行？何力曰：我弟沙门孝而能养，我以身许国，终不能去也。于是众共执何力至延陀所，置于可汗牙前。何力箕踞而坐，拔佩刀东向大呼曰：岂有大唐烈士受辱蕃庭，天地日月，愿知我心！又割左耳以明志不夺也。可汗怒，欲杀之，为其妻所抑而止。初，太宗闻何力之延陀,明非其本意。或曰:人心各乐其土,何力今入延陀,犹鱼之得水也。太宗曰:不然。此人心如铁石,必不背我。会有使自延陀至,具言其状。太宗泣谓群臣曰:契宓苾何力竟如何？遽遣兵部侍郎崔敦礼持节入延陀，许降公主，求何力。由是还，拜右骁卫大将军。太宗既许公主于延陀，行有日矣。何力抗表，固言不可。太宗曰：吾闻天子无戏言，既已许之，安可废？何力曰：然。臣本请延缓其事,不谓总停。臣闻六礼之内,婿合亲迎,宜告延陀亲来迎妇;纵不敢至京邑,即当使诣灵州。畏汉必不敢来，论亲未可有成，日既忧闷，臣又携离，不盈一年，自相猜忌。延陀志性很戾，若死，必两子相争，坐而制之，必然之理。太宗从之,延陀恐有诈,竟不至灵州,自后常悒悒不得志,一年而死。两子果争权,各立为主。"《新唐书》亦同。案太宗初以亲女许延陀,其欲抚之之意,可谓甚厚;而后忽决然绝婚，其间必有为之谋者。同罗、仆骨力足以制延陀，许之，则名重而援坚；绝，则诸姓将争击之，此惟固其族类，且新自其中来者，为能知其情，谓其谋出自何力，似也。然六礼婿当亲迎，恐非契苾所知;藉此召至京邑，不则使诣灵州，此等深计远图，亦非武夫所及;恐何力徒请绝婚，而措置之方，则别有为之谋者。《何力传》既为何力攘功,《突厥传》又为太宗掠美耳。何力之不顺延陀，盖其早入中国，久习华风，非必尽忠唐室。部落既已从顺，延陀亦何爱于一夫，而欲固留之。且拔刀割耳，谁则见之。则其本传所云，殆皆谀墓之词类耳。夷男浅虑，盖当如其本传所言，谓其疑忌不来，恐亦故神其说;且志性很戾者，岂为失一公主悒悒而死哉？亦明为附会之辞也。是时言婚不宜绝者为褚遂良，其意亦重用兵，与房玄龄同。太宗之事四夷，文臣多尼之，武夫则多赞之。征辽之役，谏者孔多，而顺之者，独一李勣，亦是物也。

（五八七）唐初封建之敝

唐初如李靖、李勣、尉迟敬德、秦叔宝等战功，皆只封公，其膺王爵，唯外番君长内附，如突利封北平郡王，思摩封怀化郡王。以及群雄中有来降者如高开道封北平郡王，罗艺封燕郡王。而已。自武后欲大其族，武氏封王者二十余人，于是王爵始贱。中宗复位，遂亦封敬晖、张柬之等五王并李多祚亦王，韦后外戚追王者亦五人。《新唐书·韦嗣立传》：中宗时恩幸食邑者众，封户凡五十四州县，皆据天下上腴，随土所宜，牟取利入，为封户者，急于军兴。嗣立极言其弊，请以丁课，尽送大府，封家诣左藏支给，禁止自征，以息重困。宋务光亦言滑州七县而分封者五，国赋少于侯租，人家倍于输国，乞以封户均余州，并附租庸使岁送停封使，息驿使。是征租者，并乘驿矣。《宋璟传》：武三思封户在河东，遭大水，璟奏灾地皆蠲租。有陷三思者，谓谷虽坏而蚕桑故在，请以代租，为璟所折。《张廷珪传》：宗楚客、纪处讷、武延秀、韦温等封户在河南北，讽朝廷诏两道蚕产所宜，虽水旱得以蚕折，廷珪固争得免。可见唐时封户之受困，虽国赋不至此也。

（五八八）唐宫人至朝廷

《文昌杂录》云：唐制，天子坐朝，宫人引至殿上。故杜甫诗有“户外昭容紫袖垂，双瞻御坐引朝仪”之句。盖自武后临朝，女官随侍，后遂相沿为定制耳。《宋史》吕大防疏，称“唐入阁图有昭容位”，可见当日著为朝仪，至形之图画也。按《唐书》天祐二年十二月诏曰：宫妃女职，本备内任，今后每遇延英坐日，只令小黄门祗候引从，宫人不得出内，由此遂罢。则唐末始革除。

（五八九）唐将帅之贪

赵瓯北《陔余丛考》有论宋南渡后将帅之富一条，往者读之，未尝不叹息于国家之败，由官邪；官之失德，宠赂彰；宠赂之彰，武人尤甚；恢复之无成，未始不由于武夫之贪黩也。然何必宋，唐中叶后将帅之贪侈，恐有甚于宋之南渡者矣。如郭子仪非其首邪？论者乃称其侈穷人欲，而君子不之罪，何阿私所好之甚也！

安、史之败亡，乃安、史之自败，非唐人之能亡之也。当禄山、思明未死时，唐兵实未能进取，观滈水之败可知。然则朔方之兵力，实非范阳之敌，所以然者，侈为之也。肃宗之幸灵武，杜鸿渐等奉迎，而留魏少游缮治宫室。少游时为朔方水陆转运副使。少游大为殿宇幄帟皆象宫阙，诸王公主，悉有次舍，供拟穷水陆；又有千余骑，铠帜光鲜，振旅以入。帝见宫殿，不悦曰：我至此，欲就大事，安用是为？稍命去之。肃宗非恭俭之君，而犹以为过，朔方军之侈可知矣。杜陵之诗曰："朔方健儿好身手，昔何勇锐今何愚？"岂无故哉？或曰："云帆转辽海，秔稻来东吴，越罗与楚练，照耀舆台躯。"范阳之军则不侈乎？不知禄山之能用其众者，啖之以虏掠也。何千年尝劝贼令高秀岩以兵三万出振武，下朔方，诱诸蕃取盐、夏、鄜、坊。果如是，朔方军之根本且覆。唐是时方镇兵力，可用者惟朔方；朔方覆，抗敌且益难，禄山岂不之知？而卒不用其说者，毋亦其众歆于中国之富，驱之南向易，驱之西向难邪？其众之所以顺之者，以中国是时不习兵革，肆行虏掠，莫之亢也。逮其既入两京，所裒敛者当不少，然可掠取乎？黄巢之入长安也，其众见穷民，或抵金帛与之，其所裒敛，亦云多矣。唐之士有歆之而思起而掠取之者乎？则执山寨之民，粥诸贼人，获数十万钱而已。朔方军之所能，则随回纥剽河南，使其民以纸为裳而已矣。茹柔吐刚，是则武夫之德也！

不必安、史乱后也，即唐初亦已如此。唐初名将，莫如李靖。靖之平颉利也，《新唐书》云萧瑀劾靖持军无律，纵士大掠，散失奇宝。《旧唐书》云温彦博害其功，谮靖军无纲纪，致令虏中奇宝，散于乱兵之手。太宗大加责让，久之乃解。奇宝果散入乱兵之手乎？侯君集之入高昌也，史言其"私取宝物，将士知之，亦竞来盗窃，君集恐发其事，不敢制"。突厥奇宝之散失，得毋亦如是乎？《岑文本传》言孝恭之定荆州，军中将士，咸欲大掠，文本进说，孝恭乃止之。《靖传》云：是行也，"高祖以孝恭未更戎旅，三军之任，一以委靖"。则诸将之请孝恭，实请靖也。《靖传》云：诸将请孝恭而靖止之。足见孝恭能左右之也。靖陈图萧铣十策，高祖乃有攻铣之举，始谋实出于靖，得毋亦有所歆？特性较谨愿，不如君集之卤莽。又内地肆掠，事易彰露，有所顾虑而中止欤？君集之还也，有司请推其罪，诏下之狱。岑文本上疏讼之，引李广利、陈汤事，言古者万里征伐，不录其过。又曰："将帅之臣，廉慎者寡，贪求者众。"可谓切中事情矣。万里征伐，不录其过，岂太宗所不知？而大责让靖者，文本《疏》言：高昌之役，"议者以其地在遐荒，咸欲置之度外，惟陛下运独断之明，授决胜之略"。则是役主之者帝也，怒君集而下之狱，得毋所歆亦有在正辞伐罪之外者乎？观其因失奇宝，而大责让靖，则其伐突厥，亦岂徒以其父尝诡而臣之，而思雪其耻哉？此无足诡。太宗亦武人也。建成之图太宗也，谓元吉曰："秦王且遍见诸妃，彼金宝多有以赂遗之也，吾安得箕踞受祸？"彼秦王之金宝，果何自来哉？

文本《疏》引黄石公《军势》曰："使智，使勇，使贪，使愚。故智者乐立其功，勇者好行其志，贪者邀趋其利，愚者不计其死。"黄石公《军势》，自为依托之书，然此数语，亦颇有理。夫战非恶事也，除旧布新实以之，以之伐罪则仁，以之御暴则义，战所以行仁义也，然以之行仁义者寡矣。

《新唐书·阿史那社尔传》曰：龟兹之役，郭孝恪之在军，"床帷器用，多饰金玉，以遗社尔。社尔不受。"此金玉岂出军时所赍邪？以遗社尔，得毋使俱有所取，则不能发其事邪？此又一侯君集也。

魏元忠论武后时之将帅也，曰："薛仁贵、郭待封受阃外之寄，奉命专征，不能激厉熊罴，乘机扫扑；败军之后，又不能转祸为福，因事立功；遂乃弃甲丧师，脱身而走。幸逢宽政，罪止削除，国家网漏吞舟，何以过此？"可谓痛切矣。又曰："仁贵自宣力海东，功无尺寸，坐玩金帛，黩货无厌。"《旧唐书·魏元忠传》。则知将帅之不职，无不以好贿者。仁贵始从征辽，以白衣陷陈自旌显，似亦勇者欲行其志。然观魏元忠之言，则贪者之邀趋耳，非有志而欲行之者也。其白衣陷陈也，所谓患不得之；及既得之，自无所不至矣。故曰"鄙夫可与事君也与哉"！

《旧唐书·裴行俭传》曰："初，平都支、遮匐，大获瑰宝，蕃酋将士愿观之，行俭因宴设，遍出历示。有马脑盘，广二尺余，文采殊绝。军吏王休烈奉盘，历阶趋进，误蹑衣，足跌便倒，盘亦随碎，休烈惊皇，叩头流血。行俭笑而谓曰：尔非故也，何至于是？更不形颜色。"似乎大度矣，然其始之藏之何为哉？何不以所获分赐将士乎？"诏赐都支等资产金器皿三千余事，驼马称是，并分给亲故并副使已下，数日便尽。”岂不以瑰宝多，金与驼马不足贵邪？马燧之救邢州、临洺也，将战，约众，胜则以家赀赏；及围解，殚私财赐麾下。德宗嘉之，诏出度支钱五千万偿其财。《旧唐书·马燧传》。此固可逆知，然则其赏士也，犹储之外府也。不然，燧没后，何由以赀甲天下哉？饥岁之春，幼弟不饷；穰岁之秋，过客必食。人之情，固因其所处而异。行俭之碎马脑盘，而不形于色，果大度也哉？且果形颜色，亦岂当在宴设之际乎？《孟子》曰：“好名之人，能让千乘之国；苟非其人，箪食豆羹见于色。”《尽心》下。

（五九〇）富弼劝辽兴宗不用兵

事有不谋而合者，辽兴宗求关南地于宋，宋使富弼报之。《宋史》记其事，谓弼说契丹主曰：“北朝与中国通好，则人主专其利，而臣下无获，若用兵，则利归臣下，而人主任其祸，故劝用兵者，皆为身谋耳。”契丹主惊曰：“何谓也？”弼曰：“晋高祖欺天叛君，末帝昏乱，土宇狭小，上下离叛，故契丹全师独克；然壮士健马，物故大半。今中国提封万里，精兵百万，法令修明，上下一心，北朝欲用兵，能保其必胜乎？就使其胜，所亡士马，群臣当之欤？抑人主当之欤？若通好不绝，岁币尽归人主，群臣何利焉？”契丹主大悟，首肯者久之。明日，刘六符谓弼今惟有结婚可议耳。弼曰：“婚姻易生嫌隙。本朝长公主出降，赍送不过十万缗，岂若岁币无穷之利哉？”其后弼再往契丹，遂不复求婚，专欲增币。夫就宋辽二史观之，兴宗皆似有大志，非可以区区岁币饵者。读史者或疑《宋史·弼传》之辞为不实。然《辽史·兴宗纪》亦云弼为兴宗言，大意谓辽与宋和，坐获岁币，则利在国家，臣下无与；与宋交兵，则利在臣下，害在国家。兴宗感其言，和好始定。《辽史》未必取材于宋，则《宋史·弼传》之言初非不实矣。《旧唐书·郑善果传》：从兄元绖，突厥寇并州，高祖令元琦充使招慰。元琦谓颉利曰：“汉与突厥，风俗各异。汉得突厥，既不能臣；突厥得汉，复何所用？且抄掠资财，皆入将士，在于可汗，一无所得；不如早收兵马，遣使和好，国家必有重赍，币帛皆入可汗，免为劬劳，坐受利益。大唐初有天下，即与可汗结为兄弟，行人往来，音问不绝。今乃舍善取怨，违多就少，何也？”颉利纳其言，即引还。与富弼之折辽兴宗，如出一辙。然则兴宗亦颉利之伦，宋辽两史所载，一似志在拓地之雄主，盖未得其实也。果其志在拓地，富弼安得以财利为言，取笑异国？而兴宗亦安能遽听之乎？然则史事之增饰不实者多矣。兴宗之求地，未必不出于臣下之怂恿；而其臣下之怂恿，未必不以虏掠之利动之。富弼固窥见其微，乃以是折之也。夫弼岂知郑元琦之所为而师之哉？其所遇者同，其所以应之之术自不得不同也。

（五九一）金初官制

《金史·百官志》："金自景祖，始建官属，统诸部，以专征伐，嶷然自为一国。其官长皆称曰勃极烈。故太祖以都勃极烈嗣位，太宗以谙班勃极烈居守。谙班，尊大之称也。其次曰国论忽鲁勃极烈。国论，言贵，忽鲁，犹总帅也。又有国论勃极烈，或左右置，所谓国相也。其次诸勃极烈之上，则有国论，乙室，忽鲁，移赉，阿买，阿舍，昊，迭之号，以为升拜宗室功臣之序焉。其部长曰孛堇，统数部者曰忽鲁。凡此，至熙宗定官制皆废，其后惟镇抚边民之官曰秃里。乌鲁图之下，有扫稳，脱朵。详稳之下，有么忽，习尼昆。此则具于官制而不废。皆踵辽官名也。"此段文字，殊欠清晰。其《国语解》云："都勃极烈，总治官名，犹汉云冢宰。谙版勃极烈，官之尊且贵者。国论勃极烈，尊礼优崇，得自由者。胡鲁勃极烈，统领官之称。移赉勃极烈，位第三曰移赉。阿买勃极烈，治城邑者。乙室勃极烈，迎迓之官。札失哈勃极烈，守官署之称。昃勃极烈，阴阳之官。迭勃极烈，倅贰之官，诸纠详稳，边戍之官。诸移里堇，部落墟寨之首领。秃里，掌部落词讼，察非违者。乌鲁古，牧圉之官。"胡鲁，即忽鲁。国论勃极烈，忽鲁勃极烈，据解乃两官，而《志》误合为一。下又重出国论勃极烈之名。"则有国论，乙室，忽鲁，移赉，阿买，阿舍，昊，迭之号"句，国论，忽鲁又重出。阿舍，即《解》之札失哈。昊为昃字之误。盖此诸号，至熙宗皆废，故作史者亦不可能了然也。《桓赧散达传》："国相雅达之子也。雅达之称国相，不知其所从来。景祖尝以币与马求国相于雅达。雅达许之。景祖得之，以命肃宗。其后撒改亦居是官焉。"案《辽志》：属国职名，有左相、右相。又载景宗保宁九年，女直国来请宰相，夷离厪之职，以次授者二十一人。则雅达之国相，必受诸辽，故须以币与马求之。然则金初国论勃极烈为最尊之官，都勃极烈，谙版勃极烈，皆后来所设，故移赉勃极烈位居第三也。

《志》又云："诸纠详稳一员，掌戍守边堡。么忽一员，掌贰详稳。习尼昆，掌本纠差役等事。”“诸移里堇司。移里堇一员，分掌部族村寨之事。”“诸秃里。秃里一员，掌部落词讼，访察违背等事。”“诸群牧所，国言谓乌鲁古。提控诸乌鲁古一员。又设扫稳，脱朵，分掌诸畜，所谓牛马群子也。”此等序谓踵辽官名，其下皆无勃极烈字。然则凡有勃极烈字者，皆女真之旧也。金初官制大略可见矣。

（五九二）明末贪风之害

《明史·梁廷栋传》：崇祯三年秋，“廷栋以兵食不足，将加赋。因言今日闾左虽穷，然不穷于辽饷也。一岁中阴为加派者，不知其数。如朝觐、考满、行取、推升，少者费五六千金，合海内计之，国家选一番守令，天下加派数百万。巡抚查盘、访缉，馈遗谢荐，多者至二三万金。合天下计之，国家遣一番巡方，天下加派百余万。而曰民穷于辽饷，何也？臣考九边额设兵饷，兵不过五十万，饷不过千五百三十余万，何忧不足？故今日民穷之故，惟在官贪，使贪风不除，即不加派，民愁苦自若。使贪风一息，即再加派，民欢忻亦自若。”此说最为痛快，历代民之所病，未有在于法令之所明取者。使以私租为官赋，此外遂绝无所取，民未必其疾首蹙额也。但必不能所取耳。

（五九三）清建储之法

清圣祖时，诸子争立，允礽再废，其后遂未立储。雍正元年，世宗亲书所欲立者之名，藏诸正大光明扁额之后，后遂沿为成法。此虽不必遂善，然亦家天下之世防弊之一法也。然此法实因内宠而后立。《清史稿·诸王传》：“端慧太子永琏，高宗第二子，乾隆三年十月殇，年九岁，十一月，谕曰：“永琏乃皇后所生，朕之嫡子。聪明贵重，气宇不凡，皇考命名，隐示承宗器之意。朕御极后，恪守成式，亲书密旨，召诸大臣藏于乾清宫正大光明榜后。是虽未册立，已命为皇太子矣。今既薨逝，一切典礼，用皇太子仪注行。旋册赠皇太子，谥端慧。”又：“哲亲王永琮，高宗第七子，与端慧太子同为嫡子，端慧太子薨，高宗属意焉。乾隆十二年十二月，以痘殇，方二岁。上谕谓先朝未有以元后正嫡绍承大统者，朕乃欲行先人所未行之事，邀先人不能获之福，此乃朕过耶？命丧仪视皇子从优，谥曰悼敏。”观此，知二子不死，世宗所立之法，未必不又废于高宗时也。

（五九四）唐代市舶一

市舶之职，盛于宋实始于唐。然唐代之市舶使，似非如宋代为征榷之要司也。《旧唐书·玄宗纪》：开元二年十二月，“右威卫中郎将周庆立为安南使舶使，与波期僧广造奇巧，将以进内。监选使、殿中侍御史柳泽上书谏，上嘉纳之”。又《代宗纪》：广德元年十二月甲辰，“宦官市舶使吕太一逐广南节度使张體，纵下大掠广州”。终唐之世，因市舶而遣使，姓名可考者，惟此二人而已。《通考》即仅举此二人。庆立之事，亦见《新唐书·柳泽传》，使名作市舶，不作使舶。然窃疑使舶并非误字，后来市舶之名通行，传泽事者乃从而改之耳。至“波期”为“波斯”之误，则无足疑也。太一之事，亦见两《唐书·韦伦传》。《旧唐书》云：代宗以中官吕太一于岭南矫诏募兵为乱，乃以伦为韶州刺史、兼御史中丞、韶连柳三州都团练使，竟遭太一用赂反间，贬信州司马。《新唐书》略同，惟柳州作郴州。郴于韶、连为近，似当从之。《通鉴》则系其事于十一月，云：“宦官广州市舶使吕太一发兵作乱，节度使张休弃城，奔端州。太一从兵掠焚，官军讨平之。”节度使之名，似当以《鉴》为是；俗书“體”字从人从本，因此乃误为“體”。云发兵，盖即发其矫诏新募之兵；旧兵则当隶节度，太一恐不易擅发也。云官军讨平之，一似其乱不旋踵而定者，盖终言之；其事实不在即时，不然，则唐朝不必更遣韦伦矣。至其记事早于《唐纪》一月，则《唐纪》盖据奏报到日书之，《通鉴》必有所据也。

《通鉴注》云：“唐置市舶使于广州，以收商舶之利，时以宦者为之。”明其并非经制。两《唐书·卢奂传》，皆附其父怀慎传后。皆谓其官南海有清节，中使之市舶者，亦不敢干其法。又《旧唐书·卢钧传》言：钧为广州刺史、岭南节度使。南海有蛮舶之利，珍货毕凑。旧帅作法兴利以致富，凡为南海者，靡不捆载而还；钧遣监军领市舶使，而己一不干与。则立法皆由节度，使名亦所兼领，别遣乃出偶然，故姓名可考者甚希也。大权既在节镇，中使盖无能为，太一乃激而生变耳。

（五九五）唐代市舶二

唐代管理市舶之权，实在交、广节镇，故居是职而以清廉或贪墨闻者特多。《旧唐书·卢奂传》："天宝初，为晋陵太守，时南海郡利兼水陆，瑰宝山积，刘巨鳞、彭果《新唐书》作杲。相替为太守、五府节度，皆坐赃巨万而死。乃特授奂为南海太守，遐方之地，贪吏敛迹，人用安之。以为自开元以来四十年，广府节度清白者有四，谓宋璟、裴伷先、李朝隐及奂。"又《李勉传》：大历四年，"除广州刺史，兼岭南节度观察使。前后西域舶泛海至者岁才四五，勉性廉洁，舶来都不检阅，故末年至者四十余。在官累年，器用车服无增饰。及代归，至石门，停舟，悉搜家人所贮南货犀象诸物，投之江中，耆老以为可继前朝宋璟、卢奂、李朝隐之徒"。此数君盖当时最以清节著闻，藉藉人口者也。《新唐书》皆略同。惟《奂传》无裴伷先之名，而曰："时谓自开元后四十年，治广有清节者，宋璟、李朝隐、奂三人而已。"案伷先，两《唐书》皆附其从父炎传。《旧唐书》无事迹，《新唐书》谓其流北廷时，"无复名检，专居贿，五年至数千万。娶降胡女为妻，妻有黄金骏马牛羊，以财自雄。养客数百人。自北廷属京师，多其客，诇候朝廷事，闻知十常七八"。盖以为跅弛非廉隅之士，故于《奂传》芟其名。然伷先是时之志，盖欲以有所为，不得绳以小节。且人固有瑕瑜不相掩，亦有后先易辙者。伷先纵早岁跅弛，亦不害其晚节之能饬廉隅，更谓其不廉；而时人以与璟、朝隐、奂并称，自系当时舆论。著其事而斥其论之不允可也，改易其事，而谓舆论所称，只有三人，则缪矣。若谓其无实迹可指，则两《唐书·李朝隐传》，亦皆不列其在广政迹；《宋璟传》虽举其政绩，亦不及其清廉。须知史事遗落者极多，正籍此等单辞片语以补足之也。又《李勉传》谓其在广末年蕃舶至者四十余，勉既在官累年，则自非其至广明年之事，《新唐书》乃谓勉既廉洁，又不暴征，明年至者四千余柁。沈德潜曰："夷舶至者四十余，未见不暴征之效也，《新唐书》为允。"殿本《考证》。何以十倍之数，不足见宽政之效，而必有待于千倍？且夷舶至者，岂易增至千倍乎？此"千"字恐正是"十"字之误，不足为子京咎。然以勉居官之末年为明年，则必子京之疏矣，信乎文士之不可以修史也。

卢奂等外，《唐书》称其清廉者，又有王方庆、名綝，以字行，《新唐书》作琳。孔戣、《新旧唐书》皆附其从父巢父传。马总、郑絪、萧仿、《旧唐书》附其从兄俛传，《新唐书》自有传。李尚隐、冯立、刘崇龟、《新唐书·刘政会传》。韦正贯等。《新唐书》附其从兄皋传。又卢钧，已见上条。著其贪墨者，则有遂安公寿、见《旧唐书·卢祖尚传》。路元睿、见两《唐书·王方庆传》。路嗣恭、王锷、王茂元、郑权、胡证、李象古、嗣曹王皋之子。徐浩、韩约、见《新唐书·李郑二王贾舒传》。郎余庆，见《新唐书·儒学传》，附其弟余令后。而李琢为安南都护，侵刻獠民，致府为蛮人所陷，征兵赴援，骚动累年，诒祸尤巨。见《旧唐书·懿宗纪》。路嗣恭起郡县吏至大官，皆以恭恪为理，而平哥舒晃之乱，多诛商舶之徒，四字见《旧唐书》本传，谓与商舶有关涉者也，《新唐书》改作舶商，殊欠审谛。前后没其家财宝数百万贯。徐浩以文雅称，及授广州，多积货财，为时论所贬。信乎不见可欲，使心不乱乎？柳泽谏玄宗语。然刘崇龟为广州，姻旧或干以财，但写《荔支图》与之，可谓廉矣，而不能防检其家，既殁，有鬻珠翠羽者，由是名损。孔戣清节尤著，而长庆中亦有告其在南海时家人受赂者。即李勉，虽能搜家人所贮而投之江，亦不能禁家人之不贮之也。则信乎权利之地之不易居也。萧仿之为岭南也，南海多谷纸，仿敕子弟缮写缺落文史。子廪曰：此去京师，水陆万里，书成不可露赍，当须簏笄，人观兼乘，谓是货财，薏苡之嫌，得为深戒。仿曰：吾不之思也。乃止。此事与吴祐谏其父恢大相类，恐出附会。然好名者以此自饰，则此嫌之仍不易泯可知矣。

徐浩之罢岭南，以瑰货数十万饷元载。见《新唐书·李栖筠传》。载故贪墨，不足道也。杨炎救时相，郑注尤奇材，非没溺于利者，而《路嗣恭传》言：嗣恭没商舶之徒家财，尽入私室，不以贡献，代宗心甚衔之，故赏不酬劳。及德宗即位，杨炎受其货，始叙前功。《薛存诚传》云："郑权因郑注得广州节度。权至镇，尽以公家珍宝赴京师，以酬恩地。"则虽贤者亦不免随波矣。《郑权传》云："权出镇，有中人之助，南海多珍货，权颇积聚以遗之，大为朝士所嗤。"此据《旧唐书》。《新唐书》云："多裒赀珍，使吏输送，凡帝左右助力者皆有纳焉。"观此。知权所赌者，实不仅郑注一人。《旧唐书·薛存诚传》"以酬恩地"之言，亦非指注言之也。《新唐书》改云悉盗公库珍货输注家，亦欠审谛。则中人之利此者甚多，此吕太一所由能败韦伦乎？毋亦市舶多以中人为使，为以教猱升木邪？郑权虽为朝士所嗤，然路嗣恭之子恕，私第有佳林园，自贞元初迄元和末，朝之名卿，咸从之游，则士夫虽口诋中人，又未尝不沾其润泽矣。王茂元为岭南，蛮落安之，然积聚家财巨万计。李训之败，中官利其财，掎摭其事，言茂元因王涯、郑注见用，茂元惧，罄家财以赂两军，仅免。胡证以宝历二年节度岭南，大和二年卒，为时不及三年，卒时年七十一矣，而史言其善蓄积，务华侈，厚自奉养，童奴数百，于京城修行里起第，连亘闾巷；岭表奇货，道途不绝，京邑推为富家。当时官岭南者致富之易，与士大夫之没溺而不知止，可以概见。证素与贾餗善，及李训败，禁军利其财，称其子溵匿餗，乃破其家，一日之内，家财并尽。军人执溵入左军，仇士良命斩之以徇。则尚不如茂元之克全其生命矣。象有齿以焚其身，岂不哀哉！

《旧唐书·酷吏·敬羽传》："胡人康谦善贾，资产亿万计。杨国忠为相，授安南都护。至德中，为试鸿胪卿，专知山南东路驿。人嫉之，告其阴通史朝义。《新唐书》略同。又《安禄山传》云谦"上元中，出家赀佐山南驿禀，肃宗喜其济，许之，累试鸿胪卿。婿在贼中，有告其叛，坐诛"。"喜其济"三字不辞，疑有夺误。谦髭须长三尺，过带；按之两宿，鬓发皆秃，膝踝亦栲碎，视之者以为鬼物，非人类也。乞舍其生，以后送状奏杀之，没其资产。"以好贿而任胡人为都护，而胡人亦卒以冒进杀其躯，具见是时宠赂之彰，纪纲之大坏也。

交、广之暗无天日如此，故冒利者多甘心焉，如郑权以家人数多，俸入不足，而乞助于中人以求之，是也。然士大夫之视为畏途者究多。卢祖尚许太宗至交州，已而悔之，太宗怒，斩之朝堂。虽失刑，然交、广择人之难，亦可想见。李纲在隋世，为杨素所排，乃因刘方之讨林邑，言于文帝曰："林邑多珍宝，自非正人不可委。"因言纲可任，文帝遂以纲为行军司马。《旧唐书·李纲传》。玄宗尝大陈乐于勤政楼，既罢，兵部侍郎卢绚按辔绝道去，帝爱其酝藉，称美之。明日，李林甫召绚子曰："尊府素望，上欲任以交、广，若惮行，且当请老。"绚惧，从之。《新唐书·李林甫传》。皆可见时人心目中，视交、广为何如地也，此开拓新地之所以不易欤！

（五九六）唐代市舶三

《新唐书·韦皋传》：皋弟子正贯，"擢岭南节度使。南海舶贾始至，大帅必取象犀明珠，上珍而雠以下直。正贯既至，无所取，吏咨其清"。又《卢钧传》："擢岭南节度使。海道商舶始至，异时帅府争先往，贱雠其珍，钧一不取，时称洁廉。"先官买而后听其与民交易，官买与私买异直，此盖相沿榷法，而官吏因之自润，虽伤廉，究犹有所借口也。《孔戣传》："旧制：海商死者，官籍其赀，满三月无妻子诣府，则没入。戣以海道岁一往复，苟有验者，不为限，悉推与。"户绝者赀产入官，中国法亦如是，初非歧视蕃商；然海道岁一往复，则不应三月即没入，盖故立苛例以规利也。《传》又云："蕃舶泊步有下碇税，始至有阅货宴，所饷犀琲，下及仆隶，戣禁绝，无所求索。"此等则如后世之规费，以馈遗之名取之，于法无所影附矣，虽禁岂能真绝？所饷下及仆隶，此李勉北归时，家人所由有南货之藏欤？抑此等虽云非法，亦当皆有旧规，然贪取者之情，又不能以是为足，此则昆仑之所以一怒而状路元叡欤。《旧唐书·波斯传》：乾元元年，波斯与大食同寇广州，《新唐书》作袭广州。劫仓库，焚庐舍，《新唐书》作焚仓库庐舍。浮海而去。彼为通商来，交易足以求利，何事称戈以叛？疑亦必有激之使然者也。

当时贪墨之吏，非仅取之商舶也，并有诛求于土酋者。《隋书·食货志》言：晋自寓居江左，"岭外酋帅，因生口翡翠明珠犀象之饶，雄于乡曲者，朝廷多因而署之，以收其利。历宋、齐、梁、陈，皆因而不改。"可见土酋因蕃舶致富者之多。《权武传》：武检校潭州总管，"多造金带，遗岭南酋领，其人答以宝物，武皆纳之，由是致富"。此尚为取不伤廉。若贪暴之徒，则其所为，盖有不可忍者，此李琢之所以招蛮寇也。冯盎族人子猷，贞观中入朝，载金一舸自随。《新唐书·冯盎传》。杨思勗破陈行范，获口马金玉巨万计，《旧唐书·杨思勗传》。王方庆之督广州，管内诸州首领，旧多贪纵，百姓有诣府称冤者，府官以先受首领参饷，未尝鞫问，方庆乃集止府寮，绝其交往，首领纵暴者悉绳之，由是境内清肃。《旧唐书·王方庆传》。此等，皆可见南方土酋之富，及官吏与之交关者之多也。

（五九七）唐代市舶四

蕃舶之利，虽多入贪官囊橐，亦未尝于国用无裨，江左署岭外酋帅以收其利，其最显然者矣。韦坚之开广运潭也，别各郡之船，各于栿背上积其郡之所产，南海郡船积玳瑁、真珠、象牙、沉香，《旧唐书·韦坚传》。可见其为常贡之物。《新唐书·徐申传》：申进岭南节度使，外蕃岁以珠、玳瑁、香、文犀浮海至，申于常贡外，未尝剩索，商贾饶盈。可见其贡有常额。《薛存诚传》谓郑权所以酬恩者，悉系盗诸公库，又可见其有关地方经费矣。五代时闽、广进奉中原者，犹以南货多。《旧五代史》梁太祖开平元年，广州进奇宝名药，品类甚多，又进龙脑、腰带、珍珠枕、玳瑁、香药等。二年，福州贡玳瑁琉璃犀象器，并珍玩、香药、奇品、海味，色类良多，价累千万。四年，广州贡犀玉，献舶上蔷薇水。乾化元年，广州贡犀象奇珍及金银等，其估数千万。安南两使留后曲美进筒中蕉五百匹，龙脑、郁金各五瓶，他海货等有差。又进南蛮通好金器六物，银器十二，并乾陁绫花越毦等杂织奇巧者各三十件。皆见《本纪》。《欧史·南汉世家》，载宋之兴，刘鋹将邵廷琄劝鋹修兵为备，不然，则悉珍宝奉中国，遣使以通好。逮潘美师至，龚澄枢、李托等谋曰："北师之来，利吾国宝货耳，焚为空城，师不能驻，当自还也。"乃尽焚其府库宫殿，而鋹以海舶十余悉载其珍宝嫔御，欲以入海。其视宝货之重如此。黄巢之攻广州也，丐为安南都护、广州节度使。郑畋欲因以縻之，于琮言南海市舶利不赀，贼得之益富而国用屈，乃止。见《新唐书·巢传》及两《唐书·畋传》。可见其有裨度支，由来已久也。《旧唐书·王锷传》："迁广州刺史、岭南节度使。广人与夷人杂处，地征薄而丛求于川市。锷能计居人之业而榷其利，所得与两税相埒。以两税钱上供，时进及供奉外，余皆自入。西南大海中诸国舶至，则尽没其利，由是锷家财富于公藏。"此可见平时上供，亦不能无藉于舶利也。周庆立作淫巧以荡上心，敬宗侈宫室而舶贾献沉香材，见《新唐书·宗室传》。固非所语于经制也。

《隋书·南蛮传》言，文帝之征林邑，乃由天下无事，而群臣言其多奇宝。此似非文帝之所为，观其用一行军司马，尚因杨素之言而属意于李纲可知也。然《旧唐书·丘和传》言，和为交阯太守，林邑之西诸国，并遣遗和明珠、文犀、金宝，萧铣闻而利之，乃命宁长真渡海侵和。则事殊不敢保其必无。铣在群雄中，亦尚为知治体者也。其甚者，乃至如刘晟遣暨彦赟以兵入海，略商人金帛矣。亦见《欧史·世家》。

（五九八）唐代市舶五

蕃舶载来岭表之物，何由流行全国乎？《旧唐书·王锷传》谓锷"日发十余艇，重以犀象珠贝，称商货而出诸境。《新唐书》曰：与商贾杂出于境。周以岁时，循环不绝，凡八年。京师权门，多富锷之财"。则其转输，殆与凡商货无异，亦可谓盛矣。又《懿宗纪》：咸通四年七月朔，制曰："安南溪峒首领，素推诚节，虽蛮寇窃据城壁，而酋豪各守土疆。如闻溪峒之间，悉藉岭北茶药，宜令诸道，一任商人兴贩，不得禁止往来。"溪峒之于茶药，亦必有以南货相易者。要之商旅既通，即无虑其物之不得流衍也。

抑当时贾胡踪迹，亦不限于交、广。《旧唐书·邓景山传》，言其引田神功以讨刘展，神功至扬州，大掠居人资产，鞭笞发掘略尽，商胡大食、波斯等商死者数千人。《神功传》曰"商胡波斯被杀者数千人"。《新唐书》皆略同。可见商胡居扬州者之众。犹曰扬一益二，其富庶固冠海内也。《新唐书·赵弘智传》：兄弘安，曾孙矜，客死柳州，官为敛葬。后十七年，子来章始壮，自襄阳往求其丧，不得，野哭。再阅旬，卜人秦誗为筮曰："宜遇西人，深目而髯，乃得其实。"明日，有老人过其所，问之，得矜墓，遂归葬弘安墓次。此所谓西人，必贾胡也，其踪迹深入今之粤西，且居之颇久矣。

《旧五代史》：唐庄宗平蜀，得金银共二十二万两，珠玉犀象二万。此亦南珍。《旧唐书·张柬之传》：柬之谏戍姚州，谓珍奇之贡不入。则自今缅甸经滇西入蜀之路未必通，盖亦自交、广来者。又《新五代史·吴越世家》，谓钱氏多掠得岭海商贾宝货，亦可见其物之北上者不少也。又《闽世家》言：王审知招来海中蛮夷商贾；海上黄崎，波涛为阻，一夕风雨，雷电震击，开以为港，闽人以为审知德政所致，号为甘棠港。此蒙蕃舶之利者归美之辞也。可见五代时闽中蕃舶亦盛，其物或有踰杉岭而入吴越者，钱氏所掠，不必皆来自岭南也。

（五九九）赐田

《旧唐书·于志宁传》志宁与张行成、高季辅俱蒙赐地。奏曰："臣居关右，代袭箕裘，周、魏以来，基址不坠。行成等新营庄宅，尚少田园。于臣有余，乞申私让。"高宗嘉其意，乃分赐行成及季辅。《新书·李袭志传》：弟袭誉，尝谓子孙曰："吾性不喜财，遂至窭乏。然负京有赐田十顷，能耕之足以食；河内千树桑，事之可以衣。"《牛僧孺传》："隋仆射奇章公弘之裔。幼孤，下杜樊乡，有赐田数顷，依以为生。"皆见士大夫之于赐田，守之颇久。王者之于土地，贵能予亦能夺，乃足以明赏罚而行惩劝；若贵人守之太久，则平民得之愈难，王公何以戒慎？民萌何以劝勉？隋文帝时，苏威立议，以为户口滋多，民田不赡，欲减功臣地以给民。而王谊曰："百官者，历世勋贤，方蒙爵土，一旦削之，未见其可。如臣所虑，正恐朝臣功德不建，何患人田有不足？"上然之，竟寝威议。隋文盖不欲失功臣之欢心也，谊之言则可谓悖矣。

元世赐田最多，别见《辽金元时赐田占田之多》条。然拘还者亦多。如《元史·武宗纪》：至大二年，九月，御史台臣言"比者近幸为人奏请，赐江南田千二百三十顷，为租五十万石，乞拘还官"。从之。《顺帝纪》：至正二年，六月，命江浙拨赐僧道田还官征粮，以备军储。皆其大焉者也。此盖赐田太多，不得不然。亦有既拘还复赐之者，《成宗纪》：大德九年，十月，赐安南王陈益稷湖广地五百顷。《仁宗纪》：至大四年，九月，益稷入见，言"有司拘臣所授田，就食无所"，帝谓省臣："授田如故。"《武宗纪》：大德十一年，时赐田悉夺还官，以月赤察儿自世祖时积有勋劳，以前后所赐合百顷与之。详见《辽金元时赐田占田之多》条。至大元年，六月，以没入朱清、张瑄田产隶中宫，立江浙财赋总管府、提举司。三年，十一月，以清子虎，瑄子文龙往治海漕，以所籍宅一区、田百顷给之。《顺帝纪》：至元二年，二月，诏以世祖所赐王积翁田八十顷还其子都中，亦见传。皆是也。

（六〇〇）唐武宗时僧尼所有田亩平均数

《新唐书·食货志》：武宗废浮屠，天下毁寺四千六百，招提兰若四万。籍僧尼为民二十六万五千人，奴婢十五万人，田数千万顷。以人数除田，近于人得一顷，似亦与民间小康之家无异。然俗人须赡八口，僧尼徒奉一身；又俗人吊死问疾等耗费多，僧尼不徒无之，尚可受布施也，此度牒之所以贵欤？

（六〇一）质田以耕

《新唐书·卢群传》：郑滑节度行军司马姚南仲入朝，以群代节度。"群尝客于郑，质良田以耕。至是则出券贷直，以田归其人。"一似群质田时尝躬耕，或佣力而督之耕者。然《旧唐书·传》云："先寓居郑州，典质良田数顷。及为节度使，至镇，各与本地契书。分付所管令长，令召还本主。"则其田实散在诸县，不徒躬耕，即佣人而督之耕，亦力所不及也。《新唐书》之辞，殊为失实。

（六〇二）田业卖质无禁

《金史·食货志·田制》曰："民田业各从其便，卖、质于人无禁，但令随地输租而已。"此为地道之私有制，即所谓无制度也。《新唐书·食货志》述开元时事云："初，永徽中禁买卖世业、口分田。其后豪强并兼，贫者失业。于是诏买者还地而罚之。"案《新唐书·长孙无忌传》：长孙顺德，太宗时刺泽州，前刺史张长贵、赵士达占部中腴田数十顷，夺之以给贫单。《旧唐书·良吏传》：贾敦颐，永徽五年迁洛州刺史，时豪富之室，皆籍外占田；敦颐都括获三千余顷，以给贫乏。《新唐书》云：举没三千余顷。此亦令买者还地之类。租庸调法存时，自不得不然。其后租庸调法虽废，盖亦未颂言可以卖、质，北宋之世犹然，至金世，乃有卖、质无禁之说。《金史》此言，自有所本也。

（六〇三）农民所需田亩之数

一农民究须得田若干，乃可自活，此随时随地而不同者也。盖土愈沃，则所需之数愈少；时愈晚，则耕作之法愈精，所需之数亦愈少也。李悝尽地力之教，言一夫挟五口，治田百亩，岁收百五十石，则亩得一石半。此说当较近情实。晁错言农夫五口之家，其服役者不下二人，其能耕者不过百亩，百亩之收，不过百石，则约略言之耳。古百亩仅当今三十余亩，一石亦仅得今二斗。则今三十亩之地，在当时岁收今三十石也。《宋史·食货志》曰："天下垦田，景德中，丁谓著《会计录》云，总得一百八十六万余顷。以是岁七百二十二万余户计之，是四户耕田一顷。繇是而知天下隐田多矣。"意以四户耕一顷为少。而林勋《本政书》，欲使民一夫占田五十亩。亦见《志》，又见本传。《金史·食货志》：大定二十七年，"随处官豪之家，多请占官地，转与他人种佃，规取课利。命有司拘刷见数，以与贫难无地者，每丁授五十亩，庶不致失所。余佃不尽者，方许豪家验丁租佃"。则五十亩者，宋时人所能耕，而亦其自养之所需也。五十亩足以自养，故百亩为多。《明史·钱士升传》：附《钱龙锡传》。崇祯七年，"武生李琎，请括江南富户，报名输官，行首实、籍没之法”。士升疏驳之，曰：“其曰搢绅豪右之家，大者千百万，中者百十万，以万计者不能枚举，此说当系以银两或缗钱计，颇失之夸。顾亭林《菰中随笔》引《龚子刍言》曰：“今江南虽极大之县，数万金之富，不过二十家；万金者倍之；数千金者又倍之；数百金以下稍殷实者，不下数百家。”估计较近情实。据《经世文编》卷八引。臣不知其所指何地。就江南论之，富家数亩以对，百计者什六七，千计者什三四，万计者千百中一二耳！江南如此，何况他省？”固亦列百亩于富家矣。《徐问传》言其“田不满百亩”，《吴岳传》亦曰“田不及百亩”，二人固皆清廉，又未必能躬耕，然亦勉可自活，可见百亩在其时为已多也。斯时制民之产者：绍兴六年，张浚奏改江淮屯田为营田。“以五顷为一庄，募民承佃。其法：五家为保，共佃一庄，别给十亩为蔬圃。”《宋史·食货志》。元世祖至元二十八年，七月，“募民耕江南旷土，户不过五顷。官授之券，俾为永业。三年后征租”。成宗元贞元年，十二月，“也速带而之军，因李璮乱去山东，其元驻之地，为人所垦，岁久成业，争讼不已。命别以境内荒田给之，正军五顷，余丁二顷，已满数者不给”。大德元年，十二月，“徙襄阳屯田合剌鲁军于南阳，户受田百五十亩”。泰定帝泰定三年，正月，“以山东、湖广官田，赐民耕垦，人三顷”。皆见《本纪》。此等皆系荒地，故所授较多，非寻常情形也。《元史·良吏·观音奴传》：“宁陵豪民杨甲，夙嗜王乙田三顷，不能得。直王以饥，携其妻就食淮南，而王得疾死，其妻还，则田为杨据矣。”又《孝友·魏敬益传》：“雄州容城人。有田仅十六顷。此仅字为几及之义，意以为多，非以为少。唐、宋时人用仅字多如此。如《旧唐书·张延赏传》，言其为剑南节度，“蜀土残弊，荡然无制度，延赏薄赋约事，动遵法度，仅至庶富”是也。一日，语其子曰：自吾买四庄村之田十顷，环其村之民皆不能自给，吾深悯焉。今将以田归其人。汝谨守余田，可无馁也。乃呼四庄村民，强与之。”有田三顷，而一遇饥荒，即须携妻就食于外；十六顷去十顷，尚得六顷，乃守之仅足无馁；皆不可解，盖记者不详也。

（六〇四）田亩隐匿

《明史·食货志》：洪武二十六年，核天下土田，总八百五十万七千六百二十三顷，盖骎骎无弃土矣。弘治十五年，天下土田，止四百二十二万八千五十八顷，不及洪武之半，殊不合情理。犹可诿曰政事废弛也。张居正之丈量，可云严切矣，且史言其“尚综核，颇以溢额为功，有司多改小弓，以求田多，或掊克见田，以充虚额”。而其田数总计，为“七百一万三千九百七十六顷”，亦尚不逮洪武。此可见一经隐匿，核实之难，亦可见历代户口、田亩之数，无一非儿戏之流，去实际甚远矣。

（六〇五）流民田产

流民田产，当如何措置，此一颇难处之事也。《宋史·食货志》：至道二年，太常博士、直史馆陈靖上言：“今京畿周环二十三州，幅员数千里，地之垦者，十才二三；税之入者，又十无五六。复有匿里舍而称逃亡，弃耕农而事游惰。赋额岁减，国用不充。诏书累下，许民复业，蠲其租调，宽以岁时。然乡县扰之，每一户归业，则刺报所由。朝耕尺寸之田，暮入差徭之籍，追胥责问，继踵而来，虽蒙蠲其常租，实无补于捐瘠。况民之流徙，始由贫困，或避私债，或逃公税。亦既亡遁，则乡里检其资财，至于室庐什器，桑枣材木，咸计其直，或乡官用以输税，或债主取以偿逋；生计荡然，还无所诣，以兹浮荡，绝意归耕。”欲“授以闲旷之田”，“许令别置版图”，“候至三五年间，生计成立”，乃“计户定征，量田授税”。此固一策。然垦荒与复故业孰易？且此二十三州中，适多旷土，故此策可行也，不则何以授之？况民逃不能抚，而公私共分其所有，岂理也哉？《志》又云：绍兴三年，九月，“户部言百姓弃产，已诏二年外许人请射，十年内虽已请射及充职田者，并听归业。孤幼及亲属应得财产者，守令验实给还。冒占者论如律。州县奉行不虔，监司按劾。从之。先是臣僚言：近诏州县拘籍被虏百姓税赋，而苛酷之吏，不考其实，其间有父母被虏儿女存者，有中道脱者，有全家被虏而亲属偶归者，一概籍没，人情皇皇，故有是命。”又《洪皓传》：子适，提举江东路常平茶盐。“会完颜亮来侵，上亲征，适觐金陵，言本路旱，百姓逐食于淮，复遭金兵，今各怀归，而田产为官鬻，请听其估赎之。”乘兵荒攘民业，而责其价赎，更不成语矣。绍兴三年户部所定条例，似较近理，然十年、二年之限，亦未尽善。民固有流亡三四十年而犹怀故土者也。《明史·王来传》：来为山西左参政，请“荒田令附近之家，通力合作，供租之外，听其均分。原主复业则还之”。田不荒，而复业者亦无虞失职，似为最善。

《元史·良吏段直传》:“为泽州长官。泽民多避兵未还者,直命籍其田庐于亲戚、邻人之户。且约曰:俟业主至,当析而归之。逃民闻之,多来还者,命归其田庐如约,民得安业。”此其措置,亦与王来同,特多一籍诸亲邻之户之举耳。所以如此,盖所以避归官。归官而更以还民,则事难而易滋弊矣。逃户设终不归,田庐将遂为其亲邻所有,故其亲邻亦乐从之也。

(六〇六)宋末公田

宋末之买公田,固为秕政,然未至如论者所言之甚也。公田之起,据史所载,实由陈尧道等言廪兵、和籴、造楮之弊,乞依祖宗限田,于两浙、江东西官民户踰限田,抽三分之一,买充公田。则其议实自托于抑兼并。今姑忽论其然否,然是时之财政,舍此固别无救急之策也。买公田事在景定四年,然淳祐六年,谢方叔即言:“豪强兼并之患,至今日而极,非限民名田有所不可,是亦救世道之微权也。国朝驻跸钱塘,百有二十余年矣。外之境土日荒,内之生齿日繁,权势之家日盛,兼并之习日滋,百姓日贫,经制日坏,上下煎迫,若有不可为之势。所谓富贵操柄者,若非人主之所得专,识者惧焉。夫百万生灵资生养之具,皆本于谷粟,而谷粟之产,皆出于田。今百姓膏腴皆归贵势之家,租米有及百万石者。小民百亩之田,频年差充保役,官吏诛求百端,不得已,则献其产于巨室,以规免役。小民田日减而保役不休,大官田日增而保役不及。以此弱之肉,强之食,兼并浸盛,民无以遂其生。于斯时也,可不严立经制,以为之防乎?去年谏官尝以限田为说,朝廷付之悠悠。不知今日国用、边饷,皆仰和籴。然权势多田之家,和籴不容以加之,保役不容以及之。敌人睥睨于外,盗贼窥伺于内。居此之时,与其多田厚赀,不可长保,曷若捐金助国,共纾目前?在转移而开导之耳。乞谕二三大臣,摭臣僚论奏而行之。使经制以定,兼并以塞。于以尊朝廷,于以裕国计。陛下勿牵贵近之言以摇初意,大臣勿避仇怨之多而废良策,则天下幸甚。”此时距景定四年尚十七年,然其言,无一不若为后来之买田发者。且曰“乞谕二三大臣,摭臣僚论奏而行之”,则言此者初非方叔一人矣。然则买公田实当时之舆论也。此何哉?会子则已滥矣,金银数亦无多,且究不能径作钱币,故上下所贵,惟在谷粟,而国用遂专资和籴。和籴取谷粟于小民,买限外之田而收其租,则取谷粟于豪强,其是非固无待再计者也。

然则买公田非徒救急，以义理论，亦无可訾议矣。所争者，行之之善否耳。《贾似道传》云："浙西田，亩有值千缗者，似道均以四十缗买之。数稍多，予银绢；又多，与度牒、告身。吏又恣为操切，浙中大扰。"此固扰乱太甚。然祸止中于田主，而未及佃户。陈尧道等之议曰："得一千万亩之田，则岁有六七百万斛之入。"其所冀者，为一石弱之租。《食货志》："六郡回买公田，亩起租满石者偿二百贯，九斗者偿一百八十贯，八斗者偿一百六十贯，七斗者偿一百四十贯，六斗者偿一百二十贯。"然则当时租额，盖自六斗至一石。《志》又言绍兴时，两浙转运司官庄田四万二千余亩，岁收稻麦等四万八千余斛，其租额亦略相等。则陈尧道等所欲收之租，其额固未尝加重也。或曰：《食货志》言："南渡后水田之利，富于中原，故水利大兴。而诸籍没田募民耕者，皆仍私租旧额，每失之重。输纳之际，公私事例迥殊。私租额重而纳轻，承佃犹可；公租额重而纳重，则佃不堪命。州县胥吏，与仓庾百执事，皆得侵渔耕者。"此时之公田，又安知其不如是欤？此固然。然以定额论，则私租之纳，亦未必能甚轻。以别有事例论，则此时之公田，方倚以给军国一切费用，虐取之或未敢过甚。亦且事例必逐渐而兴，积久乃成为牢不可破。自景定四年十月命浙西六郡置公田庄，至咸淳四年六月而罢。官募民自耕输租，租减什三。德祐元年三月，以公田还田主，令率租户为兵。前后不及一纪，新例亦未必能繁兴也。然则宋末之买公田，虐实未及于佃户，观史所载，皆徒为田主鸣不平，而未能切实举出佃户受害之据，可证也。即于田主，亦未曾遍加毒害。《食货志》又载咸淳十年陈坚等奏曰："今东南之民力竭矣，西北之边患棘矣，诸葛亮所谓危急存亡之时也。而邸第戚畹，御前寺观，田连阡陌，亡虑数千万计，皆巧立名色，尽蠲二税。州县乏兴，鞭挞黎庶，鬻妻卖子，而钟鸣鼎食之家，苍头庐儿，浆酒藿肉；琳宫梵宇之流，安居暇食，优游死生。"其淫荒纵恣如故。盖买田本限六郡，即六郡之中，亦未必能遍及也。然则买公田之为害，固不如众所云云者之烈矣。

《明史·食货志》言："太祖怒苏、松、嘉、湖为张士诚守，乃籍诸豪族及富民田，以为官田，按私租簿为税额。而司农卿杨宪，又以浙西地膏腴，增其赋，亩加二倍。故浙西官民田，视他方倍蓰，亩税有二三石者。"加二倍为二三石，则未加时乃六七斗至一石也。又《公主传》：太祖女寿春公主，"为太祖所爱，赐吴江县田一百二十余顷，皆上腴。岁入八千石，逾他主数倍。"此亩得六斗余，亦宋末旧额也。《宋史·食货志》：建炎三年，"凡天下官田，令民依乡例自陈输租”。又《职官志》：职田，“佃户以浮客充，所得课租，均分如乡原例”。此为宋时成法，末年之公田租额，亦如是也。

《宋史·食货志》又述买公田时定例云：“五千亩以上，以银半分，官告五分，度牒二分，会子二分半。五千亩以下，以银半分，官告三分，度牒三分，会子三分半。千亩以下，度牒、会子各半。五百亩至三百亩，全以会子。”其后每石止给四十贯，而半是告、牒。则当时所谓多田之家，自三百亩至五千亩也。

《宋史·瀛国公纪》：德祐元年，八月，“拘阎贵妃集庆寺、贾贵妃演福寺田还安边所”。夫安边所之设，其可哀痛，亦与后来之买公田无异矣，而贵妃乃取以施寺，亦可谓无心肝、无纲纪者矣。

《元史·世祖纪》：至元二十一年，十二月，“中书省臣言：江南官田，为权豪、寺观欺隐者多，宜免其积年收入，限以日期，听人首实。踰限为人所告者征，以其半给告者。从之”。二十三年，七月，“用中书省臣言，以江南隶官之田，多为强豪所据，立营田总管府。其所据田，仍履亩计之”。《成宗纪》：元贞二年，七月，“括伯颜、阿术、阿里海牙等所据江南田及权豪匿隐者令输租”。是易姓而后，地之为豪强所据如故也。《卢世荣传》：“以九事说世祖诏天下”，“其七曰：江南田主收佃客租课，减免一分”。《成宗纪》：至元三十一年，十月，“江浙行省言：陛下即位之初，诏蠲今岁田租十分之三。然江南与江北异。贫者佃富人之田，岁输其租。今所蠲特及田主，其佃民输租如故。宜令佃民当输田主者，亦如所蠲之数。从之”。大德八年，正月，“以灾异故，诏江南佃户私租太重，以十分为率减二分，永为定例”。《武宗纪》：至大元年，十一月，“诏绍兴被灾尤甚，今岁又旱，凡佃户止输田主十分之四”。公家饬减私租，事甚罕见，有之，惟元世之于江南耳。《顺帝纪》：至正十四年，“诏谕民间私租太重，以十分为率普减二分，永为定例”，疑亦因江南而推暨也。《清史稿·圣祖纪》：康熙四十九年，十一月，“诏凡遇蠲赋之年，免业主七分，佃户三分，著为令”。又《杭奕禄传》：雍正三年，迁光禄寺卿。“上蠲苏州、松江田赋四十五万。杭奕禄疏言：有田纳赋，既邀蠲免，无田而佃种人田者，纳租业主，亦宜酌减，俾贫富均沾实惠。上谓此奏甚公，下廷臣议，定业户免额一钱，佃户免租谷三升。上命如议速行。”蠲租兼及佃户，盖自此始有定令。然此等法令，多成具文也。

自汉世减轻田租后，国家之所以虐民者，在赋而不在税。赋有取其物者，有用其力者，明世所谓银差、力差也，二者皆可加至无艺，税所增固恒不甚多。

至南宋，专恃和籴以济国用，则不翅并重其税矣。此民之所以不堪也。税所增既不甚多，则公家之增取于田者，在舍官税而以田主自居，如私家之收其租。然既取其租，则亦不能更取其税矣。若如明以来之江南，官税既同私租，而其田仍入私家之手，则为再取其私租矣。此又民之所以不堪也。历来割据者取民恒重，一统之朝，则恒轻减之。如《清史稿·石琳传》：琳以康熙二十五年调云南巡抚。疏言云："云南自明初置镇设卫，以田养军，曰屯田。又有给指挥等官为俸，听其招佃者，曰官田。其租入，较民赋十数倍，犹佃民之纳租于田主。国初吴三桂留镇，以租额为赋额，相沿至今。积逋愈多，官民交困。宜改依民赋上则起科。"其一例也。而如明祖之所为，是自同于草寇也。其恶，实远较买公田、广和籴为甚。

李全降蒙古，杨氏及福据楚州，"支邑民田，皆以少价抑买之，自收赋以赡军"。《宋史·全传》。此亦犹南宋之买公田也。足见此为当时理财之策，故人能见及之也。

（六〇七）辽金元时赐田占田之多

辽、金、元三朝，以地赐其臣下，及其臣自占者颇多。《金史·李石传》："先世仕辽为宰相。高祖仙寿，尝脱辽主之舅于难，辽帝赐仙寿辽阳及汤池地千顷，他物称是。"《辽史》阙佚最甚，此类事传者不多，然必不止此一事，据此，亦可推想其余矣。《金史》亦阙佚，然较《辽》已稍详。《按荅海传》：宗雄次子。世宗时"徙平州。诏给平州官田三百顷，屋三百间；宗州官田一百顷"。《纳合椿年传》："冒占西南路官田八百余顷。大定中，括检田土，百姓陈言官豪占据官地，贫民不得耕种。温都思忠子长寿、椿年子猛安参谋合等三十余家，凡冒占三千余顷。诏诸家除牛头税地各再给十顷，其余尽付贫民种佃。"此事亦见《食货志》，与此大致相同。《志》又载世宗之言，谓："又闻山西田亦多为权要所占。有一家一口至三百顷者，以致小民无田可耕，徙居阴山之恶地，何以自存？其令占官地十顷以上者，皆括籍入官，将均赐贫民。"《完颜匡传》："承安中，拨赐家口地土。匡乃自占济南、真定、代州上腴田。百姓旧业辄夺之，及限外自取。上闻其事，不以为罪，惟用安州边吴泊旧放围场地、奉圣州在官闲田易之，以向自占者悉还百姓。"皆其事之可考见者。元代则尤多。《元史·世祖纪》:中统四年，八月，敕京兆路给赐刘整第一区、田二十顷。至元三年，六月，赐整畿内地五十顷。八年，九月，又赐整钞五百锭，邓州田五百顷。宋之降臣如此，本国之勋旧可知。《武宗纪》：大德十一年，十一月，“赐太师月赤察儿江南田四十顷。时赐田悉夺还官，中书省为言。有旨：月赤察儿自世祖时积有勋劳，非余人比，宜以前后所赐，合百顷与之。仍敕行省平章别不花领其岁入”。至大二年，九月，“御史台臣言：比者近幸为人奏请赐江南田千二百三十顷，为租五十万石，乞拘还官。从之”。《文宗纪》：至顺三年，三月，“燕帖木儿言：平江、松江淀山湖圩田，方五百顷有奇，当入官粮七千七百石。其总佃者死，颇为人占耕。今臣愿增粮为万石入官，令人佃种，以所得余米，赡臣弟撒敦。从之”。本传云:“赐平江官地五百顷。”据《传》，在此以前，尚有龙庆州、平江、松江、江阴等赐地。《顺帝纪》：至正四年，六月，“赐脱脱松江田，为立松江等处稻田提领所”。《特薛禅传》:其玄孙琱阿不剌，至大二年，“赐平江稻田一千五百顷”。《伯颜传》:泰定三年，“迁河南行省平章政事。旧所赐河南田五千顷,以二千顷奉帝师祝厘,八百顷助宿卫,自取不及其半”。此等皆土田。《札八儿传》:“太祖览中都山川形势，顾谓左右近臣曰：朕之所以至此者，札八儿之功为多。又谓札八儿曰:汝引弓射之,随箭所落,悉畀汝为己地。”《镇海传》:“既破燕，太祖命于城中环射四箭，凡箭所至，园池邸舍之处，悉以赐之。”则并及于都会矣。史事传者固有多少,然以辽、金比诸元,恐终如小巫之见大巫也。

此等田地，自多令汉人佃莳取租，然亦有用供田猎、畜牧者。《元史·帖木儿不花传》:镇南王脱欢第四子。移镇庐州。顺帝至元元年，“拨庐州饶州牧地一百顷赐之。”《肖乃台传》:“金亡，赐东平户三百，俾食其赋。命严实为治第宅。分拨牧马草地。日膳供二羊。”《撒吉思传》:“李璮平后,授山东行省都督,迁经略、统军二使，兼益都路达鲁花赤。”“统军抄不花，田游无度，害稼病民。元帅野速答尔，据民田为牧地。撒吉思随事表闻。有旨：杖抄不花一百，令野速答尔还其田。”《和尚传》：子千奴，“东平、大名诸路有诸王牧马草地，与民田相间，互相侵冒，有司视强弱为予夺，连岁争讼不能定。命千奴治之。其讼遂息”。《程思廉传》:成宗即位，除河东、山西廉访使。“太原岁饲诸王驼马一万四千余匹,思廉为请,止饲千匹。”此等皆使中原之地,鞠为茂草者也。《金史·哀宗纪》:正大六年，十二月，“罢附京猎地百里，听民耕稼”。此时之金，犹占民田以为猎地，岂不哀哉？然《田琢传》载琢以贞祐末上书，请尽力耕垦，谓“官司圍牧，势家兼并，宜籍其数而授之农民”，则民田之费于官司圍牧者且多矣，奚止虏主？元世山泽之禁最严，一固贪其利入，一亦欲恣游猎、事放牧。《元史·仁宗纪》：皇庆二年，七月，“保定、真定、河间民流不止。命所在有司给粮两月，仍悉免今年差税。诸被灾地并弛山泽之禁。猎者毋入其境”。足见平时之有禁，多为游猎计也。《世祖纪》：至元二十六年，闰月，“澶州饥，民刘德成犯猎禁，诏释之”。澶州即饥而未曾弛禁者也。《武宗纪》：至大二年，九月，“以薪价贵，禁权豪畜鹰犬之家，不得占据山场，听民樵采”，足见权豪并有禁民樵采者矣。《刑法志》禁令门：纵头匹食践田禾，强取草料，暨放鹰、围猎等禁，皆为当时之权贵设也。《元史·耶律楚材传》：“太祖之世，岁有事西域，未暇经理中原。官吏多聚敛自私，资至巨万，而官无储偫。案谓是时官无储偫是矣，谓官吏多资至巨万，亦未必然，参看《羊羔利》条。近臣别迭等言汉人无补于国，可悉空其人，以为牧地。楚材曰：陛下将南伐，军需宜有所资。诚均定中原地税、商税、盐酒、铁冶、山泽之利，岁可得银五十万两，帛八万匹，粟四十余万石，足以供给，何谓无补哉？帝曰：卿试为朕行之。乃奏立燕京等十路征收课税使。”然则汉人藉出税以免死耳。不能执干戈以自卫者，亦可鉴矣。

当兹丧乱之世，寺观之乘机攘夺者亦多。《金史·世宗纪》：大定二十六年，三月，“香山寺成。幸其寺。赐名大永安。给田二千亩，栗七千株，钱二万贯。”此已不为少矣，而比诸元世，则亦如小巫之见大巫。元世赏赐僧寺，动至百顷，见于史者，不可枚举。其尤多者，如《世祖纪》：中统二年，八月，“赐庆寿寺、海云寺陆地五百顷”。《文宗纪》：天历二年，九月，“市故宋太后全氏田，为大承天护圣寺永业”。至顺元年，二月，“命市故瀛国公田，为大龙翔集庆寺永业”。四月，“括益都、般阳、宁海间田十六万二千九十顷，赐大承天护圣寺为永业”。《顺帝纪》：至正七年，十一月，“拨山东地土十六万二千余顷属大承天护圣寺”。皆是也。而如《仁宗纪》：延祐六年，十月，“中书省臣言白云宗总摄沈明仁强夺民田二万顷”者，尚在其外。倚外族以鱼肉人民，教云乎哉？

（六〇八）金屯田户租佃

金世宗欲以女真制汉人，迁之中原，夺民地以养之，其用意可谓深远矣。独不思待之之优如此，彼尚何为而力耕？《金史·食货志》：大定二十一年，“上谓宰臣曰：山东、大名等路，猛安谋克户之民，往往骄纵，不亲稼穑。不令家人农作，尽令汉人佃莳，取租而已"。时距授田未几，情形即已如此。《张九思传》："九思言屯田猛安人为盗征偿，家贫辄卖所种屯地。凡家贫不能征偿者，止令事主以其地招佃，收其租入。估价与征偿相当，即以其地还之。临洮尹完颜让亦论屯田贫人征偿卖田，乞用九思议。从之。"则浸浸乎不能自保其地矣。《章宗纪》：泰和四年，九月，"定屯田户自种及租佃法"。盖已公然许其租佃。

（六〇九）元时献田

明世庄田，由政府赐与勋戚者，固为恶政，然究犹略有制限，至请乞及投献兴，而其祸益弥漫不可收拾矣。而二者皆起自元世。此可见异族于吾民无所爱惜，亦可见其不知政理也。请乞之著者，如燕帖木儿乞赐平江、松江圩田五百顷，已见《辽金元时赐田占田之多》条。而投献之事尤众。《元史·成宗纪》：大德元年，十二月，"禁诸王、驸马并权豪毋夺民田，其献田者有刑"。二年，正月，"禁诸王、公主、驸马受诸人呈献公私田地及擅招户者"。《武宗纪》：至大元年，七月，"皇子和世㻋请立总管府，领提举司四，括河南归德、汝宁境内濒河荒地，约六万余顷，岁收其租。令河南省臣高兴总其事。中书省臣言：先是有亦马罕者，妄称省委括地，蚕食其民，以有主之田俱为荒地，所至骚动。民高荣等六百人诉于都省，追其驿券，方议其罪，遇赦获免，今乃献其地于皇子"。《英宗纪》：延祐七年，二月，"括勘崇祥院地，其冒以官地献者追其直，以民地献者归其主"。至治二年，十二月，"铁木迭儿子宣政院使八思吉思，坐受刘夔冒献田地伏诛，仍籍其家"。《张孔孙传》：除大名路总管，兼府尹。"有献故河堤三百余里于太后者。即上章，谓宜悉还细民。从之。"事在成宗初。《王约传》：仁宗即位，特拜河南行省右丞。"先是至大间，尚书省用建言者冒献河、汴官民地为无主，奏立田粮府，岁输数万石，是岁，诏罢之，窜建言人于海外，命河南行省复其旧业。行省方并缘为奸，田犹未给。约至，立期檄郡县，厘正如诏。"皆可见投献之猖獗。此与苦赋役之重，献地大户者不同。一献己之所有，一则妄指他人之所有；一犹包庇之以避赋役，一则纯为剥取耳。《明史·忠义·马如蛟传》："出按四川。蜀中奸民，悉以他人田产投势家。如蛟列上十事，永革其弊。”此亦元世之遗风，前世不闻有此也。

（六一〇）庄田

庄本民居之称，犹村落之类，故俗语犹曰村庄。其后富贵之家，多买田亩，派人管理，谓之庄田，而庄字乃稍有指田之意。然亦后起之义，原其朔，实指管理此田者所居之宅舍言之。于志宁谓张行成等“新成庄宅，尚少田园”是也。见《赐田》条。陆务观诗曰：“斜阳疏柳赵家庄，负鼓盲翁正作场。身后是非谁管得？满村听说蔡中郎。”此为庄字初义。《宋史·食货志》：“绍兴六年，张浚奏改江淮屯田为营田。以五顷为一庄，募民承佃。其法五家为保，共佃一庄。”则后起之义矣。《志》又载方田之法，有方帐，有庄帐，有甲帖，有户帖。是庄大于甲而小于方。《金史·高汝砺传》：军户既迁，将括地分授。汝砺诤之曰：“河南民地官田，计数相半。又多全佃官田之家，坟茔、庄井，俱在其中。率皆贫民，一旦夺之，何以自活？”此所谓庄，皆平民之居，多田者管理其田之庄，亦沿袭其名耳。

庄田之名，似始唐世。《宋书·孔靖传》：靖子灵符，“于永兴立墅，周回三十三里，水陆地二百六十五顷，含带二山”。《梁书·后妃传》：高祖于钟山建大爱敬寺。太宗简皇后王氏父骞“旧墅在寺侧，有良田八十余顷，即晋丞相王导赐田也。高祖遣主书宣旨，就骞求市，欲以施寺。骞答旨云：此田不卖；若是敕取，所不敢言。酬对又脱略，高祖怒，遂付市评田价，以直逼还之”。则南北朝时，管理田产者称墅也。《通鉴》：唐宣宗大中十年，“上以京兆久不理，以韦澳为京兆尹。郑光庄吏恣横，积年租税不入，澳执而械之”。胡三省《注》曰：“庄吏，掌主家田租者也。”则始易而称庄矣。唐是时公田亦渐多，取之皆同于私租，故有庄宅使之设。《薛史·宋彦筠传》：彦筠将终，以伊、洛间田庄十数区上进，足见官私管理之法相同也。

官家之设庄田，盖求变税为租，然于“劝耕”之义大悖矣。《薛史·周太祖纪》：广顺三年，正月乙丑，“诏诸道州府系属户部营田及租税、课利等，除京兆府庄宅务、赡国军榷盐务、两京行从庄外，其余并割属州县。所征租税、课利，官中只管旧额，其职员节级，一切停废。应有客户元佃系省庄田、桑土、舍宇，便赐逐户，充为永业，仍仰县司给与凭由。应诸处元属营田户部院及系县人户所纳租中课利，起今年后并与除放。所有见牛犊，并赐本户，官中永不收系云。帝在民间，素知营田之弊，至是，以天下系官庄田仅万计，悉以分赐见佃户充永业。是岁，出户三万余。百姓既得为已业，比户欣然，于是葺屋植树，敢致功力。又东南郡邑，各有租牛课户。往因梁太祖渡淮，军士掠民牛以千万计，梁太祖尽给与诸州民,输租课。自是六十余载。时移代改,牛租犹在,百姓苦之,至是特与除放。未几,京兆府庄宅务及榷盐务,亦归州县依例处分。"《通鉴》曰："前世屯田，皆在边地，使戍兵佃之。唐末，中原宿兵，所在皆置营田以耕旷土；其后又募高赀户，使输课佃之，户部别置官司总领，不隶州县。或丁多无役，或容庇奸盗,州县不能诘。"然则租之所入无几,而他所损者,则不知凡几矣。《薛史·世宗纪》：显德二年，正月乙未，"诏应逃户庄田，并许人请射承佃，供纳税租：如三周年内本户来归者，其庄田不计荒熟，并交还一半；五周年内归业者，三分交还一分;如五周年外归业者，其庄田除本户坟茔外，不在交付之限。"不以为官田招人承种，而必为是措置者，亦以非如是则不能劝耕也。

庄田之制，大略如此。近人或以拟诸欧洲之封建诸侯，则大误矣。彼皆兼有治理之权,抑且诸邦,闭关绝市,亦各足自活;中国之有庄田者,岂能如此哉?佃户之于地主，自不能不从服，然其从服，又与能几何?《通鉴》：后周太祖广顺元年，衡山指挥使廖偃，与其季父节度巡官匡凝，谋率庄户及乡人悉为兵，与彭师暠共立希萼为衡山王。胡《注》曰:"佃豪家之田而纳其租，谓之庄户。"田主之能用之者,如此而已。

宋世海宇承平，教化兴起，有财者较之前世，少知理义，多田者亦然。范仲淹之义庄，最为人所称道，犹限于一家也。《宋史·宗室传》：善誉，"移潼川路提刑、转运判官。以羡赀给诸郡置庄，民生子及娠者俱给米"。然则其早年为昌国簿摄邑事时，"劝编户裒金买田，以助嫁娶丧葬"，亦置庄以供费也。彦倓，"知绍兴府。复鹿鸣礼，置兴贤庄以资其费。筑捍海石塘，亦置庄以备增筑"。《刘黻传》:"知庆元府事。建济民庄，以济士民之急，资贡士春官之费，备郡庠耆老缓急之需。"皆以庄田行善政，利遍及于闾阎，较范氏之专计一家者为优矣。然意在剥削者究多。《黄畴若传》：安边所之置，畴若"乞以官司、房廊及激赏库四季所献,并侂胄万亩庄等,一并拘桩"。则侂胄有万亩之庄矣。《理宗纪》：景定元年，十二月，"诏华亭奉宸庄，其隶外廷助军饷"。奉宸殆宋世之皇庄欤?

（六一一）职田收租之重

《元史·齐履谦传》：泰定二年，宣抚江西、福建。“福建宪司职田，每亩岁输米三石，民不胜苦。履谦命准令输之。由是召怨。”亩输三石，浙西之田不至此，肆意剥削，真堪骇叹！

（六一二）豪强占田之害

豪强之占田，所病者实不尽在其租额之重，而在其收租之酷；又不尽在其收租之酷，而在其规避诸赋役，而尽并诸平民也。明之庄田，人知其为虐政矣，然其租额，不过银三分、米五升，多者乃银五分、米廿升耳。《明史·李敏传》：敏以成化二十一年，召拜户部尚书。“当宪宗末，中官、佞幸，多赐庄田。既得罪，率辞而归之官。罪重者夺之。然不以赋民。敏请召佃，亩科银三分，帝从之，然他庄田如故。会京师大水，敏乃极陈其害。请尽革庄户，赋民耕，亩概征银三分，充各宫用度。无皇庄之名，而有足用之效。至权要庄田，亦请择佃户领之，有司收其课，听诸家领取。时不能用。”《周经传》：孝宗“以肃宁诸县地四百余顷赐寿宁侯张鹤龄。其家人因侵民地三倍。且殴民至死。时王府、勋戚庄田，例亩征银三分，独鹤龄奏加征二分，且概加之沙鹻地”。《诸王传》：英宗第二子德庄王见潾。“正德初，诏王府庄田亩征银三分，岁为常。见潾奏：初年兖州庄田岁亩二十升。独清河一县，成化中用少卿宋旻议，岁亩五升。若如新诏，臣将无以自给。”《韩文传》：“保定巡抚王璟请革皇庄。廷议从之。帝命再议。文请命巡抚官召民佃，亩征银三分输内库，而尽撤中官管庄者。大学士刘健等亦力言内臣管庄扰民，乃命留中官各一人，校尉十人，余如文议。”此新诏所由来也，观此，知庄田租额，虽略有高下，然定法银不过三分，米至二十升，亦为最多矣。而其收租，则弘治时李敏极言其害，曰：“管庄官校，招集群小，称庄头、伴当。占地土，敛财物，污妇女。稍与分辨，辄被诬奏，官校执缚，举家惊惶。民心伤痛入骨。”见《明史·食货志》。亦见本传。甚至如神宗时，福王庄地，散在诸省，“王府官及诸阉，丈地征税，旁午于道，扈养厮役，廪食以万计，渔敛惨毒不忍闻。驾帖捕民，格杀庄佃，所在骚然。”《食货志》。此乃盗贼也，其可忍乎？然犹可诿曰：此固法所不许，在政治清明时，即不能有此等事也。若其规避赋役，则并自托于法令，以为荫蔽矣。宋政和时，品官限田，一品百顷，降杀以十，至九品而为十顷。南渡后则一品为五十顷，降杀以五，至九品而为五顷。身死减半，荫尽，役同编户。见《宋史·食货志》。此已不为不厚矣，然其所依托，则远不止此。《宋史·本纪》：高宗绍兴元年，十二月，“诏官户名田过制者，与民均科”。二十九年，三月，“限命官子孙制田减父祖之半。并其诡名寄产者，格外田亩，同编户科役”。孝宗乾道四年，九月，“限品官子孙名田”。皆为此辈发者也。《食货志》：绍兴六年，知平江府章谊言：“民所甚苦者，催科无法，税役不均。强宗巨室，阡陌相望，而多无税之田，使下户为之破产。”谢方叔所以太息于“小民田日减而保役不休，大官田日增而保役不及”也。引见《宋末公田》条。

《元史·食货志》：至元二十八年，“命江淮寺观田，宋旧有者免租，续置者输税”。《仁宗纪》：延祐五年，十月，“敕僧人除宋旧有及朝廷拨赐土田免租税，余田与民一体科征”。《文宗纪》：天历二年，十二月，“诏诸僧寺田，自金、宋所有及累朝赐予者，悉除其租，其有当输租者，仍免其役”。此等亦皆沿自宋世，陈坚等所以痛心疾首于“琳宫梵宇”也。亦见《宋末公田》条。

《宋史·孝义·侯可传》：“调华原主簿。富人有不占田籍而质人田券至万亩，岁责其租。可晨驰至富家，发椟，出券归其主。”多质田而不占籍，盖亦利免赋役也。

（六一三）异族间兼并

财利无国界也，故虽异国异族之间，亦有互相兼并之事。《宋史·蔡挺传》：知渭州。“蕃部岁饥，以田质于弓箭手，过期辄没。挺为资官钱，岁息什一。后遂推为蕃、汉青苗助役法。”又《贾昌朝传》：判大名府。“边人以地外质，契丹故稍侵边界。昌朝为立法：质地而主不时赎，人得赎而有之。岁余，地悉复。”又《西南溪峒诸蛮传》：乾道十一年，“禁民毋质瑶人田，以夺其业。俾能自养，以息边衅。从知沅州王镇之请也”。足见南北皆有其事矣。蔡挺能体恤质举者，甚善。然官吏能如是者绝鲜，且身亦图利，遂至积涓涓之流，成滔天之祸焉。《圣武记·乾隆湖贵征苗记》云：“苗之未变也，畏隶如官，官如神。兵民利焉，百户、外委利焉，司土者利焉。”“初，永绥厅悬苗巢中，环城外寸地皆苗。不数十年，尽占为民地。兽穷则啮，于是奸苗倡言逐客民，复故地，而群寨争杀，百户响应矣。”指欲复故土者为奸，可乎？清世“内乱”之炽，实始于其所谓川楚“教匪”者，而川楚“教匪”之炽，实以湖贵苗起事掣其兵力之故。所谓积涓涓之流，而成滔天之祸者也。虽然，兼并之召祸，初不自乾隆中始。雍正之西南土司改流，盖亦以是为先驱焉。《清史稿·杨名时传》：名时于乾隆元年疏言：“御夷之道，贵在羁縻，未有怨毒猜嫌而能长久宁帖者。贵州境内，多与苗疆相接。生苗在南，汉人在北，而熟苗居中，受雇直为汉人佣，相安已久。生苗所居，深山密箐，有熟苗为之限，常声内地兵威以慑之，故亦罔敢窥伺。自议开拓苗疆，生苗界上，常屯官兵，干戈相寻，而生苗始不安其所。至熟苗，无事则供力役，用兵则为乡导。军民待之若奴隶，生苗疾之若寇仇。官兵胜，则生苗乘间抄杀以泄忿；官兵败，又或屠戮以冒功。由是熟苗怨恨，反结生苗为乱。如台拱本在化外，有司迎合要功，辄谓苗民献地，上官不察，竟议驻师，遂使生苗煽乱，屡陷官兵，蹂躏内地。间有就抚熟苗，又为武臣残杀，卖其妻女。是以贼志益坚，人怀必死。为今日计，惟有弃苗疆而不取。撤重兵还驻内地，要害筑城，俾民有可依，兵有可守。来则御之，去则舍之。明悬赏格，有能擒首恶及率众归顺者，给与土官世袭，分管其地。更加意抚绥熟苗，使勿为生苗所劫掠，官兵所侵陵，庶有俛首向化之日。不然，臣恐兵端不能遽息也。”熟苗所耕，当亦苗地，顾为汉人之佣，其地盖为汉人所巧取豪夺。既已奴役熟苗矣，乃又以之为介，而进侵生苗之地，苗人安得不反抗？名时云：“为今日计，惟有弃苗疆而不取。”明苗地当还诸苗矣。又《孙嘉淦传》：嘉淦于乾隆七年疏言：“内地武弁，不得干与民事，苗疆独不然。文员不敢轻入峒寨，但令差役催科，持票滋扰而已。争讼、劫杀之案，皆委之于武弁。威权所及，摊派随之。于是因公科敛，文武各行其令；因事需索，兵役竞逞其能；甚至没其家赀，辱及妇女。苗民不胜其忿，与之并命，而嫌衅遂成。为大吏者，或剿或抚，意见各殊，行文查勘，动经数月。苗得闻风豫备，四处句连，饮血酒，传木刻，乱起甚易，戡定实难。幸就削平，而后之人仍蹈前辙，搜捕株连，滋扰益甚。苗、瑶无所告诉，乘隙复动，惟力是视。历来治苗之官，既无爱养之道，又乏约束之方。无事恣其侵渔，有事止于剿杀。剿杀之后，仍事侵渔，侵渔既久，势必又至剿杀。长此循环，伊于胡底？语曰：善为政者，因其势而利导之。苗人散居，各有头人。凡作奸、窝匪之处，兵役侦之而不得者，头人能知之；斗争、劫杀之事，官法绳之而不解者，头人能调之。故治苗在治头人。令各寨用头人为寨长。一峒之中，取头人所信服者为峒长，使各约束寨长而听于县令。众苗有事，寨长处之不能，以告峒长;又不能，以告县令。如是，则于苗疆有提纲挈领之方，于有司自收令行禁止之效。且峒长数见牧令，有争讼可告官区处，而无仇杀之举。牧令数见峒长，有条教可面饬遵行，而无吏役荧蔽之患。扰累既杜，则心志易孚。所谓立法简易，因其俗而利导者也。”其谓苗地当还诸苗,实与名时如出一辙。 孟子曰:善战者服上刑。鄂尔泰、张广泗等其人也。

《清史稿·循吏传》:李大本,附《谢仲坃传》。乾隆时为宝庆府理瑶同知。“横岭峒苗乏食，吁官求粟。大本多方振之。复为苗民筹生计。请于上官曰：横岭峒自逆渠授首，安插余苗，因恶其人，故薄其产，每口授田，才三十穳至四十穳。每穳上田获米六升，中田五升，下田四升，得米无多；又峒田稍腴者，尽与堡卒，极恶者方畀苗民;岁入不足，男则斫柴易米，女则斸蕨为粉，给口实。年来生齿日繁，材木竭，米价益昂，饥饿愁叹，深可怜闵。恐不可坐视而不为之所。见有人官苗田一千三百四十八亩。旧募汉民佃种,出租供饷。奸良不一,屡经洮汰。请视苗民家贫丁众者书诸簿。有汉佃应除者，即书簿之苗丁，次第受种，出租如故，则苗民得食，而饷亦无亏。乃补救之一端。议上，不许。后巡抚陈宏谋见之，曰：此识时务之言也。将陈其事。会他迁，未果。”此汉人战胜苗、瑶后攘夺其土地之一事也。

又《徐本传》：雍正十年，擢安庆巡抚。十一年，疏言:“云、贵、广西改流土司，安置内地，例十人给官房五楹，地五十亩，安庆置二十一人，地远在来安。请变价别购,俾耕以食。”改流后之土司,殆古所谓寓公也。诸侯不臣寓公,而清人遇之之薄如此。

不徒内地也，即台湾亦有兼并之患。《清史稿·陈大受传》：乾隆十一年，调福建巡抚。十二年,疏言:“台湾番民生业艰难,向汉民重息称贷。子女、田产,每被盘折。请拨台谷二万石，分贮诸罗、彰化、淡水诸县，视凤山例接济。其不愿借者听。报可。”重利盘剥之无孔不入如此。

汉人每能盘剥他族者，以其生利之力较强也。《清史稿·常明传》：嘉庆十五年，为四川总督。“宁远府属夷地，多募汉人充佃，自教匪之乱，川民避入者增至数十万人，争端渐起。十七年，常明疏请汉民移居夷地及佃种者，编查入册，不追既往。此后严禁夷人招佃与汉民转佃。报可。”此数十万人之入

"夷地"，必多由"夷人"招募者矣。又《吴杰传》：道光十三年，川南叛夷犯边，师久无功。疏言：夷族"不谙农事，汉民租地，耕作有年，既渐辟硗卤为膏腴，群夷涎其收获，复思夺归。构衅之原，不外于此。今当勘丈清厘。凡汉民屯种夷地，强占者勒令退还，佃种者悉令赎归；无主之田，垦荒已久，聚成村落，未便迁移，画为汉界，禁其再行侵占，庶争端永息"。观此，知汉人侵占，事实有之，然夷族召募，亦不可云无。既化硗卤为膏腴，复艳收获而思攘夺，自非事理之平。然则汉、夷龃龉，咎固多在汉人，而亦不可云尽在汉人也。

《宋史·西南溪峒诸蛮传》：嘉定七年，臣僚言："辰、沅、靖三州之地，多接溪峒。其居内地者谓之省民，熟户、山瑶、峒丁，乃居外为捍蔽。其初区处详密，立法行事，悉有定制。峒丁等皆计口给田，多寡阔狭，疆畔井井。擅鬻者有禁，私易者有罚。一夫岁输租三斗，无他繇役，故皆乐为之用。边陲有警，众庶云集，争负弩矢前驱，出万死不顾。比年防禁日弛。山瑶、峒丁，得私售田。田之归于民者，常赋外复输税，公家因资之以为利，故谩不加省。而山瑶、峒丁之常租仍虚挂版籍，责其偿益急，往往不能聊生，反寄命瑶人，或导其入寇，为害滋甚。宜敕湖广监司檄诸郡，俾循旧制毋废，庶边境绥靖，而远人获安也。"此熟户、山瑶、峒丁，正与清时贵州之熟苗同。

《清史稿·冯光熊传》：为贵州巡抚。嘉庆三年，春，疏请"申禁汉民典买苗田，及重债盘剥，驱役苗佃"。光熊与于平苗之役，足见苗叛实由汉人侵夺其土地也。又《谢启昆传》：嘉庆四年，擢广西巡抚。"广西土司四十有六，生计日绌，贷于客民，辄以田产准折。启昆请禁重利盘剥，违者治罪，田产给还土司。其无力回赎者，俟收田租满一本一利，田归原主，五年为断；其不禁客民入苗地者，廉土民驯愚，物产稀少，藉贩运以通有无也。"此可见所盘剥者不仅苗民，并及其酋长，而从事盘剥者，又非仅农民而兼有商人矣。又《甘肃土司传》，言其"输粮供役，与民无异。惟是生息蕃庶，所分田土多鬻民间，与民错杂而居，联姻而社，并有不习土语者。故土官易制"云。此乃逐渐受汉人之剥削，不待干戈而灭亡者。知土地可以买卖为封建之大敌也。

《清史稿·鄂尔达传》：乾隆四年，调川陕总督。"疏言榆林边民，岁往鄂尔多斯种地，牛具、籽种、日用，皆贷于鄂尔多斯。秋收余粮易牛羊皮，入内地变价，重息还债。请于出口时，视种地多寡，借以官银，秋收以粮抵，俾免借贷折耗之苦，仓储亦可渐充。上从之。"此又塞外部落酋豪，招致汉民，加以剥削者也。然中原之主，亦有剥削外族者。《金史·世宗纪》：大定十七年，十月，“诏以羊十万付乌古里、石垒部畜，收其滋息，以予贫民”。此则汉武帝之出牝马亭矣。

（六一四）富人之不法

《宋史·吴延祚传》：子元载。雍熙三年，徙知秦州。州民李益者，为长道县酒务官。家饶于财，僮奴数千指，恣横持郡吏短长，长吏而下皆畏之。民负息钱者数百家，郡为督理如公家租调。独推官冯伉不从。益遣奴数辈，伺伉按行市中，拽之下马，因毁辱之。先是，益厚赂朝中权贵为庇护，故累年不败。及伉屡表其事，又为邸吏所匿，不得达。后因市马译者附表以闻。译因入见，上其表。帝大怒，诏元载逮捕之。诏书未至，京师权贵已报益。益惧，亡命。元载以闻，帝愈怒，诏州郡物色急捕之。获于河中府民郝氏家。鞫于御史府，具得其状，斩之，尽没其家。益子仕衡，先举进士，任光禄寺丞，诏除籍，终身不齿。益之伏法，民皆饭僧相庆。淳化二年，徙知成都府。及王小波起义，不能捕灭，受代归阙，而成都不守。时李仕衡通判华州，常衔元载因事杀其父，伺元载至阙，遣人阅行装，收其关市之税。元载拒之，仕衡抗章疏其罪，坐责郢州团练副使。又《高斯得传》：移湖南提点刑狱。攸县富民陈衡老，以家丁、粮食资强贼，劫杀平民。斯得至，有愬其事者。首吏受赇而左右之。衡老造庭，首吏拱立。斯得发其奸，械首吏下狱，群胥失色股栗。于是研鞫，具得其状。乃黥配首吏，具白朝省，追毁衡老官资，簿录其家。会诸邑水灾，衡老愿出米五万石振济以赎罪。衡老婿吴自性，与衡老馆客太学生冯烨等谋中伤斯得盗拆官楼。斯得白于朝，复正其罪。出一箧书，具得自性等交通省部吏胥情状。斯得并言于朝。下其事天府，索出赇银六万余两，黥配自性及省、寺高铸等二十余人。初，自性厚赂宦者言于理宗曰：“斯得以缗钱百万进，愿易近地一节。”理宗曰：“高某硬汉，安得有是？”此两事可谓不法已极。然李仕衡既遭禁锢，又判华州；理宗虽不听宦者，亦不闻加以究治；何也？可谓物必自腐而后虫生之矣。

陈衡老求免罪，一出米即至五万石，或疑其数太多，史辞不实。然《食货志》载贾黯请立民社义仓，驳诸路难者之说曰：“若谓恐招盗贼，盗贼利在轻货，不在粟麦。今乡村富室，有贮粟数万石者，不闻有劫掠之虞。”则贮粟数万石，在宋时实非希有之事。乡村人家多有，而况衡老之以富名者也？《元史·王磐传》：世业农，岁得麦万石。乡人号万石王家。又《王克敬传》：元统初，起为江浙行省参知政事。松江大姓，有岁漕米万石献京师者，其人既死，子孙贫且行乞，有司仍岁征，弗足，则杂置松江田赋中，令民包纳。克敬具论免之。则岁入万石，岁出万石，皆视为恒事矣，足见富人积粟之多。又《元史·史天倪传》：曾祖伦少好侠，因筑室发土得金，始饶于财。甲子岁大祲，发粟八万石振饿者。祖成珪，倜傥有父风，遭乱盗贼四起，乃悉散其家财，惟存廪粟而已。振饿发粟八万石，求免罪一出五万石，又岂足异也。悉散家财，惟存廪粟，盖亦知盗贼所利在于轻剂，足证贾黯之说。秦之败也，豪杰争取金玉，而任民独窖仓粟，《史记·货殖列传》。亦以此也。

《清史稿·范毓馪传》：“山西介休人。范氏故巨富。康熙中，师征准噶尔，输米馈军，率以百二十金致一石。六十年，再出师，毓馪兄毓𬱖请以家财转饷，受运值视官运三之一。雍正间，师出西北二路。怡亲王允祥荐毓𬱖主饷，计谷多寡，程道路远近，以次受值，凡石米自十一两五钱至二十五两有差，累年运米百余万石。寇犯北路，失米十三万余石，毓𬱖斥私财补运，凡白金百四十四万两。师既罢，米转运近地，户部按近值核销，故所受远值，责毓𬱖追缴，凡白金二百六十二万，复出私财采蕿，市铜供铸钱以偿。”此其资财，以岁漕万石者拟之，又如小巫之见大巫矣。《论》谓其兄弟“出私财助军兴，几倾其家而不悔，求诸往史，所未有也”。信哉！以助虏之开边，则何也？

（六一五）青苗法

青苗法之利弊，果何如乎？曰：其事在当时，相需孔殷，然行之决不能无弊。何也？曰：宋承五代之后，民困似纾而实未纾。故其时言及民生者，无不以为困苦不堪，而重利盘剥，病民尤甚。得公家之贷款以济之，民始获少苏喘息矣。故曰相需甚殷也。然官吏则安能任此？王安石以法示苏辙。辙曰：“以钱贷民，使出息二分，本非为利。然出纳之际，吏缘为奸，虽有法不能禁。”《宋史·食货志》。自是平情之论。抑非独吏缘为奸也，官即不邀功赏，亦必自顾考成。既有令，安得不散？既散之，安得不筹及收回？于是抑配及令民相保、分配转择有力之户诸弊，相随而至，而追呼亦不得不用矣。理有固然，势有必至，斯事有召祸，而法有起奸矣。此法李参行诸陕西，民获其利。安石知鄞县，贷谷与民，立息以偿，俾新陈相易，邑人便之，亦与青苗无异。所以能如此者，以行之者异其人；抑为一方一邑之政，非勒以法令、行诸全国者也。

官吏不免以取息为意；抑出入之际，能否无少与多取之弊，事极难言。然谓其取之转浮于私家倍称之邀，则亦未为平允。《宋史·陈舜俞传》：知山阴县。青苗法行，不奉令，上疏自劾曰："民间出举财物，取息重止一倍，约偿缗钱，而谷粟、布缕、鱼盐、薪蔌、耰锄、斧锜之属，得杂取之。朝廷募民贷取，有司约中熟为价，而必偿缗钱，欲如私家杂偿他物不可得。祖宗著令，以财物相出举，任从书契，官不为理。其保全元元之意，深远如此。今诱之以便利，督之以威刑，方之旧法异矣。"然则民所最苦，惟在必偿缗钱。至于利率，则韩琦言"借之一千，令纳一千三百"，见《食货志》。《志》又载范镇之言，亦曰："陛下初诏云：公家无所利其入，今提举司以户等给钱，皆令出三分之息。"只今所谓三分。又云："凡春贷十千，半年之内，便令纳利二千；秋再放十千，至岁终，又令纳利二千；则是贷万钱者，岁令出息四千。"亦不过四分。王广渊为此法所由行，然其传云："广渊以方春农事兴，兼并之家，得以乘急要利，乞留本道钱帛五十万，贷之贫民，岁可获息二十五万。"亦不过五分耳，未及倍也。《李常传》：常言："州县散常平钱，实不出本，勒民出息。"此等弊政，必积久而后致，初行时必不敢如此。故王安石请令常具官吏主名，而常不能对也。

元祐元年，废青苗法，四月，复之。史云出范纯仁意。绍圣二年，淮南转运副使庄公岳请勿立定额。奉议郎郑仅等愿戒抑配，止收一分之息。皆见《食货志》。此可见青苗之弊，抑配及取息重，为其两大端也。

苏颂言："提举青苗官，不能体朝廷之意，邀功争利，务为烦扰。且与诸司不相临统，文移同异，州县莫知适从。乞与常平众役，一切付之监司，改提举为之属。则事有统一，而于更张之政，无所损也。"不从。此自是立法之弊。盖但求其事之行，因重其提举之权，而不计其统属之不明也。

《神宗纪》：熙宁三年，正月乙卯，"诏诸路散青苗钱禁抑配"。五月癸巳，"诏并边州郡毋给青苗钱"。盖抑配等弊，朝廷未尝不豫烛之，故禁戒之诏与行法之诏并下，且于缘边逆绝之也。然《蔡挺传》言：挺知庆州，蕃部岁饥，以田质于弓箭手，过期辄没。挺为贷官钱，岁息什一。后遂推为蕃汉青苗、助役法。则蕃部亦有资于此矣。

《食货志》述和籴，言“陕西籴谷，岁豫给青苗钱。天圣已来，罢不复给”。《仁宗纪》：天圣四年，十月辛未，“罢陕西青苗钱”。李参之青苗钱，当源于此。《参传》言熙宁青苗法萌于参，实数典而忘祖也。《志》又述俵籴云：“熙宁八年，令中书计运米百万石费约三十七万缗，帝怪其多。王安石因言：俵籴非特省六七十万缗岁漕之费，且河北入中之价，权之在我。遇斗斛贵住籴，即百姓米无所籴，自然价损。非惟实边，亦免伤农。乃诏岁以末盐钱钞、在京粳米六十万贯石，付都提举市易司贸易。度民田入多寡，豫给钱物。秋成于澶州、北京及缘边入米麦粟封桩。即物价踊，权止入中，听籴便司兑用，须岁丰补偿。绍圣三年，用吕大忠言，召农民相保，豫贷官钱之半，循税限催科，余钱至夏秋用时价随所输贴纳。崇宁中，蔡京令坊郭、乡村，以等第给钱，俟收，以时价入粟。边郡弓箭手、青唐蕃部皆然。”此既类豫买，亦得青苗钱之意也。

《辽史·食货志》言其“东京沿边诸州，各有和籴仓。依祖宗法，出陈易新，许民自愿假贷，收息二分。所在无虑二三十万石。虽累兵兴，未尝用乏。逮天庆间，金兵大入，尽为所有”。案《辽史》虽云阙佚，然苟和籴假贷，出入之间，大有弊窦，不能绝无事迹散见。而今竟无有，疑其循旧敛散，颇可相安；而取息二分，滋长不已，故虽累兵兴，未尝用乏也。然则仓储出贷，实有弘益，亦不必滋弊。宋青苗法之滋弊，实以其推行太急，未能顺其自然之势，又无祛弊之法；而攻新法者，又欲一举而尽去之，而不肯平心商榷，以祛其弊而收其利耳。

义仓之法始于隋。朱子所创之社仓，实大与之类。所异者，一借贷取息，一但事振济耳。足见借贷取息，未足为病也。清雍正二年，议定社仓收息之法：“凡借本谷一石，冬间收息二斗。小歉减半。大歉全免，只收本谷。至十年后，息倍于本，只以加一行息。”《清史稿·食货志·仓库》。亦不讳取息也。

（六一六）羊羔利

放债者子本相侔，即禁再取利，为中国相沿之法，已见《借贷利率》条。至元时，乃有所谓羊羔利者，至期不偿，则以利为本而复生利。人皆以是为回鹘咎，其实不然也。《元史·太宗纪》：十二年，“是岁，以官民贷回鹘金偿官者，岁加倍，名羊羔息，其害为甚，诏以官物代还，凡七万六千锭。仍命凡假贷岁久，惟子本相侔而止，著为令”。《耶律楚材传》：“州郡长吏，多借贾人银以偿官，息累数倍，曰羊羔儿利，至奴其妻子，犹不足偿。楚材奏令本利相侔而止，永为定制。民间所负者，官为代偿之。”《良吏·谭澄传》：澄为交城令。“岁乙未，籍民户，有司多以浮客占籍，及征赋，逃窜殆尽，官为称贷，积息数倍，民无以偿。澄入觐，因中书耶律楚材，面陈其害。太宗恻然，为免其逋，其私负者，年虽多，息取倍而止。”此三者即一事。《王珍传》：“岁庚子，入见，言于帝太宗。曰：大名困于赋调，贷借西域贾人银八十锭，及逋粮五万斛。若复征之，民无生者矣。诏官偿所借银，复尽蠲其逋粮。”《史天泽传》：蔡州破后，“天泽还真定。时政烦赋重，贷钱于西北贾人以代输，累倍其息，谓之羊羔利，民不能给。天泽奏请官为偿，一本息而止。继以岁饥，假贷充贡赋，积银至一万三千锭，天泽倾家赀，率族属、官吏代偿之”。所谓西域贾人，西北贾人，亦即《太宗纪》所谓回鹘。《严实传》：第二子忠济，袭实为东平路行军万户管民长官。中统二年，召还京师。“忠济治东平日，借贷于人，代部民纳逋赋，岁久愈多。及谢事，债家执文券来征。帝闻之，悉命发内藏代偿。”《耶律阿海传》：孙买哥，袭父中都路也可达鲁花赤。“时供亿浩繁，屡贷于民，买哥悉以私帑偿之，事闻，赐银万两。”《董文炳传》：岁乙未，以父任为藁城令。“前令因军兴乏用，称贷于人，而贷家取息岁倍，县以民蚕麦偿之。文炳曰：民困矣，吾为令，义不忍视也，吾当为代偿。乃以田庐若干亩计直与贷家。”所从贷之人与民，亦必是物也。此等借贷，皆由官尸其事。亦有由民尸之者。如《王玉传》：言玉权真定五路万户。“有民负西域贾人银，倍其母不能偿，玉出银五千两代偿之。”此亦必贷以充贡赋，故能由官代偿。盖官吏时有更调，其可信或尚不如当地之豪民，故以民为借主也。官吏借贷，以充贡赋，前此未闻。《阎复传》：复于元贞三年上疏，言“古者刑不上大夫，今郡守以征租受杖，非所以厉廉隅”。元贞如此，而况中统以前？盖迫于淫威，不得不尔。此自元朝之酷，于回鹘乎何与？回鹘之可诛者，或为乘危以邀重利耳。然《刘秉忠传》：秉忠尝上书世祖言：“今宜打算官民所欠债负，若实为应当差发所借，宜依合罕皇帝圣旨，一本一利，官司归还。凡赔偿无名虚契所负，及还过元本者，并行赦免。”时世祖尚未立，其后于此说盖尝认真行之。故《姚枢传》：枢被召至，为书数千言，其及救时之弊者，有曰“倚债负，则贾胡不得以子为母，破称贷之家”也。远年债负，限于一本一利，其法盖出乡村。农民收入少，春耕时借，至秋获而不能偿者，待至明秋，所入亦不过如此；因其借在去年而增息，必至永不能偿，故不得不限以元额。若商人之资本，则本为流通蕃息之财，周转之次数愈多，则其所生之利愈巨，不论历时之久暂，概限以子本相侔，实未为得其平，更有何人肯事出举？故此法在中国，本未必行于城市，而回鹘竟受此限制，其所损为已多矣，尚得为之咎乎？或曰：刘秉忠言有无名虚契，此已为非法。又《廉希宪传》："嗣国王头辇哥行省镇辽阳，有言其扰民不便者，诏起希宪为北京行省平章政事。有西域人，自称驸马，营于城外，系富民，诬其祖父尝贷息钱，索偿甚急。民诉之行省。希宪命收捕之。其人怒，乘马入省堂，坐榻上。希宪命捽下跪，而问之曰：法无私狱，汝何人，敢擅系民？令械系之。其人皇惧求哀，国王亦为之请，乃稍宽，令待对，举营夜遁。"又《王磐传》：出为真定、顺德等路宣慰使。"有西域大贾，称贷取息。有不时偿者，辄置狱于家，拘系榜掠其人。且恃势干官府，直来坐厅事，指挥自若。磐大怒。叱左右捽下，棰之数十。时府治寓城上，即挤诸城下，几死。郡人称快。"此两事则更堪发指矣。殊不知此乃元代亲贵所为，与西域贾人无涉也。《新元史·食货志》云："斡脱官钱者，诸王、妃、主以钱借人，如期并其子母征之，元初谓之羊羔儿息。时官吏多借西域贾人银，以偿所负，息累数倍，至没其妻子，犹不足偿。耶律楚材奏令本利相侔，永为定例。中统三年，定诸王投下取索债负人员，须至宣抚司彼此对证；委无异词，依一本一利还之。毋得将欠债官民人等强行拖拽，人口头匹准折财产，搅扰不安，违者罪之。至元八年，立斡脱所，以掌其追征之事。二十年，斸昔剌斡脱所负官钱。是年，诏未收之斡脱钱悉免之。二十九年，复诏穷民无力者，本利免其追征，中户则征其本而免其利。元贞元年，诏贷斡脱钱而逃匿者罪之，仍以其钱赏首告者。《旧史·本纪》逃匿作逃隐。又：大德四年，正月，"命和林戍军借斡脱钱者，止偿其本"。大德元年，禁权豪斡脱。二年，诸王阿只吉索斡脱钱，命江西行省籍负债者之子妇。省臣以江南平定之后，以人为货，久行禁止，移中书省罢其事。五年，禁斡脱钱夹带他人营运，违者罪之。六年，札忽真妃子、念木烈大王位下遣使人燕只哥歹等追征斡脱钱物。不由中书，亦无元借斡脱钱数目，止云借斡脱钱人不鲁罕丁等三人。展转相攀，牵累一百四十余户。中书省议准：凡征斡脱官钱者，开坐债负户计、人名、数目呈中书省，转咨行省官，同为征理。照验元坐取斡脱钱人姓名，依理追征。毋致句扰违错。著为令。"

观此，知回鹘之借贷，入元初不久，即为亲贵所攘夺矣，回鹘在中国放债，由来已久。《旧唐书·李晟传》：子惎，累官至右龙武大将军，沉湎酒色，恣为豪侈，积债至数千万。其子贷回鹘钱一万余贯不偿，为回鹘所诉。文宗怒，贬惎为定州司法参军。即其一事。《通鉴》：德宗贞元三年，河陇既没于吐蕃，自天宝已来，安西、北廷奏事及西域使人在长安者，归路既绝，人马皆仰给于鸿胪。礼宾委府县供之，于度支受直。度支不时付直，长安市肆不胜其弊。李泌知胡客留长安久者，或四十余年，皆有妻子，买田宅，举质取利，安居不欲归，命检括胡客有田宅者停其给，凡得四千人。胡三省《注》："举者，举贷以取倍称之利也。质者，以物质钱，计月而取其利也。"案此所谓倍称者，犹言其为重利耳，非谓其利与本相侔也。此等胡客，随回鹘而来者甚多，故亦冒回鹘之名。读《新唐书·回鹘传》可见。元世西域来者，不皆回鹘。回鹘，元时称畏吾儿，亦不称回鹘。放债者称回鹘，盖犹是唐世胡客之后，元初来自西域之贾胡，与之合流也。然则西域商人在中国放债，不但为时甚早，亦且历时甚久矣。迄不闻其以重利盘剥，为民所恨，为法所诛，何哉？无如西域之亲贵以资依倚，势固不容尔也。《元史·张珪传》：珪于泰定初论当世得失，有曰："中卖宝物，世祖时不闻其事。自成宗以来，始有此弊。分珠寸石，售直数万。大抵皆时贵与斡脱中宝之人，妄称呈献，冒给回赐，高其直且十倍。蚕蠹国财，暗行分用。"斡脱之罔利，在此不在彼，亦时贵所为也。

（六一七）印子钱

予十余龄时，即闻上海有所谓印子钱者，专由印度人放诸华人。其后旅沪，人言亦如是。然其实非也。《清史稿·成性传》：附《朱克简传》。康熙十一年，授工科给事中。疏陈民生十害，其九为放债，云："百姓十室九空，无藉乘急取利，逐月合券，俗谓印子钱，利至十之七八，折没妻孥。"则清初已有之矣。其时为此者，似以旗人为多。盖法之所禁，非恃势不能为也。《清史稿·赵士麟传》：康熙二十三年，授浙江巡抚。"杭州民贷于驻防旗兵，名为印子钱。取息重，至鬻妻孥、卖田舍；不偿，则閧于官。营兵马化龙殴官，成大狱。士麟移会将军，掣缴券约，捐资代偿。将军令减子归母，母复减十之六。事遂解，民大称颂。"此事可谓不法已极。然士麟徒能代偿，不能惩也。又《马如龙传》：康熙二十四年，迁杭州知府。“杭州民贷于旗营，息重不能偿，质及子女。如龙请于将军，核子母，以公使钱代偿。杭州民咸颂如龙。”则士麟之所为，并不过救一时之急，尚未能庇及来年也。《刘荫枢传》：康熙时，除刑科给事中。疏言：“京师放债，六七当十；半年不偿，即行转票，以子为母。数年之间，累万盈千。乞敕严立科条，照实贷银数三分起息。”《卫既齐传》：康熙时，授直隶霸州州判。“民贷于旗丁，子钱过倍，横索无已。既齐力禁戢之，无敢逞”。则又南北皆然。《成性传》云逐月合券，此云半年不偿乃转票，似其盘剥较轻，借时先有折扣，则亦未可谓轻也。此与赵瓯北所云放京债者无异，见《京债》条。足见其由来已久。《张照传》：乾隆七年，擢刑部尚书。“民间贷钱征息，子母互相权，谓之印子钱。雍正间，八旗佐领等有以印子钱朘所部旗丁者，世宗论禁革，都统李禧因请贷钱者得自陈，免其偿，并治贷者罪。至是，照言印子钱宜禁，如止重利放债，依违禁取利本律治罪，禧所议宜罢不用。从之。”盖重利放债，究以印子钱为最甚也。参看《羊羔利》条。

上海晚近之重利放债，公元一九三二年十二月八日之《时事新报》曾载之。其说分洋债与印子钱为二。名印度人所放者曰洋债。云：其利为十分。如借百元者，月付息十元，一年则百二十元矣。借者不书借据，但于空白纸上印一指模与之。若不能偿，则彼于此纸上填写本利而兴讼。所写利率，不过二分，以避盘剥之咎，然本钱则任其填写矣。印子钱，该报云最为普遍。大抵借五十元者，先扣去鞋袜费五元，实止借得四十五元，而每日须还一元，二月为清，则共得六十元矣。所借少则为期短。如借十元先扣一元，日还四角，一月为清，则共得十二元也。又有曰礼拜钱者，每星期付息一次。如借银十元，扣去鞋袜费一元，每星期付息一元。又有曰加二钱者，借百元，月付息二十元。又有曰皮球钱者，还不逾日，晨借十元，晚还十元二角。以上皆《时事新报》所载也。别有一报，予所作笔记及剪存报纸，因旧居为倭寇炸毁，悉亡佚破损。此纸即破损者之一。所记报名及年月日，均不可考。则以印子钱专为印度人所放。盖印子钱本中国重利盘剥之旧名，在晚近之上海，则以印度人所放为多也。《时事新报》此则，乃上海商业储蓄银行所登，为该行静安寺路分行创办信用小借款而设，实广告也。信用小借款，利率自云为七厘半。局外人论者云：以其先扣利息及本金分期拔还，实合一分五厘以上。

（六一八）掌固

《通鉴》隋高祖开皇十七年："大理掌固来旷上言大理官司太宽，帝以旷为忠直，遣每旦于五品行中参见。旷又告少卿赵绰滥免徒囚，帝使信臣推验，初无阿曲。帝怒，命斩之。绰固争，以为旷不合死"云云。胡《注》云：掌固，盖即汉之掌故。唐省、台、寺、监，皆有掌固，固隋制也。案《旧唐书·职官志》尚书省云亭长、掌固，检校省门户仓库厅事陈设之事。见《尚书都省注》。此非汉掌故职，其人亦未必能上书言事；然则隋制似类汉，唐制未必袭隋。

（六一九）纵火

《隋书·高颎传》：文帝问颎以取陈之策。颎曰："江南土薄，舍多竹茅，所有储积，皆非地窖。若密遣行人，因风纵火，待彼修立，复更烧之。不出数年，自可财力俱尽。"今按以此策施之营造多用木材之国，实良图也。或谓安得如许人入彼境？不如彼据我境，我民之习其情，通其语者多矣。此辈固非尽忠，纯然歆以厚利，质其家属而驱使之，安见不可得数千人之用邪？彼入我境之浪人，皆是物也，今之藏谷，诚不于茅竹之舍，然今之制敌者，又岂专恃纵火邪？

（六二〇）竞渡

竞渡之戏见于正史者，《隋书·地理志》始载之云："屈原以五月望日赴汨罗，土人追至洞庭不见，湖大船小，莫得济者，乃歌曰：'何由得渡湖。'因尔鼓棹争归，竞会亭上，习以相传，为竞渡之戏。其迅楫齐驰，棹歌乱响，喧振水陆，观者如云，诸郡率然，而南郡、襄阳尤甚。二郡又有牵钩之戏，云从讲武所出，楚将伐吴，以为教战，流迁不改，习以相传。钩初发动，皆有鼓节，群噪歌谣，振惊远近，俗云以此厌胜，用致丰穰。其事亦传于他郡。"案观南郡、襄阳之举，则祈谷与皆武之意为多，屈原之说特其附会耳。京口之俗，亦以五月五日为斗力之戏，各料强弱相敌，事类讲武，"梁简文之临雍部，发教禁之，由是颇息"。则其明证。而祈年、讲武又非二事，《礼记》曰：季春出火可焚也。然后简其精锐，历其卒伍，而君亲誓命，以习军旅，左之右之，坐之起之，以观其习变也。而流示诸会，而盐诸利，以观其不犯命也。求服其志，不贪其得，故以战则克，以祭则受福。凡公共集会，无不作有益之事，寓教诫之意如此。然久之迷信渐淡，争战渐希，则徒变而为游戏矣。角觝之变是也，此亦可云社会进化。

（六二一）怪异

历代《五行志》所载诸怪异事，有可以理解者，亦有不可解者。其不可解者或出虚诬，然亦有不解尽指为虚诬者，要之，理无穷而人之所解知者尚少耳。《宋史·五行志》：太平兴国九年，扬子县民妻生男，毛被体半寸余，面长，顶高，乌眉，眉毛粗密，近发际有毛两道，软长眉，紫唇，红耳，厚鼻，大类西域僧。至三岁，画图以献。当时扬州未必无胡人杂居，此妇或与胡通而生此子。此理之可解者也。其不可解者，元丰末，尝有物大如席，夜见寝殿上，而神宗崩。元符末，又数见，哲宗崩。至大观间，渐昼见。政和元年以后，大作，每得人语声则出。先若列屋摧倒之声，其形廑丈余，仿佛如龟，金眼，行动硁硁有声。黑气蒙之，下人了了，气之所及，腥血四洒，兵刃皆不能施。又或变人形，亦或为驴，自春历夏，昼夜出无时，遇冬则罕见。多在掖庭宫人所居之地，亦尝及内殿，后习以为常，人亦不大怖。宣和末，寖少，而乱遂作。此事记载，庸不尽实，然历时甚久，见者甚多，亦不能尽指为虚诬，何邪？

（六二二）传衣钵

《新五代史·和凝传》云："唐故事，知贡举者所放进士，以已及第时名次为重。凝举进士及第时第五，后知贡举，选范质为第五。后质位至宰相，封鲁国公，官至太子太傅，皆与凝同，当时以为荣焉。"《文献通考·选举考》引叶石林曰："唐末，礼部知贡举，有得程文优者，即以已登第时名次处之，不以甲乙为高下也，谓之传衣钵。和凝登第，名在十三，后得范鲁公质，遂处以十三。其后范登相位，官至太子太傅，封国于鲁，与凝皆同，世以为异也。"

（六二三）生日

生日称庆，古无有也。《隋书·高祖纪》，仁寿三年四月癸卯诏曰："哀哀父母，生我劬劳。欲报之德，昊天罔极。但风树不静，严敬莫追，霜露既降，感思空切。六月十三日是朕生日，宜令海内为武元皇帝、元明皇后断屠。"是为帝王诏旨自言生日之始，然尚出于追念劬劳之意，未曾令人称庆也。《旧唐书·玄宗纪》，开元十七年："八月癸亥，上以降诞日，燕百寮于花萼楼下。百寮表请以每年八月五日为千秋节，王公已下献镜及承露囊，天下诸州咸令燕乐，休暇三日，仍编为令。从之。"则群以宴乐为务，绝无感怆之意矣。《新唐书·礼乐志》述其事，谓其"君臣共为荒乐，当时流俗多传其事以为盛。其后巨盗起，陷两京，自此天下用兵不息，而离宫苑囿，遂以荒堙。独其余声遗曲传人间，闻者为之悲凉感动"，岂不哀哉！然自肃宗已后，皆以生日为节，惟德宗不立节，然王虔休犹作《继天诞圣乐》以进，固知其端一开，其流不易塞也。《旧唐书·职官志》礼部，"凡千秋节御楼设九部之乐，百官袴褶陪位"。《礼乐志》又曰："帝幸骊山，杨贵妃生日，命小部张乐长生殿，因奏新曲，未有名，会南方进荔枝，因名曰《荔枝香》。"《旧唐书·睿宗诸子传》："(玄宗)每年至宪生日，必幸其宅，移时宴乐。"则相与为荒嬉者，又不独一千秋节矣。

《旧唐书·韦绶传》："穆宗即位，以师友之恩，召为尚书右丞兼集贤院学士。绶以七月六日是穆宗载诞节，请以是日百官诣光顺门贺太后，然后上皇帝寿。时政道颇僻，敕出，人不敢议。久之，宰相奏古无生日称贺之仪，其事终寝。"《新唐书·唐临传》：孙绍，中宗时为太常博士。"四时及列帝诞日，遣使者诣陵如事生，绍以为非礼，引正谊固争。"是生日唐时人固皆知其非礼也，特莫能诤耳。夫古无是礼者，何也？古无历日，安知生日。臧荣绪以宣尼庚子生，是日陈五经而拜之，失尊圣之道矣。然宣尼庚子生，犹有书传可据也。武宗初即位，即以二月十五日为玄元皇帝降生日，立为降圣节，则矫诬甚矣。

所恶于生日称庆者，何也？曰：为其多费也。《旧唐书·文宗纪》："开成二年九月史无九月字，然八月壬辰朔，其月不得有甲申。甲申诏曰：庆成节朕之生辰，天下锡宴，庶同欢泰。不欲屠宰，用表好生，非是信尚空门，将希无妄之福。恐中外臣庶，不谕朕怀，广置斋筵，大集僧众，非独凋耗物力，兼恐致惑生灵。自今宴会蔬食，任陈脯醢，永为常例。"观此，知广置斋筵，费转大于陈脯醢者也。"又敕：庆成节，宜令京兆尹准上巳、重阳例，于曲江会文武百寮,延英奉觞宜权停。"盖自甘露变后,帝居常忽忽不怿,见《新唐书·李训传》。故有此敕。然曲江之会，自此又成故事矣。《纪》于是年及三年四年皆书之。《新唐书·赵隐传》：隐以咸通末辅政，"懿宗诞日宴慈恩寺，隐侍母以安舆临观"。可见燕集之盛。《旧唐书·哀帝纪》：帝以八月丙午即位，"甲寅，中书奏：皇帝九月三日降诞，请以其日为乾和节。从之。丁巳，敕：乾和节方在哀疚，其内道场宜停。庚申，敕：乾和节文武百寮诸军诸使诸道进奏官准故事于寺观设斋，不得宰杀，只许酒果脯醢。辛酉，敕：三月二十三日嘉会节。伏以大行皇帝仙驾上升，灵山将卜，神既游于天际，节宜辍于人间。准故事，嘉会节宜停"。是时唐已朝不保夕，而旬日之间，因此降敕者四焉，岂不哀哉！梁太祖生日曰大明节，开平二年，百官设斋于相国寺。三年，帝御文明殿，设斋僧道，召宰臣、翰林学士预之。后唐明宗生日曰应圣节，百寮于敬爱寺设斋。晋高祖生日曰天和节，宴近臣于广政殿。周太祖生日曰永寿节，广顺二年七月丙辰，诏内外臣寮，每遇永寿节旧设斋供，今后中书门下与文武百官共设一斋，侍卫亲军都指挥使已下共设一斋，枢密使内诸司使已下共设一斋，其余前任职员及诸司职掌吏不得开设道场及设斋。皆见《旧五代史·本纪》，饮食若流，万舞翼翼，谓之何哉？

休假例为三日，自唐至五代无变。《旧五代史·梁太祖纪》：开平元年五月"辛巳，有司奏以降诞之日为大明节，休假前后各一日"。《末帝纪》：乾化三年三月，"文武百官上言，请以九月十二日帝降诞日为明圣节，休假三日，从之"。《唐明宗纪》：天成元年六月，"中书奏请以九月九日皇帝降诞曰为应圣节，休假三日，从之"。降圣节本休假一日，《旧唐书·武宗纪》。《薛史·后唐·明宗纪》：天成三年正月，中书上言："旧制遇二月十五日为圣祖降圣节，应休假三日，准会昌元年二月敕休假一日，请准近敕。从之。"则未尝有三日之制也。《末帝纪》：清泰二年正月乙巳，"中书门下奏：遇千春节，凡刑狱公事奏覆，候次月施行。今后请重系者即候次月，轻系者即节前奏覆决遣。从之"。《晋高祖纪》：天福六年"二月辛卯诏天下郡县，不得以天和节禁屠宰，辄滞刑狱"。则其废事，又有出于休假之外者矣。

《旧唐书·崔日用传》：玄宗拜日用吏部尚书，"日用尝采《毛诗·大雅、小雅》二十篇及司马相如《封禅书》，因上生日表上之，以申规讽，并述告成之事。"《韦执谊传》："德宗载诞日，皇太子献佛像。"生日进献，其初盖不过如此而已。

乃后遂有大相径庭者。《新唐书·常衮传》言：代宗时，"天子诞日，诸道争以侈丽奉献，不则为老子、浮屠解祷事。衮以为：汉文帝还千里马不用，晋武帝焚雉头裘，宋高祖碎琥珀枕，是三主者，非有聪明大圣以致治安，谨身率下而已。今诸道馈献，皆淫侈不急，而节度使、刺史非能男耕而女织者，类出于民，是敛怨以媚上也，请皆还之"。然《食货志》言：帝生日、端午，于四方贡献至数千万者，加以恩泽。则岂徒不能还之而已！《旧唐书·齐映传》：映以贞元二年拜平章事，三年正月贬夔州，又转衡州，七年授桂管观察使，又改洪州刺史、江西观察使。"映常以顷为相辅，无大过而罢，冀其复入用，乃掊敛贡奉，及大为金银器以希旨。先是，银瓶高者五尺余，李兼为江西观察使，乃进六尺者，至是，因帝诞日、端午，映为瓶高八尺者以献。"《卢征传》："贞元八年春同州刺史阙，特诏用征，数岁转华州刺史。征冀复入用，深结托中贵，厚遗之。故事：同、华以近地人贫，每正、至、端午、降诞，所献甚薄；征遂竭其财赋，每有所进献，辄加常数，人不堪命。"盖踵事增华，遂成风气矣。《新唐书·郑珣瑜传》："为河南尹，未入境，会德宗生日，尹当献马，吏欲前取印白珣瑜视事，且纳贽；珣瑜徐曰：未到官而遽事献礼欤？不听。"盖吏之务求自媚如此。《旧五代史·梁太祖纪》：开平元年大明节，内外臣寮各以奇货良马上寿；二年，诸道节度、刺史各进献鞍马、银器、绫帛以祝寿；三年，诸道节度、刺史及内外诸司使咸有进献。此岂能男耕女织欤？又《袁象先传》云："梁祖领四镇，统兵十万，威震天下。关东藩守，皆其将吏，方面补授，由其保荐，四方舆金辇璧，骏奔结辙，纳赂于其庭，如是者十余年，寖成风俗。藩侯牧守，下逮群吏，罕有廉白者，率皆掊敛剥下，以事权门。"观此而梁祖之生辰所取于其下者可知矣。又《唐明宗纪》：即位后，诏"天下节度、防御使，除正、至、端午、降诞四节量事进奉，达情而已，自于州府圆融，不得科敛百姓。其刺史虽遇四节，不在贡奉"。又《晋高祖纪》：天福六年正月戊辰诏："应诸州无属州钱处，今后冬至、寒食、端午、天和节及诸色谢贺，不得进贡。"观此，知当时诸州之于各节进奉，实有力不能胜之苦也。然又《汉隐帝纪》：乾祐三年三月，"邺都留守高行周、兖州符彦卿、郓州慕容彦超、西京留守白文珂、镇州武行德、安州杨信、潞州常思、府州折从阮皆自镇来朝，嘉庆节故也"。则诸州镇于贡奉之外，又有身自来朝者矣。仆仆道途，又增馆驿之费，在朝廷亦更增宴犒之费而已。又《唐明宗纪》：天成二年九月"伪吴杨溥遣使以应圣节贡献"，则邻国亦有来者，可见其时之人视生日之重矣。

《旧唐书·李德裕传》云："元和已来，累敕天下州府，不得私度僧尼。徐州节度使王智兴聚货无厌，以敬宗诞月，请于泗州置僧坛，度人资福，以邀厚利。江、淮之民，皆群党渡淮。德裕奏论曰：王智兴于所属泗州置僧尼戒坛，自去冬于江淮已南，所在悬榜招置。江淮自元和二年后，不敢私度；自闻泗州有坛，户有三丁，必令一丁落发，意在规避王徭，影庇资产。自正月已来，落发者无算。臣今于蒜山渡点其过者，一日一百余人。勘问惟十四人是旧日沙弥，余是苏、常百姓，亦无本州文凭，寻已勒还本贯。访闻泗州置坛次第，凡僧徒到者，人纳二缗，给牒即回，别无法事。若不特行禁止，比到诞节，计江、淮以南，失却六十万丁壮。"此藩镇借进奉之名，以图自利之实最显者也。失却丁壮，为官家所深惧。然《薛史·梁末帝纪》：龙德元年，"三月丁亥朔，礼部员外郎李枢上言：请禁天下私度僧尼及不许妄求师号紫衣。如愿出家受戒者，皆须赴阙比试艺业施行。愿归俗者，一听自便。诏曰：两都左右街赐紫衣及师号僧，委功德使具名闻奏。今后有阙，方得奏荐；仍须道行精至，夏腊高深，方得补填。每遇明圣节，两街各许官坛度七人，诸道如要度僧，亦仰就京官坛，仍令礼部给牒。今后只两街置僧录，道录、僧正并废"。此诏限制颇严，然明圣节仍许度七人者，盖终牵于福报之说也。又《唐庄宗纪》：同光二年十月甲戌，"河南尹张全义上言：万寿节日，请于嵩山开瑠璃戒坛度僧百人。从之"。庄宗乱政不足论。又《唐末帝纪》：清泰二年三月辛亥，"功德使奏：每年诞节，诸州府奏荐僧道，其僧尼欲立讲论科、讲经科、表白科、文章应制科、持念科、禅科、声赞科，道士欲立经法科、讲论科、文章应制科、表白科、声赞科、焚修科，以试其能否。从之"。唐世每逢诞节，恒有会三教讲论之举，见《旧唐书·李泌、韦渠牟、白居易》《新唐书·徐岱传》。《梁太祖纪》：开平元年宣旨罢之。然《明宗纪》：天成元年召缁黄之众于中兴殿讲论，从近例也。则其后又复矣。州府盖因之，而有奏荐之举邪？

《薛史·晋高祖纪》：天福四年二月庚子，"以天和节宴群官于广政殿，赐物有差。"是逢诞节，上于其下，亦有所赐也。《通鉴》后汉隐帝乾祐三年："隐帝遣供奉官押班阳曲张永德赐昭义节度使常思生辰物。"胡三省《注》曰："生辰物，谓圣节回赐。"《旧唐书·太宗纪》：贞观二年"六月庚寅皇子治生，宴五品已上，赐帛有差，仍赐天下是日生者粟"，更为无名之滥赐矣。《高宗纪》：龙朔二年"六月己未朔，皇子旭轮生”，“七月丁亥朔，以东宫诞育满月，大赦天下，赐酺三日”。案此时旭轮非东宫，《新唐书·纪》书以“子旭轮生满月，大赦，赐酺三日”是也。又永淳元年“二月癸未，以太子诞皇孙满月，大赦，改开耀二年为永淳元年，大酺三日”。则生子满月相庆，唐时亦已有之，赐酺亦为滥恩，大赦更成乱政矣。

《薛史·晋少帝纪》：天福七年七月，“遣中使就中书赐宰臣冯道生辰器币，道以幼属乱离，早丧父母，不记生日，坚让不受”。岂真不记生日哉？无亦不欲受无名之赐，而为此逊辞以谢邪？冯道犹如此，而世之遇生辰俨然受馈者可耻矣。

《通鉴》后汉隐帝乾祐三年二月：“朝廷欲移易藩镇，因其请赴嘉庆节上寿，许之。”《注》：“《五代会要》：帝以三月九日为嘉庆节。”洪迈《随笔》曰：“唐穆宗即位之初年，诏曰：七月六日是朕载诞之辰，其日，百寮、命妇宜于光顺门进名参贺，朕于门内与百寮相见。明日，又敕受贺仪宜停。先是，左丞韦绶奏行之，宰臣以为古无降诞受贺之礼，奏罢之。然次年复行贺礼。诞节之制，始于明皇，令天下宴集，休假三日。受贺之事，盖自长庆至今用之也。”

（六二四）瞽者审于音声

或曰：无目则听益聪，昔太平天国与清军相持，两军皆虑敌人之掘地道而攻城也，则于城内豫掘地道，使瞽者坐其中而听之，知外有掘地者，则豫为之备。案《诗·有瞽笺》云：“瞽，矇也。以为乐官者，目无所见，于音声审也。”则古有是说矣。

（六二五）猴育于人

《辍耕录》有猴盗一条，云：“夏雪簑云：尝见优人杜生彦明说：向自江西回至韶州，寓宿旅邸，邸先有客曰相公者居焉。刺绣衣服，琢玉帽顶，而仅皮履。生惑，具酒肴延款，问以姓名、履历，客具答甚悉，初不知其为盗也。次日，客酬燕，邀至其室，见柱上锁一小猴，形神精狡，既而纵使周旋席间，忽番语遣之，俄捧一碟至，复番语詈之，即易一椀至。生惊异，询其故。客曰：某有婢，得子，弥月而亡，此时猴生旬有五日，其母毙于猎犬，终日叫号可怜，因令此婢就乳之。及长成，遂能随人指使，兼解番语耳。生别后，至清州，留吴同知处，忽报客有携一猴入城者，吴语生云：此人乃江湖巨盗，凡至人家，窥见房室路径，并藏蓄所在，至夜，使猴入内偷窃，彼则在外应接，吾必夺此猴，为人除害也。明日，客谒吴，吴款以饭，需其猴，初甚拒，吴曰：否则，就此断其首，客不得已，允许，吴酬白金十两，临去，番语属猴。适译史闻得来告吴曰：客教猴云，汝若不饮不食，彼必解尔缚，可亟逃来，我只在十里外小寺中伺也。吴未之信，至晚，试与之果核水食之类，皆不食，急使人觇之，此客果未行，归报，引猴挝杀之。”此条所记，必多夸侈失实之辞，然必非子虚，猴固有言语，特远较人为简耳。心理学所谓隔离儿童者，谓人失抚育，而育于物，过六岁后，虽与人接，终不能言语矣。反其道而观之，猴育于人，能解数十句人语，固无足怪，谓教以不饮不食，以冀解缚而逃，又与相期十里外，必附会造作之辞。然可使递器物，或指使取某物，则必不诬矣。人使之窃，猴何罪焉，且亦未经鞠讯，焉知所言必实，而遽挝杀猴，而终不问其人，失刑甚矣，岂第违爱物之道哉！

（六二六）隋唐胡化之残迹

自金行失驭，五胡扰乱中原者垂三百年，至隋兴而后结其局。然谓隋唐之世，腥膻之迹，业已荡涤无余，则又不可。试观《唐书·宰相世系表》，其族类之出于胡者几何？河南刘氏出于匈奴，独孤氏亦自托于匈奴，然不必可信。盖当时不独华夏，即匈奴亦以为较胜于北方诸族，而攀附之矣。唐世浑氏明为铁勒，而亦自托于浑邪王，其明证也。元氏、长孙氏皆出拓跋，源氏出于秃发，明白无疑。宇文氏为南单于之裔，似非虚构，别见《宇文氏先世》条。然臣属佚豆归之费野头氏，亦从其主称宇文氏，令狐氏又尝赐姓为宇文氏，则亦非尽南单于胄胤矣。窦氏自托于窦氏，其实即没鹿回尝赐姓曰纥豆陵。河南房氏自谓系出清河，使北虏留而不遣，虏族谓房为屋引，因改为屋引氏，后世随魏南迁，乃复为房氏，其实房之改为屋引不可知，屋引之改为房，则真耳。而侯氏之实为侯伏氏，河间张氏之实为比罗氏，于氏之实为万纽于氏，阎氏之实为大野氏。视此矣，京兆高氏自谓与北齐同祖，北齐之出渤海不可信，则京兆高氏之出渤海，亦不可信也。丙氏自托与李陵，兼援胡汉族于假托中，又别创一格。而有唐一代用藩将尤盛。夫辅弼必资客族，则是异族之政权，未尝见削也。战斗多恃藩将，则是异族之武力未尝遂衰也。然则隋唐两代不过蹑九五而制幽夏者，不出异族而已。谓汉族之文治武功已尽复两汉以前之旧，固不可也。抑隋唐先世皆出武川，其自托于汉族信否不可知，而其与异族关系之密，则不诬矣。谓其有以大异于北齐，吾不信也。

（六二七）契丹先世

鲜卑部落兴起最后者，时曰契丹。契丹者，宇文氏别种，为慕容氏所破，窜于松、漠之间。又为元魏道武帝所破，乃分为二：西曰奚，本称库莫奚，隋以后去库莫，但称奚。东曰契丹。奚众依土护真水，今老哈河。盛夏徙保冷陉山。在妫州西北。契丹在潢水之西、土河之北，潢水，今西拉木伦河，土河，即老哈河。奚众分为五部，契丹分为八部焉。魏孝文时，有部族曰地豆干者，在室韦西千余里。欲与高句丽、柔然分其地。契丹惧，内附，止白狼水东。亦今老哈河，《辽史·营卫志》云：是时始去奇首可汗故壤。北齐文宣帝之世，击破之，虏其男女十余万口。又为突厥所逼，仅以万家寄于高句丽。隋时，乃复来归，依托纥臣水吐护真之异译。以居。分为十部。唐初，其酋长窟哥内属，以其地置松漠都督府。又有辱纥主曲据者，亦来归，以其地为玄州。奚酋可度者内附，以其地为饶乐都督府。又以八部、五部皆为州，而以营州治柳城。统饶乐、松漠二府焉。唐时，君临契丹者为大贺氏，继为遥辇氏，最后为世里氏。《辽史·地理志》谓唐以大贺氏窟哥为使持节都督十州军事，窟哥殆大贺氏之始主邪？窟哥死，契丹连奚叛。行军总管阿史德枢宾执松漠都督阿卜固，献于京师。阿卜固盖亦大贺氏，窟哥后也。窟哥孙曰尽忠，为松漠都督。先是高祖时，契丹别部酋帅孙敖曹内附。诏于营州城旁安置。即以其地为归诚州。尽忠，敖曹孙，万荣之妹婿也。武后时，尽忠、万荣反，陷营州，进攻幽、冀。武后发大兵讨之，不能克。会尽忠死，其众为突厥默啜所袭破，万荣亦败于奚，为其家奴所杀，其余众不能立，遂附于突厥。契丹是时，虽见破坏，然其兵力，则已崭然见头角矣。玄宗开元二年，尽忠从父弟失活，以默啜政衰，来归。奚酋李大酺亦降。时奚亦服默啜。仍置松漠、饶乐二府，复营州都督。失活卒，开元六年。从父弟娑固袭。有可突干者，勇悍。娑固欲除之，不克，奔营州。都督许钦澹发兵及李大酺攻之，败绩。娑固、大酺皆死，钦澹惧，徙军入榆关。是为奚人见弱于契丹之始。可突干立娑固从父弟郁干，卒，开元十年。弟吐干袭。复与可突干猜阻，来奔。国人立吐干弟邵固。《辽史》。《唐书》云李尽忠弟，必误。为可突干所弑，胁奚众共附突厥。奚酋鲁苏大酺弟。不能拒，亦来奔。幽州击可突干，破之。可突干走。奚众降。可突干复盗边，朝廷擢张守珪为幽州长史，经略之。守珪善将，可突干惧，阳请臣，而稍趋西北倚突厥。有过折者，亦契丹部长，与可突干俱掌兵，不相能。守珪使客阴邀之，即斩可汗屈列及可突干来降，时开元二十二年也。以过折为松漠都督。未几，为可突干余党泥礼所弑，屠其家。泥里，即雅里，亦作涅里，辽太祖七世祖也。《辽史·百官志》载遥辇氏可汗九世：曰洼，曰阻午，曰胡剌，曰苏，曰鲜质，曰昭古，曰耶澜，曰巴剌，曰痕德堇。《营卫志》以屈列当洼可汗，则自邵固以上，皆大贺氏矣。《辽史·耶律曷鲁传》：说奚曰："契丹与奚，言语相通，实一国也。我夷离堇于奚，岂有陵轹之心哉？汉人杀我祖奚首，奚离堇怨次骨，日夜思报汉人，顾力微弱，使我求援于奚耳。"此奚离堇指太祖，则奚首者，太祖先世，为汉人所杀者也，疑即可突干。辽人立迪肇阻里，唐赐姓名曰李怀秀，妻以宗室之女，时天宝四年也。是岁，杀公主，叛去。迪辇阻里，《辽史》以当阻午可汗。安禄山讨破之。更封其酋李楷落。禄山又出兵讨契丹，大败。《辽史·营卫志》："太祖四世祖耨里思，时为迭剌部夷离堇，遣只里姑逆战潢水南，禄山大败。"《萧塔葛传》："八世祖只鲁，遥辇氏时，尝为虞人，当安禄山来攻，只鲁战于鲁山之阳，败之。以功为北府宰相。"即其事也，可见契丹是时兵力之强。自是契丹中衰，附奚以通于唐。其酋长曰屈戍。武宗会昌二年，回纥破，来降。《辽史》以当耶澜。习尔，咸通中再贡献。《辽史》以当巴剌，曰钦德，即痕德堇也。嬗于辽太祖。

太祖七世祖曰雅礼，即弑过折之泥礼，已见前。据《太祖本纪》，雅礼之子曰昆牒，昆牒之子曰颏领，颏领之子曰肃祖耨里思，肃祖之子曰懿祖萨剌德，懿祖之子曰玄祖匀德，玄祖之子曰德祖撒剌的，德祖之子，即太祖也。当大贺氏之亡，推戴雅里者颇众。雅里让不有国，而立遥辇氏。见《耶律曷鲁传》。时则契丹八部，仅存其五，雅里仍更析为八。又析三耶律为七，二审密为五。三耶律者，曰大贺，曰遥辇，曰世里，即相次居汗位者。二审密者，曰拔里，曰乙室已，即后来之国舅也。三耶律之析为七也，大贺、遥肇二氏分为六，而世里氏仍合为一。是为迭剌部。故终遥辇氏之世，强不可制云。契丹之初，草居野次，靡有定所。雅里始制部族各有分地。又立制度，置官属，刻木为契，画地为牢，政令大行。《地理志》：庆州，“辽国五代祖勃突，貌异常。有武略，力敌百人。众推为主，生勃突山，因以为名。没葬山下”。以世数核之，当为颏领。以音译求之，则于毘牒为近。案雅里为太祖七世祖，并太祖数之，实当云八世。明白无疑。而《兵卫志》误作六世，岂《地理志》亦误差一世，因以毘牒为五世欤？肃祖大度寡欲，令不严而人化。懿祖尝与黄室韦挑战，矢贯数扎。玄祖教民稼穑，又善畜牧，国以殷富。德祖仁民爱物，始置铁冶。其弟述澜，亦称释鲁，《皇子表》：述澜为玄祖三子，德祖第四。为于越。遥辇氏岁贡于突厥，至是始免。疑当作回纥，屈戍时事。述澜北征干厥、室韦，南略易、定、奚、霫。始兴版筑，置城邑。教民种桑麻，习织组。已有广土众民之志。至太祖，乘遥辇氏之衰，又值晚唐之乱，遂崛起而成大业焉。以上辽先世事迹，大抵见《营卫志》。兼据《兵卫志》《食货志》及《皇子表》。太祖东北灭渤海，服室韦、女直；西北服黠戛斯；西南服党项、沙陀、鞑靼、吐谷浑、回鹘；远至吐蕃、于阗、波斯、大食，亦通朝贡，其声威可谓极广。《辽史・地理志》称其地“东至海，西至金山，暨于流沙，北至胪朐河，南至白沟”，犹仅以疆理所及言之也。

（六二八）契丹部族

契丹部族，见于史者，在元魏及唐五代时，其数皆八，惟隋时分为十部，而逸其名。元魏八部：曰悉万丹，亦作欣服万丹。曰何大何，曰伏弗郁，曰羽陵，曰日连，曰匹洁，曰黎，曰吐六干。唐时八部：曰达稽，曰纥便，曰独活，曰芬问，日突便，曰芮奚，曰坠斤，曰伏。《五代史》八部：曰旦利皆，曰乙室活，曰实活，曰纳尾，曰频没，曰纳会鸡，曰集解，曰奚嗢。其名前后皆不同。《辽史・营卫志》云：“奇首八部，为高丽、蠕蠕所侵，仅以万口附于元魏。生聚未几，北齐见侵，掠男女十余万口，继为突厥所逼，寄处高丽，不过万家。部落离散，非复古八部矣。”又谓大贺氏之亡，八部仅存其五。太祖七世祖雅里，更析为八，似乎契丹部族，时有变更，然唐之置羁縻州也，达稽部为峭落州，纥便部为弹汗州，独活部为无逢州，芬问部为羽陵州，突便部为日连州，芮奚部为徒河州，坠斤部为万丹州，伏部为匹黎、赤山二州，则芬问部即羽陵，突便部即日连，芮奚部即何大何，坠斤部即悉万丹，伏部即匹洁，惟达稽、纥便、独活三部，不能知其与元魏时何部相当耳。然则部众虽更，部名虽改，而其分部之法，则后实承前。《五代史》部名之异于唐，此八部盖即雅里就五部所析。当亦如是矣。《辽史·地理志》：永州，“有木叶山，上建契丹始祖庙。奇首可汗在南庙，可敦在北庙。绘塑二圣并八子神像。相传有神人，乘白马，自马盂山浮土河而东。有天女，驾青牛，由平地松林泛潢河而下，至木叶山，二水合流，相遇，为配偶，生八子。其后族属渐盛，分为八部”。盖八部之分，由来甚旧，所托甚尊，故累遭丧败，其制不改耶？《太祖本纪》：“辽之先世，出自炎帝，世为审吉国。其可知者，盖自奇首云。奇首生都庵山，徙潢河之滨。太祖七年，登都庵山，抚奇首可汗遗迹，徘徊顾瞻而兴叹焉。”《地理志》：上京道，龙化州，“奇首可汗居此，称龙庭。”《营卫志》：“潢河之西，土河之北，奇首可汗故壤也。”又云：“奇首可汗、胡剌可汗、苏可汗、昭古可汗，皆辽之先，世次不可考。”白马青牛，说虽荒诞，然奇首则似非子虚乌有之流。然隋时何以独分为十部？又唐置羁縻州之先，契丹酋长窟哥及辱纥主曲据皆来归，唐以窟哥之地置松漠都督府，以辱纥主曲据所部为玄州，合八部亦十部也。《辽史·营卫志》说如此。此又何说耶？曰：八部者，所以象奇首八子；八部外之二部，则所以象奇首可汗及其可敦，即《辽史》所谓三耶律、二审密者也。并三耶律二审密言之，则曰十部；去此二部言之，则曰八部。汉人言之有异，契丹之分部，则未尝变也。何以知之？曰：以太祖创业之事知之。

《五代史》述太祖之创业也，曰：“契丹部族之大者曰大贺氏。后分为八部。部之长号大人。而常推一大人，建旗鼓，以统八部。至其岁久，或其国有疾疫而畜牧衰，则八部共议，以旗鼓立其次而代之。被代者以为约本如此，不敢争。某部大人遥辇次立，时刘仁恭据有幽州，数出兵摘星岭攻之。秋霜落，则烧其野草。契丹马多饥死，即以良马赂仁恭，求市牧地，请听盟约，甚谨。八部之人，以为遥辇不任事，选于其众，以阿保机代之。阿保机，不知其何部人也。是时刘守光暴虐，幽、涿之人，多亡入契丹。阿保机又间入塞，攻陷城邑，俘其人民，依唐州县置城以居之。汉人教阿保机曰：中国之王，无代立者。由是阿保机益以威制诸部而不肯代。其立九年，诸部以其久不代，共责诮之。阿保机不得已，传其旗鼓，而谓诸部曰：吾立九年，所得汉人多矣，吾欲自为一部，以治汉城，可乎？诸部许之。汉城在炭山东南滦河上，有盐铁之利，乃后魏滑盐县也。其地可植五谷。阿保机率汉人耕种，为治城郭、邑屋、廛市，如幽州制度。汉人安之，不复思归。阿保机知众可用。用其妻述律策，使人告诸部大人曰：我有盐池，诸部所食。然诸部知食盐之利，而不知盐有主人，可乎？当来犒我。诸部以为然。共以牛酒会盐池。阿保机伏兵其旁。酒酣，伏发，尽杀诸部大人。遂立不复代。”似契丹共主，本由选立，至辽太祖乃变为世袭者。然据《唐书》及《辽史》，则遥辇诸汗，世次相承，初无大贺氏亡，分为八部之说。《辽史·太祖纪》：唐天复元年，痕德堇可汗立，为本部夷离堇，专征讨。十月，授大迭烈府夷离堇。三年十月，拜于越，总知军国事。天佑三年十二月，痕德堇可汗殂。明年正月，即皇帝位。其汗位受诸遥辇，又彰彰也。此又何说邪？曰：太祖之所争，乃夷离堇之职，而非汗位也。夷离堇者，后来之北南二大王，《辽史》谓其统部族军民之政。《五代史》所谓建旗鼓以统八部者，盖即指此？世宗之立，即由北南二大王。李胡争之，卒不胜，可见北南二王权力之大。契丹虽有共主，然征伐决之会议，田猎部得自行，其权力实不甚完，况于遥辇氏之仅亦守府？《五代史》之所纪，盖得之汉人传述。斯时述契丹事者，知有夷离堇而不知有可汗，正犹秦人之知有穰侯而不知有王，其无足怪。然太祖之汗位，则固受之痕德堇，非由八部所推之大人而变，谓太祖变公推之夷离堇为专任则可，谓其变嬗代之共主为世袭，则不可也。《辽史·营卫志》谓雅里析八部为王，立二府以总之。又析三耶律为七，二审密为五。三耶律者，曰大贺，曰遥辇，曰世里，即相次居汗位者。二审密者，曰乙室己，曰拔里，即耶律氏所世与为婚姻者也。二府，盖即后来之北南二宰相府：北宰相府，皇族四帐，世预其选。南宰相府，国舅五帐，世预其选。然则是时之总八部者，盖即三耶律，二审密；以其象奇首，故世汗位；以其象奇首可敦，故世婚皇族也。隋时，十部。唐时八部之外，别有松漠，玄州，其故盖亦如此？《五代史》谓八部之长，皆号大人；又谓推一大人，建旗鼓以统八部；似建旗鼓之大人，即在八部大人之中者。然又谓阿保机不知何部人，又谓太祖请自为一部，则太祖实非八部大人；其部族且在八部之外，亦隐隐可见也。

（六二九）契丹农业

奚与契丹本皆以游牧为生。《北史》称其“随逐水草，颇同突厥”者也。至太祖之考匀德，仲父述澜，始教民以树艺、组织。太祖益招致汉人，令其耕种。及平诸弟之乱，弭兵轻赋，专意于农。至太宗时，则猎及出兵，皆戒伤禾稼。盖骎骎进于耕稼矣。《辽史·食货志》。道宗时，西蕃多叛。命耶律唐古督耕稼以给西军。唐古率众田胪朐河侧，岁登上熟。《辽史》本传。是其耕稼，不徒近中国之地，并以施之诸部族也。然史称“契丹旧俗，其富以马，其强以兵”，又称“太祖时，畜牧之盛，括富人马不加多，赐大小鹘军万余匹不加少。自太宗至兴宗，垂二百年，群牧之盛如一日。天祚初年，马犹有数万群，每群不下千匹”。《辽史·食货志》。则其生业，究以畜牧为重云。

（六三〇）契丹文字

契丹先世，本无文字。《辽史》本纪：太祖神册五年，始制契丹大字。九月壬寅，大字成，诏颁行之。《五代史》谓汉人教契丹以隶书之半增损之，作文字数千，以代刻木之约。则契丹大字，实出中国。又《皇子表》：迭剌，性敏给。回鹘使至，无能通其语者。太祖使迭剌迓之，相从二旬，尽习其言与书，因制契丹小字，数少而该贯。则契丹小字，出于回鹘。今世所传契丹书，系增损汉文为之，则其小字，盖未尝通行也。《突吕不传》：制契丹大字，赞成为多。《耶律鲁不古传》：太祖制契丹国字，以赞成功，授林牙、监修国史。

（六三一）契丹文学

契丹文化之进步，观其种人通文学者之多，可以知之。其首出者当推人皇王倍。尝市书万卷，藏之医巫闾绝顶之望海堂。通阴阳，知音律，精医药、砭焫之术。工辽、汉文章。尝译《阴符经》。善画本国人物，如《射骑》《猎雪骑》《千鹿图》等，皆入宋秘府云。《辽史·宗室·义宗传》。此外通文学者，宗室中若世宗第五子和鲁重，若人皇王第四子平王隆先，若耶律学古，耶律资忠，耶律庶成、庶箴兄弟，庶箴子蒲鲁，耶律韩留，耶律昭，耶律陈家奴，耶律良。外戚中若萧劳古及其子朴，萧阳阿，萧柳，萧韩家奴。究心史学者，则庶成，韩家奴，及耶律孟简，耶律谷欲，耶律俨。善画者，则耶律显学，耶律褭里。善医者，则庶成及萧胡笃之祖敌鲁，耶律敌鲁，迭里特等。其事备见于《辽史》。《兴宗纪》：重熙十三年，六月，丙申，“诏前南院大王耶律谷欲，翰林都林牙耶律庶成等编集国朝上世以来事迹”。《耶律谷欲传》：“奉诏与耶律庶箴、萧韩家奴编辽国上世事迹，未成而卒。”《耶律孟简传》：“大康中，诣阙上表，言辽兴几二百年，宜有国史。上命置局编修。”实重熙十二年之诏所由来也。天祚帝乾统三年，又诏耶律俨纂太祖以下《实录》，共成七十卷。又案《辽史》谓耶律富鲁举进士第，帝怒其父庶箴擅令子就科目，有违国制，鞭之二百。则辽人并不欲其本族人从事文学。然《天祚纪》又谓耶律大石举天庆五年进士。盖一时风气所趋，虽国法亦不能禁也。

（六三二）契丹慕汉

《辽史·仪卫志》云：“辽国自太宗入晋之后，皇帝与南班汉官用汉服，太后与北班契丹臣僚用国服。”《太宗本纪》：会同三年，十二月，“丙辰，诏契丹人授汉官者从汉仪，听与汉人婚姻”。《外戚表序》：“契丹外戚，其先曰二审密氏，曰拔里，曰乙室已。至辽太祖，娶述律氏。大同元年，太宗自汴将还，留外戚小汉为汴州节度使。赐姓名萧翰，以从中国之俗。由是拔里，乙室已，述律三族，皆为萧姓。”《后妃传》曰：“太祖慕汉高皇帝，故耶律兼称刘氏，以乙室、拔里比萧相国，遂为萧氏。”其慕效汉人之心，可谓切矣。

（六三三）突厥、契丹宗教类乌桓

乌桓之俗，“敬鬼神，祠天地、日月、星辰、山川及先大人之有健名者，祠用牛羊，毕，皆烧之”。《后汉书·乌桓传》。“有病，知以艾灸，或烧石自熨，烧地卧其上，或随痛病处，以刀决脉出血，及祝天地山川之神，无针药。”《三国·魏志·乌丸传注》引《魏书》。盖重巫，而医术则方在萌芽也。“俗贵兵死，敛尸以棺，有哭泣之哀。至葬，则歌舞相送。肥养一犬，以彩绳缨牵；并取死者所乘马衣物，皆烧而送之，言以属累犬，使护死者神灵归赤山。赤山，在辽东西北数千里，如中国人死者魂神归岱山也。”《后汉书·乌桓传》《三国·魏志·注》引《魏书》：“至葬日，夜聚亲旧员坐，牵犬马历位，或歌哭者，掷肉与之，使二人口诵呪文，使死者魂神径至，历险阻，勿令横鬼遮护，达其赤山，然后杀犬马衣物烧之。”

契丹旧俗，亦敬天而尊祖。《辽史·地理志》：“永州，有木叶山，上建契丹始祖庙，奇首可汗在南庙，可敦在北庙，绘塑二圣并八子神像。相传有神人，乘白马，自马盂山浮土河而东；有天女，驾青牛车由平地松林泛潢河而下；至木叶山，二水合流，相遇为配偶，生八子。其后族属渐盛，分为八部。”《述律后传》：“尝至辽、土二河之会，有女子乘青牛车，仓猝避路，忽不见。未几，童谣曰：青牛妪，曾避路。盖谚谓地祇为青牛妪云。”青牛妪为地祇，则白马神人必天神矣。凡举兵，必率文武臣僚，以青牛白马祭告天、地、日神，惟不拜月。分命近臣告太祖以下陵及木叶山神，乃诏诸道征兵焉。《辽史·兵卫志》。《辽史》谓“终辽之世，郊丘不建”，《仪卫志》二。乃不用汉礼祭天，非其俗本不祭天也。

《礼志》：“冬至日，国俗，屠白羊、白马、白雁，各取血和酒，天子望拜黑山。黑山在境北，俗谓国人魂魄，其神司之，犹中国之岱宗云。每岁是日，五京进纸造人马万余事，祭山而焚之。俗甚严畏，非祭不敢近山。”黑山，似即乌桓之赤山。契丹旧地，在潢、土二水合流处；其北，正在辽东西北数千里也。又云：“岁十月，五京进纸造小衣甲、枪刀、器械万副。十五日，天子与群臣望祭木叶山。用国字书状，并焚之。国语谓之戴辣。戴，烧也；辣，甲也。”似亦乌桓送死烧乘马衣物之俗。《北史·契丹传》云：“父母死而悲哭者，以为不壮，但以其尸置于山树之上，经三年后，乃收其骨而焚之。因酹酒而祝曰：冬月时，向阳食。若我射猎时，使我多得猪鹿。”与《后汉书》所述乌桓之俗不合。《后汉书》云鲜卑“其言语习俗，与乌桓同”。契丹，鲜卑部落，不应殊异至此。或魏时契丹尝与他族杂处，《北史》误以他族之俗，为契丹之俗也。辽俗东向而尚左，东西为经，南北为纬，故御帐东向而横帐，此亦乌桓穹庐东开向日之习。

其丧葬之礼，有足见其俗之右武者。《北史·高车传》，“其死亡葬送，掘地作坎，坐尸于中，张臂引弓，佩刀挟稍，无异于生，而露坎不掩”，是也。《突厥传》：“死者，停尸于帐，子孙及亲属男女各杀羊马，陈于帐前祭之。远帐走马七匝，诣帐门，以刀剺面，且哭，血泪俱流。如此者七度，乃止。择日，取亡者所乘马及经服用之物，并尸俱焚之，收其余灰，待时而葬。春夏死者，候草木黄落；秋冬死者，候华茂，然后坎而瘗之。案古之为丧服者，至亲以期断，取天地已易，四时已变，凡在天地之中者，莫不更始之义也。士庶人三月而葬，亦取天道一时而小变之义也。突厥之所谓时者，虽与中国异，然其候时之变而葬，则与中国同。可以见礼之缘起，大略相类也。葬日，亲属设祭及走马、剺面，如初死之仪。表木为茔，立屋其中。图画死者形仪及其生时所战陈状。此可知壁画之缘起。尝杀一人，则立一石，有至千百者。又以祭之羊马头，尽悬于标上。”案突厥丧仪，颇类乌桓，惟焚尸为异。岂以近接西胡，故染其俗邪？抑古氐、羌之俗也？羌族本有火葬之俗。

（六二四）蒙古之由来

蒙古，《辽史》作盟古，亦作萌古；《金史》作盟骨；《契丹事迹》作朦古；《松漠纪闻》作盲骨子；《西游记》始作蒙古，明时修元史沿用之，遂为定称焉。此种人即唐时室韦之蒙兀部。《元史译文证补》卷二十七下。然宋时已称此种人为鞑靼，明时蒙人亦自去蒙古之号，称为鞑靼，则蒙古之与鞑靼，亦必有关系矣。今试一考鞑靼之起源如下：

《五代史》：靺鞨之遗种，本在奚、契丹之东北，后为契丹所攻，而部族分散，或属契丹，或属渤海，别部散居阴山者，自号鞑靼，后从克用入关，破黄巢，由是居云、代之间。

据《唐书》《五代史》及《辽史》，渤海盛强时，靺鞨悉役属之。契丹当太祖以前，初无攻破靺鞨之事。惟据《册府元龟》黑水帅突地稽随末率部落千余家内属，处之营州，唐武德初以其部落置燕州，此为黑水靺鞨之分处营州者，为契丹所攻，分居阴山，必即此一支也。

《黑鞑事略》：“黑鞑之国，号大蒙古，沙漠之地有蒙古山，鞑语谓银曰蒙古，女真名其国曰大金，故鞑名其国曰大银。”

《古今纪要逸编》：鞑靼与女真同种，皆靺鞨之后，其居混同江者曰女真，居阴山北者曰鞑靼。鞑靼之近汉者曰熟鞑靼，远汉者曰生鞑靼。鞑靼有二，曰黑，曰白，皆事女真。黑鞑靼至忒没真叛之，自称成吉思皇帝。又有蒙古国，在女真东北，我嘉定四年，鞑靼始并其名号，称大蒙古国。

《蒙鞑备录》：鞑靼始起，地处契丹之西北，族出于沙陀别种，故历代无闻。其种有三：曰黑，曰白，曰生。案生熟自以其距汉远近言之，不得与黑白并列为种别，此说盖误。所谓白鞑靼者，颜貌稍细；所谓生鞑靼者，甚贫且拙且无能为，但知乘马随众而已。今成吉思皇帝及将相大臣皆黑鞑靼也。

黄震谓鞑靼与女真同种，孟珙谓其地处契丹西北，均与《五代史》相合，至谓其族出于沙陀别种，则因二族居地相近，血统混淆而然。鞑靼所以有黑白之别，或即由此。惟蒙兀室韦，《唐书》谓在室建河南，成吉思之兴，亦在斡难河畔，今鄂诺河。与阴山相距甚远，而彭大雅谓黑鞑国号大蒙古。黄震又谓鞑靼之外，别有蒙古，鞑靼并其名以自号，为可疑耳。案《蒙鞑备录》又云：鞑人在本国时，金虏大定间，燕京及契丹地有谣言云：鞑靼去，赶得官家没处去。虏酋雍宛转闻之，惊曰：必是鞑人为我国患，乃下令，极于穷荒，出兵剿之，每三岁遣兵向北剿杀，谓之灭丁。迄今中原尽能记之。鞑人逃遁沙漠，怨入骨髓，至伪章宗明昌年间，不令杀戮，以是鞑人稍稍还本国，添丁兵育。

因童谣而出兵剿杀，语涉不经，然世宗初年，北边曾有移剌窝斡之乱，牵动甚众，仍岁兴师，说非无据。鞑靼之北走而与蒙古合，盖盛于此时，此漠北部族之所以骤强也。而其前此之非绝无交往，抑可推已。抑蒙古种族之与鞑靼相混合，尚有一证。据拉施特《蒙古全史》云：《元史译文证补》卷一。相传古时蒙兀与他族战，全军覆没，仅遗男女各二人，遁入一小山，斗绝险巇，惟一径通出入，而此中壤地宽平，水草茂美，乃携牲畜辎重往居，名其山曰阿儿格乃衮。二男一名脑古，一名乞颜。乞颜义为奔瀑急流，以其膂力迈众，一往无前，故以称名。乞颜后裔繁盛，称之曰乞要特。乞颜变音为乞要，曰特者，统类之词也。后世地狭人稠，乃谋出山，而旧径芜塞，且苦艰险，继得铁矿，洞穴深邃。爰伐木炽炭，篝火穴中，宰七十牛，剖革为筒，鼓风助火，铁石尽镕，衢路遂辟，后裔于元旦锻铁于炉，君与宗亲次第捶之，著为典礼。此段事实之怪诞，无待于言，然拉施特身仕宗藩之朝，亲见捶铁典礼，断不能指为虚诬。且乞要特即《元史》之奇渥温，有元帝室得氏之由，实由于此，尤不能目为无据。惟其说与《北史》所述突厥起源极为相类，洪侍郎因疑蒙人拾突厥唾余，以自叙先德。然拉施特修史时，尽出先时卷牍，此资考核，后命蒙古大臣谙掌故者襄事，何等郑重，焉得作此谓他人父之语？且突厥之在当日，亦败亡奔北之余耳，引为同族，岂足为荣。反复思之，然后知蒙古部落，实为鞑靼与室韦之混种，而鞑靼则为靺鞨与沙陀、突厥之混种。拉施特《蒙古全史》所载，盖沙陀、突厥相传之神话也。

（六三五）元室之先世

元室先世，或疑出自吐蕃。《蒙古源流考》云土伯特智固木赞博汗为奸臣隆纳木所弑，其三子皆出亡。第三子布尔特斋诺渡腾吉思海东行，至拜噶所属之布尔干哈勒图纳山下必塔地方，人众尊为君长，是也。《源流考》之作意在阐扬喇嘛教，援蒙古以入吐蕃，殊不足信。《秘史》但云自天而生之孛儿贴赤那，与其妻豁阿马兰勒同渡腾吉思水，东至斡难沐涟之源不儿罕合勒敦山而已。孛儿贴赤那即布尔纳斋诺，译言苍狼。阿马兰勒译言惨白牝鹿也。腾吉思水不可考。不儿罕哈勒敦山，即今车臣、土谢图两部之布尔罕哈勒那都岭也。

孛儿贴赤那之子曰巴塔赤罕，巴塔赤罕生塔马察，塔马察生豁生豁里察儿蔑儿干，豁里察儿蔑儿干生阿兀站孛罗温，阿兀站学罗温生撒里合察兀，撒里合察兀生也客你敦，也客你敦生挦锁赤，挦锁赤生合儿出，合儿出生孛而只吉歹蔑儿干，孛而只吉歹蔑儿干妻曰忙豁勒真豁阿。忙豁勒真犹言蒙古部人，豁阿，女子美称。盖孛儿帖赤那之后，至是娶蒙古部女，遂以蒙古为部名。犹金始祖函普娶完颜部女而以完颜为部名也。孛儿只吉歹蔑儿干之子曰脱罗豁勒真伯颜，生二子，长曰都蛙锁豁儿，次曰朵奔蔑儿干，朵奔蔑儿干娶豁里秃马敦部人豁里剌儿台蔑儿干之女，拉施特云秃马敦为巴儿忽真之一种，居巴儿忽真脱古木之地，在拜喀勒湖东。《秘史》云：豁里剌儿台蔑儿干居阿里黑兀孙，即今伊尔库斯克省之伊尔库河，地在拜喀勒湖西，此族后以豁里剌儿为氏，即《元史》之火鲁剌思也。曰阿阑豁阿。《元史·本纪》《世系表》作阿阑果火，《蒙古源流考》作阿抡郭斡。生二子，曰别勒古讷台，曰不古讷台。既寡又生三子，曰不忽合塔吉，曰不合秃撒勒只，曰孛端察儿蒙合黑。初朵奔蔑儿干猎于脱豁察黑温都儿，温都儿译言高山。遇兀良哈人，即鹿林中乞其余，已而遇马阿里黑伯牙兀歹马阿里黑其名，伯牙兀歹其氏，即《元史》之伯岳吾，《辍耕录》作伯要歹。《源流》：玛哈赍携子而行，饥困请以子易肉，与一股肉，而携其子归以为奴。别勒古讷台、不古讷台疑其母私于奴，母知之，春日烹伏腊之羊，召五子赐食曰：夜见白黄色人穿穹庐顶孔入，摩挲我腹，光明透腹中，其去也以昧爽，我窃窥之如黄犬然，遂生此三子，后日必有贵者。不忽合塔吉之后为合答斤氏；不合秃撒勒只之后为撒勒只兀惕氏；孛端察儿蒙合黑之后为孛儿只斤氏。孛儿只斤译言灰色目睛，以与神人同也。此三族蒙兀人称之曰尼伦，义谓洁清；别派为多儿勒斤，犹言常人也。孛端察儿子曰合必赤把阿秃儿，合必赤把阿秃儿子曰蔑年土敦，蔑年土敦七子，而长子合赤曲鲁克为成吉思汗七世祖，幼子纳臣把阿秃儿生兀鲁兀歹及忙忽台，兀鲁兀歹之后为兀鲁兀惕氏，忙忽台之后为忙乎惕氏，成吉思汗戡定漠北，得此二族之力为多。合赤曲鲁克子曰海都，则成吉思汗六世祖也。以上皆据《秘史》。孛端察儿《元史·本纪》作孛端叉完，孛儿只斤《源流考》作博尔济锦，蔑年土敦《元史》本纪作咩撚笃敦云。妻莫拿伦生七子，为押剌伊而人所败，灭其家，惟长孙海都及幼子纳真得免。《宗室世系表》蔑年土敦作咩麻笃敦，七子长曰既挈笃儿罕，七曰纳真，二至六皆失名。既挈笃儿罕子曰海都。拉施特《史》押剌伊儿作札剌亦儿，载其被难之事迹略同，惟谓孛端察儿二子，长曰布格，次曰布克台，布格子曰土敦迈宁，布克台子曰纳臣，土敦迈宁生九子，其妻莫奴伦，居诺赛儿吉及黑山之地，而遭扎拉亦儿之难。莫拿伦及其八子皆被害，惟幼子海都被匿得免。《源流考》合必赤把阿秃儿作哈必斋已图尔，其子曰伯特尔巴图尔。案土敦迈宁似即蔑年土敦之倒误，伯格尔似即布格，下三字，乃其称号也。

海都三子，长曰伯升忽儿多黑申，《元史》本纪拜姓忽儿，《世系表》《辍耕录》同，而姓伪为住，拉施特《史》拜桑古儿，《源流考》作拜星呼尔多克斯，以为哈斋库鲁克子。次曰察剌合领忽，《辍耕录》及《宗室世系表》均作察剌罕宁儿，案儿字当是昆字形近之误，拉施特《史》作扯勒黑领昆。次曰抄真斡儿帖该。《宗室世系表》作獠忽真兀秃迭葛。伯升忽儿多黑申为成吉思汗五世祖，察剌合为辽令稳，故称领忽，领忽者，令稳音转也。其子曰想昆必勒格，想昆亦详稳对音。《宗室世系表》察剌罕宁儿之子为直挈斯，拉施特《史》作莎儿郭图赤那。按赤那即直挈斯。李文田云必勒格即贝勒对音。盖莎儿郭图鲁赤那其名，想昆必勒格，皆其称号也。想昆必勒格子曰俺巴孩，其后以泰亦赤兀为氏。《元史》作咸补海罕，拉施特书作俺巴该。伯申豁儿多黑申之子曰屯必乃薛禅，薛禅，蒙古语聪明之称也。《元史·本纪》《世系表》均作敦必乃，拉施特《史》作托迈乃。是为成吉思汗四世祖，屯必乃子曰合不勒可汗。《元史》《辍耕录》均作葛不寒。合不勒可汗子曰把儿坛把阿秃儿。《元史》《辍耕录》作八里丹，《源流考》作巴尔达木巴图尔。把儿坛把阿秃儿子曰也速该把阿秃儿，《源流考》作伊苏凯巴图尔。是生成吉思汗。

（六三六）元兴以前北方诸部族

自回纥之亡，北方无大部族，今略叙成吉思汗兴起以前形势如下。

一、翁吉剌部，亦作弘吉剌，《元史》及《亲征录》。又作鸿吉剌。《源流考》。

蒙古甥舅之国也。据《秘史》，此族与主因塔塔儿战，地在捕鱼儿、阔涟两海子间，则其居地当在今呼伦贝尔附近。《元史·特薛禅传》谓弘吉剌氏居于苦烈，儿温都儿斤、迭烈捕儿、也里古纳河之地。案今根河出伊勒呼里山，西流百余里，径苦烈业尔山之南，其北有特勒布尔河，略与平行。苦烈业尔即苦烈儿之异译。温都儿，蒙古语为高山也。特勒布尔即迭烈不二儿，也里古纳乃额尔古讷河之音差也。

二、塔塔儿部，即鞑靼之异译，此族与蒙古世为仇雠，其分部颇多。据《秘史》所载有主因塔塔儿，阿亦里兀惕塔塔儿，备鲁兀惕塔塔儿等。主因即朱邪之异译，可证其为沙陀、突厥与靺鞨之混种，其居地当在捕鱼儿海附近。

三、蔑儿乞部，此种人居斡儿垣、薛凉格二水流域。斡儿垣，今鄂尔坤河。薛凉格，今色楞格河也。其分部之名，见于《秘史》者，有兀都亦惕、兀洼思、合阿惕等。

四、兀良孩部，《明史》作兀良哈，即今乌梁海。西人谓其容貌近土耳其人，当系突厥种。据《秘史》当时游牧之地，亦在不儿罕山。

五、客列部，亦作克烈，《元史·本纪》及《亲征录》。怯烈，《元史》列传。又作克里叶特，《源流考》。始居欠欠州，亦曰谦河，在唐弩乌梁海境内，详见《元史译文证补》卷二十六下。其部长曰默儿忽斯，生二子，长曰忽而察忽思，是为不亦鲁黑汗。《亲征录》作忽儿札胡思盃禄可汗。次古儿罕。《亲征录》作菊儿可汗。不亦鲁黑卒，子脱邻斡勒，此从《秘史》，拉施特作脱忽鲁儿。性猜忌，杀其诸弟台帖木儿、太石不花帖木儿等，又欲杀母弟额儿客哈喇，《亲征录》作也力可哈剌。额儿客哈喇奔乃蛮，古儿罕攻之，脱邻斡勒奔也速该，也速该速为起兵，逐古儿罕，始建牙于土兀喇沐涟上，土兀喇沐涟，今土拉河也。客列或云即康里转音，则亦属突厥族。

六、汪古部，即《辽史》之乌古也。其部名见于《辽史·百官志》者，有乌古涅剌、斡特盌乌古、隈乌古、三河乌古等，又有乌隈乌骨、里乌濊等部，疑亦乌古之转音，此亦白鞑靼，为金守长城。《元史译文证补》卷一。地在今归绥县北，《马祖常月乃合神道碑》云：雍古部族居净州之天山，净州故城在今归绥县北四子部落内，祁连山即天山也。

七、乃蛮部，亦作乃满，又作乃马，据《元史·地理志》，本居吉利吉思，唐黠嘎斯之地。其部长曰亦难察可汗，《亲征录》作亦难赤。生二子，长曰太赤不合，拉施特作太亦布哈。是为塔阳可汗。《元史》《亲征录》作太阳汗。次曰古出古敦，是为不亦鲁黑汗。《元史》作不鲁欲罕，《亲征录》作盃禄可汗。兄弟交恶，分国而治，塔阳居金山之阳，忽里牙速兀、今乌里雅苏台河。札八儿今匝盆河。二水间，南近沙漠，不亦鲁黑居兀鲁黑塔黑之地，北近金山。

八、斡亦剌部，此种人均居今西伯利亚南境，其种名见于《秘史》者，有不里牙惕、巴儿浑、兀儿速惕、合卜合纳思、康合思、秃巴昔等，不里牙惕在萨拜喀勒省之巴尔古精河上，阿穆尔省之牛满河上亦有之，牛满河一名布里雅特河，即不里牙惕之异译也。兀儿速惕在谦河之北，《西北地附录》称为乌斯，谓以水为名，盖即乌苏里之异译。合卜合纳思《西北地附录》作撼合纳云，在乌斯东，谦河所从出，则在今多特淖尔附近。康合思地在今杭爱山之北，秃巴思在今俄领托波儿斯克省境。此种人种类盖甚多，故《秘史》统称之曰秃绵斡亦剌，秃绵亦作土绵，译言万也。

九、乞儿吉速部，亦作吉利吉思，即唐时之黠戛斯也。当时居地在也儿的石河流域，即今额尔齐斯河。

十、失必儿部，鲜卑之异译，盖西伯利本鲜卑之故土也。据多桑地图在乞儿吉思正北，则在今鄂毕河流域。

以上乃当时漠南北诸部分布之大略情形也，自此以西南，即皆回纥种人之地矣。

（六二七）蒙古之渐强

蒙古之初，盖服属于辽，故察剌合必勒格再世受辽令稳、详稳之职，及哈不勒始有汗号，统辖蒙兀全部，威望甚盛。金主闻其名，召至礼遇甚优，一日酒醉，鼓掌欢跃，持金主须，金主释不问，厚赠遣归。大臣谓纵此人，将为边患，遣使邀以返，哈不勒不从，词意强横。金主再使往，哈不勒谋于妇及部众杀之。万户胡沙虎来讨，粮尽而还，追败之海岭，时宋高宗绍兴七年，金天会十五年也。见《续纲目》。哈不勒可汗疾，亟念诸子无足付大事者，令部众议立俺巴孩，时翁吉剌氏与主因塔塔儿构衅，哈不勒七子助母族与战，杀其酋木秃儿把阿秃儿，已而俺巴孩嫁女于阿亦里纳惕、备鲁兀惕两种，塔塔儿身送之，主因塔塔儿乘机抱怨，执送金，金以木驴杀之。命从者巴剌合赤拉施特作布勒格赤。

归告忽图剌及合答安太石。俺巴孩子，《亲征录》作阿丹汗，拉施特《蒙古全史》作哈丹大石。于是诸部族会议，共立忽都剌为汗哈不勒可汗第四子。入金界，败其兵，大掠而归。都元帅兀术来讨，连岁不能克，乃议和，割西平河今胪朐河。以北二十七团寨与之，岁遣牛羊米豆，时宋绍兴十七年，金熙宗皇统七年也。《续纲目》据《大金国志》又云：册其长熬罗孛极烈为蒙辅国王，不受，自号大蒙古国。熬罗孛极烈自称太祖元明皇帝，改元天兴。孟珙《蒙鞑备录》引李大谅《征蒙记》亦云：蒙人尝改元天兴，自称太祖元明皇帝，孟氏疑之，谓蒙古先时不识汉字，无符玺文书，改元建号将安用之。然《蒙鞑备录》亦云：鞑国所邻前有紏族，左右乃沙陀等部，旧有蒙古斯国，在金人伪天会间，亦尝扰金，虏为患，金人尝与之战，后乃多与金币和之。据此则当时北方，确有所谓蒙古国者，虽其先无文书建号，改元似无所用，然亦即抗衡上国，崛沙寒之北，则安知不有降人教以妄窃帝号，以自尊大，且太祖乃庙号，生时岂可自称？则亦适成其为蒙人之称帝而已。至敖罗孛极烈自称，自与忽都剌音异，然蒙人称名多系官号。今按《金史·百官志》官兵皆称勃极烈。又云忽鲁犹总帅也。又云部长曰孛堇，统数部者曰忽鲁，则熬罗孛极烈当即忽鲁勃极烈之异译，义谓数部之总贝勒耳。忽都剌可汗与合答安太石谋复主因塔塔儿之仇，与其部长阔端巴剌合及札里不花前后十三战，竟不能克，惟乙亥岁一役，也速该战败之，获其酋帖木真兀格《亲征录》作帖木真干怯。豁里不花。《亲征录》作忽鲁不花，拉施特《蒙古全史》作库里不花。而成吉思汗适生，因名之曰帖木真，志武功也。据《年寿考》成吉思汗生于宋高宗绍兴二十五年，《源流考》谓生于壬申即绍兴三十三年，与《元史·本纪》合。

忽都剌可汗卒后，蒙兀无共主，复衰。案忽都剌长子拙赤，《亲征录》作术赤可汗，拉施特《蒙古全史》亦作拙赤罕，似亦曾蒙汗号者。然观忽都剌卒后，全族离逷情形，则纵袭汗位，亦必并无威力。而也速该又适于是时卒，于是成吉思少年困阨之运至矣。

（六三八）成吉思平定漠南北

成吉思十三岁时，父挈之省舅家为乞昏，途遇翁吉剌惕德薛禅，奇其状貌，要与俱归，字以女孛儿帖。《元史·后妃表》作孛儿台，《源流考》作布尔德。也速该独返，为主因塔塔儿人所毒，驰归遂卒。时宋乾道三年也。也速该生时，尝统辖尼伦全部，同族隐忌之，故其卒后，事变即生。而泰亦赤乌氏与成吉思龋龁尤甚，也速该部族亦多叛去，成吉思尝为泰亦赤兀所执，命荷校徇军中。成吉思伺其会饮，以校击守者而遁，泰亦赤兀来追，沉身水道中，又匿毳车中，乃得免。初克烈部长脱邻斡勒常蒙也速该救援，故相结为安答。蒙古语交物之友。成吉思既娶孛儿帖，乃以其黑貂之裘献之，脱邻斡勒喜，许缓急相助，自是始有外援矣。初忽图剌可汗末年，也速该飞猎斡难沐涟上，遇兀都亦惕蔑儿乞也客赤列都，《源流考》作伊克齐埒图，云是塔塔儿人，误。娶妇归篡之，即成吉思母诃额仑也。《元史》《亲征录》作月伦，《源流考》作乌格楞哈屯，拉施特《蒙古全史》作夸伦云，义为云斡勒忽讷惕翁吉剌氏。及是也客赤列都兄脱黑脱阿《亲征录》作脱脱。为弟复仇，与兀佳思蔑儿乞答亦儿兀孙及合阿惕蔑儿乞合阿台答儿马剌来袭，得孛儿帖去，成吉思乞师于脱邻斡勒及札答剌部长札木哈，孛端察儿尝虏一孕妇，所生前夫之子，曰札只剌歹，其后为札答剌氏。袭其庭，复得孛儿帖，始与札木哈同牧年余，窥札木哈有厌薄意，弃之他徙，诸部族弃札木哈，从之者颇多，共推为汗。是年称汗，见《源流考》。驻牧合剌只鲁格小山名，今车臣汗右翼前旗哈剌莽鼐山支阜。之阔阔纳浯儿，译言青海子。时宋淳熙十六年也。札木合约泰亦赤兀等十三部来袭，汗亦分军为十三翼，迎之战于答阑巴泐渚纳，史称答闻版朱思之野，今黑龙江呼伦淖尔西南巴泐渚纳乌苏鄂模，东北出为班朱尼水注呼伦淖尔。败绩退至斡难河北哲烈捏之隘。今呼伦贝尔西北界上第五十三鄂博则林图。札木合乃还，行经赤那思牧地，获诸部长之附帖木真者，为七十镬烹之，众益恶其残暴，归心于汗者愈多，时主因塔塔儿蔑古真薛兀勒图《元史》《亲征记》作蔑里真笑里徒，拉施特《蒙古全史》作摩勒苏里徒。叛金，金丞相完颜襄出讨，汗与脱邻斡勒助金攻杀之，襄喜援汗札兀忽里，封脱邻斡勒为王，札兀惕蒙语谓百，忽里者忽鲁转音，犹云百夫长者。《金史·百官志》部长曰孛堇，统数部者曰忽鲁。《亲征记》原注若金招讨使，据《秘史》王京又对太祖说，我回去金国皇帝行奏知，再大的名分招讨使，教你做者，则札兀忽里非即招讨使。脱邻斡勒自此亦称王罕。

王罕之攻塔塔儿也，乃蛮亦难察汗乘之，纳其弟额儿客合剌，王罕还战不胜，奔西辽。其弟札哈敢不及，其余众多来归，久之王罕东归，至古泄兀儿纳兀儿，今库苏古尔。饥困，使人与汗相闻，汗使勇士速克该往援，躬迓之于客鲁涟，命其众还事之，已而伐兀都亦惕蔑儿乞大获，以馈王罕，王罕由是复振，袭蔑儿乞破之，脱黑脱阿奔巴儿忽真，今地属俄，仍名巴儿忽真。汗遂与王罕伐乃蛮，袭不亦鲁黑罕，不亦鲁黑罕奔欠欠州，翁吉剌诸部会于刊沐涟州，今根河。立札木合为古儿罕，潜师来袭，汗逆击破之，札木合遁，翁吉剌惕来降，已而不亦鲁黑汗及脱黑脱阿之子忽秃拉施特《蒙古全史》作忽图。泰亦赤兀阿兀出把阿秀儿，《亲征录》作阿忽出拔都。干亦剌惕，即卫拉特，见后。朵儿别、都蛙锁豁儿四子之后，《元史》及《亲征录》作朵鲁班。塔塔儿合答斤，朵奔蔑儿斡子不忽合塔吉之后，《元史》《亲征录》、拉施特《蒙古全史》皆作哈塔斤，《源流考》作哈塔锦。诸部连师来伐，汗与王罕连兵逆之，会大雨雪，敌军引退，至阔亦田之野，今呼伦贝尔南奎腾河。士马僵冻，纷坠山涧，不复成列，札木哈率众来应，见事败即退，诸部皆奔溃，汗自追阿兀出把阿秀儿杀之，泰亦赤乌亡，已而王罕子你勒合桑昆，《录》亦剌合鲜昆，《纪》亦猎喝翔昆。与汗有隙来袭，时汗军士马不足三千，王罕众数倍，兀鲁兀忙忽二族力战，矢中鲜昆面，王罕乃敛兵罢，然王罕军势仍盛，乃连夜退军，于是徙牧巴泐渚纳，俄界内斡难河北巴儿赭纳泊。出不意袭王罕，尽俘其民，王罕父子以数骑走，至乃蛮界上，王罕为其戍将豁里速别赤所杀，函首塔阳罕；鲜昆辗转至曲先，《源流考》作龟兹。为喀剌赤焉耆番名哈剌沙尔。部主黑邻赤哈剌所杀，见《亲征录》。客列部亡，地西接乃蛮矣。

乃蛮塔阳罕使告汪古部长阿剌忽失的吉惕忽里《亲征录》王孤部长阿剌兀思的乞火力，《元史·本纪》白达达部主阿剌忽里，《本传》作阿剌兀思剔吉忽里。共伐蒙古，汪古部长以告，岁甲子，宋宁宗嘉泰四年。汗自将伐之，太阳罕迎敌，置营康孩山合池儿水上，杭爱山中哈随河。脱黑脱阿札合敢不王罕弟。及泰亦赤兀酋阿邻大石斡亦剌惕酋忽都合别乞札木合等咸从，塔阳以蒙兀马瘦，议退军，诱蒙兀深入，然后还击，其子古出鲁克及其将豁里速别诮其怯，塔阳怒，疾驱渡斡儿洹水，战于纳忽山东麓，乃蛮败绩，豁里速别赤死之，俘塔阳罕。古出鲁克脱黑脱阿、札木合先后奔不亦鲁黑，追之，驻军金山，明年袭不亦鲁黑，擒杀之，乃蛮亡。古出鲁克、脱黑脱阿西走，追及之额儿的失，即也儿的石。脱黑脱阿中流矢死，古出鲁克奔西辽，札不哈转徙入倘鲁山，唐努山。左右执以献杀之，漠南北尽平，岁丙寅宋宁宗开禧二年。诸部大会于斡难沐涟之源，上尊号曰成吉思汗。

（六三九）蒙古传说本于回纥

唐人取福山石坏回纥风水，因之灾异迭起，迁于西州，说出虞集《高昌王碑》，而《元史·亦都护传》因之。于国家兴替之故，一无所记，而造为此怪迂之说，亦可笑矣。然蒙古人之传说，有与之相类者。《辍耕录》万岁山条云："浙省参政赤德尔尝云：向任留守司都事时，闻故老言：国家起朔漠日，塞上有一山，形势雄伟，金人望气者谓此山有王气，非我之利，金人谋欲厌胜之，计无所出。时国已多事，乃求通好入贡，既而曰：他无所冀，愿得某山以镇压我土耳。众皆鄙笑而许之。金人乃大发卒凿掘，辇运至幽州城北，积累成山，因开挑海子，栽植花木，营构宫殿，以为游幸之所。未几，金亡，世皇徙都之。至元四年，兴筑宫城，山适在禁中，遂赐今名云。"此说与畏吾传说极相类，非畏吾人造作以媚元人，则元人习于畏吾者造作之以自张，更无足疑也。又《受佛戒》条云："累朝皇帝先受佛戒九次，方正大宝，而近侍陪位者必九人或七人，译语谓之暖答世，此国俗然也。今上之初入戒坛时，见马哈剌佛前有物为供，因问学士沙剌班，曰：此何物？曰：羊心。上曰：曾闻用人心肝者，有诸。曰：尝闻之而未尝目睹，请问剌马。剌马者，帝师也。上遂命沙剌班传旨问之，答曰：有之，凡人萌歹心害人者，事觉，则以其心肝作供耳。上再命问曰：此羊曾害人乎？帝师无答。"

（六四〇）元人初兴时程度

《辍耕录》皇族列拜条曰："己丑秋八月，太宗即皇帝位，耶律文正王时为中书令，定册立仪礼，皇族尊长，皆令就班列拜，尊长之有拜礼，盖自此始。"记曰：族人不敢以其戚戚君，尊君也。盖亦非一日之致矣。又朝仪条曰："至元初，尚未遑兴建宫阙，凡遇称贺，臣庶皆集帐前，无尊卑贵贱之辨。执法官厌其喧杂，挥杖出逐之，去而复来者数次。翰林承旨王文忠公磐，时兼太常卿，虑将诒笑外国，奏请立朝仪，遂如其言。"元代制作皆起世祖，终不免沐猴而冠，此时则并未知冠，直是沐猴而已矣。又贞烈条言："宋之亡，安定夫人陈氏、安康夫人朱氏，与二小姬沐浴整衣，焚香自缢死。"明日奉闻，世祖命断其首，悬全后寓所，在己欲其詈人，则在人不能禁其詈己，此理之甚易明者也，而犹不能知，亦沐猴而冠之一端也。

（六四一）度斤、郁督军、都尉鞬、乌德鞬

突利南徙度斤旧镇。胡三省云："即都斤山，旧沙鉢略所居。"案《新唐书·突厥传》曰："可汗建廷都斤山。"《薛延陀传》曰："树牙郁督军山，直京师西北六千里。颉利灭，率其部稍东，保都尉鞬山独逻水之阴，远京师才三千里而赢。"《回纥传》曰："南居突厥故地，徙牙乌德鞬山、昆河之间。"独逻水，今土拉河。昆河，今鄂尔坤河。都尉鞬山与乌德鞬山，地当相近。乌德鞬为突厥故地，疑与都斤是一。惟郁督军山颇远。然延陀传又谓"西突厥处罗可汗之杀铁勒诸酋也，推契苾哥楞为易勿真莫贺可汗，据贪汗山，奉薛延陀乙室鉢为野咥可汗。保燕末山。而突厥射匮可汗复强，二部黜可汗号，往臣之。回纥、拔野古、阿跌、同罗、仆骨、白霫在郁督军山者，东附始毕可汗。乙室鉢在金山者，西役叶护可汗。"以郁督军山与金山对举，则距土拉、鄂尔坤二河，亦不能甚远。窃疑都斤、都尉鞬、乌德鞬、郁督军均系一音异译，皆即今之杭爱山；而《新唐书》"直京师西北六千里"之语有讹也。

（六四二）九姓

突厥、回纥皆有所谓九姓者，然名同而实不同。《旧唐书·李勣传》：白道之战，突厥败，屯营于碛口，遣使请和。诏鸿胪卿唐俭往赦之。勣与李靖军会，相与议曰："颉利虽败，人众尚多，若走渡碛，保于九姓，道遥阻深，追则难及；今诏使唐俭至彼，其必弛备；我等随后袭之，此不战而平贼矣。"《狄仁杰传》：仁杰于神功元年入相，上疏论西戍四镇东戍安东之弊云："近贞观年中，克平九姓，册李思摩为可汗，使统诸部者，盖以夷狄叛则伐之，降则抚之，得推亡固存之义，无远戍劳人之役。"《铁勒传》言：延陀之败，"西遁之众，共推夷男兄子咄摩支为可汗，西归故地，乃去可汗之号，遣使奉表，请居郁督军山北。诏兵部尚书崔敦礼就加绥抚。而诸部铁勒素服薛延陀之众，及咄摩支至，九姓渠帅莫不危惧；朝议恐为碛北之患，复令李勣进加讨击。勣率九姓铁勒二万骑至于天山。咄摩支见官军奄至，惶骇不知所为。且闻诏使萧嗣业在回纥中，因

而请降。"《突厥传》："伏念既破，骨咄禄鸠集亡散，入总材山聚为群盗，有众五千余人。又抄掠九姓，得羊马甚多，渐至强盛。"此北突厥之九姓也。其名无可考。《传》又言：开元三年默啜与九姓首领阿布思等战于碛北，九姓大溃，人畜多死，阿布思率众来降。四年，默啜又北讨九姓拔曳固，战于独乐河，拔曳固大败。默啜负胜轻归而不设备，遇拔曳固迸卒颉质略于柳林中，突出击默啜，斩之。"《新唐书》略同，惟无阿布思之名，而云思结等部来降，则阿布思似系思结酋长。《旧唐书·张说传》：开元八年，"朔方大使王晙诛河曲降虏阿布思等千余人。时并州大同、横野等军有九姓同罗、拔曳固等部落，皆怀震惧。说率轻骑二十人，持旌节直诣其部落，宿于帐下，召酋帅慰抚之。九姓感义，其心乃安。"似思结、拔曳固、同罗，皆九姓之一。白眉可汗之死，《新唐书·突厥传》云："始突厥国于后魏大统时，至是灭。后或朝贡，皆旧部九姓云。"是阿史那氏虽亡，九姓犹在。突厥缘起，《周书》云："突厥者，盖匈奴之别种，姓阿史那氏。别为部落，后为邻国所破，尽灭其族。有一儿，年且十岁；兵人见其小，不忍杀之，乃刖其足，弃草泽中。有牝狼以肉饲之，及长，与狼合，遂有孕焉。彼王闻此儿尚在，重遣杀之。使者见狼在侧，并欲杀狼。狼遂逃于高昌国之北山。山有洞穴，穴内有平壤茂草，周回数百里，四面俱山，狼匿其中，遂生十男。十男长大，外托妻孕，其后各有一姓，阿史那即一也。或云突厥之先出于索国，在匈奴之北。其部落大人曰阿谤步，兄弟十七人。其一曰伊质泥师都，狼所生也。谤步等性并愚痴，国遂被灭。泥师都既别感异气，能征召风雨，娶二妻，云是夏神、冬神之女也。一孕而生四男，其一变为白鸿；其一国于阿辅水、剑水之间，号为契骨；其一国于处折水；其一居践斯处折施山，即其大儿也。山上仍有阿谤步种类，并多寒露，大儿为出火温养之，咸得全济，遂共奉大儿为主，号为突厥，即讷都六设也。讷都六有十妻，所生子皆以母族为姓。阿史那是其小妻之子也。讷都六死，十母子内欲择立一人，乃相率于大树下，共为约曰：向树跳跃，能最高者，即推立之。阿史那子年幼而跳最高者，诸子遂奉以为主，号阿贤设。"《突厥传》。二说不同，而同以阿史那为十姓之一，窃疑所谓九姓者，乃彼所以为阿史那九昆之后者也。西突厥，《旧唐书》本传云："其人杂有都陆及弩失毕、歌逻禄、处月、处密、伊吾等诸种，风俗大抵与突厥同，惟言语微差。"都陆亦作咄陆，又作咄六。咥利失之立也，"其国分为十部，每部令一人统之，号为十设；每设赐以一箭，故称十箭焉。又分十箭为左右厢，一厢各置五箭。其左厢号五咄六部落，置五大啜，一啜管一箭；其右厢号五弩失毕，置五大俟斤，一俟斤管一箭，都号为十箭”。盖此十部，直隶可汗，余皆西迁。后杂处者虽同，曰相杂，仍有亲疏之差。《传》又云：“室点密统领十大首领，有兵十万众，往平西域诸胡国，自为可汗，号十姓部落。”此所率之俱往者。咄六、弩失毕，殆即其所率之俱往者欤？沙缽罗可汗时，“统摄咄陆、弩失毕十姓。其咄陆有五啜：一曰处木昆律啜，二曰胡禄居阙啜，三曰摄舍提暾啜，四曰突骑施贺罗施啜，五曰鼠尼施处半啜。弩失毕有五俟斤：一曰阿悉结阙俟斤，二曰哥舒阙俟斤，三曰拔塞干暾沙钵俟斤，四曰阿悉结泥孰俟斤，五曰哥舒处半俟斤”。同上。盖即此十部落之姓也。此十部虽较歌逻禄、处月、处密、伊吾等为亲，而其非突厥种姓则一。故武后时陈子昂上疏言：“国家能制十姓者，由九姓强大臣服中国也。”《新唐书》本传。其后西突厥终于不振者，乃由突骑施葛逻禄之强，实即本与杂居诸族代之而兴耳。然则西突厥之九姓，殆与东突厥无异也。此突厥之九姓也。若夫回纥，则《旧唐书》本传云：“有十一都督，本九姓部落，一曰药罗葛，即可汗之姓，二曰胡咄葛，三曰咄罗勿，四曰貊歌息讫，五曰阿勿嘀，此字疑有误。六曰葛萨，七曰斛嗢素，八曰药勿葛，九曰奚耶勿。每一部落一都督。破拔悉密，收一部落；破葛逻禄，收一部落；各置都督一人，统号十一部落。每行止斗战，常以二客部落为军锋。”《新唐书》九姓之名同，又云：“药罗葛，回纥姓也，与仆骨、浑、拔野古、同罗、思结、契苾六种相等夷，不列于数。”拔野古、同罗、思结，既皆可拟为突厥九姓之一，而仆骨、浑、契苾，回纥与之相等夷，则九姓已得其七。薛与延陀本异部，更以益之，岂即突厥之始所谓九姓者欤？书阙有间，难以质言矣。药罗葛虽于九姓独尊，然亦不相殊绝。太和公主之下降也，《旧唐书》谓“九姓相分负其舆，随日右转于庭者九”。九姓相，盖即九姓都督。又云：“上元元年九月己丑，回纥九姓可汗使大臣俱陆莫达干等入朝奉表起居。”九姓可汗之名，盖据其所自称也。《新唐书·回纥传》言：“德宗立，使中人告丧，且修好。时九姓胡劝可汗入寇，可汗欲悉师向塞，见使者不为礼。宰相顿莫贺达干谏，不听。顿莫贺怒，因击杀之，并屠其支党及九姓胡几二千人，即自立为合骨咄禄毗伽可汗，使长建达干从使者入朝。建中元年，诏京兆少尹源休持节册顿莫贺为武义成功可汗。始回纥至中国，常参以九姓胡，往往留京师，至千人，居赀殖产甚厚。会酋长突董、翳蜜施、大小梅录等还国，装橐系道，留振武三月，供拟珍丰，费不赀。

军使张光晟阴伺之，皆盛女子以橐。光晟使驿吏刺以长锥，然后知之。已而闻顿莫贺新立，多杀九姓胡人，惧不敢归，往往亡去，突董察视严亟。群胡献计于光晟，请悉斩回纥，光晟许之，即上言回纥非素强，助之者九胡尔，今其国乱，兵方相加，而虏利则往，财则合，无财与利，一乱不振。不以此时乘之，复归人与币，是所谓借贼兵，资盗粮也。乃使裨校阳不礼，突董果怒，鞭之。光晟因勒兵尽杀回纥群胡，收橐它、马数千，缯锦十万。”此文以回纥与九姓对举，似九姓纯为西胡者然。二书列举九姓，药罗葛皆与焉，岂不自相矛盾？盖自默啜之盛，回纥稍引而西，久与群胡相杂，故其九姓中皆杂有胡人，驯致喧宾夺主，而史家遂径称九姓为九姓胡耳，固非谓其本无区别也。然而回纥西迁之后，杂居之群胡盛，而本种转微，则于此可以微窥矣。突厥、回纥皆以得西胡之教道兴，亦以染其嗜利之习，寖陵夷衰微，以至于亡，亦北族之龟鉴也。

（六四三）回文

《元史译文证补》曰：“回纥称谓，多本突厥。可汗、可敦、特勒之名无论矣。突厥别部将兵者，皆谓之设。默啜可汗立其子弟为左厢察、右厢察。毗伽可汗本蕃号为小杀。而回纥亦有左杀、右杀，分管诸部。曰设，曰察，曰杀，皆译音之异。骨咄禄可汗及叶护之称，达干之名，回纥并同突厥。度其言语，或亦多同。突厥文字，不复可考。回纥文字，至今犹存，所谓托忒字体是也。与西里亚文字相仿。泰西人谓唐时，天主教人自西里亚东来传教，唐人称为景教。陕西之《景教碑》，碑旁字两行，即西里亚字，此其确证。回纥之有文字，实由天主教人授以西里亚文字之故。此一说也。回纥人自元以后，大率入天方教。而天方文字，本于西里亚。故信教之回人谓蒙古文出于回纥，回纥文出于天方，以归功于谟罕默德。此又一说也。各私其教，傅会所由，皆属妄说。窃疑回纥文字，亦本突厥。特无左证，以折异议。”案《北史》谓突厥文字旁行，有类于胡。所谓胡者，西胡，指西域诸国也。丁令族人居西域者甚多，盖遂受其文字，突厥、回纥皆沿而用之耳。《周书·突厥传》云：“其征发兵马，科税杂畜，辄刻木为数，并一金镞箭蜡印封之，以为信契。”盖有文字而不甚用也。观其能于茔屋中图画死者形仪及其生时战陈之状，则其图画已有可观，必不至不知文字。又《北史·蠕蠕传》：“无文记。将帅以羊屎粗记兵数。后颇知刻木为记。”似其文字又受之丁令者。

（六四四）畜牧宜在长城外

《隋书·贺娄子干传》：高祖以陇西频被寇掠，甚患之。彼俗不设村坞，命子干勒民为堡，营田积谷，以备不虞。子干上书曰：陇西河右，土旷民希，边境未宁，不可广为田种，比见屯田之所，获少费多，虚役人功，卒逢践暴，屯田疏远者，请皆废省。但陇右之民，以畜牧为事，若更屯聚，弥不获安，只可严谨斥候，岂容集人聚畜，请要路之所，加以防守，但使镇戍连接，烽堠相望，民虽散居，必谓无虑。高祖从之。案边缘之地，每苦游牧部族之侵略，屯兵守圉，费大劳多，发兵攻之，则彼远走高飞，不可得而迹，此历代之所大患也。今若于缘边之地，皆兴畜牧之利，而于其内为之坚城深池，则我之长技与彼同，不徒不患其侵略，且可乘间出击，惩创之矣。彼若大举，我可于坚城之内，更设牧场，驱民入保，是畜牧于长城之外，所以为长城卫，而长城又所以为畜牧之卫也。兼华夷之长技而用之，既不如历代缘边，惨遭杀略，亦不致如匈奴遇汉兵深入，奔走，有孕重堕之苦矣，此安边之至计也。屠敬山先生屡游蒙古，常云：制北之策，无逾于秋高时焚其牧草，我无折伤，使彼自毙，刘仁恭所以能制契丹也。我以是施于彼，彼亦可以是施于我，则制敌又当在牧地之外，先发以创之，如彼此相安，则又宜各守疆界，通工易事，渐以化之也。

（六四五）吐蕃缘起

吐蕃缘起，《新旧唐书》之说不同，《旧唐书》云："其种落莫知所出也，或云南凉秃发利鹿孤之后也。利鹿孤有子曰樊尼，及利鹿孤卒，樊尼尚幼，弟傉檀嗣位，以樊尼为安西将军。后魏神瑞元年，傉檀为西秦乞佛炽盘所灭，樊尼招集余众，以投沮渠蒙逊，蒙逊以为临松太守。及蒙逊灭，樊尼乃率众西奔，济黄河，逾积石，于羌中建国，开地千里。樊尼威惠夙著，为群羌所怀，皆抚以恩信，归之如市。遂改姓为窣勃野，以秃发为国号，语讹谓之吐蕃。其后子孙繁昌，又侵伐不息，土宇渐广。历周及隋，犹隔诸羌，未通于中国。"《新唐书》云："吐蕃本西羌属，盖百有五十种，散处河湟、江岷间；有发羌、唐旄等，然未始与中国通。居析支水西。祖曰鹘提勃悉野，健武多智，稍并诸羌，据其地。蕃、发声近，故其子孙曰吐蕃，而姓勃窣野。或曰南凉秃发利鹿孤之后，二子，曰樊尼，曰傉檀。傉檀嗣，为乞佛炽盘所灭。樊尼挈残部臣沮渠蒙逊，以为临松太守。蒙逊灭，樊尼率兵西济河，逾积石，遂抚有群羌云。"《旧唐书》之窣勃野，窣勃二字，当系误倒。二书所说实同，惟《新唐书》析出于西羌与出于南凉之说为二，谓其姓及部族之名，皆为羌所固有；《旧唐书》则合二说为一，谓姓为樊尼所改，部族之名，为秃发音转耳。衡量二说，自以《新唐书》为是。何者？羌人本以父名母姓为种号，德宗时，吐蕃赞普乞立赞，《新唐书》云"姓户卢提氏"，或亦如研种之后更号烧当，非必易姓。若秃发氏则久渐汉化，未必更沿此习，且逋播之余应有也。沦亡之痛，正当眷念宗邦，何故忽焉改姓，一也。五胡之渐染汉化者，虽或失其所据，亦未必遂即于夷，观沮渠、无讳等辗转西域时可知。秃发氏即或不逮，亦何至遂亡其祖，而后奔亡之迹，开拓之功，一无省记，徒令后人为传疑不审之辞乎？二也。河湟小族，通于中国者多矣，开地千里，在彼中已为泱泱大风，何乃不思款塞？况其侵伐不息，则异族之受其侵扰者必多，纵令币贽不通，亦岂传闻无自？三也。然则樊尼建国羌中，其事庸或可有，而其后必已寖微，绝与吐蕃无涉也。《新唐书》下文云："其后有君长曰瘕悉董摩，董摩生佗土度，佗土生揭利失若，揭利生勃弄若，勃弄生讵素若，讵素生论赞索，论赞生弃宗弄赞。"其后之"其"字，当指鹘提勃悉野而言。此说与前第一说，当即采自一书，文本相承，子京次序不审，中间以述吐蕃法俗之语，遂使后人不知董摩究为谁后耳。此则文士之不可以修史也。

《旧唐书》云："其国都城号为逻些城。"《新唐书》云："其赞普居跋布川，或逻娑川。"逻娑即逻些，其城盖在川侧。《新唐书·地理志》："逻些在东南，距农歌二百里。又经盐池、暖泉、江布灵河，百一十里渡姜济河，经吐蕃垦田，二百六十里至卒歌驿。乃渡臧河，经佛堂，百八十里至勃令驿鸿胪馆，至赞普牙帐，其西南跋布海。"见鄯州下。跋布海盖跋布川之所入也。逻些盖即今之拉萨。长庆初，刘元鼎使吐蕃，《旧唐书》云："初见赞普于闷惧卢川，盖赞普夏衙之所。其川在逻娑川南百里，臧河之所流也。"《新唐书》作闷怛卢川，又曰："河之西南，地如砥，原野秀沃，夹河多柽柳，山多柏。度悉结罗岭，凿石通车，逆金城公主道也。至麋谷，就馆臧河之北川，赞普之夏牙也。"此更在逻些之表，逆金城公主经此，则弃宗弄赞已居之矣。然其初疆则不在此，即后来亦恒居此。《旧唐书》云："吐蕃在长安之西八千里。"《新唐书》同。似可指拉萨。然《新唐书》又云："距鄯善五百里。"此岂拉萨地邪？惟析支、积石，乃与相当耳。沙州之为唐守也。赞普徙帐南山，使尚绮心儿攻之。南山者，祁连山也。苟赞普恒居拉萨，岂有因攻一残破之州，远迹至此者乎？达摩之乱，史言其国中地震裂，水泉涌，岷山崩，洮水逆流，鼠食稼，人饥疫，死者相枕藉，鄯、廓间夜闻鼙鼓声，人相惊。然则岷山之于吐蕃，犹沙麓之在晋，洮水犹伊洛之在周，鄯、廓乃正其东鄙耳。《新唐书》又云："浑末，亦曰嗢末，吐蕃奴部也。虏法，出师必发豪室，皆以奴从，平居散处耕牧。及恐热乱，无所归，共相啸合数千人，以嗢末自号，居甘、肃、瓜、沙、河、渭、岷、廓、迭、宕间，其近蕃牙者最勇，而马尤良云。"奴之耕牧，必迩其主。然则吐蕃豪，正在此诸州之间，蕃牙亦当在是也。恐热自称举义兵，其攻思罗乃在渭州，又力攻鄯州之尚婢婢，盖正以其地近蕃牙。若乞离胡亦居逻娑，则思罗、婢婢皆疆埸之臣，不必以为先务矣。《旧唐书》云逻些城"屋皆平头，高者至数十尺。贵人处于大氊帐，名为拂庐"。《新唐书》云："有城郭庐舍不肯处，联毳帐以居，号大拂庐，容数百人，其卫候严，而牙甚隘。部人处小拂庐。"贵人、部人，皆外来游牧之族；居平头屋者，则其地之土著。有城郭庐舍而不居，其迁徙往来自易。然则吐蕃者，析支水西之羌，南牧至今雅鲁藏布江者耳。正犹起丹淅之会，荜路蓝缕，以启山林，终至江陵、秭归也。

《新唐书·吐蕃传》云："妇人辫发而萦之。"此固羌俗。又云："妇人无及政。"亦与东女之以女为君者不同，足证其起青海，非起西藏。其信佛教，亦后起之事。《新唐书》又云："其俗重鬼右巫，事羱羝为大神。喜浮屠法，习呪诅，国之政事，必以桑门参决。"乃综其前后言之，非其初即如是也。张镒之盟尚结赞也，盟毕，结赞请镒就坛之西南隅佛幄中焚香为誓，《旧唐书·吐蕃传》。此在德宗贞元四年。其遣使求五台山图，《旧唐书·本纪》及《吐蕃传》。则在穆宗长庆四年。《新唐书·吐蕃传》：宪宗元和五年，"以祠部郎中徐复往使，并赐钵阐布书。钵阐布者，虏浮图与国事者也，亦曰钵掣逋。"刘元鼎之见赞普，钵掣逋立于右。亦皆中晚唐时事，开元、天宝中，犹不闻有是也。

吐蕃兵力，在河湟、青海间者，实远较其在西域为强。王孝杰能取四镇，而素罗汗山之战，不免败绩，其明证也。钦陵之扰乱中原，何所不至，然素罗汗山战后，复遣使来请和，不过为好语，求罢四镇戍兵，索分十姓之地而已。

武后使郭元振往察之，元振请要其归青海及吐浑旧封以相易，可谓深协机宜。盖度钦陵之必不能许，而钦陵亦竟不能以兵力取之，则由其距西域远，鞭长莫及也。若其腹心之地在今拉萨，则其距河湟、青海亦远，其扰乱必不能如是之深矣。

（六四六）唐代吐蕃兵力

《旧唐书·陆贽传》：贽于德宗时，上疏论兵事曰："今四裔之最强盛为中国甚患者，莫大于吐蕃。举国胜兵之徒，才当中国十数大郡而已，其于内虞外备，亦与中国不殊，所能寇边，数则盖寡。"此非虚言也。《郭子仪传》：子仪于大历九年入朝，召对延英，言"今吐蕃充斥，势强十倍。兼河陇之地，杂羌浑之众。"然语其兵数，则亦不过曰"近入内地，称四节度，每将盈万，每贼兼乘数匹"而已。《韩滉传》：贞元二年，"滉上言吐蕃盗有河湟，为日已久，大历已前，中国多难，所以肆其侵轶。臣闻其近岁已来，兵众寖弱，西迫大食之强，北病回纥之众，东有南诏之防，计其分镇之外，战兵在河陇者，五六万而已。"而其明年，入蕃使崔翰奏：于蕃中诱问给役者，求蕃国人马真数，云凡五万九千余人，马八万六千匹，可战者仅三万人，余悉老幼。《德宗纪》。案此文亦见《吐蕃传》，崔翰作崔澣。马八万六千匹，作八万六千余匹。余悉老幼，作余悉童幼，备数而已。徒循其名，未核其实也。此固其在河陇兵数，非其举国兵数，然亦杂羌、浑等众，非尽其本族人也。

吐蕃之寡如此，而能为中国甚患者，以其所裹胁之杂种多也。《旧唐书·吐蕃传》云，大历十一年，剑南节度使崔宁破吐蕃四节度兼突厥、吐浑、氐、蛮、羌、党项等二十余万众。《新唐书·南诏传》云，贞元十七年，韦皋将杜毗罗破吐蕃，康、黑衣大食等皆降。搂突厥以寇西川，率康、大食而犯南诏，其用之可谓竭其力矣。神川之败，乃由其与回鹘争北庭，死伤众，而欲征万人于异牟寻，亦犹是矣。

惟患寡也，故其用兵专以俘掠为务。贞元三年五月平凉劫盟之后，率羌、浑之众犯塞，遣羌、浑之众衣汉戎服，伪称邢君牙之众，代李晟节。奄至吴山及宝杂北界，焚烧庐舍，驱掠人畜，百姓丁壮者驱之以归，羸老者咸杀之，或断手凿目，弃之而去。九月，吐蕃大掠汧阳、吴山、华亭等界人庶男女万余口，悉送至安化峡西，将分隶羌、浑等。乃曰：“从尔辈东乡哭辞乡国。”众遂大哭，一恸而绝者数百人，投崖谷死伤者千余人。攻陷华亭，虏士众十三四，收丁壮，弃老而去。北攻连云堡，又陷之，驱掠其众及邠、泾编户逃窜山谷者，并牛畜万计，悉其众送至弹筝峡。四年五月，三万余骑犯塞，分入泾、邠、宁、庆、麟等州，焚彭原县廨舍，所至烧庐舍，人畜没者约二三万计。先是，吐蕃入寇，恒以秋冬，及春则多遇疾疫而退。是来也，方盛暑，而无患，盖华人陷者，厚其资产，质其妻子，为戎虏所将而侵轶焉。《旧唐书·吐蕃传》。《本纪》云：“吐蕃入寇以秋冬，今盛暑而来，华人陷蕃者道之也。”措辞不如《吐蕃传》之审。徒道之，不能免其疾疫也。此可见其兵之不出本族者多也。以华人而转为所劫质，来为寇贼，率其子弟，攻其父母，岂不哀哉！然为所劫质者，固未尝自忘其国也。《新唐书·吐蕃传》言：沙州之陷也，“州人皆胡服臣虏，每岁时祀父祖，衣中国之服，号恸而藏之”。此即香山《新乐府》所云“惟许正朝服汉仪，敛衣整巾潜泪垂”者。又云：“誓心密定归乡计，不使蕃中妻子知。暗思幸有残筋力，更恐年衰归不得。蕃候严兵鸟不飞，脱身冒死奔逃归。昼伏宵行经大漠，云阴月黑风沙恶。惊藏青冢寒草疏，偷渡黄河夜冰薄。忽闻汉军鼙鼓声，路旁走出再拜迎。游骑不听能汉语，将军遂缚作蕃生。配向江南卑湿地，料无存恤空防备。念此吞声仰诉天，若为辛苦度残年。凉原乡井不得见，胡地妻儿虚弃捐。”宣宗大中四年，沙州首领张义潮以瓜、沙、伊、肃、鄯、甘、河、西、兰、岷、廓十一州归，《新唐书·吐蕃传》记其事曰：“始义潮阴结豪英归唐，一日，众擐甲噪州门，汉人皆助之，虏守者惊走，遂摄州事，缮甲兵，耕且战，悉复余州。”相与戮力者，犹汉人也。《新唐书》又述长庆中刘元鼎为盟会使入蕃事云：“踰成纪、武川，抵河广武梁，故时城郭未隳，兰州地皆秔稻，桃李榆柳岑蔚，户皆唐人，见使者麾盖，夹道观。至龙支城，耋老千人拜且泣，问天子安否，言顷从军没于此，今子孙未忍忘唐服，朝廷尚念之乎？兵何日来？言已皆呜咽。密问之，丰州人也。”香山《新乐府》又咏《西凉伎》曰：“贞元边将爱此曲，醉坐笑看看不足，娱宾犒士宴监军，师子胡儿长在目。有一征夫年七十，见弄《凉州》低面泣。泣罢敛手白将军，主忧臣辱昔所闻。自从天宝兵戈起，犬戎日夜吞西鄙，凉州陷来四十年，河陇侵将七千里。平时安西万里疆，今日边防在凤翔；缘边空屯十万卒，饱食温衣闲过日。遗民肠断在凉州，将卒相看无意收，天子每思常痛惜，将军欲说合惭羞。奈何仍看西凉伎，取笑资欢无所愧，纵无智力未能收，忍取《西凉》弄为戏。”遗民肠断，其如将帅之不知愧耻何？工部诗：“安得廉耻将，三军同晏眠。”耻一作颇。顾亭林谓以作耻为长。虽武夫，则以知耻为本，岂不重可念哉？贞元十七年七月，吐蕃寇盐州，又陷麟州，杀刺史郭锋，毁城隍，大掠居人，驱党项部落而去。次盐州西九十里横槽烽顿军，呼延州僧延素辈七人，称徐舍人召。其火队吐蕃没勒，遽引延素等疾趋至帐前，皆马革梏手，毛绳缧颈，见一吐蕃年少，身长六尺余，赤髭大目，乃徐舍人也。命解缚，坐帐中，曰：“师勿惧，余本汉人，司空英国公五代孙也。属武后斲丧王室，高祖建义中泯，子孙流播绝域，今三代矣。虽代居职位，世掌兵要，思本之心无涯，顾血族无由自拔耳。此蕃、汉交境也，复九十里至安乐州，师无由归东矣。又曰：余奉命率师备边，因求资食，遂涉汉疆，展转东进，至麟州，城既无备，援兵又绝，是以拔之，知郭使君是勋臣子孙，必将活之，不幸为乱兵所害。适有飞鸟使至，飞鸟，犹中国驿骑也，云术者上变，召军亟还，遂归之。”《旧唐书·吐蕃传》。斯人可谓有丘首之思矣。然君子之泽，五世而斩，终不见拔，亦安能不化为异类哉？

或曰：吐蕃之所以雄张者，以其人虽少而皆强悍善战也。《旧唐书》述其俗云：其人“弓剑不离身。重壮贱老，母拜于子，子倨于父，出入皆少者在前，老者居其后。军令严肃，每战，前队皆死，后队方进。重兵死，恶病终。累代战没，以为甲门。临阵败北者，悬狐尾于其首，表其似狐之怯，稠人广众，必以徇焉，其俗耻之，以为次死”。夫其激厉其民如此，其民安得不死不旋踵？一夫善射，百夫决拾，一人致死，万夫莫当。况于举国如此乎？是则魏元忠言之矣。元忠之言曰：“凡人识不经远，皆言吐蕃战，前队尽，后队方进，甲坚骑多，而山有氛瘴，官军远入，前无所获，不积谷数百万，无大举之资。臣以为吐蕃之望中国，犹孤星之对太阳，有自然之大小、不疑之明暗，夷狄虽禽兽，亦知爱其性命，岂肯前尽死而后进哉？由残迫其人，非下所愿也。必其战不顾死，则兵法许敌能斗，当以智算取之。何忧不克哉！向使将能杀敌，横尸蔽野，敛其头颅以为京观，则此虏闻官军钟鼓，望尘却走，何暇前队皆死哉！自仁贵等覆师丧气，故虏得跳梁山谷。又师行必藉马力，不数十万，不足与虏争。臣请天下自王公及齐人挂籍之口，人税百钱；又弛天下马禁，使民得乘大马，不为数限，官籍其凡，勿使得隐，不三年，人间畜马可五十万，即诏州县以所税口钱市之，若王师大举，一朝可用。且虏以骑为强，若一切使人乘之，则市取其良，以益中国，使得渐耗虏兵之盛，国家之利也。"《新唐书》本传。然则虏使其民，岂遂足以为强乎？况其所劫而用之者，又不皆本族人哉？弃宗弄赞之寇松州也，众号二十万。此固为虚辞，然在破吐浑、党项及白兰诸羌之后，又本搂羊同以来，其数亦必不寡，然牛进达之师，才以前锋挠之，即惧而却走矣。亦由其所裹胁者，多异族人，不为之用故也。不特此也，强征异国之兵，又足以激其怨叛，其于南诏即是也。《旧唐书·郭元振传》：元振于神龙中疏论阿史那忠节欲引吐蕃以击娑葛事，曰："往者吐蕃所争，惟论十姓、四镇，国家不能舍与，所以不得通和。今吐蕃不相侵扰者，不是顾国家和信不来，直是其国中诸豪及泥婆罗门等属国自有携贰。故赞普躬往南征，身殒寇庭，国中大乱，嫡庶竞立，将相争权，自相屠灭。兼以人畜疲疠，财力困穷，人事天时，俱未称惬。所以屈志，且共汉和。"国中大乱，未必非赞普南征不反召之。赞普之南征不反，则国中诸豪及属国之携贰致之；国中诸豪及属国之携贰，恐亦用其力太过，有以召之也。然则虐用其民者，又足以为强乎！以欲从人则可，以人从欲鲜济，其分崩离析，可立而待也。此以其人论也。以其械器论，则《新唐书·吐蕃传》云："其铠胄精良，衣之周身，窍两目，劲弓利刃，不能甚伤。"此即魏元忠所云之凡人所以称其甲坚。然陆贽则谓其器非犀利，甲不坚完，盖凡人徒见其制之新异而称之，实亦未足深恃也。此制，宋时之西夏尚如此，固不闻宋人以为足畏。惟其马多，则系事实。郭子仪夸称开元、天宝中朔方戎备之盛，曰："战士十万，战马三万。"马数才当人数什三，而吐蕃入寇，则人兼乘数四矣。子仪自云："所统将士，不当贼四分之一，所有征马，不当贼百分之二。"是则十余人才得一马耳。走不逐飞，其为不敌，无待言矣。何以致之，曰：不修马复之令，且禁民乘大马。然则士之不足，人为之乎？自为之乎？故曰：国必自伐，而后人伐之。虽然，好侵伐人者，果其民皆愿欲之乎？抑亦黩武者残迫其人，非下所愿也。吐蕃之大为中国患，一在高宗、武后之世，一在德宗之时；若玄宗时之兵衅，则可谓启自吐蕃，亦可谓启自中国。肃、代时河陇之陷，则承玄宗时兵事而然，抑为仆固怀恩所诱，不能专责吐蕃也。高宗、武后时之边祸，禄东赞父子为之；德宗时之兵祸，则尚结赞实为之。尚结赞专权祸国，见贞元九年南诏遗韦皋书，载《新唐书·南诏传》。韦皋台登之捷，杀其青海大酋乞臧遮遮，实为尚结赞之子，见《新唐书·韦皋传》。足见南北兵衅，皆其一家所为，正犹禄东赞之有钦陵赞婆也。苟非此等权臣擅国之时，修好寻盟之使，固亦相继于道。然则孰为好战者可见矣。

（六四七）四镇

《旧唐书·龟兹传》云："太宗既破龟兹，移置安西都护府于其国城，以郭孝恪为都护，兼统于阗、疏勒、碎叶，谓之四镇。高宗嗣位，不欲广地劳人，复命有司弃龟兹等四镇，移安西依旧于西州。其后吐蕃大入，焉耆以西四镇城堡，并为贼所陷。则天临朝，长寿元年，武威军总管王孝杰、阿史那忠节大破吐蕃，克复龟兹、于阗等四镇。自此复于龟兹置安西都护府，用汉兵三万人以镇之。"《新唐书·龟兹传》辞虽异而事则同，惟于焉耆以西四镇之没，明著其在仪凤时；又孝杰之复四镇，不举龟兹、于阗之名，但云复四镇地而已。《本纪》亦但浑言之曰"克四镇"。然《旧唐书·本纪》则详言之曰"复龟兹、于阗、疏勒、碎叶镇"。似四镇之为龟兹、于阗、疏勒、碎叶，未尝变也。然两书《龟兹传》皆言焉耆以西四镇，又似焉耆实为四镇之一者。今案四镇之废，实在咸亨元年，《旧纪》云："吐蕃寇陷白州等一十八州，又与于阗合众袭龟兹拨换城，陷之。罢安西四镇。"《新唐书》云："吐蕃陷龟兹拨换城。废安西四镇。"《通鉴》则云：吐蕃陷西域十八州，又与于阗袭龟兹拨换城，陷之。罢龟兹、于阗、焉耆、疏勒四镇。则是时四镇之一，确为焉耆而非碎叶矣。果何时改置邪？长寿元年之役，《通鉴》云："西州都督唐休璟请复取龟兹、于阗、疏勒、碎叶四镇，敕以孝杰为武威军总管，与武备大将军阿史那忠节将兵击吐蕃。"则其时之四镇，又为碎叶而非焉耆，又何时改置乎？是时四镇皆属吐蕃，中国又安得以空文改置，此弥可惑也。今案两书《地理志》，列举四镇都督府之名，皆曰龟兹、毗沙、即于阗。疏勒、焉耆；而《新唐书》于焉耆都督府注云："有碎叶城。"则四镇各有所属城堡，在其属境之内，治所或有变置，仍据其原来治所言之，故焉耆一镇，或曰焉耆，或曰碎叶也。其国城或理于碎叶，从其所理而言之也。

《新唐书·焉耆传》："开元七年，龙懒突死，焉吐拂延立。于是十姓可汗请居碎叶，安西节度使汤嘉惠表以焉耆备四镇。诏焉耆、龟兹、疏勒、于阗征西域贾，各食其征；由北道者轮台征之。"此时镇城，盖复自碎叶移于焉耆也。

（六四八）康里

康里，《元秘史》作康邻。西史谓亦突厥族。其地在咸海之北，西抵黑海。

大食哈里发爱其勇悍，多募为兵。数传而后，遂跋扈，哈里发之废立，亦操其手。花剌子模王阿剌哀丁谟罕默德有兵四十万，皆康里人。王母亦康里部酋女。王母以康里人为将，权与王埒。诸将亦倚王母，不听令。成吉思西征时，花剌子模所以一败涂地者，由其威权素夺，不可以御大敌也。蒙古西征，由讹打剌城主杀蒙古西行之人。城主，王母之弟也。《元史》之克列部，或曰即康里转音。其族本居欠欠州。即谦河流域。在今唐弩乌梁海境。详见《元史译文证补·西北地附录释地下》《吉利吉思撼合纳谦州益兰州等处》条。至王罕，乃徙土兀拉沐涟。今土拉河。王罕为成吉思父执。成吉思初起时，东征西讨，尝与合兵。后以王罕子你勒合与成吉思有隙，乃至构兵，为成吉思所灭。

（六四九）西山八国

唐中叶后，西南内附诸戎落，有所谓西山八国者。其事始于贞元九年韦皋之出师西山，皋因此加统押西山八国使名。其后为剑南西川节度使，若以副大使兼节度事者，率兼此名不替。如元和元年之高崇文，大中十一年之白敏中，光化三年之王达皆是，皆见《旧唐书》本纪。使名之仍旧，固不足证藩属之长存，然《新唐书·路岩传》，述岩为剑南西川节度时，仍有西山八国来朝之事，其时已在咸通中，则八国之服属确颇久。吐蕃之猾夏，初非由其种姓之强，实由西北夷落为所胁服者众。贞元以后，吐蕃固已就衰，不能大为边患，然其所以就衰，亦以为所胁制者稍即携离之故，若是乎韦皋招抚之功，亦不可没也。然此八国究为何国，至今仍有疑义，此则不能不叹史文之阙佚矣。今试裒录诸史之文，略志所疑如下。

《旧唐书·东女传》：“贞元九年七月，其王汤立悉与哥邻国王董卧庭、白狗国王罗陁忽、逋租国王弟邓吉知、南水国王侄薛尚悉曩、弱水国王董辟和、悉董国王汤息赞、清远国王苏唐磨、咄霸国王董藐蓬，各率其种落诣剑南西川内附。其哥邻国等皆散居山川。弱水王即国初女国之弱水部落。其悉董国在弱水西，故亦谓之弱水西悉董王。旧皆分隶边郡，祖、父例授将军、中郎、果毅等官；自中原多故，皆为吐蕃所役属。其部落，大者不过三二千户，各置县令十数人理之。土有丝絮，岁输于吐蕃。至是悉与之同盟，相率献款，兼赍天宝中国家所赐官诰共三十九通以进。西川节度使韦皋处其众于维、霸、保等州，给以种粮耕牛，咸乐生业。立悉等数国王自来朝，召见于麟德殿。授立悉银青光禄大夫、归化州刺史；邓吉知试太府少卿兼丹州长史；薛尚悉曩试少府少监兼霸州长史；董卧庭行至绵州卒，赠武德州刺史，命其子利啰为保宁都督府长史，袭哥邻王。立悉妹乞悉漫颇有才智，从其兄来朝，封和义郡夫人。其大首领董卧卿等，皆授以官。俄又授女国王兄汤厥银青光禄大夫、试太府卿；清远王弟苏历颠银青光禄大夫、试卫尉卿；南国王疑当作南水国王，夺“水”字。薛莫庭及汤息赞、董藐蓬，女国唱后汤拂庭、美玉钵、南郎唐，此十一字或有讹误。并授银青光禄大夫、试太仆卿。其年，西山松州生羌等二万余户，相继内附。其黏信部落主董梦葱，龙诺部落主董辟忽，皆授试卫尉卿。立悉等并赴明年元会讫，锡以金帛，各遣还。寻诏加韦皋统押近界羌、蛮及西山八国使。其部落代袭刺史等官，然亦潜通吐蕃，故谓之两面羌。”案乞悉漫云从兄来朝，则其国虽以女为称，而汤立悉实系男子，必与女弟偕来者；岂其国法实当以女为王，汤立悉实系摄位，若鲁之隐、桓欤？史文阙略，难以质言矣。女与哥邻等国凡九，云悉与之同盟，似乎女国实为盟主，而其地位特尊。《德宗本纪》：贞元十二年十二月癸未，回纥、南诏、剑南、西山国、女国王并来朝贺。“西山”之下，倪夺“八”字，则女国亦叙于八国之外，此说可无疑矣。然或“西山国”之“国”为衍字，而“西山女国”四字连文，则此说又难遽定也。《新唐书·南诏传》，异牟寻诏书韦皋，述吐蕃之暴有云：“西山女王，见夺其位。”西山女王可连称，则女国亦得冠以西山两字也。

《新唐书·东女传》：“贞元九年，其王汤立悉与白狗君及哥邻君董卧庭、逋租君邓吉知、南水君薛尚悉曩、弱水君董避和、悉董君汤息赞、清远君苏唐磨、咄霸君董藐蓬，皆诣剑南韦皋求内附。其种散居西山、弱水，虽自谓王，盖小小部落耳。自失河陇，悉为吐蕃羁属，部数千户，辄置令，岁督丝絮。至是犹上天宝所赐诏书。皋处其众于维、霸等州，赐牛、粮，治生业。立悉等入朝，差赐官禄。于是松州羌二万口相踵入附。立悉等官刺史，皆得世袭，然阴附吐蕃，故谓两面羌。”案此文无白狗君之名，维、霸、保三州缺保州，其为传写夺落，抑子京疏漏，无从知之。其甚谬者，邓吉知、薛尚吉曩，不著其为王之弟侄，而径称为君，与余六国同，恐不容诿于钞胥矣。董卧庭，唐命其子袭王，明当时有王之称，无君之号，而子京于八国皆称为君，岂以其为小小部落，名实不副而黜之欤？历来称帝称王，名实不副者多矣，可尽黜欤？女国较之八国，未必特大，独仍王称，抑又何欤?

《旧唐书·德宗本纪》，贞元九年七月，“剑南西川羌女国王杨立志、哥邻王董卧庭、白狗王罗陀忩、弱水王董避和、逋租王弟邓告知、南水王侄尚悉曩等六国君王，自来朝贡。六国初附吐蕃，韦皋出西山讨吐蕃，故六蛮内附，各授官敕遣之。”案此文杨立志、罗陀忩、邓告知之名，皆与《东女传》异，证以武德初东女之王为汤滂氏，垂拱时所遣之使为汤剑左，似乎杨当作汤。《通鉴》罗陀忩作罗陀匆，亦似匆为讹文，忩为正字。若悉与志，吉与告，则未能知其孰是也。薛尚悉曩但云尚悉曩者，吐蕃国法，不呼本姓，但王族则曰论，官族则曰尚，疑尚悉曩为其役属吐蕃时之称，薛则其本姓也。四国之王亲行，二国但遣弟侄，概云自来，似欠分别。岂君、王二字，王指其国主，而君指其弟侄欤?

又十一年九月丁巳，加韦皋统押近界诸蛮及山西八国、云南安抚等使。案《本纪》，皋加统押八国使名，始见于此，观下引《通鉴》，乃知其非始于此也。山西，疑当作西山。

又《韦皋传》：“九年，朝廷筑盐州城，虑为吐蕃掩袭，诏皋出兵牵维之。乃命大将董勔、张芬出西山及南道，破峨和城、通鹤军。吐蕃南道元帅论莽热率众来援，又破之，杀伤数千人，焚定廉城。凡平堡栅五十余所，以功进位检校右仆射。皋又招抚西山羌女、诃陵、白狗、逋租、弱水、南王等八国酋长，入贡阙廷。十一年九月，加统押近界诸蛮、西山八国兼云南安抚等使。”案此文哥邻作诃陵，夷语无正字也。南王疑当作南水。虽云八国，实止有六，其名皆与《本纪》同，盖此六国之王，或身入朝，或遣弟侄，余国当时实未来也。

《新唐书·韦皋传》:“九年，天子城盐州，策虏且来桡袭，诏皋出师牵维之。乃命大将董勔、张芬出西山、灵关，破峨和、通鹤、定廉城，踰的博岭，遂围维州，搏栖鸡，攻下羊溪等三城，取剑山屯焚之。南道元帅论莽热来援，与战，破其军，进收白岸，乃城盐州。诏皋休士，以功为检校尚书右仆射、扶风县伯。于是西山羌女、诃陵、南水、白狗、逋租、弱水、清远、咄霸八国酋长，皆因皋请入朝。乃遣幕府崔佐时由石门趣云南，而南诏复通。石门者，隋史万岁南征道也。天宝中，鲜于仲通下兵南溪，道遂闭。至是，蛮径北谷，近吐蕃，故皋治复之。繇黎州出邛部，直云南，置清溪关，号曰南道。乃诏皋统押近界诸蛮、西山八国、云南安抚使。”案此文述皋招抚诸国，略因旧传之文。观哥邻亦作诃陵可知。益清远、咄霸而无悉董。云因皋请入朝，而不曰来朝，则似当时请朝者八国，即来者六国，而悉董独后者。西山八国中，其无悉董欤？然观《旧唐书·东女传》，则当时授官，所阙者乃弱水而非悉董，则又未可遽定也。

《通鉴》贞元九年七月，“剑南西山诸羌女王汤立志、哥邻王董卧庭、白狗王罗陀匆、弱水王董辟和、南水王薛莫庭、悉董王汤悉赞、清远王苏唐磨、咄霸王董邈蓬及逋租王，先皆役属吐蕃，至是各率众内附。韦皋处之于维、保、霸州，给以耕牛种粮。立志、陀匆、辟和入朝，皆拜官，厚赐而遣之”。案此文与《旧唐书·本纪》，或当同本实录；彼作剑南西川羌，此作西山，恐当以此为是。诸国王之名，无可考者，独一逋租耳。

又十年，“春，正月，剑南西山羌、蛮二万余户来降。诏加韦皋押近界羌、蛮及西山八国使”。十一年，“九月丁巳，加韦皋云南安抚使”。案《旧唐书·本纪》，韦皋统押近界诸蛮及西山八国、云南安抚使名，首见于贞元十一年九月，新旧《唐书·韦皋传》，皆与之同。观《通鉴》此条及《旧唐书·东女传》，乃知使名之加，非一时事。所谓近界羌、蛮者，指黏信、龙诺言之，西山八国，自指女、哥邻、白狗、逋租、南水、弱水、悉董、清远、咄霸九国中之八。至云南安抚，则因南诏之来服而加。新旧《唐书·皋传》，皆并叙其招抚西山诸国及南诏之功，故不加分别而总书之。《旧唐书·本纪》不书十年正月加皋使名之事，则自系漏略也。八国，《通鉴》十年胡《注》云：“即前女王、哥邻等。弱水最弱小，不得豫八国数。”未知何据。《旧唐书·东女传》云：“弱水王，即国初女国之弱水部落。”案《隋书·附国传》云：“有嘉良夷，即其东部，所居种姓自相率领，土俗与附国同。附国有二万余家，政令自王出。嘉良夷政令系之酋帅。”似嘉良夷虽不纯臣于附，仍有等级之分。弱水之于女国亦然，故九国同来，授官独不之及，而统押之使，亦不之齿，若古附庸之不达于天子欤？胡氏读书极博，其语必有所据，惜乎其言之不详也。

（六五〇）女国

唐时女国，人皆知其有二，而不知其实有三焉。盖今后藏地方有一女国，四川西境，又有一女王，新旧《唐书》之《东女传》，皆误合为一也。

《女国列传》，始于《隋书》，云在葱岭之南。又其《于阗传》云“南去女国三千里”。《北史》皆同。《大唐西域记》：东女，在婆罗吸摩补罗北大雪山中，东接土蕃，北接于阗，西接三波诃多。其地明在今后藏。《旧唐书·东女传》云："东与茂州、党项接，东南与雅州接，界隔罗女蛮及白狼夷。"则在今四川西境矣。《魏书·吐谷浑传》云："北有乙弗勿敌国，北又有阿兰国，北又有女王国，以女为主，疑当作王。人所不至，其传云然。"谓吐谷浑北有女王，说殊可惑。今观《北史》，乃云："吐谷浑北有乙弗勿敌国。白兰山西北有可兰国。白兰西南二千五百里，隔大岭，又度四十里海，有女王国，人庶万余落，风俗土著，宜桑麻，熟五谷，以女为王，故因号焉。译使不至，其传云然。"则《魏书》文为夺误，女王实在白兰之西南，不在吐谷浑之北也。去白兰二千五百里，道里虽若甚遥，然传闻之辞，不必审谛，亦且山行里数，当较平地为长，则此女王亦即《旧唐书》所云邻于茂、雅之女国也。此国土著宜桑麻，熟五谷。而《隋书·女国传》云："气候多寒，以射猎为业。"亦显见其非一国。《新唐书·东女传》云："东与吐蕃、党项、茂州接，西属三波诃，北距于阗，东南属雅州罗女蛮、白狼夷。"揉两说而为一，而不悟其地之相去数千里也，亦可笑矣。

然误合二说为一者，不自《新唐书》始也。《旧唐书·东女传》云："其王所居，名康延川，中有弱水南流，用牛皮为船以渡。"《新唐书》略同，而于居康延川下，增入"岩险四缭"四字。康延川当系川名。女国区内既有康延川，又有弱水，尚安得岩险四缭？贞元中内附之西山诸国，在今四川西境无疑，而《旧唐书》述其地云："弱水王即国初女国之弱水部落，其悉董国在弱水西，故亦谓之弱水西悉董王。"可知弱水在四川西境。《隋书·西域传》云："附国者，蜀郡西北二千余里。有嘉良夷，即其东部。嘉良有水，阔六七十丈，附国有水，阔百余丈，并南流，用皮为舟而济。附国南有薄缘夷。西有女国。"《新唐书·南蛮传》略同。《隋书》下文又云："其东北，连山绵亘数千里，接于党项，往往有羌。"此即《旧唐书》所云女国东与党项接者，此女国实与附国、嘉良夷同在四川西境，其所滨之水，盖即大渡河之上游及其支流。康延川则疑在后藏，乃葱岭南之女国所滨。《旧唐书》误合为一，而《新唐书》又误承之也。《西域记》谓"东女之地，东西长，南北狭"，而《旧唐书》谓"其境东西九日行，南北二十日行"。《新唐书》同。此亦明非一说，以其显然违异，故两书皆未兼采耳。

《隋书·女国传》云："出鍮石、朱砂、麝香、牦牛、骏马、蜀马，尤多盐，恒将盐向天竺兴贩，其利数倍。亦数与天竺及党项战争。"此数语亦误合两女国之事为一。葱岭南所出之马，必不得谓之蜀马，将盐向天竺兴贩，与天竺战争，必葱岭南之国而后能之；与党项战争，则又非葱岭南之国所能为也。

《隋书·女国传》不言其种族，《旧唐书·东女传》云“西羌之别种”，《西域记》则称为苏伐剌拏瞿咀逻，云“唐言金氏，出上黄金，故以名焉”。此亦二说。《新唐书》云：“东女，亦曰苏伐剌拏瞿咀罗，羌别种也。”又强合为一矣。《隋书·女国传》，谓其“俗事阿修罗神”，《旧唐书》云“文字同于天竺”，《新唐书》云“风俗大抵与天竺同”，皆可见其为天竺族类。《隋书》云：“男女皆以彩色涂面，一日之中，或数度变改之，人皆被发。”《新唐书》云：“被发，以青涂面。”被发固羌俗，然非羌所独有，涂面则惟吐蕃为然，川康间不闻有是，亦可见其国在吐蕃之表。《隋书》云：“其俗贵妇人，轻丈夫，而性不妒忌。”《旧唐书》云：“俗重妇人而轻丈夫。”《新唐书》云：“俗轻男子，女贵者咸有侍男。”可见其为藏地一妻多夫之族。此俗印度亦有之。若羌人，则父没妻后母，兄亡纳厘嫂，《后汉书·西羌传》。正与之相反矣。

诸史所记女国与中国交涉，亦多可疑者，今更一检核之。《隋书·女国传》云：“开皇六年，遣使朝贡，其后遂绝。”此传所述法俗，虽或出于西山女国，究以葱岭南女国之事为多，此年之使诚难谓非来自葱岭。然《旧唐书·东女传》云：“隋大业中，蜀王秀遣使招之，拒而不受。”秀在仁寿二年，即见幽絷，炀帝即位，禁锢如初，大业中安得通使域外？然此语亦不得全虚，盖当其在蜀之时，曾有遣使之事也。秀虽侈，所遣之使，未必能至葱岭之南，则所招者必西山之女国矣。《旧唐书》又云：“武德中，女王汤滂氏始遣使贡方物，高祖厚资而遣之。还至陇右，会突厥入寇，被掠于虏廷。及颉利平，其使复来入朝，太宗送令反国，并降玺书慰抚之。”《新唐书》云：“武德时，王汤滂氏始遣使入贡，高祖厚报，为突厥所掠，不得通。贞观中，使复至，太宗玺制慰抚。”据《旧唐书》之文，似其使为突厥所羁，颉利平乃脱身复来者；如《新唐书》之文，则似贞观中来者，别为一使矣，未知其究如何也。《新唐书》又云：“显庆初，遣使高霸黎文与王子三卢来朝，授右监门中郎将。”此事《旧唐书》不载。而云：“垂拱二年，其王敛臂遣大臣汤剑左来朝，仍请官号。则天册拜敛臂为左玉钤卫员外将军，仍以瑞锦制蕃服以赐之。”《新唐书》亦载此事，而略其年。但云：“其王敛臂，使大臣来请官号，武后册拜敛臂左玉钤卫员外将军，赐瑞锦服。”不知传写夺落邪？抑子京疏之也？《旧唐书》又云：“天授三年，其王俄琰儿来朝。万岁通天元年，遣使来朝。开元二十九年十二月，其王赵曳夫遣子献方物。天宝元年，命有司宴于曲江，令宰臣以下同宴，又封曳夫为归昌王，授左金吾卫大将军，赐其子帛八十匹，放还。"《新唐书》无万岁通天时遣使之事，于天授、开元间事亦简略言之，云："天授、开元间，王及子再来朝，诏与宰相宴曲江，封曳夫为归昌王、左金吾卫大将军。"既失俄琰儿之名，又略赵曳夫之姓。西南夷落大长，颇多汉人，就唐时言之，如东谢、西赵、东西爨等皆是。赵亦未必非汉姓，不能如寻常行文，于夷狄之名，但截取其末两字。且寻常截取末两字者，初亦必见其全名也。且此两役，皆王与子偕来乎？抑各一来乎？亦觉游移不定。如此而自诩其"文省事增"，诚不如毋省之为愈矣。尤可疑者，《旧唐书》下文云"后复以男子为王"，《新唐书》则云"后乃以男子为王"。先未云以男子为王，亦得言复？《旧唐书》用字，似不如《新唐书》之审。然此文果出自为，似不应误缪至此。窃疑实因沿袭旧文而误，或此国曾以男子为王，而史佚其事，或旧史实未佚夺，而撰《旧唐书》者采摭未周，致其事不可见，而于此"复"字又未及改，遂令读者滋疑也。此国在武德、显庆、垂拱、通天、开元中，皆仅遣使朝贡，独天授则其王自来。女王固未必皆不出门，然其于跋涉，究较男子为逊，则或武德、显庆、垂拱、通天、开元时皆女王在位，独俄琰儿则为男王邪？此说诚近凿空，然《旧唐书》之"复"字，非出自为，则理有可信，仍之虽伤粗率，犹使人有隙可寻；《新唐书》奋笔改之，则无复形迹可见矣。此等处理宜矜慎，而其轻易如是，诚使人不能无惑于文士之不可以修史也。综观开元以前此国与中国之交涉，惟隋开皇之使，不敢断其来自何国，其在唐世，则龙朔而后，蕃氛业已甚恶，葱岭以南之国，焉得数来？垂拱后来者，必为西山之国可知矣。贞元中来附者，其在西山，更无疑义，而垂拱所遣大臣名汤剑左，贞元时之王名汤立悉，亦作立志，参看西山八国条。则汤似其国中大族，汤滂氏或亦西山女王。若汤滂氏果为西山女王，则贞观、显庆中来者，亦必非葱岭南国矣。河源以西诸国，与中国本少往来。吐蕃初境，实在青海西南，而自隋以前，尚且绝无闻知，《新唐书·高祖本纪》，武德六年四月己酉，吐蕃寇芳州，为吐蕃见于史籍之始。况其为天竺北境大雪山中之国？诸史取材，皆欠精审，难保其知有葱岭南之女国，不加考核，而遽以西山女国之事附之。然则开皇六年之使，是否出于葱岭南之女国；葱岭南之女国，究曾通于中国与否，均可疑也。惟是时葱岭之南，确有一女国，而中国亦知有是国，则无可疑耳。吐蕃强盛之后，能出兵以陷四镇，残勃律，贞元中又大出兵以御大食，则今后藏之地，必悉为所控制，此女国之存亡，又不可知矣。

《新唐书·南诏传》，异牟寻遗皋书述吐蕃之暴，有云："西山女王，见夺其位。"此女王即贞元九年与哥邻诸国俱内附，称为西山八国者也。《通鉴》是年胡《注》云："西山即雪山，今威州保宁县有雪山，连乳川白狗岭，有九峰，积雪春夏不消。白狗岭与雪山相连。威州，唐之维州也。"此说甚审，但只以之注哥邻等国，而其注女王，则仍沿《新唐书》之误。盖昔人于域外地理，多不详知，故以身之之精博，而不能无此失也。参看西山八国条。

《旧唐书·东女传》云："以西海中复有女国，故称东女焉。"其说是也。《新唐书》云："西海亦有女自王，故称东别之。"则似是而非矣。西女，见《新唐书·西域传》。《传》述波剌斯事竟，乃云："西北距拂菻，西南际海岛，有西女种，皆女子，多珍货，附拂菻，拂菻君长岁遣男子配焉。俗产男不举。"此文亦本《西域记》，《记》云："拂懔西南海岛有西女国。"则此文"拂菻"二字当重，今不重，则西女在波剌斯西南，不在拂菻西南矣。不知传写夺落邪？抑又子京之疏也？今即不论此，而波剌斯即波斯。《新唐书》既有《波斯传》，波剌斯事，即不应错出于此。即谓无伤，亦应说明其为一国，而又不然，此则子京之疏，无可解免者矣。今更勿论此。而西女之称女国，实非由其有女自王。《三国志·沃沮传》云：王颀别遣追讨句骊王宫，穷其东界，问其耆老：海东复有人不？耆老言：有一国亦在海中，纯女无男。《后汉书·沃沮传》亦载此事。又云："或传其国有神井，窥之辄生子云。"此说自不足信，而其俗与唐时之西女，则可云无独有偶。国不论文野，以女子为王者皆不乏，以国家原于氏族，女子本可为氏族之长也。若产男不举，致国中纯女无男，有待他国之君，岁遣男子配合，则实为异俗，唐时之西女，以此而得女国之名，其事固不容抹杀。今云以有女自王，而称女国，则杜撰史实矣。特制新文，以易旧语，而徒使史事失真，不亦心劳日绌乎。此又见文士之不可以修史也。

（六五一）高丽无私田

《宋史·高丽传》曰："百官以米为奉，皆给田，纳禄半给，死乃拘之。国无私田，民计口授业。十六以上则充军，六军三卫常留官府，三岁以选戍西北，半岁而更。有警则执兵，任事则服劳，事已，复归农亩。王亦有分地，以供私用。王母、妃主、世子，皆受汤沐田。”此制殊近于古，然未闻高丽之民，视中国为康乐者？其取之，未必轻于中国之私租也。封建之世，民所苦者在官税；郡县之世，民所苦者为私租。中国人习于统一之既久，以为无私租而仅有官税者，其官税亦如汉以后私租之轻；即少重，亦不过变三十税一为什一而已，而恶知其大不然也。以私租为官税者，为宋末之公田，明初江、浙之重赋。其虐取，尚未如封建之世暴君之烈也，而民已不堪矣。

（六五二）新罗击走靺鞨海寇

《旧唐书·渤海传》：开元二十年，其王大武艺“遣其将张文休率海贼攻登州，当夺杀字。刺史韦俊。诏遣门艺往幽州征兵以讨之。仍令太仆员外卿金思兰往新罗发兵以攻其南境。属山阻寒冻，雪深丈余，兵士死者过半，竟无功而还”。《新唐书》略同。《旧唐书·新罗传》云：开元二十一年，“渤海靺鞨越海入寇登州，渤海之寇登州，新旧《唐书·本纪》在开元二十年九月，而《旧唐书》传在二十一年者，盖遣门艺、金思兰在是年，故传追书之。时兴光族人金思兰先因入朝留京师，拜为太仆员外卿，至是遣归国，发兵以讨靺鞨；仍加授兴光为开府仪同三司、宁海军使”。徒使兴光出兵以攻渤海南境，不必有宁海军使之授。《新唐书·新罗传》云：“渤海靺鞨掠登州，兴光击走之。帝进兴光宁海军大使，使攻靺鞨。”则兴光当受命攻渤海南境之前，实已在海道击走渤海矣。《新唐书》言新罗有张保皋、郑年者，“自其国皆来为武宁军小将。后保皋归新罗，谒其王曰：遍中国以新罗人为奴婢，愿得镇清海，使贼不得掠人西去。清海，海路之要也。王与保皋万人守之。自大和后，海上无鬻新罗人者。”可见是时中国与新罗间海路往来之亟，张文休所率海贼，未必非此等贩卖人口之徒也。

（六五三）禁僧道买田以其田赡学

僧道世皆訾其不耕而食，不织而衣，然士非不耕而食，不织而衣者乎？若曰僧道无益于世，而士为世所不可少，则亦士之言而已矣。恶能使僧道共信乎？以吾观之，士之毒天下，且有甚于僧道者矣。然此别是一说。以寻常通工易事之道论，僧道固不耕而食，不织而衣，而又无以为贸者也。免死犹可，而自丰殖乎？禁其买田也固宜。

宋初尝禁僧道买田。真宗崩，内遣中人持金赐玉泉山僧寺市田，言为先帝植福，后毋以为例。由是寺观稍益市田，而其法乃坏，见《宋史·食货志》。《元史·泰定帝纪》：泰定四年九月，禁僧道买民田，违者坐罪，没其直。《明史·虞谦传》："建文中，请限僧道田，人无过十亩，余以均给平民，从之。"永乐罢。亦宋初之志也。《宋史·高宗纪》：绍兴二十一年九月，"藉寺观绝产以赡学"。《食货志》云："以大理寺主簿丁仲京言，凡学田为势家侵佃者，命提学官觉察。又命拨僧寺常住绝产以赡学，户部议，并拨无敕额庵院田。诏可。"此以常理论，自是化无用为有用也。

（六五四）元仁宗重视国学

元仁宗颇重视国学。《本纪》：至大四年，四月，敕："国子监师儒之职，有才德者不拘品级，虽布衣亦选用。"闰七月，诏谕省臣曰："国子学，世祖皇帝深所注意。如平章不忽木等，皆蒙古人，而教以成才。朕今亲定国子生额为三百人，仍增陪堂生二十人。通一经者，以次补伴读。著为定式。"先是二月，命李孟领国子监学。十二月，命孟整饬国子监学。其后又命张珪、皇庆二年二月。许思敬、六月。赵世延延佑元年二月。纲领国子学。延祐二年，八月，增国子生百员，岁贡伴读四员。其于国学，可谓惓惓焉矣。案元自真金，即建学宫中，命王恂教近侍子弟。恂卒，刘因继之。见《因传》。成宗大德八年，二月，增置国子生二百员，选宿卫大臣子孙充之。武宗至大二年，十一月，尚书省臣言："比年卫士大滥，率多无赖。请充卫士者必廷见乃听。"从之。又择卫士子弟充国子学生。皆见《本纪》。盖元本族人多犷悍，而又倚为心腹，不肯不用，乃思以是柔之，即仁宗之用意，亦不外此也。然其效必微矣。

（六五五）明初国子生

明初待国子生之厚，可谓旷古无伦，然其督之亦极严。《明史·选举志》云："监丞置集愆簿，有不遵者书之。再三犯者决责，四犯者至发遣安置。"然《宋讷传》云："讷既卒，帝思之。诫诸生守讷学规。违者罪至死。"则有不止于发遣、安置者矣。《志》又云："省亲、毕姻回籍限期，以道里远近为差，违限者谪选远方典史，有罚充吏者。"然《胡俨传》云："永乐二年，九月，拜国子祭酒。时用法严峻，国子生托事告归者坐戍边。俨至，即奏除之。"则又有不止于谪选及罚充吏者矣。不徒督学生严也，即于教官亦然。《选举志》云："太祖时，教官考满，兼核其岁贡生员之数。后以岁贡为学校常例，府、州、县学各一人。翰林考试，不中者遣还，提调教官罚停廪禄。""洪武二十六年，定学官考课法，专以科举为殿最。九年任满，核其中式举人，府九人、州六人、县三人者为最。其教官又考通经，即与升迁。举人少者为平等，即考通经亦不迁。举人至少及全无者为殿，又考不通经，则黜降。"然《奸臣传》云：陈瑛，"成祖北巡，皇太子监国。有学官坐事谪充太学膳夫者，皇太子令法司与改役，瑛格不行。"则亦有不止于黜降者矣。法令贵乎能行，徒法不行，犹无法也。考试无至公之理；学生天资及境遇，亦万有不齐；以其得举之多寡，定教官之殿最，自窒碍而难行，故其后此法遂废。至于教官之学问，亦应有进而无退，则于理极明。故至清季，学使按临，教官仍须考试。然以吾所见，则教官倩不知谁何之人，自作自无不可，然学使按临，教官多忙碌，故假倩者多。作文一篇投之，学使则依县分之先后，以定其名次而已。如吾郡八县，武进第一，阳湖第二，无锡第三，金匮第四，宜兴第五，荆溪第六，江阴第七，靖江第八，教官名次之先后，亦恒如之。行法如此，真堪一噱。

明于国子生，任之亦极重。洪武二十六年，尽擢监生刘政、龙镡等六十四人为行省布政、按察两使，及参政、参议、副使、佥事等官。其为四方大吏者无算。台谏之选，亦出于太学。其常调者，乃为府州县六品以下官。亦见《选举志》。其时士之能自效者亦不少。鱼鳞图册，为明、清两代赋役之法所依，迄民国犹沿之，即国子生武淳等所定也。事在洪武二十年，见《明史·食货志》及《古朴》《吕震传》。又洪武十年，户部奏天下税课司局征商不如额者百七八十处，遣中官、国子生及部委官各一人核实，立为定额。永乐七年，遣御史、监生于收课处榷办课程。亦见《食货志》。则于庶政，委任之者多矣。监生之历事，犹进士之观政。陆桴亭论用人云："旧制，举进士，必分试九卿衙门观政，每衙门约三十余人。堂长、司僚，与之朝夕而试之事，会其实以上于天官。天官籍注，以定铨选。随才授职，职必久任。故洪、永时得人为盛。今之观政，则不过随班作揖而已。名存实亡，可慨也夫！"洪、永时，进士之观政者如此，监生之历事者可知。人材多出于其中，亦有由也。《选举志》又言："明初优礼师儒，教官擢给事、御史。"此亦非徒优礼，盖其时之教官，亦多用通知政事者为之也。

（六五六）郡县乡里之学上

古时学术之兴盛，教化之周浃，人民自为之乎？抑官府为之乎？曰：人民自为之也。往时官府之所为，多有名而无实。

凡事必本大而末小，然后能固。故郡国者，京师之本也；乡里者，郡国之本也。此义汉人犹知之，至后世则稍湮晦矣。公孙弘之请置博士弟子也，曰"建首善自京师始"。《史记·儒林传》。不曰建三雍、立大学而治道遂备也。其后汉人之所为，正是如此，则论者多訾之，读《汉书·礼乐志》可见。然非汉世法令无令地方兴学之事也。《汉书·循吏文翁传》言："武帝时令天下郡国皆立学校官。"此令为中国一统后中央令地方立学之始，关系极巨，然他无可考，盖虽有令而未行，故史家视为不足重而未之记，而其事亦末由散见于他处也。王莽奏立学官：郡、国曰学，县、道、邑、侯国曰校，校、学置五经师一人。乡曰庠，聚曰序，序、庠置《孝经》师一人。《平帝纪》元始三年。其制尤为美备。然其未之行，更不待言矣。自此以后，法令亦无不令地方立学者。虽丧乱之世，偏安割据之国犹然，而一统之世，清晏之时，更无论矣。《三国志·魏武帝纪》：建安八年，七月，令曰："丧乱已来，十有五年，后生者不见仁义礼让之风，吾甚伤之。其令郡国各修文学。县满五百户置校官，选其乡之俊造而教学之。庶几先王之道不废，而有以益于天下。"此丧乱之世，亟图兴学者也。《晋书·石勒载记》：令郡国立学官。每郡置博士、祭酒二人，弟子百五十人。《石季龙载记》：下书令诸郡国立五经博士。《苻坚载记》：广修学宫，召郡国学生通一经以上充之。《姚苌载记》：下书令留台、诸镇，各置学官。此皆割据之国，于戎马倥偬之际，犹欲立学者也。《梁书·儒林传》：天监四年，分遣博士、祭酒到州郡立学。办理尤为切实。然亦终于为法令而已矣。

至赵宋以后，而情形乃渐变。盖自汉武帝置博士弟子，设科射策，劝以官禄，学校久成为选举之一途。选举有登用人才之意者二：一为学校，一为科目。以为世信重论，学校远非科目之比，然科目亦不能全与学校脱离，故至近世，二者遂互相依倚。其事始于宋庆历四年，范仲淹令士必在学三百日然后得应试，而成于明世之学校储材，以待科举。于是有应科举之人处，必当有学校，而学校不得不遍设矣。故宋庆历四年，实为学校制度变革之一界限。前乎此者，法令有设学之文，而实未尝设。间有设者，存乎其人，人亡则政息。后乎此者，则逐渐设立，寖至各郡县皆有学，不过实不事事而已。虽同是有名无实，而其所谓有名无实者，又各有不同也。

然则宋以后郡县之学，究较唐以前为盛也。此亦民间好学之风气，有以阴驱而潜率之，非尽官府之力也。《宋史·祖无择传》，言其“出知袁州。自庆历诏天下立学，十年间，其弊徒文具，无命教之实。无择首建学官，置生徒，郡国弦诵之风，由此始盛”。又《宋绶传》：子敏求。“尝建言州郡有学舍而无学官，故士轻去乡里以求师，请置学官，后颇施行之。”然则庆历令天下立学，实亦徒有其名也。宋世郡县之学最著名者，莫如湖学。此自由滕宗谅之好兴学，胡瑗之善教，与政令何涉哉？书院在宋世，风起云涌，官立者固多，私立者尤众。即以官立者论，官何不兴学校而必立书院？毋亦以学校为官办之事，拘于法令，难于求功，易于丛弊，书院则为民间新兴之事，办理易于认真乎？《忠义·尹谷传》言：“潭士以居学肄业为重，州学生月试积分高等，升湘西岳麓书院生，又积分高等，升岳麓精舍生，潭人号为三学生。兵兴时，三学生聚居州学，犹不废业。谷死，诸生数百人往哭之。城破，多感激死义者。”此其向学之精勤，临变之镇定，民族之正气存焉，岂徒禄所能劝哉？《金史·胡砺传》言：定州学校“为河朔冠。士子聚居者，常以百数”。此等亦必有其由，特史未详言耳。

《元史·选举志》：至元二十八年，“令江南诸路学及各县学内设立小学，选老成之士教之。或自愿招师，或自受家学于父兄者，亦从其便。其他先儒过化之地，名贤经行之所，与好事之家出钱粟赡学者，并立为书院”。此就当时民间之情形而整齐之者也。看似规画精密，实则官一无所为也。其为官所当为者，亦一无所就。《明史·选举志》云：“郡县之学，与太学相维，创立自唐始。宋置诸路州学官，元颇因之，其法皆未具。迄明，天下府、州、县、卫所，皆建儒学，教官四千二百余员，弟子无算。教养之法备矣。洪武二年，太祖初建国学，谕中书省臣曰：学校之教，至元，其弊极矣。上下之间，波颓风靡，学校虽设，名存实亡。兵变以来，人习战争，惟知干戈，莫识俎豆。朕惟治国以教化为先，教化以学校为本。京师虽有太学，而天下学校未兴。宜令郡县皆立学校，延师儒，授生徒，讲论圣道。使人日渐月化，以复先王之旧。于是大建学校，府设教授，州设学正，县设教谕，各一。俱设训导，府四，州三，县二。生员之数，府学四十人，州县以次减十。盖无地而不设之学，无人而不纳之教，庠声序音，重规叠矩，无间于下邑荒徼，山陬海涯。此明代学校之盛，唐、宋以来所不及也。”观“名存实亡”四字，便可知元代所谓学校者为何如。然明代学校之盛，如《明史》所言者，恐亦未必不徒以其名也。《叶伯巨传》：伯巨以洪武九年上书，有曰：“廪膳诸生，国家资之以取人才之地也。今四方师生，缺员甚多，纵使具员，守令亦鲜有以礼让之实，作其成器者。朝廷切切于社学，屡行取勘师生姓名，所习课业。乃今社镇城郭，或但置立门牌；远村僻处，则又徒存其名，守令不过具文案、备照刷而已。上官分部按临，亦但循习故常，依纸上照刷，未尝巡行点视也。兴废之实，上下视为虚文。小民不知孝弟忠信为何物，而礼义廉耻扫地矣。”观此，知明太祖并未能变元代学校名存实亡之习。以太祖之严厉，当立法之初，而犹如此，后世自更不必论。《张昭传》云：天顺三年秋，建安老人贺炀上书论时事，言：“今铨授县令，多年老监生。逮满九载，年几七十，苟且贪污。”未几，又言：“朝廷建学立师，将以陶镕士类。而师儒鲜积学，草野小夫夤缘津要，初解兔园之册，已厕鹗荐之群。及受职泮林，猥琐贪饕，要求百故，而授业解惑，莫措一词。生徒亦往往玩愒岁月，佻达城阙，待次循资，滥升太学。侵寻老耋，幸博一官。但廑身家之谋，无复功名之念。及今不严甄选，人材日陋，士习日非矣。”其言如此，则明除各府州县皆有学官外，亦何以异于前世哉？

然明世学风，虽云颓靡，学中尚颇有人。《明史·魏骥传》：“永乐中，以进士副榜授松江训导。常夜分携茗粥劳诸生。诸生感奋，多成就者。”《彭勖传》：“除南雄府教授。学舍后有祠，数见光怪，学官弟子率祷祀，勖撤而焚之。”《陈选传》：“督学南畿。按部常止宿学宫，夜巡两庑，察诸生诵读。”皆其证也。以吾所见清世之学校，则绝无此事矣。又《明史·列女传》：“吴氏，满州廪生卢清妻。清授徒自给。后失廪，充掾于汴，愤耻发狂死。”盖以学不及降等。则明世犹有甄别学生行业之事，清世亦非以他案无黜革矣。教官非无积学者，亦非无师之者，然自是师其人，非以其为教官也。然则学校之迁流，势自趋向于有名无实也。其故何哉？往时学术之兴盛，教化之周浃，久不系乎官立之学。官立之学，只是以利禄诱人；以利禄诱人，其效本不过如此而已。《清史稿·选举志·学校》云："凡新进生员，如国子监坐监例，令在学肄业，以次期新生入学为满。"又云："教官考校之法，有月课、季考。除丁忧、患病、游学、有事故者，不应月课三次者戒饬，无故终年不应者黜革。试卷申送学政查覆。讫于嘉庆，月课渐不举行。"然《职官志·国子监》云："在学肄业者为南学，在外肄业赴学考试者为北学。"则监生已不尽坐监。月课之举行，征诸闻见，亦决非至嘉庆而后废弛也。

（六五七）郡县乡里之学下

乡里之学，又分二级。古者学于其里之校，而升入其乡之庠序是也。见《古学制》条。后世法令设学，大抵至乡而止。王莽奏立学官，乡曰庠，聚曰序，序、庠置《孝经》师一人是已。见上条。《旧唐书·礼仪志》：武德七年，二月，"诏州县及乡，并令置学"。《玄宗纪》：开元二十六年，正月，"制天下州县，每乡一学。仍择师资，令其教授"。观此，知有学者不必皆有人教授。其措施亦与前世同。《通鉴》云："令天下州县，里别置学。"唐制，百户为里，五里为乡，《旧唐书·食货志》。如所言，则乡有五学，近乎何休所云八十家为里，中里为校室者矣，亦见《古学制》条。疑其说误也。然此等法令，皆成具文，究乡置一学，抑里别置学，亦不足深较也。《元史·世祖纪》：至元二十三年，大司农司上诸路学校，凡二万一百六十所。二十五年，二万四千四百余。二十八年，二万一千三百余。其数之多如此，必兼乡以下学言之。其名存实亡，已见上条。明世设学，最称普遍。洪武八年，正月，"诏天下立社学"。《本纪》。史所载，尽力于此者，亦有数人。《明史·杨继宗传》：成化初，擢嘉兴知府，大兴社学。民间子弟八岁不就学者，罚其父兄。《循吏传》：方克勤，为济宁知府，立社学数百区。马绍恩，知绍兴府，广设社学。《文苑传》：张弼，迁南安知府，毁淫祠百数十区，建为社学。然实凤毛麟角而已。

官府之所为，既不足恃，则人民不得不自谋。受教最易者，自为父兄。元至元二十八年令所谓自受家学于父兄者也。见上条。然父兄不能皆有学，则不得不别求师。于是有以此为业者。《汉书·艺文志》所云闾里书师，《三国志·邴原传注》引《原别传》所云原邻舍之师，《元史·列女传》所述之王德政皆是也。皆见《束修》条。《元史·忠义传》：王佐，"从父居上都，教授里巷"。此盖在城市。《孝友传》：王思聪，"素力田，农隙则教授诸生，得束修以养亲"。

此则在乡村矣。《隋书·李密传》言：杨玄感败，密诣淮阳，舍于村中，变姓名为刘智远，聚徒教授。密是时必不敢居通衢大道。《宋史·马仁瑀传》："十余岁时，其父令就学，辄逃归。又遣于乡校习《孝经》，旬余不识一字。博士笞之。仁瑀夜中独往焚学堂，博士仅以身免。"亦必人烟寥落，乃可为所欲为。《元史·崔敬传》："出佥山北廉访司事，按部全宁。狱有李秀，以坐造伪钞连数十人，而皆与秀不相识，敬疑而识之。秀曰：吾以训童子为业，居村落间，有司至秀舍，谓秀为伪造钞者，捶楚之下，不敢不诬服耳。"盖亦以所居僻左而疑之也。然则虽甚荒僻之地，亦有童子师矣。《金史·隐逸传》：薛继先，"隐居洛西山中，课童子读书"。则山陬亦有之矣。《明史·刘显传》："南昌人，生而膂力绝伦，稍通文义。家贫落魄，间行入蜀，为童子师。"又可见求之者众，故虽羁旅之士，亦可以此自业也。此等童子师，盖与古里校之教相当。稍进则为乡校，与古庠序相当，其所教亦有进焉。马仁瑀之师，能教《孝经》，已可与邴原之师侔，而非闾里书师仅教识字者比。《宋史·安焘传》："年十一，从学里中，羞与群儿伍，闻有老先生聚徒，往师之。先生曰：汝方为诵数之学，未可从吾游，当群试省题一诗，中选乃置汝。焘无难色。诗成，出诸生上，由是知名。"《元史·儒学传》：戴表元，"从里师习词赋，辄弃不肯为"。事在宋世。此所教者，皆当时应试之事。《五代史·刘岳传》：岳以遗下《兔园册》诮冯道，道大怒。欧公云："《兔园册》者，乡校俚儒教田夫牧子之所诵。"实亦应试者所诵习之书也。《宋史·陈襄传》："福州侯官人。少孤，能自立。出游乡校，与陈烈、周希孟、郑穆为友。时学者沉溺于雕琢之文，所谓知天尽性之说，皆指为迂阔而莫之讲。四人者始相与唱道于海滨，闻者皆笑以惊，守之不为变，卒从而化，谓之四先生。"则又超出于为应试之学之上者矣。《陈书·儒林传》：顾越，吴郡盐官人，"所居新坡黄冈，世有乡校。由是顾氏多儒学"。《齐书·高逸传》：顾欢，"乡中有学舍，欢贫，无以受业，于舍壁后倚听，无遗忘者"。欢亦盐官人也。《唐书·陈子昂传》："六世祖大乐，当齐时，兄弟竞豪杰，梁武帝命为郡司马。父元敬，世高赀，岁饥，出粟万石振乡里。子昂年十八，未知书，以富家子，尚气决，弋博自如。"此盖最难施教者。而"他日入乡校，感悔，即痛修饬"。《旧五代史·乌震传》，言其"少孤，自勤于乡校"。《金史·赤盏晖传》，亦言其"少游乡校"。《元史·吴澄传》云："九岁，从群子弟试乡校，每中前列。"则乡校所造就者颇多。《旧唐书·白居易传》：居易与元稹书曰："自长安抵江西，三四千里，凡乡校、佛寺、逆旅、行舟之中，往往有题仆诗者。”三四千里间，往往碁置，其教之被于社会者，亦可谓广矣。《旧唐书·苗晋卿传》，言其“归乡里，出俸钱二万为乡学本”。《明史·杨恒传》，言其外族方氏，建义塾，馆四方游学士。详见《束修》条。则惓惓于此者颇多。盖有由也。

有力者延师于家，以教其子弟，亦历代有之。《宋史·欧阳守道传》：“少孤贫，无师，自力于学。里人聘为子弟师。”《杨椟传》：“少能词赋。里陈氏馆之教子。”《马廷鸾传》：“甘贫力学。既冠，里人聘为童子师。”《余天锡传》：“史弥远延为子弟师。”《元史·孔思晦传》：“远近争聘为子弟师。”《儒学·宇文公谅传》：“弱冠有操行。嘉兴富民延为子弟师。”皆是。此事为古之所无。《汉书·孙宝传》：“以明经为郡吏。御史大夫张忠辟宝为属，欲令授子经，更为除舍，设储偫。宝自劾去，忠固还之，心内不平。后署宝主簿。宝徙入舍，祭灶，请比邻。忠阴察，怪之，使所亲问宝：前大夫为君设除大舍，子自劾去者，欲为高节也。今两府高士，俗不为主簿，子既为之，徙舍甚说，何前后不相副也？宝曰：高士不为主簿，而大夫君以宝为可，一府莫言非，士安得独自高？前日君男欲学文，而移宝自近。礼有来学，义无往教；道不可诎，身诎何妨？且不遭者可无不为，况主簿乎？忠闻之甚惭。”盖古所谓外傅等，实皆家臣，从师自别是一事，故其说如此也。《明史·儒林传》：周蕙，“为临洮卫卒。吴瑾镇陕西，欲聘为子师，固辞不赴。或问之，蕙曰：吾军士也，召役则可。若以为师，师岂可召哉？瑾躬送二子于其家，蕙始纳贽焉”。与孙宝可谓异世同揆。生今反古，固不易为。然《宋史·危稹传》言其“迁诸王宫教授。稹谓以教名官，而实未尝教，请改创宗子学，立课试法如两学。从之”。盖共学尚有切磋之益，独学则无之也。然则延师于家，不徒非礼，亦无益于其子弟矣。

私家设塾，亦有不徒自教其子弟者。《元史·儒学·张䇓传》：“中州士大夫，欲淑子弟以朱子《四书》者，皆遣从䇓游，或开私塾迎之。”此私塾之所教，必非一家之子弟矣。又《史天倪传》：“曾祖伦，少好侠，因筑室，发土得金，始饶于财。金末，中原涂炭，乃建家塾，招徕学者，所藏活豪士甚众，以侠称于河朔，士族陷为奴虏者，辄出金赎之。”尤可见家塾聚徒之众也。

《元史·列女传》：“冯氏，名淑安，字静君，大名宦家女，山阴县尹山东李如忠继室也。如忠初娶蒙古氏，生子任。如忠殁两月，遗腹生一子，名伏。李氏及蒙古氏之族在北，闻如忠殁于官，家多遗财，相率来山阴。冯氏方病，乘间尽取其赀及子任以去。一室萧然，惟余如忠及蒙古氏之柩而已。鬻衣权厝二柩蕺山下，携其子庐墓侧。时年始二十二，羸形苦节，为女师以自给。”则前代民间，已有女师矣。

乡学二字，寻常皆指下于县之学而言。中国官治，至县而止，故县以上之学，必为官立，乡以下之学，则多为民立矣。然《魏书·高祖纪》：天安元年，九月，“初立乡学。郡置博士二人，助教二人，学生六十人”。此乡学二字，实指郡学言之。《景穆十二王传》：南安王桢之子英，奏言：“谨案学令，诸州郡学生，三年一校。顷以皇都迁构，江、扬未一，故乡校之训，弗遑正试，致使薰莸之质，均诲学廷，兰萧之体，等教文肆。”其证也。《隋书·梁彦光传》，言其为相州刺史，招致山东大儒，每乡立学，此乡学疑又指县学言之，谓相州属县，每县各立一学也。《宋史·毕士安传》：“子仲衍，以荫为阳翟主簿。张升，县人也，方镇许，请于朝，欲兴乡校，既具材计工，又听民自以其力输助。邑子马宏，以口舌横闾里，谩谓诸豪曰：张公兴学，而县令乃因以取诸民，由十百而至千万，未已也，君将不堪。诚捐百金与我，我能止役。豪信其能，予百金。宏即诣府，宣言县吏尽私为学之费，又将赋于民。升果疑焉，敕县且止，又揭其事于道。令欲上疏辩，仲衍曰：无益也。不如取宏治之，不辩自直矣。会摄县事，即逮捕验治，五日，得其奸，言于升，流宏鄂州，一县相贺。”此乡校，亦必郡县之学也。

（六五八）山长

《事物原会》卷八，载乾隆三十年十一月初八日上谕曰：“各省书院，延师训课，向有山长之称，名义殊为未协。既曰书院，则主讲席者，自应称为院长。着于各督抚奏事之便，传谕知之。”按书院之主讲席者称为山长，乃因其缘起本在山中也。名之不随实变也久矣。事物迁流，不舍昼夜，转瞬而名实即不尽符。从而更之，可胜改乎？适见弘历之不通文义也。

古人读书，多在山中，盖取其静也。《旧唐书·裴休传》，言其童时与兄俦，弟俅，“同学于济源别墅。虞人有以鹿贽俦者，俦、俅烹之，召休食。休曰：我等穷生，菜食不充；今日食肉，翼日何继？无宜改馔。独不食”。虞人贽鹿，其在山中可知。《新唐书·文苑·萧颖士传》：安禄山反，“藏家书于箕、颍间”，而“身走山南”，则藏书者亦于山也。太史公著书，曰藏之名山，则此事由来已旧。

亦以山中较安静，难毁损也。聚徒教授者或于山，盖亦因其读书之处。读书者或于僧寺，僧寺亦多在山中也。

（六五九）兔园策

《旧五代史·冯道传》云："工部侍郎任赞，因班退，与同列戏道于后曰：若急行，必遗下《兔园策》。道寻知之，召赞谓曰：《兔园策》皆名儒所集，道能讽之，中朝士子，止看文场秀句，便为举业，皆窃取公卿，何浅狭之甚邪？赞大愧焉。"《新史·刘岳传》云："宰相冯道，世本田家，状貌质野，朝士多笑其陋。道旦入朝，兵部侍郎任赞与岳在其后。道行数反顾。赞问岳：道反顾何为？岳曰：遗下《兔园册》耳。《兔园册》者，乡校俚儒教田夫牧子之所诵也，故岳举以诮道。道闻之，大怒，徙岳秘书监。"岳时为吏部侍郎。《困学纪闻》云："《兔园册府》三十卷。唐蒋王恽命僚佐杜嗣先放应科目策，自设问对，引经史为训注。恽，太宗子，故用梁王兔园名其书。冯道《兔园策》谓此也。"《宋史·艺文志》亦云："《兔园册府》三十卷，杜嗣先撰。"而晁公武《读书志》云："《兔园册》十卷，唐虞世南撰。"题名之异，盖由纂集本非一人，无足为怪。所可怪者，乃其卷数之不同耳。案晁氏又云："奉王命，纂古今事为四十八门，皆偶俪之语。至五代时，行于民间。村塾以授学童。故有遗兔园册之诮。"孙光宪《北梦琐言》云："《兔园策》乃徐、庾文体，非鄙朴之谈。但家藏一本，人多贱之。"合观诸文，知士大夫之取此书，初盖以供对策之用，后则所重者惟在其俪语，而不在其训注。盖有录其辞而删其注者？故其卷帙止三之一。若写作巾箱本，则并可藏之怀袖间矣。文场秀句，由此作也。村童无意科名，何必诵此等书？然其师何知？但见取科名者皆诵之，则亦以之教其弟子矣。抑争名者于朝，争利者于市，朝市之间，风气之变迁恒速，而在乡僻之地则迟。古人教学僮识字，多以须识之字，编成韵语，如《急就篇》等皆是。其后觉其所取之字，及其辞之所道者，不尽适用，则或取他书代之，如《三字经》《千字文》《百家姓》是也。更后，又觉其不尽适用，都邑之间，乃代以所谓方字，字字而识之，然村塾之中，教《三字经》等如故也。唐、宋取士，皆尚辞华，故其人习于声病对偶。自元以降，科举之法已变矣，然村塾之中，仍有以《故事琼林》《龙文鞭影》教学僮者，吾小时犹及见之。其书皆为俪语，而以故实为注，实新撰之兔园册、文场秀句也。问以诵此何为？则亦曰：昔人如是，吾亦如是而已，他无可说也。

（六六〇）学校经费

孤寒向学之士，历代皆有之。汉世事已列专条。其在后世者：如《晋书·隐逸·祈嘉传》，言其西至敦煌，依学官诵书，嘉，酒泉人。贫无衣食，为诸生都养以自给；《宋史·王次翁传》，言其入太学，贫甚，夜持书就旁舍借灯读之，皆是也。贫者士之常，固无足怪。然国家于士，无所资给可也，有养士之费，而士仍奇贫，则不可解矣。《金史·章宗纪》：泰和元年，更定赡学养士法。生员给民佃官田，人六十亩，岁支粟三十石。国子生人百八亩，岁给以所入，官为掌其数。曰更定，则前此已有所给。其数虽不为厚，亦应不至于甚薄。然《雷渊传》言其庶出，年最幼，诸兄不齿，父殁，不能安于家，乃发愤入太学。衣敝履穿，坐榻无席。自以跣露，恒兀坐读书，不迎送宾客。其贫至于如此，亦可异矣。吾犹及见清世所谓府、州、县学者，大体皆有学田，所入亦不甚菲，然多供教官私用，亦如刘禹锡所云释奠之费，适资三献官饰衣裳、饴妻子者。《新唐书》本传。廪生皆有膳费，谓之廪粮，江北犹薄有所给，江南则罔或取之，亦皆入教官之橐也。

郡县之学，自宋以后，所设日多，其经费，大抵恃学田也。即书院亦然。《元史·世祖纪》：至元二十三年，二月，江南诸路学田昔皆隶官，诏复给本学，以便教养。二十五年，十月，尚书省臣请令集贤院诸司，分道钩考江南郡学田所入羡余，贮之集贤院，以给多材艺者。从之。《崔彧传》：彧奏江西詹玉，始以妖术，致位集贤，当桑哥持国，遣其掊核江西学粮，贪酷暴横，学校大废。二十七年，正月，复立兴文署，掌经籍板及江南学田钱谷。二十九年，正月，诏："江南州县学田，岁入听其自掌。春秋释奠外，以廪师生及士之无告者。贡士庄田，则令核数入官。"学田所入，至为言利之臣所觊觎，其数必不菲矣。明、清二代，设学更多于元，通计天下学田，数必视元倍蓰。然以吾所见，书院经费，亦有不免侵蚀者，而学校无论也。乾隆中，都天下学田万一千五百八十余顷。见《清史稿·食货志·田制》。

（六六一）读经用演习之法

《东塾读书记》卷八，引乡射礼“司马出于下射之南，还其后，降自西阶”云云，曰：“如此类者，围绕交错，绘图亦殊不易，或绵蕝习之，乃知之耳。”又曰：“阮文达公为张皋文《仪礼图》序云：予尝以为读礼者当先为颂。昔叔孙通为绵蕝以习仪，他日，亦欲使家塾子弟画地以肄礼，庶于治经之道，事半而功倍也。澧案画地之法，澧尝试为之，真事半而功倍，恨未得卒业耳。”注曰：“李璧玲孝廉，名能定，在澧家教家侄等读书，尝邀澧及家侄宗元，画地而习之也。”然则文达所有志者，兰甫先生已身试之矣。愚案朱子跋《三礼家范》云：“《司马氏书》，案此指《书仪》。读者见其节文度数之详，往往未见习行，而已有望风退怯之意，又或见其堂室之广，给使之多，仪物之盛，而窃自病其力之不足；未有能举而行之者也。殊不知礼书之文虽多，而身亲试之，或不过于顷刻；其物虽博，而亦有所谓不若礼不足而敬有余者；今乃逆惮其难，以小不备之故而反就于大不备，岂不误哉？”朱子殆亦尝身试之乎？

（六六二）为外族立学

外族遣人来学，历代多有之，此于文教覃敷，所关固大。然于境内之其他蛮夷，即今所谓少数民族者，加以教化，其关系实尤大也。《宋史·神宗纪》：熙宁八年，三月，知河州鲜于师中乞置蕃学，教蕃酋子弟。赐田十顷，岁给钱千缗，增解进士二人。从之。《孝宗纪》：淳熙八年，四月，立郴州宜章、桂阳军临武县学，以教养峒民子弟。《蛮夷传》：“诚、徽州。熙宁时，其酋光僭降，与其子日俨，请建学舍，求名士教子孙。诏潭州长史朴成为徽、诚等州教授。”此皆为外族立学者也。《孝宗纪》：淳熙元年，四月，许桂阳军溪洞子弟入州学听读，此则许其入中国之学者也。明时，云南、四川皆有土官生。《明史·选举志》。其后宣慰、安抚等土官，俱设儒学。《职官志》。则亦二者俱有。

为外族立学及许其入学之事，《明史》所载颇多。《云南土司传》：“永乐元年，楚雄府言：所属蛮民，不知理义，惟僰种赋性温良，有读书识字者。府、州已尝设学教养，其县学未设。县所辖六里，僰人过半。请立学置官训诲。从之。十五年，顺州知州王义言：沾被圣化，三十余年。声教所届，言语渐通。子弟亦有俊秀。请建学教育。从之。十六年，丽江检校庞文郁言：本府及宝山、巨津、通安、兰州四州，归化日久，请建学校。从之。”《广西土司传》：“正统十二年，思恩府设儒学，置教授一员，训导四员，从知府岑瑛请也。景泰五年，从瑛请，建庙、学，造祭祀乐器。”皆外族自请设学之事。《四川土司传》：“宣德九年，永宁宣抚奢苏奏生儒皆土僚，朝廷所授官，言语不通，难以训诲。永宁监生李源，资厚学通，乞如云南鹤庆府例，授为儒学训导。诏从之。”病教官之言语不通而求易其人，似教学尚非尽虚文也。《四川土司传》：“洪武二十三年，乌撒土知府阿能，乌蒙、芒部土官各遣子弟入监读书。建昌土官安配遣子僧保等四十二人入监读书。天全六番招讨司：永乐二年，高敬让来朝，并贺立皇太子，且遣其子虎入国子学。赐虎衣衾等物。十年，敬让遣子虎贡马。初虎入国学读书，以丁母忧去，至是服阕还监。皇太子命礼部赐予如例。播州宣慰使司：洪武二十一年，并所属宣抚司官各遣其子来朝，请入太学。帝敕国子监官善训导之。正德二年，使杨斌为其子相请入学，并得赐冠带。永宁宣抚司禄照，坐事逮至京，得直，还，卒于途。其子阿聂与弟智皆在太学。遂以庶母奢尾署司事。洪武二十六年，奢尾入朝，请以阿聂袭。从之。”此等皆遣子弟入监之事。《云南土司传》：“车里军民宣慰使司刀暹答，永乐四年，遣子刀典入国学，实阴自纳质。帝知其隐，赐衣币，慰谕遣还。”《广西土司传》：万历初，岑溪有潘积善者，僭号平天王，与六十三山、六山、七山诸傜僮，据山为寇。居民请剿。会大兵征罗旁，不暇及。总制凌云翼檄以祸福。积善愿归降输赋。乃贷其死，且以其子入学。此亦或有羁质之意。《汤沐传》：附《马录传》。“巡抚贵州，请立土官世籍，绝其争袭，而令其子弟入学。报可。”此令其入学，亦或为绝其争袭之一助。然此等必非本意也。《贵州土司传》：“万历二十八年，皮林逆苗吴国佐、石纂太等作乱。国佐本洪州司特洞寨苗。颇知书。尝入永从学为生员。”似教学初不能消反侧。然《唐胄传》言：“迁广西提学佥事，令土官及瑶、蛮悉遣子入学。屡迁广西左布政使。官军讨古田贼，久无功，胄遣使抚之。其魁曰：是前唐使君，令吾子入学者。即解甲。”则究有所谓抚绥之效矣。

（六六三）古代文书简易

章实斋六经皆史之说，特有鉴于作史之道宜然，藉是以发之而已。且如古者文书简易，而其时简策繁重，文书欲不简易，亦不可得。章氏乃谓周代掌故皆六倍其文而庋之诸司，此岂近情理哉？《隋书·刘炫传》："弘尝从容问炫曰：案《周礼》士多而府史少；今令史百倍于前，判官减则不济，其故何也？炫答曰：古人委任责成，岁终考其殿最，案不重校，文不繁悉，府史之任，掌要目而已。今之文簿，恒虑覆治锻炼，若其不密，万里追证，百年旧案，故谚曰：老吏抱案死，古今不同，若此之相悬也。事繁政弊，职此之由。"士多而府史少一语，足破古代文书繁重之惑。

《周书·高昌传》述其设官，颇为委曲。而又曰："其大事决之于王，小事则世子及二公，王子为之。随状断决，平章录记，事讫即除。籍书之外，无久掌之文案。官人虽有列位，并无曹府，惟每旦集于牙门，平论众事。"官无曹府，此古之明堂，所以于政事无所不包也。作《周官》者所据之国，固非高昌之比，然谓其能容更繁于后世之文书，得乎？

（六六四）古但以干支纪日

《春在堂随笔》载清咸丰二年，余姚客星山出土之三老碑云：三老讳通，字少父，庚午忌日，祖母失讳，字宗君，癸未忌日。掾讳忽，字子仪，建武十七年，岁在辛丑四月五日辛卯忌日。母讳捐，字□此字俞氏释文阙，碑为周清泉世熊所藏，俞氏后得其释文作谒。君。建武廿八年岁在壬子五月十日甲戌忌日。曲园云：三老生一子而有九孙，此碑乃其第七孙名邯者所立，以识祖父名字，且存忌日。然祖及祖母忌日，有日而无年月，亦疏略矣。余始讥其疏略，既而思之，其于父母，既备载月日，何于祖父祖母遂疏略如此，此必有故也。窃疑古人以干支纪日，不以初一初二纪日。其家相传，三老于庚午日死，祖母于癸未日死，相传既久，忘其年月，民间不知历术，安能推知其为某年某月某日乎？于是子孙遇庚午癸未日，则以为忌日。盖古人忌日之制，本是如此。试以子卯疾日证之，子卯有二说，郑司农以为五行子卯相刑，此不必问其何日也。而贾逵云：桀以乙卯日死，纣以甲子日亡，则有日无月，似不可通，乃郑康成、何劭公等翕然宗之无异辞者，盖援忌日之例，止论干支，不问为某月第几日。如纣以甲子亡，以三统术推之，为武王十一年二月五日，至次年二月五日，乃上年纣亡之日，在今人必以此为疾日矣。古人不然，二月五日不值甲子，即非疾日，而凡遇甲子，即是疾日。一年有六甲子，是有六疾日也。疾日忌日，其例并同。今人但以父母亡日为忌日，非古矣。案后说是也，太阳年非古人所知，据天象以纪时，初所知者，则月之晦朔耳。月之运行二十九日余而一周，此又非古人所知，乃以为三十日。然其不合，不久即见，乃又舍月之晦朔，而径以三十日为纪时之一节，倍之而为六十日，遂有干支纪时之法。夫以六十日为一节，则可得六节有奇，古书记人年寿多长．岂其所谓若干岁者，或有若干甲子之传讹欤？

（六六五）事、物二字通用

事、物二字通用，古书所见甚多，不烦举证。此语相沿甚久，《通鉴》唐肃宗至德元载，李萼说颜真卿曰："昔讨默啜，甲兵皆贮清河库，今有五十余万事。"一事即一物，不待解释也。胡《注》曰："一物可以给一事，因谓之事。"为之说，反觉迂曲。

（六六六）读说文释例

箓友先生，于说文功力之深，无俟更加称述。其言曰："儒者体物，率从书册中得之，不尽可信。"二十卷第二条。今读此书，实验之功力颇深，于动植器物等皆然。信乎其体物之功，不限于书册中矣。尤不可及也，援据俗语处亦多，其说缏字云："吾乡谓衣小坼对合缝之近似织补者然谓之缏。今语虽沿古义，亦未知正合古人意否。段氏谓缏其边，则未闻其语，但以同声之字，意揣说之也。"案缏其边之语，今尚存于吾乡，特北方无此语耳。遽斥懋堂先生为意揣，诬矣。此以见格物之难也。且衣坼而对合缝之，所缝者亦正坼处之边也。古今南北语意自同，箓友先生偶未之思耳。

（六六七）述旨误遂因之

清末之端郡王载漪，实当作瑞郡王，而作端者，以误沿误也。仁宗子绵忻，封瑞亲王，子奕志袭为郡王。奕志无子，载漪以惇亲王子为之后，光绪二十年进封端郡王。《清史稿·诸王传》云：“循故事宜仍旧号，更为端者，述旨误遂因之。”此可谓以别字改正字者矣。

（六六八）沈阳大东门额应取下保存

沈阳大东门额，旁署大金崇德某年云云。按清人自号其国曰清以前，实尝建号曰金，后乃讳之。满洲二字，明人译作满住，乃大酋之称；非国名，并非部族名也。清人对明人，每曰我满住云云。明人对清人，亦恒曰汝满住云云。其后住又作洲，一似地名者，遂讹为部族之称。此说见日本稻叶君山《清朝全史》，及近人《心史史料》，而沈阳大东门额，则其诚证也。予按满洲部族，古称肃慎，亦作息慎、稷慎。宋号女真，亦作虑真，朱里真，《大金国志》。及清代称索伦，皆一音之转。其部族之名，盖数千年来，未之有改也。而汉时称挹娄，南北朝隋唐亦曰靺鞨，或作勿吉。挹娄乃懿路之异译，义言穴居，盖分部穴居者之名，非其部族之本号，说见《满洲源流考》。靺鞨二字，向不得其解，迨读稻叶氏书及《心史史料》，乃悟此二字，亦满住异译。满族向无国名，对外辄称大酋，人因误以其酋长之称，为部族之名，固后先一辙也。此段考据，殊有趣味，且此门额，实为三百年物，允宜取下保存也。

戊帙　通代

（六六九）西王母考

西王母古有两说：一以为神，一以为国。然二说仍即一说也。《山海经·西山经》曰："又西三百五十里曰玉山，是西王母所居也。西王母其状如人，豹尾，虎齿，而善啸，蓬发，戴胜。是司天之厉及五残。"《海内北经》曰："西王母，梯几而戴胜杖。"《郝疏》云："如淳注《汉书》司马相如《大人赋》引此经无杖字。"其南有三青鸟，为西王母取食，在昆仑虚北。《大荒西经》云："西海之南，流沙之滨，赤水之后，黑水之前，有大山，名曰昆仑之丘。有神，人面虎身，有文，有尾，皆白，处之。其下有弱水之渊环之。其外有炎火之山，投物辄然。有人戴胜，虎齿有豹尾，穴处，名曰西王母。此山万物尽有。"上文又云："西有王母之山。"郝《疏》云："西有当为有西，《太平御览》九百二十八引此经作西王母山可证。"此皆以为神者也。《淮南·览冥》谓羿请不死之药于西王母，当即指此。《吴越春秋·越王阴谋外传》云："立东郊以祭阳，名曰东皇公，立西郊以祭阴，名曰西王母。"《史记·赵世家》："缪王使造父御，西巡狩，见西王母，乐之忘归。"《索隐》曰："谯周不信此事，而云：予尝闻之，代俗以东西阴阳所出入，宗其神，谓之王父母，或曰地名，在西域，有何据乎？"此亦以为神，而其说迥异。《大戴礼记·少间》《尚书大传》均言舜之时，西王母献其白琯。《新书》言尧身涉流沙，封独山，见西王母，《修政语上》。《论衡》谓禹、益见西王母，《别通》。《尔雅·释地》，以觚竹、北户、日下、西王母为四荒。《淮南·坠形》云："西王母在流沙之濒。"则皆以为国名矣。古多怪异之谈，后世知识稍进，则其所谓神者，怪异之性质较少，哲学之见解渐多，及儒生，乃径说之以人事。此可见同一名也，而其实迥异，辗转变迁，遂至判然二物。然谓其说非同原，固不可也。

古所谓西王母之神者，究在今何地与？不可知也。何也？流沙、弱水等，久成缪悠传说之辞，不易即地理凿求其所在也。惟以为在西方，寖假而以为在极西，则其见解迄未变。《尔雅》遂以为四荒之一。《淮南王》云："在流沙之濒。"流沙，亦古人所以为极西之地，而实未能确知其所在者也。因西王母之所在，实不可知，而又相沿以为极西之地，于是凡心所以为极西之地，即指为西王母之所在。《史记·大宛列传》云："安息长老传闻条支有弱水西王母而未尝见。"安息人安知有弱水西王母？其为中国人所附会，不言可知。《后汉书·西域传》云："大秦，或云其国有弱水、流沙，近西王母所居处，几于日所入也。《汉书》云："从条支西行二百余日，近日所入，则与今书异矣。"《三国志注》引《魏略·西戎传》曰："前世缪以为条支在大秦西，今其实在东。前世又缪以为弱水在条支西，今弱水在大秦西。前世又缪以为从条支西行二百余日，近日所入，今从大秦西近日所入。"《魏书·西域传》曰："大秦西海水之西有河，河西南流。河西有南、北山。山西有赤水，西有白玉山。西有白玉山上，当夺赤水或水字。玉山西有西王母山，玉为堂云。从安息西界循海曲亦至大秦，四万余里。于彼国观日月星辰，无异中国，而前史云条支西行百里日入处，失之远矣。"此古人于旧说所以为极西之地者，悉推而致之身所以为极西之地之表之证。日月星辰，天象可征，故日入处之说易破。弱水西王母等，则身苟有所未至，即无从遽断为子虚，而其地遂若长存于西极之表矣。循此以往，所谓西王母者，将愈推而愈西，而因有王莽之矫诬，乃又曳之而东，而致诸今青海之境。《论衡·恢国》篇曰："孝平元始四年，金城塞外羌献其鱼盐之地，愿内属。汉遂得西王母石室，因为西海郡。"此为西王母东迁之由。《汉志》金城郡临羌有西王母石室，盖即孝平时所得。其后《十六国春秋》云："前凉张骏酒泉太守马岌上言：酒泉南山，即昆仑之丘也。周穆王见西王母，乐而忘归，即谓此。有石室、王母堂、珠玑楼，严饰焕若神宫。"《史记·秦本纪正义》引。《晋书·沮渠蒙逊载记》曰："蒙逊袭卑禾虏，卑禾虏率众迎降。遂循海而西，至盐池，祀西王母寺。寺中有《玄石神图》，命其中书侍郎张穆赋焉，铭之于寺前，遂如金山而归。"《隋书·地理志》："西海郡，置在古伏俟城，即吐谷浑国都。有西王母石窟、青海、盐池。"亦皆《汉志》所谓临羌县之地。堂与寺等，盖皆汉立西海郡后之所为也。阅世既久，西王母之传说稍衰，适西域者，不复就其所知之表，而指为西王母之所在；而孝平之世，所指为西王母之所在者，因其指一石室以实之，且有为之堂及寺者，其说转久而不衰，而西王母遂若真在今青海之境矣。《水经·伊水注》：

“有七谷水注之。水西出女几山之南七溪山，上有西王母祠。东南流，注于伊水。伊水又东北径伏流岭东，岭上有昆仑祠，民犹祈焉。刘澄之《永初记》称陆浑县西有伏流坂者也。今山在县南崖口北三十里许，西则非也。”案陆浑县在今河南嵩县东北。《汉书·哀帝纪》：建平“四年春，大旱，关东民传行西王母筹，经历郡国，西入关至京师。民又会聚祠西王母，或夜持火上屋，击鼓号呼相惊恐”。盖伊洛之间，汉世犹有西王母遗迹，故讹言由之而起。此虽不敢指为古所谓西王母之神者所在，然其距古所以为西王母所在之地，必较近也。

建平时之讹言，《天文》《五行》二志，较《哀帝纪》所叙为详。《天文志》云：“其四年正月、二月、三月，民相惊动，讙哗奔走，传行诏筹，祠西王母。又曰：从目人当来。”《五行志》云：“建平四年正月，民惊走，持稿或棷一枚，传相付与，曰行诏筹。道中相过逢，多至千数。或被发徒践，或夜折关，或踰墙入，或乘车骑奔驰，以置驿传行，经历郡国二十六，至京师。其夏，京师郡国民聚会里巷阡陌，设祭，张博具，歌舞，祠西王母。又传书曰：母告百姓：佩此书者不死。不信我言，视门枢下当有白发。至秋止。”案《淮南·坠形》：“八纮，西北方曰一目，曰沙所。”一目即从目，沙所即流沙之滨也。被发者，羌人之俗。《左氏》僖公二十二年，“初，平王之东迁也，辛有适伊川，见被发而祭于野者，曰：不及百年，此其戎乎？其礼先亡矣。秋，秦、晋迁陆浑之戎于伊川。”辛有之言，固后来所附会，然伊洛之间，有被发之族，则不诬也。《大荒西经》言其神“人面虎身，有文，有尾，皆白”，而汉时讹言，谓视门枢下当有白发，其说亦隐相符会。司马相如《大人赋》曰：“低徊阴山翔以纡曲兮，吾乃今日睹西王母。皓然白首戴胜而穴处兮，亦幸有三足乌为之使。必长生若此而不死兮，虽济万世不足以喜。”三足乌与三青鸟，亦当有关系。皓然白首，此讹言之所以以白发为效。长生不死，则羿之所以请药于是也。然则汉世伊洛间之所流传，固犹与最古之说相近者也。

（六七〇）论中国户口册籍之法

《东方杂志》二十五卷第四册，载有《千五百年前敦煌户口册与中国史籍户口比率》一文。为英人斋尔士所撰，吾国王庸译。原文所据，系得自敦煌石室西凉李暠建初十二年户籍残纸。凡十户，完具者九。口数都三十六。户适得四口。斋尔士因此推论：吾国历代户口比率，尝在户四口弱至五口强之间。独赵宋则最多不足三口，最少且不及二户三口。据《文献通考》“乾德元年，令诸州岁奏男夫，二十为丁，六十为老，女口不豫”之文，谓宋世口数，但指男子。元丰三年毕仲衍《中书备对》，各路口数，皆丁口并列。其数：户一千四百八十五万二千六百八十四，口三千三百三十万三千八百八十九，丁一千七百八十四万六千八百七十三。以千七百万之丁，而人口总数，仅得三千三百万，未免太少；若谓口数仅指男子，则人口总数，可假定为六千六百万。户口比率，仍近一与四矣。王氏盛称之，谓吾国学者于此未能注意，即李微之、马贵与亦未计及，直待数百年后，发之英人，岂不异哉？予谓宋世常行之法，李、马二氏，无容不知。历代公家计帐，不合情理者甚多，正不容强执事理，以求解释。斋尔士之见，亦适成其为外人之见而已。此事不足深论。予顾因此，而欲一论历代户口册籍之法焉。

吾国古代户口之籍，盖仅藏于州闾；其登诸天府者，则仅取与国用有关，此征诸礼而可知者也。《礼记·内则》：子生三月，父名之。遂告宰名。宰书曰：某年某月某日某生，而藏之。宰告闾史。闾史书为二，其一藏诸闾府，其一献诸州史。州史献诸州伯。州伯命书而藏诸州府。是一人之生，州闾之府，咸有其名籍也。此制仅士夫之家如此，抑全国之民皆然？仅男子之生如此，抑女子之生亦然？颇难质言。案《周官》：“媒氏，掌万民之判。凡男女，自成名以上，皆书年、月、日、名焉。仲春之月，令会男女。”会男女即合男女，见《礼记·礼运》《管子·幼官》。古人民嫁娶，法令颇加干涉，故《孟子》以“内无怨女，外无旷夫”为仁政。《梁惠王下》。《墨子》亦谓圣王之法，丈夫年二十，毋敢不处家；女子年十五，毋敢不事人也。《节用上》。此必举国之男女。则书名州闾者，必不仅士夫之家，亦必不限于男子矣。媒氏之“成名”，郑即援《内则》子生三月父名之为释，于礼固无不合也。此所谓全国民籍，藏于州闾者也。《周官》专司民数之官，实为司民。其职曰：“掌登万民之数。自生齿以上，皆书于版。辨其国中与其都鄙及其郊野。异其男女。岁登下其死生。及三年大比，以万民之数诏司寇。司寇及孟冬祀司民之日，献其数于王。王拜受之，登于天府。内史、司会、冢宰贰之，以赞王治。”此所登，亦近全国人口总数。然其意，则不为清查人口，而为会稽谷食，故不以成名之月，而以生齿之时。小司寇之职曰：“及大比，登民数。自生齿以上，登于天府。内史、司会、冢宰贰之，以制国用。

孟冬祀司民，献民数于王，王拜受之。以图国用而进退之。”意尤明白可见。《贾子》曰：“受计之礼，主所亲拜者二：闻生民之数则拜之，闻登谷则拜之。”《礼篇》。尤可见二者之相关也。小司徒之职，“掌建邦之教法，以稽国中及四郊都鄙之夫家九比之数，乃颁比法于六乡之大夫。使各登其乡之众寡、六畜、车辇。大比以起军旅，以作田役，以比追胥，以令贡赋。”故以已昏妃者为限。大比之政，凡乡遂之官，皆有责焉。无不言夫家者。乡师云：“以时稽其夫家众寡。”乡大夫云：“以岁时登其夫家之众寡。”族师云：“校登其族之夫家众。”县师云：“辨其夫家人民田莱之数。”遂人云：“以岁时登其夫家之众寡。”遂师同。遂大夫云：“以岁时登其夫家之众寡。”郑长云：“以时校登其夫家，比其众寡。”惟闾师但云“掌国中及四郊之人民六畜之数”，鄙师云“以时数其众庶”，皆无夫家之文。然此诸官所职，皆系一事，特其文有详略，则无可疑也。此犹后世之役籍。役固国用之大端也。故曰：自州闾之府以外，户口之籍，皆其与国用有关者也。

汉世民数，盖在计簿。计簿之式，今不可知。《司民注》曰：“版，今户籍也。”汉治最近古。郑君之言，或不仅取以相况。《史记·秦始皇本纪》后附《秦纪》：献公十年，“为户籍相伍”。什伍即州闾之制，此即《内则》所载书名州闾之法。盖秦至是始有之。又始皇十六年，“南阳假守腾，初令男子书年”。盖献公虽创户籍，所书仍未精详，故腾又更其法。《汉书·高帝纪》：五年，五月，诏曰：“民前或相聚保山泽，不书名数。今天下已定，令各归其县，复故爵田宅。”师古曰：“名数，谓户籍也。”此籍之详者，亦当在乡亭，其都数当上之郡县耳。是时尚无纸，户籍称版，可知不书以缣帛，断不能悉致诸郡县之廷也。汉法多沿自秦，观秦有户籍之晚，知其制必不能大异于古，则汉法亦必无以大异于古。贾生所言，虽古礼，或仍为当世之典，亦未可知。则其登诸计簿者，亦必非全国人口总数，而仅取与谷食有关，亦可推测而得矣。

媒氏主牉合，司民会口实，其所登，自不容限于男子。大比之法，主为兵役，而亦不遗女子者，古兵役固不独在男也。《商君书·兵守》，有“壮男为一军，壮女为一军，男女之老弱者为一军”之文。《墨子·备城门》诸篇，亦有以丁女充军之说。齐将下晋，男女以班。《左氏》襄公二十五年。楚围汉王于荥阳，汉军绝食，乃夜出女子东门，二千余人，被甲。女子可调集，可编制，其非无名籍审矣。汉惠帝六年，“令民女子年十五以上，至三十不嫁五算”。《注》引《汉律》：“贾人与奴婢倍算。”则口赋亦不异男女，女子不容无籍可知。降逮后世，户调之式，均田之令，租庸调之法，田皆男女并授，更不必论矣。《通考》乾德六年之令，当别是一事，与奏报民数无关。斋尔士引《宣化府志》及《畿辅通志》大名宋代户口比率，与《通考》所载不同。宣化一比五又七五。大名一比三又六六。而《畿辅通志》霸州比率，则又相近。一比一又三五。可见历代官中册籍，悠缪不可究诘者甚多。正不容强执情理，以相揆也。

古代民数，当较后世为得实，读史者盖无异辞。而《周官》职方所载九州男女比率，乃殊不可信。扬州二男五女、荆州一男二女、豫州二男三女、青州二男二女、兖州二男三女、雍州三男二女、幽州一男三女、冀州五男三女、并州二男三女。予谓古代受计，必不会遍及九州。《周官》小司徒："三年大比，则受邦国之比要。"邦国二字，当作县内诸侯解。书言邦国者多如此，非谓九州万国也。《周官》之说，疑杂阴阳数术之谈，非据册籍会稽而得也。或谓古人言数，皆不举畸零，故其说若不可通如此。此亦可备一说。

（六七一）论保甲

保甲之法，创自王荆公，其意本欲以之为兵，然后人仿行之者，则大抵在丧乱之际，用以查轧户口，使外奸不得入，内之则游荡无业，作奸犯科之人，亦可以有所稽考，以图保持秩序。像想用之为兵，以及为古代分田里，定赋役，一切政事，都以闾里起点之意；荡焉无存了。

用保甲查轧户口，排挤奸民，此即《史记·商君列传》所谓"令民为什伍，而相收司连坐"之法。因为既行此制，必使其互相保任，同保同甲之中，有犯罪的，即使并不知情，亦应坐失觉之罪，论者多以此为商君所创苛酷之法，其实不然。案《周官》：族师之职，"五家为比，十家为联，五人为伍，十人为联，四闾为族，八闾为联，使之相保相受，刑罪庆赏，相及相共"；又比长，"五家相受相和亲，有罪奇邪则相及"；邻长，"掌相纠相受"；士师，"掌乡合州党族闾比之联，与其人民之什伍，使之相安相受，以比追胥之事，以施刑罚庆赏"。《墨子·尚贤篇》引《泰誓》说："小人见奸巧，乃闻不言也，发，罪钧。"春秋十九年，"梁亡"，《繁露》说其事云："梁使民比地为伍，一家亡，五家杀刑。"《公羊解诂》说同。此皆什伍收司连坐之法，足见其由来已旧。案古代民户编制，共有两法：一以十和五做单位，大抵和兵制相连。如《周官》：乡以五家为比，五比为闾，四闾为族，五族为党，五党为州，五州为乡。遂以五家为邻，五邻为里，四里为酇，五郑为鄙，五鄙为县，五县为遂。而其兵制，则以五人为伍，五伍为两，四两为卒，五卒为旅，五旅为师，五师为军，恰系家出一人，这怕不是家出一人，而是立法之初，以一能充兵的人为编制之单位，所以如此罢？至于《尚书大传》说“古八家而为邻，三邻而为朋，三朋而为里，五里而为邑，十邑而为都，十都而为师，州十有二师”，则系根据井田编制，和兵制毫无干涉，收司连坐之法，起于什伍之间，可见其本系军刑。古代刑法，严酷的恒起于军旅之间，乃所以对付异族和本族中附敌的人，至其施诸本族之中的，则极为平恕，此义甚长，必别为专篇，乃能详之。然看《周官》，司徒等于人民的惩戒，不过拘禁、圜土。役作嘉石。及去其冠饰，书其邪恶之状，著之于背明刑。而止。其附于刑者必归于士。士本战士之称，士师者士之长，掌邦刑者谓之司寇。寇乃外来之敌，亦可想见其大概了。军旅之事，与异族争一旦之命，严刑酷法，其事良非得已。至于后世，萑苻之盗，闾巷之雄，迫于饥寒，聊以救死。实非异族相争之比，亦用严刑酷法，加以推排，且因此而扰及良民，其事本不合理。然即不论此，良民亦止有束手而受无罪之戮，断不会因此而收排除奸人之效的。这是因为时异势殊，社会情形，今古不同啊！读《宋书·王弘传》，就可知道了。

据《宋书·王弘传》：当时八座承郎疏言“同伍犯法，无士人不罪之科，然每至诘谪，辄有请诉”，如其加以恩宥，则法废不可行。若必执法不挠，则人情又以为苦怨，因此请求改制。一时议者有好几个人，据其说：则当时人民犯罪，牵及同伍的，庶族无不连坐，士人则多蒙赦宥。甚有如山阴县，在王淮之为令时，竟不坐罪的。否则罪其奴客，比事似极不平。然士庶生活缅隔，庶族犯罪，士人无由知之，而士人犯坐及同伍之罪的，则不能与小人相关，这确是事实。所以有人说：士人有罪，罪其奴客，并非使其代主人受罪，乃是他罪有应得，亦不能谓其无理。而且就是奴客，亦有说其或受役使，分散在外；或供使令，恒在主人左右，并不出门；责其觉察同伍，亦是为难的。观此，便知士人受连坐之罪，当局所以不能不加以宽恕，因为法究不能“专决于名”呀。知此，则知虽用相司连坐之法，亦不能收弊绝风清之效之由。因为使人民互相伺察，只能行于居民鲜少，生活单纯之日。到民居一稠密，生活情形一复杂，人民就彼此不能相知，即使用严刑酷法以迫之，亦只有束手而受无罪之戮了。

然则后世所谓保甲之法，就丝毫无效了吗？此亦不然。但其为效实极有限，而且只能行之丧乱之时，而决不能行之治平之日。为什么呢？“土著为寇，必引外奸，而外奸之来，亦必有所止”，这原是事实。但此等人，在居民鲜少之地，是人人认得的，根本用不着推校。此等地方而为奸民所蟠据，必其土著之民，力不足以与之相抗，即使加以推校，亦属无益。如其土著之民，力足与以相抗，则此等人必匿迹于深山大泽，荒祠古庙之中，不与居民相离了。民居稠密之处，小之则为市镇，大之则为都会，其间诚有不逞之徒匿迹之所。然此等地方，情势复杂，推校极难，而且其事多有弊窦，往往徒以扰民而仍不收清查之益。所以善于为政者，于此率重缉捕而后推校。其所注意者，乃在旅馆、酒楼、娼家、赌场等处，而比户的居民，顾在其后。当风声鹤唳之际，亦未尝不推行什伍之法。然其用意，不过因不逞之徒，多强悍有党羽，良善之民，多慑于其势而不敢拒；又或本系戚族相知，牵于情面而不能拒；甚者旧系同党，今虽悔改，为其所胁而无从拒。有同伍相坐之法，以随其后，则什伍之间，可以互相助，而其势较壮。其为用止于如此而已，此外不能更有何等作用。至于孤村残落，力薄不足自卫，荒祠古庙，左近并无人烟，则本非比伍之法所能及。所以每逢丧乱，只有聚村落而成堡坞。盗匪横行之时，并有人倡议将荒祠古庙等悉行焚毁，说虽失之急烈，亦有不得已之苦衷。以度地居民之道言之，则今日都会镇市，失之过大，乡村则失之过小。过大则居民太多，其情不亲，利害之相关不切，故遇事不能合作，舆论制裁，亦归无效，过小则居民太少，其人率愿朴不知世事，不能有所兴作，即欲有兴作，亦力有不逮。今后根本之计，实宜渐将都会、市镇，斫而小之，乡村则合并而使之加大，方能渐见合理。断非就现在的形势，但推行比伍之法，即能期其有进步的。乡村之不能合并，大抵因农民之居宅，离所耕之田，不能太远。此当修治道路，使之平坦宽阔，车马可以往来。则相距虽远，亦不致费时失事，而道路四达，则便于梭巡，荒祠古庙等，亦不虑有人匿迹其间了。以上所言，多偏于弭乱之计，因为向来办保甲的，其意实多偏重于此。至于地方自治，一切米盐靡密之事，无不起原于闾伍，则别是一事，与历来为弭乱计所办的保甲等，了无干涉。不但不相干涉，甚且必将此种积习一扫而空之，而地方自治之事，乃可以有为。此另是一义，当别论。

（六七二）度地居民

《孟子·滕文公》上曰："死徙无出乡，乡田同井，出入相友，守望相助，疾病相扶持，则百姓亲睦。"大抵古时度地居民，自有定法，过少则其力不足以相澹，过多则人不相狎而其情不亲，是非不足凭，人言不足恤矣。古者"邻有丧，舂不相；里有殡，不巷歌"。《礼记·曲礼》。《管子·小匡》曰："卒伍政定于里，军旅政定于郊，内教既成，令不得迁徙；故卒伍之人，人与人相保，家与家相爱，少相居，长相游，祭祀相福，死丧相恤，祸福相忧，居处相乐，行作相和，哭泣相哀；是故夜战，其声相闻，足以无乱；昼战，其目相见，足以相识，欢欣足以相死；是故以守则固，以战相胜。"《郊特牲》述社祭及君亲誓命以习军旅之制，而继之曰："以战则克，以祭则受福。"亦是物也。

礼之有节文也，亦其出于自然者也。《杂记》曰："三年之丧，虽功衰不吊，自诸侯达诸士。如有服而将往哭之，则服其服而往。练则吊，既葬大功，吊哭而退，不听事焉。期之丧未葬，吊于乡人，哭而退，不听事焉。功衰吊，待事不执事，小功缌，执事不与于礼。相趋也，出宫而退；相揖也，哀次而退；相问也，既封而退；相见也，反哭而退；朋友，虞祔而退。吊非从主人也，四十者执绋；乡人，五十者从反哭，四十者待盈坎。"因其身之有故与无故也，老壮也，居之远近也，而皆异其节；非强为之也，皆因其情而情又出于自然者也；故曰：礼也者，因人之情而为之节文，然过重于节文，则情有因之而漓者矣，故曰：礼，与其奢也宁俭，丧，与其易也宁戚。《论语·先进》。要之不忘其本而已矣。故曰："圣人终日行，不离辎重。"《老子》。

《潜夫论·浮侈篇》曰："今举世舍农桑，趋商贾，牛马车舆填塞道路，游手为功，充盈都邑。"又曰："今察洛阳，浮末者什于农夫；虚伪游手者什于浮末。天下百郡千县，市邑万数，类皆如此。本末何足相供，则民安得不饥寒。"然则古之都邑，罪恶之薮也。符所言都邑之人，或以谋奸合任为业，或以游敖博弈为事，或作泥车、瓦狗、马骑、倡俳诸戏弄小儿之具以巧诈，妇人则学巫祝，鼓舞事神，以欺诬细民，荧惑百姓；此与后世之情形，有以异乎？无以异也。

符言京师贵戚葬者：必欲江南檽梓豫章之木。其致之也，伐之高山，引之穷谷，入海乘淮，逆河溯洛，工匠雕刻，连累日月，会众而后动，多牛而后致，重且万斤，功将万夫，其难也如是，而边远下土，犹相竞用，致使东至乐浪，西达敦煌，费力伤财于万里之地。夫权臣贵戚，皆淫侈之徒也。彼千方百计，以取高位厚禄；其取之也，犹御人于国门之外也；不则犹齐人之乞食于墦间也；所甘心者，淫侈而已。而使之舍其所乐，不亦与虎谋皮哉？然以少数人柑制多数人，以非正义之事压制正义，终非可以持久；公理有必明之日，民权有必达之时，至于为治者果为公意，而非复少数人，则淫侈之事，在所必禁矣。

荀悦论井田：谓土地布列在豪强，卒而革之，并有怨心，则生纷乱，制度难行。若高祖初定天下，光武中兴之后，人众稀少，立之易矣。夫卒而革之，非义有所不可也，而势有所难行。势之所不能行，虽圣人无如之何也。势可行而卒莫之行，则非无识即苟且矣。夫都邑犹井田也，卒而革之，事不可为也。然遭大乱之后，立制度，使不得过若干家。浮侈之事，禁不得为；华靡之物，禁不得用；放古者度地居民之制，使地邑民居，必参相得也，不亦可乎？

齐景公曰："君不君，臣不臣，父不父，子不子，虽有粟，吾得而食诸？"《论语·颜渊》。卫嗣君曰："治无小，乱无大，教化喻于民，三百之城，足以为治。民无廉耻，虽有十左氏，将何以用之？"《战国策·卫策》。故治国之道，在教化明，法令行，物不足惜也。苟可以明义也，虽完整，犹将毁之，况其已经破败而劳复建邪？

禁侈非徒以明义也，即以淫侈者之身论，庸独利乎？董卓之入洛也，洛中贵戚室第相望，金帛财产，家家殷积。卓放纵兵士，突其庐舍，淫略妇女，剽虏资物，谓之"搜牢"。《后汉书》本传。此即王符之所哀叹者也。岂徒洛阳，古今繁盛之都邑，其极安有不如此者也？水流必趋于平也，犹财富之必趋于均也。注水于丘陵之上，则必流于四方，若都邑之财，四散而归于村野，周浃而遍于山林，则人间之海平矣。平，斯安矣。

东汉之末，生民几于尽矣。是时之握兵者，亦知民不足，则兵不强；兵不强，则终无以自存也。故其少有远虑者，咸致力于屯垦焉。《三国·魏志·王昶传》言文帝践阼，昶为洛阳典农。时都畿树木成林，昶斫开荒莱，勤劝百姓，垦田特多。夫自献帝而迁至于文帝践阼，亦既三十年矣，而洛阳之荒废犹如此，然则是时之从事于垦辟者，俨然如临天造草昧之世也。

度地居民，使地邑民居，必参相得，固无不可就之功矣。《三国·魏志·国渊传》言：太祖欲广置屯田，使渊典其事。渊屡陈损益，相土处民，计民置吏，明功课之法。《郑浑传》言：太祖征汉中，以浑为京兆尹，浑以百姓新集，为制移居之法，使兼复者与单轻者相伍，温信者与孤老为比。后浑转为山阳、魏郡太守，又以郡下百姓，苦乏材木，乃课树榆为篱，并益树五果；榆皆成藩，五果丰实。入魏郡界，村落齐整如一。又《注》引《魏略》言：颜斐后为京兆太守，令属县整阡陌，树桑果。皆能颇合度地居民之谊也。使执政皆知是谊，大乱之后，民居固可焕然改观也。然知斯谊者卒寡。且如吾邑自兵乱之后，破坏累累，孰为新□，孰为故迹，父老固历历能指之也。而新□者之零乱如故，若夫人各有□，不顾大局，岂□也哉？

（六七三）开国之主必亲戎

《晋书·王鉴传》：鉴劝元帝亲征杜弢，疏曰："当五霸之世，将非不良，士非不勇，征伐之役，君必亲之，故齐桓免胄于邵陵，晋文擐甲于城濮。昔汉高、光武二帝，征无远近，敌无大小，必乎振金鼓，身当矢石，栉风沐雨，壶浆不赡，驰骛四方，匪皇宁处，然后皇基克构，元勋以融。今大弊之极，剧于曩代，崇替之命，系我而已。欲使銮旗无野次之役，圣躬远风尘之劳，而大功坐就，鉴未见其易也。魏武既定中国，亲征柳城，扬旗卢龙之岭，顿辔重塞之表，非有当时烽燧之虞，盖一日纵敌，终己之患，虽戎辂蒙崄，不以为劳，况急于此者乎？刘玄德躬登汉山而夏侯之锋摧，吴伪祖亲泝长江而关羽之首悬，袁绍犹豫后机，挫衄三分之势，刘表卧守其众，卒亡全楚之地。历观古今，拨乱之主，虽圣贤，未有高拱闲居，不劳而济者也。"其言可谓深切著明。晋元帝、宋高宗皆沉潜有谋，勤于政理，然终仅就偏安之业，且并此亦几岌岌不可保者，不能驾御武人实为之。王敦之患，人所共知。然宋高宗而不能替三宣抚司，江东亦未必能自立也。人皆以汉高祖能灭项羽为有大略，其实不然。高祖之大略，不在于其能灭项羽，而在于项羽灭后，六、七年间，能尽灭同时并起之异姓诸王，何者？项羽战绩，为史所艳称者，不过巨鹿、彭城、垓下三役耳。垓下之战，乃匹夫之勇，无足称。巨鹿一战，确有摧坚陷阵之能，亦藉楚众之精锐；吴夫差、越句践固尝再用之以振威于北方；虽项燕亦用之大破秦军于楚垂亡之日矣，非尽羽之能也。彭城之役，则汉自不整耳，盖汉所用者为思东归之士，至此已为散地，而五诸侯之兵，亦心力不齐，号令不一也。汉高入关，财帛无所取，妇女无所幸，而至此，乃收楚货宝美人，日置酒高会，此犹项羽去关中时，不能禁其众无暴掠，屠咸阳，杀子婴，烧秦宫室，亦非羽之所欲也。汉王以四月败彭城，五月即收兵屯荥阳，六月又还攻章邯，至八月乃复东出;于斯时也，项羽何难急攻破之，长驱西上，而羽竟不能，是其昧于乘机矣。明年汉三年五月，破荥阳，六月，下成皋,而仍未能深入,徒隔河相持,汉王遂得以其间虏魏豹,下赵、代,破燕、齐,且结彭越以扰楚后。虽黥布，亦观望形势而叛楚。是时所事惟汉，非如汉初出时之犹重齐也。汉坚守以老楚师，而藉信、越以攻其后，为楚计者，宜集全力击破汉王之军,深入穷追,直抵二周之郊,而叩函谷之关,使其不复能立,则信、越无与图功，必也转而从楚，他诸侯更不必论矣。而羽竟不能然，是不徒无远略，并野战亦不足取也，故曰，汉之亡楚，不足为异也。乃其既灭楚之后，则汉高与诸功臣，君臣之分未定也，秦灭六国，父兄有天下，而子弟为匹夫，在当时之人视之，实为变局而非常理，故秦一亡而天下复分，戏下之会，以义帝之空名奉楚怀王，其视之，犹周之天子也，项籍为西楚霸王，犹东周之桓、文也，特王侯之名异耳，其余大者为王，小者为侯若君，亦六国时之遗法也，当时之人，视此必以为彝典，谓有一人将如秦皇，尽灭同列，独有天下，必非意想所及。项羽使人说韩信以三分天下，而信不听，蒯彻劝之又不听，史言信自以功高，汉终不夺我齐，此乃附会之谈，非其实。当时之人，自以兵力据地而王，岂待他人之与之，既不待人之与之，又何虑人之夺之。尸皇帝之名，遂可任意树置翦灭侯王，亦岂当时之人意想所及？此项羽亡后，韩信等所由不惜以皇帝之名畀汉王与？几曾见周之武、成，能任意翦灭齐、楚哉？故汉高之铲除异姓诸王，非以君替其臣，乃敌国之相灭耳，其能奏功如是之速，则以身恒在行间，赴机疾捷也。且汉高以五年十月灭楚，正月王韩信、彭越、英布、张耳、韩王信，是年九月，即击虏荼。明年十月，禽韩信，正月，王荆王贾、楚王交，并王喜于代，子肥于齐，而徙韩王信于太原，信请徙治马邑，许之。七年十月，信反，高祖自将击之，深入至平城，虽以轻敌致败，然其果锐亦甚矣，围既解，仍击信余寇于东垣。十年九月，击陈豨，自至邯郸。十一年冬，破之，其年三月，复使掩捕梁王，即以其地王子恢及友，七月黥布反，又自将击之。十二年十月，破之，王兄子濞于吴。未几，卢绾反，使樊哙击之，帝之不亲戎者惟此役，盖其时已疾病矣。综观楚灭之后，七年之中，高帝盖未尝一日安居也。以当时人心之习于分裂，汉初王室形势之弱，使帝少濡滞苟安，身没之后，诸侯之合纵缔交，圜视而起，岂待问哉？然则天下之克定于其一，其功信不成于灭楚之日，而成于其后之七年中也。而其所以成功，亦实由其驰骛四方，匪皇宁处，鉴之言，可不谓之知言哉？鉴所引证诸王霸之主，事皆易明，独汉高之成功，少隐曲而难见，故具论之如上。

（六七四）汉唐边防之策

中国古代，盖为湖居之族？古称人所居之处曰“州”，即后世之“洲”字，其音则与岛相同。汉世公玉带献明堂图，水环宫垣，上有楼，从西南入，《周官》师氏居虎门之左，保氏守王闱。蔡邕说：“南门称门，西门称闱，明堂者，古天子之居。”盖犹沿其遗像。古之人盖四面凭水以为固，故至后世筑城，犹必环之以池也，此最古之边防也。

湖居之族，盖以渔为业，后乃渐进于农耕。中国之文明，盖肇始于是？故《易》称包牺氏作网罟，神农氏斲木为耜，揉木为耒也，包牺氏、神农氏非实有其人，古言氏犹后世言族，言有如是之部族二耳；如是之部族，实为文明所由肇，故特举之也。然其后此等部族，尝为田猎畜牧之部族所击服焉，观古君大夫士以牛羊犬豕为食，庶人则食谷与鱼鳖可知。畜牧之族，其初恒事田猎，畜牧时或居原隰，田猎时必处山林。人之好战斗，其习恒自田猎之世来，其后所居虽易，至于守御，则犹沿是以为固。《易》曰：“王公设险以守其国。”《诗》曰：“畇畇原隰，曾孙甸之。”《孟子》曰：“域民不以封疆之界，固国不以山谷之险。”皆治人而食于人者居山，食人而治于人者居平地之证，此边防形势之一变也。

农耕愈重，治人而食于人者，亦皆以是为业，则其人必降丘宅土。斯时之所虑者，邻近野蛮之族，每喜乘间抄略。出兵征之乎？彼无定居，不易犁其巢穴。屯兵防之乎？我又不胜其劳费。所幸者，此等野人，部族率皆寡小，不能兴大兵，一水一山之隔，即非其所能越，乃因山川自然之阻以为防，其不周匝处，则以人力筑墙补之。此等营建，环绕四面者为郭，专于一面者即长城也，此所以防小寇。战国之世，秦、赵、燕三国北边皆有长城，其时匈奴尚未大，他骑寇盖尤小；齐之南亦有长城，盖所以备淮泗夷者也。

战国末造，内地文化较低之族，殆悉化为冠带之民，如淮泗夷，高长城以防之，至秦有天下，乃悉散为人户，见《后汉书·东夷传》，其言盖有所本。其一端也。斯时之所虑者，六国之民，非心服而反侧，秦人防之之策，一益固其本国之境，贾生所谓践华为城，因河为池者也，设使新服之地皆叛，其故国则犹可守，赵高弑二世，立子婴，盖尝欲取是策，留侯劝汉高祖都关中，犹未脱此等见解也。一于新服之地，择其要害之处而据之，贾生所谓信臣精卒，陈利兵而谁何者也，至汉文帝之世，通关梁，一符传，而此法乃除。二者皆一统之初，钳制国内之术，以不切于时势，故不旋踵而其法遂废也。

城外之防，北边为极，以其地为游牧之族所居，利抄略，且强悍也。防之之策，秦初仍袭旧猷，乃举本国所固有及燕、赵二国之长城，连接之，扩充之，修补之，以成一引弓之民与冠带之族之大界焉。然人心犹率其归，世变已启其新；长城者，可以御小寇，而不可以防大敌者也。汉初冒顿崛起，破东胡，走月氏，并白羊、楼烦二王，服浑窳、屈射、丁零、鬲昆、新薪诸国，其形势已非复前世之骑寇，更无论山戎矣。其大入塞，骑至数万，少亦数千，虽不长于攻城，然优足批亢擣虚，亦可时时肆扰，或逆绝外援，以困一坚城，断非备多力分之长城，所能遏其焰也。故汉世虽勤北边，迄无修筑长城之事。

斯时之边防当如何？曰：已不复能言守，而唯有向外开拓。汉世之能免于匈奴之患也，则以武、昭、宣之世，数大举深入穷追故也。甚至以断其右臂之故，不恤劳民以通西域焉，其取势亦可谓远矣。至是，则汉室之边防，不在边境而在边境之外。树边防于边境之外若之何？一曰控其道路，今人所谓线也，若汉置西域都护，并护天山南北两道是也 一曰据其要害，今人所谓点也，若唐设诸都护府是也。大抵汉唐之于外夷也，利其弱不利其强，利其分不利其合，睹其强大也，必谋所以早摧挫之，唐太宗之于薛延陀是也。彼其互相吞并也，必遏止之，使不得遂。西域本三十六国，后稍分为五十余，莽世都护覆没，莎车王贤遂乘机吞并，后汉定西域，又悉复之，其显而易见者也；若其桀骜，将驯至于逆命，尤必有以豫折其萌，为虺弗摧，为蛇若何？默啜之中兴突厥，使中原士大夫为之旰食，其殷鉴矣。历代盛时，防边之策，大抵如此。唯明代武功不振，仅恃筑长城为防守之计，为统一后一变局。

汉、唐盛时之所为，其可谓之上策乎？犹未也，兵家之言曰："善守者不恃人之不我攻，而恃我之不可攻。"善已，然犹不能懈于守也。兵有利钝，战无百胜，岂徒两军相争时为然，两国相持亦如是。人固有利不利时，国岂能无饥馑寇盗？丁斯时也，安能为不可胜以待敌？且外夷亦必有兴盛之时，安能终锢之？汉、唐盛时，所守非不远，卒之或以我之弱，或以彼之强，所守终不能不撤，则犹未足以语于“守在四夷”之义也。然则如之何而可？曰：不分彼我之界，非以我防彼也，而与彼偕进于大道，愚者教之，困者赈之，使之利与我合而不利与我分，彼欲祸我乎？是自祸也，世岂有乐自祸者乎？是彼为我守也，此则守在四夷之义也。道则高矣美矣，孰能副之，吾未之见也。太史公所由叹《司马法》闳廓深远，虽三代征伐，未能竟其义邪？

（六七五）入中入边之原

历代官卖之法，莫善于宋之入中入边，盖如是则官可省漕运之烦也。抑供入中入边之物，皆有独占之性质者，非如是，则不卖，则并可以奖励某种产业矣。明代行中盐之制，而商屯因之以兴，是也。汉通西南夷道，作者数万人，千里负儋馈粮，率十余钟致一石，散币于邛、僰以集之。数岁，道不通，蛮夷因以数攻，吏发兵诛之。悉巴蜀租赋，不足以更之，乃募豪民田南夷，入粟县官，而内受钱于都内。此已开宋代入边之先声，而其效亦与明代商屯等矣。尝谓欲殖边必需资本，国家不易有此大力，商人不肯投资于边，此一难也。人民真愿移徙者，不得官力之辅助；官招募所得，或为浮浪之人，并不能勤事生产，或且逃归，此二难也。此二者，若能假手于商人，俱较官办为佳。盖商人重利，自能招致勤事生产之民，且有以部勒之，不至虚费本钱也。所难者，使商人肯投资从事于此耳。今以其必欲得之物交换之，则资本及人力不期而集于边远之处矣；国家更能设官管理，使商人不能虐其所顾用之民，则善之善者也。

（六七六）策试之制上

《文献通考·选举考》引致堂胡氏之言曰：“汉策问贤良，非试之也，延于大殿，天子称制，访以理道，其事重矣。”马氏曰：“自孝文策晁错之后，贤良方正皆承亲策，上亲览而第其优劣；至孝昭年幼未即政，故无亲策之事，乃诏有司，问以民所疾苦；然所问者，盐铁、均输、榷酤，皆当时大事。令建议之臣，与之反复诘难，讲究罢行之宜，卒从其说，为之罢榷酤。然则虽未尝亲奉大对，而其视上下姑相应以义理之浮文者，反为胜之。国家以科目取士，士以科目进身者，必如此，然后为有益于人国耳。”案对策与射策不同，射策者，疑其人之不能而试之；对策则以其人为贤知而问之。《汉书·萧望之传注》曰：“射策者，谓为难问疑义书之于策，量其大小，署为甲乙之科，列而置之，不使彰显。有欲射者，随其所取，得而释之，以知优劣。射之言投射也。对策者，显问以政事经义，令各对之，而观其文辞定高下也。”《后汉书·顺帝纪》阳嘉元年《注》引《前书音义》曰：“甲科谓作简策难问，列置案上，任试者意投射，取而答之，谓之射策；上者为甲，次者为乙。若录政化得失，显而问之，谓之对策也。”马氏又云：“汉武帝之于董仲舒也，意有未尽，则再策之，三策之；晋武帝之于挚虞、阮种亦然。”由此也。然至后世，则对策其名者，亦不免射策其实矣。

《晋书·孔坦传》云：“先是，以兵乱之后，务存慰悦，远方秀、孝到，不策试，普加除署。至是，帝申明旧制，皆令试经，有不中科，刺史、太守免官。太兴三年，秀、孝多不敢行，其有到者，并托疾。帝欲除署孝廉，而秀才如前制。坦奏议曰：古者且耕且学，三年而通一经，以平康之世，犹假渐渍，积以日月。自丧乱以来，十有余年，干戈载扬，俎豆礼戢，家废讲诵，国阙庠序，率尔责试，窃以为疑。然宣下以来，涉历三载，累遇庆会，遂未一试，扬州诸郡，接近京都，惧累及君父，多不敢行；其远州边郡，掩诬朝廷，冀于不试，冒昧来赴，既到审试，遂不敢会。臣愚以为不会与不行，其为阙也同。若当偏加除署，是为肃法奉宪者失分，徼幸投射者得官。王命无贰，宪制宜信。去年察举，一皆策试。如不能试，可不拘到，遣归不署。又秀才虽以事策，亦泛问经义，苟所未学，实难闇通，不足复曲碎乖例，违旧造异，谓宜因其不会，徐更革制。可申明前下，崇修学校，普延五年，以展讲习。帝纳焉。听孝廉申至七年，秀才如故。”《甘卓传》：“中兴初，以边寇未静，学校陵迟，特听不试孝廉，而秀才犹依旧策试。卓上疏以为答问损益，当须博古通今，明达政体，必求诸《坟》《索》，乃堪其举。臣所忝州，湘州。往遭寇乱，学校久替，人士流播，不得比之余州。谓宜同孝廉例，申与期限。疏奏，朝议不许。卓于是精加隐括，备礼，举桂阳谷俭为秀才。俭辞不获命，州厚礼遣之。诸州秀才闻当考试，皆惮不行，惟俭一人到台，遂不复策试。俭耻其州少士，乃表求试，以高第除中郎。俭少有志行，寒苦自立，博涉经史。于时南土凋荒，经籍道息，俭不能远求师友，惟在家研精，虽所得实深，未有名誉；又耻衒耀取达，遂归，终身不仕，卒于家。”观此二事，可知虽秀才之试，亦已渐同经生之业。《石勒载记》言其立秀孝试经之制，盖亦有所因循。至于孝廉，则《魏舒传》言其“年四十余，郡上计掾察孝廉，宗党以舒无学业，劝令不就，可以为高耳。舒曰：若试而不中，其负在我，安可虚窃不就之高，以为己荣乎？于是自课，百日习一经，因而对策升第”，则几同国子明经之举矣。

秀才之试，虽究与射策有异，又变而崇尚文辞，此在北朝，其弊最显。《北齐书·儒林传》:刘昼，“河清初还冀州，举秀才入京，考策不第，乃恨不学属文，方复缉缀辞藻”。马敬德，“河间郡王将举为孝廉，固辞不就，乃诣州求举秀才。举秀才例取文士，州将以其纯儒，无意推荐。敬德请试方略，乃策问之，所答五条，皆有文理，乃欣然举选。至京，依秀才策问，惟得中第。乃请试经业，问十条并通，擢授国子助教。”盖儒生之于文辞，究非专长也。刘景安与崔亮书，谓:“朝廷贡才，止求其文，不取其理，察孝廉惟论章句，不及治道。”《魏书·崔亮传》。可见二者之分野矣。《魏书·邢峦传》:“有司奏策秀孝，高祖诏曰：秀孝殊问，经权异策，邢峦才清，可令策秀。”所谓才清，盖亦长于文辞耳。《隋书·杜正玄传》:“开皇末举秀才，尚书试方略，正玄应对如响，下笔成章。仆射杨素，负才傲物，正玄抗辞酬对，无所屈挠，素甚不悦。久之，会林邑献白鹦鹉，素促召正玄，使者相望，及至，即令作赋，正玄仓卒之际，援笔立成。素见文不加点，始异之，因令更拟诸杂文笔十余条，又皆立成，而辞理华赡。素乃叹曰:此真秀才，吾不及也，授晋王行参军。”《北史》正玄附《杜铨传》后，述此事颇有附会之辞，不如此之可信。此几纯以文辞为重，亦北朝之余习也。南朝似略愈于此，而其实亦不然。《梁书·文学传》，谓何逊“弱冠州举秀才，南乡范云见其对策，大相称赏”。又云:云“谓所亲曰:顷观文人，质则过儒，丽则伤俗，其能含清浊，中今古，得之何生矣”。则所重亦在其文。《顾协传》:“举秀才，尚书令沈约览其策而叹曰：江左以来，未有斯作。”《孔休源传》:“州举秀才，太尉徐孝嗣省其策，深善之，谓同坐曰：董仲舒、华令思何以尚此？足称王佐之才。”似其人深明于当世之务者，实亦未必不采庶子之春华，忘家丞之秋实也。姚察谓二汉求士，率先经术，近世取人，多由文史，《江淹任昉传论》。可以知其变迁矣。

或曰:马氏所举董仲舒、挚虞、阮种之流，皆贤良也，此后世制科之先河，秀才则与孝廉同为常举耳。其策之之法，自不能无异。然《晋书·王接传》云:永宁初，举秀才，友人遗书劝无行，“接报书曰：今世道交丧，将遂剥乱，而识智之士，钳口韬笔，祸败日深，如火之燎原，其可救乎？非荣斯行，欲极陈所见，冀有觉悟耳。是岁，三王义举，惠帝复阼，以国有大庆，天下秀孝，一皆不试，接以为恨”。是则秀才对策，亦未尝不可极其謇谔矣。《魏书·高祖纪》：延兴二年，七月，“诏州郡县各遣二人，才堪专对者，赴九月讲武，当亲问风俗”。三年，六月，“诏曰：往年县召民秀二人，问以守宰治状，善恶具闻，将加赏罚。而赏者未几，罪者众多，肆法伤生，情所未忍。今特垂宽恕之恩，申以解网之惠。诸为民所列者，特原其罪，尽可贷之”。所谓民秀，盖即去岁所召也。太和七年，正月，“诏曰：朕每思知百姓之所疾苦，以增修宽政，而明不远烛，实有缺焉。故具问守宰苟虐之状于州郡使者、秀孝、计掾，而对多不实，甚乖朕虚求之意，宜案以大辟，明罔上必诛。然情犹未忍，可恕罪听归，申下天下，使知后犯无恕”。背公下比，不徒远愧始元之贤良，亦且近惭延兴之民秀矣。然魏孝文之问之，则固得枉于执事毋悼后害之义，此盖由其兴于代北，究较中原为质朴故也。

《齐书·谢超宗传》：“都令史骆宰议策秀才考格，五问并得为上，四、三为中，二为下，一不合与第。超宗议：非患对不尽问，患以恒文弗奇。与其俱奇，一亦宜采。诏从宰议。”清问当求奇士，考试自贵兼通，舍奇求多，亦对策渐近射策之一证。

策试非独秀、孝。《孔坦传》言：“坦迁尚书郎。时台郎初到，普加策试，帝元帝。手策问曰：吴兴徐馥为贼，杀郡将，郡今应举孝廉不？坦对曰：四罪不相及，殛鲧而兴禹。徐馥为逆，何妨一郡之贤？又问：奸臣贼子杀君，污宫潴宅，莫大之恶也。乡旧废四科之选，今何所依？坦曰：季平子逐鲁昭公，岂可废仲尼也！竟不能屈。”此不徒亲策以时事，亦且如马氏所言，意有未尽，则再策之三策之矣。《魏书·文苑·温子升传》：“熙平初，中尉、东平王匡博召辞人，以充御史，同时射策者八百余人，子升与卢仲宣、孙搴等二十四人为高第。于是预选者争相引决，匡使子升当之，皆受屈而去。搴谓人曰：朝来靡旗乱辙者，皆子升逐北。遂补御史。”此云射策，当系对策，盖二者之实渐淆，其名亦随之而淆也。所召者为辞人，所取者为子升等，可见徐景安所云“朝廷贡才止求其文”者，尚不仅指秀才言之也。然则唐世进士之浮华，其所由来者渐矣。

（六七七）策试之制下

策问之法，渐变而近于考试，其于政事，遂绝无所益乎？曰：否。射策者，帖经墨义之所本也。秀才策事，亦泛问经义，则大义论策之 所本也。唐世秀才之科废绝，然进士偏重诗赋，实即南北朝来秀才策试兼重文辞之习。故唐世之进士明经，实即前世之州郡秀孝；所异者，前世选举之权，操之郡县，至唐则可投牒自列耳。然则科目之制，其所由来者远矣。后世科目之法可废乎，则前世秀孝之举，考试之法，亦可去矣。

世有说立乎千百年之前，而于千百年后之事，若烛照而数计者，葛稚川《审举》之篇是也。其言曰："秀、孝皆宜如旧试经答策。防其所对之奸，当令必绝，其不中者勿署吏，罚禁锢。其所举书不中者，刺史太守免官。不中左迁，中者多，不中者少，后转不得过故。若受赇举所不当，发觉有验者，除名禁锢终身，不以赦令原，所举者与同罪。试用此法，一二岁之间，秀、孝必多不行者，亦足知天下贡举之不精久矣。过此则必多修德而勤学者矣。或曰：能言不必能行，今试经对策虽过，岂必有政事之才乎？抱朴子答曰：古者犹以射择人，况经术乎？如其舍旃，则未见余法之贤乎此也。夫丰草不秀瘠土，巨鱼不生小水，格言不吐庸人之口，高文不堕顽夫之笔。今孝廉必试经无脱谬，而秀才必对策无失指，则亦不得闇蔽也。假令不能尽得贤能，要必愈于了不试也。今且令天下诸当在贡举之流者，莫敢不勤学，但此一条，其为长益风教，亦不细矣。自有天性好古，心悦艺文，学不为禄，味道忘贫，若法高卿、周生烈者，万之一耳。至于宁越、儿宽、黄霸之徒，所以强自笃励于典籍者，非天性也，皆由患苦困瘁，欲以经术自拔耳。向使非汉武之世，则朱买臣、严助之属，亦未必读书也。今若遐迩一例，明考课试，必多负笈千里以寻师友，转其礼赂之费以买记籍者，不俟终日矣。予意谓新年当试贡举者，今年便可使儒官才士，豫作诸策，计可周用，集上，禁其留草，殿中封闭之，临试之时亟赋之，人事因缘于是绝。当答策者，皆可会着一处，高选台省之官，亲监察之，又严禁其交关出入，毕事乃遣，违犯有罪无赦。如此，属托之冀窒矣。夫明君恃己之不可欺，不恃人之不欺己也，亦何耻于峻为斯制乎？若试经法立，则天下可以不立学官，而人自勤学矣。"案后世科目之利，曰官不立学，虽立亦有名无实，而人自勤学，文教于是覃敷也。其制，虽不能必得才，亦不足以得上才，而究愈于不试，实未有他法以代之。而其关防之法，则不得不严。唐、宋、明、清行事，皆足为证，稚川一一言之，若烛照而数计，可谓圣矣。何以克圣？理有必至，势有固然，辨之者精，察之者审也。君子是以贵好学深思也。

汉世丞相故事，四科取士，一曰德行高妙，志节清白；二曰学通行修，经中博士；三曰明达法令，足以决疑，能案章覆问，文中御史；四曰刚毅多略，遭事不惑，明足以决，才任三辅。一者德，四者才，二者儒学，三者文法之学也。孝廉课试，始于左雄，诸生试家法，文吏课笺奏，即此之二、三。黄琼以雄所上孝廉之选，专于儒学文吏，于取士之义，犹有所遗，奏增孝弟及能从政者为四科，即补以此之一、四也。以理论之，诚设四科，乃为该备。然才德不可试诸一时，故左雄专于儒吏也。儒吏之中，则不宜有所偏重矣。稚川又曰："汉四科亦有明解法令人仕。今在职之人，官无大小，悉不知法令。或有微言难晓，小吏多顽，而使之决狱，是以死生委之，以轻百姓之命，付无知之人也。作官长不知法，为下吏所欺而不知，又决其口笔者，愦愦，不能知食法与不食，不问不以付主者，或以意断事，蹉跌不慎法令，亦可令廉良之吏，皆取明律令者试之如试经，高者随才品叙用。如此，天下必少弄法之吏，失理之狱矣。"此后世明法之科所由立也。宋承唐制，科目甚多，熙宁变法尽废之，独立新科明法，以待士之不能改业者。有用无用，夫固较然不可诬。而后世弄法之吏、失理之狱之多，亦由明法之科之废，科目偏重儒学也。稚川言之于千载之前，亦若烛照而数计矣。

稚川又曰："今普天一统，九垓同风，王制政令，诚宜齐一。夫衡量小器，犹不可使往往而有异，况人士之格，而可参差而无检乎？江表虽远，密迩海隅，然染道化，率礼教，亦既千余载矣，往虽暂隔，不盈百年，而儒学之事，亦不偏废也。惟其土宇褊于中州，故人士之数，不得钧其多少耳，及其德行才学之高者，子游、仲任之徒，亦未谢上国也。昔吴土初附，其贡士见偃以不试，今太平已近四十年矣，犹复不试，所以使东南儒业，衰于在昔也。"案自吴之亡，至大兴三年，凡四十年。据《孔坦传》：秀孝策试之令，当在建武、大兴之间，稚川之作，疑在是时。据其言，则北方秀孝之试，因乱旷绝，南方实迄未举行，非关丧乱也。又案《晋书·五行志》："成帝咸和六年正月丁巳，会州郡秀孝于乐贤堂，有麏见于前，获之。自丧乱以后，风教陵夷，秀孝策试，乏四科之实。麏兴于前，或斯故乎？"则其后虽复策试之制，依然有名无实矣。又《宋书·武帝纪》：义熙七年，"先是诸州郡所遣秀才、孝廉，多非其人，公表天子，申明旧制，依旧策试"。则晋末又尝不试。

《晋书·挚虞传》云："举贤良，与夏侯湛等十七人策为下第，拜中郎。武帝诏曰：省诸贤良答策，虽所言殊途，皆明于王义，有益政道，欲详览其对，究观贤士大夫用心。因诏诸贤良方正直言，会东堂策问。”《阮种传》：“诏三公、卿尹、常伯、牧守各举贤良方正直言之士，于是太保何曾举种。时种与郤诜及东平王康，俱居上第，即除尚书郎。然毁誉之徒，或言对者因缘假托，帝乃更延群士，庭以问之。”此二者即一事。《虞传》载策问曰：“若有文武器能，有益于时务，而未见申叙者，各举其人，及有负俗谤议，宜先洗濯者，亦各言之。”《种传》载诏辞曰：“若有文武隐逸之士，各举所知，虽幽贱负俗，勿有所限。”实一诏而史氏辞有异同，可以为证也。《郤诜传》载诏辞云：“朕获承祖宗之休烈，于兹七载。”则此事当在泰始七八年间，《本纪》不载其事。再策由于毁誉之辞，实不如马氏所云“意有未尽”。然此等事当不多，其大体固当如马氏所云耳。然疑有弊而亲策，则实不自宋祖始矣。亲策也而腾谤者谓其因缘假托，则当时关防，殊不严密，稚川所以欲立法以防所对之奸与？策问令再举人，亦明阻被荐者至再令荐举之意。而惜乎二人之皆无所举也。虞对曰：“臣生长荜门，不逮异物，虽有贤才，所未接识，不敢瞽言妄举，无以畴答圣问。”种对曰：“文武隐逸之士，幽贱负俗之才，故非愚臣之所能识。”

（六七八）郡县送故迎新之费

郡县送故迎新之费，自昔有之。《汉书·循吏传》：黄霸为颍川守。许丞老，病聋，督邮白欲逐之，霸不听。或问其故，霸曰：“数易长吏，送故迎新之费，及奸吏缘绝簿书，盗财物，公私费耗甚多，皆当出于民。”是其事也。《游侠传》言：哀帝时，“天下殷富，郡二千石死官，赋敛葬送，皆千万以上”。《后汉书·张禹传》：禹父歆，终于汲令。“汲吏人赙送，前后数百万。”则当汉世，数已甚侈，魏、晋已后，斯风弥扇。晋初，傅咸即以长吏到官未几便迁，吏卒疲于送迎为病。《晋书·虞预传》：“太守庾琛命为主簿，预上记陈时政所失，曰：自顷长吏轻多去来，送故迎新，交错道路。受迎者惟恐船马之不多，见送者惟恨吏卒之常少。穷奢竭费谓之忠义，省烦从简呼为薄俗，转相仿效，流而不反，虽有常防，莫肯遵修。加以王途未夷，所在停滞，送者经年，永失播植。一夫不耕，十夫无食，况转百数，所妨不赀。愚谓宜勒属县，若令尉先去官者，人船吏侍皆具条列，到当依法减省，使公私允当。”言其弊尤为痛切。《南史·恩幸·吕文显传》云：“晋、宋旧制，宰人之官，以六年为限。近世以六年过久，又以三周为期，谓之小满。而迁换去来，又不依三周之制，送故迎新，吏人疲于道路。”则其弊降而益甚矣。

《汉书·高惠高后文功臣表》：清安侯臾，“元鼎元年，坐为九江太守受故官送免”。似受送本为非法，然虞预病送迎者虽有常防，莫肯遵修，又欲使去官者具自条列，依法减省，则其习为故常久矣。《隋书·百官志》：梁世，郡县吏有迎新送故之员，各因其大小而置；陈世，郡县官之任代下，有迎新送故之法，饷馈皆百姓出，并以定令。盖守令多异地人，国家既不给以道途之费，原不能责以自具也。此以理论，实不为过；既有定法，遵守不渝，亦不能谓取非其义，然能合于常防者则寡矣。

送迎之费，廉吏亦间有不受者，则史家以为美谈。如《梁书·良吏传》：范述曾，以齐明帝时出为永嘉太守，郡送故旧钱二十余万，一无所受。始之郡，不将家属，及还，吏无荷儋者。《南史·范岫传》：为安成内史，见征，吏将送一无所纳，是也。此虽高节，亦未可责诸人人。若王衍父卒于北平，送故甚厚，为亲识之所借贷，因以舍之，数年之间，家资罄尽。《晋书》本传。沈怀文，父宣为新安太守，丁父忧，郡送故丰厚，奉终礼毕，余悉班之亲戚，一无所留。《南史》本传。虽合不易于丧之义，已非大法小廉之旨。若齐豫章王嶷为荆州刺史，史称其务在省约，停府州仪迎物，东归部曲亦不赍府州物；而其后斋库失火，烧荆州还赀，评直三千余万，《齐书》本传。则不取也，而取过毕矣。刘悛，史称其强济有世调，善于流俗。为武陵内史。齐明帝崩，表奔赴，敕带郡还都，吏民送者数千人。悛人人执手，系以涕泣，百姓感之，赠送甚厚。《齐书》本传。胁肩谄笑，病于夏畦，以是求贷，不其恧与！

《南史·王僧达传》：“与兄锡不协，锡罢临海郡还，送故及俸禄百万以上，僧达一夕令奴辈取无余。”有以分施鸣高者，又有任情攘夺者，士大夫之所为，真可发一噱。

虞预言当时之送迎者，“穷奢竭费谓之忠义，省烦从简呼为薄俗”。此虽自托于忠厚，实则豪富之民，每欲献媚于官吏，以为宠荣；又赀费之来必由科率，或由经手侵渔者，乃鄙俗势利之见耳。然风气诚朴之区，亦或有能得民心，馈遗出于真诚者；必峻却之，又非人情也。谢朏子谖为东阳内史，及还，五官送钱一万，止留一百，答曰：数多刘宠，更以为愧。《南史·谢弘微传》。颇堪媲美古人。

后世官员所用器物，有由地方或属员供给者，濒行每携之而去。需用时由当地供给，犹不失随身衣食悉仰于官之义；携之而去，则成赃物矣。然古亦有如是者。《南史·宋宗室及诸王传》：衡阳王义季为荆州，“发州之日，帷帐器服诸应随刺史者，悉留之，荆楚以为美谈”。曰“应随”，则其取之亦成成例矣。《梁书·江革传》：除武陵王长史、会稽郡丞、行府州事。“将还，民皆恋惜之，赠遗无所受。送故依旧订舫，革并不纳，惟乘台所给一舸。”曰“依旧”，则舟车亦有成例也。

《梁书·刘季连传》：季连之受命高祖，“饬还装。高祖以西台将邓元起为益州刺史。元起，南郡人，季连为南郡之时，素薄元起。典签朱道琛者，尝为季连府都录，无赖小人，有罪，季连欲杀之，逃叛以免。至是，说元起曰：益州乱离已久，公私府库必多耗失，刘益州临归空竭，岂能远遣候递。道琛请先使检校，缘路奉迎；不然，万里资粮，未易可得。元起许之。道琛既至，言语不恭，又历造府州人士，见器物辄夺之。有不获者，语曰：会当属人，何须苦惜。于是军府大惧，谓元起至必诛季连，祸及党与，竞言之于季连。季连亦以为然，又恶昔之不礼元起也，遂召佐史，矫称齐宣德皇后令，聚兵复反。收朱道深杀之”。《元起传》：季连既平，“元起以乡人庾黔娄为录事参军，又得荆州刺史萧遥欣故客蒋光济，并厚待之，任以州事。黔娄甚清洁，光济多计谋，并劝为善政。元起之克季连也，城内财宝无所私，勤恤民事，口不论财色。性本能饮酒，至一斛不乱，及是绝之。蜀土翕然称之。元起舅子梁矜孙，性轻脱，与黔娄志行不同，乃言于元起曰：城中称有三刺史，节下何以堪之。元起由此疏黔娄、光济，而治迹稍损。在州二年，以母老乞归供养，诏许焉，征为右卫将军，以西昌侯萧渊藻代之。是时，梁州长史夏侯道迁以南郑叛，引魏入，白马戍主尹天宝驰使报蜀，魏将王景胤、孔陵寇东西晋寿，并遣告急。此处史文有误。《南史·邓元起传》云：“时梁州长史夏侯道迁以南郑叛，引魏将王景胤、孔陵攻东西晋寿，并遣告急。”据《魏书·邢峦传》，则王景胤为梁晋寿太守，孔陵亦梁将，为王足所破者。疑梁书元文，当作魏将某寇东西晋寿，太守王景胤、某官孔陵并遣告急。文有夺佚，传写者以意连属之，以致误谬；《南史》误据之，而又有删节也。众劝元起急救之。元起曰：朝廷万里，军不卒至，若寇贼侵淫，方须扑讨，董督之任，非我而谁？何事匆匆便救？黔娄等苦谏之，皆不从。高祖亦假元起都督征讨诸军，将救汉中。比至，魏已攻陷两晋寿。渊藻将至。元起颇营还装，粮储器械，略无遗者。渊藻入城，甚怨望，因表其逗留不忧军事，收付州狱，于狱自缢。”是元起先以虑阙迎资激季连之叛，继又以厚营还装自丧其生也。案元起佳士，其入蜀也，在道久，军粮乏绝，或说以检巴西籍注，因而罚之，所获必厚，元起然之，以李膺谏而止。史又言其“少时又尝至西沮田舍，有沙门造之乞，元起问田人曰：有稻几何？对曰：二十斛。元起悉以施之。时人称其大度”。此其所以能克城之日，财宝无所私，在州二年，口不论财色。岂有不攘窃于兵乱之日，聚敛于在州之时，顾侵渔于临去之际者乎！季连之败也，史称蜀中丧乱已二年矣，城中食尽，升米三千，亦无所籴，饿死者相枕，无亲党者，又杀而食之。季连食粥累月，饥窘无计，因此乃降。夏侯道迁之叛，魏以邢峦为梁、秦二州刺史，峦力求取蜀，其表云：“益州顷经刘季连反叛，邓元起攻围，资储散尽，仓库空竭，今犹未复。”《南史·元起传》，略同《梁书》，惟不云渊藻诬其不忧军事而下诸狱，而云：“萧藻入城，求其良马。元起曰：年少郎子，何用马为。藻恚，醉而杀之。元起麾下围城哭，且问其故。藻惧曰：天子有诏。众乃散。遂诬以反，帝疑焉。有司追劾削爵土，诏减邑之半，封松滋县侯。故吏广汉罗研诣阙讼之，帝曰：果如我所量也。使让藻曰：元起为汝报仇，汝为仇报仇，忠孝之道如何？乃贬藻号为冠军将军，赠元起征西将军，给鼓吹，谥忠侯。”元起功臣宿将，即不忧军事，岂藻所可擅囚？藻亦岂能忧国持正如是。盖实因求货不得，妄加杀害。逮其麾下围城，则厚诬君父以自解，又因是举，遂以反诬元起。诈虽不雠，梁武亦不能明正其罪，乃转以不忧军事莫须有之辞罪元起，而为之掩饰耳，其失刑甚矣。藻既临州，民齐苟儿叛，以十万众攻城，既解，藻弟渊猷嘲罗研曰：“卿蜀人乐祸贪乱，一至于此。”民穷如是，其兄之负罪如是，而为是嘲谑之辞，可见是时贵族之无人心。研对曰：“蜀中积弊，实非一朝。百家为村，不过数家有食。穷迫之人，什有八九；束缚之使，旬有二三。贪乱乐祸，无足多怪。若令家畜五母之鸡，一母之豕，床上有百钱布被；甑中有数升麦饭，虽苏、张巧说于前，韩、白按剑于后，将不能使一夫为盗，况贪乱乎。”见《南史·罗研传》。然则蜀中困敝，由来已久。《梁书·刘季连传》曰：“初元起在道，惧事不集，无以为赏。士之至者，皆许以辟命，于是受别驾、治中檄者将二千人。”盖实由财帛不给，以至于此。检罚巴西籍注，或亦势不得已，然元起卒以李膺之言而止，可见其深恶诛求，宁肯作茧丝于为州之日。休养生息，原非旦夕可期。其去州之时，粮储器械，一无所有，盖实以创夷未复；不能应机出兵，实亦由是。夏侯道迁之叛也，巴西人严玄思附魏，魏将王足，又所乡辄克，蜀中势实岌岌。以宣武固不听邢峦之谋，又以羊祉为益州，王足闻而引退，后反降梁。《魏书》王足事附见《崔延伯传》。而邢峦遣守巴西之李仲迁，亦以荒于酒色，为城人所杀反正，乃获幸免。当时情势，所急在外，宁以代者不卒至而自安哉！然则元起遣朱道琛先使检校，或诚为激变之由，然事或迫于不得已；其见戕于渊藻，则必以求货不得，致遭枉害也。然皆因送故迎新之侈有以启之，陋规之贻祸，不亦溥乎！

梁武帝大同九年张缵刺湘州，中大同元年岳阳王詧刺雍州，太清元年湘东王绎刺荆州。太清二年，帝改以缵刺雍州，而以河东王誉为湘州刺史。缵素轻少王，州府候迎及资待甚薄，誉深衔之。及至州，遂托疾不见缵，及检括州府庶事，留缵不遣。时湘东王与誉各率所领入援台，缵乃诒湘东书曰："河东戴樯上水，欲袭江陵，岳阳在雍，共谋不逞。"湘东信之，三藩之衅始构。河东与缵，不旋踵而丧其身，湘东、岳阳，辗转相仇，卒致江陵之奇变。此真所谓以睚眦之衅而致滔天之祸者。然溯其原，则亦送迎之费有以阶之厉也。

北朝郡县，送迎之弊，与南朝同。《魏书·高祖纪》：延兴二年，十二月诏曰："《书》云：三载一考，二考黜陟幽明。顷者已来，官以劳升，未久而代。牧守无恤民之心，竞为聚敛，送故迎新，相属于路，非所以固民志，隆治道也。自今牧守温仁清俭、克己奉公者，可久于其任；岁积有成，迁位一级。其有食残非道、侵削黎庶者，虽在官甫尔，必加黜罚。著之于令，永为彝准。"此诏之意，虽在久任以观治效，速黜以去贪残，然送故迎新之烦扰，亦其所欲革之一端也。《任城王云传》：除徐州刺史，以太妃盖氏薨，表求解任。"性善抚绥，得徐方之心，为百姓所追恋。送遗钱货，一无所受。"此事不足证云之廉，适足证徐方送遗之厚尔。《邓渊传》：曾孙羡，出为齐州长史，"在治十年，经三刺史，以清勤著称。齐人怀其恩德，号曰良二千石。及代还，大受民故送遗，颇以此为损"。《北史·循吏·孟业传》："魏彭城王韶，齐神武之婿也，拜定州刺史，除业为典签。及韶代下，业亦随还，赠送一无所受。"则非徒刺史，即其僚属，亦有因送迎而受馈遗者矣。《魏书·陆俟传》：子馥，出为相州刺史，假长广公。征为散骑常侍。其还也，"吏民大敛布帛以遗之，馥一皆不受，民亦不取，于是以物造佛寺焉，名长广公寺"。此虽不受，何益于民！《北齐书·酷吏传》：宋游道，"父季预，为渤海太守。游道弱冠随父在郡。父亡，吏人赠遗，一无所受。”《周书·薛端传》：转基州刺史，至州未几卒，“遗诫薄葬，府州赠遗，勿有所受”。能如是者盖寡矣。

（六七九）上行下效之习

《论语·颜渊》：“季康子患盗，问于孔子。孔子对曰：苟子之不欲，虽赏之不窃。”《左氏》襄公二十一年：“邾庶其以漆闾丘来奔，季武子以公姑姊妻之，皆有赐于其从者，于是鲁多盗。季孙谓臧武仲曰：子盍诘盗？武仲曰：不可诘也，子召外盗而大礼焉，何以止吾盗。”夫上之所为，民之归也。上所不为，而民或为之，是以加刑罚焉而莫敢不惩；若上之所为，而民亦为之，乃其所也，又可禁乎？《史记·夏本纪》曰：“皋陶敬禹之德，令民皆则禹，不如言，刑从之。”盖邃古之世，曾以上之所行，即为下所当为，此上行下效之习，所以深入人心也。后世以为人自有其所当循之道，为上者亦不当背；古则以为上之所行，即为当然之道，其见解迥异。《后汉书·乌桓传》：“其约法，违大人言者，罪至死。”与中国古俗可以参观。

（六八〇）使臣图自利

《聘义》述主国待客之礼曰：“古之用财者不能均如此，然而用财如此其厚者，言尽之于礼也。尽之于礼，则内君臣不相陵而外不相侵，故天子制之而诸侯务焉尔。”盖外交之事，其集，两国实利赖之；苟其不集，三军暴骨，是以不得不慎也。乃贪鄙之夫，不恤糜国帑，坏国事，以为私图，此则虽圣人未如之何也已。《三国·魏志·武帝纪》：“安定太守毋丘兴将之官，公戒之曰：羌胡欲与中国通，自当遣人来，慎勿遣人往。善人难得，必将教羌胡妄有所请求，因欲以自利；不从，便为失异俗意，从之则无益事。兴至，遣校尉范陵至羌中，陵果教羌，使自请为属国都尉。公曰：吾预知当尔，非圣也，但更事多耳。”《周书·突厥传》：杨忠与突厥伐齐还，言于高祖曰：“突厥甲兵恶，爵赏轻，首领多而无法令，何谓难制驭，正由比者使人妄道其强盛，欲令国家厚其使者，身往重取其报。朝廷受其虚言，将士望风畏慴。今以臣观之，前后使人皆可斩也。”夫当建安之世，凉州之凋敝，可谓甚矣。周、齐之时，中国之所以事突厥者，亦云疲矣。而使人之但图自利如此，岂非所谓全无心肝者哉?

敝中国以事四夷者，汉武帝其首也。武帝之欲通西域，本为招月氏共通匈奴，其意原欲宽中国之民力，意至善也。乃月氏不来，而闻大宛、大夏、安息、大月氏之属，或兵弱，或兵虽强而可以赂遗设利朝，欲招致之，以示威德遍于四海，则动于侈心矣。卒之暴骨于大宛，忧劳于乌孙，竭中国以事四夷，曾不得其一卒以助攻匈奴，丝粟之财以实府库，宜乎夏侯胜之发愤，而班孟坚作《西域传赞》愤惋形于辞气也。然而汉之凋敝，自其征大宛始，而大宛之逆命，则汉使之椎埋固有以激之。而汉使者之所以失体如此，则武帝明知其为小人而犹听其言且欲激而用之，有以使之然也。故非更事多者，不可以为人君。若魏武者，虽曰未圣，吾必谓之圣矣。

（六八一）江南风气之变

项籍以江东子弟八千人渡江而西，其在北方，战必胜，攻必取，未知其绩出于此八千子弟者，究有几何，然巨鹿之战，距籍出兵未远，史所谓战士一以当十，兵呼声动天者，其中必有江东之士，则揆诸事理，似无足疑者也。汉人论各地方风气及兵事，称南方剽锐者甚多，固未必皆指江东，然《地理志》言吴越之士，轻死好用剑，则江东风气，仍甚勇悍可知，此孙策所由能以一旅之众，定三分之业欤。乃自晋室东渡以后，江南遽以柔弱闻，何哉?用与不用之殊也。所以或用或不用，则以一国之民，或事生产，或备攻战，亦有其分工协力之道焉，民风强弱，非天之降才尔殊也，人事则使之然。

《宋书·武帝纪》：隆安五年，孙恩向沪渎，高祖弃城追之，高祖时筑城于海盐故治。海盐令鲍陋遣子嗣之，以吴兵一千，请为前驱。高祖曰："贼兵甚精，吴人不习战，若前驱失利，必败我军，可在后为声援。"不从，果为贼所没。又自序：元凶弑立，分江东为会州，以随王诞为刺史，沈正说诞司马顾琛，以江东义锐之众，为天下唱始，琛曰："江东忘战日久。士不习兵，当须四方有义举，然后应之。"此皆江东之民，欠阙训练之证，然其风气则实未遽变，宋武之讨南燕，慕容超见群臣，议距王师。公孙五楼言："吴兵轻果，初锋勇锐不可当。"此固未必皆吴人，其中亦未必无江东之士也。顾觊之于宋文帝坐论江东人物，及顾荣，袁淑谓觊之曰："卿南人怯懦，岂办作贼。"误矣。自晋灭吴以来，吴人之叛者踵相接。据《晋书》本纪，武帝太康二年九月，有吴故将莞恭帛奉举兵反，攻害建业令，遂围扬州。八年十月，有南康平固县吏李丰反。十一月，有海安令萧辅聚众反。十二月，又有吴兴人蒋迪聚党反。至元帝大兴元年，尚有孙皓子璠以谋反伏诛。《五行志》云：武帝平吴后，江南童谣曰："局缩肉，数横目，中国当败，吴当复。"又曰："宫门柱，且当朽，吴当复在三十年后。"又曰："鸡鸣不拊翼，吴复不用力。"于是吴人皆谓在孙氏子孙，故窃发为乱者相继，则似纪所不书者尚多。《华谭传》：谭举秀才，武帝策之曰："吴蜀恃险，今既荡平，蜀人服化，无携贰之心，而吴人趑睢，屡作妖寇，岂蜀人敦朴，易可化诱，吴人轻锐，难安易动乎？"亦可见是时江表情势之岌岌也。陈敏起兵，实有割据江东之志，顾荣、甘卓等皆从之，以子弟凶暴而败，后来周玘父子，仍有倾覆执政之谋，其成败，亦间不容发耳。晋初北方兵力，虽似强盛，实则诸将皆已骄淫，不可复用。观树机能之乱，功臣宿将，莫能陈力，卒藉新进疏逖之马隆募兵平之可知。齐万年之叛，关中危殆，六陌之战，周处虽以无继败亡，然能寒氐贼之胆者，惟此一战耳。"洒落君臣契，飞腾战伐名"，缅想周瑜决策以拒曹公，又欲羁刘备而挟关羽、张飞以攻战。鲁肃最称持重，亦不为关羽所弱，至吕蒙，卒取羽而定荆州。陆逊又有猇亭之捷，英风浩气，盖非魏、蜀所克比伦。东晋之不振，乃正以北来世族，把持政权，而不能任江东英锐之士耳。设以吴桓王、大帝处此，五胡岂足平哉，乌乎！

过江以后，称善战者必曰伧楚。《宋书·殷孝祖传》：太宗初即位，普天同逆，朝廷惟保丹阳一郡，永世县寻又反叛，义兴贼垂至延陵，内外忧危，咸欲奔散，孝祖忽至，众力不少，并伧楚壮士，人情于是大安。《齐书·崔慧景传》：慧景向京师，子觉及崔恭祖领前锋，皆伧楚善战，是其二事也。吴人谓中州人曰伧。语见《晋书·周处传》。楚者，江淮之间，乃楚之旧壤也。《晋书·祖逖传》云：京师大乱，逖率亲党数百家，避地淮泗。少长咸宗之，推为行主。达泗口，元帝逆用为徐州刺史，寻征军咨祭酒，居丹徒之京口。逖以社稷倾覆，常怀振复之志，宾客义徒，皆暴桀勇士，逖遇之如子弟。时扬土大饥，此辈多为盗窃，攻剽富室。逖抚慰问之曰："比复南塘一出否？"或为吏所绳，逖辄拥护救解之，谈者以少逖，然自若也。《郗鉴传》：鉴寝疾，上疏逊位曰："臣所统错杂，率多北人，或逼迁徙，或是新附，百姓怀土，皆有归本之心。臣宣国恩，示以好恶，处与田宅，渐得少安。闻臣疾笃，众情骇动，若当北渡，必启寇心。太常臣谟，平简贞正，素望所归，谓可以为都督徐州刺史。臣亡兄息晋陵内史迈，谦爱养士，甚为流亡所宗，又是臣门户子弟，堪任兖州刺史。公家之事，知无不为，是以敢希祁奚之举。”此等流亡暴桀之士，即当时之所谓伧，《梁书·陈伯之传》：幼有膂力，年十三四，好着獭皮冠，带刺刀，候伺邻里稻熟，辄偷刈之。尝为田主所见，呵之云：“楚子莫动。”将执之，伯之因杖刀而进，将刺之曰：“楚子定何如？”田主皆反走。伯之徐担稻而归。此等家贫无行之徒，则当时之所谓楚也。流亡暴桀之士，家贫无行之徒，自易于轻悍好斗，故欲求武用者多资焉。如齐王融欲辅竟陵王子良，招集江西诸伧楚，始安王遥光谋叛，亦召诸伧楚是也。刘牢之败苻坚之师，陈庆之送元颢之众，其中伧楚，必不少矣。然当时精兵中亦非遂无江东之士，沈田子青泥之战，实为勘定关中一大关键，而《宋书自序》称其所领江东勇士，便习短兵，知公孙五楼称宋武之众为吴兵，非无由也。轻死好用剑之风，谁谓其已消歇哉？

未经训练临时征发之士，当时谓之白丁。《宋书·邓琬传》：安成太守刘袭举郡归顺，琬遣廖琰率数千人并发庐陵白丁攻袭。《沈攸之传》：索虏南寇，发三吴民丁，攸之亦被发，至京都，诣领军刘遵考求补白丁队主是也。《齐书·王敬则传》：敬则以旧将举事，百姓担篙荷锸随逐之，十余万众，遇左兴盛、刘山阳二寨，尽力攻之，官军不敌，欲退，而围不开，各死战。胡松领马军突其后，白丁无器仗，皆惊散，敬则军遂大败。此亦犹鲍嗣之之众，牵动宋武之军。唐宇之举事，富阳发男丁防县，会稽太守沈文季发吴、嘉兴、海盐盐官民丁救之，亦败。及齐武帝遣禁兵数千人、马数百匹东讨，至钱塘，乃擒斩宇之，见《齐书·文季传》。亦白丁不可用之证也。然此自由其阙于训练之故，苟加以训练，即白丁亦成精兵。征姚泓也，拓跋氏发兵缘河随大军进止，宋武所遣先渡河者，即白直队主丁旿也，胡三省《通鉴》注曰：选白丁之壮勇者人直左右，使旿领之。亦可见训练所系之重矣。

《宋书·刘敬宣传》：孙恩举事，牢之自表东讨，军次虎噻，敬宣请以骑并南山趣其后，吴人畏马，又惧首尾受敌，遂大败。此与唐宇之之败于齐禁兵，如出一辙，吴人畏马，亦以不习骑战故也。

缺训练而不能战，则何地不然。《梁书·杨公则传》：攻东昏时，公则所领多湘溪人，性怯懦，城内轻之，以为易与，每出荡，辄先犯公则垒。公则奖励军士，克获更多。湘溪何以蒙懦怯之称，亦以地处腹里不习战斗故也。《宋书·沈昙庆传》论曰：江南之为国，外奉贡赋，内充府实，止于荆、扬二州，扬部分析，境极江南，考之汉城，惟丹阳、会稽而已。地广野丰，民勤本业，一岁或稔，则数郡忘饥。会土带海旁湖，良畴亦数十万顷，膏腴上地，亩直一金，鄠杜之间，不能比也。荆城跨南楚之富，扬部有全吴之沃，鱼盐杞梓之利，充仞八方，丝绵布帛之饶，覆衣天下。此所云者，乃自今两湖至江、浙缘江沼泽之地，在当时，已为南朝举国财富之所自出矣。而淮南、江北之地，自吴魏来久为争战之场，其民之习于战伐亦宜也。故曰民风之强弱，非天之降才有殊，用与不用之异也。何以或用或不用，则一国之民，或事生产，或备攻战，分工协力之道也，势使之然也。

（六八二）南强篇

《中庸》："子路问强，子曰：南方之强与？北方之强与？抑而强与？宽柔以教，不报无道，南方之强也，君子居之；衽金革，死而不厌，北方之强也，而强者居之。故君子和而不流，强哉矫；中立而不倚，强哉矫；国有道，不变塞焉，强哉矫；国无道，至死不变，强哉矫。"小时读此，尝窃疑于南方之强，与君子之所谓强哉矫者，是一是二，由今思之，乃知其断然是一，不足疑也。盖就风俗而论，只有南方之强与北方之强二端，孔子尚南方之强，而抑北方之强，而子路之所谓强，则实有类于北方之强者。孔子始而诘之曰：南方之强与？北方之强与？抑而强与？一似子路之强，出于南北风气之外者，辞之婉也。继言南方之强，而明著之曰君子居之，明宗尚之所在也。言北方之强，而直斥之曰而强者居之，则明告子路，以其所谓强者，果居何等也。夫世俗之视南方之强，则徒以为宽柔以教，不报无道而已，然其实不止于是，故又以和而不流四端，开示真谛也。

人孰不好强而恶弱，好荣而恶辱，然而抚剑疾视之为强，则亦不足恃矣。一族一国，犹一人也，过刚者必折，不戢者自焚，理无难明，事亦习见，然而人莫不慕夫抚剑疾视之为强，则以抚剑疾视者，固有时而获胜；而雍容揖让者，遂不免于败绩而失据也。然而胜负自有其原，衡论者固不当徒拘于其表。历来民族国家之竞争，胜者之风气，固多尚武，然其所以胜者，实别有在，初非由其好杀；败者之风气，固多柔靡，其使之柔靡者，亦自有其由，初非徒矫其柔靡之迹而遂克有济；更不应因此遂怀偏激之见，并其所谓宽柔以教，不报无道者，而亦唾弃之也。宽柔以教，不报无道，固制胜之术，而非败绩之原也，旷观往史：民族起于林麓沙迹、瘠薄之区者，恒好争而有胜；而其居于江海薮泽肥沃之区者，恒流于柔靡而败，晋之于五胡，宋之于辽、金、元，明之于清，希腊之于马其顿，罗马之于日耳曼皆是也。其故何哉？谓国力之不敌与？人口之众，财力之富，机器之利，兵法部勒之明，其相去皆不可以道里计也；而成败利钝，适与之反者，沃土之民多淫，瘠土之民思义，淫则溺于晏安，无复奋发有为、杖节死绥之志；抑溺于淫乐者，岂肯胼手胝足，栉风沐雨而致之，则必诛求其下，攘夺于人；又耽淫乐者必无直节，于是是非不明，毁誉无准，通敌者不见诛，守节者不见赏，怨毒之气盈于下，苟媮之习成于朝，安往而不为人弱也？然则文明民族之败绩，野蛮民族之克捷，全与其人民之强弱无关。若徒就战事立论，晋、宋、明、希腊、罗马之兵，固未尝真不敌野蛮侵略之族。夫文明民族之败于野蛮，在东方，其可征者，则炎、黄之争其始也。炎帝姜姓，三苗之祖也，《墨子》道三苗之事曰："日妖宵出，雨血三朝，龙生于庙，犬哭于市。"《非攻下》。流传之说如此。其营于禨祥，可以想见。营于禨祥，未有不耽于淫乐者，古所谓巫风也。炎族之不敌黄族，其原盖由于此。然太古之文明，起于东南江海之交，而不起于西北山林之地，则彰彰明甚也。地下隰湿热，则草木畅茂，生事资焉，《礼运》言先王之世，食草木之实，而《郊特牲》言农夫黄衣黄冠；知古衣食所资，实以植物为主，此必东南湿热之地也。《郊特牲》曰："伊耆氏始为蜡。"《明堂位》曰："土鼓、蕢桴、苇籥，伊耆氏之乐也。"《礼运》言礼之初，亦曰"蕢桴而土鼓"。二篇所述，其皆神农氏之事。一说伊耆氏者，或以为神农，或以为尧，以为神农者盖是，以为尧者非也。蜡之祭，合万物而索飨之，则有坊与水庸；迎猫，为其食田鼠也；迎虎，为其食田豕也；主先啬而祭司啬，固农耕之民所有事也。若尧则黄帝之后，黄帝迁徙往来无常处，安知重农？尧命羲和历象日月星辰，敬授人时，似非不知重农者，然特袭之所征服之族，非其所固有也。孟子曰："夏后氏五十而贡。"又述龙子之言曰："治地莫不善于贡。贡者，校数岁之中以为常，乐岁，粒米狼戾，多取之而不为虐，则寡取之；凶年，粪其田而不足，则必取盈焉。"《滕文公上》。然则贡者，君民异族，君但责其民岁纳税若干，而其苦乐生死，初非所问。有夏如此，况于陶唐哉？《商君书》曰："神农之世，男耕而食，妇织而衣，刑政不用而治，甲兵不起而王，神农既殁，以强胜弱，以众暴寡，故黄帝内行刀锯，外用甲兵。”《画策》。炎黄二族，一尚和平，一好战伐，此其明证。在尚北方之强者，必曰：尚和平，则炎族之所以败也。然蚩尤实始作兵，春秋战国之世，吴楚之兵，犹铦于北方，炎帝之族，遁居江南之遗教也。黄族则弦木为弧，剡木为矢而已矣，其械器之不敌亦明矣。然而炎族终为黄族弱，则知胜负之原，固别有在，而不在于其械器矣。岂惟械器？夫岂无谲士勇夫！大势既去，则亦蒿目扼腕，五合六聚而不能救也。岂惟不能救？不北走胡，则南走越，盖有反为敌用者矣。

然则南方之所以败，在其地肥而生事饶足，因之当路之人，溺于晏安，刻剥其下，固与宽柔以教，不报无道之风气无涉。而宽柔以教，不报无道之风，实开世界大同之门，启民族和亲之路，往史具在，来者难诬。北方之族，以其贫瘠而奋发有为，乖离不甚，所以遇异族者虽酷，然在其群之内，则直道存焉。由余所以诲穆公，中行说所以折汉使，皆是物也。然其死而不厌之风，则实毁世界之文明，沦人道于禽兽。科学未兴之世，人力弱而不能受制于天行，风气之不同，各视其所居之地。治化之一进一退，文明之既成复毁，皆由于此。自今以后，革社会组织之偏，以拯各地方风气之敝，因合各地方风气之善，以镇一地方风气之偏，世运之大同，民族之和亲，必于是乎有赖矣。

《淮南王书》曰：“雁门之北，狄不谷食，贱长贵壮，俗尚气力。人不弛弓，马不解勒。”《原道训》。此即孔子所谓北方之强也。《说苑》曰：“子路鼓瑟，有北鄙之声。孔子闻之曰：信矣，由之不才也。夫先王之制音也，奏中声，为中节，流入于南，不归于北。南者生育之乡，北者杀伐之域。故君子执中以为本，务生以为基。故其音温和而居中，以象生育之气，忧哀悲痛之感，不加乎心，暴厉淫荒之动，不在乎体。夫然者，乃治存之风，安乐之为也。彼小人则不然，执末以论本，务刚以为基。故其音湫厉而微末，以象杀伐之气。和节中正之感，不加乎心，温俨恭庄之动，不存乎体。夫杀者，乃乱亡之风，奔北之为也。昔舜造南风之声，其兴也勃焉。纣为北鄙之声，其废也忽焉。”《修文》。修文此中国所谓中道，即南方之道；而所谓北方之强，即后世匈奴、鲜卑等游牧之族杀伐之俗之铁证也。殷人所居，实近东南，纣都朝歌，乃渐徙而北，彼其淫虐，得毋渐染北俗与？然殷代文教，究近于南；周起丰镐，实在于北，孔子修春秋，变周之文，从殷之质，其以此与？孔子亦言从周，则以杞、宋文献不足，而周礼为时所用故也。然曰周之失文胜者，野蛮人之学于文明人，固但能得其形迹也。此孔子所由欲变之与?

(六八三) 尸体不朽

《后汉书·刘盆子传》云:“赤眉发掘诸陵,取其宝货,遂污辱吕后尸。凡贼所发,有玉匣。敛者率皆如生,故赤眉得多行淫秽。”《三国志·刘表传注》引《世语》曰:“表死后八十余年,至晋太康中,表冢见发,表及妻身形如生,芬香闻数里。”《吴志·孙休传注》引《抱朴子》曰:“吴景帝时,戍将于广陵掘诸冢,取版以治城,所坏甚多。复发一大冢,内有重阁,户扇皆枢转可开闭,四周为徼道通车,其高可以乘马。又铸铜为人数十枚,长五尺,皆大冠朱衣,执剑列侍。灵座皆刻铜人,背后石壁言殿中将军,或言侍郎、常侍,似公王之冢。破其棺,棺中有人,发已班白,衣冠鲜明,面体如生人。棺中云母厚尺许,以白玉璧三十枚藉尸。兵人辈共举出死人,以倚冢壁。有一玉长一尺许,形似冬瓜,从死人怀中透出堕地。两耳及鼻孔中,皆有黄金如枣许大,此则骸骨有假物而不朽之效也。”案其葬埋之侈,至于如此,则其别有不朽之术可知。谓其必由于金玉,亦未必然也。即《后汉书》之言,亦如葛洪者附会之耳。

(六八四) 藏首级

赵襄子杀知伯,漆其头以为饮器,世皆以是讥其暴。然其事非迄于襄子,则亦非始于襄子也。汉人戕新莽,藏其头于武库,至晋元康五年乃被焚,见《晋书·惠帝纪》及《五行志》。莽头果至晋时尚存否,殊难质言,然汉人尝藏其头,则必不诬矣。《宋书·臧质传》言质之死,江夏王义恭等请依汉王莽事例,漆其头首,藏于武库。诏可之。易代犹奉为成例,果何为哉?《陈书·宣帝纪》:太建五年十二月,诏曰:“古者反噬叛逆,尽族诛夷,所以藏其首级,戒之后世。比者所戮,止在一身,子胤或存,枭悬自足,不容久归武库,长比月支。恻隐之怀,有仁不忍。维熊昙朗、留异、陈宝应、周迪、邓绪等及今者王琳首,并还亲属,以弘广宥。”则其时于叛者,且以藏其首为故常矣。观诏文之意,似以其亲属既尽,莫为收敛而然,然亦岂文王葬骨之仁也?《章昭达传》言子大宝,至德三年反,生擒送都,于路死,传首枭于朱雀航,夷三族。死而犹传其首,亦淫刑也。又夷其三族，则又非宣帝时戮止其身者比矣。《南史》作“寻被擒，枭首朱雀航”，则失“路死传首”之事。史文之不可妄删如此。

或曰：匈奴杀月氏王，以其头为饮器，则此盖胡俗，而赵襄子效之。然匈奴固淳维后，法俗类中国者甚多，予别有考，则亦难谓此非中国法也。

（六八五）孝子

行必贵中庸，何也？无所厚于此，则亦无所薄于彼，通观焉而皆得其宜也。世恒于有所特厚者艳称之，而不知其所特薄者已随之而起，特人莫之觉耳。吾乡有性情暴戾而居丧尽礼者，众皆以其居丧尽礼而誉之，又以其性情暴戾而訾之，几若其出于两人之身，而不知其同具于一时也。高宗，殷之贤王也，继世即位，而慈良于丧，然实杀孝己。其慈于亲，正其所以虐于子，皆失中之情为之也。高宗之为人，盖与周太王、晋献公颇相类，夫吴太伯之不为殷孝己、晋共世子者亦幸耳。安知周太王、晋献公不特有所厚乎？故曰：“世无恶，只有过不及。”

《旧唐书·杨炎传》：“祖哲以孝行有异，旌其门闾；父播登进士第，隐居不仕，玄宗征为谏议大夫，弃官就养，亦以孝行祯祥表其门闾。炎……释褐，辟河西节度，掌书记，神乌令李大简尝因醉辱炎，至是与炎同幕，率左右反接之，铁棒挝之二百，流血被地，几死，是悖戾之人也。”“节度使吕崇贲爱其才，不之责”，失政刑矣。炎后“征拜起居舍人，辞禄就养岐下，丁忧，庐于墓前，号泣不绝声，有紫芝白雀之祥，又表其门闾”，史称“孝著三代，门树六阙，古未有也”。祯祥岂足信哉？况三世仍见乎？然其行则必有足炫流俗者矣。是惟能反接人而挝之者优为之，其名亦惟如是之人能居之不疑也。然则中庸之士如之何？曰：施由亲始，势使然也。然毋忘爱无差等之义，故孟子之言，不足以难夷之也。咸丘蒙曰：“盛德之士，君不得而臣，父不得而子。舜南面而立，尧率诸侯北面而朝之，瞽叟亦北面而朝之，舜见瞽叟，其容有蹙。”孟子曰：“此非君子之言，齐东野人之语也。”《新唐书·康承训传》：“(庞)勋谒汉高祖庙受命，以其父举直为大司马，守徐州。或曰：方大事，不可私于父，失上下序。举直乃拜于廷，勋坐受之。”此与孟子所云齐东野人之言，何以异哉？故知东野人之情，古今无异，固可以诡激之行诈之以立名也。

《新唐书·高俭传》：子“真行至左卫将军，其子岐连章怀太子事，诏令自诫切，真行以佩刀刺杀之，断首弃道上。高宗鄙其为，贬睦州刺史。”此其所为，岂特可鄙？衡以父杀其子当诛之义，高宗为失刑矣。《旧五代史·晋少帝纪》：“天福八年十月，西京奏百姓马知饶杀男吴九不死，以其侵母食也，诏赦之。”盖律固以为当诛也。又《李彦珣传》：“彦珣素不孝于父母，在乡绝其供馈……范延光既叛，署为步军都监，委以守陴，招讨使杨光远……遣人就邢台访得其母，令于城下以招之，彦珣识其母，发矢毙之……及随延光出降，授坊州刺史，近臣以彦珣之恶逆，奏于高祖，高祖曰：赦命已行，不可改也。遂令赴郡。”此盖当时叛者众，务安反侧，不敢行诛，不能以法论也。又《王瑜传》：“入为刑部郎中。丙午岁，父钦祚刺举义州，瑜归宁至郡，会契丹据有中夏，何建以秦州归蜀。瑜说钦祚曰：若不西走，当是契丹矣。厉色数谏，其父怒而不从。因其卧疾涉旬，瑜仗剑而胁之曰：老懦无谋，欲趋炮烙，不即为计，则死于刃下。父不得已而听之。”此则临为戎之界，权以免其父于不义，与杨光远之子劫父降敌志在自免者，殊不同科。瑜本有才，观此事可知其明于民族大义，传多载其恶，不足信也。

（六八六）五伦

墨子言兼爱，而孟子斥为无父，世虽或疑其辞之过甚，而终以其说为不刊，此由溺于小康以降之俗，以为亲疏远近，出于理势之自然，无可变革，而不知其皆由于人群之组织也。世言人群之伦纪，以为自然不可变革者，莫如五伦，其实无论诸子书，即儒书之言伦纪者，其说亦不一律；五伦之名，特见于《中庸》，最为人所习熟，遂奉为不刊之典耳。经、子言伦纪，全与《中庸》合者，惟《吕览》之十际。《台行》：“先王所恶，无恶于不可知；不可知，则君臣、父子、兄弟、朋友、夫妻之际败矣；十际皆败，乱莫大焉。凡人伦，以十际为安者也；释十际，则与麋鹿虎狼无以异，多勇者则为制耳矣。”《孟子·滕文公上》曰：“使契为司徒，教以人伦：父子有亲，君臣有义，夫妇有别，长幼有序，朋友有信。”以长幼易兄弟。《礼记·礼运》曰：“何谓人义？父慈，子孝；兄良，弟弟；夫义，妇听；长惠，幼顺；君仁，臣忠。”以长幼易朋友，《王制》七教，父子、兄弟，夫妇，君臣，长幼，朋友，宾客。于《中庸》五伦外，益以长幼、宾客，《周书·常训》八政，夫妻，父子，兄弟，君臣。则又独阙朋友。不特此也，《中庸》又曰：“君子之道四，丘未能一焉，所求乎子以事父，未能也；所求乎臣以事君，未能也；所求乎弟以事兄，未能也；所求乎朋友先施之，未能也。”独阙夫妇一伦，则即本篇之中，亦且自相违异矣。《左氏》隐公三年，载石碏之辞曰：“贱妨贵，少陵长，远间亲，新间旧，小加大，淫破义，所谓六逆也。君义，臣行；父慈，子孝；兄爱，弟敬；所谓六顺也。”文公十八年，载季文子之辞曰：“舜臣尧，举八元，使布五教于四方，父义，母慈，兄友，弟共，子孝。”或阙夫妇朋友，或仅具父子兄弟二伦，其违异尤甚。其故何哉？盖古人之言，皆随其意之所至，论理初不谨严。石碏之偏举君臣、父子、兄弟，乃所以妃六逆；而季文子之辞，亦偶举以盈五数耳；固未计及其所取所舍者，是否悉衷于理也。《中庸》之自相违异，亦若是则已矣；而其五伦之说，又安见其不可损益乎？夫自小康以降，人群之组织，既益繁复，分际之殊，悉举而枚数之，奚翅十百？若反诸人性之本然，则道仁，仁与不仁而已矣。不独亲其亲，不独子其子，惇朴之俗，固可征于古，亦未尝不有验于今；惊怖其言，若河汉而无极，只见其有蓬之心也。

朱熹《章句》释五伦曰：“即《书》所谓五典；《孟子》所谓父子有亲，君臣有义，夫妇有别，长幼有序，朋友有信是也。”案《王制·礼运》，皆以长幼与兄弟并举，可见《章句》之不然。《书》之五典，师无明说。伪孔即以左氏季文子之言释之；康成释“五品不逊”亦然；则徒尊信古文，蔑弃今说，而不计其中理与否，自不如《章句》引《孟子》之得矣。

（六八七）田制

井田之制，古之论者多以为宜行诸大乱之后，人少之时。《汉纪》所载荀悦之论，最众所熟知者也。此自有其理，然谓非如此不可，则亦未为的当。何者？历代土田，固多为私家所占，然在官者仍不少也。私家之田，不可卒夺，官田独不可详立制度，以之为本，推诸私田乎？《汉书·高帝纪》：五年，五月，兵皆罢归家。诏曰：“民前或相聚保山泽，不书名数。今天下已定，令各归其县，复故爵、田宅。”又曰：“诸侯子及从军归者，甚多高爵，吾数诏吏先与田宅，及所当求于吏者，亟与。爵或人君，上所尊礼，久立吏前，曾不为决，甚无谓也。异日秦民爵公大夫以上，令、丞与亢礼，今吾于爵非轻也，吏独安取此！且法以有功劳行田宅，今小吏未尝从军者多满，而有功者顾不得，背公立私，守、尉、长吏教训甚不善。其令诸吏善遇高爵，称吾意。且廉问，有不如吾诏者，以重论之。”读此诏，便知当时田宅，在官者多，吏且能制其予夺，九年徙齐、楚大族关中，所由能予以利田宅也。自晋至唐，田皆有还受之法，公田自必甚多。至金世，乃云卖质于人无禁。说见《田业卖质无禁》条。然《金史·高汝砺传》言：军户既迁，将括地分授，汝砺净之，谓“河南民地、官田，计数相半”。民地自有隐匿，然官田数已不少。《明史·食货志》载弘治时，“官田视民田得七之一”亦然。此岂不足立制度，为推行之本乎？

荀悦言：井田之制，“土地布列在豪强，卒而革之，并有怨心，则生纷乱，制度难行。若高祖初定天下，光武中兴之后，人众稀少，立之易矣。既未悉备井田之法，宜以口数限田，为之立限；人得耕种，不得卖买；以赡贫弱，以防兼并，且为制度张本，不亦善乎？”此即《申鉴》所谓“耕而勿有，以俟制度”者。仲长统《昌言》曰：“今者土广民希，中地未垦，犹当限以大家，勿令过制。地有草者，尽曰官田，力堪农事，乃听受之。若听其自取，后必为灾也。”其说与悦若合符节。详密之条例，不徒非急务，或且非必须。扼要言之，未耕者悉为公田，惟能耕者乃得受之，即此二语，已尽裒多益寡、称物平施之义矣。将此二语，明白宣示，与此违者，限期正之；详密之条例，随时随地定之，岂必俟大乱之后？而亦岂虑纷乱之生乎？或曰：并兼者之悖戾，则何所不至？虽如此，岂遂不与政府抗？然耕者其右之乎？耕者不之右，豪强能为乱乎？故均地之制，实不难行也。其不行，乃莫之行，非不可行也。何以莫之行？曰：皇庄也，官庄也，职田也，公廨田也，其剥削莫不同于豪强。然则自天子以至于公卿大夫士，皆豪强也。与虎谋皮得乎？然则荀悦等之论，特鉴于新莽之败而云然耳，固未尽制土分民之理也。

魏三长之立也，李安世上疏曰：“窃见州郡之民，或因年俭流移，弃卖田宅，漂居异乡，事涉数世。三长既立，始返旧墟，庐井荒毁，桑榆改植。事已历远，易生假冒。强宗豪族，肆其侵陵，远认魏晋之家，近引亲旧之验。又年载稍久，乡老所惑，群证虽多，莫可取据。各附亲知，互有长短，两证徒具，听者犹疑，争讼迁延，连纪不判。良畴委而不开，柔桑枯而不采，侥幸之徒兴，繁多之狱作。欲令家丰岁储，人给资用，其可得乎？愚谓今虽桑井难复，宜更均量，审其径术，令分艺有准，力业相称，细民获资生之利，豪右靡余地之盈。则无私之泽，乃播均于兆庶；如阜如山，可有积于比户矣。又所争之田，宜限年断；事久难明，悉属今主。然后虚妄之民，绝望于觊觎；守分之士，永免于陵夺矣。”当时强宗豪族之所为，即仲长统所谓自取者。而均田之令，则从事后正之者也，亦曷尝见其能为乱乎？

《韩非子》曰：“夫与人相若也，无丰年、旁人之利，而独以完给者，非力则俭也。与人相若也，无饥馑、疾疫、祸罪之殃，独以贫穷者，非侈则惰也。今人征敛于富人，以布施于贫家，是夺力俭而与侈惰也。”《显学》。人与人是否相若，事极难言。然使其资地相同，所异者只在丰年、旁人之利，饥馑、疾疫、祸罪之殃，韩非之言，庸或未为大过；若先据特厚之资，持是以剥削人，则其所以致富者，乃强豪，非力俭也。此而加以右护可乎？占荒田者是已。《晋书·李班载记》：班尝谓李雄：“古者垦田均平，贫富获所。今贵者广占荒田，贫者种殖无地，富者以己所余卖之。此岂王者大均之义乎？”《梁书·武帝纪》：大同七年，诏：“如闻顷者，豪家富室，多占取公田，贵价僦税，以与贫民，伤时害政，为蠹已甚。”《宋史·食货志》：绍兴二十六年，通判安丰军王时升言：“淮南土皆膏腴，然地未尽辟、民不加多者，缘豪强虚占良田，而无遍耕之力；流民襁负而至，而无开耕之地。”又淳熙九年，袁枢振两淮还，奏：“民占田不知其数。力不能垦，则废为荒地。他人请佃，则以疆界为词，官无稽考。是以野不加辟，户不加多，而郡县之计益窘。”《金史·食货志》：大定二十七年，“随处官豪之家，多请占官地，转与他人种佃，规取课利”。《世宗纪》：大定二十年，十月，上谓宰臣：“山后之地，皆为亲王、公主、权势之家所占，转租于民。”此等皆由人得自取所致。荀悦所由欲以口数立限，户调式所以有占田之数也。

土地制度之难立，在于太重先占之权。《晋书·隐逸传》：郭翻，“欲垦荒田，先立表题，经年无主，然后乃作。稻将熟，有认之者，悉推与之。县令闻而诘之，以稻还翻，翻遂不受。”此以制行论，原不失为廉让之美德，然非所语于为政矣。李安世言桑井难复，宜更均量；所争之田，宜立限断。皆必破弃私有之权，然后其策克遂者也。《旧唐书·哀帝纪》：天祐二年十月，敕：“洛城坊曲内，旧有朝臣、诸司宅舍，经乱荒榛。张全义葺理已来，皆已耕垦。既供军赋，即系公田。或恐每有披论，认为世业，须烦案验，遂启幸门。其都内坊曲及畿内已耕殖田土，诸色人并不得论认。如要业田，一任买置。凡论认者，不在给还之限。如有本主元自差人勾当，不在此限。如荒田无主，即许识认。”即以诏旨剥夺私有之权者也。谓不合义可乎？

宋杨戬之立公田也，《戬传》谓其谋出于胥吏杜公才。“立法索民田契。自甲之乙，乙之丙，展转究寻。至无可证，则度地所出，增立赋租。”以戬之暴，犹必展转寻索田契，可见昔人视私有权之重。此在常局，固亦不得不然，然不能以此妨碍改革之大计也。

《汉书·王莽传》载中郎区博谏莽之辞曰：“井田虽圣王法，其废久矣。周道既衰，而民不从。秦知顺民之心，可以获大利也，故灭庐井而置阡陌，遂王诸夏，讫今海内未厌其敝。今欲违民心，追复千载绝迹，虽尧、舜复起，而无百年之渐，弗能行也。”此所谓顺民之心者，谓民灭庐井、置阡陌而秦听之，非谓庐井为秦所灭，阡陌为秦所置也。曰民未厌其敝，乃谓民未思复井田，非谓其不恶富者占逾分之田，而已无立锥之地也。曰欲复井田，必有百年之渐，亦以繁碎之条例言。若知行井田之义在于均田，则亦初不俟此也。

《宋史·杨存中传》：乾道元年，兴屯田，存中献私田在楚州者三万九千亩。此亦乘兵荒而占取者也。王时升、袁枢所言不过平民，其为害已如此，况将帅乎？

（六八八）官家出举上

振贷平民之事，后世日见其少，而出举兴生之事顾日多。《后汉书·樊宏传》：子鯈，以永平十年卒。“帝遣小黄门张音问所遗言。先是河南县亡失官钱，典负者坐死及罪徙者甚众，并委责于人，以偿其耗。乡部吏司因此为奸。鯈常疾之。又野王岁献甘醪、膏饧，每辄扰人，吏以为利。鯈并欲奏罢之，疾病未及得上。音归，具以闻。帝览之而悲叹，敕二郡并令从之。”《虞诩传》：永建元年，为司隶校尉。为张防所陷，论输左校。复拜议郎。数日，迁尚书仆射。“是时长吏、二千石听百姓谪罚者输赎，号为义钱，托为贫人储，而守令因以聚敛。诩上疏曰：元年以来，贫百姓章言长吏受取百万以上者，匈匈不绝；谪罚吏人，至数千万；而三公、刺史，少所举奏。寻永平、章和中，州郡以走卒钱给贷贫人，司空劾案，州及郡县，皆坐免黜。今宜遵前典，蠲除权制。于是诏书下诩章，切责州郡。谪罚输赎，自此而止。”此皆官自放责以取利者也。《朱俊传》：“少孤，母尝贩缯为业。俊以孝养致名，为县门下书佐。时同郡周规辟公府，当行，假郡库钱百万，以为冠帻费，而后仓卒督责，规家贫无以备，俊乃窃母缯帛，为规解对。"观规所假之巨，而长吏受取之多，无足异矣。《北齐书·宋游道传》：为尚书左丞，"入省，劾太师咸阳王坦、太保孙腾、司徒高隆之、司空侯景、录尚书元弼、尚书令司马子如官贷金银，催征酬价，虽非指事臧贿，终是不避权豪"。可见官家出举，历代不绝。然论者究尚以为非法，至隋、唐之世，而所谓公廨钱者，乃公然以出举兴生为事矣。

《隋书·食货志》："开皇八年，五月，高颎奏诸州无课调处，及课州管户数少者，官人禄力，乘前已来，恒出随近之州。但判官本为牧人，役力理出所部。请于所管户内，计户征税。帝从之。先是京官及诸州，并给公廨钱，回易取利，以给公用。至十四年六月，工部尚书苏孝慈等，以为所在官司，因循往昔，以公廨钱物，出举、兴生。惟利是求。烦扰百姓，败损风俗，莫斯之甚。于是奏皆给地以营农。回易取利，一皆禁止。"此先是二字，可上溯至拓跋魏之世。魏百官本无禄，至孝文太和八年，乃颁禄而罢在官商人，见《魏书·本纪》。未颁禄前，疑即任商人出举、兴生以自给。然虽颁禄之后，疑亦未能尽绝，至衰敝之世，乃又从而扬之。宋游道所劾咸阳王坦等，即其事也。《隋志》又云："开皇十七年，十一月，诏在京及在外诸司公廨，在市回易，及诸处兴生，并听之，惟禁出举收利。"盖出举之弊，较兴生为尤甚矣。唐世公廨钱，屡罢屡复，甚至祠祭、蕃夷别设、宰相堂除食利、六宫飧钱等，皆恃此以给之。事见《新唐书·食货志》。其散见他处者：《旧唐书·玄宗纪》：开元二十六年，正月，长安、万年两县，各与本钱一千贯，收利供驲。三月，河南、洛阳两县，亦借本钱一千贯，收利充人吏课役。《代宗纪》：永泰元年，三月，诏左仆射裴冕等十三人并集贤院待诏。上以勋臣罢节制者，京师无职事，乃合于禁门、书院间，以文儒、公卿宠之也。仍特给飧本钱三千贯。《穆宗纪》：元和十五年，八月，赐教坊钱五千贯，充息利本钱。长庆三年，十月，赐内园使公廨本钱一万贯，军器使三千贯。《懿宗纪》：咸通五年，五月，以南蛮侵犯湖南，桂州是岭路系口，诸道兵马、纲运，无不经过，顿递供承，动多差配。潭、桂两道，各赐钱三万贯，以助军钱，亦以充馆驿息利本钱。江陵、江西、鄂州三道，比于潭、桂，徭配稍简。令本道观察使详其闲剧，准此例兴置。《礼乐志》：永泰二年，国子学成，贷钱一万贯，五分收钱，以供监官、学生之费。《新唐书·宦者·鱼朝恩传》云：赐钱千万，取子钱供秩饭。盖无一事不恃为经费之源矣。公家将资本放出，使民间得资周转，免于阁置，又得取其利息，以充经费，似亦未为失计。然其授受之间，必尽守私家贰贷之法乃可。若其别有所挟，则其弊不可胜穷矣。

《宋史·宁宗纪》：嘉泰四年，七月，“蠲内外诸军逋负营运息钱”。则宋时诸军，仍有从事营运者。《辽史·圣宗纪》：开泰二年，七月，“诏以敦睦宫子钱振贫民”。此子钱亦必取之于民者也。《食货志》：“圣宗乾亨间，以上京云为户，訾具实饶，善避徭役，遗害贫民。遂勒各户，凡子钱到本，悉送归官，与民均差。”云为户，盖藉代官营运而免役者。《元史·河渠志》：蜀堰之成，余款二十万一千八百缗，责灌守以贷于民，岁取其息，以备祭祀及淘滩、修堰之费。《百官志》：大司农司供膳司，所属有辅用库，掌规运息钱，以给供需。太医院大都惠民局，掌收官钱，经营出息，市药修剂，以惠贫民。《食货志》：惠民药局：太宗九年，始于燕京等十路置局。官给银五百锭，为规运之本。世祖中统二年，又命王祐置局。四年，复置局于上都。每中统钞一百两，收息钱一两五钱。至元二十五年，以陷失官本，悉罢革之。至成宗大德三年，又准旧例，于各路设置焉。内宰司广惠库，至元三十年，以钞本五千锭立库，放典收息，纳于备用库。《世祖纪》：至元十四年，二月，“立永昌路山丹城等驿。仍给钞千锭为本，俾取息以给驿传之须。诸王只必铁木儿言：永昌路驿百二十五，疲于供给，质妻孥以应役。诏赐钞百八十锭赎还之”。《武宗纪》：大德十一年，七月，“从和林省臣请，如甘肃省例，给钞二千锭，岁收子钱，以佐供给”。至大三年，十月，“三宝奴言：故丞相和礼霍孙时，参议府左右司断事官、六部官日具一膳，不然则抱饥而还，稽误公事，今则无以为资。乞各赐钞二百锭规运，取其息钱以为食。制可”。《仁宗纪》：延佑六年，六月，“赐大乾元寺钞万锭，俾营子钱，供缮修之费”。十一月，“中书省臣言：曩赐诸王阿只吉钞三万锭，使营子钱，以给田猎廪膳，毋取诸民。今其部阿鲁忽等出猎，恣索于民，且为奸事。宜令宗正府、刑部讯鞫之，以正典刑。制曰可”。《顺帝纪》：至正六年，十二月，“诏复立大护国仁王寺昭应宫财用规运总管府，凡贷民间钱二十六万余锭”。《孔思晦传》：仁宗时，袭封衍圣公。“子思书院旧有营运钱万缗，贷于民，取子钱以供祭祀。久之，民不输子钱，并负其本。思晦理而复之。”皆可见出举关涉之广也。

宋时布帛，有所谓预买者。《宋史·食货志》云：太宗时，马元方为三司判官，建言：“方春乏绝时，预给库钱贷民，至夏秋令输绢于官。”大中祥符三年，河北转运使李士衡又言：“本路岁给诸军帛七十万，民间罕有缗钱，常预假于豪民，出倍称之息。至期则输赋之外，先偿逋欠，以是工机之利愈薄。请预给帛钱，俾及时输送，则民获利而官亦足用。”诏优予其直。自是诸路亦如之。或蚕事不登，许以大小麦折纳。仍免仓耗及头子钱。亦见元方及仕衡传。案《五代史·常思传》:“广顺三年，徙镇归德，居三年，来朝，又徙平卢。思因启曰：臣居宋，宋民负臣丝息十万两，愿以券上进。太祖颔之。案时居位者应为世宗。即焚其券，诏宋州悉蠲除之。”思盖名进其券，实冀朝廷为之征偿也。《通鉴》后唐庄宗同光二年，“孔谦贷民钱，使以贱价偿丝，屡檄州县督之。翰林学士承旨、权知汴州卢质上言：梁赵岩为租庸使，举贷诛敛，结怨于人。陛下革故鼎新，为人除害，而有司未改其所为，是赵岩复生也”。此与宋之预买，虽缓急不同，原其朔则同为一事。盖民间先有此等剥削之法，官乃恃其财势，从而攘其利耳。故预买本意，虽在宽民，后亦变为剥削之政矣。《宋史·王随传》：真宗时，“迁淮南转运使，父忧，起复。时岁比饥，随敕属部出库钱，贷民市种粮，岁中约输绢以偿，流庸多复业”。此亦初兴时之预买。《张美传》:太祖时，“拜定国军节度。县官市木关中，同州岁出缗钱数十万以假民，长吏十取其一，谓之率分钱，岁至数百万。美独不取。他郡有诣阙诉长吏受率分钱者，皆命偿之”。此则由预买变为放债矣。俵籴价亦豫给，见《青苗法》条。

《清史稿·陈鸿传》：道光二年，“奉命稽察银库。其妻固贤明，曰：可送妾辈归矣。惊问之，曰：银库美差，苟为所染，昵君者麕至，祸且不测，妾不忍见君菜市也。鸿指天自誓，禁绝赂遗。中庭已列花数盆，急挥去，盆堕地碎，中有藏镪，益耸惧。遂奏库衡年久铁陷，请敕工部选精铁易之。送库日，责成管库大臣率科道库员校验，然后启用。禁挪压饷银、空白出纳，及劈鞘诸弊。库吏百计饵之，不动。复请户部逐月移送收银总簿；别立放银簿，钤用印信，以资考核。先是御史赵佩湘驭吏严，其死也，论者疑其中毒。鸿莅库，勺水不敢饮”。又《徐法绩传》:“迁给事中。稽察银库，案事在道光九年后。无所染。（道光）十二年，分校会试。同官与吏乘隙为奸，匿云南饷银。法绩出闱，亟按之，谋始沮。”《论》曰:“陈鸿、徐法绩，清操相继，冀挽颓风，而库藏大狱，卒发于十数年之间，甚矣实心除弊之罕觏其人也！”案所谓库藏大狱者，事在道光二十三年，亏空凡九百万两，见《黄爵滋传》。又《和瑛传》：为喀什噶尔参赞大臣，“劾喀喇沙尔历任办事大臣，私以库款贷与军民及土尔扈特回子，取息钱入己，降革治罪有差”。则知私以库款出贷，历代皆有其事。

又《觉罗宝兴传》:道光时，为四川总督。“以马边诸厅、县增设防兵，筹议边防经费，请按粮津贴，计可征银百万两。以三十万为初设防兵之需。每岁经费，即以余银七十万两生息，置田供支。上以津贴病民，拨部帑银百万。翰林院侍读学士王炳瀛奏：四川前买义田，遍及百余州县。若更以数十万帑银于各州县买田收租，膏腴将尽归公产。请限于四厅近边地收买，安置屯防。下宝兴妥议。疏言：边防完竣，用银二十二万两有奇。以三十七万发盐茶各商，岁得息三万七千余两，足敷增设练勇饷械之需。余银四十万，听部拨别用。遂罢买田议。”此事亦见《何凌汉传》，可以参观。隋代以兴生贤于出举，给地贤于回易，此则适与相反，足见社会情形，随世变易也。存商利息，不过一分，亦远较前代为轻。

《新唐书·苗晋卿传》：为魏郡太守，“会入计，因上表请归乡里。出俸钱三万为乡学本，以教授子弟”。则民间事业，亦多以出举收息充经费。《宋史·常楙传》：“为浙东安抚使。值水灾。两浙及会稽、山阴死者暴露，与贫而无以为敛者，以十万楮置普惠库，取息造棺以给之。”《黄畬传》：“知台州。置养济院；又创安济坊，以居病囚；皆自有子本钱，使不废。”此等虽出官办，实与民间自办者无异，故亦称善政。公家之出举，所恶者原在其恃势横行，实同豪夺，而非在其出举也。

《元史·奸臣·卢世荣传》：世荣奏：“国家虽立平准，然无晓规运者，以致钞法虚弊，诸物踊贵。宜令各路立平准周急库，轻其月息，以贷贫民。如此，则贷者众而本且不失。”此欲出贷，与隋、唐之出举不同；所云规运，亦与其所谓兴生者大异。世荣理财之策，不徒非历代计臣所知，并非学人议论所及，疑实来自西域。其能行于中国与否，自难遽断，然入诸《奸臣传》，则实厚诬也。

公家亦有入举者，已见《古振贷二》条。宋元嘉二十七年北伐，扬、南徐、兖、江四州，富民家赀满五千万，僧尼满二千万者，并四分换一。过此率讨，事息即还。萧颖胄起兵，史亦言其换借富资，以充军费。当时所谓换，即今所谓借也。《元史·王楫传》：“戊子，宋理宗绍定元年，成吉思汗死之明年也。奉监国公主命，领省中都。属盗起信安，结北山盗李密，转掠近县。楫曰：都城根本之地，何可无备？引水环城。调度经费，楫自为券，假之贾人，而敛不及民。”燕帖木儿之起，伯颜应之，亦借赀商人，许以倍息。此等皆在用兵之时。《新唐书·薛仁贵传》：子讷，迁蓝田令。“富人倪氏，讼息钱于肃政台。中丞来俊臣受赇，发义仓粟数千斛偿之。讷曰：义仓本备水旱，安可绝众人之仰私一家？报上不与。会俊臣得罪，亦止。”讼息钱而判以义仓粟为偿，其事殊不可解。度其贷款，必与地方公务有关涉也，此则在于平时矣。

（六八九）官家出举下

专制之世，官私不甚分明。官之所为，与作官者之所为，往往混为一谈；而私家之所为，亦有托诸官或作官之人者。出举其一事也。

《史记·萧相国世家》言：高祖击黥布，数使使问相国何为。客有说相国买田地，贳贷以自污者。此说，盖汉初治纵横家言者所造，不足信，然当时有此等事，则可想见也。《汉书·王子侯表》：旁光侯殷，元鼎元年坐贷子钱不占租、取息过律，会赦，免；陵乡侯䜣，建始二年坐使人伤家丞，又贷谷息过律，免；其明证矣。《宋书·蔡兴宗传》：“迁会稽太守。会土全实，民物殷阜。王公妃主，邸舍相望，挠乱在所，大为民害。子息滋长，督责无穷。兴宗悉启罢省。”《隋书·秦王俊传》：镇并州，“出钱求息，民吏苦之”。《旧唐书·高季辅传》：太宗时上封事，言“公主、勋贵，放息出举，追求什一”。《新唐书·徐有功传》：博州刺史琅琊王冲，责息钱于贵乡，遣家奴督敛，与尉颜余庆相闻知。《辽史·道宗纪》：清宁三年，十二月，“禁职官于部内假贷、贸易”。太康九年，七月，“禁外官部内贷钱取息，及使者馆于民家”。《金史·马琪传》：“世宗谓宰臣曰：比者马琪主奏高德温狱，其于富户寄钱，皆略不奏。朕以琪明法律而正直，所为乃尔。称职之才，何其难也？”《元史·刑法志·禁令》：“诸监临官辄举贷于民者，取与俱罪之。”《明史·太祖诸子传》：宁王宸濠，“责民间子钱，强夺田宅、子女”。《外戚传》：孙忠，“家奴贷子钱于滨州民，规利数倍，有司望风奉行，民不堪，诉诸朝，言官交章劾之。命执家奴戍边，忠不问”。皆作官之人。若贵势之家，自以其钱出贷，非以官钱也。其与官相依倚者，则如汉掖庭狱“为人起责，分利受谢”；《汉书·谷永传》。罗裒致千余万，举其半赂遗曲阳、定陵侯，依其权力，赊贷郡国；《货殖传》。北齐诸商胡，负官债息者，宦者陈德信纵其妄注淮南富家，令州县征责，《北齐书·卢潜传》。皆是。《明史·杨松传》：附《骆开礼传》。“历官御史，巡视皇城。尚膳少监黄雄征子钱与民鬨，兵马司捕送松所。事未决，而内监令校尉趣雄入直，诡言有驾帖。松验问无有，遂劾雄诈称诏旨。帝穆宗令黜兵马司官，而镌松三级，谪山西布政司照磨。”则并有依托宫禁者矣。

与官相依倚者，以商人为最多。以其兼事出举、兴生，二者皆有恃于官势也。《魏书·高宗纪》：和平二年，正月，诏曰：“刺史牧民，为万里之表。自顷每因发调，逼民假贷，大商富贾，要射时利，旬日之间，增赢十倍。上下通同，分以润屋。为政之弊，莫过于此。其一切禁绝。犯者十匹以上皆死。”此所谓假贷，盖谓赊欠货物，即晁错所谓“乘上之急，所卖必倍”，乃兴生之事，非出举之事也。然游资在手，兼事出举，自亦甚便。故刘从谏署贾人子为牙将，使行贾州县，其人遂所在暴横，责子贷钱矣。《新唐书》本传。

《旧唐书·杜亚传》：充东都留守。“既病风，尚建利以固宠。奏请开苑内地为营田，以资军粮，减度支每年所给。从之。”“苑内地堪耕食者，先为留司中官及军人等开垦已尽。亚计急，乃取军中杂钱举息与畿内百姓。每至田收之际，多令军人车牛，散入村乡，收敛百姓所得菽粟将还军。民家略尽，无可输税，人多艰食，由是大致流散。”此军人从事放债者也。《明史·颜鲸传》：“擢御史，出视仓场。奸人马汉，怙定国公势，贷子钱漕卒。偿不时，则没入其粮，为怨家所诉。汉持定国书至，鲸立论杀之。”则又贵势之放债于军人者矣。

《北齐书·循吏·苏琼传》：迁南清河太守。“道人道研为济州沙门统，资产巨富，在郡多有出息，常得郡县为征。及欲求谒，度知其意，每见则谈问玄理，应对肃敬。研虽为债数来，无由启口。”此可见当时僧人，亦多与官吏相结托。

与官吏相结托者，不过取其权力而已，纲纪颓敝之世，又有不待官而自行之者。《通鉴》后汉高祖乾祐元年，蜀司空兼中书侍郎、同平章事张业，于私第置狱系负债者，或历年，至有瘐死者，是也。然此等事非可常行，故与官结托者究多。

士大夫亦有以贳贷为可耻者。《宋书·王弘传》：父珣，“颇好积聚，财物布在民间。珣薨，弘悉燔烧券书，一不收责”。《顾觊之传》：“五子：约、缉、绰、缜、绲。绰私财甚丰，乡里士庶多负其责，觊之每禁之不能止。及后为吴郡，诱绰曰：我常不许汝出责，定思贫薄亦不可居。民间与汝交关，有几许不尽，及我在郡，为汝督之。将来岂可得？凡诸券书皆何在？绰大喜，悉出诸文券一大厨与觊之。觊之悉焚烧，宣语远近：负三郎责，皆不须还，凡券书悉烧之矣。绰懊叹弥日。”《齐书·崔慰祖传》：“父梁州之资，家财千万，散与宗族。料得父时假贳文疏，谓族子纮曰：彼有，自当见还，彼无，吾何言哉？悉火焚之。”《宋史·陈希亮传》：“幼孤，好学。年十六，将从师。其兄难之，使治钱息三十余万。希亮悉召取钱者，焚其券而去。”皆其事也。然此等人如凤毛麟角矣。

士大夫亦有入举者。如范质兄子杲，家贫，贷人钱数百万是也。《宋史·质传》。此等人，谨慎守法者，亦多为债主所苦。《旧唐书·崔衍传》：继母李氏，不慈于衍，而衍事李氏益谨。李氏所生子郃，每多取子母钱，使其主以契书征负于衍。衍岁为偿之。故衍官至江州刺史，而妻子衣食无所余。盖其盘剥颇深矣。宋王旦为中书舍人，家贫，与昆弟贷人息钱，违期，以所乘马偿之。《宋史·王祜传》。太宗并用李沆、宋湜、王化基为右补阙、知制诰，各赐钱百万。又以沆素贫，多负人钱，别赐三十万偿之。《宋史·沆传》。亦其事也。其豪横者，则或不作偿计。《汉书·高惠高后文功臣表》：河阳严侯陈涓，子信，坐不偿人责过六月，免，其最早者矣。《宣元六王传》：朱博自言负责数百万，淮南宪王钦遣吏为偿二百万。《佞幸传》：邓通败后，家负责数巨万。《后汉书·梁冀传》：冀从士孙奋贷钱五千万，奋与以三千万。此等盖皆相交关为奸利，非迫于用，其借以供挥霍者。则如《潜夫论》言：“王侯、贵戚、豪富，高负千万，不肯偿责。小民守门号哭啼呼，曾无怵惕惭怍哀矜之意。苟崇聚酒徒无行之人，或殴击责主，入于死亡。诸妄骄奢、作大责者，必非救饥寒而解困急，振贫穷而行礼义者也，咸以崇骄奢而奉淫湎耳。”《断讼》。是其事也。小民安有钱可以出借？盖皆出于赊欠。汉高祖从王媪、武负贳酒；吕母益酿醇酒，赊与少年来沽者；《后汉书·刘盆子传》。潘璋居贫好赊沽；皆是。王符又言：“永平时，诸侯负责，辄有削黜之罚，其后皆不敢负民。”可见负民习为恒事。然究不能不受法律之裁正，故又必崇聚酒徒无行之人，以其不畏法律也。此等可谓不法已极。唐章怀太子之子守礼，常带数千贯钱债。或谏之。守礼曰：岂有天子兄，没人葬？《旧唐书·高宗诸子传》。转为愿朴者矣。

《宋史·奸臣·吕惠卿传》：邓绾言其兄弟强借秀州富民钱买田。此说未知信否。然以诋惠卿纵诬，当时必自有此等事。此又贵势入举之一种也。

《新唐书·宋璟传》：“京兆人权梁山谋逆，敕河南尹王怡驰传往按，牢械充满，久未决，乃命璟为留守，复其狱。初，梁山诡称婚集，多假贷，吏欲并坐贷人。璟曰：婚礼借索大同，而狂谋率然，非所防亿。使知而不假，是与为反。贷者弗知，何罪之云？平纵数百人。”假贷何必分向数百人？数百人何以皆信之？其事殊不可解。梁山盖豪侠者流？其诡称婚集，盖亦如今豪侠者所谓“开贺”？特今则竟以相遗，尔时则犹称假贷耳。史言陈汤家贫，匄贷无节，此与汉高、潘璋、从吕母赊沽之少年，正汉诸侯王所崇聚者耳。

《宋史·李汉超传》:“迁齐州防御使兼关南兵马都监。人有讼汉超强取其女为妾及贷而不偿者，太祖召而问之曰：汝女前适何人？曰：农家也。又问：汉超未至关南,契丹如何？曰:岁苦侵暴。曰:今复尔邪？曰:否。太祖曰:汉超，朕之贵臣也，为其妾，不犹愈于农妇乎？使汉超不守关南，尚能保汝家之所有乎？责而遣之。密使谕汉超曰：亟还其女并所贷。朕姑贳汝，勿复为也。不足于用，何不以告朕耶？”此人敢与汉超讼，讼而能达九重，必非贫弱，汉超盖亦择富民而鱼肉之耳。

时愈晚，则出举取利之事愈多。《宋史·文苑·贺铸传》:“以尚气使酒，不得美官，悒悒不得志。食官祠禄，退居吴下，以是杜门，将遂其老。家贫，贷子钱自给。有负者,辄折券与之。秋豪不以丐人。”又《孝义·郝戭传》:“家贫，竭力营养。或怜伤之，贷以钱数百万，使取息自赡。戭重谢，留钱五六年不用，复返之。”此虽尚与子钱家所为有异，然亦足见士大夫之恃子钱自活者日多矣。

（六九〇）京债

《陔余丛考》卷三十三，有一条论历代放债起息之重轻，其论近代京债云:“富人挟赀住京师，遇月选官之不能出京者，量其地之远近，缺之丰啬，或七八十两作百两，谓之扣头。甚至有四扣、五扣者，其取利最重。按此事古亦有之。《史记·货殖传》:吴楚七国反时，长安列侯当从军者，欲贷子钱，子钱家莫肯贷，惟无盐氏捐金出贷，其息十之。吴楚平，而无盐氏之息十倍。曰子钱家，则专有此出钱取息之人，如今放京债者也。曰息十倍，则如今京债之重利也。又《旧唐书·武宗纪》：中书奏选官多京债，到任填还，致其贪求，罔不由此。乃定户部预借料钱到任扣还之例。此又后世京债故事，及官借俸钱之始。”愚案：肯贷款者独一无盐氏，可见当时所谓子钱家者，并不注意于此，故此例实不甚切。唐武宗时事，见《旧唐书·本纪》会昌二年，则真后世之京债也。《宋史·吕祐之传》:“端拱中，副吕端使高丽，假内府钱五十万以办装。还遇风涛，舟欲覆，祐之悉取所得货沉之，即止。复献《海外覃皇泽诗》十九首。太宗嘉之，仍蠲其所贷。”此亦官借俸钱之类也。

《旧唐书·高瑀传》云:“大和初，忠武节度使王沛卒。物议以陈、许军四征有功，必自择帅，或以禁军之将得之。宰相裴度、韦处厚议：瑀深沉方雅，曾刺陈、蔡，人怀良政，又熟忠武军情，欲请用瑀。事未闻，陈、许表至，果请瑀为帅。乃授忠武节度使。自大历以来，节制除拜，多出禁军中尉。凡命一帅，必广输重赂。禁军将校当为帅者，自无家财，必取资于人，得镇之后，则膏血疲民以偿之。及瑀之拜，以内外公议，缙绅相庆曰：韦公作相，债帅鲜矣！”然则京债之盘剥，又不止于文臣也。《后妃传》：文宗母萧氏，因乱去乡里，有母弟一人。文宗诏闽越求访。后，福建人。有萧洪者，冒充后弟。上以为复得元舅，拜河阳怀节度使，迁鄜坊。先是，有自神策两军出为方镇者，军中多资其行装，至镇三倍偿之。时有自左军出为鄜坊者，资钱未偿而卒，乃征钱于洪。洪不肯。卒以此败。此则以军人而放京债，无怪其神通之广大矣。《宋史·尹洙传》：知潞州，“部将孙用，由军校补边，自京师贷息钱到官，无以偿。洙惜其才可用，恐以犯法罢去，假公使钱为偿之”。区区军校补边，亦为京债所及，可谓无微不至矣。

《清史稿·刘荫枢传》：康熙时，除刑科给事中。疏言：“京师放债，六七当十。半年不偿，即行转票，以子为母。数年之间，累万盈千。乞敕严立科条，照实贷银数，三分起息。”与瓯北所言，如出一辙。

（六九一）营债

军人不徒剥削债帅也，亦剥削其兵士。《宋史·兵志》：政和二年，臣僚言：“祖宗军政大备，比多逃亡，其弊有六。”“二曰举放营债。”所谓举放营债，盖贷款于兵士而收其息也。《志》又载熙宁十年，诏：“安南道死、战没者，所假衣奉，咸蠲除之。弓箭手、民兵、义勇等，有贷于官者，展偿限一年。”出征须自假贷，其役使之酷可想。《元史·成宗纪》：大德元年，十二月，中书省臣同河南平章孛罗欢等言：“外郡戍卒封桩钱，军官迁延，不以时取，而以己钱贷之，征其倍息。”《兵志》：世祖至元十年，八月，“禁军吏之长举债，不得重取其息，以损军力。违者罪之。”《刑法志·职制上》：军官之罪，有“举债倍息”。《职制下》：“诸军官役其出征军人家属，又借之钱而多取其息者，并坐之。”足见其弊之普遍。《明史·王章传》：“出按甘肃。边卒贷武弁金，偿以贼首，武弁以冒功，坐是数启边衅。章著令，非大举毋得以零级冒功。”更可谓无奇不有矣。

坐此剥削，故兵士甚贫。《宋史·高宗纪》：绍兴二十九年，五月，“禁权要豪民举钱军中取息。”《辽史·文学·萧韩家奴传》：重熙间，应诏言：“戍卒之食，多不能给。求假于人，削十倍其息，至有鬻子、割田不能偿者。”《金史·奥屯忠孝传》：“改沁南军。坐前在卫州句集妨农军借民钱不令偿，由是贫富不相假贷，军民不相安，降宁海州刺史。”足见军士之须假贷，历代皆然也。兵之陵民，何所不至？而至于举钱取息，则不得不受其羁轭。钱之为力，可谓大矣。

《三国志·高柔传》云：“护军营士窦礼近出不还。营以为亡，表言逐捕，没其妻盈及男女为官奴婢。盈连至州府，称冤自讼，莫有省者。乃辞诣廷尉。柔问曰：汝何以知夫不亡？盈垂泣对曰：夫少单特，养一老妪为母，事甚恭谨，又哀儿女，抚视不离，非是轻狡不顾室家者也。柔重问曰：汝夫不与人有怨仇乎？对曰：夫良善，与人无仇。又曰：汝夫不与人交钱财乎？对曰：尝出钱与同营士焦子文，求不得。时子文适坐小事系狱。柔乃见子文，问所坐。言次，曰：汝颇曾举人钱不？子文曰：自以单贫，初不敢举人钱物也。柔察子文色动，遂曰：汝昔举窦礼钱，何言不邪？子文怪知事露，应对不次。柔曰：汝已杀礼，便宜早服。子文于是叩头，具首杀礼本末，埋藏处所。柔便遣吏卒，承子文辞往掘礼，即得其尸。诏书复盈母子为平民。班下天下，以礼为戒。”此又营伍之中，自相假贷之事也。窦礼信非轻狡，然观其事，则知出举取利，谨厚者亦复为之矣。

（六九二）民间借贷

借贷之事，在城市者，盖以工商为多，乡村则多农民。乡村赀财少，农民又多愿朴，故其盘剥为尤酷。晁错说汉文帝，言商人兼并农人，盖其意主抑商，故但言商人；其实田连阡陌之家，亦未尝不如是也。《后汉书·樊宏传》，言其父重，“世善农稼，好货殖，开广田土三百余顷，年八十余终。其素所假贷人间数百万，遗令焚削文契。责家闻者皆惭，争往偿之。诸子从敕，竟不肯受”。《魏书·卢义僖传》：“义僖少时，幽州频遭水旱。先有谷数万石贷民。义僖以年谷不熟，乃燔其契。”《北齐书·卢叔武传》：“叔武在乡时，有粟千石。每至春夏，乡人无食者，令自载取，至秋，任其偿，都不计较，而岁岁常得倍余。”《北史·李士谦传》：“士谦出粟万石，以贷乡人。属年谷不登，责家无以偿，皆来致谢。士谦曰：吾家余粟，本图振赡，岂求利哉？于是悉召债家，为设酒食，对之燔契。明年，大熟，责家争来偿。士谦拒之，一无所受。”此等多粟之家，盖皆当时之大地主也。诸人皆获好义之名，然合全局观之，则必求利者其常，而振施者其变矣。《宋史·食货志》言：太宗时，“富者操奇赢之资，贫者取倍称之息，一或小稔，责偿愈急，税调未毕，资储罄然。遂令州县戒里胥、乡老察视，有取富民谷麦赀财，出息不得踰倍，未输税，毋得先偿私逋，违者罪之”。“宣仁太后临朝，起司马光为门下侍郎。光抗疏曰：四民之中，惟农最苦。幸而收成，公私之债，交争互夺。谷未离场，帛未下机，已非己有。”其言之可谓痛矣。放此等债者，其追索恒特酷。宋武帝负刁逵社钱三万，为所执录，事见《南史·本纪》。《魏书·刁雍》及《岛夷传》皆同，惟《北史·雍传》作一万。其后辗转报复，可谓以涓涓之流，而酿滔天之祸。宋武亦豪杰之流，而犹如此，况于羸弱者乎？《宋史·崔与之传》，言民有窘于豪民逋负，殴死其子诬之者，盖诚有所不得已也。

亦有商人、地主，合而为一者。《清史稿·循吏·郑敦允传》：附《狄尚䌹传》。道光八年，出为湖北襄阳知府。“枣阳地瘠民贫，客商以重利称贷，田产折入客籍者多。敦允许贷户自陈，子浮于母则除之。积困顿苏。”以商人贷款而准折人田产，此晁错所以谓商人兼并农人也。

乘人之急而鱼肉之，已足诛矣。乃又有诱人使入陷阱者。《宋史·真宗纪》：大中祥符二年，正月，“诏诱人子弟析家产，或潜举息钱，辄坏坟域者，令所在擒捕流配”。宜矣。

《元史·成宗纪》：大德五年，十月，“诏权豪势要之家，佃户贷粮者，听于来岁秋成还之。”此田主于收租之外，更以借贷剥削其佃户者也。

在城市者，盖多以钱借贷。《元史·孝友传》：“孙秀实，大宁人。里人王仲和，尝托秀实贷富人钞二千锭，贫不能偿，弃其亲逃去。数年，其亲思之，疾，秀实日馈薪米存问，终不乐。秀实哀之，悉为代偿，取券还其亲。后命奴控马赍金，访仲和使归，父子欢聚，闻者莫不叹美。又李怀玉等贷秀实钞一千五百锭，度无以偿，尽还其券不征。”此等皆为数颇巨，盖工商有赀产者。《梁书·王志传》：天监元年，迁丹阳尹。“京师有寡妇，无子，姑亡，举债以敛葬，既葬而无以还之。志愍其义，以俸钱偿焉。”则凡民之迫于用者也。《史记·货殖列传》：长安有子钱家。《元史·吴鼎传》：同知中政院事。“浙有两富豪曰朱、张家，多贷与民钱。其后两家诛没，而券之已偿者，亦入于官，官惟验券征理，民不能堪。鼎力为辨白，始获免。”专以出贷为事，盖亦所谓子钱家矣。《宋史·吴奎传》：

权开封府。“富人孙氏辜榷财利，负其息者，至评取物产及妇女。奎发孙宿恶，徙其兄弟于江淮间，豪猾畏敛。”子钱家之居辇毂下者，其神通，又非寻常之子钱家比也。

豪猾虽自有势力，究仍多依倚官府。宋秦州民李益，民负息钱，官为督理，引见《富人之不法》条。《金史·章宗纪》：明昌元年，八月，“禁指托亲王、公主奴隶，占纲船，侵商旅，及妄征钱债。”亦其伦也。《宋史·陈舜俞传》：舜俞诤青苗法有云：“祖宗著令：以财物相出举，任从书契，官不为理，其保全元元之意，深远如此。”以官不理债务为保全元元，盖知官吏必左袒债主也。《儒林·黄震传》：“调吴县尉，吴多豪势家，告私债则以属尉。民多饥冻窘苦，死尉卒手。震至，不受贵家告。”吴之豪势家，亦秦之李益也。

官之右护富民，亦有出于不得已者。盖既不能划除贫富，又举相沿已久、习以为安之局而坏之，其为患，必更有不堪设想者也。《宋史·沈立传》：“迁两浙转运使。苏、湖水，民艰食，县戒强豪民发粟以振，立亟命还之，而劝使自称贷，须岁稔，官为责偿。”《朱寿隆传》：为京东转运使。“岁恶民移，寿隆谕大姓、富室畜为田仆，举贷立息，官为置籍索之，贫富交利。”皆以此也。《崔与之传》：知建昌之新城。“岁适大歉。有强发民廪者，执其首，折手足以徇，盗为止。劝分有法，贫富安之。”《陈居仁传》：“移建宁府。岁饥，出储粟平其价，弛逋负以巨万计，代输畸零茧税。有因告籴杀人者，会赦免，居仁曰：此乱民也，释之将覆出为恶，遂诛之。”意亦如是。然折其手足已甚矣，况杀之乎？

《金史·黄久约传》：“时以贫富不均，或欲令富民分贷贫者，下有司议。久约曰：物之不齐，物之情也。贫富不均，亦理之常。若从或者言，适足以敛怨，非损有余补不足之道。章宗时领右丞相，韪其议。”案行或者之言，则不得不官为理欠，此其一难。然明二祖、仁、宣时，曾令“富人蠲佃户租，大户贷贫民粟，免其杂役为息，丰年偿之”。见《明史·食货志》。又《刘辰传》：迁江西布政司参政。“岁饥，劝富民贷饥者，蠲其徭役，以为之息。官为立券，期年而偿。”则迫之虽属难行，劝之亦自有其术也。

富人莫能救恤，贫民自不得不相濡以沫。既曰贫民，安有余力，则合众之道尚焉。《新唐书·循吏传》：韦宙，出为永州刺史。“民贫无牛，以力耕。宙为置社，二十家月会钱若干，探名，得者先市牛，以是为准，久之，牛不乏。”此即后世纠会之法，缓急之藉以济者多矣。

（六九三）质典

出举者必不甘丧其所有也，于是乎有质典。可质典之物甚众。《梁书·处士庾诜传》：“邻人有被诬为盗者，被劾妄款。诜矜之，乃以书质钱二万，令门生诈为其亲，代之酬备。”《南史·谢弘微传》：曾孙侨，“素贵。尝一朝无食，其子启欲以《班史》质钱。答曰：宁饿死，岂可以此充食乎？”北齐祖珽，尝以《华林遍略》数帙，质钱樗蒲。是书可为质也。褚炫病，无以市药，以冠剑为质。《南史·褚彦回传》。孙腾、司马子如尝诣李元忠，逢其方坐树下，葛巾拥被，对壶独酌，使婢卷两褥，以质酒肉。及卒，又以金蝉质绢，乃得敛焉。杜甫之诗曰：“朝回日日典春衣，每向江头尽醉归。”诗人之辞，似不容尽据为典实。然《宋史·张秉传》言：“秉好饬衣服，洁馔具。每公宴及朋友家集会，多自挈肴膳而往。家甚贫，常质衣以给费焉。”则杜陵之辞，亦非尽子虚矣。是凡衣饰皆可为质也。《元史·儒学·胡长孺传》：为台州宁海县主簿。“永嘉民有弟质珠步摇于兄者，赎焉，兄妻爱之，给以亡于盗。屡讼不获直，往告长孺。长孺曰：尔非吾民也，叱之去。未几，治盗。长孺嗾盗诬兄受步摇为臧，逮兄赴官，力辨数弗置。长孺曰：尔家信有是，何谓诬耶？兄仓皇曰：有固有之，乃弟所质者。趣持至验之。呼其弟示曰：得非尔家物乎？弟曰：然。遂归焉。”此又以贵重之物为质者也。以物为质而后出举，实最利于举主。然举主必资力雄厚，且必能保守其质物。独力不给，集众为之，而典肆兴矣。然非一蹴可几也。

《南史·循吏传》：甄法崇孙彬。“尝以一束苎就州长沙寺库质钱。后赎苎还，于苎束中得五两金，以手巾裹之，彬得，送遗寺库。道人惊云：近有人以此金质钱，时有事不得举而失。檀越乃能见还，辄以金半仰酬。往复十余，彬坚然不受。”案《齐书·褚渊传》言：渊死后，弟澄，“以钱万一千，就招提寺赎太祖所赐渊白貂坐褥，坏作裘及缨”。则当时僧寺，实为一质押称贷之所。《魏书·释老志》：永平二年冬，沙门统惠深上言：“比来僧尼，或因三宝，出贷私财。”僧尼且然，岂况于寺？出举而多受质物，则寺库立矣。《旧唐书·德宗纪》：建中三年，“借京城富商钱，所得才八十万贯。少尹韦稹，又取僦柜质库法拷索之”。《通鉴》云：“括僦柜质钱，凡蓄积钱帛粟麦者，皆借四分之一，封其柜窖。”胡《注》云：“民间以物质钱，异时赎出，于母钱之外复还子钱，谓之僦柜。”《通鉴》本文，质字下似夺库字。综观诸文，盖藏钱帛之所谓之柜，粟麦之所谓之窖，出于钱粟之外者，则谓之库也。至此则缘起僧寺，托于周急以自文者，公然为牟利之举矣。《老学庵笔记》云：“今僧寺辄作库质钱取利，谓之长生库。”则宋时僧寺，犹有从事于此者，然日衰矣。《五代史补》云：“慕容彦超之被围也，勉其麾下曰：吾库中金银如山积，若全此城，尽以为赐，汝等勿患富贵。有卒私言曰：侍中银皆铁胎，得之何用？诸军闻之，稍稍解体。高祖入，有司阅其库藏银，铁胎者果什七八。初，彦超令人开质库，有以铁胎银质钱者，经年后库吏始觉，言之彦超。初甚怒，顷之，谓吏曰：此易致耳，汝宜伪宝库墙，凡金银器用暨缣帛等，速皆藏匿，仍乱撒其余，以为贼践，吾当擒此辈矣。库吏如其教。彦超下令：恐百姓疑彦超隐其物，宜令三日内各投状，明言质物色目，当倍偿之。百姓以为然，投状相继。翼日，铁胎银主果出。于是擒之，置之深屋中，使教部曲辈昼夜造，用广府库。此银是也。”则五代时并有官典矣。

《金史·百官志》：“中都流泉务。大定十三年，上谓宰臣曰：闻民间质典，利息重者至五七分，或以利为本，小民苦之。若官为设库务，十中取一为息，以助官吏廪给之费，似可便民。卿等其议以闻。有司奏于中都、南京、东平、真定等处并置质典库，以流泉为名，各设使、副一员。凡典质物，使、副亲评价直，许典七分，月利一分；不及一月者，以日计之。经二周年外，又踰月不赎，即听下架出卖。出帖子时，写质物人姓名、物之名色、金银等第分两、所典年月日、钱贯、下架年月之类。若亡失者，收赎日勒合干人，验元典官本，并合该利息，陪偿入官外，更勒库子，验典物日上等时估偿之。物虽故旧，依新价偿。仍委运司佐贰幕官识汉字者一员提控，若有违犯则究治。每月具数申报上司。大定二十八年十月，京府、节度州添设流泉务，凡二十八所。明昌元年，皆罢之。二年，在都依旧存设。”此典肆规制见于史最早者。其待质物者，较后世私典颇优。然此类事官办必不能善，故后不得不皆罢也。《元史·文宗纪》：至顺元年，正月，“赐燕帖木儿质库一”。知元时亦有官典。然《刑法志·禁令》云：“诸典质不设正库，不立信帖，违例取息者禁之。”则私典究盛矣。信帖，即金流泉务之帖子。《齐书·萧坦之传》：坦之死，收其从兄翼宗，“检家赤贫，惟有质钱帖子数百”。此事《通鉴》见永元元年。《注》云：“质钱帖者，以物质钱，钱主给帖与之，以为照验，他日出子本钱收赎。”其昉也。

商业初兴时，受官管制颇严，如《礼记·王制》所载：“有圭璧金璋，不粥于市”等是也。典肆亦然。《元史·仁宗纪》：至大四年，九月，“禁卫士不得私衣侍宴服，及以质于人。”《宁宗纪》：至顺三年，十月，“敕百官及宿卫士有只孙衣者，凡与宴飨，皆服以侍，其或质诸人者罪之”。《刑法志·职制下》：“诸管军官辄以所佩金银符充典质者，笞五十七，降散官一等。受质者减半。”皆是。然此等亦终成具文而已。

自吾所传闻之世，下逮少时所见，全国典肆，盖有数千，而在乡实多于在城。其受质也，主于粟米、丝绵、布帛、衣物；于他琐屑之物，亦多受质。利率月二分。而其为质者守护其作质之物，亦他放债者所弗逮也。又其受官管理颇严，故其营业颇为稳固，存款者多乐于是，典肆得之，可以扩充其营业，而公私款项，亦有存放之所也。典肆之败坏，实与银圆之流行相关。当银圆未行时，典肆实为极稳固之业，逮其盛行，平钱稍尽，钱价日跌，典肆以受官管理故，出入仍皆用钱，而社会实已用银。质物时得钱若干，将来仍以此数来赎，合之银价，所亏甚巨，虽加息无益也。典肆在斯时，受创最巨。其后虽许改正，然民生日蹙，质物而不能赎者日多，且所质之物，多为衣服。晚近风气，裁制多尚新奇，而自洋布及人造丝盛行，衣服亦不如土布暨纯丝所制紬缎之牢固，不赎者遂益增多，售诸衣庄，亦不能得善价，典肆遂纷纷倒闭矣。公元一九三一年后，上海银行有至内地设抵押所者。然其所受之广，及其与农民之相习，尚远不如典肆也。倭难旋作，事亦遂辍。

乡民除土地外，可以质典之物甚少，此兼并之所以盛行也。《宋史·仁宗纪》：天圣六年，九月，“诏河北灾伤，民质桑土与人者悉归之，候岁丰偿所贷”。此等原欲保护贫民，然无益也。何者？出举者必不甘丧其所有，无质典，则借贷愈难也。《金史·高汝砺传》：汝砺言“循例推排”，民“或虚作贫乏，故以产业低价质典”。足见质典之事，平时并不甚多。张骏尝以谷帛付民，岁收倍利。利不充者，簿卖田宅。见《魏书》。宋时，以田宅抵市易钱久不偿者，估实直如卖坊场河渡法。若未输钱者，官收其租息。元丰二年令。见《宋史·食货志》。此皆官家，故能如是。民间惟武断者为之，而兼并转盛矣。

《宋史·刘文质传》：子涣，“历知邢、恩、冀、泾、澶五州。治平中，河北地震，民乏粟，率贱卖耕牛，以苟朝夕。涣在澶，尽发公钱买之。明年，民无牛耕，价增十倍。涣复出所市牛，以元直与民。澶民赖不失业。”此亦犹许其典质也。故典质者即或重取其息，较之迫买，相去终有间也。

以货物为抵，而贷款以经商者，为《周官》之泉府。王莽亦行之。宋市易法、抵当所，亦颇得其意。市易法未能行，而抵当所卒不能废。见《宋史·食货志》《职官志》。黄畴知台州，“为抵当库”；徐鹿卿为江东转运判官，“岁大饥，减抵当库息”；皆见《宋史》本传。则地方亦颇藉以周转。

《宋史·李谦溥传》：子允正，雍熙四年，“迁閤门通事舍人。时女弟适许王，以居第质于宋偓。太宗诘之曰：尔父守边二十余年，止有此第耳，何以质之？允正具以奏。即遣内侍辇钱赎还。缙绅咸赋诗颂美”。《向敏中传》：“故相薛居正孙安上不肖，其居第有诏无得贸易，敏中违诏质之。会居正子惟吉嫠妇柴，将携资产适张齐贤，安上诉其事，柴遂言敏中尝求娶己，不许，以是阴庇安上。”《金史·移剌子敬传》：“卒，家无余财，其子质宅以营葬事。”皆城市中以宅为质者。

以人为质，久为法所不许，然亦终不能绝。《元史·刑法志·禁令》：“诸称贷钱谷，夺人子女以为奴婢者，重加之罪。”即其事也。前代奴婢，以罪没入与以贫穷粥卖者不同。以罪没入者可黥面，以贫穷粥卖者不能也。见《三国志·毛玠传》。而《元史·世祖纪》：至元二十年，十一月，“禁云南权势多取债息，仍禁没人口为奴，及黥其面者”。则并视如罪人矣。《宋史·食货志》上：“宁宗开禧元年，夔路转运判官范荪言：本路施、黔等州荒远，绵亘山谷，地旷人稀，其占田多者须人耕垦，富豪之家诱客户举室迁去。乞将皇祐官庄客户逃移之法校定：凡为客户者，许役其身，毋及其家属；凡典卖田宅，听其离业，毋就租以充客户；凡贷钱，止凭文约交还，毋抑勒以为地客；凡客户身故，其妻改嫁者，听其自便，女听其自嫁。庶使深山穷谷之民，得安生理。刑部以皇祐逃移旧法轻重适中，可以经久，淳熙比附略人之法太重，今后凡理诉官庄客户，并用皇祐旧法。从之。”典卖田宅，而不许其离业；贷钱除交还外，又抑勒以为地客；皆为奴之渐也。淳熙比附略人法，亦必有其由，恐其不法，尚不仅如范荪所言耳。

凡事独力不如合众徒，贷赀于人，而富家联合为之，乃近世钱庄所由兴；其收受质物者，则典肆所由兴也。故钱庄典肆之兴，亦为生计自然之演进。

（六九四）借贷利率

古书言利息最早者，为《周官》泉府“以国服为之息”之语。司农谓以其所贾之国所出为息。假令其国出丝絮，则以丝絮偿；其国出絺葛，则以絺葛偿。

说颇牵强，且亦未及息率。康成云：以其于国服事之税为息。并据载师之文，而云：受园廛之田而贷万泉者，则期出息五百。贾《疏》因并“近郊十一”等文用之，且推诸小宰八成之“称责”，其凿空亦与司农同，其所言之利率，亦不足信矣。《史记·货殖列传》云：“封者食租税，岁率户二百。千户之君则二十万，朝觐聘享出其中。庶民农、工、商贾，率亦岁万息二千，百万之家则二十万，而更徭租赋出其中。衣食之欲，恣所好美矣。”《汉书·贡禹传》云：“商贾求利，东西南北，各用智巧，好衣美食，一岁有十二之利。”而《食货志》晁错谓农夫“取倍称之息”，如淳曰：“取一偿二为倍称。”师古曰：“称，举也，今俗所谓举钱者也。”案此犹今云借加倍偿还之债。则当时息率之低者，为今所谓二分，其高者则今所谓十分也。《史记·货殖列传》又云：“子贷金钱千贯；节驵会，贪贾三之，廉贾五之；此亦比千乘之家。”《集解》引《汉书音义》云：“贪贾未当卖而卖，未可买而买，故得利少而十得三；廉贾贵而卖，贱乃买，故十得五。”此说殊误。金钱千贯，其什二正二十万。三之五之，即《易·系辞传》“参伍以变”之“参伍”字，乃动字，非数字。此言贾人以驵会所平物价为节度，而参伍用之，亦可得什二之利耳。故下文又总结之曰“他杂业不中什二，则非吾财”也。《货殖列传》又云：“吴楚七国兵起时，长安中列侯封君行从军旅，赍贷子钱。子钱家以为侯邑国在关东，关东成败未决，莫肯与。惟无盐氏出捐千金贷，其息什之。三月，吴楚平。一岁之中，则无盐氏之息什倍，用此富埒关中。”《索隐》云：“出一得十倍。”此说更误。本一息十，亘古未闻。果若所云，列侯封君，安肯俯首就范？其息什之，盖亦谓子本相侔，即所谓倍称之息。什倍，谓以十分之十加厚，非谓以一出，以十一入也。盖以盘剥农夫之利率，施诸列侯封君耳。

《泉府注》云“王莽时，民贷以治产业者，但计赢所得受息，无过岁什一”，与《汉书·食货志》合《王莽传》云“收息百月三”，如淳曰“出百钱与民，月收其息三钱也”，二说不同，未知孰是。盖《食货志》所言为定法，而初行时未能遽如法邪？

《魏书·张骏传》：以谷帛付民，岁收倍利。利不充者，簿卖田宅。此亦倍称之息，盖沿民间旧习也。利不充即簿卖田宅，则民间出举者所不能矣。

隋、唐之世，官之取于民者，远过于秦、汉时之什二。公廨钱之制，见于《新书·食货志》者：贞观十五年，以捉钱令史主之，所主才五万钱以下，而市肆贩易，月纳息钱四千，此今所谓八分利也。永徽中，天下置公廨本钱，以典史主之，收赢十之七。开元十年罢之。十八年复，收赢十之六。元和十年新收置公廨本钱，则收息五之一。案《全唐文》卷三载玄宗诏云："比来公私举放，取利颇深，有损贫下，事须厘革。自今已后，天下私举质宜四分收利，官本五分收利。"《新唐书·礼乐志》：永泰二年，国子学成，贷钱一万贯，五分收息。《旧唐书·沈传师传》："建中二年夏，敕中书、门下两省分置待诏官三十员。各准品秩给俸钱、廪饩、干力，什器、馆宇之设；以公钱为之本，收息以赡用。"传师父既济上疏，言"今官三十员，皆给俸钱、干力，及厨廪、什器、厅宇，约计一月不减百万。以他司息利准之，当以钱二千万为之本"，亦以五分为率也。然则当时官贷五分，私贷四分，盖视为持平之利率，故中叶后咸遵之也。

古所谓倍称之息者，并未言及其时之长短。然以理度之，其为时必不长。以此等借贷，原出农家，必也春耕时借，秋获时还也。设以半年为期，则一年所得，将再倍其本矣。此其所以为重也。后世则不论其时之长短，但息过于本则禁之。《旧五代史·梁末帝纪》：贞明六年，四月丁亥，《新五代史》作己亥。制："私放远年债负，生利过倍，自违格条，所在州县，不在更与征理之限。"龙德元年，五月丙戌，制："公私债负，纳利及一倍已上者，不得利上生利。"《唐明宗纪》：长兴元年，圜丘赦制："应私债出利已经倍者，只许征本；已经两倍者，本利并放。"《晋高祖纪》：天福六年赦诏："私下债负，征利一倍者并放。"《宋史·太祖纪》：乾德四年，八月丁酉，"诏除蜀倍息"。《食货志》：太宗时，"令州县戒里胥、乡老察视，有取富民谷麦赀财，出息不得踰倍。"《光宗纪》：淳熙十六年，闰五月，"免郡县淳熙十四年以前私负。十五年以后，输息及本者亦蠲之"。《金史·食货志·和籴》：宣宗贞祐中，"上封事者言：比年以来屡艰食，虽由调度征敛之繁，亦兼并之家有以夺之也。收则乘贱多籴，困急则以贷人，私立券质，名为无利，而实数倍。饥民惟恐不得，莫敢较者，故场功甫毕，官租未了，而囤已空矣。国朝立法，举财物者，月利不过三分，积久至倍则止，今或不期月而息三倍。愿明敕有司，举行旧法，丰熟之日，增价和籴"。皆禁其踰倍者也。《元史·良吏·谭澄传》：为交城令。"岁乙未，籍民户，有司多以浮客占籍，及征赋，逃窜殆尽，官为称贷，积息数倍，民无以偿。澄入觐，因中书耶律楚材面陈其害，太宗恻然，为免其逋。其私负者，年虽多，息取倍而止。"《刘秉忠传》：秉忠上书世祖，时世祖未立。有云："今宜打算官民所欠债负，若实为应当差发所借，宜依合罕皇帝圣旨，一本一利，官司归还。

凡陪偿无名虚契所负，及还过元本者，并行赦免。”亦仍守中国旧法。其后遂自定为法令。《布鲁海牙传》：“世祖即位，择信臣宣抚十道，命布鲁海牙使真定。真定富民出钱贷人者，不踰时倍取其息。布鲁海牙正其罪，使偿者息如本而止。后定为令。”《世祖纪》：至元六年，九月戊午，“敕民间贷钱取息，虽踰限，止偿一本息”。《刑法志·禁令》：“诸称贷钱谷，年月虽多，不过一本一息。有辄取赢于人，或转换契券，息上加息；或占人牛马财产，夺人子女以为奴婢者，重加之罪，仍偿多取之息，其本息没官。”盖皆《布鲁海牙传》所谓令者也。《成宗纪》：至元三十一年，六月，“完泽贷民钱，多取其息，命依世祖定制”。所指盖亦此令。《陈思谦传》：“至顺元年，拜陕西行台监察御史。先是关陕大饥，民多粥产流徙，及来归，皆无地可耕。思谦言听民倍直赎之，使富者收兼人之利，贫者获已弃之业。从之。”亦认倍称为合法者也。

月利不过三分，《金史·食货志》外，又见《元史·世祖本纪》。至元十九年，四月，“定民间贷钱取息之法，以三分为率”，其事也。亦重于汉时之什二。案《汉书·王子侯表》：旁光侯殷坐取息过律，陵乡侯欣坐贷谷息过律，皆获罪。则重利盘剥，久有法禁，但恒不易行耳。《周官》朝士：“凡民同货财者，令以国法行之，犯令者刑罚之。”司农云：“同货财谓合钱共贾。”康成则云：“富人畜积者，多时收敛之，乏时以国服之法出之。虽有腾跃，共赢不得过此，以利出者与取者；过此则罚之，若今时加贵取息坐臧。”释“同货财”未知孰是，谓其时有加贵取息坐臧之法，则必不诬也。

（六九五）古代贱商之由

子贡废著粥财，而结驷连骑，束帛之币以聘享诸侯。所至，国君莫不分庭与之抗礼。乌氏倮以畜牧富，秦始皇帝令比封君，以时与列臣朝请。巴寡妇清擅丹穴之利，则以为贞妇而客之。晁错论当时商人，谓其交通王侯，力过吏势。其重富人如此，然言及商贾，则又恒以为贱，何哉？杨恽《报孙会宗书》曰：“恽幸有余禄，方籴贱贩贵，逐十一之利，此贾竖之事，污辱之处，恽亲行之，下流之人，众毁所归，不寒而栗。”可谓若将浼焉。又其甚者，“国君过市则刑人赦；夫人过市，罚一幕；世子过市，罚一帟；命夫过市，罚一盖；命妇过市，罚一帷”。《周官·地官司市》。几于刑余之贱矣。岂真以其皇皇求财利，非士大夫之意，故贱之乎？非也。隆古之民好争，惟武健是尚，耕稼畜牧，已非所问。贸迁有无，更不必论矣。是惟贱者为之。其后居高明者，非不欲自封殖，则亦使贱者为之。《货殖列传》曰："齐俗贱奴虏。而刁闲独爱贵之。桀黠奴，人之所恶也。惟刁闲收取，使之逐渔盐商贾之利。"今所传汉人乐府《孤儿行》曰："孤儿生，孤儿遇生，命当独苦。父母在时，乘坚车，驾驷马。父母已去，兄嫂令我行贾，南到九江，东到齐与鲁。"王子渊《僮约》曰："舍后有树，尝裁作船。上至江州下到湔，主为府椽求用钱。推访垩，贩棕索。绵亭买席，往来都落。当为妇女求脂泽，贩于小市，归都儋枲。转出旁蹉，牵犬贩鹅。武都买茶，杨氏儋荷。往来市聚，慎护奸偷。入市不得夷蹲旁卧，恶言丑骂。多作刀矛，持入益州，货易羊牛。"虽讽刺之辞，或溢其实，游戏之文，不为典要，然当时贩粥，皆使贱者为之，则可见矣。《货殖列传》所列诸人，度亦深居，发踪指示，坐收其利，非真躬与贾竖处也。不然，安得曰"千金之子，不死于市"哉？且达官贵人，因好利故，至于与贾竖抗礼，而语及其人，则又贱之，亦非自舛倍也。近世淮南鹾贾，有起自奴仆者，士人或从之求匄，犹不欲与通婚姻。乡人有嫁女军人者，军人故盗也。戚党耻之，虽其人亦自惭恧。然耻之者，亦未尝不以其从军人餔啜为幸。为贪财利，乃蚁慕小人，语及家世，则又自矜亢，承流品之余习，丁好利之末世，人之情固然，其无足怪。

附：市区

古代之市，皆自为一区，不与民居相杂，所以治理之者甚备，监督之者亦严。其见于《周官》者，有胥师以察其诈伪；贾师以定其恒贾；司虣以禁其斗嚣；司稽以执其盗贼；胥以掌其坐作出入之禁令，肆长以掌其货贿之陈列；而司市总其成。郑《注》云："司市，市官之长。"又云"自胥师以及司稽，皆司市所自辟除也。胥及肆长。市中给繇役者"。又有质人以掌其质剂、书契、度量、淳制、廛人以敛其布。凡治市之吏，居于思次。司市："以次序分地而经市，凡市人，则胥执鞭度，守门市之群吏平肆，展成奠贾，上旌于思次以令市。市师莅焉。而听大治大讼。胥师贾师，莅于介次。而听小治小讼。"《注》："次，谓吏所舍。思次，若今市亭也。介次，市亭之属，别小者也。郑司农云：思，辞也。次，市中候楼也。玄谓思当为司，声之误也。"《天官》：内宰："凡建国，佐后立市，设其次，置其叙，正其肆，陈其货贿，出其度量淳制。祭之以阴礼。"通货贿则以节传出入之。司市："凡通货贿以玺节出入之。”司关：“掌国货之节，以联门市。凡货不出于关者，举其货，罚其人。凡所达货贿者，则以节传出之。”《注》：“货节谓商本所发司市之玺节也。自外来者，则案其节而书其货之多少，通之国门，国门通之司市。自内出者，司市为之玺节，通之国门，国门通之关门。”又云：“商或取货于民间，无玺节者至关，关为之玺节及传出之。其有玺节，亦为之传。传如今移过所文书。”物之藏则于廛。《孟子·公孙丑》上：“市廛而不征，法而不廛。”《注》：“廛，市宅也。”《王制》：“市廛而不税。”《注》：“廛市物邸舍。”《周官》载师：“以廛里任国中之地。”《注》：“故书廛或作坛。郑司农云：坛读为廛。廛，市中空地未有肆，城中空地未有宅者，玄谓廛里者，若今云邑里居矣。廛，民居之区域也，里，居也。”又《序官·廛人注》：“故书廛为坛。杜子春读坛为廛。说云市中空地。玄谓：廛，民居匠域之称。”又廛布《注》云：“邸舍之税。”又，遂人“夫一廛”《注》：“郑司农云：廛，居也。扬子云有田一廛，谓百亩之居也。玄谓廛，城邑之居。孟子所云：五亩之宅，树之以桑麻者也。”愚按廛为区域之称，所谓市中城中空地者，正区域之谓也。但乡间可居之区域，亦称为廛。筑室其上，亦得沿廛之称。初不论其在邑在野、有宅无宅、为民居、为邸舍也。孟子言：“廛而不税。”指商肆，下又言：“廛无夫里之布。”则指民居。载师“以廛里任国中之地”，明言在国中。遂人“夫一廛”，则必在野矣。《荀子·王制》定廛宅似以廛与宅为对文。许行“愿受一尘而为氓”，则又似为通名，不必凿指其为空地，抑为宅舍也。虽关下亦有之。司关：“司货贿之出入者，掌其治禁，与其证廛。”《注》：“征廛者，货贿之税与所止邸舍也。关下亦有邸客舍，其出布为市之廛。”是货物之运贩、屯积、粥卖，皆有定处，有定途也。《周官》：司市“大市日昃而市，百族为主。朝市朝时而市，商贾为主。夕市夕时而市，贩夫贩妇为主”。《疏》云：“大市于中，朝市于东偏，夕市于西偏，《郊特牲》所云是也。”案《郊特牲》云：“朝市之于西方，失之矣。”《注》：“朝市宜于市之东偏。”引《周官》此文为说，此疏所据也。然则一市之中，亦有部分不容紊越矣。《周官·王制》：“有圭璧金璋，不粥于市。命服命车，不粥于市。宗庙之器，不粥于市。牺牲不粥于市。戎器不粥于市。用器不中度，不粥于市。兵车不中度，不粥于市。布帛精粗不中度，幅广狭不中量，不粥于市。奸色乱正色，不粥于市。锦文珠玉成器，不粥于市。衣服饮食，不粥于市。五谷不时，果实未熟，不粥于市。木不中伐，不粥于市。禽兽鱼鳖不中杀，不粥于市。”又曰：天子巡守，“命市纳贾，以观民之所好恶”。惟市有定地。故监督易施，而物价亦可考而知也。秦汉而降，此意仍存。《三辅黄图》谓长安市有十，各方二百二十六步，六市在道西，四市在道东，凡四里，为一市。是汉之市有定地也。《唐书·百官志》谓："市肆皆建标筑土为候。凡市，日中击鼓三百以会众。日入前七刻，击钲三百而散。有果谷巡迣，平货物为三等之直，十日为簿。"两京诸市署令。是唐之市有定地也。此犹京国云尔。王莽于长安及五都立五均官，更名长安东西市令及洛阳、邯郸、临淄、宛、成都市长，皆为五均司市师。则大都会皆有市长矣。隋开皇中，以钱恶，京师及诸州邸肆之上，皆令立榜置样为准。不中样者，不入于市。则天长安中，亦悬样于市，令百姓照样用钱。则诸州邸肆皆有定所矣。北魏胡灵后时，尝税入市者人一钱。《辽史》谓太祖置羊城于炭山北，起榷务，以通诸道市易。太宗得燕，置南京，城北有市，令有司治其征；余四京及他州县产懋迁之地，置亦如之。则辽之市亦由官设，由官管理矣。要之邸肆民居，毫无区别，通衢僻巷，咸有商家，未有如今日者。此固由市制之益坏，职可见贸易之日盛也。

（六九六）论金银之用

中国用金银为币，果始何时乎？曰用银为币，始于金末，而成于明之中叶，金则迄未尝为币也。自明废纸币以前，可称为币者惟铜耳。何以言之？

《史记·平准书》云："虞夏之币，金为三品，或黄，或白，或赤。"此为书传言用金银最古者。《平准书》本伪物，此数语在篇末，又系后人记识之语，混入正文。《汉书·食货志》云："凡货，金钱布帛之用，夏殷以前，其详靡记云。"记识者何由知之？《汉志》又言："太公为周立九府圜法：黄金方寸，而重一斤。"《管子》的《国蓄》《地数》《揆度》《轻重》诸篇皆言先王以"珠玉为上币，黄金为中币，刀布为下币"。所谓先王，盖亦指周。《轻重乙》以为癸度系对周武王之言。则用黄金为币，当始于周也。《管子·山权数》言禹以历山、汤以庄山之金铸币，未言何金，然下文系言铜。然此时所谓币者，与后世之所谓币，其意大异，不可不察。

凡物之得为易中者，必有二因：一曰有用，一曰好玩。《汉志》释食货之义曰："食为农殖嘉谷可食之物，布谓布帛可衣，及金刀龟贝，所以分财布利通有无者也。"所谓食，即今所谓消费；所谓货，即今所谓交易也。《志》又云："货宝于金，利于刀，流于泉，布于布，束于帛。"则所谓货者，实兼指金、铜、龟、贝、布、帛言之。是时之金，果可行用民间为易中之物乎？则不能无疑矣。

汉志载李悝尽地力之教，粟石三十。《史记·货殖列传》亦言："粜二十病农，九十病末。"则三十实当时恒价。古权量当今四之一，则百二十钱得今粟一石，一钱得粟八合余矣，此可供零星贸易之用乎？而况于黄金乎？然则古之金，果用诸何处？曰用诸远方。《管子》曰："玉起于禺氏，金起于汝、汉，珠起于赤野，东西南北距周七千八百里。《通典》引作七、八千里。水绝壤断，舟车不能通。先王为其途之远，其至之难，故托用于其重。"《国蓄》《地数》《揆度》《轻重乙》略同。又曰："汤七年旱，禹五年水，民之无饘卖子者。汤以庄山之金铸币，而赎民之无饘卖子者。禹以历山之金铸币，而赎民之无饘卖子者。"《山权数》。盖古者交易未兴，资生之物，国皆自给，有待于外者，厥惟荒歉之年。故《周官·司市》"国凶荒札丧，则市无征而作布"。布者铜币，所以通寻常之贸易。《揆度》所谓"百乘之国，中而立市，东西南北度五十里"；"千乘之国，中而立市，东西南北度百五十余里"；"万乘之国，中而立市，东西南北度五百里"者也。

至于相距七、八千里之处，则铜又伤重赍，而不得不以黄金珠玉通其有无也。此黄金珠玉，岂持以与平民易哉？非以为聘币而乞粜于王公贵人，则以与所谓万金之贾者市耳。至于民间，则钱之用且极少，而黄金珠玉无论也。李悝言粟石三十，乃用以计价耳，非必当时之籴粜者，皆以钱粟相易也。《管子·轻重丁》：桓公欲藉国之富商畜贾，管子请使宾无驰而南，隰朋驰而北，宁戚驰而东，鲍叔驰而西，视四方称贷之间，受息之民几何家。反报西方称贷之家，多者千钟，少者六七百钟，其出之中也一钟，其受息之萌九百余家。南方称贷之家多者千万，少者六七百万，其出之中伯五也，其受息之萌八百余家。东方称贷之家丁惠高国，多者五千钟，少者三十钟，其出之中钟五釜也，其受息之萌八九百家。北方称贷之家多者千万，少者六、七百万，其出之中伯二十也，受息之氓九百余家。凡称贷之家，出泉参千万，出粟参数千万钟，受子息民参万家。可见当时称贷钱谷并用，及当时富家藏粟之多。其中丁惠高国，乃大夫也。桓公又忧大夫并其财而不出，腐朽五谷而不散，可见大夫与富商畜贾，并为多藏钱粟之家矣。大夫如此，国君可知。《山权数》：北郭有得龟者，管子请命之曰："赐若服中大夫。东海之龟，托舍于若。"四年，伐孤竹。丁氏家粟，可食三军之师行五月。召丁氏而命之曰："吾今将有大事，请以宝为质于子，以假子之邑粟。"当时以珠玉黄金等为币，皆用之。此等人非如后世帛币用诸寻常贸易之间也。

然则货币之原始可知已矣。布帛泉刀，物之有用者也，所以与平民易也。泉为钱之借字。钱本农器名，钱刀并以金为之。械器粗拙之时，日用之物，人民并能自造，惟金所成之械器不然。《易·大傅》曰：神农“斫木为耜，揉木为耒”。黄帝、尧、舜“弦木为弧，剡木为矢”。则兵及农器，亦不用金。然究为难造之物，非夫人所能为，故为人所贵，而可用为易中也。珠玉黄金，可资玩好者，所以与王公贵人易也。龟为神物，贝属玩好，龟少而难得，惟王公贵人有之，贝则较多，故民间亦用为易中焉。故曰“古者货贝而宝龟”。《说文》宝者，保也。字或作保，与俘相似。故庄六年“齐人来归卫宝”。左氏讹为俘货者，非也，对居言之。书曰：“懋迁有无非居。”《史记·货殖列传》作“废著”。《汉志》云：“货宝于金可见黄金与龟，并皆宝藏，不用于市。周时之钱，则贝之后身也。钱之圜所以像贝，函方所以便贯穿。古者贝亦贯而用之，故《说文》云：”贯，钱贝之贯。”毋，“从一横贯。”口，所以像宝货之形也。汉武帝以白鹿皮为币，又造白金三品，以龙、马、龟为文，则古珠玉、黄金、宝龟之属也。王侯宗室朝觐聘享，必以皮币荐璧，然后得行，正合古者用上币中币之法。白金欲强凡人用之，则终废不行矣。王莽变法，黄金重一斤，值钱万。朱提银重八两为一流，直一千五百八十。他银一流直千。宣帝时，谷石四钱。然则挟他金一流者，将一举买谷二百五十石乎？其不行宜矣。买谷十石，用钱四十，取携毫无不便也。用银尚不及三分之一两。古权量当今四之一，尚不及一钱，如何分割乎？王莽造错刀，以黄金错其文，曰一刀，直五千。张晏曰：“刻之作字，以黄金填其文，上曰一，下曰刀”。汉时黄金，一斤值钱万。错刀所错之黄金，固必不及半斤，亦以金价太贵，不便分割，故欲错之于铜而用之也。

职是故，古所谓子母相权者，非谓以金、银、铜等不同之物相权，乃谓以铜所铸之钱大小不同者相权。周景王将铸大钱，单穆公曰：“不可。古者天降灾戾，于是乎量资币，权轻重，以救民。民患轻，则为之作重币以行之，于是有母权子而行，民皆得焉。若不堪重，则多作轻而行之，亦不废重。于是乎有子权母而行，小大利之。今王废轻而作重，民失其资，能无匮乎？”是其时金所以宜为币者，以其可分。什之伍之，其价亦必什之伍之。百取其一，千取其一，其价亦必为百之一，千之一。夫物之不齐，物之情也。三品之金，其物固异，其价安能强齐？今世以金银为主币，银铜为辅币，其视辅币，以为主币若干分之一耳，不复视为本物。犹恐其物故有直，民或舍其为辅币之值，而论其故直也。

故必劣其成色，限其用数以防之，若防川焉，而犹时亦溃决。汉世钱之重，几牟于今之银圆，安得欲用金银？既不欲金银，安得喻今主辅币相辅而行之理？既不喻今主辅币相辅而行之理，相异之金安得并用为币乎？汉志曰："秦兼天下，币为二等：黄金以溢为名，上币；铜钱质如周钱，文曰半两，重如其文。而珠玉龟贝银锡之属为器饰宝藏，不为币。"珠玉龟贝银锡之属不为币固矣，黄金虽号上币，实亦非今之所谓币也。今之所谓币者，必周浃于日用市易之间，秦汉之黄金能之乎？则亦用为器饰宝藏，特以有币之名，故赐予时用之耳。得之者固与今之人得珠玉钻石等同，非如今之人之得金银也。或曰晁错言"珠玉金银轻微易藏，在于把握，可以周海内而无饥寒之患"。则固极通用矣，安得云不足为币？曰此言其易藏，非谓其可以易物。可以易物者，凡物之所同。轻微易藏，则珠玉金银之所独也。凡物之有用而为人所欲者，果能挟以周行，皆可以无饥寒之患，然则凡物皆可谓之币邪？

顾亭林《日知录》以金哀宗正大间，钞废不行，民间但以银市易，为上下皆用银之始。王西庄《十七史商榷》谓专用银、钱二币，直至明中叶始定。以生计学理衡之，说皆不误。赵瓯北《陔余丛考》驳王氏之说，殊为不然。然瓯北又谓当时用银，犹今俗之用金，则说亦不误，而又驳王氏者，昔人于泉币与人民寻常用为易中之物，分别未清也。亭林引《后汉书·光武纪》王莽末天下旱蝗，黄金一斤易粟一斛，为当时民间未尝无黄金之证，则殊不然。此特以金计价，非谓真持金一斤易粟一斛，即有其事，其人几何？今日荒歉之区，固亦有持黄金易粟者，可谓中国今日用金为币乎？

然则用银为币，晚近以前，果绝无其事，而用金为币，则更从来未有乎？曰是亦不然，特其有之皆在偏隅之地耳。五朝史《志》云：梁初，"交广以金银为货"；后周时，"河西诸郡或用西域金银之钱"。或者，不尽然之词。《志》又云：陈时，"岭南诸州多用盐、米、布交易，不用钱"。盖通用盐、米、布；值巨，或须行远，则济以金银。《日知录》引韩愈奏状云"五岭买卖一以银"；元稹奏状言："自岭以南，以金银为货币。"张籍诗曰："海国战骑象，蛮州市用银。"《宋史·仁宗纪》："景祐二年，诏诸路岁输缗钱，福建、二广以银。"则与偏隅之地交易，用金银由来已久，且迄不绝。然终不能行之全国者，以其与铜异物，价不齐，相权固不便也。历代钱法大坏，民至以物易物，数见不鲜。据《陔余丛考》所考，其时金银初未尝乏，然民终不用为币。《旧唐书》：宪宗元和三年六月诏曰：“天下有银之山，必有铜矿。铜者，可资于鼓铸。银者，无益于生人。其天下自五岭以北见采银坑，并宜禁断。”则明言银之不可为币矣。宋代交、会跌价，香药犀象并供称提，而民仍不用金银。金以银为钞本，亦弗能信其钞。其后民间以银市易，则钞既不用，钱又无有，迫于无如何耳。故知中国人之用银，乃迫不得已为之，而非其所欲也。

夫民之所以不用金银为币者，何也？曰：以其与铜异物，物异则价不齐，不能并用为币也。故在古代，患物之重，宁铸大铜钱，与小钱相权。然生事日进，则资生之物有待于交易者日多；交易愈多，用币愈广；用币既广，泉币之数，势必随之而增；泉币日增，其价必落；币价落而交易又多，势必以重赍为患。大钱之名值，与其实值不符，民所弗信也。符则大钱之重赍与小钱等矣。古之作大钱，非患小钱重赍，乃患钱币数少耳。专用铜币，至此将穷，安得不济以金银乎？曰斯时也，实当以纸币济铜钱之穷，不当以金银也。《唐书·食货志》载飞钱之始，由“商贾至京师，委钱诸道进奏院及诸军，诸使，富家”，而“以轻装趋四方，合券乃取之”。《文献通考》载交子之始，由蜀人患铁钱重，私为券以便贸易，皆以为钱之代表，而非遂以纸为钱。其后宋造交、会、关子，金行钞，或不畜本，或虽畜本而不足，或则所以代本者为他物而非钱，故为民所弗信耳。若其可以代钱，则唐于飞钱，宋于交子，并弗能禁。飞钱之行，京兆尹裴武请禁之。元和时，遂以“家有滞藏，物价寖轻”为患。交子之行，富人十六户主之。后富人资稍衰，不能偿所负，争讼数起。寇瑊尝守蜀，请禁之。薛田为转运使，议废交子，则贸易不便，请官为置务，禁民私造，乃置交子务于益州。金章宗初立，或欲罢钞法，有司亦言“商旅利于致远，往往以钱买钞，公私俱便之事，岂可罢去”。以钞代钱，有轻赍之益，而无价格不齐之患，实非并用金银所逮，惜乎人民已自发明此策，而为理财者所乱也。故曰：“善者因之。”又曰：“代大匠斫，希不伤手。”

今日纷纷，莫如径用银为币，其值巨者，以钞代之。若虑汇兑之际，外人操纵金银之价，则定一比率，设法维持之可也。银之辅币，不必为铜，可别以一种合金为之，为一角、一分、一厘诸种。此犹以纸代银，视为十分圜、百分圜、千分圜之一，而不复视为本物，特不用纸而用一种合金耳。所以不用纸者，以币之值愈小，其为用愈繁，纸易敝坏，多耗费也。所以并不用铜者，以铜行用久，民或不视为银币之十分之一，百分之一，千分之一，而仍论其铜之价，则圜法不立。用新造之合金，其物为旧日所无，自无固有之价，民自视为银币之化身矣。此亦暂时之事，若论郅治，则必如孔子所言：“货恶其弃于地也，不必藏于己；力恶其不出于身也，不必为己。”如今社会学家所言，有分配而无交易乃可。即以小康论，亦必支付，虽用泉币，定数则以实物，如今谓货物本位者。整齐钱币，特姑取济目前而已。

用钞之弊，昔人有言之者，亭林所谓“废坚刚可久之货，而行软熟易败之物”也。纸值最贱，贱则弥利伪造矣。其质易败，又不可以贮藏也。新旧钞异价之事，往往有之。钞法行时，民多用钞而藏实币，钞价由是贱，实币由是贵，久则实币与钞异价，而钞法坏矣。固由民信实币，不信虚钞，亦由纸质易败，不可久藏也。旷观历代值小之币，未有能用纸者。宋之交会，本以代表见钱，金之行钞，则为铜少权制。元中统元年造钞，始于十文，至元十一年，添造厘钞为一文、二文、三文，十五年而罢。明初设局铸钱，后以无铜，乃更行钞，然百文以下，皆用钱。至洪武二十七年，以民重钱轻钞，乃令悉收钱归官，依数换钞，不许更用，则钞法亦寖坏矣。钞可以行钱，而不可以为钱，固由虚不敌实，亦由辅币之值愈小，愈便于用。金利分割，坚刚可久，纸不然也。故主币可用纸，辅币用纸易败耳。

（六九七）续论金银之用

予尝论古代之黄金，仅行于王公贵人、富商畜贾之间，人民初未以为用，故不可以为钱，观于亭林论铜之语而益信，亭林之言曰：“乏铜之患，前代已言之。江淹谓古剑多用铜，如昆吾、欧冶之类皆铜也。楚子赐郑伯金，盟曰无以铸兵，故以铸三钟。原注：杜氏注：古者以铜为兵。《汉书·食货志》：贾谊言，收铜勿令布，以作兵器。《韩延寿传》：为东郡太守，取官铜物，候月蚀，铁作刀剑钩镡，放效尚方事。古金三品，黑金是铁，赤金是铜，黄金是金。夏后之时，九牧贡金，乃铸鼎于荆山之下。董安于之治晋阳公宫，令舍之堂，皆以炼铜为柱质。荆轲之击秦王中铜柱，而始皇收天下之兵铸金人十二，即铜人也。原注：《三辅旧事》曰：聚天下兵器，铸铜人十二，各重二十四万斤。汉世在长乐宫门。《魏志》云：董卓坏以铸小钱。吴门杨氏曰：门当为王之误。阖闾冢，铜椁三重。秦始皇冢，亦以铜为椁。战国至秦，攻争纷乱，铜不充用，故以铁足之。铸铜既难，求铁甚易，是故铜兵转少，铁兵转多，年甚一年，岁甚一岁，渐染流迁，遂成风俗，所以铁工比肩，而铜工稍绝。二汉之世，愈见其微。建安二十四年，魏太子铸三宝刀、二匕首，天下百炼之精利，而悉是铸铁，不能复铸铜矣。考之于史，自汉以后，铜器绝少，惟魏明帝铜人二，号曰翁仲。又铸黄龙、凤凰各一。而武后铸铜为九州鼎，用铜五十六万七百一十二斤。原注：唐韩滉为镇海军节度，以佛寺铜钟铸弩牙兵器。自此以外，寂尔无闻，止有铜马、铜驼、铜匦之属。昭烈入蜀，仅铸铁钱。而见存于今者，如真定之佛、蒲州之牛、沧州之狮，无非黑金者矣。”亭林论铜之渐少甚精，然谓铜所以少，由于攻争纷乱，铜不充用，则非也。果如所言，秦、汉而后，天下统一，兵争旷绝，民亦不挟兵器以自卫，往往历一二百年，即战争亦不以铜为兵器，何以铜不见多乎？盖铜之少，非真少也，乃以散在民间而见其少耳。铜之所以散在民间，则因人民生计渐裕，所以资生者降而愈厚，用为器者多也。无论如何巨富之家，一人之藏，断不敌千万人之积。秦始皇帝收天下之兵，铸以为金人十二，重各二十四万斤。此数尚未必实。散诸民则家得一斤，有铜者亦仅二百八十八万家耳，不见其多也。推此论之，则古代黄金之多，亦以其聚觉其然耳，非值与后世相去悬绝也。今日中国人口号四万万，女子半之，姑以十分之一有黄金一钱计，已得二百万两，当汉八百万两，五十万斤矣。

贾生说文帝“收铜勿令布”。武帝时，钱法大乱，卒之“悉禁郡国无铸钱，专令上林三官铸。钱既多，而令天下非三官钱不得行，诸郡国前所铸钱皆废销之，输入其铜三官”。钱法乃理，所行实即贾生之策也。汉世钱重，宣帝时粟石四钱，汉权量当今四之一，则得今粟六升余矣。其时之民，所以资生者尚菲，所用之钱盖无几，故可悉收而改铸。若在今日，虽黄金岂可得而悉收，虽银圆亦岂易尽改铸邪？汉世黄金一斤值钱万，以宣帝时谷价除之，得粟二千五百石，岂人民所能有邪？

金之渐见其少，始于南北朝时。以《陔余丛考》考金银以两计始于梁，而《书》《疏》谓汉、魏赎罪皆用黄金。后魏以金难得，令金一两收绢十匹也。案《齐书·东昏侯纪》：“后宫服御，极选珍奇，府库旧物，不复周用，贵市民间，金银宝物，价皆数倍京邑，酒租皆折使输金，以为金涂，犹不能足。”此虽用之侈，亦府库金渐少，民间金渐多之证。盖三代以前贵族平民阶级甚著，秦、汉而后，天下一统，封建废绝，官吏虽或贵富，较诸向者传世之君、卿大夫，则不可以道里计，其数之多少，亦相悬绝矣。昔之富有者既以世变之剧烈，人事之推移，其财日趋于散。新兴者之数不足与之相偿。平民之财产，则以铢积寸累，而日有所增，财货之下流，夫固不足为怪。然因此故，而钱币之措置，乃较古倍难，何者？钱法大乱时，必尽举所有改铸之，然数少收之易，数多则收之难，贾生"收铜勿令布"之说，惟汉武几于行之，后世卒莫能行，以此也。后世尽收旧钱而铸新钱者有两次，一隋一明也。隋已无以善其后，明则以销铸有利，旧钱逐渐消磨以尽耳，非国家能悉收而改铸之也。详见《日知录·钱法之变》条。铜禁金世最烈，铜器不可缺者，皆造于官。其后官不胜烦，民不胜弊，乃听民冶造，而官为立价以售。然其铸钱，资铜于销钱如故也。明初，置局鼓铸，有司责民输铜，民毁器皿以进，深以为苦，乃改而行钞。凡此皆铜散而不可复收之证也。北齐以私铸多，令市长铜价。隋时，铸钱须和锡蜡，锡蜡既贱，私铸不可禁约，乃禁出锡蜡处不得私采。此二者，一禁之于售卖之处，一禁之于开采之乡，亦非今日矿产遍地，冶肆遍于穷乡僻壤者之所能行矣。清雍正间，李绂疏言：钱文入炉，即化为铜，不可得而捕，惟禁断打造铜器之铺，则销毁亦无所用，其弊不禁自除。此仍"收铜勿令布"之意也。然其事岂可行乎？晚近康有为又欲令金肆之金，先尽国家收买，积之以行金币。一时之积或可致，然如是金价必贵，私销之弊必起，非尽积之银行，而以纸代之不可。然民信实币既久，金不可见，而纯以纸代，信亦不易立也。若谓钱币之用，只在市买；市买必须，虽不见金，民亦不得不用；不得不用则信立矣，则又何必用金乎？谓金价贵，利轻赍，纸币不益轻乎？故行金币，究劳扰而无益，尚不如就见已流通之银，而权之以纸也。

欲齐币制，所难者不在私铸，而尤在私销。私铸但能行不爱铜、不惜工之论即可防，政治苟清明，虽持法令，亦足齐其末也。私销则钱一入炉，即化为金，无形迹可求。其事不待技艺，人人可以为之，又不必集众置器，可各为之隐屏。此直防无可防，非特防不胜防矣。以银为器，贵不如金，用不如铜，私销初无所利，但使名值与实值相符，即为能行不爱铜之论矣。以纸为币，制必极精，务使奸人不能仿为，所以行不惜工之论也。纸质无值，不虑私销。辅币以合金为之，故无此物，众所不贵，使用之数不待限而自有限。以无此物，则莫以为器，自亦不利私销。或谓可以为币之物，不能使人不以为器，则造此物，专以为币，可定法令，不许以造他器。苟见此物所造之器，即为奸，法禁之自易，非如金银铜等为法为奸，卒不可辨也。然则私铸私销，两无可虑，不劳而币制可理矣。

《日知录·以钱为赋》一条，引《白氏长庆集策》曰："夫赋敛之本者，量桑地以出租，计夫家以出庸。租庸者，谷帛而已。今则谷帛之外，又责之以钱。钱者，桑地不生铜，私家不敢铸，业于农者，何从得之？至乃吏胥追征，官限迫蹙，则易其所有，以赴公程。当丰岁，则贱粜半价，不足以充缗钱；遇凶年，则息利倍称，不足以偿逋债。丰凶既若此，为农者何所望焉！是以商贾大族，乘时射利者日以富豪，田垄罢人，望岁勤力者，日以贫困。"《李翱集·疏改税法》一篇言："钱者，官司所铸。粟帛者，农之所出。今乃使农人贱卖粟帛，易钱入官，由是豪家大商，皆多积钱，以逐轻重，故农人日困，末业日增。"宋绍熙元年，臣僚言："古者赋出于民之所有，不强其所无。今之为绢者，一倍折而为钱，再倍折而为银，银愈贵，钱愈难得，谷愈不可售。使民贱粜而贵折，则大熟之岁，反为民害。愿诏州郡，凡多取而多折者，重置于罚。民有粜不售者，令常平就粜，异时岁歉，平价以粜，庶于民无伤，于国有补。"从之。顾氏《钱粮论》曰："往在山东，见登、莱并海之人，多言谷贱，处山僻不得银以输官。今来关中，自鄠以西，至于岐下，则岁甚登，谷甚多，而民且相率卖其妻子。至征粮之日，则村民毕出，谓之人市。问其长吏，则曰一县之鬻于军营而请印者，岁近千人，其逃亡或自尽者又不知凡几也。何以故？则有谷而无银也。"其与蓟门当事书，谓"目见凤翔之民，举债于权要，每银一两，偿米四石"，"请举秦民之夏麦秋米及豆草，一切征其本色，贮之官仓，至来年青黄不接之时而卖之，则司农之金固在也，而民间省倍蓰之出"。清任源祥《赋役议》亦谓"征愈急则银愈贵，银愈贵则谷愈贱，谷愈贱则农愈困，农愈困则田愈轻"。昔人之非折色而欲征本色者，其论大率如此。予谓此固由民贫，平时略无余畜，欲完税即不得不急卖其新谷；亦由乡间资生，皆属实物，即有余畜，亦非银钱也。近代之民如此，况于古昔。予谓古者金铜之多，特以其聚而见其然，审矣。《钱粮论》又曰："今若于通都大邑行商麕集之地，虽尽征以银，而民不告病。至于遐陬僻壤舟车不至之处，即以什之三征之，而犹不可得。"可见银钱特乏于乡间。或谓如此则近世之民，其乏泉币与秦汉等耳。予谓金铜散之民间，岂尽在城市间乎？曰金大略在城市间，钱则近世乡民亦皆有之。然征税又不以钱而以银，此其所以觉其难得也。读顾氏论火耗之说可知。

（六九八）行钞奇谈，伪钞奇技

楮币尺寸可考，始于有明。陆容《菽园杂记》云金、元钞皆不详其尺寸之制。今之钞，竖长一官尺，横八寸。”此说也，少时见之尝疑之。逮民国初年，南京掘得明代钞版，尺寸一一相符，然后知前人记载之不虚。以此推之，宋、金、元之楮币，其尺寸亦必不小也。不独以前，清咸丰时行钞亦仍系如此。故许梿论钞法有云：“洋钱乃外夷之制，谓非中国所应行使则可，谓钞便于洋钱则不可。洋钱不过寸余，身带二寸之囊，贮洋钱十枚有余，倘贮小钞十贯，每贯长必尺许，阔必五六寸，纸又极厚，就令折叠如洋钱之大，囊腹皤然矣。或谓十贯自有总钞，无须零析，此又不通之论。寻常日用，岂可从十贯起乎？”案昔时楮币，所以不得不大，盖缘欲防伪造，则花文字迹，镂刻不得不多，而欲求花文字迹之多，则昔时镂刻之技，必不能如今日印刷术所成之微细，盖亦有所不得已也。然咸、同间士子应试所怀之书籍，字迹之细，亦仅累黍，与后来石印所成相差无几。特其成之大难，所费工力太巨，与石印相较，自不合算，故自石印兴而其业遂渐替耳。咸丰欲行钞时，虽尚无石印之术，即用此等工人为之，钞之大，亦必不至长尺许阔五、六寸也。梿又述当时难者之辞，谓“民间用钱票，长不过四寸，阔不过三寸，纸又极薄”。纸薄或虑其易敝，长四寸阔三寸之制，何以官家必不可仿行邪？此亦可见办事者不肯用心，不察实在情形之弊也。

楮币既已通行，自可以法律定其所值。当其推行之始，民信未立，则必与实物相附丽，所附丽者，自以向来通行之钱币为便。故行钞之初，必须兑换，而所与相兑换者，实莫便于现钱。斯时钱钞，断宜并行，况钞制巨大，不宜零用邪？咸丰时千钱之钞，其不便，尚有如许梿所云，况明世宝钞，起自百文；元世中统钞起自十文，至元钞起自五文，其间尝造厘钞，则起自一文；至大时造银钞亦起于二厘者乎？然宋世称提，即用香药、宝货，元则杂用金、银与丝为钞本；议铸钱与钞并行，藉铜钱以实钞法者，宋、金、元、明四朝，仅脱脱一人而已，而当时驳难者蜂起，即修元史者之意，亦甚不以其说为然。昧于钱币之理如此，尚何以善其事乎？

楮币本无所值，欲行钞，自不得不注意于防伪。然昔人所言防伪之法，有极可笑者。许梿弟楣，作《造钞条论》，述当时主行钞者之议曰：“特造佳纸，禁民间不得行用。多为印记，篆法精工，使人难于摹仿。”案包慎伯有答王亮臣书云："世臣前书云：取高丽及贡、宣两纸之匠与料，领于中官，和合两法为纸，即使中习其法，而两匠则终身不出，其纸既可垂久远，而外间不得其法，无可作伪，固已得其大端。然钞有大小，则纸亦随之，虽至小之钞，皆令四面毛边；更考宋纸宽帘之法，使帘纹宽一寸以上；又用高丽发笺之法，先制数大字于夹层之中，正反皆见；此为尤要。"即特造佳纸，禁民间不得行用之说也。王茂荫条议钞法，请"饬于制钞局特派一二有心计之员，另处密室，于每钞上暗设标识数处。所设标识，惟此一二人知之。仍立一标识簿，载明每年之钞，标识几处，如何辨认，封藏以便后来检对。其标识按年更换，以杜窥测"。许梿述议者之说，又有谓"大钞用善书者书之，使笔迹可验。其余则监造大臣，皆自书名，作伪者必不能以一人而摹众字"。王茂荫又欲"令各州县解藩库之钞，均令于正面之旁，注明某年月日某州县恭解。民间辗转流通，均许背面记明年月，收自何人。或加图记花字。遇有伪钞，不罪用钞之人，惟究钞所由来，逐层追溯，得造伪之人而止"。此即多为印记，篆法精工，使人难以模仿之见也。其说诚亦煞费苦心，然繁难迂曲如此，其事尚安可行？即造钞者能行之，世尚有乐于用钞者乎？

作伪之技，亦有迥出意外者。许楣《造钞条论》，许梿曾加识语云："乙巳夏，在苏州谳局，会审常熟民人京控该县重征一案。据粘呈串票数纸。将常熟印信比对符合，而漕书俱云实无此重串。逮后审明系原告人描画印信。适有臬札在堂，令其当堂描画。伊将笔管撕一蔑片，随醮印泥，点触纸上，印文粗细缺蚀，丝毫不差。"又云："昔年在山左谳局，有吕姓粘庄票控告一案。票注二百千。钱庄只认二十千。检查庄簿，实止二十千。细验票上百字，一无补缀痕迹，图记、花板、字迹，分毫不爽。竟不能断为伪票。初疑庄伙舞弊，虚出二百千之票，而书二十千于簿，研鞫至再，原告吐露真情。云以水洗去十字，改为百字。始犹不信，令其当堂洗改。次日，持一白笔来，不知笔内有无药水。即将原票千字，用清水一滴，以笔扫洗，上下衬纸按吸。随洗随吸，至白乃止。世有巧夺天工如此者。"此等奇技，纵有至密之法，又何从而防之？然恃此等奇技而作伪，所能伪者几何？行钞者又岂以是为虑？故知政令之行，自有其康庄大道，筹国事者，正不必用心于无益之地也。

（六九九）禁奢

奢侈之风，虽历代皆有，然在古代，固为道德所不许，抑亦法律所不许也。至汉世，此谊犹明。《后汉书·明帝纪》：永平十二年，诏“有司申明科禁，宜于今者，宣下郡国”。《章帝纪》：建初二年，诏“科条制度，所宜施行，在事者备为之禁”。《和帝纪》：永元十一年，诏：旧令节之制度，“在位犯者，当先举正。市道小民，但且申明宪纲，勿因科令，加虐羸弱”。《安帝纪》：永初元年，诏三公明申旧令。元初五年，诏“旧令制度，各有科品”，“设张法禁，恳恻分明，而有司惰任，讫不奉行。秋节既立，鸷鸟将用，且复重申，以观后效”。《桓帝纪》：永兴二年，诏“申明旧令，如永平故事”。皆欲以法齐其民。此等法令，后世匪曰无之；禁奢之时，亦未尝不援以为言；实明知其不能行，视为官样文章而已。汉世则事虽已不能行，人犹以为可行，而冀行之也。故其议论亦然。晁错言：“法律贱商人，商人已富贵矣；尊农夫，农夫已贫贱矣。故俗之所贵，主之所贱也；吏之所卑，法之所尊也。上下相反，好恶乖迕，而欲国富法立，不可得也。”其言可谓深切著明。故其时之人，所讥切者，皆在法令之不定。《汉书·货殖传》论贫富之不均，“繇法度之无限”。而夏侯玄讥“汉文虽身衣弋绨，而不革正法度，似指立在身之名，非笃齐治制之意”。案《后汉书·荀爽传》：爽于延熹元年对策陈便宜，言宜“略依古礼尊卑之差，及董仲舒制度之别，严督有司，必行其命”；而玄亦以当时之科制为未足，欲大理其本，“准度古法文质之宜，取其中则，以为礼度”；皆所谓革正法度者。彼皆信法度之必可行，故欲有事于革正也。

善夫严安之言之也。曰：“今天下人民，用财侈靡。车马、衣裘、宫室，皆竞修饰。调五声使有节族，杂五色使有文章，重五味方丈于前，以观欲天下。彼民之情，见美则愿之，是教民以侈也。侈而无节，则不可澹。民离本而徼末矣。末不可徒得，故搢绅者不惮为诈，带剑者夸杀人以矫夺，而世不知愧。故奸轨浸长。臣愿为民制度，以防其淫。使贫富不相耀，以和其心。心既和平，其性恬安。恬安不营，则盗贼销。盗贼销则刑罚少。刑罚少则阴阳和。四时正，风雨时，草木畅茂，五谷蕃熟，六畜遂字，民不夭厉，和之至也。”《老子》曰“民之轻死，以其奉生之厚”，末不可徒得故也。《管子》曰：“地之生财有时，民之用力有倦，而人君之欲无穷。以有时与有倦，养无穷之君，而度量不生于其间，则上下相疾也。是以臣有弑其君，子有弑其父者矣。”权修。《易》曰：“臣弑其君，子弑其父，非一朝一夕之故，其所由来者渐矣，由辨之不早辨也。”度量之有无，则有国家者所当谨也。

禁奢之举，非不顺于民心也。虽或违之，固不如顺悦之者之众也。何也？“失节之嗟，民所自患，正耻不及群，故勉强而为之”，故“厘其风而正其失，易于反掌”也。贺琛之言。见《梁书》本传。张鲁依月令，春夏禁杀，又禁酒，流移寄在其地者，不敢不奉，《三国志·鲁传注》引《典略》。况威权大于鲁者乎？然惟鲁能行之，何也？曰：惟米贼，乃与纵欲败度者异其党类也。董和为成都令，防遏踰僭，为之轨制。县界豪强，惮和严法，遂说刘璋，转和为巴东属国都尉。《三国·蜀志·和传》。盖法度之难行如此。岂无江充、阳球之伦，然此曹意实不在行法；毁法而有利于身，即遇坏法之事，熟视若无睹矣。陈思王妻衣绣，魏武帝怒其违制，杀之。见《三国·魏志·崔琰传注》引《世语》。其事不可常行，亦不能常行也。《宋史·谢绛传》言：仁宗初，“诏罢织密花透背，禁人服用，且云自掖庭始。既而内人赐衣，复取于有司。又后苑作制玳瑁器，索龟筒于市。龟筒，禁物也，民间不得有，而索不已。”此等法令，则直同儿戏矣。《后汉书·张酺传》：“酺病临危，敕其子曰：显节陵扫地露祭，欲率天下以俭。吾为三公，既不能宣扬王化，令吏人从制，岂可不务节约乎？其无起祠堂，可作稿盖庑，施祭其下而已。”不能正人，而徒自责，犹为贤者。至于俗吏，则有纵释势豪，加虐羸弱者矣。汉宣帝五凤二年诏，谓“今郡国二千石，或擅为苛禁，禁民嫁娶不得具酒食相贺召”是也。岂徒科禁，即劝人治生者，如黄霸治颍川，“为条教，置父老、师帅、伍长，班行之于民间”；仇览长蒲亭，“为制科令，至于果菜为限，鸡豕有数”，亦只以扰民而已。何也？指立在身之名者，必不免于为伪，为伪则未有能善其后者也。观张敞讥黄霸之语可知。

《晋书·李重传》，述泰始八年己巳诏书申明律令：“诸士卒、百工以上，所服乘皆不得违制。若一县一岁之中，有违犯者三家，洛阳县十家以上，官长免。”盖明知官吏之不奉行，而以是督之也。此其终为具文，亦无待再计矣。东渡后谢石奢侈，及死，博士范弘之议谥之曰襄墨。朝议不从，单谥曰襄。其议曰：“汉文袭弋绨之服，诸侯犹侈；武帝焚雉头之裘，靡丽不息。良由俭德虽彰，而威禁不肃；道自我建，而刑不及物。若存罚其违，亡贬其恶，则四维必张，礼义行矣。”《晋书·儒林·范弘之传》。此尚是汉人议论，然亦止于议论而已。

《旧唐书·文宗纪》：大和三年，九月，敕两军、诸司、内官不得着纱縠绫罗等衣服。十一月，南郊礼毕大赦节文，禁止奇贡，云“四方不得以新样织成非常之物为献，机杼纤丽若花丝布、缭绫之类，并宜禁断。敕到一月，机杼一切焚弃。”四年，四月，诏内外班列职位之士，各务素朴。有僭差尤甚者，御史纠上。六年，六月，右仆射王涯奉敕，准令式条疏士庶衣服、车马、第舍之制度。敕下后，浮议沸腾。杜悰于敕内条件易施行者宽其限，事竟不行，公议惜之。《新唐书·车服志》：文宗即位，以四方车服僭奢，下诏准仪制令品秩勋劳为等级。诏下，人多怨者。京兆尹杜悰条易行者为宽限，而事遂不行。惟淮南观察使李德裕令管内妇人衣袖四尺者阔一尺五寸，裙曳地四五寸者减三寸。《王涯传》：文宗恶俗侈靡，诏涯惩革，涯条上其制。凡衣服、室宇，使略如古。贵戚皆不便，谤讪嚣然，议遂格。七年，八月，甲申朔，御宣政殿册皇太子永。是日，降诏云：“比年所颁制度，皆约国家令式，去其甚者，稍谓得中。而士大夫苟自便身，安于习俗，因循未革，以至于今。百官士族，起今年十月，其衣服、舆马，并宜准大和六年十月七日敕。如有固违，重加黜责。”六年十月七日敕，盖即杜悰所条也。文宗禁奢之意，最锐最坚，然亦徒托空言而已。

汉世贤者，尚有不待禁制，自守轨范者。《汉书·王吉传》言：“自吉至崇，世名清廉，然材器名称稍不能及父，而禄位弥隆。皆好车马衣服，其自奉养，极为鲜明，而亡金银锦绣之物。及迁徙去处，所载不过囊衣，不畜积余财。去位家居，亦布衣疏食。天下服其廉而怪其奢，故俗传王阳能作黄金。”案汉世官禄较厚，居位者不事居积，自奉自可较丰，无足怪也。《三国·蜀志·费祎传注》引《祎别传》，言祎“雅性俭素，家不积财。儿子皆令布衣素食，出入不从车骑，无异凡人”。所守亦与吉同。古之制礼，奉养依贵贱而异。故古者富与贵一，贫与贱一。后世则不然矣。富与贵、贫与贱何以一？小儒必曰：才德之大小为之也。盍亦思富与贵者，果因其才德而居之欤？抑亦既富且贵，乃为是说以自文也。持此说者，以荀卿为最力。宜乎康南海斥为小康之言，未闻大同之教也。

王吉、费祎，能守法而已，尚未足以为俭也。然能守法而不越，亦不故为矫激，在当时已为贤者矣。真可云有俭德者，盖莫如公孙弘。论世者多讥其曲学阿世，此诬也。阿世者必有所求，彼也见举则谢不肯行，晚达而无所畜聚，阿世果何为哉？王吉、贡禹，志同道合。禹乞骸骨，自言禄赐愈多，家日益富，惟俭者为能知足，则禹有俭德可知。禹有俭德，而吉亦可知矣。其自奉养之鲜明，盖以为法当如是，非有所溺于物欲，故去位家居，即能复其布衣疏食之旧也。《后汉书·袁安传》，言其孙彭，“行至清，为吏粗袍粝食。终于议郎。胡广等追表其有清洁之美，比前朝贡禹、第五伦”。广等去禹等近，所言必有灼见也。公孙弘、王吉、贡禹、第五伦，位皆不为不显，然绝未有闻风兴起者，至毛玠、崔琰，因选权在手，乃稍收激扬之效。汉世之言禁奢者，皆欲乞灵于法律，岂无由哉？毛玠、崔琰所取，和洽讥其隐伪，是也，然国奢示俭，玠等亦或出于不得已。盖尝论之：军兴则万事堕废，纲纪坠地。曹爽，有为之才也，然司马氏讥其奢侈，恐不尽诬。奢侈之风，果何自来哉？窃疑魏武时已然，毛玠、崔琰不得已，乃矫枉而过其直。不然，彼岂不知其所取者之足容矫伪哉？和洽言：“太祖建立洪业，奉师徒之费，供军赏之用，吏士丰于资食，仓府衍于谷帛，由不饰无用之宫，绝浮华之费。”夫君独俭于上，而臣奢侈于下，何益？然则毛玠、崔琰之所为，确有益于太祖也，然至曹爽等卒以贿败。然则汉末奢侈之风，魏武虽一抑塞之而未能绝也。司马氏以此罪曹爽，而身亦未能革，为之徒者，纵恣尤甚于爽等，而神州陆沉矣。

《魏略》以常林、吉茂、沐并、时苗四人为《清介传》，《三国·魏志·常林传注》引。皆和洽所谓隐伪之徒也。苗为寿春令。“始之官，乘薄軬车，黄牸牛；布被囊。居官岁余，牛生一犊。及其去，留其犊，谓主簿曰：令来时本无此犊，犊是淮南所生有也。群吏曰：六畜不识父，自当随母。苗不听。时人皆以为激，然由此名闻天下。”观“由此名闻天下”六字，而其所为为之可知。时人皆以为激，岂不如见其肺肝然哉？然隐伪者曾不以是为愧也。此一时风气所趋，能为隐伪者之所以多也。然究尚愈于并不能为隐伪之徒。《吴志·是仪传》言：吕壹历白将相大臣，或一人以罪闻者数四，独无以白仪。则有清德者究易自全也。或曰：世遂无有清德而获祸者欤？曰：有之矣，然非以其清也。时苗往谒蒋济。济素嗜酒，适会其醉，不能见苗。苗恚恨，还，刻木为人，署曰酒徒蒋济，置之墙下，旦夕射之。其忿戾如此。诗曰：“不忮不求，何用不臧？”有清德者之获祸，以其忮，非以其清也。晏子岂无清德？何以卒全于乱国哉？

《徐邈传》：卢钦言：“往者毛孝先、崔季珪等用事，贵清素之士，于时皆变易车服，以求名高，而徐公不改其常。比来天下奢靡，转相仿效，而徐公雅尚自若。”不改常度，自最可贵。所以如此，盖由无求。隐伪者之远利，实以求名也。《姜维传》：郤正著论论维曰：“据上将之重，处群臣之右，宅舍弊薄，资财无余；侧室无妾媵之亵，后庭无声乐之娱。衣服取供，舆马取备，饮食节制，不奢不约，官给费用，随手消尽。察其所以然者，非以激贪厉浊，抑情自割也，直谓如是为足，不在多求。”此几于性之矣。盖其所务者大，于小者自有所不暇及也。故曰：“士志于道，而耻恶衣恶食者，未足与议也。”《论语·里仁》。彼实未志于道也。

王吉言：“古者衣服车马，贵贱有章。今上下僭差，人人自制，是以贪财诛利，不畏死亡。周之所以能致治，刑措而不用者，以其禁邪于冥冥，绝恶于未萌也。”言之亦可谓深切著明，彼其所以谨守小康之世之法度而不敢踰也。《潜书·尚朴》曰：“荆人炫服。有为太仆者，好墨布，乡人皆效之，帛不入境，染工远徙。荆之尚墨布也，则太仆为之也。陈友谅之父好衣褐，破蕲，不杀衣褐者。有洛之贾在蕲，以褐得免，归而终身衣褐，乡人皆效之。帛不入境，染工远徙；洛之尚褐也，则贾为之也。”铸万生直丧乱之时，侈固非民所欲，故有反之者，民从之如流水。《晋书·王导传》言：苏峻乱后，帑藏空竭，库中惟有练数千端，粥之不仇，而国用不给。导患之，乃与朝贤俱制练布单衣，士人翕然服之，练遂踊贵。乃令主者出卖，端至一金。与此可以参观。此等皆不能有大效，故汉人必欲以法驭之也。

《旧唐书·郑覃传》：“文宗谓宰臣曰：朕闻前时内库惟二锦袍，饰以金鸟。一袍玄宗幸温汤御之，一即与贵妃。当时贵重如此。如今奢靡，岂复贵之？料今富家，往往皆有。”然则世愈乱愈奢也。所以然者，法度废而纲纪隳也。《新唐书·汉阳公主传》：顺宗女。“文宗尤恶世流侈。因主入，问曰：姑所服何年法也？今之弊何代而然？对曰：妾自贞元时辞宫，所服皆当时赐，未尝敢变。元和后数用兵，悉出禁藏纤丽物赏战士，由是散于人间，狃以成风。”可为一证。

顾亭林《菰中随笔》云：“人富则难使也。夫人之轻于生，必自轻于货也始。是故人富而重其生。绝吭伏剑，不出素封千户之家；感慨自裁，多在婢妾贱人之辈。”又曰：“古之偷生蒙耻，幸免而归，为乡里所不齿者有矣，未若今之甚也。非特不齿也，破其庐，劫其资，燔其室，而后厌于人心。何哉？古不富而今富也。富然后树怨深，富然后人思夺之。”斯言也，可为制富贵者之法，亦可为乘乱攘窃者之炯戒也。景延广处危幕之上，乃大治第宅，置妓乐，卒以此顾虑其家，不能引决，为虏所絷。此可谓绝吭伏剑，不出素封千户之家者矣。

《史记·春申君列传》云平原君使人于春申君，春申君舍之于上舍。赵使欲夸楚，为玳瑁簪，刀剑室以珠玉饰之，请命春申君客。春申君客三千余人，其上客皆蹑珠履，以见赵使，赵使大惭。”此等夸饰之辞，原不足信。然太史公曰：“吾适楚，观春申君故城，宫室盛矣哉！”则必非虚语矣。哀哉，以是时之楚，而犹为是城郭宫室也！至昌平君、项燕之死，不终为他人奉矣乎？然岂徒一春申君哉？

（七〇〇）毁奢侈之物

《晋书·武帝纪》：咸宁四年，十一月，太医司马程据献雉头裘。帝以奇技异服，典礼所禁，焚之于殿前。敕内外敢有犯者罪之。此事最为读史者所艳称，其实类此者非一事也。《陆云传》：云拜吴王晏郎中。“晏于西园大营第室。云上书，言清河王昔起墓宅时，手诏追述先帝节俭之教，恳切之旨，形于四海。清河王毁坏成宅以奉诏命。”则当武帝时，实有奉教而毁已成之物者，雉头裘之焚，不能谓其无益于观听也。《齐书·高帝纪》：“即位后，敕中书舍人桓景真曰：主衣中似有玉介导。此制始自大明末，后泰始尤增其丽。留此置主衣，政是兴长疾源，可实时打碎。凡复有可异物，皆宜随例也。”《文惠太子传》：薨后，“世祖履行东宫，见太子服玩过制，大怒，敕有司随事毁除”。《梁书·武帝纪》：“受相国、梁公之命。是日，焚东昏淫奢异服六十二种于都街。”《陈书·宣帝纪》：太建七年，四月，监豫州陈桃根于所部得青牛，献之，诏遣还民。桃根又表上织成罗文锦被裘各二，诏于云龙门外焚之。凡此皆弃其物。《南史·梁武帝纪》：天监四年，正月，有司奏吴令唐佣铸盘龙火炉，翔凤砚盖。诏禁锢终身。则虽未毁其物而绝其人。《宋书·周朗传》：朗上书论革侈俗曰：“自今以去，宜为节目。若工人复造奇技淫器，皆焚之而重其罪。”则并欲绝其制造之源，其所及弥深广矣。《魏书·韩秀传》：子务，为郢州刺史，献七宝床、象牙席。诏曰：“晋武帝焚雉头裘，朕常嘉之。今务所献，亦此之类矣。可付其家人。”此诏当出宣武。《长孙道生传》：道生廉约，第宅卑陋。出镇后，其子弟颇更修缮，起堂庑。道生还，切责之，令毁宅。则北朝君臣，亦有知此义者。宇文氏仰慕华风，故其行之尤力。《周书·武帝纪》：建德元年，十二月，幸道会苑，以上善殿壮丽，焚之。六年，正月，入邺。诏：“东山、南园及三台，可并毁撤。

瓦木诸物，凡人用者，尽赐下民。山园之田，各还本主。”五月，诏曰：“往者冢臣专任，制度有违，正殿别寝，事穷壮丽。非直雕墙峻宇，深戒前王，而缔构宏敞，有踰清庙。不轨不物，何以示后？兼东夏初平，民未见德，率先海内，宜自朕始。其露寝会义、崇信、含仁、云和、思齐诸殿等，农隙之时，悉可毁撤。雕斲之物，并赐贫民。缮造之宜，务从卑朴。”又诏曰：“京师宫殿，已从撤毁。并、邺二所，华侈过度，诚复作之非我，岂容因而弗革？诸堂殿壮丽，并宜除荡，甍宇杂物，分赐穷民。三农之隙，别渐营构，正蔽风雨，务在卑狭。”其雷厉风行，并非南朝所及矣。隋文俭德，冠绝古今。《本纪》：开皇十五年，六月，相州刺史豆卢通贡绫文布，命焚之于朝堂，绝与晋武帝焚雉头裘类。《秦王俊传》：薨后“所为侈丽之物，悉命焚之”，亦犹齐武帝之于文惠也。《旧唐书·张玄素传》：贞观四年，诏发卒修洛阳宫乾阳殿，以备巡幸。玄素上书谏，有曰：“陛下初平东都，层楼广殿，皆令撤毁。”其后面对，又言：“陛下初平东都，太上皇敕大殿高门并宜焚毁。陛下以瓦木可用，不宜焚灼，请赐与贫人。事虽不行，天下翕然，讴歌至德。”《窦琎传》：“为将作大匠，修葺洛阳宫。于宫中凿池起山，崇饰雕丽。太宗怒，遽令毁之。”亦周武帝之志也。《玄宗纪》：开元二年，六月，“内出珠玉、锦绣等服玩，又令于正殿前焚之。”《新唐书》：七月，乙未，“焚锦绣、珠玉于前殿”。《通鉴》：开元二十五年，“命将作大匠康訔素之东都毁明堂。訔素上言：毁之劳人。请去上层，卑于旧九十五尺，仍旧为乾元殿。从之”。玄宗后虽奢侈，其初政，亦尚能式遵旧典也。中叶以后，武人跋扈，然《旧唐书·德宗纪》：大历十四年，七月，“毁元载、马璘、刘忠翼之第，以其雄侈踰制也”。则亦不能任意妄作。《文宗纪》：大和元年，四月，“毁升阳殿东放鸭亭，望仙门侧看楼十间，并敬宗所造也”。则前王之所为，亦自正之矣。三年南郊赦文云：“四方机杼纤丽，若花丝布、缭绫之类，并宜禁断。敕到一月，机杼并即焚弃。”是欲举周朗之所言者而行之也。《田弘正传》：“魏州自承嗣已来，馆宇、服玩，有踰常制者，悉命彻毁之。”《旧五代史·周太祖纪》：广顺元年，二月，“内出宝玉器及金银结缕宝装床几饮食之具数十，碎之于殿廷。仍诏所司：凡珍华悦目之物，不得入宫”。则武人之贤者，亦知此义矣。《宋史·太宗纪》：淳化元年，八月，毁左藏库金银器皿，亦与周太祖所为同。《范雍传》：“玉清昭应宫灾。章献太后泣对大臣曰：先帝竭力成此宫，一夕延燎几尽，惟一二小殿存耳。雍抗言曰：不若悉燔之也。先朝以此竭天下之力，遽为灰烬，非出人意。如因其所存，又将葺之，则民不堪命，非所以畏天戒也。时王曾亦止之，遂诏勿葺。”此真侃侃直节矣。《高宗纪》：绍兴二年，五月，“两浙转运副使徐康国献销金屏障。诏有司毁之，夺康国二官”。二十七年，三月，“诏焚交阯所贡翠羽于通衢，仍禁宫人服用销金翠羽”。《王十朋传》：秦桧死，上亲政，策士，擢为第一。用其言，严销金铺翠之令，取交阯所贡翠物焚之。《宁宗纪》：嘉泰元年，四月，“诏以风俗侈靡，灾后官军营造，务遵法制。三月临安大火。内出销金铺翠，焚之通衢。禁民无或服用”。《明史·陈友谅传》：“友谅豪侈，尝造镂金床甚工。宫中器物类是。既亡，江西行省以床进。太祖叹曰：此与孟昶七宝溺器何异？命有司毁之。”皆能守前世之遗规者也。《彭泽传》：“出为徽州知府。将遣女，治漆器数十，使吏送其家。泽父大怒，趣焚之，徒步诣徽。泽惊，出迓，目吏负其装。父怒曰：吾负此数千里，汝不能负数步耶？入，杖泽堂下。杖已，持装径去。”古人之清正如此，此其所以毁既成之物而弗怍也。自恒人之情言之，必曰：弗之用，斯可矣，毁之宁不可惜？然自毁之者言之，则其物并无可用之处。夫无可用之处，则是无用之物也，毁之又何足惜？夫毁之则重劳者，莫如宫室。然翼奉说汉元帝，言其时宫室、苑囿，奢泰难供，以故民困国虚，亡累年之畜。不改其本，难以末正。汉德隆盛，在于孝文，躬行节俭，如令处于当今，因此制度，必不能成功名。故愿迁都正本。众制皆定，亡复缮治宫馆不急之费，岁可余一年之畜。夫亡复缮治，宁不渐坏？与撤毁亦何以异？撤毁固不能无劳民，然缮治则将劳民无已，与夫撤毁之止于一次者为何如哉？且留之将何为乎？将以观欲天下乎？民生而日抒矣，虽用今所谓奢侈之物而不为侈矣，至其时，岂不能更造哉？而留此不轨之物，以塞其革正之路乎？

《南史·宋武帝纪》：“帝素有热病，并患金创，末年尤剧，坐卧常须冷物。后有人献石床，寝之极以为佳。乃叹曰：木床且费，而况石耶？即令毁之。”以疾而须石床，实不可谓之侈。况于帝之金创，殆以定内御外所致，而犹毁之，然则不必圣贤，即英雄亦不易为也。

（七〇一）后世惠民之政多西京所已有

清汤文正斌尝言：岁祲免租，特少苏民困而已，必屡举于丰年，富乃可藏于民。又凡免当年田租，皆中饱于官吏，故每遇国有大庆，或水旱形见，不肖者转急征以待赐除。必豫免次年田租，然后民不可欺，吏难巧法。圣祖深然之，遂定为经法，凡免地丁编折银，必于前一年颁论。康熙三十年，特谕户部：自今以往，海内农田正赋编折，通三年轮免一年，周而复始，直省均以编，不问岁之丰凶。其后虽以西边事起中缀，然世宗、高宗屡蠲天下田租，皆先一年降旨，以次轮免，犹循行其意也。

此事论者亟称文正之贤。然余读《宋史·食货志》：嘉熙二年臣僚言：陛下自登大宝以来，蠲赋之诏，无岁无之，而百姓未沾实惠，盖民输率先期归于吏胥、揽户，及遇诏下，则所放者吏胥之物，所倚阁者揽户之钱，是以宽恤之诏虽颁，愁叹之声如故。尝观汉史，恤民之诏多减明年田租。今宜仿汉故事，如遇朝廷行大惠，则以今年下诏，明年减租，示民先知减数，则吏难为欺，民拜实赐矣。从之。然则免租之先一年降旨，特宋代已行之法，而宋又沿之于汉者也。至轮免天下田租，论者多称为有清仁政；然汉文帝时，除民之田租至于十有三年，则又非三年轮免一次之比矣。则信乎后世惠民之政，皆西京所已行者也。

（七〇二）宝物

孟子曰："诸侯之宝三：土地、人民、政事。宝珠玉者，殃必及身。"《尽心》下。乍观之，其言似甚可怪。以一国之大，何至不知宝而宝珠玉？然观古以觊重器而伐国、出重器而媾和者之多，而知孟子之言，非有过矣。楚灵王，雄主也，而其谓子革曰："昔我先王熊绎，与吕伋、王孙牟、燮父、禽父并事康王，四国皆有分，我独无有。"《左氏》昭公十二年。蒯聩，亦久历艰难之主也，而其谓浑良夫曰："吾继先君而不得其器，若之何？"《左氏》哀公十六年。皆若不胜其怏怏之情焉。即乐毅报燕惠王，侈陈前王之功绩，亦曰："珠玉、财宝、车甲、珍器，尽收入于燕。齐器设于宁台，大吕陈于元英，故鼎返于磿室。"其重之也如是。无怪子常以裘佩与马，止唐、蔡之君，而酿滔天之祸矣。"虞叔有玉，虞公求旃。弗献。既而悔之，曰：匹夫无罪，怀璧其罪。吾焉用此？其以贾害也？乃献之。又求其宝剑。叔曰：是无厌也。无厌，将及我。遂伐虞公。故虞公出奔共池。"《左氏》桓公十年。知怀璧之将以贾害而献之，可谓难矣。而虞公犹以无厌之求致败；叔亦以惧将及而出其君。处好宝物之世，而求自全，难矣哉！

《晋书·桓玄传》，言其“尤爱宝物，珠玉不离于手。人士有法书、好画及佳园宅者，悉欲归己。犹难逼夺之，皆蒱博而取。遣臣佐四出，掘果移竹，不远数千里。百姓佳果、美竹，无复遗余”。此似痴绝，惟纨袴少年为之，然历代皇室，谁不多藏珠玉、法书、好画邪？宋徽宗之花石纲，非即玄之遣人四出掘果移竹乎？《传》又言其请平姚兴，“初欲饰装，无他处分，先使作轻舸，载服玩及书画等物。或谏之，玄曰：书画服玩，既宜恒在左右；且兵凶战危，脱有不意，当使轻而易运。众咸笑之”。然古来有国有家者，至于亡灭之际，孰不犹有所藏乎？《宋史·刘重进传》，言其以显德三年克泰州。“初，杨行密子孙居海陵，号永宁宫。周师渡淮，尽为李景所杀。重进入其家，得玉砚、玉杯盘、水晶盏、码碯盌、翡翠瓶以献。”是杨氏亡时，其宝物初未尽亡也。又《贾黄中传》，言其以太平兴国二年知升州，“一日，案行府署中，见一室，扃钥甚固。命发视之，得金宝数十匮，计直数百万，乃李氏宫中遗物也，即表上之”。是李氏亡时，其宝物亦未尽亡也。然宝之果何益哉？《张洎传》言：李煜既归朝，贫甚，洎犹匄索之。煜以白金颒面器与洎，洎尚未满意。然则不徒敌国，虽旧臣，犹以怀璧而肆诛求矣。宝之则其罪矣，果何为哉？亦岂可终宝哉？

《宋史·贾似道传》，言其“酷嗜宝玩，建多宝阁，日一登玩”，此即桓玄见人有宝、尽欲归己之心。又云：“闻余玠有玉带，已殉葬矣，发其冢取之。”居宰相之位，而为椎埋之行，此古人所以因求宝物而致动干戈也。《徐鹿卿传》：“丞相史弥远之弟，通判温州，利韩世忠家宝玩，籍之。鹿卿奏削其官。”世忠家不以宝玩，是时亦岂见籍哉？高宗幸医王继先，怙宠干法，富浮公室，数十年无敢摇之者。闻边警，辇重宝归吴兴，为避敌计。杜莘老疏其十罪。高宗乃籍其赀，鬻钱入御前激赏库，以赏将士。事见《莘老传》。亦以爱宝物促其败也。

《明史·孟一脉传》：一脉于万历时上疏有曰“浮梁之磁，南海之珠，玩好之奇，器用之巧，锱铢取之，泥沙用之，于是民间皆为丽侈。穷耳目之好，竭工艺之新，不知纪极，中人得十金，即足供一岁之用，今一物常兼中人数家之产”云云。夫工艺之新，今人所誉为文明者也。然人之因此而陷于饥寒者众矣，而其物亦卒随兵燹而尽，哀哉！

（七〇三）疏食上

茹毛饮血，此皆以为形容野蛮人之词耳，其实不然，此四字见《礼记·礼运》。《正义》云："虽食鸟兽之肉，若不能饱者，则茹食其毛以助饱，若汉时苏武以雪杂羊毛而食之，是其类也。"古人恒苦饥荒，苏武之穷乏，于古必数见不鲜，足见其非形容之词。《诗·豳风》："九月筑场圃。"《笺》云："耕治之以种菜茹。"《正义》云："茹者咀嚼之名，以为菜之别称，故书传谓菜为茹。"案毛言茹，菜亦言茹，则古人之食菜，与茹毛同。肉不能饱而茹毛，草木之实不能饱而茹菜，其致一也。然茹植物之始，非必皆后世老圃之所植也，盖草根树皮，无弗食焉，其去后世饥荒时之所食，亦无几耳。《礼记·月令》：仲冬之月，山林薮泽，有能取蔬食，田猎禽兽者，野虞教道之；其有相侵夺者，罪之不赦。《周官》大宰九职："八曰臣妾，聚敛疏材。"委人："掌敛野之赋，凡疏材、木材、凡畜聚之物。"《管子·七臣七主》曰：果蓏素食当十石。《八观》曰：万家以下，则就山泽；万家以上，则去山泽。皆可见其养人之广。若后世，则惟饥荒之时食之，见诸救荒本草中耳。

《淮南·主术》曰：夏取果蓏，秋畜疏食。则果蓏与疏食不同；果蓏者草木之实也，疏食其根茎也。《礼记》郑《注》曰：草木之实为疏食。《周官》郑《注》曰：疏材，根实可食者。混二者为一，恐非。

疏食较谷食为粗，谷之粗者，亦较其精者为粗，故后亦称谷之粗者为疏食。《礼记·杂记》："吾祭，作而辞曰：疏食不足祭也。吾餐，作而辞曰：疏食也，不足以伤吾子。"《正义》曰："疏粗之食，不可强饱，以致伤害。"是也。今者谷之精者，不足养人，人人知之矣。予谓更推之，则专食粗谷，或者不如兼食各种植物。古《本草》有所谓久服轻身延年者，今人试之，或无其效，则以古说为不可信。然古人所谓久服者，恐非如今人以之为药物，乃以之为饔飧也。国民军围武昌，某药肆学徒，为其肆送何首乌，中途炮火大作，流弹纷至，不能至肆，姑归家止焉，已而其肆闭。此学徒家惟老父一人，久瘫痪卧床弗能动矣。父子二人，闭门坐守。粮绝，遂以何首乌当饭。一月许，其父竟愈。此事见上海某报，予曾录存之，今亦在游击区中，弗能道其详，然其大致固犹能记忆也。此人瘫痪之获愈，不知果由以何首乌代饭否？然《本草》中所云常服之品，若以之代饭，必有效验可见，则理有可信也。神农为古农业之称，本非指人，如《月令》云：毋发令而待，以妨神农之事是也。所谓《神农本草经》者，非谓炎帝神农氏所作之本草经，乃谓农家原本草木性味之书耳。古农家所以能知百草之性者，亦以其所食不专于谷物也。

（七〇四）疏食下

疏食足济民食，汉世犹知之。《后汉书·和帝纪》：永元五年九月壬午，令郡县劝民蓄疏食，以助五谷。其官有陂池，令得采取，勿收假税二岁。十一年二月，遣使循行郡国，禀贷被灾害不能自存者，令得渔采山林池泽，不收假税。十二年二月，诏贷被灾诸郡民种粮，赐下贫鳏寡孤独不能自存者及郡国流民，听入陂池渔采，以助疏食。十五年六月，诏令百姓鳏寡渔采陂池，勿收假税二岁。《安帝纪》：永初三年七月庚子，诏长吏案行在所，皆令种宿麦疏食，务尽地力。其贫者给种饷。案《刘玄传》言：王莽末，南方饥馑，人庶群入野泽，掘凫茈而食之，此即所谓疏食也。《汉书·王莽传》：天凤五年，以大司马司允费兴为荆州牧。见，问到部方略。兴对曰：荆扬之民，率依阻山泽，以渔采为业。间者国张六管，税山泽，妨夺民之利；连年久旱，百姓饥穷，故为盗贼。莽怒，免兴官。然至地皇三年，卒开山泽之防，诸能采取山泽之物而顺月令者恣听之，勿令出税，可见疏食关系之大。《刘玄传》言：入野泽掘凫茈者，更相侵夺，王匡、王凤为平理诤讼，遂推为渠帅。此所谓饮食必有讼，而能平理诤讼者，为众所推，亦即所谓争而不已，必就其能断曲直者而听命焉者也。元魏尝罢河东盐池之税矣，富强者专擅其用，贫弱者不得资益。延兴初，复立监司，量其贵贱，节其赋入，公私兼利。世宗即位，复罢其禁。豪贵之家，复乘势占夺。近池之民，又辄障吝。强弱相陵，闻于远近。神龟初，卒复置监官。然则设官管理，本非徒计利人，亦所以抑豪强而公美利也。而惜乎主管榷者，贤者徒知利国，不肖者且躬肆侵渔也。

《汉书·地理志》言：江南以渔猎山伐为业，果蓏蠃蛤，食物常足，故呰窳媮生而亡积聚。饮食还给，不忧冻饿，亦无千金之家。夫其无积聚而不忧冻饿，正以山泽之利，不与五谷俱荒故也。莽以峻切之政齐之，其致乱宜矣。然龚遂为渤海太守，秋冬课收敛，益畜果实菱芡，劳来循行，郡中皆有畜积，则北方亦未尝无疏食之利也。《后汉书·江革传》云：负母逃难，常采拾以为养。《独行传》:范冉遭党人禁锢,遂推鹿车,载妻子,捃拾自资。《注》引《袁山松书》曰:冉去官,尝使儿捃拾麦,得五斛,此即收敛所余,龚遂所以欲课民收敛也。《诗》曰:彼有遗秉,此有不敛穧,龙子言乐岁粒米狼戾,小民无远虑,固不得不有贤长官教督之。或曰:一举而尽敛之,寡妇之利安在?曰:礼义生于富足,孟子曰:民非水火不生活,昏暮叩人之门户,求水火,无勿与者,至足矣。圣人治天下,使有菽粟如水火,而民焉有不仁者乎?岂尚虑寡妇之无以为养耶?

昧于义者,率言人生而自私,故行私产之制,则地无遗利,其实行私产之制,则遗利多而狼戾亦愈甚。何者?力非为己,则不出于身,货不藏于己,即任其弃于地也。《汉书·货殖传》言贫者含粟饮水,富者犬马余肉粟。犬马而余肉粟,岂非狼戾之甚者邪?

《后汉书·桓帝纪》:永兴二年六月,诏司隶校尉部刺史曰:蝗灾为害,水变仍至,五谷不登,人无宿储。其令所伤郡国种芜菁,以助人食。此亦疏食助谷食,惟仍有待于种耳。古之种谷者不得种一谷,以防灾害也。见《公羊》宣公十五年《解诂》。然灾害有凡谷者皆不能种,而疏食犹可种者。又有地本不宜于谷,而犹可种疏食者。夫谷食较之疏食,谷食则美矣。然既知谷食,而遂尽废疏食,则亦无是理。种谷者徒知种谷,谷不可种,遂束手待毙,亦未尽重民食之道也。

王莽末,天下旱蝗,黄金一斤,易粟一斛。建武之初,野谷旅生,麻尗尤盛,人收其利。《后汉书·光武纪》建武二年。此遭大乱之后,田亩荒废,悉变为平时之山泽也。冯异之入关,黄金一斤,易豆五升,道路断隔,委输不至,军士悉以果实为粮。《后汉书》本传。献帝之幸安邑,亦以枣栗为粮。《后汉书·伏皇后纪》。《三国志·魏武帝纪注》引《魏书》,言自遭荒乱,率乏粮谷。袁绍之在河北,军人仰食桑椹,袁术在江淮,取给蒲蠃建安元年。果实而足食三军之师,虽曰不得饱;其利之厚,则可见矣。讲求农业者,安得不推广之于谷食之外邪?

《史记·陈丞相世家》曰:平为人长,美色。人或谓曰:贫,何食而肥若是?其嫂嫉平之不视家生产,曰:亦食糠核耳。其实糠核之养人,未必遽逊于谷物也。《汉书·食货志》言王莽分遣大夫谒者教民煮木为酪,酪不可食,重为烦扰。《莽传》云:分教民煮草木为酪,酪不可食,重为烦费。夫至于遣使设教,则必固有其法审矣。大夫谒者教或不善;木可为酪,则必不诬也。

（七〇五）肉食与素食

古惟贵者、老者乃得食肉，庶人之食，鱼鳖而已。汉世犹有其风。《汉书·王吉传》云：自吉至崇，世名清廉，禄位弥隆，皆好车马衣服，其自奉养，极为鲜明，而无金银锦绣之物，及迁徙去处，所载不过囊衣，不畜积余财，去位家居，亦布衣疏食，天下服其廉而怪其奢。故俗传王氏能作黄金。盖汉世居官者，多好畜积余财，藏金银锦绣，王氏一不事此，而惟以之自奉养，则固可使人怪其奢，何待能作黄金，彼岂不能预为他日计，而必一去位即布衣疏食，盖以为制度宜然也。《后汉书·崔骃传》云：子瑗，爱士好宾客，盛修肴膳，单极滋味，居常疏食菜羹而已，亦非力不能自奉，以为礼则然也。《三国·蜀志·费祎传注》引《祎别传》曰：祎雅性俭素，家不积财，儿子皆令布衣素食，出入不从车骑，无异凡人。可见凡人皆布衣素食。其居官而仍素食者，则为俭德。《后汉书·孔奋传》：守姑臧长，时天下扰乱，惟河西独安，而姑臧称为富邑，通货羌胡，市日四合，每居县者，不盈数月，辄至丰积，奋在职四年，财产无所增，事母孝谨，虽为俭约，奉养极求珍膳，躬率妻子，同甘菜茹。《杨震传》：举茂才，四迁荆州刺史，东莱太守，后转涿郡太守，性公廉，不受私谒，子孙常蔬食步行。《党锢传》：羊陟拜河南尹，计日受奉，常食干饭茹菜。《三国·吴志·是仪传》：孙权幸仪舍，求视蔬饭，亲尝之，对之叹息，即增奉赐，益田宅。及费祎皆其选也。

孔奋躬率妻子，同甘菜茹，而事母极求珍膳，所以养老也。闵仲叔客居安邑，老病，家贫不能得肉，日买猪肝一片，屠者或不肯与，安邑令闻，敕吏常给焉。仲叔怪而问之，知，乃叹曰：闵仲叔岂以口腹累安色邪？遂去。《后汉书·周燮等传》。其未去时，岂不能素食，亦以为养老之礼则然也。《郭泰传》：茅容年四十余，耕于野，时与等辈避雨树下，众皆夷踞相对，容独危坐愈恭，林宗行见之，而奇其异，遂与共言，因请寓宿。旦日，容杀鸡为馔，林宗谓为已设，既而以共其母，自以草蔬与客同饭。林宗起拜之曰：卿贤乎哉！因劝令学，卒以成德，亦养老之礼，犹存于野者也。

茅容以草蔬与客同饭，盖田家待客，本不过尔。故丈人为子路杀鸡为黍，《论语》亦特记之矣。然即贵人待客，于礼亦不甚奢。张禹成就弟子尤著者，彭宣、戴崇。宣为人恭俭有法度，而崇恺弟多知，禹心亲爱崇，敬宣而疏之，崇每候禹，常责师宜置酒设乐，与弟子相娱，禹将崇入后堂饮食，妇女相对，优人管弦铿锵，极乐，昏夜乃罢。而宣之来也，禹见之于便坐，讲论经义，日宴赐食，不过一肉，卮酒相对，宣未尝得至后堂，及两人皆闻知，各自得也。《汉书》本传。禹之待戴崇，特奢淫之为，其待彭宣则礼也。《三国·吴志·步骘传》：世乱，避难江东，单身穷困，与广陵卫旌，同年相善，俱以种瓜自给。会稽焦征羌，郡之豪族，人客放纵，骘与旌求食其地，惧为所侵，乃共修刺奉瓜以献，征羌作食，身享大案，殽膳重沓，以小盘饭与骘、旌，惟菜茹而已。旌不能食，骘极饭致饱，乃辞出。旌怒骘曰：何能忍此？骘曰：吾等贫贱，是以主人以贫贱遇之，固其宜也，当何所耻。以贫贱遇人，食以菜茹，则知贫贱者食人，亦不过如是也。征羌之失，在其身享大案，殽膳重沓。若以一肉卮酒，与客相对，或如茅容，以草蔬与客同饭，亦不为失。何则？汉和熹邓后，朝夕一肉饭，而张禹亦以一肉赐彭宣，知食不重肉，贵人常奉则然，所以待客者，亦不过身所常御，征羌以是待客，又孰得而非之哉？《三国·魏志·武宣卞皇后传注》引《魏书》曰：帝为太后弟秉起第，第成，太后幸第，请诸家外亲设，厨无异膳，太后左右，菜食、粟饭，无鱼肉。此亦以常礼待客，又可见在平时，虽贵人左右，亦不肉食也。

《汉书·货殖传》：任公家约，非田畜所生不衣食，公事不毕，则不得饮酒食肉，此古田家礼本如是。任氏特家富而不改其故耳。《盐铁论·散不足篇》曰：古者燔黍食稗，而焠豚以相飨，其后乡人饮酒，老者重豆，少者立食，一酱一肉，旅饮而已。及其后宾婚相召，则豆羹白饭，綦脍熟肉，今民间酒食，殽旅重叠，燔炙满案。又曰：古者庶人粝食藜藿，非乡饮酒、媵腊、祭祀无酒肉。故诸侯无故不杀牛羊，士大夫无故不杀犬豕。今闾巷县佰，阡陌屠沽，无故烹杀，相聚野外，负粟而往，挈肉而归。又曰：古者不粥饪，不市食。及其后则有屠沽沽酒，市脯鱼盐而已。今熟食编列，殽施成市。似乎汉人之食，奢侈异常矣。然《论衡》，谓海内屠肆，六畜死者，日数千头，不过今日一大市耳。知《盐铁论》之言，有过其实也。闵仲叔日买猪肝一片，屠者或不肯与，夫以仲叔之廉，岂其贳贷不还，所以不肯与者，盖以宰杀无多，欲留以待他人之求也。浊氏以胃脯而连骑，《汉书·货殖传》。则凡小业皆可致富。亦不能以是而言汉世粥饪之盛也。要而言之，汉世之饮食，犹远较今世为俭。

无屠沽则食必特杀，因家常畜，惟有鸡豚，《盐铁论》言：一家之肉，得中年之收。亦见《散不足篇》。故多杀鸡。《三国·魏志·典韦传》：襄邑刘氏，与睢阳李永为仇，韦为报之，永故富春长，备卫甚谨，韦乘车载鸡酒，伪为候者，门开，怀匕首入，杀永，并杀其妻。可见相问遗者亦如是，使是处皆有屠肆，适市求之，岂不较杀鸡更便，此亦可见汉世屠肆之不甚多也。

（七〇六）蔗饧

蔗饧，《唐书》谓其法得自摩揭陀。然《三国·吴志·孙亮传注》引《吴历》，谓亮出西苑，食生梅，使黄门至中藏取蜜渍梅。《江表传》则谓：亮使黄门以银碗并盖，就中藏吏取交州所献甘蔗饧。裴松之谓：《吴历》之言，不如《江表传》为实。案古人多食饴蜜，蔗饧在此时为难得之物，记者讹蔗饧为蜜，事所可有，讹蜜为蔗饧，则无是理，裴氏之言是也。交州是时亦中国地，使知造蔗饧之法，唐初必无待取之摩揭陀矣。盖有其物而非自造也。然中国之有蔗饧则久矣。

（七〇七）车与骑

车战之易而为骑也，自战争之日烈始也。骑兵利驰逐，则战场虽广，而兵士不觉其劳，且可出敌后而断其援，又旁钞其两侧，间遇山陵，亦不为所阻，较之兵车仅限于平原之地数十百里之间，利于持重而不宜于逐利者大异矣。故国土愈广，战事波及之地愈远，则骑兵愈盛，车战遂日以式微也。

南北朝分裂，垂三百年，南恒为北弱，其机，实决于元嘉二十七年虏马饮江之役。此役也，索虏初未能占中国之地，然六州残破，元气大伤，恢复之图，自此遂不易言矣。其所由然，实缘虏于是役，不事攻取，并不求战胜，而专事残毁故也。元太祖之攻金，不求下燕京，而四出残毁，河北遂不可守，与此役颇相似。居国之民，行军不如行国之便捷，其所残破之地，即不得如行国之远。春秋以前，与中原错处之戎狄，可谓皆在腹心之地，而不能为深患者，以彼徒我车，扰乱仅及边鄙也。卫懿公之灭于狄，盖奇变，不恒有。虽大邑如长葛，亦非戎狄所能入矣，况于蹂躏数千里之地乎？自秦、赵、燕诸国越北山、踰太行而与匈奴邻，则中国始与骑寇相遇；冒顿盛强，北边之侵扰愈亟，然亦缘边之地耳，非深入腹里也。此五胡之所以为大患，晋初诸臣所以欲徙戎也。然则佛狸之南侵，实为前此未有之局，此中国之所以不能豫与？佛狸寡谋，岂知以此为制胜之策，不过肆其残暴而已。然无意中却为战事创一新局。此世变之所以可畏也。

孟子曰："国家闲暇，及是时，明其政刑，虽大国必畏之矣。"《公孙丑》上。南北朝之世，北扰攘而南安谧者，莫如梁武帝之时，此国家闲暇时也。欲恢复北方，终不能不决胜于中原平旷之地，则非有骑兵不可。周朗之言曰："今人知不以羊追狼，蟹捕鼠，而令重车弱卒与肥马悍胡相逐，其不能济固宜矣。汉之中年，能事胡者，以马多也。胡之后服汉者，亦以马少也。既兵不可去，车骑应蓄。"《宋书》本传。其言可谓深切著明矣。乃梁武未尝无恢复之图，而终不闻有马复之令，疆场之上，惟恃水军以资扞御，间欲攻取，亦惟恃决堰为上策。然则寒山之败，岂徒渊明之无能哉？观其徒恃此以取彭城，而知其恢复之无望矣。

中原之地，可以为牧场与？曰：不可。然当戎马生郊之日，暂设监牧以拟戎备，夫固无所不可也。《隋书·贺娄子干传》：讨吐谷浑还，"高祖以陇西频被寇掠，甚患之。彼俗不设村坞，敕子干勒民为堡，营田积谷，以备不虞。子干上书曰：陇西河右，土旷民希，边境未宁，不可广为田种。比见屯田之所，获少费多，虚役人功，卒逢践暴。屯田疏远者，请皆废省。但陇右之民，以畜牧为事，若更屯聚，弥不获安。只可严谨斥候，岂容集人聚畜？请要路之所，加其防守。但使镇戍连接，烽候相望，民虽散居，必谓无虑。高祖从之。"营田积谷，实为进取之基，然散野之民，卒逢践暴，殆为势所必不能免。虽有堡坞，亦不易守。从来偏安之世，北方之不易复，淮南北之凋敝实为之。其所由然，实以邻敌，不易谋生聚也。若画其地为内外二重，内事田种，外营牧畜，则我之长技，皆与彼同，而生聚之谋易立矣。此从来用长淮者未之及。然予深信其计之可用，抑岂徒南北分争之世，用诸长淮，国境与敌邻接而畏其蹂躏者，皆可以此为外卫也。

魏戎马之由来，《魏书·太宗纪》：永兴五年正月，"诏诸州六十户出戎马一匹"。泰常六年二月，"调民二十户输戎马一匹，大牛一头。三月，制六部民羊满百口输戎马一匹"。此诸诏令，虽遍及其境内，然能出戎马者，必以北边之地为多。《尔朱荣传》言其"家世豪擅，财货丰赢。牛羊驰马，色别为群，谷量而已。”荣父新兴，太和中继为酋长。“朝廷每有征讨，辄献私马，兼备资粮，助裨军用”。及荣正光中，“四方兵起，遂散畜牧，招合义勇，给其衣马”焉。尔朱氏之所以兴，正拓跋氏之所以兴也。《铁弗传》言卫辰之亡，魏获其马牛羊四百余万头。铁弗氏之久与拓跋为强对，亦以是也。

《通鉴》：晋孝武帝太元十六年，拓跋珪追柔然，诸将请还，珪问：“若杀副马为三日食，足乎？”胡三省《注》曰：“凡北人用骑，兵各乘一马，又有一马为副马。”宋文帝元嘉六年，“魏主至漠南，舍辎重，帅轻骑兼马袭击柔然。”《注》曰：“兼马者，每一骑兼有副马也。”副马之制，蒙古犹然。故胡氏言凡北人以通今古，非专指鲜卑言也。《尔朱荣传》：“葛荣将向京师，众号百万，荣启求讨之。九月，乃率精骑七千，马皆有副，倍道兼行，东出滏口。”荣之破葛荣，克以寡制众，驰逐之利，亦有助焉。

《皮豹子传》：豹子为仇池镇将。兴安二年，表曰：“臣所领之众，本自不多，惟仰民兵，专恃防固。其统万、安定二镇之众，从戎以来，经三四岁，长安之兵，役过期月，未有代期，衣粮俱尽，形颜枯槁，窘切恋家，逃亡不已，既临寇难，不任攻战。士民奸通，知臣兵弱，南引文德，共为唇齿。计文德去年八月，与义隆梁州刺史刘秀之同征长安，闻台遣大军，势援云集，长安地平，用马为便，畏国骑军，不敢北出。”以魏人当时兵势之弱，而宋犹畏之，此骑步不敌之明证也。《宋书·刘敬宣传》：“孙恩为乱，东土骚扰，牢之自表东讨，军次虎疁，贼皆死战。敬宣请以骑傍南山趣其后。吴贼畏马，又惧首尾受敌，遂大败。”亦南人不习骑战之征。

兵车自秦、汉以来，非遂不用也。然特以防冲突，供载运，不恃以逐利矣。《史记·陈涉世家》言：涉起蕲，“行收兵，至陈，车六七百乘，骑千余，卒数万人。”又云：周文西击秦，“行收兵，至关，车千乘，卒数十万。”似其时行军，用车仍不为少。然卫青与匈奴遇，令武刚车自环为营，李陵之击匈奴，“至浚稽山，与单于相直。军居两山间，以大车为营，且战且引南行，数日抵山谷中，连战，士卒中矢伤，三创者载辇，两创者将车，一创者持兵战。陵曰：吾士气少衰而鼓不起者，何也？军中岂有女子乎？始军出时，关东群盗妻子徙边者，随军为卒妻妇，大匿车中。陵搜得，皆剑斩之。”《汉书》本传。及管敢亡降匈奴，教单于遮道急攻陵，陵乃弃车去，士徒斩车辐而持之。史言骠骑将军车重与大将军等；又《赵充国传》言：“义渠安国以骑都尉将骑三千屯备羌，至浩亹，为虏所击，失亡车重兵器甚众。”皆车以防冲突供运载之证。《后汉书·南匈奴传》言：光武“造战车，可驾数牛，上作楼橹，置于塞上，以拒匈奴”，亦用以拒守，非以之攻战也。言秦、汉兵制者，多以车骑为骑兵，材官为步兵，楼船为水兵，其实不然。《汉书·刑法志》云：“天下既定，踵秦而置材官于郡国，京师有南北军之屯。至武帝平百越，内增七校，外有楼船，皆岁时讲肄修武备云。”言材官不言车骑。《晁错传》：“材官驺发。”《注》引臣瓒曰：“材官，骑射之官也。”则材官与车骑是一。《惠帝纪》：七年，“发车骑材官诣荥阳”。师古曰：“车，常拟军兴者，若近代之戍车也；骑，常所养马，并其人使行充骑，若今武马及所养者主也。”则车与骑又有别。车盖即所谓车士，《冯唐传》：唐“拜为车骑都尉，主中尉及郡国车士”是也。骑士之名，则诸书习见，不待征引矣。《高帝纪》二年《注》引《汉仪注》曰：“民年二十三为正，一岁为卫士，一岁为材官骑士，习射御骑驰战阵。”又曰：“年五十六，衰老，乃得免为庶民，就田里。”习射御者习为车兵，习骑驰者习为骑兵，习战阵者习为步兵。即材官，不言车士者，骑之为用尤要，故以骑士该之。抑步兵或不闲车骑之术，车骑则不可不闲步兵之技；故材官为兵之大名，言材官又可以统车骑也。灌婴、傅宽、靳歙等皆以骑将立功，而其传中有车司马、候骑、将骑、千人将、骑长等名，知将吏之间，所职亦自有别。《张敞传》言其“以正违忤大将军霍光，而使主兵车”，则主车之职，固下于主骑矣。战车虽可以防冲突，然必以骑兵为之翼卫，而其势乃张。何承天撰《安边论》，其第三策曰：“纂耦车牛，以饰戎械。计千家之资，不下五百耦牛，为车五百两，其第二策言浚复城隍，以一城千室计。参合钩连，以卫其众。设使城不可固，平行趋险，贼所不能干。”《宋书》本传。此徒为自免计而已。檀道济之救青州，刁雍策之曰：“贼畏官军突骑，以锁连车为函陈。大岘已南，处处狭隘，不得方轨。雍求将义兵五千，要险破之。”《魏书·刁雍传》。此徒用车不能制胜之证。宋武帝伐南燕，分车四千两为二翼，方轨徐行，而以骑为游军，则声势较壮而敌弗能拒。拓跋焘之寇彭城，沈庆之议以车营为函箱，陈精兵为外翼，奉二王走历城。说虽未行，然庆之画策素谨慎，其为是议，必度其可以自达也。吕梁之役，萧摩诃劝吴明彻“率步卒乘马舆徐行，摩诃领铁骑数千，驱驰前后，必当使公安达京邑”，犹此意矣。宋武之伐后秦，魏使数千骑缘河随大军进止。帝使丁旿率七百人及车百乘于河北岸上，而使朱超石继之，卒大破虏。兵车之建功，至于是而止矣。然其用，亦仍在拒守自固也。

《宋书·蒯恩传》："高祖征孙恩，县差为征民，充乙士，使伐马刍。恩常负大束，兼倍余人，每舍刍于地，叹曰：大丈夫弯弓三石，奈何充马士！高祖闻之，即给器杖。恩大喜。"此马士则徒主刍牧而已，并不与战斗，故并器杖而无之也。

（七〇八）铁面

《唐书·吐蕃传》："其铠胄精良，衣之周身，窍两目，劲弓利刃，不能甚伤。"《宋史·西夏传》述其制亦如是，盖即受诸吐蕃者也。人之最不可伤者为面，胄虽深，亦不能尽蔽之。此吐蕃所制之所以为良。《晋书·朱伺传》："夏口之战，伺用铁面自卫。"盖所以补胄之不足。《宋书·殷孝祖传》：太宗初即位，"遣向虎槛，拒对南贼。御杖先有诸葛亮筒袖铠帽，二十五石弩射之不能入，上悉以赐孝祖。"兼护手面，盖亦铠胄之良者矣。

（七〇九）胡考

匈奴为东方人种，昔之人无异辞也，夏穗卿撰《古代史》，始据《晋书·石季龙载记》，冉闵之诛胡羯，高鼻多须滥死者半，而疑其形貌有类西方人，然未能言其故也。其后王静安撰《西胡考》《西胡续考》，博征故籍，断言：先汉之世，匈奴、西域，业已兼被胡称；后汉以降，匈奴寖微，西域遂专胡号；其见卓矣。顾又引冉闵诛胡羯，暨《季龙载记》崔约狎孙珍事，谓羯为匈奴别部，而其形貌为高鼻多须，则匈奴形貌可想。盖匈奴之亡，鲜卑起而代之，自是迄于蠕蠕，主北垂者皆鲜卑同族。后魏之末，高车代兴，亦与匈奴异种。独西域人形貌与匈奴相似，故匈奴失国，遂专胡名，则非也。今请得而辩之。

胡之名，初本专指匈奴，后乃虵为北族通称，更后，则凡深目高鼻多须，形貌与东方人异者，举以是称焉。其初虵以称北族也，以其形貌相同，不可无以为别，故以方位冠之。乌丸、鲜卑之先，称为东胡是也。其后循是例，施诸西北，则曰西胡，曰西域胡。其但曰胡者，略称也。陈汤之诛郅支，纪云发西域胡兵，传但称胡兵。居地可以屡迁，俗尚亦易融合，惟形貌之异，卒不可泯，故匈奴、乌丸、鲜卑等，入中国后，胡名遂隐，惟西域人则始终蒙是称焉。浸假凡貌类西域人者，皆以是称之，而胡之名，遂自方位之殊，易为种族之别矣。然则胡为匈奴本名，后转移于西域者，正以匈奴形貌与中国同，西域则殊异故。乃转以西域形貌之异，而疑匈奴形貌本不与中国同，则傎矣。近人何震亚、卫聚贤撰《匈奴与匈牙利考》，谓匈奴肤色本白，高鼻多须，其后鼻低頟阔，头员肤黄，由与汉族相杂，亦臆度而未得其实。匈奴之入居中国者，固可因昏姻相通，变其形貌，其西迁者，则与中国人昏媾甚鲜；即有一二殽杂，断不能遽变其形貌也。《吕纂载记》："纂尝与鸠摩罗什棊。杀罗什子，曰斫胡奴头。"盖时俗以胡形相诟病，故以此相靳，此石宣所以一怒而诛崔约。然必羯貌本不同胡，乃有是怒，否则讳之不可得，转不以为忌矣。《三国·吴志·士燮传》，谓燮出入，胡人夹毂焚香者数十，此胡人必天竺之流。《南史·邓琬传》，谓刘胡本以面坳黑似胡，故名坳胡，可证南人而亦称为胡。可见胡名主于形貌，与方位无关矣。然自后汉至唐，胡固犹西方人种与匈奴之公称也；昔人但知匈奴称胡，王氏又谓后汉以降，胡名为西域所专，两失之矣。

王氏《西胡考》曰："魏晋以来，凡草木之名冠以胡字者，其实皆西域物也。"其说是也，顾犹不止此。西域诸国，文明程度本高，故其器物之流传中国者亦夥，北族则无是也。《续汉书·五行志》曰："灵帝好胡服、胡帐、胡床、胡坐、胡饭、胡箜篌、胡笛、胡舞，京都贵戚，皆竞为之。此服妖也。其后董卓多拥胡兵，填塞街衢，虏掠宫掖，发掘园陵。"灵帝所好诸物，来自西域，不言可喻。董卓所拥兵，其中容有西域胡，然必不能皆是。《三国·蜀志》：延熙十年，凉州胡王白虎文等率众降，姜维迎逆安抚，居之于繁县。白为西域姓，然白虎文所率，亦必不能尽为西域人也。

《晋书·匈奴传》，谓其入居塞内者十九种，而屠各最豪贵，故得为单于，统领诸种。屠各事迹，见于史者颇多，盖其部落本大也。然颇与羌及汉人杂。《石勒载记》：勒讨靳准，准使卜泰送乘舆服御请和。勒送泰于刘曜。曜潜与泰结盟，使还平阳，宣慰诸屠各。《苻坚载记》：屠各张罔聚众数千，自称大单于，寇掠郡县。坚使邓羌讨平之。《苻登载记》：登僭位后，屠各董成、张龙世等应之。姚苌死，登尽众而东，攻克屠各姚奴、帛蒲二堡。《姚苌载记》：僭位后如秦州，与苻坚刺史王统相持。天水屠各、略阳羌胡应苌者二万余户。统惧，乃降。《秃发傉檀载记》：与赫连勃勃战阳武，为所败。虑东西寇至，徙三百里内百姓，入于姑臧，国中骇怨。屠各成七儿，率其属三百人，叛傉檀于北城，推梁贵为盟主。此中惟卜氏为匈奴四姓之一，余皆汉姓，盖二族相殽久矣。《宋书·傅弘之传》，高祖北伐，弘之与沈田子等自武关入，进据蓝田，招怀戎、晋。晋人庞斌之、胡人康横等，各率部落归化。弘之素善骑乘，高祖至长安，弘之于姚泓驰道内，缓服戏马，或驰或骤，往反二十里中，甚有姿制。羌胡观者数千人，并惊惋叹息。《柳元景传》云：庞法起据潼关，关中义徒，处处蜂起。四山羌胡，咸皆请奋。此与《姚苌载记》之羌胡同，皆羌与匈奴部落；康虽西域姓，特为之首领而已，未必其部落中多有深目高鼻之徒。何也？此等羌胡多山居，西胡则未必入山也。见后。

匈奴部落遁居山中者曰稽胡，亦曰山胡，《周书》有传，云："刘元海五部之苗裔也。或曰山戎、赤狄之后。"二说以前为是。若如后说，两汉史籍，不得一言不及也。《周书》所记者：刘蠡升、见后。刘平伏、见《周书·文帝纪》魏大统七年。亦见于谨、豆卢宁、厍狄昌、梁椿、梁台、侯莫陈崇诸传。郝阿保、与刘桑德并见《豆卢宁传》。郝狼皮、刘桑德、郝三郎、白郁久、乔是罗、乔三勿用、乔白郎、乔素勿用、刘没铎、见《周武帝纪》建德六年。亦见齐炀王宪、赵王招、谯孝王俭、滕开王友、李迁哲、刘雄各传。刘受罗干，见《周书·宣帝纪》宣政元年，及《越野王盛》《宇文神举》《宇文孝伯传》。〇《隋书·王谊传》云：汾州稽胡叛，越王、谯王虽为总管，并受谊节度。然实远不止此，今请得而备征之。《魏书》：太祖登国六年，山胡酋大幡颓、业易于等降附。天兴元年，离石胡帅呼延铁、西河胡帅张崇等叛，使庾岳讨平之。亦见《岳传》。鄜城屠各董羌、杏城卢水郝奴各率其众内附。二年，西河胡帅护诺于内附。太宗永兴二年，诏将军周观率众诣西河离石镇抚山胡。亦见《观传》。三年，诏安同等持节循行并、定二州及诸山居杂胡、丁零，问其疾苦。亦见《同传》。是岁，西河胡张贤等率营部内附。五年，赦天下。西河张外、建兴王绍，自以所犯罪重，不敢解散。遣元屈镇并州，刘洁、魏勤等镇西河。濩泽刘逸自号征东将军、三巴王，王绍为署置官属，攻逼建兴郡。屈等讨平之。河西胡曹龙、张大头等入蒲子，逼胁张外。外推龙为大单于。龙降魏，执送张外，斩之。是岁，吐京叛胡招引赫连屈丐。元屈督刘洁、魏勤讨之。兵败，勤死，洁被执，送屈丐。屈，文安公泥子，见《神元平文诸子孙传》，又见《刘洁》及《公孙表传》。神瑞元年，并州刺史楼伏连诱西河胡曹成、吐京胡刘初原，攻杀屈孑所置吐京护军，并禽叛胡阿度支等。亦见《伏连传》。屠各帅张文兴等率流民七千余家，河西胡酋刘遮、刘退孤等率部落万余家，渡河内属。二年，河西胡刘云率数万户内附。河西饥胡屯聚上党，推白亚栗斯为盟主，自号单于，建元建平，命公孙表等五将讨之。众废栗斯而立刘虎，号率善王。表兵败，用崔玄伯计，使叔孙建摄表军讨平之。时泰常元年矣。亦见《天象志》《灵征志》、公孙表、崔玄伯、叔孙建、邱惟诸传。三年，河东胡、蜀五千余家相率内属。五年，河西屠各帅黄大虎遣使内附。世祖始光四年，西讨赫连昌，济君子津。三城胡酋鹊子相率内附。神䴥元年，并州胡酋卜田谋反伏诛,余众不安。诏王倍斤镇虑虒抚慰之。王建子。见《建传》。上郡休屠胡酋金崖率部、屠各隗诘归率万余家内属。延和二年，崖与安定镇将延普、泾州刺史狄子玉子玉系羌，见《陆俟传》。构隙，攻普，不克，退往胡空谷,驱掠平民,据险自固。转陆俟为安定镇将,追讨崖等,皆获之。亦见《俟传》。陇西休屠王弘祖率众内属。金崖既死，部人立其从弟当川。三年，常山王素讨获之，斩于长安以徇。是岁，命诸军讨山胡白龙于西河，克之，斩白龙及其将帅，屠其城。亦见《娥清奚眷传》。大破其余党于五原。太延三年，讨其余党于西河，灭之。世祖攻白龙，以轻出为所窘，赖陈建以免。见《建传》。又《宋书·薛安都传》：索虏使助秦州刺史北贺汨击反胡白龙子，灭之。太平真君六年，二月，西至吐京，讨徙叛胡，出配郡县。三月，酒泉公郝温反于杏城，杀守将王幡。县吏盖鲜率宗族讨温，温弃城走，自杀。九月，卢水胡盖吴复反于杏城。遣其部落帅白广平西掠新平、安定，分兵略临晋、长安。河东蜀薛永宗永宗，汾阴人，见《裴骏传》。又案汾阴薛氏，为蜀中大姓，见《薛辩传》。当时胡、蜀关系甚密。入汾曲，受其位号。魏兵屡败，世祖亲征经年，仅乃克之。吴未平时，金城边冏、天水梁会反，据上邽东城。休官屠各及诸杂户二万余人，为之形援。秦州刺史封敕文击斩冏。众复推会为帅。安定屠各路那罗亦与之合。安丰公闾根与敕文并讨，会走汉中。盖吴之亡，并禽路那罗，而略阳王元达，复因梁会之反，聚众攻城，招引休官、屠各，推天水休官王宦兴为秦地王。复为敕文所破。以上兼据《敕文传》。八年，吐京胡阻险为盗，武昌王提、淮南王他讨之，不下。山胡曹仆浑等渡河西，保山以自固，招引朔方诸胡。提等引军讨仆浑。高凉王那自安定讨平朔方胡，与提等共攻仆浑，斩之。亦见《神元平文诸子孙》及《道武七王传》。高宗兴安元年，陇西屠各王景文叛。诏统万镇将、南阳王惠寿讨平之。亦见《于栗磾传》。和平元年，遣乐安王良、皮豹子两道讨河西叛胡。高祖太和二十年，右将军元隆大破汾州叛胡。二十一年，南巡，次离石。叛胡归罪，宥之。世宗永平四年，汾州刘龙驹反，薛和讨破之。亦见《辛绍光传》，云胡贼，又云作逆华州。肃宗正光五年，汾州山胡薛羽等为寇，正平、平阳二郡，尤被其害。裴良为西北道行台，被围于汾州。裴延儁、章武王融等讨之。延儁以疾还，融等与五城郡山胡冯宜都、贺悦回成等战，败绩。宜都等乘胜围城。良出战，于陈斩回成，复诱诸胡斩送宜都首。然刘蠡升众复振，良卒与城人奔西河。见《融》及《延儁传》。孝昌元年，蠡升遂自称天子。二年，绛蜀陈双炽亦自号建始王。遣长孙稚讨平之。其群胡北连蠡升，南通绛蜀者，裴庆孙自轵关入讨，至阳胡城，于其地立邵郡。见《延儁传》。而蠡升居云阳谷，西土岁被其患，谓之胡荒。至孝静帝天平二年，北齐神武帝乃讨平之。亦见《北齐书·神武纪》。又《崔挺传》：从父弟元珍，正光末，山胡作逆，除平阳太守，频破胡贼，郡内以安。其明年，汾州胡王迢触、曹贰龙反。立百官，建年号。神武复讨平之。此条见《北齐书·神武纪》及《皮景和传》。武定二年，神武复与文襄讨山胡，俘获万余户，分配诸州。此条见《魏书·孝静帝纪》。石楼之险，自魏世不能至，北齐文宣帝天保四年，山胡围离石，帝讨之，未至，胡已逃窜。亦见《薛循义传》。明年，乃与斛律金、常山王演犄角，攻破石楼。以上皆见本纪。其见列传者：则魏世有秦州屠各王法智，推州主簿吕苟儿为主，建年号，置百官，攻逼州郡。泾州屠各陈瞻亦聚众反。以济阴王之子丽为秦州刺史，率杨椿讨平之。见《景穆十二王》及《杨播传》。高祖初，吐京胡反，自号辛支王。南安惠王第二子彬行汾州事，讨平之，因除汾州刺史。胡民去居等六百余人谋反，又率州兵讨破之。本传及《奚康生传》。山胡刘什婆寇掠郡县，穆崇玄孙罴为吐京镇将，讨灭之。本传。陆真为长安镇将，胡贼帅贺略孙叛于石楼，真击破之。泰常初，郡县斩叛胡翟猛雀于林虑山，遗种窜行唐、襄国，周几追讨，尽诛之。上邽休官吕丰、屠各王飞廉等八千余家据险为逆，吕罗汉讨禽之。以上皆见本传。此外《魏书》来大千、尉拨、封轨、《封懿传》。李洪之、王椿、《王叡传》。《北齐书》皮景和、鲜于世荣、綦连猛、元景安、《周书》李檦、《李弼传》。达奚武、杨忠、韩果、辛威、宇文深、《宇文测传》。窦炽、韦孝宽、杨擣、王子直、《北史》魏城阳王徽、韩均、《韩茂传》。房豹、《房法寿传》。房谟、《隋书》虞庆则、宇文庆、侯莫陈颖、慕容三藏诸传，亦咸有征抚山胡之事。诸胡中惟刘、卜、盖、《魏书·官氏志》：盖楼氏，后改为盖氏。呼延、贺悦为北族姓，白为西域姓，白亚栗斯究复姓，抑但姓白，颇难定。史虽称为栗斯，然昔时于外国人名，固恒截取其末两字为称也。余皆汉姓矣。迹其所为，则据山险，《魏书·景穆十二王传》：安定靖王次子燮，世宗初，除华州刺史，表言“州治李润堡，胡夷内附，遂为戎落。居冈饮涧，井谷秽杂，升降劬劳，往还数里”。《北齐书·皮景和传》：征步落稽，将五六骑深入一谷中，值贼百余人，便共格战。《周书·韩果传》：从大军破稽胡于北山，“胡地险阻，人迹罕至，果进兵穷讨，散其种落。稽胡惮果劲健，号为着翅人”。均可见其所居之深阻。事劫掠，《北史·城阳王长寿传》：孙徽，明帝时为并州刺史。汾州山胡旧多劫掠，自徽为郡，群胡自相戒，勿得侵扰。《韩茂传》：子均，除广阿镇大将。赵郡屠各、西山丁零聚党山泽，以劫害为业，均皆诱慰追捕，远近震跼。《周书·韦孝宽传》：移镇玉壁，兼摄南汾州事。先是山胡负险，屡为劫盗，孝宽示以威信，州境肃然。汾州之北，离石之南，悉是生胡，钞掠居人，阻断河路。孝宽深患之。而地入于齐，无方诛翦。孝宽当其要处，置一大城，遣开府姚岳监筑之。《隋书·郭荣传》：宇文护以稽胡数为寇，使绥集之。荣于上郡、延安筑五城，以遏其要路，稽胡由是不能为寇。漏籍而不供租税，《魏书·景穆十二王传》：京兆王子推子遥，肃宗初，迁冀州刺史。以诸胡先无籍贯，奸良莫辨，悉令造籍。又以诸胡设籍，欲税之以充军用。胡人不愿，乃共构遥。《周几传》：白涧、行唐民数千家，负险不供租税，几与长孙道生宣示祸福，逃民遂还。征讨俘获，动至千万。其最多者，曹仆浑之平，赴险死者以万数。刘虎之败，斩首万余级，余众奔走，投沁而死，水为不流，虏其男女十余万口。刘蠡升之亡，《魏书》云获逋逃二万余户，《北史》云胡、魏五万户，则逋逃与胡人数略相等也。文宣之破石楼，斩首数万级，获杂畜十余万。招以仁政，亦有不待兵而服者。《魏书·穆崇传》：玄孙罴。改吐京镇为汾州，以罴为刺史。前吐京太守刘升，居郡甚有威惠，限满还都，胡民八百人诣罴请之。罴为表请，高祖从焉。《尉拨传》：出为杏城镇将，在任九年，大收民和，山民一千余家，上郡屠各、卢水胡八百余落，尽附为民。《王叡传》：子椿，孝昌中尔朱荣表慰劳汾胡。汾胡与椿比州，服其声望，所在降下。《周书·杨擢传》：稽胡恃险不宾，屡行钞窃，擢往慰抚。擢颇有权略，能得边情，诱化酋渠，多来款附，乃有随擢入朝者。《隋书·虞庆则传》：越王盛讨平稽胡，将班师。高颎与盛谋，须文武干略者镇遏之。表请庆则，于是拜石州总管，甚有威惠，稽胡慕义归者八千余户。○当时山民，实多苦赋役逃死者，然上之人遇之殊酷，征讨斩杀无论矣，即平时亦然。《魏书·李彪传》，谓彪慰喻汾胡，得其凶渠，皆鞭面杀之，其一事也。哀哀生民，复何所逃死邪？○齐文宣之平石楼，《北史》云男子十二以上皆斩，女子及幼弱以赏军士，其酷如此。或谓积重之势，不得不然，然《魏书·李洪之传》云：河西羌胡反，显祖亲征，诏洪之为河西都将讨山胡。皆保险拒战。洪之开以大信，听其复业，胡人遂降。则拒战者亦不过求免死耳，初不必妄肆杀戮，而后可服也。且其人本亦服征役，《魏书·尉元传》：上表言彭城戍兵多是胡人，欲换取南豫州徙民之兵，又以中州鲜卑增其兵数。《刘洁传》：与建宁王崇于三城胡部中简兵六千，将以戍姑臧。胡不从命，千余人叛走。洁与崇击诛之，虏其男女数千人。《周书·韦孝宽传》：陈平齐之策，欲使北山稽胡绝汾晋之路。建德五年，赵王招自华谷攻汾州，果发稽胡，与大军犄角。《隋书·豆卢勣传》：子毓，为汉王谅主簿。谅反，毓闭城拒之，遣稽胡守堞。皆稽胡从戍事之证。《隋书·高祖纪》：开皇元年四月，发稽胡修筑长城，二旬而罢。是役也，胡亡者千余人，命韦冲绥怀，月余，并赴长城，见《韦世康传》。又唐隐太子讨刘仙成，扬言增置州县，须有城邑，悉课群胡执版筑，而阴勒兵执杀之。新旧《唐书》本传皆同。皆稽胡服力役之证也。输军资，《周书·杨忠传》：保定四年，大军东伐，晋公护出洛阳，命忠出沃野以应突厥。时军粮少，诸将忧之，而计无所出。忠曰：当权以济事耳。乃招稽胡诸首领，咸令在坐，使王杰盛军容鸣鼓而至。忠阳怪而问之，杰曰：大冢宰已平洛阳，天子闻银、夏之间，生胡扰动，使杰就公讨之。又令突厥使者驰至告曰：可汗更入并州，留兵马十余万在长城下，故遣问公，若有稽胡不服，欲来共公破之。坐者皆惧，忠慰喻而遣之，于是诸胡相率归命，馈输填积。是胡人亦能供军也。齐文宣九锡之命曰："胡人别种，延蔓山谷，酋渠万族，广袤千里，凭险不恭，恣其桀黠，有乐淳风，相携叩款，粟帛之调，王府充积。"虽有溢美之辞，必非尽子虚矣。得之则可配郡县，太平真君六年、武定二年之役见前。又呼延铁、张崇之叛，史言由于不乐内徙。讨白龙余党时，诏山胡为白龙所逼及归降者，听为平民。王景文之平，徙其党三千余家于赵、魏。纯与三国时之山越、南北朝时之群蛮同。知杂居其间者，实以汉人为多。又其人与蜀甚亲，蜀即賨，亦久与汉人相杂。其举事者或称单于，或称天子，非袭匈奴旧名，即用汉族尊号，亦可见其与西域无干。山胡与索虏相抗者甚多，惟盖吴为有雄略。其将白广平，实可疑为西域种。又吴之死，《魏书·陆俟传》云其为二叔所杀，《宋书·索虏传》则云屠各反叛，吴自讨之，为流矢所中死，疑《宋书》之言为实。二叔盖会逢其适，借以要功耳。然则吴本客族，故屠各叛之邪？非也。内相乖携，何国蔑有？观吴上宋室表，堂堂之陈，正正之旗，声讨索虏，辞严义正，俨然以神明之胄自居。盖北族久居中原，深渐汉化者。白固非必胡姓，即谓为胡姓，亦为吴效奔走者耳，不得以此，并疑吴为西胡也。《隋书·侯莫陈颖传》：周武帝时，从滕王逌击龙泉文城叛胡，与柱国豆卢勣分路而进。先是稽胡叛乱，辄略边人为奴婢；至是，诏胡有压匿良人者诛，籍没其妻子。有人言为胡村所隐匿者，勣将诛之，以颖言而止。则知汉人除逋逃入胡者外，又有为其所略者。胡中汉人之多可知。虽以故为夷落，仍称为胡，实则十之八九，未尝非神明之胄也。十九种盖以微矣，而况于深目高鼻之徒欤？

隋有天下后，胡患颇息，然及大业十年，复有刘苗王之叛。见《隋书·本纪》。其子季真、六儿继之，至唐初始平。见《新唐书·本纪》武德二、三年。新旧《唐书》有《季真传》。又见《北史·隋宗室诸王·离石太守子崇》,《唐书·宗室·襄武王琛传》。唐兵之起也，稽胡五万略宜春，窦轨讨破之。《旧唐书·窦威传》。其时又有刘迦论者据雕阴，稽胡刘鹞子，与相影响。《旧唐书·屈突通传》。至太宗进取泾阳，乃击破之。《新唐书·本纪》。马三宝从平京师，亦别击破叛胡刘拔真于北山，《新唐书》本传。稽胡大帅刘仙成部落数万，为边害，隐太子讨之，破之鄜州，诈诛六千余人。事在武德三、四年。见《新唐书·本纪》。仙成降师都，师都信谗杀之。其下乃多叛，来降。新旧《唐书·师都传》。高宗永淳二年，绥州城平县人白铁余率部落稽以叛。此据《旧唐书·程务挺传》。《新唐书》则云：绥州部落稽白铁余据平城叛。程务挺讨禽之。至中叶后，仆固怀恩上书自陈，尚有鄜坊稽胡草扰之语。《旧唐书》本传。又据《旧唐书·吐蕃传》：大历九年四月，以吐蕃侵扰，豫为边备，降敕，令郭子仪以上郡、北地、四塞、五原、义渠、稽胡、鲜卑杂种步马五万，严会栒邑。则至安史乱后，其部落犹有存者。其同化亦可谓难矣。然此特其种姓可稽，其俗尚当无以异于华人也。

匈奴人入中原者，其境遇可分三等：上焉者，颇渐染中原之文教，如刘元海、刘聪、刘曜、刘宣、卜珝之徒是也。卜珝见《晋书·艺术传》，元海等均见《载记》。虽或有溢美之词，亦必不能尽诬也。又有离石胡人刘萨阿，出家名慧达，见《梁书·诸夷传》。次之者则从戎事，冉闵所诛及魏时戍彭城者，盖即其伦。魏太武与臧质书曰：“吾今所遣斗兵，尽非我国人，城东北是丁零与胡，南是三秦氐羌。设使丁零死者，正可减常山赵郡贼；胡死，灭并州贼；氐羌死，灭关中贼。卿若杀丁零与胡，无不利。”《宋书·质传》。知冉闵屠戮后，其众之在行间者尚多也。然其从事田作者实尤多。此等能汉语者，盖多已与汉人无别，其不能者，则入山而为山胡矣。《周书·稽胡传》曰："其丈夫衣服及死亡殡葬，与中夏略同。其渠帅颇识文字，然语类夷狄，因译乃通。"

《晋书·北狄传》云："呼韩邪单于失其国，携率部落，入臣于汉，汉嘉其意，割并州北界以安之。于是匈奴五千余落，入居朔方诸郡，与汉人杂处。其部落随所居郡县，使宰牧之，与编户大同，而不输贡赋。"此特招怀宽典，不责之以输将，非其人不习农事也。其众既至千万落，沿边虽云土满，不得尽为牧场，非力耕何以自存乎？《传》又云："武帝践阼后，塞外匈奴大水，塞泥、黑难等二万余落归化，帝复纳之，使居河西故宜阳城下，复与晋人杂居。"《石勒载记》言其"年十四，随邑人行贩洛阳"，又言"邬人郭敬、阳曲宁驱，并加资赡。勒亦感其恩，为之力耕。又言勒与李阳邻居，岁尝争麻地，互相殴击。太安中，并州饥乱，勒与诸小胡亡散，乃自雁门还依宁驱。北泽都尉刘监欲缚卖之，驱匿之获免。勒于是潜诣纳降都尉李川。路逢郭敬，谓敬曰：今日大饿，不可守穷。诸胡饥甚，宜诱将冀州就谷，因执卖之，可以两济。敬深然之。会建威将军阎粹说并州刺史东嬴公腾，执诸胡于山东卖充军实。勒亦在其中，卖与茌平人师欢为奴。"《晋书·王恂传》，言太原诸郡，以匈奴人为田客，动有百数，观勒事而知其不诬矣。《苻坚载记》云："匈奴左贤王卫辰遣使降于坚，遂请田内地。坚许之。"《宋书·索虏传》亦云："朔方以西，西至上郡，东西千余里。汉世徙谪民居之。土地良沃。苻坚时，卫臣入塞寄田，春来秋去。坚云中护军贾雍掠其田者，获生口马牛羊，坚悉以还之，卫臣感恩，遂称臣入居塞内。"知匈奴之居缘边者，亦皆能勤事耕牧，况于内地？当风尘澒洞之日，不避之山深林密之地而安归哉？冉闵所诛，《载记》不言其数。《晋书·天文志》：月奄犯五纬下云"十万余人"，月五星犯列舍妖星客星下云"十余万人"。疑亦当作十万余。《宋书·天文志》同。《韦謏传》言闵"以降胡一千处麾下"，又载謏谏闵之辞，则云"降胡数千"。降者之数如此，不降者度亦不过倍蓰。邺中之数如此，益以四方屯戍，辜较不过十万。二志所云，当非虚语。此于匈奴之众，盖不过十一耳，宜其从征戍者犹多，入山林者逾众也。夫争名者必于朝，争利者必于市，未有退居田野者也。西胡之入中国，大抵以朝贡或行贾，其文明程度素高，未必甘为胼手胝足之事，故山胡虽种落繁炽，绝不闻其中有深目高鼻之徒。白广平等庸或西域种，不过平时为之大长，战时为之支将而已矣。此犹太伯之居吴，无余之处越，以君之资章甫，而谓其民悉袭冠裳，可乎？冉闵之诛胡羯，高鼻多须，滥死者半，则以杀机既动，见异类即诛锄之，而不暇别择耳。正惟胡羯非高鼻多须，故高鼻多须之死为滥，安得以此转疑胡羯之貌为高鼻多须乎？

《北齐书·杨愔传》云："太保、平原王隆之与愔邻宅。愔尝见其门外有富胡数人，谓左右曰：我门前幸无此物。"《北史·柳虬传》，谓雍州有胡家被劫，广陵王欣家奴与焉。必其家故富厚，乃为盗贼所觊觎，此盖皆贾胡之流。又《元谐传》：谐与王谊往来，胡僧告其谋反。此胡僧必与朝士相交通，故能诬陷勋旧也。《齐幼主本纪》云：幼主时，"诸宫奴婢、阉人、商人、胡户、杂户、歌舞人、见鬼人，滥得富贵者，将以万数。"而《恩幸传》云："史丑多之徒胡小儿等数十，眼鼻深险，一无可用。"眼鼻深险，即深目高鼻之谓。史为昭武九姓之国，当时西胡，固多以国名为姓也。此皆南北朝之世西胡事迹可征者，与匈奴、羯固迥不侔矣。

《宋书·天文志》：咸和六年，正月，"胡贼杀掠娄、武进二县民。于是遣戍中州。明年，胡贼又略南沙、海虞民。"此胡贼当是航海来之贾胡。《恩幸传》有于天宝，其先胡人，亦当是西胡，惟不知其何时来，航海抑遵陆耳。《州郡志》："华山太守胡人流寓，孝武大明元年立。"此则稽胡之类，来自并、雍者也。故知以一"胡"字通称西、北二族，当时南北皆然。

《晋书·石勒载记》云："其先匈奴别部羌渠之胄。祖邪奕于，父周曷朱，一字乞翼加，并为部落小率。"《魏书·羯胡传》无"羌渠之胄"四字，而多"分散居于上党武乡羯室，因号羯胡"十四字。羌渠二字，可有二解：匈奴单于之名，一也。《晋书·北狄传》，述匈奴入居塞内者十九种，中有羌渠，二也。外夷有名不讳，或即以先世之名为种号，则二名仍系一实矣。然窃疑非也。羌渠卒于中平五年。石勒卒于咸和七年，年六十，当生于泰始九年。上距中平五年八十五岁。勒果羌渠之胄，非其曾孙，即其玄孙，安得不详其世数，泛言胄裔乎？匈奴单于入居中国者，于扶罗、呼厨泉，皆羌渠子。刘元海者，于扶罗之孙，而羌渠之曾孙也。勒果亦羌渠后，则于单于为近属，安得父祖已微为小率，勒且为人耕作，随人商贩，至于为人缚卖乎？于扶罗之众留汉者，左部居太原、泫氏，右部居祁，南部居蒲子，北部居新兴，中部居大陵。刘氏皆家居晋阳、汾涧之滨，曷尝有散居武乡者？且勒果先单于后，安得云别部乎？故知此羌渠二字，必非单于之名。抑予并疑其非十九种中之羌渠种。何也？勒之称赵王也，号胡为国人。下令禁国人不得报嫂，及在丧昏取，其烧葬令如本俗。

报嫂固匈奴旧俗，在丧昏取，或亦非所禁，烧葬则匈奴不闻有是也，惟氐羌有之。然则羌渠之胄，犹言羌酋之裔耳。《载记》言勒之讨靳准也，据襄陵北原，羌羯降者四万余落。及攻准于平阳，巴帅及羌羯降者十余万落。皆以羌羯连言，其情若甚亲者，岂无因哉？《晋书·张实传》：愍帝将降刘曜，下诏于实曰："羯胡刘载僭称大号，祸加先帝，肆杀藩王。"实叔父肃，请为先锋击曜。实不许。肃曰："羯逆滔天，朝廷倾覆。肃晏安方裔，难至不奋，何以为人臣？"径皆称匈奴为羯，则以羯与匈奴，杂居既久耳。其流合，其原未必同也。

《旧唐书·唐休璟传》："调露中，单于突厥背叛，诱扇奚、契丹侵略州县。后奚、羯胡又与桑干突厥同反，（营州）都督周道务遣休璟将兵击破之。"则羯种至唐，尚有存于东北者。杜陵《咏怀古迹》诗称安禄山为羯胡，疑亦必有所据也。

西胡诪张于北族之中，盖自柔然时始。前乎此者，匈奴、鲜卑，皆东方种；柔然虽鲜卑别部，所用实多铁勒之众，铁勒固自北海蔓延于两海之间者也。柔然之败而复振也，虽曰乘魏之衰，然其社仑可汗名婆罗门，实为胡语。其姊妹三人，皆妻哌哒，又自豆仑以后，与铁勒副伏至罗部争，多在西域之地。副伏至罗与哌哒，亦关系甚深。然则柔然当衰敝之时，实与西域诸国颇密。其蹶而复起，安知不有西域人为之主谋？特史于四裔事多荒略，弗能道耳。至于突厥，则有资于西胡殊显。裴矩言突厥淳陋，易离间，但内多群胡教道之。因以计诛史蜀胡悉。《新唐书》本传。始毕时事。张公谨策突厥可取曰："颉利疏突厥，亲诸胡，胡性反复，大军临之，内必生变。"《新唐书》本传。是突厥以诸胡强，亦以诸胡亡也。《唐书·突厥传》，言突厥再亡，后或朝贡，皆旧部九姓。九姓者，曰药罗葛、曰胡咄葛、曰啒罗勿、曰貊歌息讫、曰阿勿嘀、曰葛萨、曰斛嗢素、曰药勿葛、曰奚邪勿，见《回纥传》，盖皆铁勒。史言其处碛北，然实近西域。九姓部落，蔓衍甚广。颉利之败于白道也，屯营碛口，遣使请和。诏唐俭往赦之。李靖、李勣相与谋曰：颉利虽败，人众尚多，若走度碛，保于九姓，追则难及。今诏使至，彼必弛备，随后袭之，不战而平贼矣。又陈子昂上疏，言国家能制十姓者，繇九姓强大，臣伏中国。今九姓叛亡，碛北诸姓，已非国有。欲犄角亡叛，惟金山诸蕃，共为形势。《新唐书·突厥传》言默啜讨九姓，战碛北，九姓溃，轻归不设备，为拔野固残卒所杀。此皆以九姓在碛北者也。《新唐书·方镇表》，言河西节度使治凉州，副使治甘州，景云元年置，督察九姓部落。而陈子昂亦言甘州北当九姓，则地接河西矣。薛仁贵之定天山也，九姓有众十余万，令骁健数千人来拒，仁贵并坑杀之。新旧《书》皆言九姓自此遂衰，则天山又其荟萃之区也。盖自伊列河以往，乃十姓地，其东皆九姓也。○《张说传》：王晙诛河曲降虏，并州大同、横野军有九姓同罗、拔曳固等部落，皆怀震惧。说率轻骑二十人，持旌节直诣其部落，宿于帐下，召酋帅慰抚之。九姓感其义，乃安。此九姓，乃开元时内附，散居太原以北，置天兵军领之者。见《张嘉贞传》。《回纥传》：始回纥至中国，常参以九姓胡，往往留京师，居资殖产甚厚。苏定方之征贺鲁也，至怛笃城，有胡降附，定方尽杀之，而取其资财。新旧《唐书》本传同。盖其人皆贾胡之流。回纥居中国者，多以放债为事，盖非回纥，实九姓胡为之也。张光晟言回纥非素强，助之者九胡尔。《新唐书·回纥传》。是纥亦以西胡强也。史朝义平后，回纥留其将安恪、石常庭于河阳，以守护所掠财物。见新旧《唐书·马燧》《李忠臣传》。又张光晟杀突董后，回纥使康赤心来。安、石、康皆胡姓，知回纥中西胡多矣。不特此也，北族丧败之余，往往得西胡而复振。河曲六州，虽屡反侧，讫无能为，及康待宾用之，则六州皆陷，卒空其地而祸始已。与待宾俱叛者，曰安慕容，曰何黑奴，曰石神奴，曰康铁头，继待宾而叛者曰康愿子，皆胡姓也。《张孝忠传》，言禄山使破九姓突厥，新旧《唐书》同。则九姓蔓衍，已及东方。而贾胡亦即随之而至，《旧唐书·地理志》言燕、威、慎、玄、崇、夷宾、师、鲜、带、黎、沃、昌、归义、瑞、信、青山、凛十七州，皆东北蕃降胡散处。皆在幽州、营州境内。其中瑞州以处突厥、凛州以处降胡，《新唐书》亦以凛州为降胡州。余为靺鞨、奚、契丹、室韦、海外新罗等。此诸种落，盖皆有交关，而胡人仍操贸迁之业。故两书《宋庆礼传》，皆言其复立营州，招集贾胡，为立邸肆也。两书皆言安禄山、史思明通六蕃语，为互市郎，盖亦贾胡中之佼佼者矣。《旧书》言禄山为柳城杂种胡，本无姓氏。《新唐书》谓其本姓康。胡未闻无姓氏，《新唐书》之言是也。史思明，《新唐书》言为突厥种，《旧唐书》谓为突厥杂种胡人。思明貌廞目侧鼻，盖犹类胡，《旧唐书》之言是也。然则二人非特躬操驵侩之业，其种姓固亦出西胡矣。王氏引《侯鲭录》，言后唐庄宗像，两眼外皆髭，此即所谓多须髯者。《五代史·氏叔琮传》，言晋人攻临汾，叔琮选壮士二人，深目而胡须者，《旧史》作深目虬须，貌如沙陀。牧马襄陵道旁，晋人以为晋兵。杂行道中，伺其怠，禽晋二人以归。此所谓晋人，实即沙陀。沙陀之状貌，断可识矣。五代诸臣，出代北者多胡姓，如康福、蔚州人，世为军校。庄宗尝曰：吾家以羊马为生。福状貌类胡人，而丰厚。胡宜羊马，乃令福牧马于相州。福善诸戎语，明帝尝召入便殿，访以外事，辄为蕃语以对。康思立、本山阴诸部人。康义诚、代北三部落人。康延孝、塞北部落人。安叔千、沙陀三部落人。安重荣、朔州人。安从进、振武索葛部人。李存孝、代州飞狐人，本姓安。存信、本姓张氏。其父君政，回鹘李思忠部人。案存信能四夷语，通六蕃书。子从训，《旧唐书》亦言其善蕃字，通佛理，亦必与西胡关系甚深者也。安审琦、其先沙陀部人。白奉进，云州清塞军人，父曰达子，世居朔野，以弋猎为事。皆是也。然则沙陀虽云突厥，其与西胡相殽，亦云甚矣。《五代史·杂传》，马重绩，其先出于北狄，而世事军中。重绩明数术，通历法，疑亦西域种也。盖北族虽劲悍，然文明程度不高，故非有旷世之才，如冒顿、阿保机、帖木真者以用之，即不能以自振，西胡则不然也。安史之乱，实可谓西胡驱北族以成之者。康待宾亦其流，沙陀特其祸之尤烈者耳。然则西胡虽不能以独力扰乱中原，固亦不 能谓其不足为患矣。

文明人入野蛮部落中，往往为所尊奉。《五代史·康福传》云："福世本夷狄，而夷狄贵沙陀，故尝自言沙陀种也。福常有疾，卧阁中，寮佐人问疾，见其锦衾，相顾窃戏曰：锦衾烂兮。福闻之，怒曰：我沙陀种也，安得谓我为奚？"沙陀之见尊可想。此李克用父子所由能收率北族，横行中原欤？

唐世于四夷，凡貌类白种者，仍称之为胡。《旧唐书·杨元琰传》：元琰奏请出家，"中宗不许。敬晖闻而笑曰：向不知奏请出家，合赞成其事，剃却胡头，岂不妙也？元琰多须类胡，晖以此言戏之。"又《五代史·慕容彦超传》，谓其"黑色胡髯，号阎昆仑"，皆可为证。《新唐书·高宗纪》，显庆元年，"禁胡人为幻戏者"。此胡人，亦必来自西域之白种也。

（七一〇）胡服考书后

古服上衣下裳，连衣裳而一之则曰深衣，无以袴为外服者。此篇因谓袴褶之制，始于赵武灵王，其原出于胡服，似未必然也。康成说韨之缘起曰："古者田渔而食，因衣其皮，先知蔽前，后知蔽后。后王易之以布帛，而独存其蔽前者，不忘本也。"夫但知蔽前为韨，兼知蔽后，则为裳矣。朝祭之必裳，犹其存韨，皆不轻变古之意也。谓古人凡事因仍，不知改变，亦可。至就劳役，则有裈而不袴者，《淮南子·原道》："短绻不袴，以便涉游。"司马相如着犊鼻裈，与庸保杂作是也。有袴而不裳者，《礼记》“童子不衣裘裳”是也。劳役有之，戎事亦宜。然王氏谓《周礼·司服》郑《注》云：“今伍佰緹衣。崔豹《古今注》云：今户伯绛帻纁衣。伍伯者，车前导引之卒，见《释名》《续汉志》《古今注》。今传世汉画像车前之卒，皆短衣着裤，由伍佰之绛帻纁衣为裤褶之服，知光武之绛衣赤帻，及赤帻大冠，不独冠胡服之冠，亦服胡服之服矣。”又曰：“《汉书·匈奴传》：中行说曰：其得汉絮缯，以驰草棘中，衣袴皆裂弊，以视不如旃裘坚善也。中国古服如端衣深衣，袴皆在内，驰草棘中不得裂弊。袴而裂弊，是匈奴之服，袴外无表，即同于跗褶服也。”案：《司服》郑《注》兼引《左氏》成公十六年“有韎韦之跗注”，杜《注》曰：“跗注，戎服，若袴而属于跗。”郑引此，盖仅证其衣裳之同色。《疏》谓郑以跗当为幅者，非若袴而属于跗，则与衣不连，其制盖亦有踦。杜云：若袴而不径云袴者，以袴不皆属于跗也。此古戎服着袴之征，不待胡也。《曲礼》：“童子不衣裘裳。”《玉藻》：“童子不裘不帛。”《内则》：“十年，衣不帛，襦袴。”“衣不帛”句，即《曲礼》所谓“童子不裘”，《玉藻》所谓“不裘不帛”也。不言裘者，与下文“二十而冠，可以衣裘帛”互相备也。“襦袴”，则《曲礼》所谓“童子不裳”也。所以不裳者，《曲礼》郑《注》曰：“裘太温，消阴气，使不堪，《正义》：使不堪苦者，热消阴气，则不堪苦使。不衣裘裳便易。”《疏》曰：“给役，则着裳不便，故童子并缁布襦袴。”初说不误。《内则》《注》云：“不用帛为襦袴，为太温，伤阴气。”正以“不用帛”句，恐人不知古人言语互相足之例，故备言之。《疏》云“衣不帛襦袴者，谓不以帛为襦袴”，则误矣。童子之不裘不帛，固以太温，亦以不堪苦使，不裳则专为便易，可见服劳者之必去裳矣。戴德丧服变除：“童子当室，谓十五至十九，为父后，持宗庙之重者，其服深衣不裳。”《玉藻》：“童子无缌服，听事不麻。”《注》：“虽不服缌，犹免，深衣，无麻，往给事也。”盖丧祭不可以襦袴，故加之深衣。《曲礼》《疏》曰：“童子不衣裘裳，二十则可。故《内则》云：二十可以衣裘帛。”二十而后裘帛，则亦二十而后裳，不言者，与上文互相备故。《大戴》言：童子不裳，以十九为限也。然则裳，冠者之服也，冠而不裳者，将责成人之礼焉。然则裳，礼服也，服劳役者，非童子则贱者，礼不下庶人，其不必裳明矣。故庶人但以深衣为吉服，同于襦袴之童子也。《左氏》昭公二十五年：师已称童谣曰：“鸜鹆跦跦，公在乾侯，征褰与襦。”《说文》：“褰，袴也。”《方言》：“袴，齐鲁之间谓之襱。”褰之言“祛也”，《曲礼》：“暑无褰裳”见《注》。举也。褰裳，则利遐举也。故

《诗》曰:“子惠思我，褰裳涉溱。”然则欲远行者，亦必袴而不裳矣。《说文》:“襦，短衣也。”《方言》:“复襦，江、湘之间谓之裋。”裋从竖，竖者，童竖。《广雅》:“儒，短也。”故短人称侏儒。古有恒言:“寒者利短褐。”短褐者，襦之以褐为之者也。然则古之贱贫人，殆无袴而不裳也。《玉藻》曰:“纩为茧，缊为袍，禅为絅，帛为褶。”《诗》:“岂曰无衣，与子同袍。”《传》:“袍，襺也，《释言》文。《玉藻》云：纩为襺，缊为袍。《注》云：衣有着之异名也。缊谓今纩及旧絮也。然则纯着新绵名为襺，杂用旧絮名为袍，虽着有异名，其制度是一；故云袍襺也。”《释名》:“袍，丈夫着下至跗者也。袍，苞也，苞内衣也。”《周官·内司服》《注》谓王后六服，皆袍制，然则古惟贱贫人但有短褐，贵人衣裳之内，固有长袍，特外必加以衣裳，若深衣耳。去之则贵者长袍，贱者短褐，与今同矣，岂待胡服哉？《丧大纪》:“袍必有表。”《士丧礼》《疏》:“褖衣，连衣裳者，用以表袍。”王静庵此《胡服考》篇，考索之功深，而于事理未尝深思也。

（七一一）论文明民族与野蛮民族之消长

抑文明民族见陵于野蛮民族，非独中国也。印度之于西亚，希腊之于马其顿，罗马之于日耳曼，数者实如出一辙。然则武力之不竞，乃文明民族之通病，非中国独然也。欲求中国武力不竞之原因，又非先求文明民族武力不竞之原因不可矣。

论者多谓文明民族，好斗之心，健斗之力，远非野蛮民族之比，是以每遇辄北。斯言似是而实不然。何者？果如所言，则必文明民族，真不能敌野蛮民族而后可，然考诸历史，殊非事实也。五胡乱华之世，北方争斗，盖罕用汉族为兵，即有之，亦不视为精锐，此非东晋后始然，后汉以来，久启其端矣。此盖由异族性质强武，故中国亦好用之，如张宗昌等之喜用白俄人也。然当高齐之初，高敖曹所将汉人，即视鲜卑并无逊色。而如东晋之末，宋武帝北伐之师，萧梁之世，陈庆之送元颢北还之众，其强悍善斗，虽野蛮民族视之，犹愧弗及焉。此外如元兵之强，而完颜彝能屡胜之；清初起时之锐，而袁崇焕能屡却之，此等事不胜枚举。故谓文明民族，战斗之力，不逮野蛮民族，乃从其胜负既定之后，辜较成败为之辞，而非真就每次争战，详察其实，而得此说也。夫其说既系事后辜较之谈，则安知其胜负之原因，不别有所在，而果在两军之战斗力邪？

夫就文明民族与野蛮民族全体衡之，其好斗之心，与健斗之力，诚皆非野蛮民族之敌，然以中国之大，岂待举国尚武，而后足与蛮夷敌哉？贾生论匈奴之众，不过汉一大县。《史记》谓匈奴，自左右贤王至当户，大者万余骑，小者数千人，凡二十四长，立号曰万骑，则匈奴甲骑尚不足二十四万，老弱同于壮丁，妇女同于男子，亦不过百万耳，此岂待以举国之众以敌之哉？苏轼谓全赵可以制匈奴，信不诬矣。夫必待举国之众，强悍善战，而后足与野蛮民族敌，则文明民族，因其生事教化之殊异，诚不免为一难题。若一两县尚武之众，而谓中国无之，岂情实乎？况乎人之性质，可以训练而成，举全国之民，悉训练之而臻于强悍，自非旦夕间事。若谓数十百万之众，不能训练以跻于有成，则非情实也。况乎五方风俗之不齐，又有不待训练，本已强悍者邪？然则谓文明民族之不敌野蛮民族，由其人民性质之柔弱者，非也。至于财力器械之不敌，则皆与远西接触后事，昔日之无此情形，更不俟论。然则中国不敌夷狄，其原因果安在哉？

孟子曰："城非不高也，池非不深也，兵革非不坚利也，米粟非不多也，委而去之，是地利不如人和也。"文明民族之不敌野蛮民族，此盖为其真原因。古来第一汉奸，当推中行说。中行说论汉与匈奴之长短曰：匈奴约束轻，易行也。君臣简易，一国之政，犹一身也。汉则礼义之敝，上下交怨。伊古以来，为此等说者，不知凡几。至于明清之际，亭林蒿目世变，痛心宗国之沦亡，而其论中国外夷强弱之原因，犹无以易此说也。然古来持此等议论者，皆以为中国重滞，外夷径捷。中国重滞，由于文繁，外夷径捷，由于法简，归其原于政治之得失而已，而不知有分数则使众如使寡。使众如使寡，则用大犹用小也。而小敌之坚，大敌之禽，十则围之，五则攻之，众且大者之势，卒非寡弱者所能与也。然则中国之不敌外夷，尚不在其政治之径捷与重滞，而别有所在矣。嗟乎，孟子所谓天时地利，不如人和者邪！夫以中国之文明，用中国之众且大，谓其不能有分数，使之如寡小者，不可得也。抑观历代之法令，虽不足以云径捷，然如使其实而行之，虽稍重滞，谓政事军事，必致于败坏决裂，不可收拾，无是理也。所以败坏决裂，不可收拾者，皆名实不符。核其名犹是，而按其实则非，有以致之耳。所以名实不符者，则由其社会之积弊已深，私人之利益，与公众相反者众也。今请举实事以明之，当日俄战争之际，日本有所谓代耕之俗焉，一夫出征，则其所荒弃之田，由其邻里代为之耕，而凡征人之妻子，有所求于市，市人或廉其价，有疾，医者或不取费，为之疗治。其事殊，其意一也，中国有之乎？夫士之临阵而屡北，非果畏创夷，怯白刃也，其十八九，盖亦由其后顾而不能无忧焉。管夷吾有老母在，则三战而之北，古之人已然矣。然则如日本之士，与中国之士，使之陷阵却敌，奋不顾身，孰为有后顾忧，孰无之乎？人孰不好生而恶死，然所谓生者，非徒傀然七尺之躯，偷息于天地间云尔，固贵有生人之趣。今使战败而归，父母不以为子，妻不以为夫，友朋不之齿，其生人之趣安在？安得不轻死伤，重降北，而如其舆论久背公党私，虽为降虏，为敌间谍，甚者且为之先驱，苟其富贵利达，父母妻子，宗族交游，引以为光宠如故也，洪承畴、吴三桂之徒，安得不接迹于世哉？况也，夺伯氏邑而无怨言，徙廖立而致其垂泣，管葛之用心无特法，其不可多得也久矣。世固有慷慨之士，本愿效忠于国，其才亦有可用，徒以扼于权奸，不获申理，遂不恤反颜事仇者，宋末之刘整、夏贵是也。其罪固通于天，然遏抑之者，亦宁能不分负其责哉？此等事悉数难终，要皆文明社会多，而野蛮社会少。文明社会有之，或冤沉海底，野蛮社会有之，必较易平反。故文明之人，非生而怯也，其社会固束缚之，驰骤之，使之不得不怯，甚至迫害之，使不得不从敌。野蛮社会之人，则皆反是。故文明人之见陵于野蛮人，非不幸也，优胜劣败，理有固然。论者或以文明人之见陵于野蛮人，而叹福善祸淫之不足信，而不知此正福善祸淫之最可信者。何则？文明人虽文明，其社会组织固恶，野蛮人虽野蛮，其社会组织固善也。惟社会组织虽善，文明程度太低，则亦不足战胜。历代野蛮人所以受制于文明人者以此，然至其文明渐进，而足以与文明人为敌，则文明人之厄运遂至。如鲜卑，其初屡见破于中国与匈奴，然至精金良铁，多漏出塞，而鲜卑有其器，汉人逋逃，为之谋主，而鲜卑有其法，檀石槐遂兼匈奴，扰汉边，中国任名将，发大兵，三道出塞，一时败绩矣。然则今日之黄白人，虽若天之骄子乎？至于利器悉为黑人之所有，以黑人健全之社会组织，用白人之利器，今之所谓文明人者，能否久居人上，或不免为蒙古盛强时之中国人与西域人，犹未可知也。夫以今日之白人，其势力诚如骄阳当天，未知时日之曷丧，然世事之变迁，宁可逆料，当唐天子称天可汗，尽服从北夷时，安知室建河畔一小部落曰蒙兀者，乃能创建跨据欧亚之大业哉？

故民族强弱，究极言之，实与治化隆污，息息相关，而治化之隆污，其本原，实在社会组织，徒求之于政事之理乱，抑其末焉者也。此等究极之谈，目前言之，诚若迂阔而远于务。然如现在普通人之见解，以为只须训练人民，使之健斗，又或标榜一二民族英雄，资其矜式，便尽提倡民族主义之能事，则可谓肤浅之至。从古以来，人民无以一人之力，与异族斗者，皆合若干人为一团，以与异族斗。合若干人为一团，以与异族斗，则此一团中人之和，与夫一团中人人之勇相较，而和之用实为较大，何则？惟一团中人相与和，乃能致一团中人人之勇。否则虽有勇夫，不过仗剑死敌，以求其一心之安，于国事初无丝毫裨益，其下焉者，或不免反颜事仇也。夫欲彻底改善社会组织，自非旦夕间事，然居今日而言提倡民族主义，亦不宜专从粗浅处着眼，群之和，重于一夫之勇，虽不能彻底改革，亦不可不有事焉。具体言之，则如今日，能训练人民，使之皆可为战士，故属要着，然如何筹划，乃可使出征之士，较少后顾之忧，可使为国宣劳者，可为公众所爱慕，袖手旁观，若临阵奔北之士，可为公众所不齿，此等风气之造成，较诸授人民以行陈击刺之技，实尤要也。言不能悉，举一端，他可类推。

昔时读史者，多注重于个人之行为，故多崇拜英雄，今日之眼光，则异于是。何者？知事之成敢，复杂万端，成者不必有功，败者不必有罪，谋胜者不必智，战败者不必怯也。生物界之情形，大抵中材多，极强极弱者少，惟人亦然，无时无地无英雄，亦无时无地无庸劣之士。群之盛衰，非判之于其有材无才，乃判之于有材者能否居于有所作为之地位，庸劣者能否退处不能为害之地位耳。故望君子道长，小人道消。君子道消，小人道长，言消长而不言有无，其意可深长思也，此义言故与学者，皆不可不知也。

（七一二）突厥与蒙古同祖

突厥原起，《北史》所载，凡有三说。一曰："其先居西海之右，独为部落，盖匈奴之别种也。姓阿史那氏。后为邻国所破，尽灭其族。有一儿，年且十岁，兵人见其小，不忍杀之，乃刖其足，断其臂，弃草泽中。有牝狼以肉饵之。及长，与狼交合，遂有孕焉。彼王闻此儿尚在，重遣杀之。使者见在狼侧，并欲杀狼。于时若有神物，投狼于西海之东，落高昌国西北山。山有洞穴，内有平壤茂草，周回数百里，《隋书》作地方二百余里。四面俱山，狼匿其中，遂生十男。十男长，外托妻孕。其后各为一姓，阿史那即其一也，最贤，遂为君长。故牙门建狼头纛，示不忘本也。渐至数百家。经数世，有阿贤设者，率部落出于穴中，臣于蠕蠕。”二曰：“突厥本平凉杂胡，姓阿史那氏。魏太武皇帝灭沮渠氏，阿史那以五百家奔蠕蠕。世居金山之阳，为蠕蠕铁工。金山形似兜鍪，俗号兜鍪为突厥，因以为号。”三曰：“突厥之先，出于索国，在匈奴之北。其部落大人曰阿谤步，兄弟七十人，其一曰伊质泥师都，狼所生也。阿谤步等性并愚痴，国遂被灭。泥师都既别感异气，能征召风雨。娶二妻，云是夏神、冬神之女。一孕而生四男：其一变为白鸿；其一国于阿辅水、剑水之间，号为契骨；其一国于处折水；其一居跋斯处折施山，即其大儿也。山上仍有阿谤步种类，并多寒露。大儿为出火温养之，咸得全济。遂共奉大儿为主，号为突厥，即纳都六设也。都六有十妻，所生子皆以母族姓，阿史那是其小妻之子也。都六死，十母子内欲择立一人。乃相率于大树下，共为约曰：向树跳跃，能最高者，即推立之。阿史那年幼，而跳最高，诸子遂奉以为主，号阿贤设。”又《元史译文证补》译拉施特《蒙古全史》，述蒙古缘起曰：“相传古时蒙兀与他族战，全军覆没。仅遗男女各二人，遁入一 山，斗绝险巇，惟一径通出入。而山中壤地宽平，水草茂美，乃携牲畜辎重往居，名其山曰阿儿格乃衮。二男：一名脑古，一名乞颜。乞颜，义为奔瀑急流。以其膂力迈众，一往无前，故以称名。乞颜后裔繁盛，称之曰乞要特。乞颜变音为乞要，曰特者，统类之词也。后世地狭人稠，乃谋出山，而旧径芜塞，且苦艰险。继得铁矿，洞穴深邃，爰伐木炽炭，篝火穴中。宰七十牛，剖革为筒，鼓风助火，铁石尽镕，衢路遂辟。后裔于元旦锻铁于炉，君与宗亲，次第捶之，著为典礼。”与《北史》第一说绝相类。而锻铁之说，又足与第二说之世为铁工相印证。以风马牛不相及之两族，而其传说之相似，至于如是，实可异也。土门求婚柔然，阿那瑰詈之曰：尔是我铁奴，何敢发是言也。

民族缪悠之传说，虽若为情理所必无。然其中必有事实存焉。披沙拣金，往往见宝，正不容以言不雅驯，一笔抹杀也。今试先即《北史》所载三说观之。案此三说虽相乖异，然其中仍有相同之处。突厥姓阿史那氏，一也；突厥有十姓，阿史那其一，二也；首出之主曰阿贤设，三也；突厥先世，尝为他族所破灭，四也。狼生十子，说极荒唐，然突厥后世，牙门实建有狼头纛。又有所谓九姓部落者，于突厥为最亲。九姓之名：曰药罗葛、曰胡咄葛、曰啒罗勿、曰貊歌息讫、曰阿勿嘀、曰葛萨、曰斛嗢素、曰药勿葛、曰奚邪勿，见《唐书·回纥传》。《突厥传》述突厥之亡，谓后或朝贡，皆旧部九姓云。此谓阿史那氏既亡，其余九姓，犹或来朝贡也。又《回纥传》载九姓胡劝牟羽可汗入寇，宰相顿莫贺达干谏，不听，怒，遂弑可汗。屠其支党及九姓胡几二千人。九姓胡先随回纥入中国者闻之，因不敢归。此为九姓胡与回纥有别之证。九姓胡既与回纥较疏，则突厥之于九姓，必较回纥为亲。故《唐书》称为旧部。盖回纥等皆后来服于突厥者，惟九姓则为阿史那同族也。又突厥可汗，尝岁率重臣，祭其先窟。而西突厥亦岁遣使臣，向其先世所居之窟致祭。则缪悠之传说，实为数典所不忘，断不容指为虚诬矣。据《元史译文证补》，突厥最西之可萨部，实在里海、黑海之滨。然则突厥先世，殆本居西海之右，迨为他族所破，乃辗转遁入阿尔泰之南山中，其地在高昌西北，其名则跋斯处折施邪？锻铁之业，发明颇难。鲜卑、契丹皆与汉人相习久而后能之。女真初起时，汉人有携甲至其部者，尚率其下出重赀以市。突厥僻陋，未必有此。或沮渠亡后，败逋北走者之所教与？

蒙古传说，与突厥相类，洪氏疑蒙人袭突厥唾余以叙先德。夫突厥之在当日，则亦败亡奔北之余耳，引为同族，岂足为荣？若谓传述者语涉不经，载笔者意存毁谤，则拉施特身仕宗藩之朝，亲见捶铁典礼；又乞要特即奇渥温，为有元帝室得氏之由，亦断不容指为虚构。拉施特之修史也，其主尽出先时卷牍，以资考核；又命蒙古大臣，谙习掌故者，襄理其事；安得作此谓他人父之言？拉施特亦安敢臆造异说，作为谤书邪？然此说与《北史》第一说，相类太甚。又《蒙古秘史》，蒙古始祖名孛儿帖赤那，译言苍狼。帖赤那与阿史那、泥师都，似皆同音异译；虽欲不谓为一说而不得也。此又何故邪？予反复思之，然后知蒙古为鞑靼、室韦杂种，鞑靼为靺鞨及沙陀突厥杂种，拉施特《蒙古全史》之说，确与《北史》第一说，同出一原也。

蒙古先世，《元史》不载。洪氏谓即《唐书》大室韦之蒙兀部，其说甚确。然蒙人实自称鞑靼。《秘史》即然。《秘史》作达达，即鞑靼异译也。顺帝北迁，五传而大汗统绝。其后裔仍自号鞑靼可汗。此何说邪？《五代史》云：“鞑靼，靺鞨之遗种。本在奚、契丹之东北。后为契丹所攻，而部族分散。或属契丹，或属渤海。别部散居阴山者，自号鞑靼。后从克用入关，破黄巢。由是居云、代之间。”据《唐书》《五代史》《辽史》，渤海盛时，靺鞨悉役属之。契丹太祖以前，并无攻破靺鞨之事。《满洲源流考》引《册府元龟》：谓“黑水帅突地稽，隋时率部落千余家内属，处之营州。唐武德中，以其部落置燕州。《五代史》所谓为契丹攻破者，实即此族。”其说是也。然此族实与室韦之蒙兀部风马牛不相及，何缘以之自号乎？案彭大雅《黑鞑事略》曰：“黑鞑之国，号大蒙古。

沙漠之地，有蒙古山。韃语谓银曰蒙古。女真名其国曰大金，故韃名其国曰银。”黄震《古今纪要逸编》云：“韃靼与女真同种，皆靺鞨之后。其在混同江者曰女真。在阴山北者曰韃靼。韃靼之近汉者曰熟韃靼，远汉者曰生韃靼。韃靼有二：曰黑，曰白，皆事女真。黑韃靼至忒没真叛之，自称成吉思皇帝。又有蒙古国，在女真东北。我嘉定四年，韃靼始并其名号，称大蒙古国。”孟珙《蒙韃备录》曰：“韃靼始起，地处契丹西北。族出于沙陀别种，故历代无闻。其种有三：曰黑，曰白，曰生。案生、熟自以距汉远近言，不得与黑白并列为种别，此说盖误。所谓白韃靼者，颜貌稍细。所谓生韃靼者，甚贫，且拙，且无能为，惟知乘马随众而已。今成吉思皇帝及将相大臣，皆黑韃靼也。”据此三说，则韃靼及蒙古，自系二族。而韃靼之中，又有黑、白之别。族出于沙陀别种，盖缘李克用败亡，曾居其部，遗种与靺鞨相杂，遂生黑白之别，其无足怪。惟所谓蒙古国者，除室韦之蒙兀部，无可当之。二者相距甚远，何由并合，为可疑耳。案《蒙韃备录》又云：“韃人在本国时，金虏大定间，燕京及契丹地有谣言云：韃靼去，赶得官家没处去。虏酋雍宛转闻之，惊曰：必是韃人，为我国患。乃下令：极于穷荒，出兵剿之。每三岁，遣兵向北剿杀，谓之减丁。迄今中原尽能记之。韃人遁逃沙漠，怨入骨髓。至伪章宗明昌年间，不令杀戮。以是韃人稍稍还本国，添丁长育。”因童谣而出兵剿杀，语涉不经。然世宗初年，北边曾有移剌窝斡之乱，牵动甚众，仍岁兴师，说非无据。韃靼之北走而与蒙兀合，盖在此时也。然此以韃靼之部落言也。至于有元帝室，则其与蒙兀部落之牉合，尚别有一重因缘。《蒙古秘史》云：“自天而生之孛儿帖赤那，与其妻豁阿马阑勒，同渡腾吉思水，东至斡难沐涟之源不儿罕哈勒敦。”孛儿帖赤那，译言苍狼。豁阿，女子美称。马阑勒，译言惨白牝鹿。乃人以狼、鹿名。《大典》本之译述，意在考证蒙古语言，非以求其史实。故但旁注其为狼鹿，而不复释为人名。辑《大典》本《秘史》者，但就其旁解之文钞之，遂有狼鹿生人之讹也。此为奇渥温氏徙居漠北之始。孛儿帖赤那生巴塔赤罕。巴塔赤罕生塔马察。塔马察生豁里察儿蔑儿干。豁里察儿蔑儿干生阿兀站孛罗温。阿兀站孛罗温生撒里合察兀。撒里合察兀生也客你敦。也客你敦生挦锁赤。挦锁赤生合儿出。合儿出生孛儿只吉歹蔑儿干。孛儿只吉歹蔑儿干之妻曰忙豁勒真豁阿。忙豁勒真，犹言蒙古部人。盖孛儿帖赤那之后，至此娶蒙古部女，遂以蒙古为部名。犹金始祖函普，娶完颜部女，子孙遂以完颜为氏也。说本屠氏寄《蒙兀儿史记》。○又案《蒙古源流考》云：“土伯特智固木赞博汗，为奸臣隆纳木所弑。三子皆出亡。季子布尔特齐诺，渡腾吉思海，东行，至拜噶所属之布尔干哈勒图纳山下必塔地方，人众尊为君长。”布尔特齐诺即《秘史》之孛儿帖赤那也。或据此，谓有元先世，出自吐蕃王室。然《源流考》之作，意在阐扬喇嘛教，故援蒙古以入吐蕃。其说殊不足信。即如此处，以智固木赞博汗为色哩特赞博汗之子。色哩特赞博汗者，尼雅特赞博汗之八世孙也。而下文又云：尼雅特赞博汗七世孙色哩特赞博汗，为其臣隆纳木所弑。又此处述智固木赞博汗，远在名哩勒丹苏隆赞之前。名哩勒丹苏隆赞即《唐书》之弃宗弄赞，与太宗同时者也。其言尚可信乎？为金守长城之部曰汪古。成吉思汗之侵金，汪古实假以牧地，为之乡导，故金人先失外险，猝不及防。乃蛮之伐蒙古，约汪古与俱。汪古以告成吉思，成吉思乃得先发制人。盖汪古之于蒙古，论部酋，论部族，皆有同族之亲；而灭丁剿杀之举，汪古虽力不能救，未尝不心焉痛之；故于元为特厚，而于金乃独酷邪？纳都六三字，与脑古音极相近。“设”为突厥别部典兵者之称。岂突厥先世，为他族所破坏后，分为二派：一为脑古，即纳都六设；一为乞颜，即奇渥温氏之祖与？果然，则阿儿格乃衮之名，且足补突厥先窟称名之阙矣。

（七一三）突厥渠帅凡五

隋文帝讨沙钵略之诏曰：“且彼渠帅，其数凡五。”五者，盖谓沙钵略一、庵罗二、阿波三、处罗侯四、贪汗五也。突厥之大，肇基叶护，《隋书》但云“当后魏之末，有伊利可汗，以兵击铁勒，大败之……遂求婚于茹茹”俱见《隋书·突厥传》。而已。不言其与叶护世系也。《新唐书·西突厥传》则云：“西突厥，其先讷都陆之孙吐务，号大叶护，长子曰土门伊利可汗，次子曰室点蜜，亦曰瑟帝米。即室点蜜异译耳。《隋书·突厥传》云：摄图号伊利俱卢设莫何始波罗可汗，一号沙钵略。下文沙钵略致书隋文帝，自称伊利俱卢设莫何始波罗可汗，而文帝报书称为伊利俱卢设莫何沙钵略可汗，明沙钵略即始波罗异译也。瑟帝米之子曰达头可汗……始与东突厥分乌孙故地有之。”则似当大叶护时，已有二子东西分治之制矣。《周书·突厥传》云：“土门死，子科罗立。科罗号乙息记可汗。科罗死，弟俟斤立，号木汗可汗。”《隋书·突厥传》云：“伊利可汗卒，弟逸可汗立。病且卒，舍其子摄图，立其弟俟斗，当作俟斤，字之误。称为木杆可汗。"《北史·突厥传》云："乙息记可汗且死，舍其子摄图，立其弟俟斤，是为木杆可汗。"明乙息记与逸可汗为一人。后来摄图舍其子雍虞闾，而立其弟处罗侯。雍虞闾使迎之，处罗侯曰："我突厥自木杆可汗以来，多以弟代兄，以庶夺嫡，失先祖之法，不相敬畏。汝当嗣位，我不惮拜汝也。"《北史》《隋书·突厥传》。可见突厥弟兄相及，实始木杆矣。《周书·杨忠传》：忠以保定三年与突厥伐齐，木汗可汗、控也头可汗、步离可汗等以十万骑来会。又《杨荐传》："孝闵帝践阼，使突厥结婚。突厥可汗弟地头可汗阿史那库头居东面，与齐通和，说其兄欲背先约。"地头疑即也头字之误。木杆复舍其子大逻便，而立其弟，是为佗钵可汗。佗钵以摄图为尔伏可汗，统其东面；又以其弟褥但可汗子为步离可汗，居西方。见《北史》《隋书·突厥传》。然则步离殆为居西方者之称号，木杆时，也头或地头亦当统东面也。佗钵且卒，谓其子庵罗避大逻便，而庵罗竟立。旋又让于摄图，是为沙钵略可汗、居都斤山，庵罗降居独洛水，称第二可汗。大逻便谓沙钵略曰："我与尔俱可汗子。尔今极尊，我独无位，何也？"沙钵略患之，以为阿波可汗，还领所部。见《北史》《隋书·突厥传》。隋文帝讨沙钵略之役，沙钵略率阿波、贪汗二可汗来拒战。长孙晟使说阿波，阿波留塞上，使人随晟入朝。摄图闻其贰，乃掩北牙，尽获其众，而杀其母。事见《隋书·长孙晟传》。云北牙，盖对摄图所迁为南牙言之。然则《突厥传》云阿波还领所部者，即谓还居木杆故地；还领所部者为北，乃对摄图所处为南而言之也。晟之说文帝曰："通使玷厥，说合阿波，则摄图回兵，自防右地。又引处罗，遣连奚霫，则摄图分众，还备左方。"《长孙晟传》。明阿波在西，处罗在东。然阿波之为右，特对处罗之在左言之。以言木杆分国之旧，则右方实当为贪汗。故阿波、摄图之衅既启，摄图以贪汗素睦于阿波，夺其众而废之，而贪汗亦亡奔达头也。处罗侯之子启民，染干。初号突利可汗，《突厥传》以为沙钵略子，误。长孙晟曾与相见，必不误也。其后始毕之子什钵，亦号突利可汗，居东方。然则居东方者，又尝号突利。要之大可汗外，以一人分主东方，一人分主西方，殆为突厥之定制。至沙钵略时，既有一废可汗之子，称为第二可汗，又有更前可汗之子，还据旧都，而与已相侔，以致与已而为五，已足启分崩之渐。

又案王孝杰在西域取四镇后，尚有冷泉之捷，事在延载元年，见《新唐书·本纪》，其详则见于《西突厥传》。云："西突厥部立阿史那俀子为可汗，与吐蕃寇武威道。大总管王孝杰与战冷泉、大领谷，破之。碎叶镇守使韩思忠又破泥熟俟斤及突厥施质汗、胡禄等，因拔吐蕃泥熟没斯城。”《通鉴》则云：“武威道总管王孝杰破吐蕃勃论赞及突厥可汗俀子等于冷泉及大岭，各三万余人。碎叶镇守使韩思忠破泥熟俟斤等万余人。”《考异》曰：“此事诸书皆无，惟《统纪》有之。《统纪》又破吐蕃万泥勋没驮城，此语不可晓，今删去。”案《新唐书》之文，与《统纪》大同小异，云惟《统纪》有之，盖温公之偶疏。所删《统纪》之语，虽不甚可晓，要为当时与蕃战又一克捷。“泥熟没斯城”，盖即泥熟俟斤所居，俟斤乃突厥官号。而云“吐蕃泥熟没斯城者”，盖时泥熟俟斤服属于吐蕃也。此役盖吐蕃、突厥连兵而来，然卒为孝杰等所破，可见吐蕃在西域兵力有限，此钦陵所由但以笔舌求之而终不能以兵力取之也。天宝后，河陇虽陷，而安西、北庭仍久之而后亡，窃疑其亦由于此。

（七一四）突厥之兵

《北史·高车传》云：“为性粗猛，党类同心，至于寇难，翕然相依。斗无行陈，头别冲突，乍出乍入，不能坚战。”《铁勒传》曰：“人性凶忍，善于骑射。贪婪尤甚，以寇抄为生。”是其事也。社仑始立军法：以千人为军，军置将；百人为幢，幢置帅。先登者赐以卤获，退懦者，以石击首击杀之，或临时捶挞，见《北史·蠕蠕传》。然收效盖寡。杨忠与突厥伐齐，还，言于周武帝曰：“突厥甲兵恶，赏罚轻，首领多而无法令，何谓难制驭？”《北史·突厥传》。颉利入寇，唐太宗谓突厥“众而不整，君臣惟利是视。可汗在水西，而酋帅皆来谒我，我醉而缚之，其势易甚”。《唐书·突厥传》。可见自南北朝至隋、唐，其散漫情形，迄未尝改。此其所以地虽广，兵虽多，而终不竞于中国欤？《北史·突厥传》：“候月将满，转为寇抄。”与匈奴同，盖所以利夜行也。

（七一五）賨、叟、骆、蜀

《后汉书·刘表传》：“初平元年，长沙太守孙坚杀荆州刺史王叡，诏书以表为荆州刺史。时江南宗贼大盛。”亦见《三国志·刘表传注》引司马彪《战略》，盖《后汉书》所本。《注》云：“宗党共为贼。”何义门云：“宗恐与巴賨之賨同义，南蛮号也。”案何说是也。賨人，即《后汉书》所谓巴郡南郡蛮。《后汉书》云：“秦昭襄王时，有一白虎，尝从群虎数游秦、蜀、巴、汉之境，伤害千余人。昭王乃重募国中有能杀虎者，赏邑万家，金百镒。时有巴郡阆中夷人，能作白竹之弩，乃登楼射杀白虎。昭王嘉之，而以其夷人，不欲加封，乃刻石盟要，复夷人顷田不租，十妻不算，伤人者论，杀人者得以倓钱赎死。至高祖为汉王，发夷人还伐三秦。秦地既定，乃遣还巴中，复其渠帅罗、朴、督、鄂、度、夕、龚七姓不输租赋，余户乃岁入賨钱，口四十。"《南蛮传》。《晋书·李特载记》云："秦并天下，以为黔中郡，薄赋敛之，口岁出钱四十，巴人呼赋为賨，因谓之賨人焉。"此说亦误。《三国·蜀志·季汉辅臣赞》云：程季然，"刘璋时为汉昌长。县有賨人，种类刚猛，昔从高祖以定关中"。盖因其人名賨，乃称其所出之钱为賨钱，非呼赋为賨，而谓其人为賨人也。

賨人当后汉末，蔓衍颇广。《三国·吴志·孙策传》曰：时，豫章上缭宗民万余家在江东，策劝庐江太守刘勋攻取之。《注》引《江表传》曰：勋"乃遣从弟偕告粜于豫章太守华歆。歆郡素少谷，遣吏将偕就海昏上缭，使诸宗帅共出三万斛米以与偕。偕往历月，才得数千斛。偕乃报勋，具说形状，使勋来袭取之。勋得偕书，便潜军到海昏邑下。宗帅知之，空壁逃匿，勋了无所得"。又《太史慈传注》引《江表传》曰："慈见策曰：鄱阳民帅别立宗部，阻兵守界，不受子鱼所遣长吏。海昏有上缭壁，有五六千家相结聚作宗伍，惟输租布于郡耳，发召一人遂不可得。"又《孙辅传注》引《江表传》曰："策既平定江东，逐袁胤。袁术深怨策，乃阴遣间使赍印绶与丹阳宗帅陵阳祖郎等，使激动山越，大合众，图共攻策。"则今江西、安徽均宗人所蔓衍矣。《后汉书·巴郡南郡蛮传》云："建武二十三年，南郡潳山蛮雷迁等始反叛。遣武威将军刘尚讨破之，徙其种人七千余口，置江夏界中，今沔中蛮是也。和帝永元十三年，巫蛮许圣等以郡收税不均，怀怨恨，遂屯聚反叛。明年夏，遣使者督荆州诸郡兵讨破之。圣等乞降，复悉徙置江夏。"末年蔓衍今皖赣之境者，盖即当时所徙也。然屯聚者，仍当以汉人为多，特与賨相依附耳。参看《山越》条。

近人游记云："暹罗人民，旧分暹与猓二种。暹之故国，实在缅甸北境，与云南邻。分南北二区，各有土王。予游仰光，尝至上缅甸，入其王居。猓亦有土王。最尊者在暹北青梅。"又云："暹人实来自云南大理一带。旅暹萧君佛成，谓云南土人言数与暹罗同。予听之，惟五读如海，六读如霍，称十二曰十双，余皆与华同。云君竹亭有友，能操暹语。而不能操华语。至广西，遇土人，语竟相通云。”予案暹即賨也。《三国·吴志·士燮传》:燮卒，孙权以交阯悬远，乃分合浦以北为广州，吕岱为刺史；交阯以南为交州，戴良为刺史。又遣陈时代燮为交阯太守。岱留南海，良与时俱前。行到合浦，而燮子徽，自署交阯太守，发宗兵拒良，交阯桓邻，燮举吏也，叩头谏徽。徽怒，笞杀邻。邻兄治子发，又合宗兵击徽。此即宗人之在后印度者也。

又賨、叟亦系同音。《蜀志·诸葛亮传注》引《汉晋春秋》载亮上言曰:“自臣到汉中，中间朞年耳，然丧赵云、阳群、马玉、阎芝、丁立、白寿、刘郃、邓铜等及曲长屯将七十余人，突将无前。賨、叟、青羌散骑、武骑一千余人，此皆数十年之内所纠合四方之精锐，非一州之所有。”此特以大体言之，賨、叟未必不取自蜀。《后汉书·刘焉传》:“马腾与范刘焉第四子。谋诛李傕，焉遣叟兵五千助之。”《三国·蜀志·二牧传》:“刘璋闻曹公征荆州，遣别驾从事蜀郡张肃送叟兵三百人。”则叟兵正出于蜀。《后汉书》《注》曰:“汉世谓蜀为叟。孔安国注《尚书》云:蜀，叟也。”又《董卓传》:“吕布军有叟兵内反。”《注》亦曰:“叟兵，谓蜀兵也。”窃疑蜀与賨、叟仍系一语。古称蜀，汉世则或称賨或称叟耳。孔明以賨、叟连称，盖所谓复语。或自巴以东称賨，蜀称叟，孔明之兵二者兼有，故并举之邪?《后汉书·光武纪》:建武十九年，西南夷寇益州郡。《注》引《华阳国志》曰:“武帝元封二年,叟夷反。将军郭昌讨平之，因开为益州郡。”《西南夷邛都夷传》:越嶲太守“巴郡张翕，政化清平，得夷人和。在郡十七年卒，夷人爱慕如丧父母。苏祈叟二百余人，赍牛羊送丧至翕本县安汉，起坟祭祀”。《三国·蜀志·李恢传》:“遂以恢为庲降都督，使持节领交州刺史，住平夷县。先主薨，高定恣睢于越嶲，雍闿跋扈于建宁，朱褒反叛于牂牁。丞相亮南征，先由越嶲，而恢案道向建宁。诸县大相纠合，围恢军于昆明。恢出击，大破之。追奔逐北，南至盘江，东接牂牁，与亮声势相连。南土平定，恢军功居多。后军还，南夷复叛，杀害守将。恢身往扑讨，锄尽恶类，徙其豪帅于成都，赋出叟、濮耕牛战马金银犀革，充继军资于时费用不乏。”《张嶷传》:“越嶲郡自丞相亮讨高定之后，叟夷数反，杀太守龚禄、焦璜。”并今川、滇境夷人称叟之证。

至于僚，《晋书·李势载记》:“李奕自晋寿举兵反之。初，蜀土无僚，至此始从山而出，北至犍为、梓潼，布在山谷十余万落，不可禁制，大为百姓之患。势既骄吝，而性爱财色，荒淫不恤国事。夷僚叛乱，军守离缺，境宇日蹙。”《苻坚载记》：坚遣王统、朱彤寇蜀，晋梁州刺史杨亮率巴僚万余拒之。益州陷后，蜀人张育、杨光等起兵与巴僚相应，以叛于坚。育自号蜀王，与巴僚酋帅张重、尹万等进围成都。《殷仲堪传》：仲堪奏言：“巴、宕二郡，为群僚所覆，城邑空虚，士庶流亡，要害膏腴，皆为僚有。”此所谓僚，并在巴、氐之地。《三国·蜀志·张嶷传注》引《益部耆旧传》，谓“牂牁、兴古僚种复反”。《晋书·武帝纪》：太康四年，“牂牁僚二千余落内属”。则汉世夜郎之地，亦有僚矣。僚之名，汉世不见，非不见也，汉所谓瓯骆者，即僚也。《史记·南越列传》曰：“以兵威边，财物赂遗闽越、西瓯骆，役属焉。”其谢文帝书云：“其西瓯骆裸国亦称王。”《传》又云：“越桂林监居翁谕瓯骆属汉。”“其西瓯骆”，《汉书》作“西有西瓯”。而《史记·东越列传》：惠帝三年，“立摇为东海王，都东瓯，世俗号为东瓯王。”《南越传》《索隐》：“姚氏案：《广州记》云：交趾有骆田，仰潮水上下，人食其田，名为骆人，有骆王、骆侯。诸县自名为骆将，铜印青绶，即今之令长也。后蜀王子将兵讨骆侯，自称为安阳王，治封溪县。后南越王尉他攻破安阳王，令二使典主交趾、九真二郡。”即骆越也。盖单呼曰瓯，曰骆，累呼则兼言瓯骆，二字本双声。晋以后所谓僚，后汉时所谓哀牢，《三国志·霍峻传》：“时永昌郡夷僚恃险不宾，数为寇害。”此僚即哀牢之证。今日所谓仡佬，皆同音异字。而《广州记》所谓蜀王子，亦即叟人，以蜀伐骆，即是以叟伐僚。以今日之语言之，则以暹伐佬耳。《广州记》所载骆、蜀相争之事，《水经·叶榆水注》引《交州外域记》，言之尤详。其言曰：“交趾昔未有郡县之时，土地有洛田，其田从潮水上下。民垦食其田，因名为洛民。设洛王、洛侯，主诸郡县。县多为洛将，洛将铜印青绶。后蜀王子将兵三万来讨洛王、洛侯，服诸洛将，蜀王子因称为安阳王。后南越王尉佗举众攻安阳王。安阳王有神人，名皋通，下辅佐，为安阳王治神弩一张，一发杀三百人。南越王知不可战，却军住武宁县；越遣太子名始，降服安阳王，称臣事之。安阳王不知通神人，遇之无道。通便去，语王曰：能持此弩王天下，不能持此弩者亡天下。通去。安阳王有女名曰媚珠，见始端正，珠与始交通。始问珠，令取父弩视之。始见弩，便盗以锯截弩，讫，便逃归，报南越王。南越进兵攻之。安阳王发弩，弩折，遂败。安阳王下船，径出于海，越遂服诸洛将。”又曰：“越王令二使者典主交趾、九真二郡民。后汉遣伏波将军路博德讨越王。路将军到合浦，越王令二使者赍牛百头酒千钟及二郡民户口簿诣路将军，乃拜二使者为交趾、九真太守。诸洛将主民如故。后朱戴洛将子名诗，索麊泠洛将女名征侧为妻。侧为人有胆勇，将诗起贼，攻破州郡，服诸洛将，皆属。征侧为王，治麊泠县，复交趾、九真二郡民二岁调赋。后汉遣伏波将军马援将兵讨侧，诗走入金溪究，三岁乃得。尔时西蜀并遣兵共讨侧等，悉定郡县，为令长也。”《旧唐书·地理志》引《南越志》云：“交趾之地，最为膏腴，旧有君长日雄王，其佐日雄侯。后蜀王将兵三万讨雄王，灭之。蜀以其子为安阳王，治交趾。尉佗在番禺，遣兵攻之。王有神弩，一发杀越军万人，赵佗乃与之和，以其子始为质。安阳王以媚珠妻之。子始得弩，毁之。越兵至，乃杀安阳王，兼其地。”此所谓曰雄王、日雄侯乃“曰洛王、曰洛侯”之误。下文雄王，亦洛王之误。《后汉书·臧宫传》：“建武十一年，将兵至中卢，屯骆越。”《注》：“中卢，县名，属南郡。盖骆越人徙于此，因以为名。”此骆越其本必在巴、氐之地，尤显而易见也。

叟之所居，与氐密迩，故二字亦连称。《李特载记》曰：辛冉“遣人分榜通逵，购募特兄弟，许以重赏。特见，大惧，悉取以归，与骧改其购云：能送六郡之豪李、任、阎、赵、杨、上官及氐叟侯王一首，赏百匹。”此氐叟二字，亦复语耳。其北出者多称氐，亦或称叟。《怀帝纪》：永嘉三年七月，“平阳人刘芒荡自称汉后，诳诱羌戎，僭帝号于马兰山。支胡五斗叟郝索聚众数千为乱，屯新丰，与芒荡合党。”《高密孝王略传》：“京兆流人王逌与叟人郝洛聚众数千，屯于冠军。”此所谓叟，即北朝时所谓“蜀与汾胡结不解缘”者也，在晋世亦或称蜀。《孝武帝纪》：太元十八年九月，“杨佺期击氐帅杨佛嵩于潼谷，败之”。《姚苌载记》云：“杨佛嵩帅胡蜀三千余户降于苌，晋将杨佺期、赵睦追之。”《载记》之蜀，即《本纪》之氐也。

南北朝之世，賨、叟之名罕见，皆称为蜀。《宋书·孔觊传》：“阮佃夫募得蜀人数百，多壮勇便战，皆着犀皮铠，执短兵。本应就佃夫向晋陵，未发，会农夫须人，分以配之。及战，每先登，东人并畏惮。又怪其形饰殊异，旧传狐獠食人，每见之辄奔走。”《五行志》：“晋元帝永昌元年，宁州刺史王逊遣子澄入质，将渝、濮杂夷数百入京邑。民忽讹言宁州人大食人家小儿。亲有见其蒸煮满釜甑中者。又云失儿皆有主名，妇人寻道，拊心而哭。于是百姓各禁录小儿，不得出门。寻又言已得食人之主，官当大航头大杖考竟。而日有四五百人晨聚航头，以待观行刑。朝廷之士相问者，皆曰信然。或言郡县文书已上。王澄大惧，检测之，事了无形，民家亦未尝有失小儿者；然后知其讹言也。”此事盖即所谓旧传狐獠食人者，蜀之即僚可知矣。其在北者，以河东为大宗；

在河东者，又以薛氏为大。《魏书·太祖纪》：天兴元年，河东蜀薛榆、氐帅符兴各率其种内附。二年，蜀帅韩砻内附。《太宗纪》：永兴三年河东蜀民黄思、郭综等率营部七百余家内属。泰常三年，河东胡、蜀五千余家相率内属。八年，河东蜀薛定、薛辅率五千余家内属。《世祖纪》：太平真君六年，河东蜀薛永宗举兵与盖吴相应。明年为魏所破，永宗男女无少长皆赴汾水死。《薛辩传》曰："其先自蜀徙于河东之汾阴，因家焉。祖陶《北史》作涛。与薛祖、薛落等分统部众，世号三薛。父彊《北史》作强。复代领部落，而祖、落子孙微劣，彊遂总摄三营。历石虎、苻坚，常凭河自固。仕姚兴为镇东将军，入为尚书。彊卒，辩复袭统其营。刘裕平姚泓，辩举营降裕。及裕失长安，辩来归国。子谨随裕渡江。辩将归国，密使报谨，遂自彭城来奔。"其后世仕魏。盖吴、薛永宗举兵时，谨子洪祚世祖赐名初古拔。受诏纠合宗乡，壁于河际，以断其往来之路。盖其党类犹在也。《北史·辩传》云：强字威明，与王猛友善。"桓温入关中，猛以巾褐谒之。温曰：江东无卿比也。秦国定多奇士，如生辈尚有几人？吾欲与之俱南。猛曰：公求可与拨乱济时者，友人薛威明其人也。温曰：闻之久矣。方致朝命。强闻之，自商山来谒。与猛皆署军谋祭酒。强察温有大志而无成功，乃劝猛止。俄而温败。乃苻坚立，猛见委任。其平阳公融为书，将以车马聘强，猛以为不可屈，乃止。及坚如河东伐张平，自与数百骑驰至强垒下，求与相见。强使主簿责之。因慷慨宣言曰：此城终无生降之臣，但有死节之将耳。坚诸将请攻之。坚曰：须吾平晋，自当面缚。舍之以劝事君者。后坚伐晋，军败，强遂总宗室强兵，威振河辅。强卒，辩袭统其营。"盖诸薛之在汾阴，根柢深固，不肯舍之而去。其不屈于苻坚，与其不肯随桓温而南，用意正同，非果能豫烛温之丧败也。诸薛虽仕于魏，而河东之蜀，党类迄未尝涣，延及秦、陇，亦多声气相通，迄周、齐之世犹然。《魏书·文成五王传》：河间王琛以讨汾晋胡、蜀，卒于军。长孙道生曾孙稚，正平郡蜀反，假镇西将军、讨蜀都督讨之。《魏书·长孙道生传》。时则建兴蜀亦反，源贺孙子恭与稚合势进讨，大破之。《魏书·源贺传》。孝昌二年，绛蜀反，费于之孙穆讨平之。《魏书·费于传》。《傅竖眼传》：为益州刺史。及高肇伐蜀，假竖眼征虏将军、持节，领步兵三万先讨北巴。萧衍遣宁州刺史任太洪从阴平入益州北境，欲扰动氐蜀，以绝运道。氐蜀翕然从之。太洪率氐蜀数千围逼关城，竖眼遣宁朔将军成兴孙讨之。太洪遣军主边昭等率氐蜀三千攻逼兴孙栅。《尔朱兆传》：兆将入洛阳，招齐献武王，献武辞以山蜀未平，今方攻讨。《北齐书·神武纪》云：辞以绛蜀、汾胡数反。《尔朱天光传》：天光为雍州刺史，以讨万俟丑奴，赤水蜀贼断路，天光击破之。此事亦见《周书》贺拔岳寇洛，《李弼》《侯莫陈悦传》皆云讨赤水蜀。《自序》云：子建除东益州刺史。“正光五年，南、北二秦城人莫折念生、韩祖香、张长命相继构逆，佥以州城之人莫不劲勇，同类悉反，宜先收其器械。子建以为城人数当行陈，尽皆骁果，安之足以为用，急之腹背为忧，乃悉召居城老壮晓示之。并上言：诸城人本非罪坐而来者，悉求听免。肃宗优诏从之。子建渐分其父兄子弟外居郡戍，内外相顾，终获保全。及唐永代之，群氐慕恋，相率断道。慰譬旬日，方得前行。东益氐、蜀寻反，攻逼唐永，永弃城而走。”《北齐书·封隆之传》：子子绘，为平阳太守，“大军讨复东雍，平柴壁及乔山、紫谷绛蜀等，子绘恒以太守前驱慰劳。”此所谓蜀，并即巴氐。《魏书·董绍传》云：“萧宝夤反长安也，绍上书求击之，云：臣当出瞎巴三千，生啗蜀子。肃宗谓黄门徐纥曰：此巴真瞎也？纥曰：此是绍之壮辞，云巴人劲勇，见敌无所畏惧，非实瞎也。”其明证也。《周书·异域传》云：“世宗时，兴州人段吒及下辩、柏树二县民反，氐酋姜多复率厨中氐、蜀攻陷落丛郡以应之。”姜为羌姓，而姜多复为氐帅，则氐、羌族类相近耳。

《魏书·自序》谓东益州城人莫不劲勇；徐纥亦谓巴人劲勇，见敌无所畏惧；则巴氐北迁之后，剽悍之性，初未失坠。《北史》载：魏孝文与朝臣论海内姓地人物，“戏谓薛谨孙聪曰：世人谓卿诸薛是蜀人，定是蜀人不？聪对曰：臣远祖广德，世仕汉朝，时人呼为汉臣。九世祖永随刘备入蜀，时人呼为蜀臣。今事陛下，是虏，非蜀也。帝抚掌笑曰：卿幸可自明非蜀，何乃遂复苦朕？”孝文虽虏，颇即华风，非苦人如唐太宗者；以蜀戏聪，明聪非蜀。然洪祚族叔安都实劲勇有气力，不下于杨大眼，久与之居，故当习而自化耳。

《后汉书·板楯蛮传》云：“阆中有渝水，其人多居水左右。俗喜歌舞，高祖观之，曰：此武王伐纣之歌也。乃命乐人习之，所谓《巴渝舞》也。”汉初雅乐，实未沦亡，高帝之言，必有所据。乃晋以后所谓獠者，几于一无所知，何哉？夫巴在春秋时，久与楚有交涉，非固陋之国也。秦灭巴、蜀，疑尚有待于战国之时，岂有武王伐纣，乃能用剑阁以南之众？窃疑《牧誓》所谓庸蜀等，并不在后世之地。巴氐亦然，其与獠实同类而异种。氐处水滨，獠居山谷，氐人北徙，獠乃乘虚出居平地，寖至蔓延，尽由李势之失政也。率賨人从汉高定三秦者，名范因。秦中既定，封为阆中侯，前后《汉书》皆不载，见《晋书·乐志》。

（七一六）丁令

洪氏钧《元史译文证补》，谓：今日葱岭西北西南诸部，我国统称之曰回，西人则称为突厥。回纥之盛，威令未行于咸海、里海之间；其衰，播迁未越于葱岭、金山以外。突厥盛时，东自辽海以西至西海，万里；南自沙漠以北至北海，五六千里。极西之部可萨，亦曰曷萨。西国古籍，载此部名哈萨克，即曷萨转音；亦曰喀萨克，即可萨转音。里海、黑海之北，皆其种落屯集。又东罗马古书，载与突厥通使。东罗马即《唐书》之拂菻国也。种落繁多，幅员辽阔，匈奴而后，实惟突厥。而散居西土，亦惟突厥旧部为多。回纥、突厥之称，诚不敢谓己是而人非。予案洪氏此言，乃知二五而不知一十也。若举强部以概其余，则西人与突厥之交涉多，而在东土，则回纥为后亡，彼我所称，均未为失。若原其朔，则此族当正称曰丁令。突厥、回纥皆其分部之后起者耳。我之称回纥固非，彼之称突厥，亦未是也。

丁令之名，昉见于汉。《山海经·海内经》："有钉灵之国，其民从膝以下有毛，马蹄，善走。"又黄佐《六艺流别》卷十七《五行篇》引《尚书大传》："北方之极，自丁令北至积雪之野，帝颛顼神玄冥司之。"陈氏寿祺《尚书大传辑校》采之。亦作丁零，丁灵。异译作敕勒，又作铁勒。中夏称为高车。《北史》分高车、铁勒为二传，乃就其服于魏与未服于魏者分之，似无所据。《唐书》以回纥初与铁勒诸部并属突厥，仍列为铁勒十五部之一，而于突厥别为一传，不复著其为铁勒，亦未安也。

何以知突厥、回纥皆铁勒之分部也？曰：言语相同，为种族相同之铁证。洪氏于突厥、回纥言语之相同者，历举凡如干事，则二者必为同族无疑。《唐书》回纥本列为铁勒十五部之一。回纥又作袁纥。《魏书·高车传》，其种有表纥氏。表纥即袁纥之讹。又《北史·铁勒传》：独洛河北有韦纥。韦纥亦回纥之异译也。回纥之为铁勒，明白无疑。而突厥言语，与之相同，安得不为铁勒哉？又突厥兴于金山，金山固铁勒之地也。《北史》述突厥缘起，其一说曰：突厥之先，"伊折泥师都娶二妻，云是夏神、冬神之女。一孕而生四男。其一国于阿辅水、剑水之间，号为契骨"。契骨者，《唐书》所谓黠戛斯，古坚昆国。或曰居勿，曰结骨，其种杂丁令者也。又《魏书·高车传》云："或云：其先，匈奴之甥也。俗云:匈奴单于生二女，姿容甚美，国人皆以为神。单于曰:我有此女，安可配人？将以与天。乃于国北无人之地筑高台，置二女其上。曰：请天自迎之。经三年，其母欲迎之。单于曰:不可，未彻之间耳。复一年，乃有一老狼，昼夜守台嗥呼，因穿台下为空穴，经时不去。其小女曰：吾父处我于此，欲以与天。而今狼来，或是神物，天使之然。将下就之。其姊大惊，曰:此是畜生，无乃辱父母也。妹不从,下为狼妻而产子。后遂滋繁成国。故其人好引声长歌，又似狼嗥。”此说谓铁勒之先,出于匈奴单于之二女,与伊质泥师都娶二妻之说，颇有类似之处。又《北史》述突厥原起第一说，亦以突厥为狼种。突厥姓阿史那氏，以予考之，即《元秘史》帖赤那三字之异译，义谓狼也。见《突厥与蒙古同祖》条。然则突厥、铁勒，其谬悠传说，亦实不可分也。

《魏书》云:“高车，盖古赤狄之余种也。初号为狄历，北方以为敕勒，诸夏以为高车、丁零。其语略与匈奴同，而时有小异。”赤狄余种，不知何所据而云然。征诸史传，铁勒之语亦无与匈奴类者。岂丁令种落有与匈奴近者，其种遂相杂，故其语多同，吾国人因别称之曰高车以与其余之丁零别与？赤狄余种之说，似又因其语与匈奴同而附会，以古以匈奴即狄也。高车传说既自托于匈奴之甥；又谓其先祖母，匈奴单于寘之国北无人之地；则高车故地，必在匈奴之北。谓其与匈奴相近，或不诬邪？《魏书》述高车之称所由来，谓其“车轮高大，辐数至多”。阿卜而嘎锡则谓古时其部侵掠他族，卤获至多，骑不胜负。有部人能制车，车高大，胜重载，乃尽取卤获以返，故以高车名其部。见《元史译文证补·康里补传》。铁勒种类，程度至低。能制车之部落，或亦其与匈奴近者与？推测之说，虽若可通，终未敢遂以为信已。或云古代匈奴，实与汉族杂居大河流域。北荒之地，不得无人。今据《魏书》，则丁令、铁勒、实为狄历异译。狄历迭韵，简称之，固可但作一狄字。岂古称北族为狄，其原实指此族言之邪？此说于音译虽近，然丁令古代与汉族有交接之证据太乏，亦未敢遂以为信也。○日本高桑驹吉曰：康里二字 Kankey 乃突厥语，谓车也。

（七一七）丁令居地

铁勒诸族，大者曰突厥，曰薛延陀，曰回纥。突厥至南北朝之末始盛；延陀、回纥之强，则当唐世矣。然其种落散布朔垂，实由来已久。突厥疆域之广，实由于此，非其力征经营，果有以超匈奴而几蒙古也。今就诸史所载铁勒居地，略为考索如下。

铁勒古称丁令，其名首见于《史记·匈奴列传》。《匈奴列传》云：冒顿“北服浑庾、屈射、丁灵、鬲昆、薪犁之国”。《汉书》浑庾作浑窳，丁灵作丁零，鬲昆作隔昆，薪犁作新犁。新犁上又衍一龙字。《汉书·匈奴列传》云：郅支“北击乌揭，乌揭降。发其兵，西破坚昆，北降丁令”。《三国志注》引《魏略》云：“呼得国在葱岭北，乌孙西北，康居东北，胜兵万余人。坚昆国在康居西北，胜兵三万人。丁令国在康居北，胜兵六万人。此上三国，坚昆中央，俱去匈奴单于庭安习水七千里，《史记·索隐》亦引此语，而误作接习水。南去车师六国五千里，西南去康居界三千里，西去康居王治八千里。或以为此丁令即匈奴北丁令也，而北丁令在乌孙西，似其种别也。又匈奴北有浑窳国，有屈射国，有丁令国，有隔昆国，有新犁国，明北海之南自复有丁令，非此乌孙之西丁令也。”案匈奴徙苏武北海上，丁令盗武牛羊，见《汉书·李广苏建传》。北海，今贝加尔湖，而此与坚昆、呼得接壤之丁令，则实在今西伯利亚西南境。隔昆、坚昆，一音之转，即唐时之黠戛斯。《唐书·回鹘传》：“黠戛斯，古坚昆国也。或曰居勿，曰结骨。其种杂丁令，乃匈奴西鄙也。其君曰阿热。阿热驻牙青山。青山之东，有水曰剑河。”剑河即后世之谦河，在今唐努乌梁海境内。见《元史译文证补·谦河考》。安习水，今额尔齐斯河。乌孙，今伊犁。康居之地，起今伊犁之西，西讫里海，北抵咸海附近。《元史译文证补·西域古地考康居奄蔡》。然则此三国之地，实在今西伯利亚境内，唐努乌梁海之西北，额尔齐斯河之东南，略当今吐鲁番诸县之正北。《魏略》云坚昆中央，而《汉书》云，郅支降乌揭后，西破坚昆，北降丁令，则乌揭在坚昆之东，丁令在坚昆之西北。其去北海，盖千里而遥。故《三国志注》诤其非一，然按诸后世史传，则丁令居地，实尚不止此也。《北史》述铁勒诸部，胜兵最多者，不过三万，且皆已合若干部落。而《魏略》谓丁令胜兵六万，亦必合多部言之。

《北史·铁勒传》云：“铁勒种类最多。自西海之东，依山据谷，往往不绝。独洛河北，有仆骨、同罗、韦纥、拔也古、覆罗，并号俟斤，蒙陈、吐如纥、斯结、浑、斛薛等诸姓，胜兵可二万。伊吾以西，焉耆之北，傍白山，则有契苾、薄落职、乙咥、苏婆、那曷、乌护、纥骨、也咥、于尼护等，胜兵可二万。金山西南，有薛延陁、咥勒儿、十盘、达契等，一万余兵。康国北，傍阿得水，则有诃咥、曷截、拨忽、比干、具海、曷比悉、何嵯苏、拔也末、谒达等，有三万许兵。得嶷海东西，有苏路羯、三素咽、蔑促、萨忽等诸姓，八千余。拂菻东，则有恩屈、阿兰、北褥、九离、伏嗢昏等，近二万人。北海南，则都波等。虽姓氏各别,总谓为铁勒。”其地大略可征:西海,盖今里海。独洛河,今土拉河。伊吾，今新疆哈密县。焉耆，今新疆焉耆县。白山在其北。金山，今阿尔泰山。康国，今撒马儿干。得嶷海，疑今咸海。拂菻，则罗马也。

《新唐书》：铁勒，凡十五部：曰袁纥，即回纥，居薛延陀北娑陵水上。曰拔野古，漫散碛北，地千里，直仆骨东，邻于靺鞨。曰仆骨，在多览葛之东，地最北。曰同罗，在薛延陀北，多览葛之东，距京师七千里而赢。曰浑，在诸部最南。曰契苾，在焉耆西北鹰娑川，多览葛之南。曰多览葛，在薛延陀东，滨同罗水。曰都播，北濒小海，西坚昆，南回纥。曰骨利干，处瀚海北。其地北距海，去京师最远，又北度海，则昼长夜短，日入烹羊胛，熟，东方已明。曰白霫，居鲜卑故地，直京师东北五千里，与同罗、仆骨接。避薛延陀，保奥支水、冷陉山，南契丹，北乌罗浑，东靺鞨，西拔野古，地圆袤二千里，山缭其外。曰斛薛，处多览葛北。曰奚结，处同罗北。曰思结，在延陀故牙。回纥在薛延陀北娑陵水，则延陀故牙，在娑陵水南。娑陵水，今色楞格河。《唐书》异译，亦作仙娥。同罗水，亦今土拉河。都播北濒小海，盖今库苏古尔。骨利干北距海，仍即今拜喀勒湖。《地理志》:骨利干西十三日至都播，又北六七 日至坚昆，道里符合。惟谓骨利干、都播二部落北有小海，冰坚时马行八日可度，一似骨利干、都播共濒一小海者然，则语欠分析。马行八日可度，自指拜喀勒湖，库苏古尔无此大。若谓都播亦濒拜喀勒，则道里不合。且北海自古不称小海，必《地理志》误。至《北史》云北海南则都播等者，以北海为大水，故举以为言；且言“等”，则非指都播一部也。鲜卑故地，当在今东北、蒙古之间。云圆袤二千里，山缭其外，则包今嫩江流域矣。

此族居地，盖自贝加尔湖西附金山之阴;又西，当库里鄂模，伊犁河所注泊，今图作巴勒哈什。咸海、里海之北,直抵黑海。东西绵亘,成一直线。南北朝以前,据漠南北之地者,为匈奴、鲜卑。其西则中国、匈奴狎主齐盟之城郭三十六国也。又其西，则乌孙也，大宛也，大月氏也。继大月氏而起者，则吠哒也。皆强国也。故此族无由南牧。迨鲜卑渐次南迁，此族乃踵之而入色楞格、土拉二河流域，且东取鲜卑故地。其为魏所破，而迁诸漠南者，则史所谓高车也。留居漠北，为柔然所抚用者，则史所谓铁勒也。至南北朝之末，而此族之中，自有一强部起，则突厥是也。突厥之兴，适当柔然、哌哒之衰，一举而皆为所破。散处之铁勒靡不臣之。而其疆域，遂大莫与京矣。延陀、回纥之盛，虽未能踵武突厥，抟东西为一体，然其种人之散布各地者固自若。此其所以自唐以后，仍为中西亚及东欧之一大族也。

（七一八）丁令宗教

丁令诸族敬天地、日月、先祖，亦与匈奴同。《隋书·突厥传》："五月中，多杀羊马以祭天。"《北史·突厥传》："以五月中旬，集他人水拜祭天神。于都斤西五百里，有高山迥出，上无草树，谓之勃登凝梨，夏言地神也。"此可见"因高祀高"之礼，意登封所由昉也。又云："可汗恒处于都斤山。牙帐东开，盖敬日之所出也。此类乌桓。每岁率诸贵人，祭其先窟。"西突厥亦"岁使重臣向其先世所居之窟致祭焉"。又曰："以五月、八月聚祭神。"《高车传》："时有震死及疫疠，则为之祈福。若安全无他，则为之报赛。多杀杂畜，烧骨以燎，走马绕旋，多者数百匝。男女无大小皆集会。"又曰："文成时，五部高车合聚祭天，众至数万，大会走马，杀牲游绕，歌吟忻忻。其俗称自前世以来，无盛于此会。"此即匈奴蹛林之俗也。亦重休咎征。木杆可汗与周武帝约昏，武帝使逆女，突厥贰于齐，会有雷风之变，乃许使者以后归。《周书·皇后传》。隋文帝之罪状突厥也，曰："彼地咎征妖作，年将一纪。乃兽为人语，人作神言，云其国亡，讫而不见。"《隋书·突厥传》。文帝固好禨祥，然唐太宗亦谓突厥"盛夏而霜，五日并出，三月连明，赤气满野"，《唐书·突厥传》。则必彼中先有此等妖祥之说，然后中国从而摭拾之矣。又其见于《唐书》者：武德元年，始毕牙帐自破，明年而始毕死。天雨血三日，国中群犬夜号，求之不见，而处罗死。均见《突厥传》。"延陀将灭，有丐食于其部者，延客帐下，妻视客，人而狼首，主不觉，客已食，妻语部人共追之。至郁督军山，见二人焉，曰：我神也，薛延陀且灭。追者惧，却走，遂失之。果败此山下。"《回鹘传》。又回纥人自述其亡国之事云："唐以金莲公主宪宗女太和公主，穆宗时，下嫁登啰羽录没密施句主毗伽可汗。又三传而为黠戛斯所破。女回纥葛励的斤。别建牙于和林之别力跛力答，言妇所居山也。又有山曰天哥里于答哈，言天灵山也。南有石山曰胡力答哈，言福山也。唐使与相地者至其国，曰：和林之盛强，以有此山也。盍坏之以弱其国？乃诡语葛励曰：既为昏姻，将有求于尔，其与之乎？福山之石，于上国无所用，而唐人愿见。葛励与之。石大不能动，唐人烈而焚之，沃以醇酢，石碎，辇去，国中鸟兽为之悲号。后七日，葛励卒。自是灾异屡见，民弗安居。传位者又数亡，乃迁于西州。”语出虞集《高昌王世勋碑》，《元史·亦都护传》采之，而误西州为交州。于内忧多患，一无所忆，而转传此荒诞不经之语，亦可以见其程度矣。《北史·高车传》：“俗不清洁，喜致震霆。每震，则叫呼射天而弃之，移去。来岁，秋，马肥，复相率候于震所，埋羖羊，然火拔刀，女巫祝说，似如中国祓除，而群队驰马，旋绕百匝，乃止。人持一束柳桋回，竖之，以奶酪灌焉。”一震霆之微，亦以为祥而禳之。可谓甚矣。

《唐书·黠戛斯传》，谓其呼巫为甘。黠戛斯虽白种，亦杂丁令，其语言多同回纥，此殆丁令语邪？柔然末主阿那瑰，兄曰丑奴。丑奴父曰伏图，伏图父曰那盖。那盖，可汗豆仑之叔父也。豆仑时，高车副伏罗部叛，部长阿伏至罗与从弟穷奇走车师之北，自立。豆仑与那盖分两道击之，豆仑数败，而那盖累捷。国人咸以那盖为天所助，杀豆仑而立之。卒，伏图立。时穷奇已为哌哒所杀，虏其子弥俄突等。阿伏至罗亦以残暴，为其下所杀。立其宗人跋利延。哌哒将纳弥俄突，国人杀跋利延迎立之。伏图击弥俄突，败死于蒲类海北。丑奴立，壮健善用兵，西击高车，大破之，禽杀弥俄突，尽并叛者，柔然复盛，实中兴之主也，而以信巫亡其国。初，伏图纳豆仑之妻候吕陵氏，生丑奴、阿那瑰等六人。丑奴立后，忽亡一子，字祖惠，求募不能得。副升牟妻是豆浑地万，年二十许，为医巫。言此儿今在天上，我能呼得之。丑奴母子欣悦。后岁仲秋，在大泽中施帐幄，斋洁七日，祈请天神。经一宿，祖惠忽在帐中，自云恒在天上。丑奴母子抱之悲喜，大会国人，号地万为圣女，纳为可贺敦，授夫副升牟爵位，赐牛马羊三千头。地万既挟左道，亦有姿色，丑奴甚加宠爱，信用其言，乱其国政。如是积岁，祖惠年长，其母问之，祖惠言我恒在地万家，不曾上天；上天者，地万教也。其母以告丑奴，丑奴言地万悬鉴远事，不可不信，勿用谗言也。既而地万恐惧，谮祖惠于丑奴，丑奴阴杀之。魏明帝正光初，丑奴母遣莫何去汾李具列等绞杀地万。丑奴怒，欲诛具列等。会阿至罗未详何人。侵丑奴，丑奴击之，军败，还，为母与其大臣所杀。立阿那瑰。十日，其族兄俟力发示发伐之，阿那瑰战败，南走归魏。阿那瑰母及其二弟，寻为示发所杀。见《北史·蠕蠕》《高车传》。案阿那瑰自降魏后，遂居漠南。北方诸部，非复威力所及，突厥遂以此时大张。向使仍居漠北，挟积世之声威，以摄服诸部，突厥之兴，或不至如是其速也。地万虽以色宠，其始实由巫进，亦可见巫风之足以亡人国矣。仆固怀恩之挟回纥入寇也，回纥有二巫，言此行必不战，当见大人而还。及与郭子仪盟，相顾笑曰：巫不吾欺也。其出兵必以巫卜可知。又其巫自谓能致风雨，亦常用之于行军。见《唐书·回鹘传》。《南史·蠕蠕传》："其国能以术祭天而致风雪，前对皎日，后则泥潦横流。故其战败，莫能追及。或于中夏为之，则不能雨。问其故，盖以暖云。"薛延陀之败，会雨雪，众皲踣，死者十八。《唐书》谓"始延陀能以术禬神致雪，冀困绩师，及是反自敝"云。此即《悦般传》所谓"术人能作霖雨盲风大雪及行潦"者，《北史·西域传》。盖北族之旧俗也。《北史·突厥传》：可汗初立，近侍重臣等舆之以毡。随日转九回。每回，臣下皆拜。拜讫，乃扶令乘马，以帛绞其颈，使才不至绝，然后释而急问之，曰：你能作几年可汗？其主既神情瞀乱，不能详定多少，臣下等随其所言，以验修短之数。

（七一九）奚

奚众当唐时，未尝犯边，有劳征讨，致遭破坏；然其后反弱于契丹，岂以宴安致然邪？抑其众本寡弱也？南北朝时，奚分五部：曰辱纥主，曰莫贺弗，曰契箇，曰木昆，曰室得。有阿会氏，五部中最盛，诸部皆归之。见《北史·奚传》。唐时，五部：曰阿会，曰处和，曰奥失，曰度稽，曰元俟折。见《新唐书·奚传》。五代时五部：曰阿荟，曰啜米，曰粤质，曰奴皆，曰黑讫支，《新五代史·奚传》。盖即唐五部异译。居幽州东北数百里之琵琶川。契丹太祖强，奚服属之，常为之守界上。契丹苛虐，奚王去诸怨叛，以别部西徙妫州，依北山射猎。妫州北之山。常采北山麝香、人参赂刘守光以自托。其族至数千帐，始分为东西奚。去诸卒，子扫剌立。庄宗破刘守光，赐扫剌姓李，更其名曰绍威。绍威卒，子拽剌立。初，绍威娶契丹女舍利逐不鲁之姊为妻。后逐不鲁叛，亡入西奚，绍威纳之。及幽、蓟十六州割，绍威与逐不鲁皆已死。契丹太宗北还，拽剌迎谒。太宗曰："非尔罪也；负我者，扫剌与逐不鲁尔。"乃发其墓，粉其骨而扬之。后太宗灭晋，拽剌常以兵从。其后不复见于中国。盖奚至是始尽入契丹。见《新五代史·奚传》。然奚在契丹中，尚为大部族。辽之亡，奚王回离保犹能拥众自立云。奚之名，见于《辽史·属国表》者，西奚、东奚之外，又有乌马山奚。

（七二〇）幽都

《书》“流共工于幽洲”，《淮南子》作幽都，《史记》作幽陵，三者盖一地。《正义》引《括地志》云：“故龚城在檀州燕乐县界，故老传云舜流共工幽州，居此城。”案此在约略之词。《山海经·海内经》：“北海之内有山名曰幽都之山。”《淮南·坠形训》：“西北方曰不周之山，曰幽都之门。”高诱《注》：“幽，闇；都，聚也。”则幽都盖以山为名，以闇、聚为义。《后汉书·乌桓传》：“俗贵兵死，敛尸以棺，有哭泣之哀；至葬，则歌舞相送。肥养一犬，以彩绳缨牵，并取死者所乘马衣物，皆烧而送之；言以属累犬，使护死神灵归赤山。赤山在辽东西北数千里，如中国人死者魂神归岱山也。”《三国志·乌丸传注》：“至葬日，夜聚亲旧员坐，牵犬马历位，或歌哭者，掷肉与之，使二人口诵咒文，使死者魂神径至，历险阻，勿令横鬼遮护，达其赤山，然后杀犬马衣物烧之。”

《辽史·礼志》：岁时杂仪：“冬至日，国俗，屠白羊、白马、白雁，各取血和酒，天子望拜黑山。黑山在境北，俗谓国人魂魄，其神司之，犹中国之岱宗云。每岁是日，五京进纸造人马万余事，祭山而焚之。俗甚严畏，非祭不敢近山。”契丹，鲜卑后。鲜卑与乌桓同种。赤山、黑山名虽异，二史俱谓人死后魂魄所归，当即一地，与闇聚之义正合。凡后世史籍所载诸四裔，有为古代声教所及者，有不然者。其为古代声教所及者，礼俗亦往往与中国古代相类，如匈奴、鲜卑等是也。别有考。

赤山、黑山之传说，亦必有所受之。契丹故地在木叶山潢河、土河合流处，见《辽史·地理志》。此为契丹人自述，其史实校他史所述出于汉人之记载者为确。其北正在辽东西北数千里，地望亦符；惟自中国言之，当云正北。故《史记》亦云以变北狄。与《淮南》于西北方之说，颇似抵牾。然古人言山，所包甚广，非如今世但指一邱一壑言之；今热河道北方之山，与漠北大干气脉，固亦相接；则古所云幽都之山者，或竟统括今金山、杭爱之脉，亦未可知；果如是，则言北、言西北，均无不可矣。然则古所谓幽州，实包今内外蒙古及西伯利亚南境，故拓跋氏世处北荒，亦云受封中国也。

（七二一）四裔传汉人文化

汉灵帝时，议击鲜卑。蔡邕谓“关塞不严，禁网多漏，精金良铁，皆为贼有；汉人逋逃，为之谋主，兵利马疾，过于匈奴”。《后汉书·鲜卑传》。又《三国志》称轲比能：“自袁绍据河北，中国人多亡叛归之，教作兵器铠盾，颇学文字。故其勒御部众，拟则中国。出入弋猎，建立旌麾，以鼓节为进退。”《后汉书》谓乌桓：“妇人能刺韦作文绣，织氀毼。男子能作弓矢鞍勒，锻金铁为兵器。”疑皆中国人所教也。

契丹既与中国交通，其文明程度颇有进。契丹太祖之兴也，史称刘守光暴虐，幽、涿之人，多亡入契丹。阿保机又间入塞，攻陷城邑，俘其人民，依唐州县置城以居之。其后自为一部，治汉城。其地可植五谷，阿保机率汉人耕种，为治城郭、邑屋、廛市，如幽州制度，汉人安之，不复思归。又谓阿保机之久专旗鼓而不肯受代，实出汉人之教。《新五代史·契丹传》。此虽未必然，然其自为一部，所用实系汉人，则彰彰矣。契丹隋世十部，兵多者不过三千，少者千余。大贺氏八部，胜兵合四万三千。阿保机会李克用于云中，乃以兵三十万；伐代北，兵四十万。天祐二年。亲征幽州，旌旗相望数百里。此如林之旅，果何自来哉？契丹建国，诚以部族为爪牙。阿保机北讨南征，所俘降游牧之民亦不少。然《辽史》称其析本部迭剌部。为五院六院，宫卫缺然，乃分州县，析部族，以立宫卫军；述律后居守之际，又摘蕃、汉精骑为属珊军；凡三十万。则其兵实有汉人。《魏书·蠕蠕传》：道武帝谓崔宏：“蠕蠕之人，昔来号为顽嚚，每来抄掠，驾牸牛奔遁，驱犍牛随之。牸牛伏不能前，异部人有教其以犍牛易之者，蠕蠕曰：其母尚不能行，而况其子！终于不易，遂为敌所虏。今社仑学中国，立法置战阵，卒成边害。道家言圣人生，大盗起，信矣。”

（七二二）以结昏姻求和亲

以女之于外国求和亲也，统一之后，自娄敬之建策始也。盖古列国间之为是者多矣，故敬初不以是为辱。然“齐景公曰：‘既不能令又不受命，是绝物也。’涕出而女于吴”。则古固有迫而出此者矣。《唐书·新罗传》：“贞观五年，献女乐二。太宗曰：‘比林邑献鹦鹉，言思乡，丐还，况于人乎？’《林邑传》：献五色鸚鵡、白鸚鵡，数诉寒，有诏还之。付使者归之。”《高丽传》：“其王藏遣使者，上方物，且谢罪，献二姝口。帝敕还之，谓使者曰：‘色者人所重，然愍其去亲戚以伤乃心，我不取也。’”又玄宗开元中“献二女，帝曰：‘女皆王姑姊妹，违本俗，别所亲，朕不忍留。’厚赐还之”。可谓盛德矣。及中宗以雍王守礼女为金城公主，妻吐蕃，念其年幼，“赐锦缯别数万，杂伎诸工悉从，给龟兹乐……帝为幸始平，帐饮，引群臣及虏使者宴酒所，帝悲涕嘘唏，为赦始平县，罪死皆免，赐民繇赋一年，改县为金城，乡曰凤池，里曰怆别。”肃宗以幼女宁国公主下嫁回纥，“帝饯公主，因幸咸阳，数慰勉。主泣曰：‘国方多事，死不恨。’”此所谓念其远也，亦哀之矣。然卒不能庇而使之，违本俗，别所亲，岂不哀哉？宁国之下嫁也，汉中郡王瑀摄御史大夫，为册命使，可汗“引瑀入，瑀不拜。可汗曰：‘见国君，礼无不拜。’瑀曰：‘天子顾可汗有功，以爱女结好。比中国与夷狄昏，皆宗室子。今宁国乃帝玉女，有德容，万里来降，可汗天子婿，当以礼见，安踞受诏邪？’可汗惭，乃起奉诏，拜受册。翼日，尊主为可敦”。案淮阳壮王道玄弟道明送弘化公主于吐谷浑，坐漏言非帝女，夺王。而吐蕃言公主非帝女，我亦知之。则唐世公主下嫁，虽宗室子，皆冒称帝女，而瑀乃明言之，何邪？

（七二三）貉族考

序云：少时读《周书·王会篇》，见其所列多汉世远国，以为汉以后人伪为之，不之信也。稍长，读义疏，见《王制疏》引李巡注《尔雅》，释九夷、八蛮、六戎、五狄，杂举汉后郡县夷狄之名，尤一笑置之。近考貉族事，见夫余、句丽开国传说，乃与淮泗间之徐偃王同，更上溯之秦、楚、殷、周，亦无不相类者，乃恍然于种落迁徙不恒厥居，古者对内之夷未尝不可播迁于塞外，而郡县建置亦多因部落旧名，《周书》及李巡之言，固皆非无据也。读书不能深思博考，而率尔致疑，亦缪矣。夫知种落迁徙，一部族之名先后相睽，可以至于数百千里，持是以读古书，可以发前人所未发者，岂独《周书》与《尔雅注》两事。今亦未暇博考，姑举一二事言之。汉世大夏在妫水之滨，妫水今阿母河也。以西史证中籍，大夏即Bactria安息即Parthia，明白无疑。安息之名，盖Aisakidal之音译，大夏则为中国旧名。《史记》言齐桓公西伐大夏，涉流沙。秦始皇帝二十六年《琅邪刻石》言：皇帝之土，西涉流沙，南尽北户，东有东海，北过大夏。今案：《礼记·王制》言四海之内，东不尽东海，西不尽流沙，南不尽衡山，北不尽恒山；则北户在衡山之南，大夏亦在恒山之北耳。夫安得在妫水之滨？然《史》《汉》于大夏皆不著其非先秦旧国，又不言称名之由来，何哉？读《周书·王会》暨《伊尹献令》，北方咸有大夏，而《献令》又有莎车，然后知汉世西域诸国，多本处内地，后乃远徙，出于玉门、阳关，而接乎葱岭也。《汉书·西域传》云："自且末以往，皆种五谷，土地草木，畜产作兵，略与汉同，有异乃记云。"今读诸国传，记其事者少，不记者多。又汉言诸国种，有塞、有氐羌；然明言其为塞若氐羌，或据其俗，可见其为塞若氐羌者亦少。则知三十六国，固多中原移殖之民。抑氐羌亦秦、陇、楚、蜀间民族也。汉族与氐羌可以西徙，何独至于莎车、大夏而疑之？然则妫水之滨大夏，殆即殷、周之世列于四门之国所移殖。虽史无可征，而种族法俗咸有可考，故史不明言也。不特此也，丁零、坚昆，亦汉后之远国也。《漢书·苏武传》言武居北海滨，丁零盗武牛羊。北海者，今贝加尔湖，而《三国志注》引《魏略》言坚昆在康居西北，丁零在康居北，并去匈奴单于庭安习水七千里，则在今额尔 齐斯河之表矣。然《汉书》言冒顿北服浑窳、屈射、丁零、隔昆、龙、新犁之国，而《王会》正北有孅犁、其龙。孅犁、其龙即龙、新犁，新犁亦即李斯《谏逐客书》所谓乘纤离之马者。秦人得乘其马，其距秦必不甚远，然则丁零、坚昆，始亦当近中国，后乃随匈奴之远徙而北走也。大地之表，寒燠不同，肥硗亦异。文明之启，势不能不视其所处之境，故民族进化，迟速不同，后进之族，必藉先进之诱掖。夫以行事观之，则葱岭之东，北海之南，南海之北，殆无非我所教导者，先知先觉之称，我民族殆无愧矣。古之人所由"以东渐西，被朔南暨，声教讫于四海"自夸欤？然有文事者必有武备。我国民以文教之昌，武备遂落人后。今日者，我夙所启发之地，无不为他人所觊觎，浸至邱墓庐舍，游钓之乡，亦岌岌不自保，岂不哀哉！作貉族考，亦欲我国民思先烈而克自振拔也。中华民国二十三年四月二十六日，武进吕思勉自序。

古所谓四裔者，程度莫高于东夷，此读经、子者所共喻；而谓东夷之程度，高于三方，求诸后世之史籍，厥惟貉族足以当之，此又读史者所无异辞也。貉族名国，著称史籍者，曰夫余，曰高句丽，曰百济。又有不成为国，惟有若干邑落者，时曰沃沮，曰濊。丽、济同出夫余。夫余，《三国志》本传曰："其印文言濊王之印，国有故城名濊城。"沃沮分为南北，言语法俗，大抵与句丽同。南沃沮即汉乐浪东部都尉所主岭东七县之地，《三国志》谓其"皆以濊为民"；《志》又云："其耆老旧谓与句丽同种。"种者，种姓。史于四夷言种姓，犹于中国言姓氏，可见夫余与濊，君长亦系同族。其所出布名貉布。然则夫余、句丽、百济、沃沮及濊，皆古所谓濊貉也。

此族在东北，实为文化之先驱。所谓东北者，以地理言之，实在兴安岭之东南，渤海湾之东北，既异蒙古之沙碛，复殊西伯利亚之苦寒。而辽东，朝鲜两半岛，眏出南方，尤得海上交通之便。日本三岛，以地理形势论，亦当属此区。此区中之文化，貉族实为之师长。日本之开化，由于朝鲜，人所共知。满族开化，始于渤海；继渤海而起者为金，继金而起者为清。渤海大氏，本臣属句丽。句丽灭，迁于营州。后因契丹李尽忠之乱东走。唐师追之，大氏因句丽、靺鞨之众以拒，乃克自立。金始祖函普，实高丽人。清人自神其种姓，托之天女所生。实据近人所考，其始受明建州卫指挥使之职者曰猛哥帖木儿，尝入侍朝鲜，受其官职，见日本稻叶君山《清朝全史》，及近人孟森《心史史料》。则亦朝鲜之臣仆耳。盖东北诸族，其开化，无非貉族所牖启者。诸族为我再传弟子，貉族则我之高第弟子也。

貉族之文化，何自来乎？然谓古代之朝鲜，即在后世朝鲜之地，终觉其说之难通。详见予所撰《朝鲜东迁之迹》条。古皆谓其出于箕子，《汉书·地理志》："殷道衰，箕子去之朝鲜，教其民以礼义田蚕织作。乐浪朝鲜民犯禁八条：相杀以当时偿杀；相伤以谷偿；相盗者，男没入为其家奴，女子为婢；欲自赎者，人五十万，虽免为民，俗犹羞之，嫁娶无所雠；是以其民终不相盗，无门户之闭，妇人贞信不淫辟。可贵哉，仁贤之化也。"今观夫余，在国衣尚白，祭天以殷正月，见《三国志》。其说诚有不尽诬者。古有所谓肃慎者，即后世之挹娄、靺鞨也。知挹娄、靺鞨必为古之肃慎者，以楛矢石砮，至后世犹存；且《三国志》《晋书》本传及《史记·夏本纪索隐》引《括地志》，皆谓其长尺有咫，与《国语》《史记》《说苑》《家语》合也。据《晋书》，此族当魏景元末，及晋元帝中兴时，皆尝以楛矢石砮来贡；而据《宋书》及《南史》，宋大明中，高句丽又尝贡之；则其物得诸目击，非苟袭旧文者比矣。〇又此族，《后汉书》《三国志》皆称挹娄，而《晋书》仍称肃慎，云一名挹娄，此必其人仍以肃慎之名自通，不则当云挹娄古肃慎矣。《魏书·勿吉传》："旧肃慎国也。"旧字盖指晋时言之，若指三代以前，亦当用古字也。而《左氏》昭公九年詹桓伯让晋之辞，以之与燕、亳并列，为周之北土，与魏、骀、芮、岐、毕为西土，蒲姑、商奄为东土，巴、濮、楚、郑为南土者同科。此濮在今河南、湖北之间，《国语》楚蚡冒始启濮，韦《注》谓为南阳之国；又《左氏》杜《注》，谓庸亦百濮夷是也。又此时之楚，尚在丹、淅二水之间，见《过庭录·楚鬻熊居丹阳武王徙郢考》。若谓古代肃慎，即在后世挹娄、靺鞨之地，则今松花江上游，周初视之，已与河南北、山东西、陕西、湖北相等，此为情理所必无。然则肃慎殆亦始邻燕、亳，后乃播迁于今之吉林者也。肃慎如是，朝鲜何独不然？然则箕子封地，虽不可考，以理度之，恐不能在渝关之外也。朝鲜初封之地，虽不可考，而其播迁之迹，则略有可稽。《史记·苏秦列传》载秦说燕文侯之辞曰："燕东有朝鲜、辽东"，此时朝鲜似尚在辽东之内。其后燕将秦开袭破东胡，置上谷、渔阳、右北平、辽西、辽东五郡，朝鲜盖以此时，播越塞表。肃慎、濊貉之北徙，当在是时。详见《朝鲜东迁之迹》。《三国志·辰韩传》云："其耆老传世，自言古之亡人避秦役来适韩国。"《夫余传》亦云："国之耆老，自说古之亡人。"十口相传，历时不能甚久。其相传甚久者，往往为荒唐之辞，如神话等。以辰韩证夫余，亦可知其东走，不过在战国之世也。

然则濊貉东徙之迹，尚有可考者乎？曰：有。今欲考其播迁之时，必先稽其故居之地。古书言濊貉者，始于《管子》。《小匡》篇云："西征，攘白狄之地，遂至于西河，方舟投柎，乘桴济河，至于石沈。悬车束马，踰太行与卑耳之貉，拘秦、夏。"卑耳之貉，当作卑耳之溪。《小问》篇曰："桓公北伐孤竹，未至卑耳之溪"；《说苑·辨物》篇，亦谓桓公北征孤竹，未至卑耳溪，见知道之神，从之而太行，踰之正入西河也。《荀子·强国》谓秦北与胡、貉为邻；《墨子·兼爱》以燕、代、胡、貉、西河之民并举；而《史记·封禅书》，桓公谓"寡人北伐山戎，过孤竹；西伐大夏，涉流沙；悬车束马，上卑耳之山"；可见胡、貉、秦、夏，四者相次。以大较言之：踰太行，济卑耳，则涉西河，接胡、貉；益西为秦；自秦而西为夏；过大夏则入流沙。桓公兵力，未必至是，盖齐人侈言之。然诸国之地望必不误，此犹作寓言者，其事虽子虚，其名物必不妄也。独山戎，《左氏》谓其病燕；而《谷梁》曰："燕，周之分子也，贡职不至，山戎为之伐矣。"

庄三十年。则其地近于蓟；孤竹，《汉志》谓在辽西令支，今河北迁安县也；其地若不相及者。然《管子·轻重甲》曰："今寡人欲北举事孤竹、离枝。"《轻重戊》曰："桓公问于管子曰：代国之出何有？管子对曰：代之出，狐白之皮，公其贵买之。代民必去其本，而居山林之中。离枝闻之，必侵其北。"离枝即令支。孤竹、令支，当时皆近代；其地在北方，不在东北，故《孟子》言"伯夷辟纣，居北海之滨"也。《离娄》上。《公羊》谓齐侯伐山戎，旗获而过我；《檀弓》谓孔子过泰山侧，有妇人哭于墓者而哀；《新序》亦记此事，而云孔子北之山戎；《论衡·遭虎》篇云孔子行鲁林中，《定贤》篇云鲁林中哭妇；则山戎实在泰山附近，其所病者，恐为南燕而非北燕。鲁济之遇，《左氏》曰："谋山戎也。"《说苑·权谋》亦曰："齐侯将伐山戎；孤竹，使人请助于鲁。"果在北燕之表，请助于鲁何为？而其还，亦安得旗获而过鲁邪？杜预《释例·土地名》，以北戎、山戎、无终三者为一，昭公元年《疏》。说盖有所受之。北戎见于《春秋》者：僖公十年，齐侯、许男伐北戎。其见于《左氏》者：隐公九年侵郑，桓公六年伐齐。无终见于《左氏》者：襄公四年，遣使如晋，请和诸戎，魏绛劝晋侯许之，曰："戎狄荐居，贵货易土，土可贾焉。"又曰："边鄙不耸，民狎其野，穑人成功。"则其地必密迩晋。昭公元年，荀吴败无终及群狄太原，盖亦即晋阳之地耳。然则山戎在齐、晋、郑、许之间；孤竹在其北，近代；濊貉则在其西，近西河，与胡杂处，而邻于秦也。《韩奕》之诗曰："王锡韩侯，其追其貉。"此韩侯，郑以为即后来韩原之地，故谓梁山在左冯翊西北；而释"溥彼韩城，燕师所完"之燕师为平安时众民。王肃、孙毓，不满其说，乃以燕为北燕；《释文》。而以涿郡方城县之寒号城为韩侯城；《水经·圣水注》：方城，今河北固安县。后儒亦有主其说者；皆由误以燕为北燕，谓驱蓟丘之众，于役韩原，为不可通耳。而不知《诗》明言韩姞，其为南燕而非北燕彰彰也。俞理初说，见《癸巳类稿》。知燕之为南燕，则韩之在韩原无可疑，而追、貉为王畿北面之国，亦无可疑矣。陈硕甫《毛诗传疏》，谓追、濊声相近，疑追貉即濊貉，徒据音读推测，更无他证。然以情事揆之，说亦可立。何者？《史记·赵世家》，载山阳侯朱书曰："余将赐女林胡之地，至于后世，且有伉王，奄有河宗，至于休溷诸貉。"所谓伉王，盖指武灵。此乃武灵王既辟西河之后，史氏造作此言，可见其时西河之地，仍有貉族居之，盖即《诗》之所谓追貉，《管子》之所谓濊貉也。郑《笺》又云："其后追也、貉也，为猃狁所逼，稍稍东迁。"此言未知所本。然观武灵王时，荐居西河者，实以林胡、楼烦为大，而濊貉无闻焉；又孤竹、离枝等，故近代者，咸有东徙之迹，则郑说疑亦有据。濊貉故处西河，后乃日徙而东北，其留者，盖仅如南山之小月氏矣。然西河故濊貉之所处，故言西河者犹举其名，而征略则不之及也。自此濊貉遂近北燕。《史记·燕世家》谓“燕北迫蛮貉”，《货殖列传》谓“燕东绾濊貉、朝鲜、真番之利”是也。自五郡开，乃益被逐东北走。《汉书·武帝纪》：元朔元年，“东夷濊君南闾等口二十八万人降，为苍海郡”。此即《食货志》所谓“彭吴穿濊貉、朝鲜，置沧海郡”者，曰穿，则地必在朝鲜之表，《史记·平准书》作“彭吴贾灭朝鲜，置沧海之郡”。彭吴贾与彭吴，未知孰是。言灭朝鲜，则《史记》似误，以是时朝鲜尚未灭也。盖即后来岭东七县之地。然其部落，仍有留居北燕附近者。《高帝纪》：四年，“北貉、燕人，来致枭骑助汉”是也。濊貉东北徙之遗迹，可考见者如此。《水经注》：清漳逾章武故城西，故濊邑也。枝渎出焉，谓之濊水。章武今河北大城、沧两县之地。此亦濊之近于北燕者。

然当时之播越东北者，正不独濊貉一族也。《三国志·夫余传》云：“国之耆老，自说古之亡人。”“其印文言濊王之印，国有故城名濊城。盖本濊貉之地，而夫余王其中，自谓亡人，抑有似也。”何以知夫余非即濊貉，而谓其王濊貉中？故老传言，当必有据。然谓夫余、濊貉，截然异族，则又不可。何者？果其君民异族，则其文化之间，彼此必有差异，然夫余与出于夫余之句丽、百济，其文化固与沃沮及濊大同也。《晋书·夫余传》，言“其国殷富，自先世以来，未尝被破”，此亦非以同族人主者不能。然则夫余、丽、济之与濊貉，乃同民族而异其部落者耳。彼又何自来邪？曰：盖古之九夷也。

古释九夷者有二说：一《后汉书·东夷传》，所谓畎夷、于夷、方夷、黄夷、白夷、赤夷、玄夷、风夷、阳夷；一李巡注《尔雅》，所谓一曰玄菟、二曰乐浪、三曰高骊、四曰满饰、五曰凫臾、六曰索家、七曰东屠、八曰倭人、九曰天鄙者也。《礼记·王制孔疏》。《后汉书》之说，出于《竹书纪年》，见《注》。李巡之说，玄菟、乐浪，皆汉郡名；高骊即高句丽，凫臾即夫余，与倭人并汉世东北远国；以释古之九夷，毋乃不类？其余名目，尤雅记无征。故说经者多不之信也。然郡县名之不可为夷狄名；汉世之夫余、句丽与倭，其地与古之九夷不相及；李巡即固陋，岂不之知？又岂有伪造书史无征之名，而可以欺人者乎？古来作伪者多矣，有如是其拙者乎？然则李巡之说，殆有所本，特后人不之知耳。

且巡所举九夷之名，固不尽无征也。《周书·王会》：北方台正东有高夷，其西有屠州。西面者，正北方有良夷。高夷盖即高句丽，高句丽但言高，《三国志·高句丽传》云："汉时赐鼓吹技人，常从玄菟郡受朝服衣帻。后稍骄恣，不复诣郡，于东界筑小城，置朝服衣帻其中，岁时来取之，今胡犹名此城为帻沟娄。沟娄者，句丽名城也。"《周书》云："自号曰高句丽，仍以高为氏。"此言实误。句丽，沟娄，同音异译。实缘其王氏高，故国号高句丽，犹华言高氏城耳。良夷盖即乐浪。高句丽为种落名，又为汉县名，事极明白。然则乐浪、玄菟，事同一律，非李巡妄以汉郡县名为九夷之名，乃汉郡县固以种落名，而其种落，实有古之九夷在其中耳。屠州疑即东屠。州盖聚落之称，初但称屠，后或分为东西也。满饰疑即所谓满潘汗者。《魏略》云满潘汗，而汉有潘汗县，盖满与潘汗为二也。倭人，盖亦即汉世之倭。晚周之世，海道交通颇盛，中国东方之夷，能浮海而至日本，其无足怪。惟天鄙不可考。至于索家，则予又因此而得妙悟焉。

《后汉书·夫余传》云："初，北夷索离国王出行，其侍儿于后妊身。王还，欲杀之。侍儿曰：前见天上有气，大如鸡子，来降我，因以有身。王囚之，后遂生男。王令置于豕牢，豕以口气嘘之，不死。复徙于马兰，马亦如之。王以为神，乃听母收养，名曰东明。东明长而善射，王忌其猛，复欲杀之。东明奔走，南至掩滤水，以弓击水，鱼鳖皆聚浮水上，东明乘之得度，因至夫余而王之焉。"此事亦见《论衡·吉验》篇，索离作橐离；《后汉书注》亦云："索或作橐，音度洛反。"《三国志注》引《魏略》则作槀离，记事并大同。《梁书·高句丽传》，则谓句丽出自东明，东明本北夷櫜离王之子。其下记事，亦与《后汉书》《魏略》《论衡》不异。槀离，櫜离，并即高丽，显而易见，盖臆谓夫余之类惟有高丽而改之。然诸书皆言高丽出自夫余，不言夫余出自高丽，臆改者实误，索离，盖即索家也。

因此神话，又可推见古代貉族分布之广。《魏书·高句丽传》曰："高句丽者，出自夫余。自言先祖朱蒙。朱蒙母，河伯女，为夫余王闭于室中，为日所照，引身避之，日影又逐。既而有孕，生一卵，大如五升，夫余王弃之与犬，犬不食；弃之于路，牛马避之；后弃之野，众鸟以毛茹之。夫余王割剖之，不能破，遂还其母。其母以物裹之，置于暖处。有一男，破壳而出，及其长也，字之曰朱蒙。其俗言朱蒙者，善射也。夫余人以朱蒙非人所生，将有异志，请除之。王不听，命之养马。朱蒙每私试，知有善恶，骏者减食令瘦，驽者善养令肥。夫余王以肥者自乘，以瘦者给朱蒙。后狩于田，以朱蒙善射，限之一矢。朱蒙虽矢少，殪兽甚多。夫余之臣，又谋杀之。朱蒙母阴知，告朱蒙曰：国将害汝，以汝才略，宜远适四方。朱蒙乃与乌引、乌违等二人弃夫余东南走。中道，遇一大水，欲济无梁。夫余人追之甚急。朱蒙告水曰：我是日子，河伯外孙，今日逃走，追兵垂及，如何得济？于是鱼鳖并浮，为之成桥，朱蒙得渡，鱼鳖乃解，追骑不得渡。朱蒙遂至普述水，遇见三人：其一人着麻衣，一人着衲衣，一人着水藻衣，与朱蒙至纥升骨城，遂居焉。"其说与《后汉书》《魏略》《论衡》小异，而与《好大王碑》大同。《好大王碑》曰："惟昔始祖邹牟王之创基也，出自北夫余，天帝之子，母河伯女郎，剖卵降出。"又曰：命驾巡东南下，路由夫余奄利大水。王临津言曰：我是皇天之子，母河伯女郎，为我连莸浮龟。应声即为连莸浮龟，然后造渡。于沸流谷忽本西城山上而建都焉。○《北史》同《魏书》，《周书》辞少略，惟其所本与《魏书》同则无疑。惟碑又谓"黄龙来下，王于忽本东冈负龙，上升天"，为《魏书》所未及耳。今案《博物志》述徐偃王之事曰："徐君宫人，娠而生卵，以为不祥，弃之水滨。独孤母有犬，名鹄仓，猎于水滨，得所弃卵，衔以来归。独孤母以为异，覆暖之，遂蜅成儿。生时正偃，故以为名。徐君宫中闻之，乃更录取。长而仁智，袭徐君国。后鹄仓临死，生角而九尾，实黄龙也。偃王令葬之徐界中，今见狗垄。"此说与《魏书》《好大王碑》之说，相似已极，谓非同出一原不可也。然则徐与夫余、句丽，关系必极密矣。

昔人说貉，或以为在北方，《孟子·告子》下赵《注》，《周官》职方郑《注》，《说文·豸部》貉字下。或以为在东北方，《周官·秋官》貉隶郑《注》，《诗》《周官正义》引《郑志》，《说文·羊部》羌字下。无以为在南方者。《鲁颂》有"淮夷蛮貉"之文，《论语》有"蛮貉之邦"之语，《卫灵公》。咸以为泛指异族之辞耳。夷、蛮、戎、狄等名，其初或有所专属，其后遂变为通称，此诚习见不足疑。然细考之，亦有不尽然者。四字之中，惟夷与其余三字，均可相属。戎狄二字，亦可连言。若蛮与戎狄，则从无举者。惟貉亦然。有夷貉，有蛮貉，无戎貉、狄貉也。然则泛指异族之辞者，仍与方位略有关系，貉不与戎狄相属，而与夷蛮相属，可知其初本在东南矣。《鲁颂·閟宫》之诗曰："奄有龟、蒙，遂荒大东，至于海邦，淮夷来同。"又曰："保有凫、峄，遂荒徐宅，至于海邦，淮夷、蛮貉。"皆以淮夷与徐、貉同称。《公羊》僖公十四年，"诸侯城缘陵，孰城之？城杞也。曷为城杞？灭也。孰灭之？盖徐、莒胁之。"《左氏》则曰："会于咸，淮夷病杞故。”十四年：“诸侯城缘陵而迁杞焉。”此为徐即淮夷之证。《左氏》昭公元年：“周有徐、奄。”杜注：“二国皆嬴姓。《书序》曰：成王伐淮夷，遂践奄。徐即淮夷。”盖以其地言之，则曰淮夷；以其族言之则曰貉；以其中之名国言之，则曰徐耳。孙仲容《墨子间诂》引李巡之说而辨之曰：“《王制疏》所云，皆海外远夷之种别，此九夷与吴、楚相近，盖即淮夷，非海外东夷也。《书叙》云：成王伐淮夷，遂践奄。《韩非子·说林上篇》云：周公旦攻九夷而商盖服。商盖即商奄，则九夷亦即淮夷。故《吕氏春秋·古乐》篇云：成王立，殷民反，王命周公践伐之。商人服象，为虐于东夷，周公遂以师逐之，至于江南。又《乐成》篇云：犹尚有管叔、蔡叔之事，与东夷八国不听之谋。高《注》云：东夷八国附从二叔，不听王命。周公居摄，三年伐奄，八国之中最大，著在《尚书》。余七国小，又先服，故不载于经也。案东夷八国，亦即九夷也。春秋以后，盖臣属楚、吴、越三国；战国时，又专属楚。《说苑君道》篇，说越王句践与吴战，大败之，兼有九夷。《淮南子·齐俗训》云：越王句践霸天下，泗上十二诸侯，皆率九夷以朝。《战国策·秦策》云：楚苞九夷，方千里。《魏策》云：张仪曰：楚破南阳九夷，内沛，许、鄢陵危。《文选》李斯《上秦始皇书》，说秦伐楚，苞九夷，制鄢、郢。李《注》云：九夷属楚。若然，九夷实在淮、泗之间，北与齐、鲁接壤。故论语子欲居九夷。参互校核，其疆域固可考矣。”《非攻中》。案孙说九夷之地是也，必谓其非海外东夷，则犹昧于种落迁徙之事。盖自商、周之间，至于秦、汉之世，其为时亦久远矣。后世种落迁徙，有数十百年之间而大异于其故者，何独至于三代、秦、汉之世而疑之乎？古书皆但言夷、蛮、戎、狄，《周官》独益之以闽、貉，职方氏。《礼记》《明堂位》。《论语》《子罕》。《尔雅》，皆言九夷，《周书·伊尹朝献》：正东九夷。《墨子·节葬下》：禹东教乎九夷。《周官》独有所谓九貉，知此九种者，以地言之则曰夷，以族言之则曰貉，《周官》之别九貉于四夷，盖以其在东夷中为最大耳。然则古所谓夷貉、蛮貉，固有所专指，而非尽泛称矣。

抑貉族之分布，尚有不止于此者。《鲁颂》曰：“戎狄是膺，荆、舒是惩。”所谓戎者，盖指徐言之。徐之国虽在南，而其兵力尝及西北，故亦可称戎。见予《江汉常武》条。《费誓》曰“徂兹淮夷，徐戎并兴”是也。狄则足句辞耳。《閟宫》之诗，皆颂鲁平淮、徐之功，而必兼及荆、舒，则荆、舒之与淮、徐，必有关系可知。今案《史记·楚世家》云：“楚之先祖出自帝颛顼高阳。高阳生称，称生卷章，卷章生重黎。重黎为帝喾高辛居火正，甚有功，能光融天下，帝喾命曰祝融。共工氏作乱，帝喾使重黎诛之而不尽。帝乃以庚寅日诛重黎，而以其弟吴回为重黎后，复居火正，为祝融。吴回生陆终。陆终生子六人，坼剖而产焉。其长一曰昆吾，二曰参胡，三曰彭祖，四曰会人，五曰曹姓，六曰季连，芈姓，楚其后也。”坼剖而产，《集解》引谯周、干宝，皆以为疑，而引修己背坼而生禹，简狄胸剖而生契；魏黄初五年，汝南屈雍妻王氏生男，从右胳下出，以为之解，殆失《史记》之意。坼剖而产，盖亦谓始生为卵，后乃破壳而出耳。《史记》之文，与《大戴礼记·帝系》篇，大同小异。《帝系》篇云：“陆终氏娶于鬼方氏，鬼方氏之妹谓之女隤氏，产六子，孕而不粥，三年，启其左胁，六人出焉。其一曰樊，是为昆吾；其二曰惠连，是为参胡；其三曰籛，是为彭祖；其四曰莱言，是为云郐人；其五曰安，是为曹姓；其六曰季连，是为芈姓。”《史记索隐》引《世本》同。惟籛作钱铿，莱言作求言，云郐人作郐人耳。《集解》又引《世本》曰：“昆吾者，卫是也；参胡者，韩是也；彭祖者，彭城是也；郐人者，郑是也；曹姓者，邾是也；季连者，楚是也。”《戴记》《世本》之文，较《史记》为具。然启左胁而六人出，恐系后人以附会之辞改窜，非元文。《大戴记》无传授，昔人即不尽信也。《太平御览》引《帝系》此文，作“启其左胁三人出，右胁三人出”。是楚与徐之神话，极相类也。舒当春秋时有舒庸、舒蓼、舒鸠、舒龙、舒鲍、舒龚，皆偃姓。《左氏》文公十二年《正义》引《世本》。偃姓皋陶后，与秦同祖；而秦楚之关系，又有极密者。《秦本纪》曰：“秦之先，帝颛顼之苗裔孙曰女修。女修织，玄鸟陨卵，女修吞之，生子大业。”是秦所祖与楚同，而其神话亦极相类也。又曰：“大业取少典之子，曰女华。女华生大费，与禹平水土。已成，帝锡玄圭。禹受曰：非予能成，亦大费为辅。帝舜曰：咨尔费，赞禹功，其赐尔皁游，尔后嗣将大出。乃妻之姚姓之玉女，大费拜受。佐舜调驯鸟兽，鸟兽多驯服，是为柏翳，舜赐姓嬴氏。”《索隐》曰：“寻检《史记》上下诸文，伯翳与伯益是一人不疑，而《陈杞系家》，即叙伯翳与伯益为二，未知太史公疑而未决邪？抑亦谬误尔。”案《陈杞世家》之文，实漏彭祖而重出一益，予别有考。翳、益之为一人，则无可疑。此秦与舒同祖也。《左氏》文公五年：“臧文仲闻六与蓼灭，曰：皋陶、庭坚不祀，忽诸！”《注》：“蓼与六，皆皋陶后。”此蓼当即舒寥。此云蓼灭，而宣公八年又云“楚为众舒叛故，伐舒寥灭之”者，春秋时国灭而复建者多矣，如舒鸠，于襄公二十五年，为楚所灭，而定公二年，吴子又使舒鸠氏诱楚人，亦其一例也。

其同类又有六；而徐与奄又皆嬴姓，《左》昭元年杜《注》，见前引。《正义》云：《世本》文。与秦同；然则秦与淮、徐、荆、舒，皆同出一祖矣。

更由此而上推，则商周先世之神话，亦有与此类者。《商颂》曰："天命玄鸟，降而生商。"郑《笺》谓"鳦遗卵，娀氏之女简狄吞之而生契"，《史记·殷本纪》及《三代世表》褚先生引《诗传》说同。说既极与徐、楚类。而《生民》之诗，咏后稷生于姜嫄之事曰："不坼不副，无灾无害。"郑《笺》于此无说。毛《传》乃云："凡人在母，母则病；生则坼副，菑害其母。"此必妄为之说。毛《传》不取纬候，后人或以此多之，其实古说自系如此，适见其为无本之学耳。诗又云："诞寘之隘巷，牛羊腓字之。诞置之平林，会伐平林。诞置之寒冰，鸟覆翼之。鸟乃去矣，后稷呱矣。"窃疑坼副状卵之破；不坼不副，言其卵未尝自破；无灾无害，盖亦如《魏书》之说，谓割剖等不能伤；鸟去而后稷呱，则亦如《魏书》《博物志》之言，谓以暖孚之，乃破壳而出耳。此说而确，则商周先世之神话，实与徐、楚、夫余、句丽大同。所谓剖左胁而出，以及坼背、剖胸，全系后人不解坼副字义，而妄行穿凿矣。《蜀本纪》云："禹坼副而生。"而其地有刳儿坪，《路史》引。亦此说之一证也。《论衡·奇怪》篇引儒者之说曰："禹、卨逆生，闿母背而出，后稷顺生，不坼不副，不感动母体。"说与《蜀本纪》岐异。盖《蜀本纪》为旧说，《论衡》所引，则附会之说也。徐与句丽神话皆托之于龙，似起于近海之处，正是九夷之地。吾国开化，肇自羲、农，地皆在今山东，实与九夷相接。黄帝之族，起自河北，兵力虽视羲、农之族为强，开化实较羲、农之族为晚。凡后起之国，往往蹈袭先进之族之文化。殷周皆黄帝后，得毋其神话，实窃之于东方近海之国欤？遐哉尚矣，弗可得而质矣，然其事则殊可深长思也。

抑古之所谓东夷及嬴姓、芈姓之族，其与西北民族争斗之迹，则通古史，犹有可考见者焉。《国语·郑语》：史伯述祝融之后凡八姓：曰己、曰董、曰彭、曰秃、曰妘、曰曹、曰斟、曰芈。夏之霸曰昆吾，商之伯曰大彭、豕韦。昆吾，己姓；大彭，彭姓；豕韦，彭姓之别也。韦《注》。史伯言斟姓无后，然夏之亡于寒浞，实依斟灌及斟寻，则斟虽无后于周时，初非无国于夏代。以斟灌、斟寻为夏同姓之国者盖非。桀之亡也，昆吾实与之俱。而汤于伐昆吾之先，又尝伐韦、顾，《诗·商颂》。夏师败绩，汤遂伐三朡；《史记·殷本纪》。鬷夷氏则董姓也。《左氏》载椒举之言曰："夏桀为仍之会，有缗叛之；商纣为黎之蒐，东夷叛之。"昭公四年。○《韩非子·十过》："纣为黎丘之盟，而东夷叛之。"又载叔向之言，谓“桀克有缗以丧其国，纣克东夷而陨其身。”昭公十一年。缗者，有仍之姓。《史记·吴世家集解》引贾逵说。帝相之灭，后缗方娠，逃出自窦，归于有仍。《左氏》哀公元年。以患难相依、昏姻之国而至于叛离，桀之亡盖有由矣。《说苑·权谋》篇曰：“汤欲伐桀。伊尹曰：请阻乏贡职，以观其动。桀怒，起九夷之师以伐之。伊尹曰：未可。彼尚能起九夷之师，是罪在我也。汤乃谢罪请服，复入贡职。明年，又不供贡职。桀怒，起九夷之师。九夷之师不起。伊尹曰：可矣。汤乃兴师伐桀而残之。”案《春秋》桓公五年，“仍叔之子来聘”，《谷梁》作任叔，则仍、任二字古通，古之有仍，即春秋之任国，实亦东夷之地。有缗之叛，与九夷之不起，事正相因。此可见夏与祝融之后及东夷，关系之密也。大彭，即春秋时彭城，正东夷形胜之地，而殷之末世灭之，《楚世家》。似乎自翦其羽翼者。楚庄王谓“纣之百克，而卒无后”，《左氏》宣公十二年。合诸叔向之言，又似纣之兵力甚强，特疲敝于东，致为西方之周所乘者。书缺有间，难以质言。然纣之亡也以妲己，妲己不知果有逸德，足以亡殷与否，而己姓于殷为昏姻之国，则信而有征矣。而嬴姓之奄与淮夷、徐戎，尤为殷之强辅。《孟子》言：“周公伐奄，三年讨其君。”《滕文公》下。《墨子》亦言：“周公旦非关叔，辞三公，东处于商盖。”《耕柱》。商盖，即商奄也。王怀祖云：“盖字古与盍通。盍奄草书相似，故奄讹作盍，又讹作盖。《韩子·说林》：周公旦已胜殷，将攻商奄，今本奄作盍，误与此同。昭二十七年《左传》吴公子掩余，《史记·吴世家》《刺客传》并作盖余，亦其类也。”孙仲容《间诂》曰：“王说是也。”《史记·秦本纪》云：“蜚廉生恶来，恶来有力，蜚廉善走，父子并以材力事纣。周武王之伐纣，并杀恶来。是时蜚廉为纣石北方，还，无所报，为坛霍太山而报，得石棺。铭曰：帝令处父，不与殷乱，赐尔石棺以华氏。死，遂葬于霍太山。”与《孟子》言“驱飞廉于海隅而戮之”《滕文公》下。不合。窃疑《秦纪》之言，有所讳饰，然其言不与殷乱则真矣。盖禄父叛周之时，又起而佐之，以致为周所戮。窃疑伐奄三年讨其君，与驱飞廉于海隅而戮之，正是一事，飞廉即奄君也。奄之地在鲁，《左昭》九年《疏》引服虔。《说文·邑部》：“郁，周公所诛郁国在鲁。”又《史记·周本纪集解》引郑：“奄国，在淮夷之北。”其南为大彭故墟，又其西则徐。《汉志》临淮郡，治徐县，春秋时徐子国，今安徽盱眙县也。案徐疆域颇广。《说文·邑部》：“郐，邾下邑地，鲁东有徐戎。”《史记·鲁世家》：顷公十九年，“楚伐我，取徐州”。徐广曰：“徐州，在鲁东，今薛县。”《索隐》引《郡国志》曰：“六国时曰徐州。”此今山东滕县地。盖徐盛时，疆域尝至此。奄之抗周也，淮夷、徐戎并兴，鲁公伯禽实征之。见《书·费誓》。奄既亡，以其余民封伯禽于少皞之虚。《左氏》定公四年。淮夷、徐戎盖未尝大破，故数传之后，徐偃王复乘缪王之好游，起而自王焉。详见予《江汉常武》条。是役也，蜚廉之后造父实助穆王，东归平乱，见《史记·秦本纪》。《赵世家》云：“造父为缪王御，长驱归周，一日千里。”自系传说非实。然造父之党于周，必不虚也。由是获封于赵城，虽赵氏之族，由此而大，然忘亲事仇，实愧见蜚廉于地下矣。偃王稍后而楚始强。《楚世家》言熊渠当夷王时。熊渠封长子康为句亶王，中子红为鄂王，少子执庇为越章王。越章，即豫章，地在今安徽当涂，见《楚鬻融封丹阳武王徙郢考》。九夷之服属于楚，当始于是。及齐桓称霸，与楚争九夷甚烈。僖公四年，桓公伐楚，“还而齐人执陈辕涛涂。涛涂谓桓公曰：君既服南夷矣，何不还师滨海而东，服东夷且归？桓公曰：诺。于是还师滨海而东，大陷于沛泽之中，顾而执涛涂。”《公羊》僖公四年。《左氏》曰：“陈辕涛涂谓郑申侯曰：师出于陈、郑之间，国必甚病；若出于东方，观兵于东夷，循海而归，其可也。申侯曰：善。涛涂以告，齐侯许之。申侯见，曰：师老矣，若出于东方而遇敌，惧不可用也；若出于陈、郑之间，共其资粮屝屦，其可也。齐侯说，与之虎牢，执辕涛涂。”一似齐桓闻申侯之言而悟，遂未尝东略者。盖其叙事有漏，正无妨虎牢之赏，为既陷沛泽后追思之举也。《左氏》本出《国语》，多记士大夫言行，叙军国之事转略，观郯之战可见。是役盖攻东夷而败。然十五年，楚人伐徐，《左氏》曰：“徐即诸夏故也。”则桓公之经略，颇有成绩矣。是时，助桓公经略淮、徐者为鲁，《鲁颂》盛夸其功伐；而党于淮、徐者邹、莒，缘陵之役，已见前。僖公十六年，有淮之会，《左氏》曰：“谋鄫，且东略也。”二十一年，邾人灭须句。二十二年，僖公伐而复之，旋复有升陉之败。《檀弓》曰：“邾娄复之以矢，盖自战于升陉始也。”可见邾娄风气之强悍，及其仇鲁之深。邹、莒则出自祝融之曹姓之后也。《管子》夸齐桓“北伐山戎，制令支，斩孤竹，而九夷始听”。《小匡》。宰孔之告晋侯曰：“齐侯不务德而勤远略，故北伐山戎，南伐楚，西为此会也。东略之不知，西则否矣。”《左氏》僖公九年。可见齐桓东略之勤。当时争霸，实在中原之地，而勤于东略如此，盖楚之强，实以九夷为之辅，故欲披其党而分其势也。齐桓既亡，宋襄继起图霸，使邾文公用鄫子于次睢之社，欲以属东夷。《左氏》僖公十九年。齐、鲁谋鄫以拒邾，宋襄所为，适与相反，盖兵力不足，故以此示招怀，其意盖亦欲携之于楚，然此等诈谋，卒无所用，而有泓之败。自是楚势大张，鲁且析而入之，而以其师伐齐焉。晋文崛起，运其谲而不正之智，齐、秦与宋，皆为之辅，乃获助楚于城濮。然至文公九年，晋君少，不在诸侯，楚公子朱遂自东夷伐陈。此可见楚之有资于东夷。晋虽合北方之诸侯，力终不足服楚，乃有通吴以挠楚之举。《左氏》成公六年。其谋发自巫臣，而巫臣之有憾于楚，实以夏姬之故。《左氏》成公二年。其事殊诙诡可喜，然恐传说非实。传说之事，往往以一妇人为之经纬，如《蒙古源流》书中如夏之妹喜，殷之妲己，周之褒姒，楚之夏姬，吴之西施，实皆此种性质。吴之先，"断发文身，赢以为饰"；《左氏》哀公七年。乘车、射御、战陈，皆有待于巫臣之教而后能；其文明程度，实远较淮、徐之夷为低，而晋人不恤屈己以通之；而吴自是亦遂世睦于晋以谋楚。虽曰远交近攻，外交之策宜然，得毋以其同为姬姓故，其情易亲欤？而吴、越世仇，其相龋龁尤甚。夫夫差之于句践，固有杀父之仇；句践之于夫差，亦有灭国之怨。然自阖庐以上，其相龋龁，又何为哉？《国语》《世本》，皆云越为芈姓，得毋越之仇吴，正犹吴之亲晋，皆由种姓同异使之然欤？详见《越之姓》条。吴、越皆断发文身，九夷则初无此俗。《左氏》昭公三十年："吴灭徐，徐子章禹断其发，携其夫人，以逆吴子"，盖从其俗以示服。杜《注》谓"自刑示惧"，非也。楚成王之使献天子也，天子赐之胙，曰："镇尔南方夷、越之乱。"《楚世家》。《荀子》亦曰："干、越、夷、貉之子，生而同声，长而异俗。"《劝学》。以夷与越分言，其确为两族可知。《春秋》昭公五年，楚子、蔡侯、陈侯、许男、顿子、沈子、徐人、越人伐吴。《左氏》云："楚子以诸侯及东夷伐吴。"诸侯指蔡、陈、许、顿、沈五国，东夷指徐、越也。越与吴同俗，而与徐同称东夷，此亦越之君与楚相近之一证。夫以吴之强，能沟通江、淮，且遣偏师入海以伐齐，宁不能溯江以攻楚？然而入郢之役，必有待于大隧、直辕、冥阨之开，则以东夷大抵从楚也。巫臣之通吴也，《左氏》言"蛮夷属于楚者，吴尽取之"，此所谓蛮夷，盖即群舒之类，实当吴沿江上溯之路者也。然嗣后吴楚之争，大抵在南巢以下，可见吴实未大得志。哀公十九年春，"越人侵楚，以误吴也"。"秋，楚沈诸梁伐东夷。三夷男女及楚师盟于敖。"三夷，盖即越之所侵，可见入郢之后，东夷仍多属楚。不特此也，秦除缪公之世尝一与晋亲外，率皆助楚以掎晋。昭王之出走，惟秦人不惮远役，以却吴师；亦惟越人批亢捣虚，以蹑吴后。则民族之亲疏同异，又有隐然可见者。太公初封，莱夷即与之争国；晋居深山之中，戎狄之与邻，而远于王室；王灵不及，拜戎不暇。以视秦杂戎狄之俗；楚荜路蓝缕，崎岖山林之间者，又何以异？而秦自缪公修政，东境至河，宗周故壤，悉为所据，其视东方，亦何多让？楚之久侪于声明文物之国，与晋狎主齐盟者，更无论矣。然山东诸国，率皆以夷狄遇之，得毋非尽文野之殊，亦有民族异同之见欤？遐哉尚矣，弗可得而质矣，然其事则殊可深长思也。

孟子之难白圭也，曰："子之道，貉道也。"又曰："夫貉，五谷不生，惟黍生之，无城郭宫室宗庙祭祀之礼，无诸侯币帛饔飧，无百官有司，故二十取一而足也。"《告子》下。此盖指南方之貉言之。若北方之濊貉，东北徙而为夫余、句丽、百济者，则固有城郭宫室宗庙祭祀之礼；有诸侯币帛饔飧；有百官有司矣。然则北方之貉，文明程度，实较南方为高。然孟子又曰："欲轻之于尧、舜之道者，大貉、小貉也；欲重之于尧、舜之道者，大桀、小桀也。"此语亦见《书·大传》及《公羊》，宣公十五年。盖儒家所常道。然则貉与中国所异者，征敛轻重之间耳，其立法固相类矣。在四夷之中，实惟貉差堪与中国比拟也。此子所以欲居九夷欤？

《生民》之诗曰："克禋克祀，以弗无子。"《传》《笺》皆以为高禖之祀。高禖之祀，以燕至之月，可见其与殷之神话相关，而其礼实著于《月令》。《月令》者，古明堂行政之典，然授朔以九月，武职以尉名，则其篇籍实传自秦。《秦始皇本纪》曰："始皇推终始五德之传，以为周得火德，秦代周，德从所不胜。方今水德之始，改年始、朝贺，皆自十月朔。衣服旄旌节旗皆上黑。"而《封禅书》言："秦始皇既并天下而帝，或曰：黄帝得土德，黄龙地螾见；夏得木德，青龙止于郊，草木畅茂；殷得金德，银自山溢；周得火德，有赤乌之符；今秦变周，水德之时。昔秦文公出猎，获黑龙，此其水德之瑞。于是秦更命河曰德水，以冬十月为年首，色尚黑。"案授朔以九月，则秦之以十月为岁首，所由来者旧矣。《封禅书》又曰："自齐威、宣之时，驺子之徒论著终始五德之运，及秦帝，而齐人奏之，故始皇采用之。"恐未必然也。《三国志》言夫余以殷正月祭天，而句丽及濊，皆以十月。盖貉族旧有二法，夫余同于殷，句丽及濊，则同于秦也。《封禅书》又言："秦以冬十月为岁首，故常以十月上宿郊见，通权火，拜于咸阳之旁，而衣尚白。"则其后来虽尚黑，其旧俗实有同于殷者，亦可见诸族关系之密矣。《封禅书》："秦襄公始作西畤，祠白帝；宣公作密畤，祭青帝；灵公作吴阳上畤，祭黄帝；下畤，祭炎帝；而独不闻有黑帝之祠。高帝二年，东击项籍，而还入关，问故秦时上帝祠何帝也？对曰：四帝：有白、青、黄、赤帝之祠。高祖曰：

吾闻天有五帝，而有四，何也？莫知其说。”窃疑秦以黑帝为感生帝，祠之特异于四帝，非无祠也。

刘申叔尝言：“八卦五行，各为一教。周信八卦，殷信五行。有扈氏居西方，而夏启征之，以威侮五行为其罪状，盖八卦之教行于西，五行之教行于东。武王虽问《洪范》于箕子，盖未尝用其说也。”案周人果背五行与否，难定；夏、殷之信五行，则彰彰矣。九畴锡于夏后，《洪范》传自胥余，则其征也。《史记》谓匈奴出于夏桀，说实不诬，予别有考。见《匈奴为夏后氏苗裔》条。而匈奴之于五行，即极尊信。日上戊己，祭天神以戊日。其围高帝于平城也，其骑：西方尽白，东方尽駹，北方尽骊，南方尽骍。此其久知十干及方色之征，断不能谓为偶合也。貉族诸国亦然。《周书·百济传》谓“其王以四仲之月祭天及五帝之神”，又谓其“都下有万家，分为五部：曰上部、前部、中部、下部、后部。城之内外民庶，及余小城，皆分隶焉。”此即《三国志》所谓“诸加别主四出道”者，亦五官之制也。朱蒙与乌引、乌违同行，其后又遇三人，亦适合五官之数。

貉族又有浮海而东者，时曰扶桑。扶桑之地，以予考之，实当在美洲，而希勒格氏著书，谓在堪察加半岛，见近人冯承钧译《中国史乘中未详诸国考证》。姑勿具论，其为貉族之分支，则彰彰也。国王名乙祁，贵人称对卢，皆句丽语。又句丽，其昏姻，方语已定，女家作小屋于大屋后，名婿屋。婿暮至女家户外，自名跪拜，乞得就女宿。如是者再三，女父母乃听，使就小屋中宿。至生子已长大，乃将妇归家。而扶桑，其昏姻，婿往女家门外作屋，晨夕洒扫。经年而女不悦，即驱之；相悦，乃成昏。其俗亦相类。扶桑之俗，衣色随年改易。甲乙年青，丙丁年赤，戊己年黄，庚辛年白，壬癸年黑，虽与《月令》之随时改易不同，然其原实出于一，则亦不容疑也。

《三国志·高句丽传》谓：“其国东有大穴，名隧穴，十月国中大会，迎隧神还于国东上祭之，置木隧于神坐。”此制于中国无征，然亦合因地事地之义。又《濊传》，言其俗“祭虎以为神”。案《左氏》言楚子文之生，“郧夫人使弃诸梦中，虎乳之。郧子田，见之，惧而归，以告，遂使收之。”宣公四年。郧固祝融之后；而此说与夫余王之弃朱蒙，亦极相类，似非偶然。又《周书·高丽传》，谓其“有神庙二所：一曰夫余神，刻木作妇人之象；一曰登高神，云是其始祖夫余神之子。并置官司，遣人守护，盖河伯女与朱蒙云”。此亦犹周人特立姜嫄之庙也。

《书》曰："高宗谅闇，三年不言。"而废立之事，惟伊尹尝一行之，盖其君权故轻也。《宋书·扶桑传》，谓其"嗣王立，三年不亲国事"；而《三国志·夫余传》，谓"旧夫余俗，水旱不调，五谷不熟，辄归咎于王，或言当易，或言当杀"，岂犹有殷之遗风欤？

貉族之俗，与中国类者，莫如丧礼。案《礼记·杂记》载孔子之言曰："少连、大连善居丧，三日不怠，三月不懈，期悲哀，三年忧，东夷之子也。"此则淮泗之夷，其俗亦与北方之貉类。又夫余，杀人殉葬，多者百数，而诸国皆好厚葬，其俗亦颇类于秦。

貉族用刑，最为严急。《三国志·夫余传》云："杀人者死，没其家人为奴婢。窃盗者一责十二。男女淫，妇人妒，皆杀之。尤憎妒，已杀，尸之国南山上，至腐烂。女家欲得，输牛马，乃与之。"《周书·高丽传》："其刑法：谋反及叛者，先以火焚爇，然后斩首，籍没其家。盗者，十余倍征臧，若贫不能备，及负公私债者，皆听评其子女为奴婢以偿之。"案《韩非》言："殷之法，刑弃灰于街者。"《内储说》。又曰："一曰：殷之法，弃灰于道者断其手。"得毋用法之峻，亦有由来邪？观前所引《汉书·地理志》之文，亦可见殷人用法之峻。

（七二四）貉族发现西半球说

近人《法显发见西半球说》云："《法显佛国记》云：弘始二年，岁在己亥，与慧景、道整、慧应、慧嵬等同契，至天竺寻求戒律。初发长安，六年，到中印国。停经六年，到师子国。同行纷披，或留或亡。即载商人大舶上，可有二百余人。得好信风。东下。三日，便直大风，舶漏水入。商人大怖，命在须臾。如是大风，昼夜十三日，到一岛边。潮退之后，见船漏处，即补塞之。于是复前。大海弥漫无边，不识东西；惟望日月星宿而进。若阴雨时，为逐风去，亦无所准。当夜暗时，但见大浪相搏，恍若火色。商人荒遽，不知那向。海深无底，又无下石住处。至天明已，乃知东西，还复望正而进。若直伏日，则无活路。如是九十许日，乃到一国，名耶婆提，其国外道婆罗门兴盛，佛法无足言。停此国五月日，复随他商入大船，亦二百许人；赍五十日粮。以四月十六日发，东北行趣广州。一月余日，夜鼓二时，遇黑风暴雨，于是天多连阴，海师相望僻误，遂经七十余日。即便西北行求岸。昼夜十二日，到长广郡界牢山南岸。得好水菜，知是汉地。或言未至广州，或言已过，莫知所定。即乘小舶，入浦觅人，得两腊人，即将归；今法显译语问之，答言此是青州长广郡界，统属晋家。是岁晋义熙十二年矣。案师子国，即今锡兰。本欲自锡兰东归广州，乃反为风所播，东向耶婆提国。耶婆提者，以今对音拟之，即南美耶科陁尔国；直墨西哥南，而东滨太平洋。科音作婆者，六代人婆、和两音多相混。如婆薮槃豆，一译作和修槃头，是其证。耶婆提，正音作耶和提，明即耶科陀尔矣。世传墨西哥旧为大国，幅员至广，则耶科陁尔，当时为墨西哥属地无疑。所以知耶科提必在美洲，非南洋群岛者，自师子国还向广州，为期不过四十六日。据《唐书·地理志》。故法显失道，商舶亦赍五十日粮。今遭大风，昼夜十三日，始至一岛，又九十日而至一国，合前三日计之，已得一百六日；是东行倍程可知。况南洋师子国，途次悉有洲岛；当时帆船，皆傍海而行，未有直放大洋者。今言海深无底，不可下石，而九十日中，又不见附海岛屿，明陷入太平洋中，非南洋群岛。逮至耶婆提国，犹不知为西半球，复向东北取道；又行百余日，始折而西。夫自美洲东行，又百许日，则还绕大西洋而归矣。当时海师，不了地体浑圆，惟向东方求径，还绕太西，进行既久，乃轶青州海岸之东，始向西北折行，十二日方达牢山。是显非特发见美洲，又还绕地球一周也。然据《佛国记》言：耶婆提国，已先有婆罗门，特无佛法。则法显以前，必有印度人遇风漂播至此者，故婆罗门教得传其地。又观美洲山脉，横贯南北者，在北美曰落迦，南美曰昂底斯。落迦本印度称山之语，如补陀落迦，咀落迦，弹落迦，竭地落迦是也。落迦冈底斯为西藏大山，即葱岭所自起。美之山脉，莫长于昂底斯，正与葱岭等，明昂底斯亦即冈底斯音转。斯皆以梵语命山，益明婆罗门曾先至美洲，特以姓名不著，而尸其名者独在法显，斯可为梵国前哲悲，亦为汉土尊宿幸矣。”予案观《宋书·四裔传》，则知印人浮海而东者，自古即极多。婆罗门之先至美洲，非必如原文所云，出于遇风漂播，特其与貉族之至美洲，孰为先后，则尚不可知耳。

近人《异闻录》云：“《山海经·海外东经》言汤谷上有扶桑，十日所浴。《淮南子·天文训》言日出于汤谷，浴于咸池，拂于扶桑。此皆悠缪之谈。然《梁书》确有扶桑国。齐永元元年，其国有沙门慧深，来至荆州。云扶桑在大汉国东二万余里。近西人诺哀曼（Nemnarm），推度其地，谓即美洲墨西哥。此说未知确否。特墨西哥建国甚早。与闽粤沿海诸地，同一纬线，中隔太平洋，在齐梁时，非不能与中华交通。《梁书》言扶桑国多扶桑，故以为名。扶桑叶似桐，而初生如笋。绩其皮为布，以为衣，亦以为棉。其文字以扶桑皮为纸。今考墨西哥特产之植物，则有摩伽（Magney）。其学名曰 Agave Ameri cana。土人亦名百岁花，谓经百岁始一花。其物多纤维。古时墨西哥象形文字，皆书于摩伽叶。此犹印度之贝叶，埃及之巴比利叶。若遽谓摩伽即梁时之扶桑，恐亦近于附会。但齐、梁时由中国东行二万余里，果有文物之国，则除墨西哥外，实无地以当之。此诸哀曼氏所以疑扶桑为墨西哥也。近世落花生，本来自南美之巴西，而《福清县志》言僧应元往扶桑觅种寄回，似亦以南美为扶桑。或者古人知中国极东有美洲，因附会《山海经》，名曰扶桑也。”又三十年代初，外交部尝咨教育部云：“据驻纽约总领事张祥麟呈称：准美国亚拉斯加省前任总督函称：本省前年掘土，发现古物二件：一系陶器，一系铜器。如能证明确系中国古物，则可证实华人曾经发见美洲。乞查明示覆等因。并附发现古物拍照四纸前来。职领检阅《金石索》，内载形似泉币一图，其形恰与美人所发现之铜器相同；正面反面之摹本，亦无差异。该书注云：系唐代孙思邈《入山符》。惟未能释明所载符文，系何意义。此地书籍不备，无从研究。至所发现之陶器，因物未目睹，亦无从查考。兹特将照片四纸，随呈附送。可否咨行教育部，将符文意义，查明见覆，以凭转覆等情。相应检同原送照片二纸，咨行贵部，查照核覆，以凭转知可也。”教育部覆文云查该项铜器，确系我国厌胜钱币。《西清古鉴图》录是钱，以其面有符文，定名为符印钱，且谓文与孙思邈《入山符》略仿佛。《金石索》及《吉金所见录》等钱谱，均沿袭其说，而未详其制作年代及符文意义。本部辨其形制、图像、笔意，当属宋代道家作品。又查各项厌胜钱文，皆祈福避凶之作。是钱符文，意义要不外此。一俟本部考有确证，再行详覆。至陶器形制，甚似我国宋、元时磁洗。惟有无磁釉，质地及色泽若何，该总领事既未目睹原器，原文亦未经注明，本部自未便臆断为何时器物也”云云。观此，知华人至美洲，虽或在印度人后，亦必在欧人之先矣。

（七二五）唐宋暨以前之中日交际

日本与中国之交际，前后不同：自汉至唐，以国家之往还为主，宋以后，则以人民之往还为主矣。而国家之往还，亦前后不同：南北朝以前，日本甘心臣服中国，隋以后始欲以敌国自居，然中国迄未尝以敌国之礼待之。

汉、魏时中日交际已见《卑弥呼》条。晋泰始初，日本又重译入贡，其后与北朝无交涉，与南朝则往还颇繁，具见《宋书·夷蛮传》《南史·夷貊传》。倭王及世子之名，可考者凡五，据近代史家所考，则倭王赞为仁德天皇，赞弟珍为反正天皇，倭王济为允恭天皇，济世子兴为安康天皇，兴弟武为雄略天皇。其时日本表文，恒自称使持节、都督倭百济新罗任那秦韩慕韩即马韩诸军事、安东大将军、倭国王。中国但去百济二字，余即如其所称以授之。盖百济、日本，同受封于中国，不当使日本督百济也。木官泰彦《中日交通史》谓《日本书纪》，实系钞录中国史，而于《宋书》中所载倭事，悉屏不录，盖以称臣奉表为辱国之事故。唐代诏书，日史不载，亦系此意。案源光国所作《大日本史》，青山延光所作《日史纪事本末》。亦均谓通使始隋，于南北朝前事皆不载。然亦谓此事为掌书记之汉人所为，其王室初不之知，终未免辞遁矣。

苏因高之来，挟日出处天子致书日没处天子之书，是为彼欲与我亢礼之始。贞观四年，日本始通使于唐，唐使新州刺史高表仁此从《旧唐书》，与日本史合，《新唐书》作高仁表。送之，至都，与争礼不平，不肯宣天子诏，可见日人之倨傲。《日本国志·邻交志》谓新旧《唐书》，不载日人一表，桓武天皇延历二十三年，唐德宗贞元二年。葛野麻吕使唐，遇风，飘至福州长溪县，州吏讶其无国书，入船检察，葛野麻吕命学僧空海致书观察使云："竹符铜契，本防奸伪。诚实无诈，何事文契？敝邑使人，已无诈托，信物亦不用玺印，建中以前，旧典如此。今以无国书见责，事与昔乖，愿顾邻谊。"黄氏谓："据此，则当时使臣皆不赍表文，盖不臣则我所不受，称臣则彼所不甘；而彼国有所需求，不能停使，故为此权宜之策耳。"又日本孝谦天皇天平胜宝二年，唐玄宗天宝九年也，遣藤原清河等于唐，既至，正月朔，玄宗受诸蕃使朝贺于含元殿，叙新罗使东，班在大食上；清河等西，班在吐蕃下，日本留学生阿部仲麻吕以为不宜班后新罗，为之请，将军吴怀宝，乃引清河与新罗使易位。黄氏谓："其在中国列之于新罗、大食之下，未尝待以邻交；而其在日本，遣使则不赍表文，迎客则不居臣礼，以小事大则有之，以臣事君则未也。"黄氏之书，意欲药当时中国自大之病，故多针砭之辞。其谓日人未尝肯臣中国，固系实情；然中国不以邻敌之礼待之，日亦未能显拒，则亦不可不知也。小野妹子即苏因高之来也，隋使裴世清送之。《中日交通史》云："妹子归，奏称炀帝报书，在百济见掠，本居宣长驭戎慨言曰：‘隋帝之书，甚为倨敖，故妹子伪称被掠，不以上闻。’”至裴世清所赍之书，则载于《日本书纪》，首云“皇帝问倭皇”，下又有“知皇介居海表，抚宁民庶，境内安乐，风俗融和”等语，而《经籍后传记》则云：“其书曰皇帝问倭王。圣德太子恶其黜天子之号为王，不赏其使。”木宫泰彦谓《书纪》改王为皇，其说是也。日本之遣使于唐，自舒明天皇二年始，贞观四年。而终于仁明天皇承和五年，唐文宗开成三年。寻常以为终于宇多天皇宽平六年，即唐昭宗乾宁元年，然是年使实未行。前后二百有年，遣使者十九。唐惟代宗大历十四年，曾遣中使赵宝英送其使归国，溺于海。其僚属孙兴进、秦衍期以明年至日。日史亦谓有国书。黄氏谓宝英乃中使，有无国书，已有可疑，即有之，亦不当在僚属手。宋徽宗政和六年，中国商人赍牒至日。牒云：“矧尔东夷之长，实惟日本之邦。曩修方贡，归顺明时，隔阔弥年，久阙来王之义；遭逢熙旦，宜敦事大之诚。”日本鸟羽天皇下百官议，置不答。菅原在良之议曰：“推古天皇十六年，隋炀帝书曰皇帝问倭皇；天智天皇十年，大唐郭务悰来聘，书曰大唐帝敬问日本天皇；天武天皇元年，郭务悰来，书函题曰大唐皇帝敬问倭王，又大唐皇帝敕日本国卫尉寺少卿大分书曰：皇帝敬致书于日本国王；古式如此。”隋炀帝书辞之不实，说已见前，黄氏云：“考郭务悰乃刘仁轨所遣使，当时以系私使，不令入京，而此云有国书，疑失实。”予案唐与日本书函往来，宜有定式，不应忽称日本，忽称倭；忽称天皇，忽称王，忽称国王。《唐书》云：“日本，古倭奴也。”又云：“后稍习夏音，恶倭名，更号日本。使者自言国近日所出，以为名。或云：日本乃小国，为倭所并，故冒其号，使者不以情，故疑焉。”《唐书》此语，系咸亨元年遣使贺平高丽后，则自咸亨以前，犹以倭之名自通，天智十年，犹在咸亨之前，安得有问日本天皇语？则在良之议，信否又甚可疑矣。唐开元二十四年赐日本敕书云：“敕日本国王主明乐美衔德。”黄氏云：主，《唐书》作王，当从《文苑英华》；衔，《文苑英华》作御，当从《唐书》。黄氏谓此六字实日本天皇二字译音，盖中国问其国王之名，而日使诡辞以对。然则安敢以天皇二字，自通于唐？而唐敕书亦安得有敬问日本天皇之语欤？且日于当时，亦未闻拒唐敕书不受也。又宋神宗时，日僧成寿弟子归国，神宗托致日皇御笔文书金泥《法华经》及锦，日人以书中有回赐日本国之语，会议当受与否，历三年不决，然终以书物为报。亦见《中日交通史》。此则其不愿称臣于我；然亦我以上邦自居，彼未能坚拒之明征也。宋朝与日本往还，惟神宗、徽宗二次，此外日史所谓大宋牒文状，皆明州刺史书，日亦以太宰府之名报之。然南宋乾道八年，明州刺史赠方物，牒文有赐日本国王语，日人大哗，平清盛不顾众议，卒作报书，则日本武人之甘心屈节，由来已旧，正不必独咎后来之足利氏也。明太祖洪武元年，使至日本、安南、占城、高丽告建国；二年，又使至日本责以倭寇事，皆为日人所拒；三年，使赵秩往，日人乃遣使偕来。《明史》谓日奉表称臣；则《明史》之误。然中国当是时，必不必得一日本之称臣为荣，《明史》亦未必致误。诿为僧人所为，则又以南北朝对我之称臣，诿诸汉人掌书记者之故智也。岂有此等事而执笔者敢擅专之理欤？足利义留受封于明，其子义持不以为然，后遂与明绝，然其初立时，明人封册之，义持亦遣使谢恩也。

（七二六）朝鲜东徙之迹

武王封箕子于朝鲜，昔人皆以为即后世朝鲜之地。夫如是，则自周以前，辽东西非久经开辟不可。然谓辽东西久经开辟，书传无征也。昔人有青州越海之说，盖由《尧典》之旸谷，纬候谓在辽西而然。然《尚书·大传》“元祀岱大山”，“中祀大交霍山”，“秋祀柳谷华山”，“幽都弘山祀”，《注》云：“弘山，恒山也。”则羲和四子之所宅，即四时巡守之所至；以旸谷为在辽西，乃纬候侈大之辞，实不足据矣。旸谷在辽西之说破，则青州越海之说，殊不足凭。辽东西之开辟，恐不能在燕置五郡以前。谓箕子所封，即后世朝鲜之地，乃事理所必无矣。

朝鲜古地虽不可考，然《管子·轻重甲》曰：“吴、越不朝，珠象而以为币乎？发、朝鲜不朝，请文皮毤服而以为币乎？禺氏不朝，请以白璧为币乎？昆仑之虚不朝，请以璆琳琅玕为币乎？故夫握而不见于手，含而不见于口，而辟千金者珠也，然后八千里之吴、越，可得而朝也。一豹之皮，容金而金也，然后八千里之发、朝鲜，可得而朝也。怀而不见于抱，挟而不见于掖，而辟千金者，白璧也，然后八千里之禺氏，可得而朝也。簪珥而辟千金者，璆琳琅玕也，然后八千里之昆仑之虚，可得而朝也。”其视朝鲜，与其视吴、越等耳，可证其不甚远也。发亦北方古国，别见《发北发》条。

《山海经》一书，言朝鲜者二：《海内北经》云：“朝鲜在列阳东，海北，山南，列阳属燕。”列阳者，列水之阳。《汉志》：乐浪郡吞列县，《注》云：“分黎山，列水所出，西至粘蝉入海，行八百二十里。”盖即今临津江。列阳在其北，朝鲜在列阳之东，盖即汉乐浪郡之朝鲜县。此朝鲜既东徙后之地。《海内经》："东海之内，北海之隅，有国名曰朝鲜。"或古箕子之所封欤？然其所在，不可得而确考矣。

朝鲜迁徙之迹，史亦无征。然反复推校，尚有隐约可见者。《史记·苏秦列传》载秦说燕文侯之辞曰："燕东有朝鲜、辽东。"古书叙述地名，大率近者居前，则为此辞者之意，似尚谓辽东在朝鲜之表。《燕世家》及《六国表》苏秦之说，均在文侯二十八年。《三国志·注》引《魏略》曰："昔箕子之后朝鲜侯，见周衰，燕尊为王，欲东略地，朝鲜侯亦自称为王，欲兴兵逆击燕，以尊周室。其大夫礼谏之，乃止。使礼西说燕，燕止之，"之"字疑衍。不攻。后子孙稍骄虐，燕乃遣将秦开攻其西方，取地二千余里，至满番汗为界。"案《史记·匈奴列传》言燕将秦开为质于胡，归而袭破东胡，东胡却千余里。燕筑长城，自造阳至襄平，置上谷、渔阳、右北平、辽西、辽东郡以拒胡。《盐铁论·伐功篇》亦曰："燕袭走东胡，辟地千里，度辽东而攻朝鲜。"似燕所开之五郡，皆取之于胡，而朝鲜是时，已在辽东之表者。然东胡之后为乌桓、鲜卑，其所分保之二山，似不能越今苏克苏鲁、索岳尔济一带。谓燕人开置以前，五郡之地悉为所有，似不近情。窃疑秦汉之世，东北种落，朝鲜、夫余、肃慎等，其初并处塞内，至燕开五郡时，乃移居塞外也。汉辽东郡有番汗县，疑即满番汗之地。《注》云："沛水出塞外。"番、沛同音，非水以种落名，则种落以水名也。

《朝鲜列传》言自始全燕时，尝略属真番、朝鲜，为置吏，筑鄣塞。秦灭燕，属辽东外徼。汉兴，为其远，难守，复修辽东故塞，至浿水为界，属燕。燕王卢绾反，入匈奴。满亡命，走出塞，渡浿水，居秦故空地上下鄣，稍役属真番、朝鲜、蛮夷及故燕齐亡命者王之，都王险。自序：燕丹散乱辽间，满收其亡民，厥聚海东，以集真番，葆塞为外臣。所谓上下鄣，盖即燕所筑鄣塞也。燕初与朝鲜以满番汗为界，后竟略属之，则秦开攻朝鲜之后，燕尝又拓一境。然其封爵自在，至秦世犹然。《秦始皇本纪》：二十六年"地东至海，暨朝鲜"，此秦东界仍燕之旧之证。朝鲜亦在封内，《朝鲜列传》所谓"属辽东外徼"者也。《魏略》言："及秦并天下，使蒙恬筑长城，到辽东。时朝鲜王否立，畏秦袭之，略服属秦，不肯朝会。"此其封爵仍存之证也。秦长城东端在乐浪郡遂成县，见《晋书·地理志》。盖自襄平以西之长城，为燕拒胡所筑；自此东至遂城，则蒙恬所为也。然鄣塞即长城之类，燕既略属真番、朝鲜，自襄平以东，不得毫无防卫，蒙恬盖亦因燕之旧而修之耳。

《汉武帝纪·注》臣瓒引《茂陵书》：临屯县治东暆县，去长安六千一百三十八里；真番郡治霅县，去长安七千六百四十里。《续书·郡国志》朝鲜去洛阳五千里。则临屯在朝鲜之表，真番又在临屯之表也。然《史记》言全燕时，尝略属真番、朝鲜；又言卫满稍役属真番、朝鲜；皆先真番而后朝鲜。惟《货殖列传》言："燕邻乌桓、夫余，东绾濊貉、朝鲜、真番之利。"朝鲜次真番之前。又言"满得兵威财物，侵降其旁小邑，真番、临屯皆未服属"，亦先真番而后临屯。岂其叙次皆自远而近哉？非也。上云"稍役属真番、朝鲜"者，指真番、朝鲜之民；下云"真番、临屯皆来服属"者，指真番、临屯之邑。真番之邑，后来虽在临屯之表；窃疑其民，其初更在朝鲜之里；故并举二国者，皆以真番次前；其后虽越临屯而作邑，而其民犹有与朝鲜杂处，而为卫满所役属者也。然则战国、秦、汉之间，东北种落之迁移，亦云亟矣。

（七二七）朝鲜终不用清年号

东洋诸国，渐渍中国文教最深者，莫如朝鲜，故其仇视清人亦最甚。《春在堂随笔》云："《玉吾集》十八卷，朝鲜人宋相琦字玉汝者所撰。玉吾其别号也，诗文皆有可观，末卷附神道碑铭及谥状。称公于崇祯丁酉十一月二十日卯时生，癸卯六月一日卒，春秋六十有七。考明崇祯十七年中无丁酉，疑有舛误。及读卷末附其孙名载禧者跋语，称崇祯三庚辰十月，乃知彼国在定鼎之初，虽奉大清年号，而仍以崇祯纪年。其生于崇祯丁酉，实顺治十四年。卒于癸卯，实雍正元年。其孙所称崇祯三庚辰，实乾隆二十五年，盖以崇祯十三年岁在庚辰，至此凡三历庚辰耳。夫清朝龙兴之始，朝鲜沿袭亡明年号，或尚可附于洪范十有三祀之义，至乾隆中叶，彼国久列藩封，世膺封号，乃尚以崇祯纪年，不亦傎乎！"夫以文明事野蛮，犹之以大事小，尺蠖之屈，事非得已。若如曲园之言，一膺封号，即当心悦诚服，然则宋高宗亦当倾心以奉金虏乎？是非傎倒之讥，不知其果当谁属矣。终朝鲜之世，未尝奉清年号，至其亡犹然，此金于霖先生亲为余言之者。

匹夫时有义举，国家则无之，以合人而成群，其程度恒低于其群中人之高者也。专制之世，举国惟一人之命是听，义师转时或有之，明神宗之援朝鲜是矣，故朝鲜人甚德之。明亡后乃为大报坛以祀之，然朝鲜之倾心中国，亦不徒以神宗之救援朝鲜。在句丽之世，猾夏最甚。盖当其为中国郡县时，颇受抑厌使然，及王氏时，则颇归心于宋而敌视辽金元矣。宋亡之后，王氏嗣君多取元女。元人又或置行省于其国，剃发易服，胡化大行，然乃其枭獍之媚外者为之，非其民心之所欲也。朝鲜太祖本以攘斥胡虏兴，终李氏之朝，提倡中国文教最力，其于中国学术，实深入堂奥，非日本所及也。今世论民族者，以同化为最高之义。若朝鲜者虽因言语不同，未能尽与华化。然其文教，则可谓与中国无殊矣。草尚之风必偃，士君子者，细民之率将，朝鲜今虽暂屈于强暴，然民心不死，国必不亡。复国之后，当与中国友善也。

（七二八）辰国

《史记·朝鲜列传》言："真番旁众国，欲上书见天子，又拥阏不通。"《汉书》作"真番、辰国"。案此当作真番旁辰国。《汉书》夺"旁"字，《史记》之"众"字，则浅人臆改也。《三国志》云：韩"有三种：一曰马韩，二曰辰韩，三曰弁韩。辰韩者，古之辰国也"。又云："辰王治月支国。"又云：辰韩，"其耆老传世，自言古之亡人避秦役来适韩国，马韩割其东界地与之……始有六国，稍分为十二国。弁辰亦十二国。"又云："弁、辰韩当作弁辰、辰韩，夺一辰字。合二十四国。其十二国属辰王。辰王常用马韩人作之，世世相继。辰王当作辰韩。不得自立为王。"《注》引《魏略》曰：明其为流移之人，故为马韩所制。案既云辰韩者古之辰国矣，又云为古之亡人；既云韩有三种矣，又云辰王常用马韩人作之；未免自相矛盾。韩有三种之"种"，谓种姓。史于四裔言种姓，犹于中国言姓氏，乃指其王之氏族，非指其民之种类也。《后汉书》云：马韩在西，五十四国，辰韩在东，十有二国，弁辰在辰韩之南，亦十有二国，凡七十八国，皆古之辰国也。马韩最大，共立其种为辰王，都目支国，尽王三韩之地，其诸国王先皆是马韩种人焉。又云："初，朝鲜王准为卫满所破，乃将其余众数千人走入海，攻马韩，破之，自立为韩王。准后灭绝，马韩人复自立为辰王。"其文较国志为清晰。盖在箕准攻破马韩之先，自有所谓辰王者，为马韩种，都目支，即国志所谓月支，尝尽王三韩之地，此古之辰国也。逮箕氏亡而马韩复立，则仅有五十四国，而弁辰、辰韩亦各有十二国，此则所谓韩有三种者也。诸国王皆是马韩种，指古之辰国言，或但指后来之马韩五十四国；否则不得云韩有三种矣。韩之分而为三，盖在箕氏入据之后；其初则自为一统，故《史记》但以辰国言之也。

《后汉书》云：箕准自立为韩王，国志亦谓侯准，《注》引《魏略》亦作准，则此淮字误。自号韩王。《后汉书》又谓准后灭绝，马韩人复自立为辰王；则辰为韩人自称之名，韩乃箕氏所立之号耳。弁韩亦称弁辰，可见其旧无韩名也。卫满既攘箕准，箕准即服马韩，则《史》《汉》所云“欲上书见天子者”，实即箕氏之后，乃称为辰国而不称为韩王，盖以其旧名名之也。

《诗·韩奕》“溥彼韩城，燕师所完”，郑笺以韩即后来之韩原，释燕师为平安时众民。王肃、孙毓非之，以燕为北燕。见《释文》。而肃以涿郡方城县之寒号城为韩侯城。见《水经·圣水注》。案《诗》明言韩姞，则燕师之燕，即系国名，亦属南燕，肃及孙毓说殊非。然其说实本于王符。《潜夫论·志氏姓》曰：“昔周宣王亦有韩侯，其国也近燕。故《诗》云：溥彼韩城，燕师所完。其后韩西亦姓韩，为卫满伐，迁居海中。”此韩侯所近者为南燕抑北燕，《潜夫论》未尝明言；则以寒号城为韩侯，乃王肃之妄耳。为卫满所伐者亦姓韩，其说当有据，殊足考箕子之后自立为韩王之所由也。盖箕子之后，周时初不以箕为氏。

汉武帝之略朝鲜，以其地为乐浪、临屯、玄菟、真番四郡。乐浪，《史记·正义》引“《括地志》云：高骊都平壤城，本汉乐浪郡王险城。又古云朝鲜地也”。而《史记·朝鲜列传》言卫满“得兵威财物，侵降其旁小邑，真番、临屯皆来服属”。则乐浪乃朝鲜故土，为卫满所攘取者；真番、临屯则其以兵威财物所侵降之小邑也。《后汉书·东沃沮传》言：“武帝灭朝鲜，以沃沮地为玄菟郡。后为夷貊所侵，徙郡于高句骊西北，更以沃沮为县，属乐浪东部都尉。”《濊传》言：“元朔元年濊君南闾等畔右渠，率二十八万口诣辽东内属。武帝以其地为苍海郡，数年乃罢。苍海郡之罢，《本纪》不载其事。据《公孙弘传》则与罢西南夷同时。西南夷之罢，据《本纪》事在元朔三年。至元封三年，灭朝鲜，分置乐浪、临屯、玄菟、真番四部。至昭帝始元五年，罢临屯、真番以并乐浪、玄菟，玄菟复徙居句骊。自单单大领以东，沃沮、濊、貊悉属乐浪；后以境土广远，复分岭东七县置乐浪东部都尉。”《三国志》言岭东七县皆以濊为民，盖即南闾故壤，史言其叛右渠来降，则其先亦属卫氏。汉灭卫氏之时，未闻分兵略地，所置四郡不得出卫氏故封之外，而沃沮为玄菟郡治，盖亦先属卫氏矣。然则自卫满出塞以前，朝鲜、真番、临屯、沃沮、濊、貉、辰国当各自分立，不相统属；至卫氏兴，朝鲜既为所窃据；真番、临屯、沃沮、濊、貉亦为所羁制；惟辰国非其兵力财力所及，而又为朝鲜所破坏。汉武灭卫氏，其所羁制之地，悉以之为郡县。后以夷貉强盛，渐次撤废，而句骊始强。南方之地，箕氏虽旋绝，辰国亦不能复，遂裂为三韩也。自战国至汉，半岛诸族兴替之迹，略可睹矣。

《三国志注》引“《魏略》曰：初，右渠未破时，朝鲜相历溪卿以谏右渠不用，东之辰国，时民随出居者二千余户，亦与朝鲜、真番不相往来。至王莽地皇时，廉斯鑡为辰韩右渠帅，闻乐浪土地美，人民饶乐，亡欲来降。出其邑落，见田中驱雀男子一人，其语非韩人。问之，男子曰：我等汉人，名户来，我等辈千五百人伐材木，为韩所击得，皆断发为奴，积三年矣。鑡曰：我当降汉乐浪，汝欲去不？户来曰：可。鑡因将户来出诣含资县，县言郡，郡即以鑡为译，从芩中乘大船入辰韩，逆取户来降伴辈，尚得千人，其五百人已死。鑡时晓谓辰韩：汝遗五百人。若不者，乐浪当遣万兵乘船来击汝。辰韩曰：五百人已死。我当出赎直耳。乃出辰韩万五千人，弁韩布万五千匹，鑡收取直还。郡表鑡功义，赐冠帻、田宅，子孙数世。至安帝延光四年时，故受复除。”观此事，知辰国与其北方往来颇稀，故卫氏不能役属之也。

（七二九）高丽遣人来学

《宋史·高丽传》：徽宗时，其王颙卒，子俣嗣。贡使接踵，且令士子金瑞等五人入太学。朝廷为置博士。《张根传》：弟朴，为太学博士。“改吏部员外郎。高丽遣子弟入学肄业，又兼博士”。盖即其时事也。宋时，高丽人来学最诚。太宗初，其王伷，即命金行成入国子监。太平兴国二年，赐进士第。遂仕中国。伷弟治，表乞放还，而行成不肯。淳化初，卒于安州通判，在中国凡十五年。治于雍熙三年，遣崔罕、王彬入国学。淳化三年，赐进士第，授官，遣还，在中国亦历七年。而康戬，其父允，三世为高丽兵部侍郎。开宝中，即遣戬随宾贡肄业国学。太平兴国五年，登进士第。历仕中国，至景德三年乃卒，则在中国逾三十年。胡马依北风，越鸟巢南枝，行成等贪恋上国，遂忘首丘之思，似不免于忘本。其爱慕华风，可谓深矣。于其来学而特为之置博士，盖中国亦甚重其事矣。

然有爱乐中国而来者，亦必有出于勉强者，此事理之自然也。《明史·朝鲜传》：太祖即位之五年，高丽表请遣子弟入太学。帝曰："入学固美事，但涉海远，不欲者勿强。"盖时高丽以遣子弟入学为交际之策，帝有以烛其情也。胡惟庸反，日本与通。帝决意绝之，专以防海为务。然其时王子滕祐寿来入国学，帝犹善待之。琉球中山生与山南生有非议诏书者，帝闻，置之死，而待其国如故。其人之来学者亦如故。帝固非拒外国来学之人也。宣宗宣德八年，朝鲜王李裪奏遣子弟诣太学或辽东学，帝仍不许，但赐《五经》《四书》《性理》《通鉴纲目》诸书，亦必有所见。

《陈书·儒林陆诩传》言："梁世，百济国表求讲《礼》博士。诏令诩行。"此又中国派遣博士至外国者。

（七三〇）琉球来学

外国遣人来学，以唐代为最盛，尔后迄不能及。盖外国初通中国时，文明程度，相去较远，久之则渐近；而中国学校亦有名无实时多，故来者不勤也。琉球通于中国最晚，而其来学，近世则为最勤。《明史·琉球传》言：洪武时，中山尝遣女官生二人先后来肄业，此为自古所无之事，足见其向学之殷。清世遣陪臣子弟入学，始于康熙二十七年，同治间犹有至者，见《清史稿·选举志》。《本纪》：二十三年六月，书"遣球请遣子弟入国子监读书，许之"。二十七年不记此事，但书"琉球入贡"。盖二十三年请而得许，至二十七年，乃遣随贡使来也。又《纪》于康熙五十九年八月，书"琉球请令其陪臣子弟入国子监读书，许之"。同治六年四月，书"允琉球国子弟入监读书"。盖每来辄奏请，而非循例派遣？然来者必不止此数也。来者称为官生，凡四人，见《属国传》。又《职官志》：琉球学，有汉教习一人，以贡生选充，后省。此在彼国，或亦成为进取之一途，未必果为学问，然其来究最久也。又《德宗纪》：光绪六年九月，"允朝鲜派工匠来天津学造器械"。此盖新式兵器仿自西洋者，为朝鲜所无，故又遣人来学也。

（七三一）乡校

公元一九四六年九月八日，上海《大公报》载徐颂九论移民实边之文，述滇西之俗：谓其“村必有庙。庙皆有公仓，众出谷以实之。庙门左右，必有小门，时曰茶铺，众所集会之地也。议公事，选举乡、保长，摊筹经费，办理小学皆于此。婚、丧、祝寿等事，亦于此行之。故是庙也，非寻常佛寺、道院，耗民财以豢闲民者比也。村之议会也，公所也，学校也，礼堂也，殡仪馆也，而亦即其俱乐部也”。予案此正古之学校也。《公羊解诂》述井田之制曰：“在田曰庐，在邑曰里。一里八十户。八家共一巷。中里为校室。选其耆老有高德者，名曰父老。”“十月事讫，父老教于校室。八岁者学小学，十五者学大学。”宣公十五年。此与伏生《书传》所云“大夫、士七十而致仕，老于乡里。大夫为父师，士为少师。耰锄已藏，祈乐已入，注：祈乐，当为新谷。岁事已毕，余子皆入学。十五始入小学，见小节，践小义；十八入大学，见大节，践大义焉。距冬至四十五日，始出学，傅农事”，正系一说。《左氏》襄公三十一年，“郑人游于乡校，以论执政。然明谓子产曰：毁乡校何如？子产曰：何为？夫人朝夕退而游焉，以议执政之善否。其所善者，吾则行之；其所恶者，吾则改之；是吾师也。若之何毁之？”惟仅冬日教学，余时皆如议会、公所，亦如俱乐部，故人得朝夕游其间也。《新唐书·韦挺传》：挺上疏言：“闾里细人，每有重丧，不即发问，先造邑社，待营办具，乃始发哀。至假车乘、雇棺椁以荣送葬。既葬，邻伍会集，相与酣醉，名曰出孝。”以是为风俗之薄。其实，此亦犹今滇西行丧礼于庙也。贫家营葬且不易，乃能假车乘、雇棺椁以为荣，盖由同社者之相助。宜兴童伯章斐尝告予：“其邑之某某乡，有丧者，吊客至，丧家之邻共饮食之，丧家不问也。”邻伍盖皆吊者，岂可无以饮食之？所醉饱者，盖亦出众力，非必丧家所费也。假车乘、雇棺椁以为荣，诚为无谓。然不有多其车乘，美其棺椁以为荣者，民又孰从而效之？所谓士大夫者，厚葬靡财以为孝，而又禁民之厚葬，乃曰：以贵贱分厚薄，自然之等差也。制为礼，强民守之。其所令，反其所好，民孰能从之哉？

（七三二）宦学篇

古以宦学连称，亦以仕学并举。《礼记》言“宦学事师，非礼不亲”，《礼记·曲礼》。《论语》言“仕而优则学，学而优则仕”《子张》。是也。宦者学习，仕者任事，《史记·留侯世家》言“良年少，未宦事韩”，事即仕也。然宦学二者，又自殊途，学于学校，宦于官署，所学各不相干。古学校不能谓无其物，然迄未闻有一人焉卒业于学校，进身于仕途，或则出其在校所学以致用者，由此。盖古之学校，其初实神教之府。春秋教以礼乐，礼者，事神之仪；乐者，娱神之乐。冬夏教以诗书，诗者，乐之歌辞；书者，教中故籍也。故太学、清庙、明堂，异名同物。出征执有罪，反释奠于学，非文事武事相干，释奠于明堂之神也。尊师重道，执酱而馈，执爵而酳，北面请益而弗臣，非知重学问，尊教中之老宿也。然则古学校中，初无致用之学，所有者，则幽深玄远之哲学耳。《礼记·学记》曰："君子如欲化民成俗，其必由学乎？"又曰："古之王者，建国君民，教学为先。"又曰："君子以大德不官，大道不器。"此即《汉志》所称道家为君人南面之学，其说略存于《老子》《管子》书中，皆哲学与神教相杂者也。墨子最重实用，而辩学之剖析微芒者反存于《墨经》中，以其学出于史角，史角明于郊庙之礼故也。切于实用之学，则从官署之中，孕育而出。《汉志》所推九流之学，出于王官是也。九流之家，固多兼通古之神教哲学，然特以此润饰其任事之术，其缘起固判然不同，任职官署之人，尤未必通知九流之学，观九流为私家之学，寖且为始皇所禁，而令欲学法令者以吏为师可知也。秦始皇曰："吾前收天下书不中用者尽去之，悉召文学方术士甚众，欲以兴太平，方士欲练以求奇药。"兴太平指文学士言，此博士之流，始皇所与共图天下者，然特谟议于庙堂之上而已。奉行法令者，不求其有所知也。降逮汉初犹是如此。

行法者贵能通知法意，尤贵能得法外意。能知法意，则奉行可以尽善；能得法外意，则并可知法之弊而筹改革之方矣。欲通知法意，非深通其所事之科之学不可；欲能得法外意，则必兼通他科之学；故宦学合一，实学术之一进化，亦政治之一进化也。宦学之合一，其自汉置博士弟子许其入官始乎？史称公卿大夫士吏，多文学彬彬之士，即美其非仅通当代法令而已也。中国历代选举之途甚多，政府之所最重者，为学校、科举两途，所可惜者，学校之所肄，科举之所试，皆非当官之所务。致学校、科举出身之人，其习于事，反不如异途，而亦并不能通知其意耳。

昔日之教育，皆所以教治人之人者也。而学校之所肄，科举之所试，皆非当官之所务，何邪？此其故，一当求之法制之沿革，一则由于事实之迁流也。汉世博士弟子，其所学者，原不如法吏之切于用；然汉世去古近，儒家之学，可径措之于事者，尚不乏焉，经义折狱，即其一端也。是时法次甚简，折狱根据习惯若条理者颇多，经义亦习惯若条理之一端，非违法也。降逮后世，社会情形，去古愈远，通经渐不能致用，而考试之法，则犹沿汉代诸生试家法之旧焉，后汉左雄所创。是为唐时之明经。当时高才博学，足以经国理民者，本有秀才科可应，以其大难，能应者寡，后不复举，而俗尚舞章，进士遂为举世所重焉。其科始创于隋，试诗赋，盖炀帝好浮华为之。然度炀帝初意，亦非谓工时赋者可以经国理民，非如汉灵帝之鸿都，集玩弄之臣，则如唐玄宗之翰林，求书记之选耳；而后遂以辨官才使膺民社，则法制之流失也。历代法制，变迁而失初意者，固多如此。又儒术盛行之世，尊之者，信为包罗事理，囊括古今，通于是者，即可以应付一切；而欲应付一切者，亦皆不可不通于是，此则学校科举之偏重经义，始于宋，盛于元，而大成于明者之所由来也。一时代必有一时代所特尊之学，原不足追咎古人，惟通于其理者，亦必习于事而后可以应用。而向者学校科举之所求，于能通其理外，事遂一无所习；而其所谓理者，亦实非其理，寖至自此出身之人，成为一物不知之士，此又法制之流失，寖失其初意者也。

清季有老于仕途者，尝语人曰：官非予之所能为，衙门之所为也。人问其说，答曰：须策画之事，则有幕友焉；循例而行之事，则有吏胥焉。予何为哉，坐啸画诺而已矣！设无幕友吏胥，予固不能办其事也。闻者笑其尸位，其实无足笑也。当官而行，不能不据法令；法令至繁，非专门肄习者，不能深悉。向者亲民之官，莫如州县，幕友则有刑名、钱谷之司，不能相摄；吏则如六部之分科焉，非好为之，不得已也，所可诧者，则官之一无所知耳。论者深恶官场办事，循名而不责实，一切集矢于吏，清季遂欲一举而尽去之。殊不知循名而不责实，乃社会风气，彼此以文法相诛，而不以真诚相见之咎，非行政事者之失。苟政事而不循文法，民益将无所措手足矣，何则？今日如此者，明日可以如彼，甲地如此者，乙地可以如彼也。故乡者幕友吏胥，各专其职，其事实不容已，亦不可非。所不足者，则幕友吏胥，皆无学问，又或父子相继，或师友交私，朋比把持，使才智之士，无途以自奋，亦且明知其作奸犯科，欲去之而不得耳。

（七三三）不乐仕进

儒教行于中国二千余年，所谓士君子者，皆自少即读儒书，以其所言为至当，而于其时社会之情形，大异于今日，曾不之察，其所主张之治法，遂无不生今反古矣，此其所以见目为迂远而阔于事情也。如论教学，皆以为荣以仕进，人必竞劝，即其一端。

《汉书·循吏传》云："文翁，景帝末为蜀郡守。见蜀地辟陋，有蛮夷风，乃选郡县小吏开敏有材者张叔等十余人，亲自饬厉，遣诣京师，受业博士，或学律令。数岁，蜀生皆成就还归，文翁以为右职，用次察举，官有至郡守、刺史者。又修起学官于成都市中，招下县子弟，以为学官弟子，为除更繇，高者以补郡县吏，次为孝弟力田。常选学官僮子，使在便坐受事。每出行县，益从学官诸生明经饬行者与俱，使传教令，出入闺阁。县邑吏民，见而荣之。数年，争欲为学官弟子，富人至出钱以求之。繇是大化。蜀地学于京师者，比齐、鲁焉。"《新唐书·文艺·欧阳詹传》云："闽越地肥衍，有山泉禽鱼，虽能通文书吏事，不肯北宦。及常衮罢宰相，为观察使，始择县乡秀民能文辞者，与为宾主，钧礼，观游飨集必与，里人矜耀，故其俗稍相劝仕。"观此二事，似乎荣以仕进，人必竞劝矣。然《宋史·地理志》言：川峡四路，"土植宜柘，茧丝织文纤丽者，穷于天下。地狭而腴，民勤耕作，无寸土之旷，岁三四收。其所获，多为遨游之费，踏青、药市之集尤盛焉，动至连月。好音乐，少愁苦，尚奢靡，性轻扬，喜虚称。庠塾聚学者众，然怀土，罕趋仕进"。则为学者会不乐仕进也。抑又何也？人孰肯以虚名易实利？抑怀居人人所同。《潜书·养重》篇曰："昔者蜀有二士：曰骆纯，曰殷正，以文学称。杨荣为相，使使奉书币二，而属之于布政使，曰：骆、殷二子，蜀之隽士也，吾怀其人久矣，君其为我致之来。于是骆子贫而无妻，教生徒于乡里。殷子富有田园、畜牧、山林之饶。骆子受书币，越三日而启行。殷子辞以疾，固不肯行。其友劝之行。殷子曰：吾非不知杨公之贤，可与为交，且力能进用我也。然富贵之家，不可客也；危疑之朝，不可居也。车马之上，不如我山居之安；公卿之禄，不如我岁入之多。舍己之安而任人之危，舍己之多而受人之少，不待智者而知其不可矣。遂终身隐而不出焉。"然则文翁、常衮之所致，得无皆骆纯之流乎？《宋史·张去华传》："父谊，好学，不事产业。既孤，诸父使督耕陇上。他日往视之，见阅书于树下。怒其不亲穑事，诟辱之。谊谓其兄曰：若不就学于外，素志无成矣。遂潜诣洛阳龙门书院。"《元史·王思诚传》："七岁从师，授《孝经》《论语》，即能成诵。家本业农。其祖佑，诟家人曰：儿大不教力田，反教为迂儒邪？"此二者，皆富人通有之见，虽殷正未能免焉者也。人孰肯以虚名易实利？抑谁无怀土之情？而可徒以仕进诱乎。

然则人富其遂不可教乎？曰：否。不以虚名易实利，怀土不肯仕宦，多数人则然。然古人有不以饱暖逸居为已足者。《宋史·孝义传》：胡仲尧，洪州奉新人。“构学舍于华林山别墅，聚书万卷，大设厨廪，以延四方游学之士”。陈昉，江州德安人。“建书楼于别墅，延四方之士。肄业者多依焉”。洪文抚，南康建昌人。“就所居雷湖北创书舍，招来学者”。彼独非张谊之诸父、王思诚之大父之伦乎？而其所为如是，然则世固有少数人不以饱暖逸居为已足者也。此等人亦必先饱暖逸居而后能为之，故言教必先言富，然亦非徒荣进所可诱致也。故徒执爵禄，而以为无所求而不得者，终为不察情实之谈也。

（七三四）入学之年

《尚书大传》言，古者十八而入大学。汉世太常补博士弟子，限年十八以上，盖遵是说也。然其时入学者多迟。终军年十八，选为博士弟子，年数适符。军固隽材。若萧望之治《齐诗》，事同县后苍且十年，乃以令诣太常受业，则其年必非弱冠矣。诣博士者如此，事私师者亦然。公孙弘年四十余，乃学《春秋》《杂说》是也。翟方进年十二三，失父孤学，给事太守府为小史，数为掾史所詈辱。乃从汝南蔡父相，问己能所宜。辞其后母，欲西至京师受经。母怜其幼，随之长安，织屦以给。方进是时虽云幼，距十八亦必不远。史称其积十余年，经学明习，徒众日广，则必不止三十矣。先汉末年，情势渐变，至后汉而益甚。鲁恭年十五，即与弟丕俱居太学。张堪年十六，受业长安。张霸七岁通《春秋》。丁鸿，年十三，从桓荣受《欧阳尚书》，三年而明章句。杜安，年十三，入太学，号奇童。安，根父，见《后汉书·根传》，此语系本《先贤行状》，《三国志·杜袭传注》引之，而作“号曰神童”。任延，年十二，为诸生，学于长安，明《诗》《易》《春秋》，显名太学，号为任圣童。钟会，四岁受《孝经》，七岁诵《论语》，八岁诵《诗》，十岁诵《尚书》，十一诵《易》，十二诵《春秋左氏传》《国语》，十三诵《周礼》《礼记》，十四诵《成侯易记》，十五入太学，问四方奇文异训。《三国志·会传注》引其母传。并有弱冠即事教授如梁竦者。竦，统子，见《后汉书·统传》。世固有早慧之士，岂能如是比肩接踵？其为务名而不务实无疑矣。魏、晋而后，此风弥盛。《宋书·范泰传》：高祖受命，议建国学，以泰领国子祭酒。泰上表曰：

“十五志学，诚有其文。若年降无几，而深有志尚者，何必限以一格？”则其时功令，入学之年，已较汉世为早，而时人犹以为迟也。斯时入学之年见于史者：王锡，年十二，为国学生。锡，份孙，见《梁书·份传》。王承，七岁通《周易》，选补国子生，年十五，射策高第。萧乾，年九岁，召补国子《周易》生，十五举明经。张瓒，召补国子生，起家秘书郎，时年十七。实较后汉尤早。而许懋，十四入太学，受《毛诗》，旦领师说，晚而覆诵，坐下听者，常数十百人，亦更甚于梁竦之弱冠即事教授者矣。盖斯时学校，已成为选举之一途，贵族出仕皆早，故其入学亦随之，全与学业无涉也。谢几卿，年十二，召补国子生。齐文惠太子自临策试，谓祭酒王俭曰：“几卿本长玄理，今可以经义访之。”俭承旨发问，几卿随事辨对，辞无滞者，文惠大称赏焉。周弘正，年十岁，通《老子》《周易》，十五召补国子生，仍于国学讲《周易》，诸生传习其义。以季春入学，孟冬应举，学司以其日浅，弗许。博士到洽议曰：“周郎年未弱冠，便自讲一经，虽曰诸生，实堪师表，无俟策试。”大同八年，梁武帝撰《孔子正言章句》，诏下国学宣制旨义。袁宪时年十四，被召为国子《正言》生，谒祭酒到溉，溉目而送之，爱其神采。在学一岁，国子博士周弘正谓宪父君正曰：“贤子今兹欲策试否？”君正曰：“经义犹浅，未敢令试。”居数日，君正遣门下客岑文豪与宪候弘正。会弘正将登讲坐，弟子毕集。乃延宪入室，授以麈尾，令宪树义。时谢岐、何妥在坐，弘正谓曰：“二贤虽穷奥赜，得毋惮此后生邪？”何、谢于是递起义端，深极理致。宪与往复数番，酬对闲敏。弘正谓妥曰：“恣卿所问，勿以童稚相期。”时学众满堂，观者重沓，而宪神色自若，辩论有余。弘正亦起数难，终不能屈，因告文豪曰：“卿还咨袁吴郡，此郎已堪见代为博士矣。”时生徒对策，多行贿赂，文豪请具束修。君正曰：“我岂能用钱为儿买第邪？”学司衔之。及宪试，争起剧难。宪随问抗答，剖析如流。到溉顾宪曰：“袁君正其有后矣。”及君正将之吴郡，溉祖道于征虏亭，谓君正曰：“昨策生，萧敏孙、徐孝克非不解义，至于风神器局，去贤子远矣。”寻举高第。上下扶同，共为欺罔，真堪浩叹；而其谄媚之态，尤令人作恶也。

《宋书·隐逸传》：周续之。豫章太守范宁，于郡立学，招集生徒，远方至者甚众。续之年十二，诣宁受业。居学数年，通五经并纬候，名冠同门，号曰颜子。风气所渐，不徒京师，郡邑亦不免矣。然宁素好学，其所立学，考校亦必较核实。其徒尚浮名，或转不如国学之甚也。

（七三五）学校由行礼变为治经

古之言学校者，皆重行礼视化，非重读书讲学问也。汉武帝元朔五年之诏，犹曰："导民以礼，风之以乐，今礼坏乐崩，朕甚愍焉。其令礼官劝学，举遗兴礼，以为天下先。太常其议与博士弟子崇乡党之化。"而丞相与太常博士之议，亦曰："闻三代之道，乡里有教，夏曰校，殷曰序，周曰庠，"不曰古有辟雍、泮宫也。然则徒为博士置弟子，而教不及于乡里，殆非初意也。然此亦非但官府之咎，士大夫之风气，实有使之然者。《后汉书·文苑传》：刘梁除北新城长。大作讲舍，延聚生徒数百人，身执经卷，试策殿最。《三国志·杜畿传》言：畿守河东，冬月修戎讲武。又开学官，亲自执经教授。《注》引《魏略》曰：博士乐详，由畿而升。至今河东特多儒者，则畿之由矣。又《王肃传注》引《魏略》，言贾洪历守三县令，所在辄开除厩舍，亲授诸生。《管辂传注》引《辂别传》云：父为琅邪即丘长，时年十五，来至官舍读书。于时黉上有远方及国内诸生四百余人，皆服其才。此所治者，皆博士弟子之业，非所谓导民以礼，风之以乐，以崇乡党之化者也。此其故何哉？士大夫孰不欲富贵？既设科射策，劝以官禄矣，孰肯舍是路而不由哉？《明史·选举志》："社学。自洪武八年，延师以教民间子弟，兼读御制《大诰》及本朝律令。正统时，许补儒学生员。弘治十七年，令各府、州、县建立社学，选择明师。民间幼童十五以下者，送入读书，讲习冠、婚、丧、祭之礼。然其法久废，寖不举行。"读《大诰》、律令，讲习冠、婚、丧、祭之礼，犹古所谓导民以礼，风之以乐，所以求其驯扰易治者也。许补儒学生员，则使为博士弟子，治治人之学矣。卒不能不许，而读法、习礼，寖废不行，足见入社学者之所求，与立社学者之所期不同也。亦犹汉世劝学，本欲以行礼视化，而其后来者，皆以读书治学问为务也。此等级之平夷为之，以是为病，则不免拘墟之见矣。

（七三六）孔子庙

《新唐书·刘禹锡传》："禹锡尝叹天下学校之废，乃奏记宰相曰：言者谓天下少士，而不知养材之道，郁堙不扬，非天不生材也。是不耕而叹廪庾之无余，可乎？贞观时，学舍千二百区，生徒三千余，外夷遣子弟入附者五国。今室庐圮废，生徒衰少，非学官不振，病无赀给也。凡学官，春秋释奠于先师，斯止辟雍、泮宫，非及天下。今州县咸以春秋上丁，有事孔子庙，其礼不应古，甚非孔子意。武德初，诏国学立周公、孔子庙，四时祭。贞观中，诏修孔子庙兖州。后许敬宗等奏天下州县置三献官，其他如立社。玄宗与儒臣议，罢释奠牲牢，荐酒脯。时王孙林甫为宰相，不涉学，使御史中丞王敬从以明衣牲牢著为令，遂无有非之者。今夔四县，岁释奠费十六万。禹锡时为夔州刺史。举天下州县，岁凡费四千万。适资三献官饰衣裳、饴妻子，于学无补也。请下礼官博士议，罢天下州县牲牢衣币，春秋祭如开元时。籍其赀，半畀所隶州，使增学校，举半归太学，犹不下万计，可以营学室，具器用，丰馔食，增掌故以备使令；儒官各加稍食；州县进士，皆立程督；则贞观之风，粲然可复。”其指陈利害，可谓深切著明矣。然《文献通考·学校考》引欧阳修《襄州谷城县夫子庙记》曰：“隋、唐之际，天下州县，皆立学，置学官、生员，而释奠之礼，遂以著令。其后州县学废，而释奠之礼，吏以其著令故，得不废。学废矣，无所从祭，则皆庙而祭之。”马君按云：“自唐以来，州县莫不有学，则凡学莫不有先圣之庙矣。然考之前贤文集，如柳子厚《柳州文宣王庙碑》与欧公此记，及刘公是《新息县盐城县夫子庙记》，皆言庙而不及学。盖衰乱之后，荒陋之邦，往往庠序颓圮，教养废弛，而文庙独存。长官之有识者，以兴学立教，其事重而费巨；故姑葺文庙，俾不废夫子之祠，所谓犹贤乎已。”然则有庙而无学，又非禹锡惜祭祀所费太多，而学校经费不足者比矣。其故何哉？二公所言，固为当时实录，然若深求其故，则尚有不止乎此者在也。

《齐书·江祏传》：祏弟祀，为南东海太守，治下有宣尼庙，久废不修，祀更开构建立。则有孔子庙者，久不止京师及鲁国矣。先圣、先师，盖释奠时祀之于学，不别作庙。然《隋书·梁彦光传》言：彦光为相州刺史。滏阳人焦通，性酗酒，事亲礼阙，为从弟所讼。彦光将至州学，令观于孔子庙。庙中有韩伯瑜母杖不痛，哀母力弱，对母悲泣之像。通遂感悟。则学中久有庙矣。《唐书·礼志》：贞观四年，诏州县学皆作孔子庙；咸亨元年，诏州县皆营孔子庙；《旧唐书·高宗纪》：咸亨元年，五月，诏曰：“诸州县孔子庙堂有破坏，并先来未造者，宜令所司，速事营造。”则营建更形普遍。《旧唐书·良吏传》：韦机，显庆中为檀州刺史。边州素无学校，机敦劝生徒，创立孔子庙。图七十二子及自古贤达，皆为之赞。其营建实以庙为急。又《倪若水传》：开元初，出为汴州刺史。增修孔子庙堂及州县学舍，劝励生徒，儒教甚盛。《曹华传》：为沂州刺史、沂海兖观察使，移理于兖。春秋释奠于孔子庙，立学讲经。亦皆以庙、学并言。马君谓自唐以来，州县莫不有学，则凡学莫不有庙者，殆非虚语也。自宋以降，重庙更甚。《宋史·王承美传》：为丰州刺史，请于州城置孔子庙，诏可之。《田锡传》：移睦州。睦州人旧阻礼教，锡建孔子庙，表请以经籍给诸生，诏赐九经，自是人知向学。《孝义传》：胡仲容，建本县孔子庙，颇为宏敞。皆言庙而不及学。《龚鼎臣传》：知渠州。渠故僻陋，无学者，鼎臣请于朝，建庙、学，选邑子为生，日讲说，立课肄法，人大劝。亦以庙、学并言。《外国·大理传》：政和六年，使李紫琮来，过鼎州，求诣学瞻拜先圣像，遍谒见诸生。其意亦以瞻拜圣像为重也。《辽史·能吏传》：大公鼎，改良乡令，建孔子庙学。《百官志》县学下，则但云大公鼎为良乡县尹，建孔子庙。其重庙而轻学可知。《金史·孔璠传》：熙宗即位，兴制度礼乐，立孔子庙于上京。盖徒立庙。《章宗纪》：明昌元年，三月，诏修曲阜孔子庙、学。泰和四年，二月，诏刺史：州郡无宣圣庙、学者，并增修之。虽言学，意所重亦必在庙。《蒲察郑留传》：改顺义军节度使。西京人李安兄弟争财，府县不能决，按察司移郑留平理。月余不问。会释奠孔子庙，郑留乃引安兄弟与诸生列坐会酒，陈说古之友悌数事。安兄弟感悟，相让而归。《任天宠传》：迁威戎县令。县故堡塞，无文庙、学舍，天宠以废署建。可见金时州县，有学者亦皆有庙也。《元史·选举志》：国初燕京始平，宣抚王楫，请以金枢密院为宣圣庙。《世祖纪》：中统二年，八月，命开平守臣释奠于宣圣庙。《哈剌哈孙传》：为左丞相，京师久阙孔子庙，而国学寓他署，乃奏建庙、学，选名儒为学官，采近臣子弟入学。其重庙亦与金人等。《何伯祥传》：子玮。京师孔子庙成，玮言唐、虞、三代，国都闾巷，莫不有学，今孔庙既成，宜建国学于其侧。从之。是反以庙为主，而以学从之也。《张柔传》：移镇保州，迁庙学于城东南，增其旧制。《严实传》：子忠济，袭东平路行军万户。东平庙学故隘陋，改卜高爽地于城东。《木华黎传》：弟带孙之后只必，袭父为东平达鲁花赤。尝出家藏书二千余卷置东平庙、学，使学徒讲肄之。《赵良弼传》：良弼别业在温县，故有地三千亩。乃析为二：六与怀州，四与孟州，皆永隶庙、学，以赡生徒。《段直传》：为泽州长官。大修孔子庙。割田千亩，置书万卷，迎儒士李俊民为师，以招延四方来学者。不五六年，学之士子，以通经被选者百二十有二人。《白景亮传》：特授衢州路总管。郡学之政久弛，从祀诸贤无塑像，诸生无廪膳，祭服、乐器有缺，景亮皆为备之，儒风大振。《赛典赤赡思丁传》：至元十一年，行省云南。创建孔子庙、明伦堂，购经史，授学田，由是文风稍兴。三子忽辛，大德时，改云南行省右丞。赡思丁为平章时，建孔子庙为学校，拨田五顷，以供祭祀、教养。赡思丁卒，田为大德寺所有，忽辛按庙学旧籍夺归之。乃复下诸郡邑，遍立庙、学，选文学之士，为之教官，文风大兴。《张立道传》：至元十五年，除忠庆路总管，佩虎符。先是云南未知尊孔子，祀王逸少为先师。立道首建孔子庙，置学舍，劝士人子弟以学，择蜀士之贤者，迎以为弟子师，岁时率诸生行释菜礼，人习礼让，风俗稍变矣。迁临安广西道军民宣抚使，复创庙学于建水路。诸人于学皆极有功，然所修饬必及于庙。盖有有庙而无学者矣，未有立学而不先立庙者。甚有如《明史·忠义传》所云：王恺，太祖克衢州，命总制军民事，学校毁，与孔子家庙之在衢者并新之。视家庙与学校等重者矣。《钱唐传》：洪武二年，诏孔庙春秋释奠，止行于曲阜，天下不必通祀。唐伏阙上疏，言孔子垂教万世，天下共遵其教，故天下得通祀孔子，报本之礼不可废。侍郎程徐亦疏言：古今祀典，独社稷、三皇与孔子，通祀天下。民非社稷、三皇则无以生，非孔子之道则无以立。孔子以道设教，天下祀之，非祀其人，祀其教也，祀其道也。今使天下之人，读其书，由其教，行其道，而不得举其祀，非所以维人心，扶世教也。皆不听。久之，乃用其言。二人之论，与刘禹锡适相反，以明太祖之刚愎而不能终违也，可以见舆情之所在矣。予犹及见清世所谓府、州、县学者，人皆称为孔子庙，无或知为学校者也。其故何哉？官府所设之学，学术久不存焉，而祭祀则人知严之，故其迁流所届如此也。《清史稿·世宗纪》：雍正二年，正月，“建孔子庙于归化城”。《仁宗纪》：嘉庆元年，二月，“敕甘肃贵德厅建文庙”。亦徒云建庙。

（七三七）乡饮射礼

古代教育，重于行礼，六礼之中，乡为尤重，故乡饮、乡射，至汉世犹不绝焉。《史记·孔子世家》言：“鲁世世相传，以岁时奉祠孔子冢，而诸儒亦讲礼乡饮大射于孔子冢。”其盛况可想。《自序》言“观孔子之遗风，乡射邹、峄”，则史公并曾亲与其事也。汉既崇儒，尤重其事。《汉书·成帝纪》：鸿嘉二年，三月，博士行饮酒礼。《汉纪》作乡饮酒礼，《五行志》作大射礼，盖射、乡并行。《后汉书·伏湛传》：建武三年，为大司徒，奏行乡饮酒礼。《续汉书·礼仪志》：明帝永平二年，三月，上始率群臣，躬养三老、五更于辟雍，行大射之礼。郡、县、道行乡饮酒于学校。皆祀圣师周公、孔子，牲以犬。《注》引郑玄注《乡饮酒礼》曰："今郡国十月行乡饮酒礼。"《后汉书·儒林传》：本初元年，梁太后诏曰：大将军下至六百石，悉遣子就学，每岁辄于乡射月一飨会之，以此为常。《注》引《汉官仪》曰："春三月，秋九月，习乡射礼，礼生皆使太学学生。"盖在东京，饮射皆为常典矣。韩延寿，所至必修治学宫，春秋飨射，陈钟鼓管弦，盛升降揖让。李忠，迁丹阳太守。以越俗不好学，嫁娶礼仪，衰于中国，乃为起学校，习礼容，春秋乡饮。鲍永，拜鲁郡太守。孔子阙里，无故荆棘自除，乃会人众修乡射之礼，因以格杀彭丰。秦彭，迁丹阳太守。敦明庠序，每春秋飨射，辄修升降揖让之仪。皆良吏之欲以此化民者也。刘昆，王莽世，教授弟子五百余人。每春秋飨射，常备列典仪。以素木瓠叶为俎豆，桑弧蒿矢，以射菟首。每有行礼，县宰辄率吏属而观之。则私家讲习，亦甚重此矣。魏、晋而后，其事稍衰，然仍不绝。《晋书·隐逸·索袭传》：敦煌太守阴澹，欲行乡射之礼，请袭为三老。《宋书·蔡廓传》：子兴宗，迁会稽太守。三吴旧有乡射礼，久不复修，兴宗行之，礼仪甚整。是也。《唐书·太宗纪》：贞观六年，七月，诏天下行乡饮酒礼。则唐世又以为常典。《李栖筠传》：出为常州刺史。大起学校，堂上画孝友传示诸生。为乡饮酒礼，登歌降饮，人人知劝。亦其能奉行者也。宋儒好复古，故宋后其礼又渐盛。《宋史·李沆传》：弟维，知歙州。至郡，兴学舍，岁时行乡射之礼。《王沼传》：降知滑州，徙成德军。建学校，行乡饮酒礼。《龚茂良传》：为广东提刑。即番山之址建学，又置番禺、南海县学。既成，释奠，行乡饮酒以落之。《儒林·魏了翁传》：知眉州。朔望诣学宫，亲为讲说。行乡饮酒礼，以示教化。《元史·乌古孙泽传》：行兴化路总管府事。兴学校，召长老及诸生，讲肄经义，行乡饮酒礼。《儒学·周仁荣传》：署美化书院山长。美化在处州万山中，人鲜知学。仁荣举行乡饮酒礼，士俗为变。《明史·魏观传》：洪武五年，知苏州府。前守陈宁苛刻，人呼陈烙铁。观尽改宁所为，以明教化、正风俗为治。建黉舍，行乡饮酒礼，政化大行。皆其事之往往不绝者也。古去草昧之世近，其民好争斗，故为乡饮酒之礼以教弟，为乡射之礼以示不争，后世风俗久变；素木瓠叶，桑弧蒿矢，亦与人生日用不切；而犹沿袭其事，欲以化民，可谓循名而不察实者矣。抑饮、射皆所以禁未然也，贵能使人感奋兴起。而明世乡饮酒之礼，顾使“凡有过犯之人，列于外坐，同类者成席，不许杂于善良之中”。洪武二十二年令。见《明史·礼志》。是会人众以僇辱之也。将使强者忿戾，弱者自弃，曷若不使与于会聚之为得哉？

（七三八）束修

《论语·述而》:“子曰:自行束修以上,吾未尝无诲焉。”束修二字,可有二解:一以修为贽，一束身修行也。即以前说为是，亦所以致其敬，而非曰利其物。然此乃古道，在后世，则教者必有所取，学者必有所与，而束修二字，遂为弟子奉其师以财利之名矣。

然古道在后世,仍久而后湮。叔孙通之降汉,从弟子百余人,及为汉制朝仪,得赐金五百斤，皆以赐诸生。赵典，每得赏赐，辄分与诸生之贫者。包咸，显宗以师傅旧恩，而素清苦，常特赏赐，奉禄增于诸卿；皆散与诸生之贫者。皆弟子无以奉其师，顾有取于其师者也。此犹曰贫者。若戴崇，每候张禹，常责师宜置酒设乐，与弟子相娱。则并非因其困乏矣。盖古师弟子之伦，介乎君臣、朋友之间，君固当食其臣，朋友亦有通财之义，故其相处之道如此也。汉世于教授者多称为养徒，如《后汉书·来歙传》，言其六世孙艳，“好学下士，开馆养徒”是也，盖由于此。此似为高义，然社会之组织既变，古道终不可行，遂有“不行束修，未尝有所教诲”之刘焯矣。《隋书》本传。然犹有不行束修者，又可见古道之未尽泯也。《北齐书·儒林传》：冯炜，“门徒束修，一豪不受”，亦由于此。

养徒之弊，有不免所识穷乏得我者，窦武得两宫赏赐，悉散与太学诸生，及载肴粮于路，匄施贫民是也。此所施者，犹为诸生及贫民。若窦瑰，周纡劾其“学无经术，而妄构讲舍，外招儒徒，实会奸党”，《后汉书·酷吏传》。则其弊有不可胜言者，宜乎其事之不可久也。

《冯伟传》言其“闭门不出，将三十年，不问生产”，盖其家本饶足。又言其“耕而饭，蚕而衣，箪食瓢饮，不改其乐”，盖其性实澹泊，俭于自奉，初不由于贫乏，故能无所取于学者。若乃家无儋石，藉劳力以自活，则既从事于教授，自不可无以代耕。邴原邻舍之师，许不求资而徒相教，见《游学》条。

此出特许，则其本必求资可知。盖藉以糊口者。《汉书·艺文志》有闾里书师，盖以教书故称书师。邴原之师，原从之读《孝经》《论语》，可称《孝经》《论语》师，要皆闾里之师也。闾里之师，殆皆藉教授以糊口。至于传经之大师，然后所取者多而且广，可以有所取，亦可以有所与，乃得模拟古之士大夫，而以养徒为名高矣。然汜毓不蓄门人，称为清静，亦见《游学》条。则蓄焉者可知。转不如闾里之师，自食其力者之无愧于心矣。

社会之组织既变，则人之所以自处及其相处之道，亦随之而变，此势之必不可免者也。一巨子多养徒众之局既去，而人皆恃通工易事以为生，师固不能无所取于弟子。此在汉世，亦业已如是。文翁选郡县小吏诣京师，受业博士，或学律令，减省少府用度，买刀布蜀物，赍计吏以遗博士，即弟子必有以奉其师之一事也。《宋史·赵安仁传》：孙君锡，为宗正丞。时增诸宗院讲书教授官，而逐院自备缗钱为月馈，贫者或不能以时致，宗师辄移文督取。君锡言：国家养天下士于太学，尚不较其费，安有教育宗室，令自行束修之理？诏悉从官给。《元史·李谦传》：为东平府教授，生徒四集。累官万户府经历。复教授东平。先时教授无俸，郡敛儒户银百两备束修。谦辞曰：家幸非甚贫，岂可聚货以自殖乎？此皆教师不能无禄之证。然无禄而有所取可也，元时国学，不闻无禄，而《孛术鲁翀传》言：旧制，弟子员初入学，以羊贽，所贰之品与羊等，则取之有伤于廉矣。吾少时所见清世之府、州、县学，生员入学之初，尚必有以贽其师。应试时，本有廪膳生为之保任，保其身家清白及非冒籍。及此，更由其与教官议贽币多少，斤斤颇甚。议定，生员投贽一见其师，自此师生若路人矣。

《元史·列女传》：王德政妻郭氏。少孤，事母张氏孝谨，以女仪闻于乡。及笄，富贵家慕之，争求聘。张氏不许。时德政教授里中，年四十余，貌甚古陋。张氏以贫不能教二子，欲纳德政为婿，使教之。宗族皆不然。郭氏慨然，愿顺母志。既婚，与德政相敬如宾。属教二弟有成。此亦师不能徒相教之一事。卒教其二子有成，亦为不负托付，然终愧邴原之师矣。

《元史·许有壬传》：有壬之父熙载，仕长沙日，设义学训诸生。既殁而诸生思之，为立东冈书院。《明史·隐逸·杨恒传》：诸暨人。外族方氏建义塾，馆四方游学士。恒幼，往受诸经，辄领其旨要。曰义学，盖不取其资者。孤寒向学之士，殆非此无以济也。

（七三九）论语、孝经

汉人读经，率先《论语》《孝经》，此法相沿甚久。《颜氏家训·勉学》篇云："士大夫子弟，数岁已上，莫不被教，多者或至《礼》《传》，少者不失《诗》《论》。"又云："自荒乱已来，诸见俘虏，虽百世小人，知读《论语》《孝经》者，尚为人师。"《魏书·外戚传》：冯熙，生于长安，为姚氏魏母所养。以叔父乐陵公邈因战入蠕蠕，魏母携熙逃避，至氐羌中抚育。年十二，好弓马，有勇干，氐羌皆归附之。魏母见其如此，将还长安。始就博士学问，从师受《孝经》《论语》。《周书·文闵明武宣诸子传》：宋献公震，年十岁，诵《孝经》《论语》《毛诗》，后与世宗俱受《礼记》《尚书》于卢诞。《隋书·蔡王智积传》：父景王整，高祖龙潜时与不睦；太妃尉氏，又与独孤皇后不相谐；以是智积常怀危惧。有五男，止教读《孝经》《论语》而已，亦不令交通宾客。《韦师传》：初就学，始读《孝经》，舍书而叹曰：名教之极，其在兹乎？《文学传》：王頍，少好游侠，年二十，尚不知书，为兄颙所责怒，于是感激，始读《孝经》《论语》。《元史·王思诚传》：七岁从师，授《孝经》《论语》，即能成诵。《儒学传》：陈栎生三岁，祖母吴氏口授《孝经》《论语》，辄成诵。又伯颜，六岁从里儒授《孝经》《论语》，即成诵。盖至朱子之学大行，入学者皆先诵《四书》，而先诵《论语》《孝经》之法乃变。

（七四〇）学校中体罚

近世学校，禁用体罚，然中国自昔有之。《陈书·新安王伯固传》："为国子祭酒。为政严苛。国学有惰游不修习者，重加槚楚，生徒惧焉。由是学业颇进。"此必国学中旧有此罚，伯固乃得施之也。《旧唐书·阳峤传》言：峤"为国子祭酒。学徒渐弛。峤课率经业，稍行鞭箠。学生怨之，颇有喧谤，乃相率乘夜于街中殴之。上闻，而令所由杖杀无理者。由是始息"。学校中无可行鞭箠之理，盖亦用夏楚，而史家措辞不审也。此皆国学，尚不免夏楚，而郡县以下之学可知矣。《宋史·马仁瑀传》："十余岁时，父令就学，辄逃归。又遣于乡校习《孝经》，旬余不识一字。博士笞之。仁瑀夜中独往焚学堂，博士仅以身免。"此则私塾中习用体罚，由来旧矣。

《宋史·宗室传》：赵师羿，知临安府。“武学士柯子冲、卢宣德以事至府，师羿擅挞遣之，众尽喧，文武二学之士交投牒，师羿乃罢免，与祠。”地方官擅责学生，近世为法所不许。不论文武，学生未经斥革者，有犯只能送学中羁禁。学中亦可用木板责打手心，所谓夏楚也，然久无其事矣。羁禁时，学中胥役，或亦小有求取，然较州县衙门之胥役，则不可同日语矣。故健讼之地，视生员特重，以官威有所格，则可以有所恃，而干与讼事以牟利耳。

《清史稿·德宗纪》：光绪三十三年，四月，“命衍圣公孔令贻稽察山东学务”。此人在当时，曾责打某校教师手心。论者颇不然之。以擅施体罚于学生，已为其时所不许，乃施之教师也。封建在中国，久成虚名，乃忽焉任之以事，而其坏法乱纪即如此。除恶务尽，信哉！

（七四一）鸣鼓众质

事莫恶于挟势以相临。挟贵，挟贤，挟长，挟有勋劳，挟故，见《孟子·尽心》上篇。挟故，赵《注》云：“与师有故旧之好。”此无可挟，疑非。故，事也。盖谓挟一事足以相胁者。其实皆挟势也。挟众亦然。历代讲学，喜于众属耳目之地，以口舌争胜。使听者而贤于我欤，我安可靦颜讲说？使听者而不如我欤，我顾因博其称许，而不惜自衒粥，是无耻之甚者也。然犹有可恕者，曰：此等皆选耎不自树立之徒，虽卑鄙，犹未至于暴戾也。若乃挟众势以攻一人，则更不可恕矣。《宋史·吴师礼传》：“游太学。时兄师仁为正，守《春秋》学。他学官有恶之者，条其疑问诸生。师礼悉以兄说对。学官怒，鸣鼓坐堂众质之。师礼引据三传，意气自如。”此学官果自居何等邪？熙宁学校贡举之法，平心论之，未为非是，然法虽善而行之不善，亦有不能免于恶者。《石公弼传》云：“三舍法行，士子计等第，颇事告讦。”虞蕃讼博士受贿，盖即告讦之一事。见《蔡确传》。其言或不免过甚。然株连众而追求酷，则必非虚语也。《刘挚传》云：“神宗更新学制，养士以千数，有司立为约束，过于烦密。挚上疏哲宗时。曰：比以太学屡起狱讼，有司缘此，造为法禁，烦苛愈于治狱，条目多于防盗，上下疑贰，以求苟免。甚可怪者，博士、诸生，禁不相见，教谕无所施，质问无所从，月巡所隶之斋而已。斋舍既不一，随经分隶，则又《易》博士兼巡《礼》斋，《诗》博士兼巡《书》斋。所至备礼请问，相与揖诺；亦或不交一言而退，以防私请，以杜贿赂。学校如此，岂先帝所以造士之意哉？”岂不令人骇笑乎？《崔鶠传》：“钦宗即位，上疏曰：谏议大夫冯澥近上章曰：士无异论，太学之盛也。澥尚敢为此奸言乎？王安石除异己之人，著三经之说以取士，天下靡然雷同，陵夷至于大乱，此无异论之效也。蔡京又以学校之法驭士人，如军法之驭卒伍，一有异论，累及学官。若苏轼、黄庭坚之文，范镇、沈括之杂说，悉以严刑重赏，禁其收藏，其苛锢多士，亦已密矣。而澥犹以为太学之盛，欺罔不已甚乎？”鶠乃旧党，所言必不免失中。然谓“绍述一道德而天下一于谄佞，绍述同风俗而天下同于欺罔”，则甚可痛而不可不深长思也。人固有所行者是，而其行之之心则非者。一时虽或有功，久必不胜其弊。昔贤所以贵“正其义不谋其利，明其道不计其功”也。

《金史·选举志》：章宗大定二十九年，上封事者乞兴学校，推行三舍法。事下尚书省集百官议。户部尚书邓俨等谓三舍法行，“多席势力尚趋走之弊。故苏轼有三舍既兴、货赂公行之语。臣等谓立法贵乎可久。彼三舍之法，委之学官选试，启侥幸之门，不可为法。”则熙、丰时太学有弊，自是事实。然此岂严刑密网所能治邪？入太学本为官禄之劝，委学官选试，而望其无货赂、告讦，岂可得哉？其关键在毋以选试之权，委之学官而已。此学校所以必与科举并行也。

宋理宗时，太学生林日养，受宦官之赂，上书攻谢方叔、洪天锡。学舍恶其党奸，鸣鼓攻之，引见《学校风潮》条。《明史·王省传》：“凡二为教官，最后得济阳。燕兵至，为游兵所执。从容引譬，词义慷慨。众舍之。归坐明伦堂，伐鼓聚诸生，谓曰：若等知此堂何名？今日君臣之义何如？因大哭。诸生亦哭。省以头触柱死。”伐鼓，盖学中相传聚众之法也。或以教忠，或则挟众以临匹夫，以媚权贵而快私忿，人之度量相越，何其远也！

讲学以口舌争胜，非争学术是非之流失，实由古人本有以口舌争胜之恶习，而貤及于学术耳。读《抱朴子·疾谬》之篇而可知也。《后汉书·儒林传》：戴凭，“年十六，郡举明经，征试博士，拜郎中。时诏公卿大会，群臣皆就席，凭独立。光武问其意。对曰：博士说经皆不如臣，而坐居臣上，是以不得就席。帝即召上殿，令与诸儒难说，凭多所解释，帝善之，拜为侍中。正旦朝贺，百僚毕会，帝令群臣能说经者更相难诘，义有不通，辄夺其席以益通者，凭遂重坐五十余席。”凭幼不逊悌，光武之用之，亦如其令优伶剽剥人耳。《陈书·儒林传》：张讥，“天嘉中，迁国子助教。是时周弘正在国学，发《周易》题。弘正第四弟弘直，亦在讲席。讥与弘正论议，弘正乃屈。弘直危坐厉声，助其申理。讥乃正色谓弘直曰：今日义集，辩正名理，虽知兄弟急难，四公不得有助。弘直曰：仆助君师，何为不可？举坐以为笑乐。”此亦如观优戏耳。《隋书·儒林传》：元善，“通博在何妥之下，然以风流醞藉，俯仰可观，音韵清朗，听者妄倦，由是为后进所归。妥每怀不平，心欲屈善。因善讲《春秋》初发题，诸儒毕集。善私谓妥曰：名望已定，幸无相苦。妥然之。及就讲肆，妥遂引古今滞义以难善，多不能对。善深衔之，二人由是有隙”。又刘焯，“因国子释奠，与刘炫二人论义，深挫诸儒，咸怀妒恨，遂为飞章所谤，除名为民。”《新唐书·儒学·孔颖达传》：“炀帝召天下儒官集东都，诏国子秘书学士与论议，颖达为冠，又年最少，老师宿儒耻出其下，阴遣客刺之，匿杨玄感家得免。”其妒嫉贼害，至于如此，岂不可骇？《周书·儒林·熊安生传》：“天和三年，齐请通好。兵部尹公正使焉，与齐人语，及《周礼》。齐人不能对。乃令安生至宾馆与公正言。公正有口辩，安生语所未至者，便撮机要而骤问之。安生曰：礼义弘深，自有条贯。必欲升堂观奥，宁可汩其先后？但能留意，当为次第陈之。公正于是具问所疑，安生皆为一一演说，咸究其根本，公正深所嗟服。”以口给御人始，而以请益从善终，何其贤也！

（七四二）学校风潮

今世有所谓学校风潮者，其事实古已有之。学校风潮，乃一种群众运动。可以大声疾呼，申明一事之是非曲直，而不能深谋远虑，定措置之方。并不能洞烛隐微，知症结所在。论者或以是为学生运动病，此乃未知学生运动之性质者也。历代之学校风潮，虽亦不尽纯正，然其所蕲求指斥，合于义者究多。此可见群众之可欺以其实，而不可欺以其名也。进一步，使大多数人，皆知综核名实之道，以群众运动，申明事之是非曲直，而更有切实而持久之办法以继之，则政治可以改观矣。

汉哀帝时，鲍宣为司隶，钩止丞相掾史，没入其车马。事下御史中丞。侍御史至司隶官，欲捕从事，闭门不肯内。坐距闭使者，下廷尉狱。博士弟子济南王咸举旛太学下，曰：欲救鲍司隶者会此下。诸生会者千余人。朝日，遮丞相孔光自言，丞相车不得行。又守阙上书。后汉光武帝时，欧阳歙征为大司徒，坐在汝南臧罪千余万发觉下狱。诸生守阙，为歙求哀者千余，至有自髡剔者。案宣本著高节。歙之被系也，平原礼震，自系上书，求代其死。高获亦冠铁冠，带鈇锧，诣阙请歙。见《后汉书·方术传》。光武不赦，歙死狱中。歙掾陈元，又上书追讼之，言甚切至。帝乃赐以棺木，赠印绶，赙缣三千匹，子复并获嗣爵。则歙狱盖实冤，不然，以光武用法之严，未必肯轻于平反也。桓帝时，梁冀专朝，而帝无子，连岁饥荒，灾异数见。刘陶游太学，乃上疏陈事。朱晖孙穆，以治宦者赵忠，输作左校，陶等数千人，又诣阙书讼之。桓帝览其奏，为之赦穆。时有上书言宜改铸大钱者，事下四府群僚及太学能言之士，陶上议沮之，帝竟不铸钱。则陶实达于政事，非徒能鼓众唱议。而桓帝之于诸生也，能用其言，又导之使言，实贤于光武之遂杀欧阳歙，哀帝之竟抵鲍宣罪者矣。灵帝时，皇甫规为徐璜等所陷，下吏，论输左校，诸公及太学生张凤等三百余人上书讼之。史云规会赦归家，不云由凤等之讼，则灵帝之听言，亦不如桓帝。熹平元年，有何人书朱雀阙，言“天下大乱，曹节、王甫幽杀太后，侯览多杀党人，公卿皆尸禄，无有忠言者”。司隶校尉刘猛不肯急捕，月余，主名不立。猛坐左转，代以段颎，四出逐捕，及太学游生，系者千余人。见《后汉书·宦者传》。《灵帝纪》云：宦官讽司隶校尉段颎捕击太学诸生千余人。则始公然与舆论为敌矣。段颎武人，剿羌时恣意杀戮，又比宦者，捕系平民，及于学生，罪不容于死矣。窦武难作，陈蕃将官属诸生八十余人，并拔刃，突入承明门。则汉世儒生，不徒主持清议，并有能以身赴难者，要不失为正气所在也。

晋世于太学外复立国子学。孝武帝用谢石之说，增置生员，造庙屋百五十五间，而学生顽嚣，因风放火，焚房百余间。此为历代学校风潮中最无意识者，说见《国子太学》条。唐玄宗初，阳峤入为国子祭酒。时学徒渐弛，峤课率经业，稍行鞭箠，学生怨之，颇有喧谤，乃相率乘夜于街中殴之。上闻，令所由杖杀，由是始息。此其轻佚，或非因风放火之伦，其顽不率教，则更甚矣。至于令所由杖杀，不亦酷哉？晋世国学固皆贵游，唐则并太学亦皆品官及勋封子弟，足见贵人之不可教矣。杨玚迁国子祭酒，请明经习《左传》者尽帖平文；通《周礼》《仪礼》《公羊》《谷梁》者量加优奖。诏习此诸经者，出身免任散官，遂着于式。生徒为玚立颂学门外。欧阳詹举进士，与韩愈联第，又与愈善。詹先为四门助教，率其徒伏阙举愈博士。此等徒知干进，且或比周，亦殊愧士节。

盖唐代士风，本近嗜利，故其所为如此也。其关涉政治者，惟德宗时之请留阳城。然城所因之得罪者薛约，实非佳士；留城之太学诸生，以何蕃为首，亦矫伪之徒；则此举亦党争，非关政事得失也。柳宗元顾遗蕃等书，比之李膺、嵇康时太学生徒仰阙执诉，不亦轻于许可乎？

以唐世之党争与宋世之党争较，则唐世徒为私利，而宋世实有政见之不同，二者未可同日语也。学潮亦然。神宗时，太学盛而学风实坏，说见《鸣鼓众质》条。然张商英罢而蔡京复用，太学诸生尝讼其冤。何执中代京相，太学诸生陈朝老亦诣阙上书言之。邓肃入太学，时东南贡花石纲，肃作诗十一章，言守令搜求扰民；用事者见之，屏出学。则虽用威胁利诱，并不能遂弭人言。陈公辅为平江府教授，朱勔方嬖幸，当官者奴事之，公辅绝不与交；勔有兄丧，诸生欲往吊，公辅不与告。则郡县教官，亦有毅然不可犯者矣。及金兵至，而陈东等代表民意，力主澄清政局，抗御强敌，正气大伸。东以钦宗即位后上书，数蔡京、童贯、王黼、梁师成、李彦、朱勔之罪，谓之六贼。靖康元年二月，复及都民数万人此据《钦宗纪》。《聂昌传》云十余万人，恐失实。伏阙上书，请复用李纲及种师道，且言李邦彦等嫉纲，恐其成功，罢纲正堕金人之计。会邦彦入朝，《邦彦传》云退朝。众数其罪而骂。《邦彦传》云：且欲殴之，邦彦疾驰得免。吴敏传宣，众不退，遂挝登闻鼓，山呼动地。殿帅王宗濋恐生变，奏上勉从之。遣耿南仲号于众曰：已得旨宣纲矣。内侍朱珙之宣纲后期，众脔而磔之，并杀内侍数十人。此纯为一群众运动。政府后虽从众，初亦欲以兵力压伏之。时与东俱上书者，尚有太学生高登。《登传》云："军民不期而会者数万，王时雍纵兵欲尽歼之，登与十人屹立不动。"可谓见危授命者矣。金兵解去，学官观望时宰议，尽屏伏阙之士，自东始。时雍又欲尽置诸生于狱，人人惴恐。聂昌力言不可。乃用杨时为祭酒，复东职，遣昌诣学抚论，然后定。是时嬖臣多从上皇东下，惟宦者梁师成，当钦宗为太子时，郓王楷宠盛，有动摇东宫意，能力保护，以旧恩留京师。东又与布衣张炳俱疏其罪，其于一时之嬖幸，可谓无所宽假矣。明年，正月，钦宗如金军。太学生徐揆，率诸生扣南薰门，以书抵二酋，请车驾还阙。二酋使以马载揆至军诘难，揆厉声抗论，为所杀。金人胁立异姓，众如其意举张邦昌。孙傅、张叔夜不署状，金人执之，置军中。王时雍时为留守，再集百官诣秘书省。至即闭省门，以兵环之。俾范琼谕众以立邦昌。众意唯唯。有太学生难之。琼恐沮众，厉声折之，遣归学舍。此时独持异议，安得不为徐揆之续？然则是时之太学生，实有见危授命之节，非客气也。初吴敏欲弭谤议，奏补陈东官，赐第，除太学录。东又请诛蔡氏，且力辞官以归，前后书凡五上。高宗即位，相李纲，召东赴行在。比至，纲已罢。东即上书乞留纲而罢黄潜善、汪伯彦。会崇仁布衣欧阳澈上书诋时事，语侵宫掖，帝谓其言不实，潜善乘间启杀澈，遂并及东。《澈传》云：金人大入，要盟而去。澈闻，辄语人曰：我能口伐金人，强于百万之师，愿杀身以安社稷。有如上书不见信，请质子女于朝，身使穹庐，御亲王以归。乡人每笑其狂，止之，不可，乃徒步走行在。高宗即位南京，伏阙上封事，极诋用事大臣，遂见杀。澈盖迂儒，无足惮，当局所惮者实东也。是时而犹杀言者，诚足使人流涕者矣。秦桧成和议，太学生张伯麟题壁曰：夫差，而忘越王杀而父乎？杖脊，刺配吉阳军。其悖悍如此。然桧死，王十朋、冯方、胡宪、查籥、李浩相继论事，太学生为《五贤诗》述其事。周葵素与桧异，权礼部侍郎，兼国子祭酒，侍御史汤鹏举乞罢之。太学生黄作、詹渊率诸生都堂留葵。翼日，博士何俌等言于朝，乞惩戒。诏作、渊皆送五百里外编管，葵出知信州。太学中之正气，殊未泯也。孝宗隆兴二年，十一月，甲午，以黄榜禁太学生伏阙。是日，太学生张观等七十二人上书，请斩汤思退、王之望、尹穑，窜其党洪适、晁公武，而用陈康伯、胡铨等，以济大计。几复见陈东、高登之慷慨矣。

凡骛于名或激于意气者，往往遇一事焉而随之而动，己亦不知其所以然。此所谓役于气而不能自主者也。一人如此，成众自更然。光宗之不朝重华宫，此特一家之私事，于朝政无与也。君民之关系久疏，但使朝无觊觎之人，即植遗腹，朝委裘，天下亦自不乱。赵汝愚等之谋禅，盖实有功名之心焉？人民何必附和？然绍熙五年，大学生汪安仁等二百余人欲上书，而龚曰章等百余人以投匦上书为缓，必欲伏阙，《宋史·杨大全传》。是亦不可以已乎？及汝愚罢相，国子祭酒李祥、博士杨简皆以为言。侂胄党正言李沐劾罢之。侍讲章颖亦以言汝愚罢。太学生杨宏中、周端朝、张衜、林仲麟、蒋傅、徐范留汝愚、颖及祥、简，悉送五百里外编管。此亦参与党争而已。然《宏中传》云：祥、简被斥，宏中曰：师儒能辨大臣之冤，而诸生不能留师儒之去，于义安乎？众莫应。独仲麟、范、衜、傅、端朝愿与其议。《范传》云：书已具，有闽士亦署名。忽夜传韩侂胄将寘言者重辟，闽士怖，请削名。范之友亦劝止之。范慨然曰：业已书名，尚何变？其临难毋苟免，亦无愧高登矣。

开禧元年，四月，武学生华岳上书，谏朝廷不宜用兵，恐启边衅。以忤韩侂胄，送建宁府编管。书辞见本传，论侂胄之专恣，政事之败坏，武备之不修，极伉直。《侂胄传》云：乞斩侂胄、苏师旦、周筠，以谢天下。书奏，侂胄大怒，下大理，贬建宁圜土中。侂胄诛，放还，复入学，登第，为殿前司官属，郁不得志。谋去史弥远，事觉，下临安狱。狱具，坐议大臣当死。宁宗知岳名，欲生之，弥远曰：是欲杀臣者。竟杖死东市。史言岳轻财好侠，盖意气用事者，然不肯以国事为孤注，则非武夫寡虑者比也。先攻韩侂胄，后谋史弥远，盖极知权奸之误国，内安为外攘之本者，其识见颇与陈东类也。时太学博士钱廷玉，附会侂胄，言恢复之计，见《侂胄传》。

华岳不欲启衅，以其无幸胜之理，非谓义不当谋恢复也，故事势一有转变，与论亦即随之。嘉定七年，十一月，遣聂子述使金贺正旦，刑部侍郎刘錀等及太学诸生上章言其不可；十二年，五月，太学生何处恬等伏阙上书，以工部尚书胡榘欲和金人，请诛之以谢天下，皆是。皆见《本纪》。

争济王之狱，与请朝重华宫不同。请朝重华宫，可以沽名，而无后患，争济王之狱，则不然也。狱之起也，大学博士李韶上封事谏，且以书晓史弥远，亦为难得矣。

宋之末叶，学潮颇牵涉党争。其显著者，一为争史嵩之起复。事在淳祐四年。太学生百四十四人，武学生六十七人，京学生九十四人，宗学生三十四人，及建昌军教授卢钺，皆上书言其不可。《嵩之传》。侍御史刘汉弼言愿听嵩之终丧，帝乃以范钟、杜范并相。五年，正月，汉弼卒。太学生蔡德润等百七十三人伏阙上书，以为暴卒。《汉弼传》。是年，四月，杜范卒；六月，兵部侍郎徐元杰卒，时亦谓非善终。程公许上书极言之。公许时为起居郎，兼直学士院，权中书舍人。嵩之罢起复及相范钟、杜范三制，皆其所草。先是嵩之从子璟卿，尝以书谏嵩之，暴卒，相传嵩之致毒。《嵩之传》。然实皆莫须有之事也。读《程公许传》可见。

一为攻余晦之事。晦为天锡从子。《宋史·程元凤传》云："淳祐十二年，拜右正言，兼侍讲。余晦恃恩妄作，三学诸生伏阙上书，白其罪状，司业蔡抗又力言之，元凤数其罪劾之。奏上，以晦为大理少卿，抗为宗正少卿。元凤又上疏，请留抗而黜晦，以安士心。乃命抗仍兼司业，晦予郡。"晦时为临安尹。理宗生平，于援立之恩最惓惓，盖不免放纵之也。

一为攻宦官卢允升、董宋臣。宝祐三年，监察御史洪天锡疏论二人，留中不下，而御笔授天锡大理少卿。太学生池元坚论击允升、宋臣。谗者以天锡之论，为时相谢方叔意；及天锡去，亦曰：方叔意也。方叔上疏自解。监察御史朱应元攻方叔罢相。允升、宋臣犹以为未快，厚赂太学生林日养，上书力诋天锡、方叔。且曰：乞诛方叔，使天下明知宰相、台谏之去，出自独断，于内侍初无预焉。书既上，学舍恶自养党奸，相与鸣鼓攻之，上书以声其罪。自有学潮以来，太学中人，以此次为最不一致矣。

一为攻丁大全之事。大全迫逐董槐，事在宝祐四年六月，三学生屡上书以为言。诏以槐为观文殿大学士，提举临安府洞霄宫。十一月，以监察御史吴衍、翁应弼劾太学、武学生刘黻等八人不率，诏拘管江西、湖南州军。宗学生与伯等七人并削籍，拘管外宗正司。是时太学生获罪者六人：刘黻外为陈宗、黄镛、曾唯、陈宜中、林则祖。《大全》及《宜中传》。司业率十二斋生冠带送之桥门之外。大全益怒，立碑三学，诫诸生毋妄议国政，且令自后有上书者，前廊生看详，以牒报检院。士论翕然，称六人为六君子。而宗学谕冯去非，亦不肯书名石碑下，诸生下狱，去非复调护宗学生之就逮者焉。《宜中》《去非传》。大全贬，刘黻还太学。侍御史陈垓劾程公许，右正言蔡荥劾黄之纯，去职，黻又率诸生上书争之。《黻传》，亦见《公许传》。

《贾似道传》云：“似道既专恣日甚，畏人议己，务以权术驾驭。不爱官爵，牢笼一时名士。又加太学餐钱，宽科场恩例，以小利啖之。由是言路断绝，威福肆行。”然景定五年，太学生萧规、叶李等上书言似道专政，似道命京尹刘良贵招摭以罪，悉黥配之。是役也，《食货志》云：三学六馆皆上书；《元史·叶李传》云：伏阙者凡八十三人；而良贵之陷李，亦诬其僭用金饰斋扁，未敢以攻执政为其罪；则初未能以一手掩天下目也。李亦可谓能持正论者。其后受虏命北上，至晚节不终，则声华之为累耳。故明夷利贞也。

陈宜中初本攻人者，后乃为人所攻。丁大全之败也，丞相吴潜奏还宜中。贾似道入相，复为之请，有诏六人皆免省试，令赴景定三年廷试，而宜中中第二人。宜中于似道，盖实不免比周。似道督师江上，以国事付王爚、章鉴及宜中，盖取其素与己。爚、宜中于其既出，稍欲自异，及闻其败，乘势蹙之。既而二人自为矛盾。爚子乃嗾京学生刘九皋等伏阙上书，攻宜中擅权，党似道。时为德祐元年七月，宜中遂径去，遣使召之，不至。其后罢爚，命临安府捕逮京学生，召之，亦不至。盖知国危，借此脱身也，亦云巧矣。然其后奔走朔方，身死异域，卒未肯屈节北廷，则曾读诗书者，虽倾危之士，亦终知顾惜名义也。

宋末，学生忠贞不屈者颇多。淳祐七年，十二月，诏太学生程九万自北脱身来归，且条上边事，赐迪功郎。德祐二年，正月，三学生誓死不去，特与放释褐出身。俱见《宋史·本纪》。此足愧当时儒生如许衡辈之屈节外族，及朝臣之纷纷遁去者矣。《元史·世祖纪》：至元十三年，二月，甲子，董文炳、唆都发宋随朝文士刘褒然及三学诸生赴京师。太学生徐应镳父子四人同赴井死。五月，壬寅，宋三学生四十六人至京师。九月，庚子，命姚枢、王磐选宋三学生之有实学者留京师，余听还家。三学生之为北廷所羁縶者，盖甚少也。

金、元以外族入据中国，自无为之尽忠者。《金史·仆散端传》："贞祐二年五月，判南京留守，与河南统军使长寿、按察转运使王质表请南迁，凡三奏，宣宗意乃决。百官士庶皆言其不可。太学生赵昉等四百人上书极论利害，宣宗慰遣之。"金之危亡，学生有所建白者，惟此而已。《元史·王思诚传》："国子监诸生相率为哄，复命为司业。思诚召诸生立堂下，黜其首为哄者五人，罚而降斋者七十人，勤者升，惰者黜，于是更相勉励。"此哄不知其为何事，然必无甚关系也。

至于明世，而学生之崇尚气节者又多。王省死建文之难，引见《鸣鼓众质》条。又陈思贤，洪武末为漳州教授，以忠孝大义励诸生。燕王登极诏至，恸哭曰：明伦之义，正在今日。坚卧不迎诏。率其徒吴性原、陈应宗、林珏、邹君默、曾廷瑞、吕贤六人，即明伦堂为旧君位，哭临如礼。有司执之送京师，思贤及六生皆死。高贤宁，济阳儒学生。尝受学于王省，以节义相砥砺。建文中，贡入太学。燕兵围济南，贤宁在围中。王射书城中谕降，贤宁作《周公辅成王论》射城外。王悦其言，为缓攻。王即位后，贤宁被执入见。成祖曰：此作论秀才耶？秀才好人，予一官。贤宁固辞。锦衣卫指挥纪纲，故劣行被黜生也，素与贤宁善，劝就职。贤宁曰：君为学校所弃，固应尔，我食廪有年，义不可，且尝辱王先生之教矣。纲为言于帝，竟得归。然则纪纲亦非怙恶不悛者也。明有天下日浅，太祖又暴戾，无足为效死，而其臣之忠于建文如此。盖自宋以来，君臣之义久著，元时潜伏无所用之，至此又勃然而兴也。高瑶，由乡举为荆门州学训导。成化三年，抗疏陈十事。其一请追加郕王庙号。宪宗虽不用，然久之，竟复郕王帝号。又有虎臣者，成化中贡入太学。孝宗践阼，将建棕棚万岁山，备登眺。臣抗疏切谏。祭酒费訚惧祸及，锒铛絷臣堂树下。俄官校宣臣至左顺门，传旨慰谕曰：若言是，棕棚已毁矣。訚大惭。此皆能责难于君者也。李时勉，正统六年，为国子祭酒。初，时勉请改建国学，帝命王振往视，时勉待振无加礼。振衔之，廉其短，无所得。时勉尝芟彝伦堂树旁枝，振遂言时勉擅伐官树入家，取中旨，与司业赵琬、掌馔金鉴并枷国子监前。方盛暑，枷三日不解。监生李贵等千余人诣阙乞贷。有石大用者，上章愿以身代。诸生圜集朝门，呼声彻殿庭。振闻诸生不平，恐激变。及通政司奏大用章，振内惭。助教李继，请解于太后父会昌侯孙忠。太后言之帝。帝初不知也，立释之。大用朴鲁，初不为六馆所知，及是，名动京师。时王骥攻麓川，会川卫训导詹英抗疏劾之，辞极切至。见《骥传》。盖一时教官、学生，与权奄之搏斗烈矣。杨守阯，守陈弟，附《守陈传》。成化初乡试第一。祭酒邢让下狱，率六馆生伏阙讼冤。《让传》云：让以用会馔钱事，与后祭酒陈鉴、司业张业、典籍王允等俱得罪，坐死。用馔钱似属不合，然在当时，似已成陋规，取陋规未必有罪，即有罪亦不至死。《让传》又言让负才狭中，意所轻重，辄形于词色，名位相轧者多忌之，则其狱或实冤，在诸生亦非阿私所好也。李梦阳为江西提学副使，与同列相讦，羁广信狱，诸生万余为讼冤。梦阳非君子，与相讦者亦非正人，其事无足深论。刘大夏戍肃州，诸司惮刘瑾，绝馈问，儒学生徒传食之，则公道究存于学校中矣。杨涟劾魏忠贤，得严旨，蔡毅中领祭酒事，率属抗疏争之，尤为大义懔然。

学校中人，亦有不顾廉耻，干犯名义者。如林日养、费訚是也。尚不止此。魏忠贤之建生祠也，监生陆万龄，至谓孔子作《春秋》，忠贤作《要典》；孔子诛少正卯，忠贤诛东林；宜建祠国学西，与先圣并尊。司业朱之俊，辄为举行。会熹宗崩，乃止。见《明史·阉党·阎鸣泰传》。此真匪夷所思者矣。然有群众运动，即有其蟊贼，亦不足怪也。

（七四三）武举

武举起于唐世，所试者长垛、马枪、翘关、负重等，皆膂力之事也，至宋以后乃渐变。《宋史·选举志》："孝宗隆兴元年，殿中侍御史胡沂言：唐郭子仪以武举异等，初补右卫长史，历振远、横塞、天德军使。国初，试中武艺人，并赴陕西任使。又武举中选者，或除京东捉贼；或三路沿边，试其效用；或经略司教押军队，准备差使。今率授以榷酤之事，是所取非所用，所用非所学也。请取近岁中选人数，量其材品考任，授以军职，使之习练边事，谙晓军旅，实选用之初意也。乾道二年，中书舍人蒋芾亦以为言，请以武举登第者，悉处之军中。帝以问洪适。适对曰：武举人以文墨进，杂于卒伍，非便也。帝曰：累经任使，可以将佐处之。”观此，知武举出身者，与卒伍绝非同类矣。用兵固非文墨之事，然忠义及智谋，皆自文墨而出，亦岂可舍之不务邪？黄梨洲以从毅宗死者皆文臣，建义于郡县者，皆文臣及儒生，而武人之为大帅者，无不乘时易帜，谓观于此，然后知承平时待以徒隶者之未为非。《明夷待访录·兵制》二。其言或不免少激，然执干戈者不可不受教育，则理无可疑也。《元史·世祖纪》：至元十三年，“帝既平宋，召宋诸将问曰：尔等何降之易邪？对曰：宋有强臣贾似道，擅国柄，每优礼文士，而独轻武官。臣等久积不平，心离体解，所以望风而送款也。帝命董文忠答之曰：借使似道实轻汝曹，特似道一人之过耳。且汝主何负焉？正如所言，则似道之轻汝也固宜。”其言颇足与梨洲之言相发明。元主而能知此者，此固事理之当然，不待智者而后知之也。而叛国之武臣，不得以惷愚为解也审矣。

从来言教育者，皆详于文而几不及武。惟南北朝时，颇有异于是者。《齐书·崔祖思传》：祖思启陈政事，谓宜于太庙之南，引修文序，司农以北，广开武校是也。《魏书·韦阆传》：族子彧，为东豫州刺史。以蛮俗荒梗，不识礼仪，表立太学，魏世州郡之学，对县以下之学，称为太学。《李平传》言：平在相州，修饰太学。《高祐传》言：祐为兖州刺史，镇滑台。以郡国虽有太学，县党宜有黉序，乃县立讲学，党立教学，村立小学。《崔挺传》：挺族子纂之从祖弟游，转河东太守。太学旧在城内，游移置城南闲敞之处，亲自说经。《北史·郦道元传》：道元试守鲁阳，表立黉序。诏曰：鲁阳本以蛮人，不立大学，今可听之，以成良守文翁之化。皆是。又成人之学，对童稚之学言之，亦曰大学。《景穆十二王传》：南安王桢之子英，奏言太学之馆久置于下国，四门之教方构于京瀍，是也。又于城北置崇武馆以习武，则并曾试行之矣。《宋书·周朗传》：世祖即位，普责百官谠言。朗上书，言“宜二十五家选一长，百家置一师。男子十三至十七，皆令学经；十八至二十，尽使修武。习经者五年有立，则言之司徒；用武者三年善艺，亦升之司马。”则人人当文武兼修，其用意尤为周至。盖由竞争烈而其所责望于民者深也。别见《周朗》条。

（七四四）春秋史记皆史籍通称

《公羊》庄公七年，“《不修春秋》曰：雨星不及地尺而复，君子修之曰：星霣如雨。”《解诂》曰：“《不修春秋》，史记也。古者谓史记为《春秋》。”此言汉时所谓史记，与古之《春秋》，异名同实也。案孟子曰：“晋之《乘》，楚之《梼杌》，鲁之《春秋》，一也。”《离娄》下。是《春秋》为鲁史专名。然墨子云吾见百国《春秋》，李德林答魏收书，见《隋书》本传。案《史通·六家》篇，亦有此语。则已为史籍通名矣。《史记·十二诸侯年表》曰：“鲁君子左丘明，惧弟子人人异端，各安其意，失其真，故因孔子史记，具论其语，成《左氏春秋》。铎椒为楚威王傅，为王不能尽观春秋，采取成败，卒四十章，为《铎氏微》。赵孝成王时，其相虞卿，上采《春秋》，下观近世，亦著八篇，为《虞氏春秋》。吕不韦者，秦庄襄王相，亦上观尚古，删拾《春秋》，集六国时事，以为《八览》《六论》《十二纪》，为《吕氏春秋》。及如荀卿、孟子、公孙固、韩非之徒，各往往捃摭《春秋》之文以著书，不可胜纪。”诸家采摭，非徒鲁史，皆称《春秋》；而孔子之《春秋》，称为史记；此《春秋》、史记，异名同实之征也。《十二诸侯年表》，非史迁元文，当经《左氏》既出后人修改，疑为东西汉间人语。《六国表》曰：“太史公读《秦记》。”又曰：“秦既得意，烧天下诗书，诸侯史记尤甚，为其有所刺讥也。《诗》《书》所以复见者，多藏人家，而史记独藏周室，以故灭，惜哉！惜哉！独有《秦记》，又不载日月，其文略不具。”又曰：“余于是因《秦记》，踵《春秋》之后，起周元王，表六国时事，迄二世。”或曰记，或曰史记，辞有单复，其实一也。《汉书·楚元王传》：刘向言：“汉之入秦，五星聚于东井，得天下之象也。孝惠时，有雨血，日食于冲，灭光星见之异。孝昭时，有泰山卧石自立，上林僵柳复起，大星如月西行，众星随之，此为特异，孝宣兴起之表。天狗夹汉而西，久阴不雨者二十余日，昌邑不终之异也。皆著于汉纪。”纪记同字，其后荀悦著书称《汉纪》，亦犹太史公称秦史为《秦记》也。

《六国表》云因《秦记》，必多秦史原文。其体例皆如《春秋》。《秦始皇本纪》末重叙秦之先君立年及葬处，《索隐》云：皆当据《秦纪》为说。其体例亦与《春秋》同。而墨子书所引《春秋》，体例顾与《春秋》异；见《明鬼下篇》。又《贾子·胎教》引青史氏之记，乃典志之伦，而亦称为记，则《春秋》与史记，并为史籍之通名旧矣。窃疑通称史籍为《春秋》者，乃鲁人之辞。盖以本国之史，为凡史籍之通名。而通称史籍为记，其由来实更古。何者？记、志一字。孔子言“大道之行也，与三代之英，丘未之逮也，而有志焉”，《礼记·礼运》。庄子亦称“《春秋》经世，先王之志”，《天下》。皆即汉人之所谓记。其称史记，则易单辞为复语耳。

以史记为史籍通称，南北朝时，仍有此语。《周官·都宗人注》：“都或有山川及因国无主，九皇、六十四民之祀。”《疏》云：“按史记，伏羲以前，九皇、六十四民，并是上古无名号之君，绝世无后，今宜主祭之也。”此史记即史籍通称，不专指一书。

（七四五）记府

《史记·蒙恬列传》：恬曰：“昔周成王初立，未离襁褓，周公旦负王以朝，卒定天下；及成王有病，甚殆，公旦自揃其爪，以沉于河，曰：王未有识，是旦执事，有罪殃，旦受其不祥，乃书而藏之记府；可谓信矣。及王能治国，有贼臣，言周公旦欲为乱久矣，王若不备，必有大事。王乃大怒。周公旦走而奔于楚。成王观于记府，得周公旦沉书，乃流涕曰：孰谓周公旦欲为乱乎？杀言之者，而反周公旦。”秦、汉间人，通称史籍为史记，亦曰记；记府，谓藏史记之府也。恬述周初事虽不必实；然战国之世，秦必有专藏史记之府矣，《秦始皇本纪》所谓“史官非秦记皆烧之”者也。

（七四六）空籍五岁

《史记·陈杞世家》：“惠公立，探续哀公卒时年而为元，空籍五岁矣。”《索隐》：“惠公探取哀公死楚、陈灭之后为元年，故今空经年籍五岁矣；一云：籍，借也，为借失国之后年为五年。”说不甚明，疑文有讹夺。《史记》之意，盖谓自哀公死至惠公复立之时，其间凡五年，无史籍以记事，故惠公事之可纪者，当自其六年始也。此可见至春秋时，史官已逐年有事可纪，且颇致谨于记年。

（七四七）本纪世家皆史记前已有

《史记·管蔡世家》之末，总叙周文王之后曰："伯邑考，其后不知所封。武王发，其后为周，有本纪言。管叔鲜，作乱诛死，无后。周公旦，其后为鲁，有世家言。蔡叔度，其后为蔡，有世家言。曹叔振铎，其后为曹，有世家言。成叔武，其后世无所见。霍叔处，其后晋献公时灭霍。康叔封，其后为卫，有世家言。冉季载，其后世无所见。"此所谓有本纪言、有世家言者，并指旧史言之。其赞曰："管叔作乱，无足载者，然周武王崩，成王少，天下既疑，赖同母之弟成叔、冉季之属十人为辅拂，是以诸侯卒宗周，故附之世家言。"则自言其所编次之世家言者也。《卫世家赞》"太史公曰：余读世家言，至于宣公之太子以妇见诛，弟寿争死以相让"云云，亦指旧有之世家言。

《陈杞世家》末，"舜之后，周武王封之陈，至楚惠王灭之，有世家言。禹之后，周武王封之杞，楚惠王灭之，有世家言。契之后为殷，殷有本纪言。殷破，周封其后于宋，齐湣王灭之，有世家言。后稷之后为周，秦昭王灭之，有本纪言。皋陶之后，或封英、六，楚穆王灭之，无谱。伯夷之后，至周武王，复封于齐，曰太公望，陈氏灭之，有世家言。伯翳之后，至周平王时封为秦，项羽灭之，有本纪言。垂、益、夔、龙，其后不知所封，不见也。右十一人者，皆唐、虞之际名有功德臣也。其五人之后皆至帝王，余乃为显诸侯。滕、薛、驺，夏、殷、周之间封也，小，不足齿列，弗论也。周武王时，侯伯尚千余人，及幽、厉之后，诸侯力攻相并，江、黄、胡、沈之属，不可胜数，故弗采著于传上。"殿本《考证》：张照云："按上当是云字之误，各本皆同，故弗改。"此节总论唐、虞之际有功德之臣，其后有无可考，与《管蔡世家》末总论周文王之后同，而皋陶之后，独云无谱，则知本纪、世家言，与谱系属两物。本纪、世家言，盖据谱而作，故有本纪、世家言者，不必复计谱之有无；然无本纪、世家言者，不必其遂无谱也。有本纪、世家言者，谱亦不必皆具，如周及越，其先世次，并有夺佚。此与《管蔡世家》末节，疑并非史公之辞，乃旧史本有此语，而史公录之。然则滕、薛、驺弗论，江、黄、胡、沈之属弗著，亦皆非史公语矣。史公之作《史记》，于旧有之本纪、世家言，当无所弃取也。

《大宛列传》："太史公曰：《禹本纪》言河出昆仑。昆仑，其高二千五百余里，日月所相避隐为光明也。其上有醴泉、瑶池。今自张骞使大夏之后也，穷河源，恶睹《本纪》所谓昆仑者乎？故言九州山川,《尚书》近之矣。至《禹本纪》《山海经》所有怪物，余不敢言之也。”

案《山海经》,《汉书·艺文志》著录于形法家，盖古度地居民之遗法，所谓大举九州之势，以立城郭宫舍者，非今之《山海经》。今之《山海经》，所载亦多古语，然其名为《山海经》，事必较晚，或尚非刘歆所知。此篇论赞，断非史公元文，然《禹本纪》则无害其为古书；即谓其出较晚，其名亦必有所本，必非袭《太史公书》也。此亦本纪之名，太史公前已有之征也。

《燕世家》云：“孝王三年卒，子今王喜立。”可见作此世家者为王喜时人。

（七四八）史记于众所习知之事皆弗论

《史记·管晏列传》：“太史公曰：吾读管氏《牧民》《山高》《乘马》《轻重》《九府》，及《晏子春秋》，详哉其言之也。既见其著书，欲观其行事，故次其传。至其书，世多有之，是以不论，论其轶事。”《老庄申韩列传》曰：“申子、韩子，皆著书传于后世，学者多有。余独悲韩子为《说难》而不能自脱耳。”篇中独颇载《说难》之辞，余皆不及焉。《司马穰苴列传》曰：“世既多《司马兵法》，以故不论，著穰苴之列传焉。”《孙子吴起列传》：“太史公曰：世俗所称师旅，皆道《孙子十三篇》、吴起《兵法》，世多有，故弗论，论其行事所施设者。”《商君列传》：“太史公曰：余尝读商君开塞、耕战书，与其人行事相类。”传中亦不及其书，是书为世所多有者，皆弗论也。《孟子荀卿列传》曰：“自如孟子至于吁子，世多有其书，故不论其传云。”“其传云”上疑夺一“论”字。然《管晏传赞》又曰：“方晏子伏庄公尸，哭之成礼然后去，岂所谓见义不为无勇者邪？至其谏说，犯君之颜，此所谓进思尽忠，退思补过者哉？”谏说犯君之言，庸或即在《晏子春秋》中，伏庄公尸哭之成礼，则真晏子之行事也，而传中亦不之及。又《楚元王世家》：“太史公曰：国之将兴，必有祯祥，君子用而小人退；国之将亡，贤人隐，乱臣贵。使楚王戊毋刑申公，遵其言；赵任防与先生；岂有篡杀之谋，为天下僇哉？”《索隐》云：“此及《汉书》虽不见赵不用防与公，盖当时犹知事迹，或别有所见，故太史公明引以结其赞。”然则行事之为众所习知者，史公亦多弗论也。《管晏列传》云传其轶事，盖谓此也。此盖古人著书，但求大意得，不以详密为贵；抑其时简策繁重，缣帛贾贵，不如后世楮墨之便易，势亦不得不然也。

（七四九）太史公书采战国策

《史记·吕不韦传》："吕不韦者，阳翟大贾人也。"《索隐》："《战国策》以不韦为濮阳人，又记其事迹，亦多与此传不同。班固虽云太史公据《战国策》，然为此传，当别有所闻见，故不全依彼说。或者刘向定《战国策》时，以己异闻，改易彼书，遂令不与史迁记合也。"今案班固之论，盖本于其父彪，然《汉书·司马迁传赞》，与《后汉书·彪传》所载彪之《略论》，显有异同。《迁传赞》曰："孔子因鲁史记而作《春秋》。而左丘明论辑其本事以为之传。又纂异同为《国语》。又有《世本》，录黄帝以来至春秋时帝王公侯卿大夫祖世所出。春秋之后，七国并争，秦兼诸侯，有《战国策》。汉兴伐秦定天下，有《楚汉春秋》。故司马迁据《左氏》《国语》，采《世本》《战国策》，述《楚汉春秋》，接其后事，讫于大汉。"《彪传》所载彪《略论》则曰："唐虞三代，诗书所及，世有史官，以司典籍，暨于诸侯，国自有史，故《孟子》曰：楚之《梼杌》、晋之《乘》、鲁之《春秋》，其事一也。定、哀之间，鲁君子左丘明论集其文，作《左氏传》三十篇。又撰异同，号曰《国语》，二十一篇。由是《乘》《梼杌》之事遂闇，而《左氏》《国语》独章。又有记录黄帝以来至春秋时帝王公卿大夫，号曰《世本》，一十五篇。春秋之后，七国并争，秦并诸侯，则有《战国策》三十三篇。汉兴定天下，太中大夫陆贾记录时功，作《楚汉春秋》九篇。孝武之世，太史令司马迁，采《左氏》《国语》，删《世本》《战国策》，据楚、汉列国时事，上自黄帝，下讫获麟，作本纪、世家、列传、书、表，凡百三十篇，而十篇缺焉。"《传赞》言《左氏》《国语》《世本》《楚汉春秋》，皆无篇数；而《略论》有之。且《传赞》亦不言《楚汉春秋》为陆贾作；云"汉兴伐秦定天下，有《楚汉春秋》"；云"述《楚汉春秋》，接其后事"：颇似"楚汉春秋"四字，为秦、汉间纪事之书之总称，而非专指一书言之者。然则其所谓采《战国策》者，是否指后来三十三篇之《国策》言，亦自有可疑也。何也？以凡世所传古书，有刘向之叙者，多不可信也。

裴骃《集解序》："班固有言曰：司马迁据《左氏》《国语》，采《世本》《战国策》。"《索隐》："《战国策》，高诱云：六国时纵横之说也，一曰《短长书》，亦曰《国事》。刘向撰为三十三篇，名曰《战国策》，按是班固取其后名而书之，非迁时已名《战国策》。”案《战国策》本纵横家言，后人视为史籍，本属非是。汉时为纵横家言者，尚不乏人，其所传，自不能与刘向所撰，绝无异同。且今之《战国策》是否刘向所撰，亦有可疑。

古人著书，文辞非其所重，故其有所依据者，大抵直录前人之辞，不加更定。今《左氏》所载，事迹诚多与《史记》相同，辞句则皆大异。何史公于此，忽破成例乎？故谓今之《左氏》曾为史公所见者必诬。即《世本》，世所传者，亦未必尽与史公所据相合，以二者相校，其间亦有异同也。

（七五〇）路史

太史公谓百家之言黄帝者，其文不雅驯，因之言五帝惟取古《系世》及《尚书》家言。古说流传，看似荒唐，中实苞含史实，因此而失传者，盖不知凡几矣。后来纬候之作，虽妖妄不经，所苞古说仍甚多；设使不杂之以谶，由西汉人之手悉如其原状而传之，其有裨史学者必不少，亦可惜矣。然言古史，最为后人所称道者，莫如马骕，实亦抱此等见解者也。惟《路史》最为卓绝，所搜异说极多；排比虽或失当，然考证论断，多有特识，亦非规规于世俗之绳墨者，所能望其项背也。韦曜《洞纪》曰：“天地剖判，君世宰人，可得而言者：惟庖牺画卦，神农作稼，黄帝舆服，最为昭显；其余非书纪所述，难可纪焉。”《御览·皇王部一》。知曜亦规规于世俗之绳墨而不敢取异说者。语曰：彼自有解，汝不解耳。惜乎世之知信其所解者甚多，肯宝其所不解者甚少也。

（七五一）史家讲书法之原

史家讲书法，起于欧阳公之修《五代史》，而大成于朱子之修《纲目》；然其由来实甚早。《汉书·文帝纪》：十年，“将军薄昭死”。《注》引郑氏曰：“有罪，故言死。”后元年，“孝惠皇后张氏薨”。《注》引张晏曰：“后党于吕氏，废处北宫，故不曰崩。”姑无论作《汉书》者有此意与否，而注家则确已有借书法以为褒贬之意矣。

（七五二）六经皆史之蔽

章实斋六经皆史之说，特有鉴于作史之道宜然，借是以发之而已。必如近人托古改制之说，谓其明知古事之不然，而姑为是言以自重，昔人诚未必然。然古事传者粗略；昔人又有一崇古之成见，心所跂慕之境，误会为古实如是，则其事极易。此犹今人愤国事之不淑，动辄曰东西列强如何如何，列强果如所言乎？无亦十九皆想象之声乎！然谓其有意欺人，固不可也；然遂以其所言者为实然，则尤不可。且如古者文书简易，而其时简策繁重，文书欲不简易，亦不可得。章氏乃谓周代掌故，皆六倍其文而庋之诸司，此岂近情理哉？《隋书·刘炫传》：牛弘问炫曰："《周礼》士多而府史少，今令史百倍于前，判官减则不济，其故何也？"炫答曰："古人委任责成，岁终考其殿最，案不重校，文不繁悉，府史之任，掌要目而已。今之文簿，恒虑覆治，锻炼若其不密，万里追证百年旧案，故谚曰'老吏抱案死'。古今不同，若此之相悬也，事繁政弊，职此之由。"士多而府史少一语，足破古代文书繁重之惑。

《周书·高昌传》，述其设官，颇为委曲；而又曰："其大事决之于王，小事则世子及二公（王子为之）随状断决，平章录记，事讫即除。籍书之外，无久掌之文桉。官人虽有列位，并无曹府，惟每旦集于牙门，评议众事。"官无曹府，此古之明堂所以于政事无所不苞也；作《周官》者所据之国，固非高昌之比，然谓其能容更繁于后世之文书，得乎？

（七五三）崔浩魏记

崔浩之死，非以史事，而浩书亦未尝废。见《崔浩论》条。然《李彪传》，彪表求修史，言"自成帝以来，至于太和，崔浩、高允，著述国书，编年序录，为《春秋》之体，遗录时事，三无一存"。则高允所记，虽云续浩，而浩书之见刊落者，亦不少矣。此何故欤？《浩传》言浩书"尽述国事，备而不典，而石铭显在衢路，往来行者咸以为言"。此语最可注意。野蛮部族，史事流传，悉由十口，《魏书·序纪》谓其"世事远近，人相传授，如史官之记录"。《序纪》固矫诬之物，而拓跋先世事迹，有由故老相传者，则必不诬。《奚斤传》言：斤聪辩强识，善于谈论，远说先朝故事，虽未皆是，时有所得，听者叹美焉。《北史·魏诸宗室传》云:“(东阳王)丕声气高朗，博记国事，飨宴之际，恒居坐端，必抗音大言，叙列既往成败”，皆其征也。十口流传，安有故书为证，好奇爱博，过而存之，则所谓备而不典者矣。南北朝时，视史记为褒贬所寓，欲以是荣其先世，其有过恶，引为深玷，务求毁灭之者甚多。观魏收作史，诸家子孙，陈诉不绝，虽齐文宣袒收，诉者反致获罪，而仍不能止可知。然则当时于浩，多有不满，致魏朝得借以为浩罪状者，其流谤之人可知也。然拓跋氏之史迹，因此而见刊落丧失者，必不少矣，岂不惜哉!

或云：崔光既志在覆魏，而又斤斤为之存其史迹，何也？曰：史也者，天下之公，不徒非一人一家之私，抑亦非一部一族之私也。况我既见侮于魏矣，前车之覆，后车之鉴，可不详魏之行事，以资我之鉴戒欤？尽力于魏之史记者，前有李彪，后有崔光。光之还领著作也，史言其年耆多务，疾病稍增，而自强不已，及疾甚，敕子侄等，犹以史功不成，殁有遗恨。临殁，又言弟子鸿于肃宗，鸿即撰《十六国春秋》者也。其作《十六国春秋》也，史言其二世仕江左，故不录僭晋、刘、萧之书。又恐识者责之，未敢出之于外。世宗闻其撰录，遣散骑常侍赵邕，诏其随成者送呈。鸿以其书有与国初相涉，言多失体，且既未讫，迄不奏闻。后典起居注，乃妄载其表，谓谨以所讫者附臣邕呈奏云云。又云，鸿自正光以前，不敢显行其书，自后，以其伯光贵重当朝，知时人未能发明其事，乃颇相传读，亦以光故，执事者遂不论之。子子元，永安中乃奏其父书。夫曰涉魏初者言多失体，则鸿之书必义正辞严，抑十六国事与魏相涉，因此与晋、宋相涉者，必也多存其真，而非如今《魏书》之矫诬讳饰。其亡也，实与崔浩之书所谓备而不典者，同其可惜矣。始秘其书，而正光已后，稍稍出之于外者，以其时魏政已乱，不暇更兴文字之狱，亦非徒以光之庇之也。意虽疾魏，而犹妄言曾经呈奏者，盖以如是，则可云其书曾经进御，而致攻击之者，或以是而少息其心焉。永安之时，魏朝业几不国，而子元犹欲奏其父书，则以时人率重金匮石室之藏，如是则其书易行也，凡欲以存史事而已，岂其有爱于魏欤？《魏书·自序》云：“世宗时，命邢峦追撰《高祖起居注》。书至太和十四年，又令崔鸿、王遵业补续焉。下讫肃宗，事甚委悉。”则鸿于魏史，亦曾竭力。以鸿之明于逆顺，而其尽力于魏史如是，而光之心从可知，而浩之心亦从可知矣。岂其有爱于魏欤？

魏收撰《魏书》，时人称为秽史。其后北齐后主，曾于武平四年，诏史官更撰《魏书》,而其事未有成。隋文帝诏魏澹别成《魏史》,《隋书·澹传》云“时称简正”。与其后炀帝又诏杨素更撰《魏书》,以素薨而止。事见《隋书·潘徽传》,则澹之书必仍有不满人意者在也。《北史·崔光传》云:光子劼,常恨魏收书,欲更作编年纪。使其成之,必有足观,而竟不能就,岂不重可惜欤?

(七五四)吴均齐春秋

《梁书·文学·吴均传》云:“均表求撰《齐春秋》,书成奏之,高祖以其书不实,使中书舍人刘之遴诘问数条,竟支离无对,敕付省焚之,坐免职。”《南史》云:“均将著史以自名,欲撰齐书,求借齐起居注及群臣行状,武帝不许,遂私撰《齐春秋》奏之。书称帝为齐明帝佐命,帝恶其实录,以其书不实,使中书舍人刘之遴诘问数十条,竟支离无对,敕付省焚之,坐免职。”《史通·古今正史》篇曰:均乞给起居注并群臣行状,有诏:“齐氏故事,布在流俗,闻见既多,可自搜访也。”诏辞不容伪造,则《南史》之说是也。流俗传说,往往能知事之内情,而于其外表则不能皆确,如时、月、日、地名、官名等是也。既靳起居注及群臣行状不与,而复以不实为之罪,可谓巧于立说矣。

《南史·梁书·帝纪》云:“初,皇考(梁武帝萧衍父顺之)之薨,不得志,事见《齐鱼复侯传》。至是,郁林失德,齐明帝作辅,将为废立计,帝欲助齐明,倾齐武之嗣,以雪心耻,齐明亦知之,每与帝谋。”此即所谓帝为齐明佐命者也。复仇在当时,不徒不以为讳,且以为荣,梁武未必恶吴均之实录。然顺之之杀鱼复侯,亦本非美事,《齐书》亦不著其事。梁武盖为其父讳,故不欲著其实也。然均书竟不能绝,亦何益耶?《梁书》《南史》,叙均所著书,皆有《齐春秋》,《隋志》亦著录。《史通》云:其私本竟能与萧氏所撰并传于后,盖所焚者特其进呈之本而已。善乎孟子之言之也,曰:“暴其民甚,则身弑国亡;不甚,则身危国削,名之曰幽、厉,虽孝子慈孙,百世不能改也。”天下之公,固终不容以一人一家之私掩也。

(七五五)江淹齐史

《齐书·文学·檀超传》云:“建元二年,初置史官,以超与江淹掌史职。超史功未就,卒官,江淹撰成之,犹不备也。”《南史》不云卒官。云徙交州,于路见杀，余语同。《梁书·江淹传》云："凡所著述百余篇，自撰为前后集，并《齐史》十志，并行于世。"《南史》云："淹任性文雅，不以著述在怀，所撰十三篇，竟无次序。"又云："凡所著述，自撰为前后集，并《齐史》传志，并行于世。"《隋书·经籍志》史部正史类，梁有江淹《齐史》十三卷亡。《史通·古今正史》篇云："淹始受诏著述，以为史之所难，无出于志，故先著十志，以见其才。"云先著，后来当续有所撰。然则《隋志》之十三卷，当系十卷为志，三卷为传也。

（七五六）沈约宋书

赵瓯北《廿二史札记》谓沈约《宋书》，多取徐爰旧本，举其革易之际，为宋讳者反甚于为齐为证，可谓卓识。然谓"约于永明五年奉敕，次年二月即告成，共纪、志、列传一百卷，古来修史，未有若此之速者"，则其说未审。《十七史商榷》云："约表云：本纪、列传，缮写已毕，合志、表七十卷，臣今奏呈，所撰诸志，须成续上。今约书，纪十卷，传六十卷，适七十卷，外有志三十卷而无表，与《梁书》本传云著《宋书》百卷适合，则表中志、表二字乃衍文。"其说是也。然期月而成纪传七十卷，亦非仍旧贯不为功矣。宋史始于何承天，草立纪传，止于武帝功臣，所撰志惟天文、律历，亦见约上书表。《宋书》元本，实大成于徐爰，《郡斋读书志》谓约书以何承天书为本，旁采徐爰之说，则大误矣。

（七五七）唐以前无断代史

正史自班氏而降，皆断代为书，颇为论者所訾议。然史之断代，乃成于事之偶然；初未有人谓理当如是，此至唐世犹然也。何以言之？《史通·古今正史》篇云："太宗以梁、陈及齐、周、隋氏，并未有书，乃命学士分修，仍使秘书监魏征总知其务，合为《五代纪传》，并目录凡二百五十二卷。书成，下于史阁。惟有十志，断为三十卷，寻拟续奏，未有其文。又诏左仆射于志宁、太史令李淳风、著作郎韦安仁、符玺郎李延寿同撰；其先撰史人，惟令狐德棻重预其事。太宗崩后，刊勒始成。其篇第虽编入《隋书》，其实别行，俗呼为《五代史志》。"

云“合为《五代纪传》”，则梁、陈、齐、周、隋之史，未尝各别为书可知。五代既合为一书，十志自无编入《隋书》之理。所谓“编入《隋书》”者，盖篇第之偶误。然篇第虽误，而书仍别行，可见十志未与《隋书》合，亦即可证《隋书》未与《梁》《陈》《齐》《周书》分也。《梁》《陈》《齐》《周》《隋》既合为一；《宋》《齐》《魏》何缘独分？李延寿作《南北史》，实合八代为一编，延寿亦尝与官修，观私书之体例，自可推见官书之本意。隋为一统之世，可继《宋》《齐》《梁》《陈》《魏》《齐》《周》之后；《晋》又何不可冠《宋》《齐》《梁》《陈》《魏》《齐》《周》之前？更自此而上推，曹魏以前之史，又何不可合而为一？《南北史·序传》，自言以拟《史记》，则其明征矣。然当时史家，意虽主合，而后人仍以断代视之者，则缘纂修之时，实系各为起讫，体例既不画一，前后衔接之间，又不免复重矛盾，未免离之两美，合之两伤耳。

继《太史公书》之后，最有意于贯穿古今者，自当推梁武帝之《通史》。《史通》云：“其书自秦以上，皆以《史记》为本，而别采他说，以广异闻，至两汉以还，则全录当时纪传，而上下通达，臭味相依。又吴、蜀二主皆入世家，五胡及拓跋氏列于《夷狄传》。大抵其体皆如《史记》，所异者无表而已。”“上下通达，臭味相依”，盖谓其体例，去其复重矛盾，必如是，乃觉血脉相贯，而可合为一编也。“别采他说，以广异闻”，意盖主于求备，于《史记》如是，《汉书》以下自亦不至有所刊落。故梁武帝语萧子显，谓此书若成，众史可废。其无表者，盖析其事以入纪传，而非径行芟削也。《齐书·檀超传》：超掌史职，上表立条例，即谓封爵各详本传，无假年表。此书《梁书·本纪》云六百卷，《史通》云六百二十卷。《本纪》或以成数言之，《隋志》作四百八十卷，自系有所阙佚；然《梁书·吴均传》言书起三皇迄齐代，而《隋志》云起三皇迄梁，则后人或就原书有所增益；《梁纪》卷数减于《史通》，亦不能断为系举成数矣。以梁事续萧齐，则又时人作史不主断代之明征也。《周书·明帝纪》言：“帝集公卿以下有文学者八十余人，于麟趾殿刊校经史，又捃采众书，自羲、农以来，讫于魏末，叙为世谱，凡五百卷。”《陈书·陆琼传》：琼子从典，陈亡后入隋，杨素奏使续《史记》，迄于隋，其书未就。二书体例，盖与梁武帝之《通史》同。元晖《科录》，《隋志》入之子部杂家，意盖以为类书；《史通》叙于《古今正史》之篇，则意亦以为通史。《魏书·儒林平恒传》云：“自周以降，暨于魏世，帝王传代之由，贵臣升降之绪，皆撰录品第，商略是非，号曰《略注》，合百余篇。”

意亦似与《科录》相类。《隋志》云，杂史类:“自后汉以来，学者多钞撮旧史，自为一书，或起自人皇，或断之近代。”虽断限有远近之殊，取材有多寡之异，其意亦并主于通贯也。《宋书 · 江夏王义恭传》：尝撰《要记》五卷，起前汉，讫晋太元。所苞者广，而卷帙甚少。《陈书·顾野王传》:撰《通史要略》一百卷。则其卷帙颇巨矣。

（七五八）读洞冥记

少读《史记》，言李少君、栾大事，心尝怪之，以为其惑人之术何浅，而人亦何以竟为所惑也。及读《抱朴子·祛惑》篇，言古强自云曾见尧、舜、禹、汤、孔子，凡人皆信其言。及病死黄整家，整犹疑其化去。蔡诞自言为老君守龙不谨，责付昆仑，昆仑去天不过数十丈，闻者亦多信之。项曼都自言乘龙升天，谒拜天帝，失仪见斥，河东因号为斥仙人。稚川云:“予昔数见杂散道士辈，走贵人之门，专令从者作为空名，云其已四五百岁矣。人适问之年纪，佯不闻也，含笑俯仰，云八九十。须臾自言：我曾在华阴山断谷五十年，复于嵩山少室四十年，复在泰山六十年，复与某人在箕山五十年，为同人遍说所历。正尔，欲令人计合之,已数百岁人也。”此其术真不可以欺孺子,而亦能令人烟起雾合。然后知恒人之所信，不过如此，文成、五利之能惑人，无足怪也。

稚川言古强“曾略涉书记，颇知故事”，此道家之书每多附会史事之由。其所附会，亦多浅陋可笑。予昔亦读而疑之，今乃知其不足怪。其出之于口者如是，其笔之于书者，自亦不过如是也。其实《史记 · 封禅书》载公孙卿言黄帝事，即系如此，不过时代较早，且载诸正史，人不但不知其缪，且有援之以言古史者矣。

《洞冥记》载李充自言三百岁，孟岐年可七百岁。语及周初事，了然如目前。尝侍周公升坛，以手摩成王足；周公与之玉笏。黄安怀荆读书，画地记数，日久地成池。坐一神龟，广二尺。人问子坐此龟几年矣？对曰:昔伏羲始造网罟，获此龟，以授吾，吾坐龟背已平矣。此虫畏日月之光，二千岁即一出头，吾坐此龟，已见五出头矣。皆古强之类也。

欧洲文字有阴阳性之别，虽无生命之物，无形体之事，亦莫不然。予初闻怪之，继而思之，古言干将、莫邪，以为剑有雌雄，则欧人以无生命之物，亦有雌雄，亦不足怪也。盖邃初之人，固不知生物与无生物之别也。《洞冥记》言汉武帝解鸣鸿之刀，以赐东方朔，朔曰：此刀黄帝采首山之铜铸之，雄已飞去，雌者犹存，亦干将、莫邪之类也。

（七五九）神异经

秦、汉间方士，多好求仙采药于穷荒之地，故于域外地理，颇有所知。传述既广，即未尝亲历者，亦摭拾其辞以欺世，故其书多荒怪之谈。然辗转传讹，自有所本，理而董之，亦或可考见其朔也。

《神异经》云："东方荒外，有豫章焉。树主一州。其高千丈，围百丈，本上三百丈。本如有条枝，敷张如帐。上有玄狐黑猿。树主人，为南北列，并面向西南。有九力士，操斧伐之，以占九州吉凶。斫复，其州有福；迟者，州伯有病；积岁不复者，其州灭亡。"据此，豫章在古亦为神木，与扶桑等同。

又云："荒外有大山，其中生不尽之木。昼夜火然。得暴风不猛，猛雨不灭。"又云："不尽木，火中有鼠，重千斤。毛长二尺余，细如丝。恒居火中，洞赤。时时出外而毛白。以水逐而沃之，即死。取纺绩其毛，织以为布。用之若有垢涴，以火烧之则净也。"又云："南荒之外有火山。昼夜火然。火中有鼠重百斤。毛长二尺余，细如丝，可以作布。恒居火中，时时出外而白。以水逐而沃之，乃死。取其毛，缉织以为布。"又云："东海之外，荒海中有山，焦炎而峙，高深莫测，盖禀至阳之为质也。海水激浪投其上，噏然而尽。计其昼夜，噏摄无极。若熬鼎，受其洒汗耳。"此皆因火山及火浣布而附会者也。《述异记》云："南方有灾火山。四月生火，十二月火灭。火灭之后，草木皆生枝条。至火生，草木叶落，如中国寒时也。取此木以为薪，然之不烬。以其皮绩之，为火烷布。"与《神异经》同一附会。

又云："南方山有邯𧄸之林，其高百丈，围三尺八寸。促节多汁，甜如蜜。咋啮其汁，令人润泽。可以节蚘虫。人腹中蚘虫，其状如蚓，此消谷虫也；多则伤人，少则谷不消。是甘蔗能灭多益少。凡蔗亦然。"观此，则中国人早知有蔗，特未能制以为饧耳。邯𧄸，旧刻下注甘蔗二字，邯为借字，𧄸则特造之字也。

又云："北方荒中有石湖，方千里，岸深五丈余，恒冰，惟夏至左右五六十日解耳。有横公鱼，长七八尺，形如鲤而目赤。昼在湖中，夜化为人。

刺之不入，煮之不死。以乌梅二枚煮之则熟。食之可止邪病。”此似今西伯利亚之湖。

（七六〇）博物志

古人多有随意钞录之作，此书亦其一也。其题署何人，全不足据。书亦绝无体例，盖乡曲陋儒之所为。古类书弘博者甚多，皆不传，而此等书独有传于后者，卷帙少则迻录易；且不知体例之人所为，正为不知体例之人所悦。通知著述体例之士少，不知著述体例之人多，而此等书遂传之寖广，不易湮灭矣。

然其为物既古，则作者虽陋，而仍时有可采。以其与他古籍间有异同，足资参证，又或足补他书之所不备也。如云：“泰山，一曰天孙，言为天帝孙也。主召人魂魄。东方万物始成，知人生命之长短。”案《后汉书·乌桓传》曰：“俗贵兵死，敛尸以棺，有哭泣之哀；至葬，则歌舞相送。肥养一犬，以彩绳缨牵，并取死者所乘马衣物，皆烧而送之，言以属累犬，使护死者神灵归赤山。赤山，在辽东西北数千里。如中国人死者魂神归岱山也。”《注》即引此书为说。又《风俗通义》云：“俗说岱宗上有金箧玉策，能知人年寿修短。武帝探策得十八，因读曰八十，其后果用耆长。”泰山知人生死，其说盖甚古，传于今者鲜矣，赖有此书及《后汉书》《风俗通》，可以相证也。又云：“太行北去，不知山所限极，亦如东海，不知所穷尽也。漠北广远，中国人鲜有至北海者。汉使票骑将军霍去病北伐单于，至瀚海而还，有北海明矣。”可见古人于北方地理，甚为茫昧也。

古书述事多荒诞，然细加推勘，皆可知其致误之由，虽荒诞，非虚构也；然其或见信或不见信，则仍视其传之之书。此书云：“有一国，在海中，纯女无男。又说得一布衣，从海浮出，其身如中国人衣，两袖长二丈。又得一破船，随波出在海岸边。有一人，项中复有面，生得，与语不相通，不食而死。其地皆在沃沮东大海中。”此事亦见《三国志·东夷传》，盖当时传闻，实有此辞，抑且有事实为据，非虚构也，然使不见《国志》，惟载是书，人亦将视为东野人之语矣。

又云：“禹平天下，会诸侯会稽之野，防风氏后到，杀之。夏德之盛，二龙降之。禹使范成光御之行域外，既周而还。至南海，经防风。防风氏之二臣，以涂山之戮，见禹便怒而射之。迅风雷雨，二龙升去。二臣恐，以刃自贯其心而死。禹哀之，乃拔其刃，疗以不死之药，是为穿胸民。”又云：“交趾民，在穿胸东。”说虽荒诞，然防风之族，及其所在，藉可推测。穿胸盖文身之民，刻画其胸以为饰也。

又云：“荆州极西南界至蜀，诸民曰獠子。妇人妊娠，七月而产。临水生儿，便置水中，浮则取养之，沉便弃之。然千百多浮。既长，皆拔去上齿牙各一，以为身饰。”獠人能没水捕鱼，观此，可知其习之之夙矣。

又云：“交州夷名曰俚子。俚子弓长数尺，箭长（尺）余，以燋铜为镝，涂毒药于镝锋，中人即死。不时敛藏，即膨张沸烂，须臾燋煎都尽，惟骨耳。”说似过甚，然夷人有毒矢，则必不诬也。《后汉书·南蛮传》：建武十二年，九真徼外蛮里张游，率种人慕化内属，封为归汉里君。注：“里，蛮之别号，今呼为俚人。”知俚之称，实起于交域也。《志》又言：“西方之人高鼻深目，多毛。南方之人大口。”西方人盖白种，南方人则马来族，固皆实录也。

古人本好附会，不求其实。此等短书，其荒陋，自更出于意计之外，然其附会之由，亦间有可考者。如云：“尧以天下让于虞，三苗之君非之，帝杀有苗；有苗之民，浮入南海，为三苗国。”案郑注《甫刑》，以苗民为贬辞，其说盖是。然高注《淮南子》，已别列一说，谓窜三苗国民于三危矣。郭注《山海经》亦云：“尧以天下让舜，三苗之君非之，帝杀之，有苗之民，叛入南海，为三苗国。”与《博物志》同，盖因民字而附会。《志》又言：“汉武帝时，弱水西国，有人乘毛车渡弱水来献。”盖因弱字而附会也。又云：“齐桓公与管仲自敦煌西涉流沙。沙石千余里，无水。时则有沃流处，人莫能知。皆乘橐驼，橐驼知水脉，遇其处，辄停，以足蹋地。人于其蹋处阙之，辄得水。”此释流沙，其荒甚矣，然古文家以居延泽当之，庸愈乎？

最可笑者，谓魏武帝伐冒顿，遇物如狸，能杀师子，竟不知冒顿在汉初也。此等处幸而传者亦皆浅陋，故能存其真，否则一经校改，转无由知其本不可信矣。

《志》云：“《周书》曰：西域献火浣布，昆吾氏献切玉刀。火浣布污则烧之，则洁。刀切玉如臈。布，汉世有献者，刀则未闻。”此所云《周书》，未知为何书。《志》又曰：“《庄子》曰：地三年种蜀黍，其后七年多蛇。”案《释文》谓《庄子》“言多诡诞，或似《山海经》，或类占梦书，故注者以意去取。其内篇众家并同，自余或有外而无杂。惟郭子玄所注，特会庄生之旨，故为世所贵”。《庄子》五十二篇，今本惟三十三篇，盖非其全。此所引盖在逸篇中。然则其云《周书》，亦必有据也。

《志》云：“《老子》云：万民皆附西王母，惟王、圣人、真人、仙人、道人之命，上属九天君耳。”此方士寿命之说。又云：“《神仙传》曰：食者，百病妖邪之所钟。”又曰：“所食逾少，心愈开，（年）愈益。所食愈多，心愈塞，年愈损。”此方士摄养之方。其言寿命，妖妄不经；言摄养，颇有至理也。

《志》云：“旧说云：天河与海通。近世有人居海渚者，年年八月，有浮槎，去来不失期。人有奇志，立飞阁于槎上，多赍粮，乘槎而去。十余日中，犹观日月星辰，自后茫茫忽忽，亦不觉昼夜。去十余日，奄至一处，有城郭状，屋舍甚严。遥望宫中，多织妇。见一丈夫，牵牛渚次饮之。牵牛人乃惊问曰：何由至此？此人具说来意，并问此是何处，答曰：君还至蜀郡，问严君平，则知之。竟不上岸。因还，如期。后至蜀问君平。曰：某年月日，有客星犯牵牛宿。计年月，正是此人到天河时也。”观此，知古人谓水与天接。

《志》云：“人有山行堕深涧者，无出路，饥饿欲死。左右见龟蛇甚多，朝暮引颈向东方。人因伏地学之，遂不饿。体殊轻便，能登岩岸。经数年后，竦身举臂，遂超山涧上，即得还家。颜色悦怿，颇更黠慧胜故。还食谷，啖滋味，百余日中，复本质。”案人不火食，即身轻能超越，野史中数见之。清末，似系光绪三十三年丁未。《时报》尚载有瑞典、那威人如此，盖非虚语。人不食不能生，此人或亦以不火食而身轻；学龟蛇呼吸，则方士附会之辞也。

语有传之甚久者。余小时，先母尝语予曰：“行雾中必饱食，饮酒尤佳。昔有三人，晓行遇雾，一无恙，一病，一死。无恙者饮酒，病者饱食，死者空腹。”先母云闻诸故老，不云见于书史也。余后读方书见之，亦不云说有所本。然是书已载之。

《志》云：“人藉带眠则梦蛇。”与今心理学家之说合。

《志》云：“烧白石作白灰，既讫，积着地，经日俱冷，遇雨及水浇，即便然，烟焰起。”此事今人无不知之者矣，然此书郑重而道之，以为戏术，可见其时知者尚少，更无论资以为用也。

《志》云：“居无近绝溪群冢，狐虫之所近，此则死气阴匿之处也。”其说无稽。然绝溪群冢，易以致疾，而非尊生者之所居，则实矣。又云：“山居之民，多瘿肿疾，由于饮泉之不流者，今荆南诸山郡多此疾。瘇由践土之无卤者，今江外诸山县，偏多此病。”言医理未然，然言何地多何病，亦足备医史之甄采也。

（七六一）拾遗记

此书为道家之书，其附会之迹，显然可见，然亦有间存古说者。

《记》云：“帝喾之妃，邹屠氏之女也。轩辕去蚩尤之凶，迁其民善者于邹屠之地，迁恶者于有北之乡。其先以地命族，后分为邹氏、屠氏。女行不践地，常履风云，游于伊洛。帝乃期焉，纳以为妃。”案颛顼取于蜀山氏，为蚩尤之族，予别有考。今观此说，则帝喾亦取于蚩尤，无怪秦、楚等南方之族，皆以帝喾为祖也。

《记》云：“尧命夏鲧治水，九载无绩。鲧自沉于羽渊，化为玄鱼，时扬须振鳞，横修波之上；见者谓为河精。羽渊与河、海通源也。海民于羽山之中，修立鲧庙，四时以致祭祀。常见玄鱼与蛟龙，跳跃而出，观者惊而畏矣。鲧之灵化，其事乐说。神变犹一，而色状不同。玄鱼黄熊，四音相乱。传写流文，鲧字或鱼边玄也。群疑众说，并略记焉。”案以鲧化为玄鱼，似据字形傅会。然《尚书》亦言禹锡玄圭，何为而必锡玄圭乎？殷起东南，而契称玄王；鲧、禹治水，亦在东南，而鲧化玄鱼，禹锡玄圭。又古东南之族称黎，黎即黑也。夏后氏尚黑，大事敛用日昏，戎事乘骊，牲用玄。然则古东南之族，殆以黑为徽号，而殷人尚白，乃其迁殷后事，封商时初不然也。

《记》云：“禹凿龙关之山，亦谓之龙门。至一空岩，深数十里，幽暗不可复行，禹乃负火而进。有兽，状如豕，衔夜明之珠，其光如烛。又有青犬，行吠于前。禹计可十里，迷于昼夜。既觉，渐明，见向来豕犬，变为人形，皆着玄衣。又见一神，蛇身人面。禹因与语，神即示禹八卦之图，列于金板之上。又有八神侍侧。禹曰：华胥生圣子，是汝邪？答曰：华胥是九河神女，以生余也。乃探玉简授禹，长一尺二寸，以合十二时之数，使量度天地。禹即执持此简，以平水土。蛇身之神，即羲皇也。”此说亦以豕犬之神为玄衣，又以华胥为九河神女，以羲皇为蛇身，并足见吾族起于江海之会。

《记》云：“（周）昭王二十四年，涂修国献青凤、丹鹊，各一雌一雄。孟夏之时，凤、鹊皆脱易毛羽，聚鹊翅以为扇，缉凤羽以饰车盖也。扇：一名游飘，二名条翮，三名亏光，四名仄影。时东瓯献二女：一名延娟，二名延娱。使二人更摇此扇，侍于王侧，轻风四散，泠然自凉。此二人，辩口丽辞，巧善歌笑；步尘上无迹，行日中无影。及昭王沦于汉水，二女与王乘舟，夹拥王身，同溺于水。故江汉之人，到今思之，立祀于江湄。数十年间，人于江汉之上，犹见王与二女，乘舟戏于水际。至暮春上巳之日，禊集祠间，或以时鲜甘味，采兰杜苞裹，以沉水中，或结五色纱囊盛食，或用金铁之器，并沉水中，以惊蛟龙水虫，使畏之，不侵此食也。”此与帝之二女传说相涉，所沉之食，又与角黍相类也。

《记》云：燕昭王九年，“思诸神异。有谷将子，学道之人也，言于王曰：西王母将来游，必语虚无之术。不踰一年，王母果至，与昭王游于燧林之下，说炎帝钻火之术。”又云：“秦始皇好神仙之事。有宛渠之民，乘螺舟而至。舟形似螺，沉行海底，而水不浸入，一名沦波舟。其国人长十丈，编鸟兽之毛以蔽形。始皇与之语，及天地初开之时，了如亲睹。曰：臣少时，蹑虚却行，日游万里。及其老朽也，坐见天地之外事。臣国在咸池，日没之所，九万里，以万岁为一日。俗多阴雾，遇其晴日，则天豁然云裂，耿若江汉，则有玄龙、黑凤，翻翔而下。及夜，燃石以继日光。此石出燃山，其土石皆自光澈，叩之则碎，状如粟，一粒辉映一堂。昔炎帝始变生食，用此火也。”古书皆以为燧人钻木取火，此独以为炎帝，顾名思义亦通，盖亦有所本。

《记》云：“（汉）孝惠帝二年，四方咸称车书同文轨，天下太平，干戈偃息，远国殊乡，重译来贡。时有道士，姓韩，名稚，则韩终之胤也，越海而来，云是东海神使，闻圣德洽乎区宇，故悦服而来庭。时有东极，出扶桑之外，有泥离之国来朝。其人长四尺，两角如茧，牙出于唇，自乳以来，有灵毛自蔽，居于深穴，其寿不可测也。帝云：方士韩稚，解绝国人言。令问人寿几何？经见几代之事？答曰：五运相承，迭生迭死，如飞尘细雨，存殁不可论算。问女娲以前可闻乎？对曰：蛇身已上，八风均，四时序，不以威悦，揽乎精运。又问燧人以前，答曰：自钻火变腥以来，父老而慈，子寿而孝。自轩皇以来，屑屑焉以相诛灭，浮靡嚣动，淫于礼，乱于乐，世德浇讹，淳风坠矣。”此以燧人为变腥，与前说异，盖各有所本。以女娲为蛇身，亦旧说也。

《记》云：“晋太始元年，魏帝为陈留王之岁，有频斯国人来朝，以五色玉为衣，如今之铠。其使不食中国滋味，自赍金壶，壶中有浆，凝如脂，尝一滴则寿千岁。其国有大枫木成林，高六七十里，善算者以里计之，雷电常出树之半。其枝交荫于上，蔽不见日月之光，其下平净扫洒，雨雾不能入焉。树东有大石室，可容万人坐，壁上刻为三皇之像，天皇十三头，地皇十一头，人皇九头，皆龙身。亦有膏烛之处，缉石为床，床上有膝痕，深三寸。床前有竹简，长尺二寸，书大篆之文，皆言开辟以来事，人莫能识。或言伏羲画卦之时有此书，或言是苍颉造书之处。傍有丹石井，非人之所凿，下及漏泉，水常沸涌，诸仙欲饮之时，以长绠引汲也。”此言三皇，袭纬书之文，云皆龙身，亦依附旧说。

《记》云：“石季伦爱婢名翔风，魏末于胡中得之，年始十岁，使房内养之；至十五，无有比其容貌。特以姿态见美，妙别玉声，巧观金色。石氏之富，方比王家，骄侈当世，珍宝奇异，视如瓦砾，积如粪土，皆殊方异国所得，莫有辨识其出处者。乃使翔风别其声色，悉知其处。”是时胡人来者多贾客，所市率珍异之物，观此等传说，实隐见当时西域商业情形也。

《记》云：“瀛洲，一名魂洲，亦曰环洲。东有渊洞，有鱼，长千丈，色斑，鼻端有角，时鼓舞群戏。远望水间有五色云，就视，乃此鱼喷水为云，如庆云之丽，无以加也。”此即今之鲸。可见说虽荒怪，自有所本。

此《记》附会，有极可笑者。如以鲧字亦作鮌，乃谓其化为玄鱼；长安城北有司寒之馆，则谓为汉惠帝祠韩终之所，改其字为祠韩；因人家元日，刻木铸金或画鸡于牖上，乃以为尧时秖支所献重明之鸟；皆是也。其云：“傅说赁为赭衣者舂于深岩以自给，梦乘云绕日而行，筮得利建侯之卦，岁余，汤以玉帛聘为阿衡。”则并误傅说与伊尹为一人矣，真可发一噱。

《山海经·海外南经》有岐舌国。郭《注》云：“其人舌皆岐，或云支舌也。”郝《疏》云：“支舌即岐舌。《尔雅·释地》云：枳首蛇，即岐首蛇，岐一作枝，枝支古字通也。又支与反字形相近，《淮南·坠形训》有反舌民。高诱《注》云：语不可知，而自相晓。又注《吕氏春秋·功名》篇云：一说南方有反舌国，舌本在前，末倒向喉，故曰反舌。是支舌，古本作反舌也。《艺文类聚》十七卷引此经作反舌国，其人反舌。《太平御览》三百六十七卷亦引此经同，而云一曰交。案交盖支字之误也。二书所引经文作反舌，与古本正合。”案《类聚》《御览》皆出郭《注》后，不应二书不误，而郭《注》反误。今观此《记》云：“西方有因霄之国，人皆善啸。丈夫啸闻百里，妇人啸闻五十里，如笙竽之音。秋冬则声清亮，春夏则声沉下。人舌尖处倒向喉内；亦曰两舌重沓，以爪徐刮之，则啸声愈远。故《吕氏春秋》云反舌殊乡之国，即此谓也。”然则郭《注》所引者，即此等道士造作之说耳。

《记》又云：“太初二年，大月氏国贡双头鸡，四足一尾，鸣则俱鸣。武帝置于甘泉故馆，更以余鸡混之，得其种类，而不能鸣。谏者曰：《诗》云：牝鸡无晨。一云：牝鸡之晨，惟家之索。今雄类不鸣，非吉祥也。帝乃送还西域。行至西关，鸡反顾，望汉宫而哀鸣。故谣言曰：三七末世，鸡不鸣，犬不吠，宫中荆棘乱相系，当有九虎争为帝。至王莽篡位，将军有九虎之号。其后丧乱弥多，宫掖中生蒿棘，家无鸡鸣犬吠。”案“牝鸡无晨”“牝鸡之晨，惟家之索”，见伪《古文尚书》，此书引之，而又误《书》为《诗》，方士之荒陋，固如是也，然其时代之晚，亦可见矣。

（七六二）述异记

此书虽亦小说之类，然中存古说颇多，较之辗转改饰者，颇有区别。盘古古说，实赖此书以存，予别有考。今再略举数事如下。

《记》云：“南海小虞山中有鬼母，能产天地。鬼一产十鬼，朝产之，暮食之。今苍梧有鬼姑神是也。虎头龙足，蟒目蛟眉。《注》：蟒蛇目圆，蛟眉连生。今吴、越间防风庙土木作其形，龙首牛耳，连眉一目。”案虞山即吴山，此可证吴之名或原于南方。鬼母能产天地，则宇宙原始，实由女神，较之《山海经》以羲和、常仪为帝俊之妻，其思想更古矣。朝生子而暮食之，其性质颇为酷虐，野蛮人固多畏恶神也。抑此亦古之寓言，以释万物之生死者与？其形状类龙蛇，可见其说起于海滨。而吴、越间防风庙土木作其形，又可见吴、越与南越，民族关系颇切也。抑其所谓龙首牛耳者，牛耳或牛角之传讹，则又与蚩尤有关系矣。见下。

《记》又云：“昔禹会涂山，执玉帛者万国。防风氏后至，禹诛之。其长三丈；其骨，头专车。今南中民有姓防风氏，即其后也，皆长大。越俗祭防风神，奏防风古乐，截竹长三尺，吹之如嗥，三人披发而舞。”禹会诸侯，恐不能至越地。防风氏事，非禹后播迁南方者传述而误其地，则其人自与土著之越相争斗，而傅诸禹也。然南方民有姓防风者，则可见防风氏之实有其国。抑“伏羲鳞身，女娲蛇躯”，见《鲁灵光殿赋》。而传亦谓为风姓；又北方实有房国，房即防也；得毋始皆在南，后乃稍徙而北欤？《记》又云："南康郡有君山，高秀重迭，有类台榭，名曰女娲宫。"则女娲之传说，固亦有在南方者矣。

《记》又云："轩辕之初立也，有蚩尤氏，兄弟七十二人，铜头铁额，食铁石。轩辕诛之于涿鹿之野。蚩尤能作云雾。涿鹿，今在冀州，有蚩尤神，俗云人身牛蹄，四目六手。今冀州人掘地，得髑髅如铜铁者，即蚩尤之骨也。今有蚩尤齿，长二寸，坚不可碎。秦、汉间说：蚩尤氏耳鬓如剑戟，头有角；与轩辕斗，以角抵人，人不能向。今冀州有乐名蚩尤戏，其民两两三三，头戴牛角而相抵。汉造角抵戏，盖其遗制也。"又云："太原村落间祭蚩尤神，不用牛头。今冀州有蚩尤川，即涿鹿之野。汉武时，太原有蚩尤神昼见，龟足蛇首，首疫，其俗遂为立祠。"案铜头铁额，骨如铜铁，皆因蚩尤造兵而傅会。古盖以蚩尤之族，多力如牛，故涿鹿之战，有教熊、罴、貔貅、貙、虎之说也。吴、越间防风庙鬼姑神，盖亦牛首，故其像犹作牛耳；抑牛耳或亦牛角之讹也？角抵之戏盛于秦，秦为飞廉后，固亦东南之族。《秦本纪》特记丰大特之神，亦可见其族之重牛矣。太原蚩尤神，龟足蛇首，则其族本起滨海之征也。《易·系辞传疏》引《帝王世纪》：炎帝人身牛首。《海外北经》：共工之臣相柳氏。相柳之所抵，厥为津溪，疑亦谓其牛首有角。

苍颉，古说皆以为帝王，无以为黄帝史者，其庙碑云："天生德于大圣，四目灵光，为百王作宪。"《春秋元命苞》云："仓颉四目，是谓并明。"《路史》言：庐陵县化仁山旧祠，有仓颉像，四目龙衮。盖亦传之自古。而蚩尤俗传亦云四目，则仓颉亦南方之族矣。然则中国文字，实始于南也。

《记》又云："尧使鲧治洪水，不胜其任，遂诛鲧于羽山，化为黄能，入于羽泉。今会稽祭禹庙不用熊，曰：黄能即黄熊也。陆居曰熊，水居曰能。昉按今江、淮中有鲥名熊。熊蛇之精，至冬化为雉，至夏复为蛇。今吴中不食雉，毒故也。"此可见鲧之传说，亦与南方有关。《月令》言"爵入大水为蛤"，知古谓飞潜可以相化，龙特其尤神者耳。此亦水滨之民之思想也。尧使鲧治水时，盖仍在东方，未迁西北。

《记》又云："饶州，俗传轩辕氏铸镜于湖边。今有轩辕磨镜石。石上常洁，不生蔓草。"案轩辕踪迹，不得至饶州，然亦可见南方铸冶之早。

《汉书·地理志》云："粤地，牵牛婺女之分野也。今之苍梧、郁林、合浦、交阯、九真、南海、日南，皆粤分也。其君禹后，帝少康之庶子云，封于会稽。"

臣瓒曰："自交阯至会稽，七八千里。百粤杂处，各 有种姓，不得尽云少康之后也。"案《汉书》之意，本指封于会稽者言之，臣瓒实误驳。然会稽之越而外，其君固亦未必无禹后也。《述异记》云："吴既灭越，栖句践于会稽之上，地方千里。句践得范蠡之谋，乃示民以耕桑。延四方之士，作台于外，而馆贤士。今会稽山有越王台。今交州麻林，一名纻林，句践种麻，将以弦弓。交州糠头山，句践贮米，于其上舂，积糠为山。今会稽之上，有越王铸剑洲、箭镞洲。往往有得古箭镞。"又云："广州东界，有大夫文种之墓。墓下有石，有华表柱，石鹤一只。种即越王句践之谋臣也。"又云："洞庭湖中有钓洲。昔范蠡乘扁舟至此，遇风，止钓于洲上，刻石记焉。有一陂，陂中有范蠡鱼。昔范蠡钓得大鱼，烹食之，小者放于陂中。陂边有范蠡石床、石砚、钻锛。范蠡宅在湖中。"洞庭有范蠡遗迹，殊不足信。交、广之域，秦、汉后始开辟，岂有能傅会句践、文种者？然亦有其遗迹，则必会稽之越亡后，遗族滨于江南海上者，传其先世之事迹而弗审其地，致有此误也。

古人于植物多有迷信。其最显而易见者为桃。君临臣丧，以巫祝桃茢执戈；桃弧棘矢，以共御王事是也。羿死桃棓，盖亦由是。《述异记》云："南中有枫子鬼。枫木之老者为人形，亦呼为灵枫。"又云："后汉季子长为政，欲知囚情，以梧桐木为之，象囚形。穿地为坎，卧木囚于其中，祝之，罪正者不动，冤者木囚动出，时以为精诚所应。子长时为大理卿。"又云："秦缪公时，陈仓人掘地得物，若羊非羊，似猪非猪。缪公道中逢二童子，曰：此名蝹，在地中，食死人脑。若以松柏穿其首，则死。故今种柏在墓上，以防其害也。"此皆谓草木自有精灵，盖所谓物魅也。

《述异记》云："袁绍在冀州时，满市黄金，而无斗粟，饿者相食。人为之语曰：虎豹之口，不如饥人。刘备在荆州时，粟与金同价。"又云："永嘉之乱，洛中饥荒。怀帝遣人观市，珠玉金银，阒委市中，而无粟麦。袁宏表云：田亩由是丘虚，都市化为珠玉是也。"又云："汉末大饥，江淮间童谣云：太岳如市，人死如林。持金易粟，贵于黄金。"又云："洛中童谣曰：虽有千黄金，无如我斗粟。斗粟自可饱，千金何所直？"观此，知珠玉金银，久为市易所资，非徒以供玩饰矣。又云："汉世古谚曰：虽有神药，不如少年；虽有珠玉，不如金钱。"观此，又知泉货之早以金钱为主也。

《唐书》云："日本，古倭奴也。"又云："后稍习夏音，恶倭名，更号日本。

使者自言国近日所出，以为名。或云：日本乃小国，为倭所并，故冒其号，使者不以情，故疑焉。”《唐书》此语，系咸亨元年遣使贺平高丽后，则自咸亨以前，犹以倭之名自通也。《述异记》云：“磅磄山，去扶桑五万里，日所不及，其地甚寒。有桃树，千围，万年一实。一说：日本国有金桃，其实重一斤。”一说之辞，必后人所附益矣。《记》又云：“大食王国在西海中。有一方石，石上多树，干赤叶青。枝上总生小儿，长六七寸。见人皆笑，动其手足。头着树枝，使摘一枝，小儿便死。”大食之名，亦非梁世所有也。

《记》又云：“殷纣时，大龟生毛而兔生角，是甲兵将兴之兆。”龟毛兔角，古无此语，此必佛教人中国后附会之辞也。但任昉时已可有，不必后人窜乱耳。

附　燕石札记自序

予小时读书即有札记，迄于今未废，阅时既久，积稿颇多。每思改定，依经子史分为三编，以就正于有道。皮骨奔走，卒卒寡闲。仅因友人主编杂志索稿，或学校生徒质问，发箧整理，间或成篇而已。念全书杀青无期，乃谋陆续刊布，总名之曰燕石札记。俟积稿清厘略竟，然后分类编次焉。学问之道无穷，浅陋如予，所述宁足观采。惟半生精力所在，不忍弃掷。千虑一得，冀或为并世学人效土壤细流之助而已。傥蒙进而教之，俾愚夫不至终宝其燕石，则所深幸也。

二十五年十月六日，武进吕思勉自识。

图书在版编目（CIP）数据

读史札记 / 吕思勉著．—南京：译林出版社，2016.7
（吕思勉文集）
ISBN 978-7-5447-6325-7

Ⅰ.①读…　Ⅱ.①吕…　Ⅲ.①史评－中国　Ⅳ.①K207

中国版本图书馆CIP数据核字（2016）第083726号

书　　名　读史札记
作　　者　吕思勉
责任编辑　陆元昶
特约编辑　孔彩虹　赵　瑜
出版发行　凤凰出版传媒股份有限公司
　　　　　译林出版社
出版社地址　南京市湖南路1号A楼，邮编：210009
电子信箱　yilin@yilin.com
出版社网址　http：//www.yilin.com
印　　刷　北京鑫海达印刷有限公司
开　　本　710×1000毫米　1/16
印　　张　78.25
字　　数　1270千字
版　　次　2016年7月第1版　2016年7月第1次印刷
标准书号　ISBN 978-7-5447-6325-7
定　　价　98.00元（全二册）

译林版图书若有印装错误可向承印厂调换